Ernst Karl Guhl, Adolf Rosenberg

Künstlerbriefe

Ernst Karl Guhl, Adolf Rosenberg

Künstlerbriefe

ISBN/EAN: 9783743322547

Hergestellt in Europa, USA, Kanada, Australien, Japan

Cover: Foto ©Thomas Meinert / pixelio.de

Manufactured and distributed by brebook publishing software
(www.brebook.com)

Ernst Karl Guhl, Adolf Rosenberg

Künstlerbriefe

VORWORT.

Die erste Hälfte der von Guhl gesammelten Künstlerbriefe des 16. und 17. Jahrhunderts, welche den Manieristen, Akademikern und Naturalisten gewidmet ist, hat von Seiten des unterzeichneten Herausgebers nur sehr geringe Umgestaltungen erfahren, weil das historische Material, welches Guhl vorgelegen, sich inzwischen nicht wesentlich vermehrt hat. Guhl hat dasselbe mit solcher Umsicht und so grossem Fleisse bearbeitet, dass seine Charakteristik jener Schulen und ihrer Häupter auch heute noch als mustergültig betrachtet werden kann. Sie hat denn auch den wenigen Schriftstellern, welche nach ihm einzelne Partien aus diesem Abschnitt der Kunstgeschichte eingehender behandelt haben, als Grundlage gedient. Die neue Literatur ist von dem Bearbeiter an den betreffenden Stellen nachgetragen worden.

Dagegen ist der Abschnitt über Rubens auf Grund der neuesten Forschungen vollständig umgearbeitet und die Zahl der von diesem Künstler mitgetheilten Briefe um zehn der wichtigsten und interessantesten, welche seither bekannt geworden sind, vermehrt worden. Neu hinzugekommen sind auch die Briefe von Brueghel und drei Briefe von Rembrandt.

Guhl ging mit der Absicht um, auch die wenigen, noch vorhandenen Briefe deutscher Künstler des 16. Jahrhunderts im zweiten Bande mitzutheilen, kam aber davon zurück, da er dieselben zum Gegenstande einer besonderen Arbeit machen wollte. Die letztere ist nicht zur Ausführung gelangt. Wir haben nun in die zweite Hälfte der vorliegenden Abtheilung sämmtliche Briefe Dürer's, mit kurzen Erläuterungen versehen, einen Brief Lucas Cranach des Aelteren und einen von Niclas Manuel aufgenommen. Die Briefe Dürer's nach der Thausing'schen Ausgabe noch einmal wiederzugeben, erschien uns insofern nicht überflüssig, als die von Thausing bewirkte Uebertragung in das Neudeutsche nicht überall Anklang gefunden hat. Da inzwischen noch zwei neue Briefe bekannt geworden sind, wird der hier im Urtext mitgetheilte briefliche Nachlass Dürer's in seiner räumlichen Vereinigung Manchem willkommen sein. So viel uns bekannt ist, sind ausser den mitgetheilten nur noch sehr wenige Briefe deutscher Künstler des 15. und 16. Jahrhunderts aus dem Dunkel der Archive an das Tageslicht gezogen worden, von denen sich jedoch keiner an Bedeutung mit den Dürer'schen messen kann. Zu ihnen gehören u. A. die des Ulmer Münster-Baumeisters Matthäus Böblinger, welche Hassler in den Jahrbüchern für Kunstwissenschaft II. S. 117 ff. veröffentlicht hat.

Es bleibt mir noch die angenehme Pflicht, für die günstige Beurtheilung zu danken, welche die Bearbeitung der ersten Abtheilung allseitig in der Presse gefunden hat. Die im Repertorium für Kunstwissenschaft III. 3. S. 343 von dem Recensenten angeführten neueren Briefsammlungen waren mir nicht unbekannt. Indessen erschien mir keiner der daselbst mitgetheilten Briefe wichtig genug, um einen der von Guhl ausgewählten zu opfern, was doch hätte geschehen müssen, sollte der Umfang des Werkes nicht allzu sehr vergrössert werden. Zum Beweise theile ich aus einer Sammlung Milanesi's, mehr der Kuriosität halber, einen sonst inhaltlosen Brief von Taddeo Gaddi, der ohnehin, als aus dem 14. Jahrhundert herrührend, ausserhalb des Planes der Sammlung lag, im Anhange mit. Ebendaselbst haben auch zwei interessante Briefe der beiden Sansovino's, einer des Kartenmalers Winterperg und zwei Dokumente Platz gefunden, welche nicht nur biographisch, sondern auch für die Kulturgeschichte wichtig sind. Der Brief von Veronese, welcher den Schluss bildet, ist ein Novum, und dieser Umstand mag seinen Abdruck rechtfertigen. — Aus dem vom Recensenten des „Repertoriums" vermissten Briefe Michelangelo's an Giovan Simone, seinen Bruder, ist die für Michelangelo's „Naturel" charakteristische Stelle in der ersten Hälfte auf S. 116 mitgetheilt worden, was der Recensent übersehen hat.

Zwei Register und eine alphabetische Tabelle der Künstler, von welchen Briefe mitgetheilt worden sind, werden hoffentlich den Gebrauch des Buches erleichtern.

Berlin, im Juli 1880.

DR. ADOLF ROSENBERG.

KÜNSTLERBRIEFE.

ZWEITE HÄLFTE:

DAS XVII. JAHRHUNDERT.

INHALT.

Seite

Brief 1. Federigo Baroccio an die Vorsteher der Laienbrüderschaft von S. Maria
della Misericordia zu Arezzo. (Urbino, 12. November 1578.) . . . 25

„ 2. Federigo Zucchero an den Grossherzog Francesco von Toscana. (Rom,
24. November 1581.) 30

„ 3. Federigo Zucchero an Lodovico Caracci. (Pavia, 7. August 159..). . 32

„ 4. Federigo Zucchero an Antonio Chigi. (Pavia, 16. Mai 159..) 34

„ 5. Federigo Zucchero an Monsignor Cesarini. (Pavia, 28. Juli 159..) . . 36

„ 6. Gio. Batt. Paggi an Girolamo Paggi. (Florenz, 1590.) . . . 39

„ 7. Gio. Batt. Paggi an Girolamo Paggi. (Florenz, 1590.) 40

„ 8. Annibale Caracci an Lodovico Caracci. (Parma, 18. April 1580.) . . 50

„ 9. Annibale Caracci an Lodovico Caracci. (Parma, 28. April 1580.) . . 51

„ 10. Agostino Caracci an den Kardinal Paleotti. (Bologna . . . . 1581.) . 54

„ 11. Lodovico Caracci an Bartolomeo Dulcini. (Bologna, 27. März 1599.) 55

„ 12. Lodovico Caracci an Ferrante Carlo. (Bologna, 11. November 1606.) . 56

„ 13. Lodovico Caracci an Ferrante Carlo. (Bologna, 29. Juni 1616.) . . 59

„ 14. Lodovico Caracci an Ferrante Carlo. (Bologna, 15. Februar 1617.) . . 60

„ 15. Lodovico Caracci an Ferrante Carlo. (Bologna, 19. Juli 1617.) . . . 61

„ 16. Lodovico Caracci an Ferrante Carlo. (Bologna, 22. Februar 1619.) . 62

„ 17. Domenichino an Francesco Angeloni. 67

„ 18. Domenichino an Cassiano del Pozzo. (Neapel, 23. Januar 1632.) . . 69

„ 19. Domenichino an Francesco Angeloni. (Belvedere, 1. August 1634.) . . 70

„ 20. Guido Reni's Kontrakt mit den Vorstehern der Seidenzunft in Bologna.
(Bologna, 21. April 1622.) 80

„ 21. Guido Reni an Ferrante Trotto. (Bologna, 11. Juli 1639.) 82

„ 22. Guido Reni an Ferdinand II., Grossherzog von Toscana. (Bologna,
30. Juni 1642.) 84

„ 23. Francesco Albani an Orazio Zamboni. (Meldola, 29. Juli 1637.) . . . 87

„ 24. Francesco Albani's Kontrakt mit Bonifacio Gozzadini. (Bologna, 9. März 1639.) 89

„ 25. Francesco Albani an Cesare Leopardi. (Bologna, 9. Oktober 1649.) . . 90

„ 26. Giovanni Lanfranco an Ferrante Carlo. (Neapel, ... März 1634). 94

„ 27. Giovanni Lanfranco an Ferrante Carlo. (Neapel, 18. Juli 1636.) . . 95

„ 28. Giovanni Lanfranco an Ferrante Carlo. (Neapel, 1. August 1637.) . . 96

„ 29. Giovanni Lanfranco an Ferrante Carlo. (Neapel, 11. September 1639) . 98

			Seite
Brief 30.	Giovanni Lanfranco an Ferrante Carlo. (Neapel, 19. April 1641.)		100
„ 31.	Guercino an [Cesare Cavazzi]. (Cento, 25. September 1637.)		104
„ 32.	Guercino an Gian-Domenico Ottonelli. (Bologna, 13. Mai 1652.).		106
„ 33.	Guercino an . . . . . (Bologna, 28. August 1652.)		109
„ 34.	Rubens an den Herzog von Mantua. (Valladolid, 17. Juli 1603.)		121
„ 35.	Rubens an Annibale Chieppio. (Valladolid, November 1605.).		123
„ 36.	Rubens an den Minister Chieppio. (Rom, 28. Oktober 1608.)		124
„ 37.	Rubens an de Bye. (Antwerpen, 11. Mai 1611.)		127
„ 38.	Rubens an Sir Dudley Carleton. (Antwerpen, 17. März 1618.)		128
„ 39.	Rubens an Sir Dudley Carleton. (Antwerpen, 28. April 1618.)		129
„ 40.	Rubens an Sir Dudley Carleton. (Antwerpen, 1. Juni 1618.)		131
„ 41.	Rubens an den Herzog von Bayern. (Antwerpen, 11. Oktober 1619.)		133
„ 42.	Rubens an den Herzog von Bayern. (Antwerpen, 7. Dezember 1620.)		133
„ 43.	Rubens an den Herzog von Bayern. (Antwerpen, 24. Juli 1620.)		134
„ 44.	Rubens an den Herzog von Bayern. (Antwerpen, Anfang Januar 1621.)		135
„ 45.	Rubens an Peter van Veen. (Antwerpen, 19. Juni 1622.)		137
„ 46.	Rubens an Peiresc. (Antwerpen, 19. August 1623.)		140
„ [47.]	Peiresc an Gevaerts. (Paris, 26. Februar 1622.)		142
„ 48.	Rubens an Valavès. (Antwerpen, 12. Dezember 1624.)		145
„ 49.	Rubens an Valavès. (Antwerpen, 26. Dezember 1624.)		148
„ 50.	Rubens an Valavès. (Antwerpen, 10. Januar 1625.)		151
„ 51.	Rubens an Peiresc. (Paris, 14. Mai 1625.)		154
„ 52.	Rubens an Valavès. (Brüssel, 19. September 1625.)		158
„ 53.	Rubens an Valavès. (Brüssel, 12. Februar 1626.)		160
„ 54.	Rubens an Valavès. (Brüssel, 20. Februar 1626.)		160
„ 55.	Rubens an Pierre Dupuy. (Antwerpen, 15. Juli 1626.)		162
„ 56.	Rubens an Pierre Dupuy. (Antwerpen, 29. Oktober 1626.)		164
„ 57.	Rubens an Pierre Dupuy. (Brüssel, 22. Januar 1627.)		167
„ 58.	Rubens an Peiresc. (Antwerpen, 19. Mai 1628.)		168
„ 59.	Rubens an Peiresc. (Madrid, 2. Dezember 1628.)		169
„ 60.	Rubens an Gevaerts. (Madrid, 29. Dezember 1628.)		172
„ 61.	Rubens an Pierre Dupuy. (London, 8. August 1629.)		175
„ 62.	Rubens an Peiresc. (London, 9. August 1629.)		177
„ 63.	Rubens an Gevaerts. (London, 15. September 1629.)		180
„ 64.	Rubens an Philipp von Arenberg, Herzog von Arschot. (1633.)		182
„ 65.	Rubens an Georg Geldorp. (Antwerpen, 25. Juli 1637.)		184
„ 66.	Rubens an Franciscus Junius. (Antwerpen, 1. August 1637.)		186
„ 67.	Rubens an Justus Sustermans. (Antwerpen, 12. März 1638.)		189
„ 68.	Rubens an Gerbier. (Antwerpen, 1639—1640.)		191
„ 69.	Rubens an François du Quesnoy. (Antwerpen, 17. April 1640.)		192
„ 70.	Rubens an Lucas Faid'herbe. (Antwerpen, 9. Mai 1640.)		193
„ 71.	Jan Brueghel an den Kardinal Federigo Borromeo. (Antwerpen, 19. Oktober 1596.)		195
„ 72.	Brueghel an den Kardinal Borromeo. (Antwerpen, 25. August 1606.)		197
„ 73.	Anton van Dijck an Franciscus Junius. (London, 14. August 1636.)		198
„ 74.	Rembrandt an Constantin Huygens. (Amsterdam, Februar 1636.)		204
„ 75.	Rembrandt an Constantin Huygens. (Amsterdam, 12. Januar 1639.)		206
„ 76.	Rembrandt an Constantin Huygens. (Amsterdam, 27. Januar 1639.)		206
„ 77.	Rembrandt an Huygens. (Amsterdam, 1639.)		207
„ 78.	Rembrandt an Huygens. (Amsterdam, 13. Februar 1639.)		207
„ 79.	Rembrandt an Huygens. (Amsterdam, 1639.)		208

Seite

Brief 80. Jaques Callot an Domenico Pandolfini. (Nancy, 5. August 1621.) . . 209
„ 81. Simon Vouet an Cassiano del Pozzo. (Genua, 21. Mai 1621.) 211
„ 82. Jaques Stella an Nicolas Langlois. (Rom, 13. Februar 1623.) . . 212
„ 83. Claude Vignon an François Langlois. (Paris, 1637?) 214
„ 84. Nicolas Poussin an Cassiano del Pozzo. (Rom, 1630—1638.) . . . 222
„ 85. Nicolas Poussin an Herrn De Chantelou. (Rom, 15. Januar 1638.) . . 224
„ 86. Nicolas Poussin an Jean Lemaire. (Rom, 19. Februar 1639.) 226
„ 87. Nicolas Poussin an Carlo Antonio del Pozzo. (Paris, 6. Januar 1641.) 229
„ 88. Nicolas Poussin an Herrn De Chantelou. (Paris, 30. April 1641.) . . 232
„ 89. Nicolas Poussin an Cassiano del Pozzo. (Paris, 20. September 1641.) 233
„ 90. Nicolas Poussin an Herrn De Chantelou. (Paris, 7. April 1642.) . . 235
„ 91. Nicolas Poussin an Herrn De Chantelou. (Rom, 18. Juni 1645.) . . 240
„ 92. Nicolas Poussin an Herrn De Chantelou. (Rom, 7. April 1647.) . . . 243
„ 93. Nicolas Poussin an Herrn De Chantelou. (Rom, 24. November 1647.) 245
„ 94. Nicolas Poussin an Herrn De Chantelou. (Rom, 22. Dezember 1647.) 248
„ 95. Nicolas Poussin an Herrn De Chantelou d. ält. (Rom, 19. September
      1648.) 250
„ 96. Nicolas Poussin an Abraham Bosse. (Rom, um 1651.) 251
„ 97. Nicolas Poussin an Hilaire Pader. (Rom, 30. Januar 1654.) 252
„ 98. Nicolas Poussin an Herrn De Chantelou. (Rom, 16. November 1664.) 253
„ 99. Nicolas Poussin an Herrn De Chambray. (Rom, 7. März 1665.) . . . 255
„ 100. Giovanni Lorenzo Bernini an den Kardinal Richelieu. (Rom, 1641.) . 257
„ 101. Pietro Berettini an Cassiano del Pozzo. (Florenz, 20. Dezember 1645.) 259
„ 102. Salvator Rosa an Gio. Batt. Ricciardi. (Rom, 17. August 1652.) . . 267
„ 103. Salvator Rosa an Gio. Batt. Ricciardi. (Rom, ... Mai 1654.) . . . 269
„ 104. Salvator Rosa an Gio. Batt. Ricciardi. (Rom, 13. Mai 1662.) 272
„ 105. Salvator Rosa an Gio. Batt. Ricciardi. (Rom, 16. September 1662.) . 273
„ 106. Salvator Rosa an Gio. Batt. Ricciardi. (Rom, 8. September 1663.) . . 275
„ 107. Salvator Rosa an Gio. Batt. Ricciardi. (Rom, 2. Januar 1664.) . . . 276
„ 108. Salvator Rosa an Gio. Batt. Ricciardi. (Rom, 4. Juni 1664.) 277
„ 109. Salvator Rosa an Gio. Batt. Ricciardi. (Rom, 26. Januar 1666.) . . 279
„ 110. Salvator Rosa an Gio. Batt. Ricciardi. (Rom, 15. September 1668.) . 281
„ 111. Salvator Rosa an Gio. Batt Ricciardi. (Rom, 11. Oktober 1669.) . . 283
„ 112. Ciro Ferri an Lorenzo Magalotti. (Bergamo, 22. Dezember 1665). . . 285
„ 113. Joachim von Sandrart an den Kurfürsten von Brandenburg, Friedrich
      Wilhelm den Grossen. (Nürnberg, 1678.) 287
„ 114. Testament von Bartolomé Esteban Murillo. (Sevilla, 1682.) . . . 290
„ 115. Wilhelm Beurs an den Leser. (Zwoll, 1. September 1692.) 294
„ 116. Benedetto Luti an Antonio Domenico Gabbiani. (Rom, 13. September
      1692.) 298
„ 117. Ludovico David an die Vorsteher der Misericordia maggiore zu Ber-
      gamo. (Rom, 23. Februar 1693.) 299
„ 118. Benedetto Bresciani an [Gian Gaston de' Medici?]. (Aus dem alten
      Castell der Citadelle von Livorno, 18. Februar 1695.) 303
„ 119. Carlo Antonio Tavella an Francesco Brontino. (Genua, 28. März 1705.) 307

Brief 120— 129. Albrecht Dürer an Wilibald Pirkheimer. (Venedig, 1506.) . 311 326
„ 130. Albrecht Dürer an Hans Amerbach. (Nürnberg, 20. Oktober 1507.) . 330
„ 131— 139. Albrecht Dürer an Jacob Heller. (Nürnberg, 1508—1509.) . 331— 339
„ 140. Dürer an Michel Beham. (Nürnberg, um 1510.). 340
„ 141. Dürer an Christoph Kress. (Nürnberg, 1515.) 341

		Seite
Brief 142.	Dürer an den Rath von Nürnberg. (Nürnberg, 27. April 1519.)	342
„ 143.	Dürer an Georg Spalatin. (Nürnberg, Anfang 1520.) . .	343
„ 144.	Dürer an Wolf Stromer. (Nürnberg, ohne Datum)	345
„ 145.	Dürer an den Kurfürsten von Mainz. (Nürnberg, 1. September 1523.)	346
„ 146.	Dürer an Frey. (Nürnberg, 5. Dezember 1523.)	347
„ 147.	Dürer an den Rath von Nürnberg. (Nürnberg, 1524.)	348
„ 148.	Dürer an Niclas Kratzer. (Nürnberg, 5. Dezember 1524.)	349
„ 149.	Dürer an den Nürnberger Rath. (Nürnberg, im Herbst 1526.) . . .	351
„ 150.	Lucas Cranach der Aeltere an Hans von Ponikau. (Wittenberg, 21. April 1545.)	351
„ 151.	Niclas Manuel an die Rathsherren in Bern. (Erlach, 30. Oktober 1526.)	353
Anhang 1.	Taddeo Gaddi an Tommaso Strozzi. (Pisa, 7. September 1342) . .	355
„ 2.	Michel Winterperg an den Rath von Nürnberg. (Nürnberg, 1452.) .	356
„ 3.	Jacopo Sansovino an Michelangelo. (Florenz, 16. Februar 1517.) . .	357
„ 4.	Andrea Sansovino an Michelangelo. (Loreto, 1. Januar 1523.) . . .	358
„ 5.	Verhör der Brüder Beham und des Georg Penez. (Nürnberg, 1524.)	359
„ 6.	Verhör des Paolo Veronese. (Venedig, 18. Juli 1573.)	363
„ 7.	Paolo Veronese an Marcantonio Gandi. (Venedig, 27. Oktober 1578.)	367

EINLEITUNG.

EINLEITUNG.

ZUR KUNSTGESCHICHTE DES XVII. JAHR-HUNDERTS.

Die erste Hälfte des sechszehnten Jahrhunderts war die eigentliche Glanzzeit der italienischen Kunst. In ihren Schöpfungen fassten sich alle die ernsten und gewissenhaften Bestrebungen des fünfzehnten Jahrhunderts zu einer heiteren und prächtigen Blüthe zusammen; das Gemeingefühl der ganzen Nation fand in ihnen seinen schönsten und vollkommensten Ausdruck. Aber diese Blüthe konnte nicht lange andauern. Die Perioden der Blüthe im künstlerischen, wie im politischen und religiösen Leben der Völker beruhen auf einer geistigen Spannung, in der sich weder die Einzelnen, noch die Gesammtheiten lange zu erhalten vermögen. Es gehört dazu ein harmonisches Zusammenwirken der verschiedenen Thätigkeiten des Geistes und des Gemüthes, das ebenfalls nur schwer zu bewahren ist. Zudem wird bei einmal errungener Meisterschaft in der Technik, die zu jeder Kunstblüthe erforderlich ist, die Gefahr des Missbrauchs dem Künstler nur allzu leicht nahe treten. So ist es zu erklären, dass schon um die Mitte des sechszehnten Jahrhunderts, und zwar bei den Schülern der grössten Meister selbst, sich die Spuren des Verfalles mehr oder weniger deutlich kundgeben; eines Verfalles, der einerseits allerdings durch den eben erwähnten Missbrauch der technischen Fertigkeit, andererseits aber auch durch tiefere, im Leben der Zeit selbst liegende Gründe bedingt ist. Will man jene kurzen Jahrzehnte der Blüthe in wenigen Worten, wenigstens nach einer Seite hin, charakterisiren, so kann man dieselben als die Zeiten bezeichnen, in denen die klassische Welt- und Kunstanschauung sich mit der christlichen zu einer wunderbaren Einheit und Harmonie verschmolzen hatte, und in welchen man nach nichts Anderem strebte, als nach der vollendeten, durch ethischen Gehalt geadelten Schönheit der Formen, gleichviel, ob deren specieller Inhalt christlich oder heidnisch war. Eine solche Kunstweise, in der sich damals zugleich die geistige Richtung

1

und die Bildungsstufe des ganzen Volkes aussprach, bleibt erfreulich, so lange die ihr angehörenden Meister sich die stille Sammlung und die gleichmässige reine Stimmung des Gemüths bewahren, wie etwa Raffael und Correggio sie gehabt, und sich mit Liebe und Hingabe der künstlerischen Produktion, nur um ihrer selbst willen, widmen. Nun aber macht sich im Verlaufe des sechszehnten Jahrhunderts anstatt jener stillen Sammlung gar bald eine gewisse Hast und Leidenschaftlichkeit in den Gemüthern der Menschen geltend, und die Künstler, dem Zuge der Zeit nachgebend, übertragen diese Stimmung nur allzu rasch in ihre Kunstübung. Die Schwierigkeiten der Technik waren überdies bis zur Virtuosität überwunden, und so lag auch von dieser Seite kein Hinderniss vor, den so veränderten Sinn der Zeit zum künstlerischen Ausdruck zu bringen. Die Kunstweise, die daraus hervorging, pflegen wir mit dem schon im siebzehnten Jahrhundert gebräuchlichen Namen des Manierismus zu bezeichnen (s. u. S. 34). Das Wesen dieser Kunstweise besteht in der äusserlichen Beibehaltung der Formen und Darstellungsmittel, deren sich die grossen Meister der Blüthezeit bedienten, ohne dass aber damit die Beibehaltung des Geistes und der Gemüthstiefe dieser Meister verbunden wäre, welche vielmehr durch die oben angedeutete Hast und Leidenschaftlichkeit ersetzt werden. Als einer der ersten Vertreter dieser Seite des Manierismus ist in dem ersten Theile der Künstlerbriefe Giorgio Vasari, der Lieblingsschüler Michelangelo's, geschildert worden. Es ist indess an jener Kunstweise noch eine andere Eigenthümlichkeit hervorzuheben. Wie man nämlich einerseits aus der früheren Sammlung des Gemüthes herausgetreten war und zu einer bis dahin fremden Heftigkeit und Erregtheit überging, so trat man andererseits auch aus der naiven Unbefangenheit heraus, die ein nicht minder wesentliches Merkmal der Blüthezeit ausgemacht hatte, und gelangte zu einer bewussten Absichtlichkeit und zu einer Reflexion, die ebenfalls schon bei Vasari hervortritt, und welche weiter unten noch eingehender an Federigo Zucchero und Gio. Battista Paggi dargestellt werden wird (Nr. 6—7). Im Zusammenhange mit dieser Erscheinung tritt überall das unbefangene individuelle Leben zurück, und statt dessen macht sich das Streben nach einer Verallgemeinerung aller Besonderheiten in der Kunst geltend. Dies ist S. 25 und 29 namentlich an Federigo Zucchero nachgewiesen. Auch diese Veränderung des Kunstgeschmackes beruhte auf einer Umwandlung des Zeitbewusstseins, welche sich ebensowohl in den Formen des gesellschaftlichen Verkehrs wie in den Leistungen der Wissenschaft und den Schöpfungen der Poesie bekundet [1].

Nur wenn man diese allgemeinen Verhältnisse beachtet, wird man den

---

[1] Das in der Charakteristik Zucchero's (S. 28) erwähnte Werk dieses Künstlers: *Idea dei Pittori, Scultori e Architetti*, ist zu Turin im Jahre 1608 erschienen. Bottari hat dasselbe im sechsten Bande seiner Raccolta abdrucken lassen (Rom 1768, S. 33—199). Wir geben hier einen kurzen und gedrängten Auszug dieser Schrift, die einen nicht unwichtigen Beitrag zur Kenntniss des Manierismus liefert, wie denn überhaupt die literarischen Arbeiten der Künstler des siebzehnten Jahrhunderts, ganz abgesehen von ihrem absoluten Werthe, in Bezug auf die Erkenntniss des künstlerischen Bewusstseins jenes Zeitalters von grosser Bedeutung sind. Die Kunstwissenschaft hat erst seit kurzer

Manierismus in der Kunst richtig beurtheilen können. Allerdings wird man dessen Schöpfungen, die sich in einer gewissen Ueberfülle konventioneller Formen ergehen, ohne von einem wahrhaft menschlichen, tieferen Gehalt belebt zu sein, deshalb weder schöner finden, noch ihnen einen höheren künstlerischen Werth

---

Zeit ihr Augenmerk auf die theoretischen Arbeiten der Künstler gewendet und sich naturgemäss zuerst mit den literarischen Produkten der italienischen und deutschen Künstler des fünfzehnten und sechszehnten Jahrhunderts beschäftigt. Die Manuskripte Leonardo's, Battista's, der Traktat Cennini's, die Lehrbücher Dürer's und seiner Nachahmer sind entweder durch Neudrucke allgemein zugänglich gemacht oder für kunstwissenschaftliche Zwecke durchforscht und excerpirt worden. Der grössere Theil dieser „Kunstbücher" harrt aber noch der systematischen Bearbeitung und Verwerthung für die Kunstgeschichte, die um so nothwendiger ist, als sich mit Hülfe jener Bücher die verschiedenen Phasen des künstlerischen Bewusstseins und der Auffassungsweise in überraschender Weise verfolgen lassen. Der Manierismus ihrer Kunst haftet auch der Darstellungsart und der literarischen Form der Künstler unserer Periode an; aber selbst unter den schwülstigsten Ausdrücken und dem abenteuerlichsten Wust von Gedanken findet sich manch' geistreiche Bemerkung, manch' ein werthvoller Fingerzeig für die geistige Richtung einer Zeit, in welcher die naive, aus eigener Initiative schaffende Kunst durch Spekulation und doktrinäre Analyse ihren Schmetterlingsstaub verlor. Das oben erwähnte Werkchen Zucchero's ist in breiter und sehr künstlicher Weise geschrieben und zerfällt in zwei Bücher. Das erste Buch handelt von der inneren Zeichnung im Allgemeinen und im Besonderen. Das zweite Buch von der äusseren Zeichnung, namentlich der den Bildhauern, Malern und Architekten gemeinsamen. Die innere Zeichnung „disegno interno" ist der in unserem Verstande gebildete Begriff (il concetto formato nella mente nostra), um irgend eine beliebige Sache zu erkennen und äusserlich dem Wesen der Sache gemäss darzustellen. Jener Begriff nun aber bildet sich nicht bloss im Verstande des Malers, sondern in jedem anderen denkenden Wesen, und es wird nach der verschiedenen Art und Weise dieser Letzteren auch verschiedene Arten innerer Zeichnung geben. Nun giebt es aber drei Intellektual-Substanzen: Gott, die Engel und die Menschen, woraus die Existenz einer dreifachen inneren Zeichnung: einer göttlichen, englischen (angelico) und menschlichen hervorgeht. Von diesen wird nun zunächst die göttliche besprochen und dabei auf das Mysterium der h. Dreieinigkeit sowie auf platonische und aristotelische Ideen zurückgegangen. In Gott sind die Ideen aller Dinge, die Ideen aber bilden die Formen der Dinge. So ist in der göttlichen Majestät zugleich die innere Zeichnung enthalten, womit er alle geschaffenen Dinge versteht und das ganze Universum als Objekt seines göttlichen Intellektes unterscheidet, welcher letztere wieder nicht von ihm selbst getrennt, sondern ewig mit ihm eins ist. Die innere Zeichnung in den Engeln modificirt sich nach der Natur dieser Wesen, die ganz geistig, unkörperlich und unvergänglich sind. Gott schuf neben der äusseren Welt zugleich eine geistige Welt in dem Verstande der Engel, und wie er den Himmel als den oberen und die Erde als unteren Theil der Welt bildete, so bildete er mit den Dingen der Welt, den Elementen, Steinen, Pflanzen, Thieren und Menschen, zugleich auch geistige Formen aller dieser Dinge in ihrer Allgemeinheit und impfte dieselben gleichsam dem Begriffsvermögen der Engel ein, welche sie, als rein geistige Wesen ohne Materie und Körper und äussere Sinne, nicht hätten in sich aufnehmen können. So entstand eine nur den Engeln verständliche Intellektualwelt. Um nun nach Gottes Rathschluss als Schutzengel eines einzelnen Menschen, einer Stadt oder einer Provinz wirken zu können, müssen auch sie sich eine Art innerer Zeichnung bilden, die aber der in Gott befindlichen untergeordnet ist. Nun, sagt Zucchero, ist der Weg zum Verständniss der inneren Zeichnung des Menschen gebahnt. Ihm ist dieselbe von Gott zum Zeugniss seiner Gottähnlichkeit verliehen, während er auf der anderen Seite der Natur damit nachzuahmen und mit derselben zu wetteifern im Stande ist. Während aber Gott nur eine Zeichnung in sich trägt, die ihrer Substanz nach vollkommen ist und alle Dinge umfasst, bildet der Mensch in sich verschiedene Zeichnungen aus, je nachdem die Dinge, die er be-

zuschreiben; wohl aber wird man die Meister dieser Richtung insofern milder beurtheilen, als nicht sie allein es sind, welche die Schuld dieses Verfalles tragen. Der Verfall und das Sinken einer einmal blühenden Kunstweise beruht nur selten, vielleicht niemals auf der Verirrung der Künstler allein. Fast immer trägt die Zeit selber einen Theil der Schuld davon. Dies war auch hier der Fall. Die Manieristen folgten den Bewegungen und Veränderungen, welchen die Gesammtheit der Zeitgenossen unterlag, und denen sich nur in den seltenen

greift, von einander verschieden sind. Auch sind diese Zeichnungen weniger vollendeter Art, da sie von den Sinnen herrühren. Dennoch aber ist diese Zeichnung von hohem Werthe, und man kann sie, weil sie den Menschen Gott ähnlich macht, als „Funken der Gottheit" (scintilla della Divinità) bezeichnen, auch als Licht und Grund aller Verständniss sowie als Regel und Ziel aller Thätigkeit. Dies betrifft die innere Zeichnung im Allgemeinen; nun werden deren besondere Arten, nämlich die spekulative und praktische, aufgeführt und in ähnlicher Weise dargestellt; die letztere Art legt sich wieder in eine moralische und eine künstlerische Seite auseinander, und diese künstlerisch-praktische Zeichnung wird im zehnten Kapitel als Grund aller künstlerischen Thätigkeit des Menschen überhaupt hingestellt, obschon dieselbe von der „Kunst" als solcher wieder getrennt wird. Die Kunst des Malens z. B. kann der Maler mit vieler Mühe sich erworben haben; soll er aber irgend ein besonderes Ding malen, so wird er sich doch immer erst in seinem Verstande die Zeichnung, gleichsam die Intellektual-Form dieses Dinges, zu bilden haben. — Ferner wird der Unterschied der spekulativen und sensitiven Zeichnung auseinandergesetzt, und das Resultat ist, dass alle spekulativen, Verstandes- und Realwissenschaften Kinder der Zeichnung sind, nicht minder als alle moralischen Wahrheiten und die sieben Künste der Bekleidung, des Waldes (Jagd und Viehzucht), des Krieges, der Schifffahrt, des Landbaues, der Arzneikunst, wozu noch die Kunst der Behandlung des Erzes nebst allerlei Industriezweigen kommt. Schliesslich werden dann die abweichenden Ansichten Vasari's und G. B. Armillini's (Armenini, vergl. S. 33) über die Zeichnung widerlegt. In dem zweiten Buche geht Zucchero zu den einzelnen Arten der äusseren Zeichnung (disegno esterno) und zu den Gattungen der zeichnenden Künste selbst über. Es wird zunächst die „natürliche" Zeichnung als Quell und Grund der Formen aller natürlichen Dinge betrachtet, und dann die „künstlerische" (disegno artificioso) als Princip aller Künste, sowohl der freien als auch der mechanischen, hingestellt. Auch hier, wie in den unten angeführten Lehrsprüchen, bleibt der Verfasser meist in Allgemeinheiten stehen. Die eigentliche Zeichnung wird nach Leib, Geist und Seele betrachtet; unter dem Leibe wird die äussere Form verstanden; unter dem Geiste die Lebendigkeit und Kühnheit der Bewegung in Blick und Haltung der dargestellten Figuren; unter der Seele endlich Grazie, Leichtigkeit und Anmuth der Zeichnung sowie die Natürlichkeit des Kolorits, das von aller Affektation frei bleiben muss. Endlich wird noch eine dritte Art der äusseren Zeichnung als „produktive, diskursive und phantastische" angeführt, welche der Darstellung aller derjenigen Dinge zu Grunde liegt, die von der menschlichen Phantasie und der Willkür, dem „capriccio", irgend einer beliebigen Kunstweise erfunden werden können, und danach das Verhältniss der einzelnen Künste zu einander festgestellt. Zum Schluss indessen erhebt sich der Verfasser wieder zu den kühnsten Allgemeinheiten; die Philosophie wird als metaphorisch-gleichnissartiges Zeichnen hingestellt; alle einzelnen Wissenschaften, selbst die Theologie nicht ausgenommen, und alle Tugenden der denkenden Seele auf die Zeichnung zurückgeführt und diese selbst als zweite Sonne des Weltalls, als „schaffende Gottheit" und belebende, erhaltende und schaffende Natur gleichsam zum Princip aller Dinge erhoben. Eine allerdings nicht ganz ernst gemeinte Etymologie des Wortes „Disegno", das von „Dio" und „segno" abgeleitet und als „Gleichniss und Zeichen Gottes" erklärt wird, beschliesst den Traktat, den Zucchero in einem bei Bottari ebenfalls abgedruckten Schreiben dem Herzoge Carlo Emanuele von Savoyen gewidmet hat.

Fällen äusserster Begabung ein Künstler ganz zu entziehen vermag. Aber auch diese neuen Kunstzustände sollten nicht allzu lange andauern. Wie es dem Menschen nicht vergönnt ist, lange auf den Höhepunkten der Vollendung zu weilen, und ihn die Schwere seiner Natur wieder in die Tiefe zu ziehen bemüht ist, so harrt er auch nicht lange in der Tiefe aus, und die edleren Elemente seines Wesens werden stets das Streben nach jenen Höhepunkten wach und rege erhalten. Und so lässt sich denn in der That gegen das Ende des sechszehnten Jahrhunderts ein unverkennbarer Aufschwung der italienischen Kunst wahrnehmen.

Betrachten wir diesen Aufschwung zunächst von der rein kunstgeschichtlichen Seite. Bekanntlich gab sich derselbe nach zwei verschiedenen Richtungen hin kund. Es bildeten sich damals zwei Schulen, die, obschon unter sich im heftigsten Gegensatz, doch gemeinschaftliche Sache in dem Kampf gegen den Manierismus machten. Es sind dies die Schulen der Akademiker und der Naturalisten. Beide gingen von der Ueberzeugung aus, dass die Herrschaft des hohlen und falschen Idealismus gebrochen und ein anderer Gehalt und andere Formen an dessen Stelle gesetzt werden müssten. Um zu diesem Zwecke zu gelangen, konnte man zwei verschiedene Wege einschlagen. Man konnte sich einerseits in Bezug auf den Gehalt und die gesammte Auffassungsweise den Meistern der Blüthezeit und in Bezug auf die Formen dem Studium der Natur wieder zuwenden, das von den Manieristen fast durchaus vernachlässigt worden war. Man konnte andererseits aber, indem man mit dem falschen Idealismus zugleich jede berechtigte Idealität überhaupt verwarf und jedes Studium verachtete, lediglich nach der Reproduktion der natürlichen Erscheinung streben. Das Erstere thaten die Akademiker, das Zweite die Naturalisten. Die Akademiker wollten an der Hand der grossen Meister der Blüthezeit und nach deren Vorbilde die Kunst reformiren und suchten deshalb die besten Eigenschaften der einzelnen Meister so viel als möglich zu vereinigen. In wieweit sie dies erreicht haben, und eine wie grosse Mannigfaltigkeit künstlerischer Auffassungen daraus hervorgegangen ist, haben die nachfolgenden Charakterbilder und Briefe der Caracci (S. 46—63) und deren bedeutendsten Schüler und Anhänger, Domenichino (S. 64—75), Guido Reni (S. 75—84), Albani (S. 84—91), Lanfranco (S. 92—102) und Guercino (S. 102 ff.) nachzuweisen. Was dagegen das Wesen der naturalistischen Schule anbelangt, so ist hier der Ort, auf den Begründer derselben, Michelangelo Amerigi, genannt Caravaggio, näher einzugehen. Wenn sich die Caracci und ihre Nachfolger neben der sorgfältigeren Beobachtung der Natur zu einer prüfenden Auswahl der besten Eigenschaften der grossen Meister aus dem Anfang des sechszehnten Jahrhunderts veranlasst sahen, so war dafür in dem Zustande des Manierismus allerdings eine gewisse Berechtigung gegeben. Andererseits darf es aber doch nicht verkannt werden, dass bei einem vollkommenen Kunstwerk die Art der Behandlung sich aus dem Gedanken und dem Gegenstande von selbst herauszustellen habe. Die Macht des Gedankens und der Auffassung muss sich selbst auf die Art der Technik erstrecken und

diese bestimmen. Es wird dadurch eine Uebereinstimmung erzielt, die dem
Werke, ganz abgesehen von dem Werth dieser Auffassung an sich, eine grosse
und unmittelbare Wirkung sichert. So hatten denn auch die Naturalisten ihrerseits eine gewisse Berechtigung, jene prüfende Auswahl der Akademiker zu ver-
werfen und nach dieser unmittelbaren Wirkung des Kunstwerks zu streben.
Diese Wirkung wohnt denn auch in der That ihren Schöpfungen in hohem
Maasse bei. Von dem Kampfe gegen den hohlen und süsslichen Idealismus
der Manieristen ausgehend verwarfen sie allen und jeden idealen Gehalt des
Kunstwerkes; um der konventionellen und gezierten Auffassung jener Meister
zu entgehen, verzichteten sie auf jede künstlerische Auffassung des Gegenstandes,
und strebten nach der einfachen Reproduktion der Natur selbst in deren niedriger
und gemeiner Erscheinung. Sehen wir, wie sich dies an dem Gründer der
naturalistischen Schule darstellt. Caravaggio (1569—1609) erlernte die Malerei
in Mailand, studirte in Venedig namentlich die Werke Giorgione's und wandte
sich dann nach Rom, wo zu jener Zeit alle bedeutenden Talente zusammen-
strömten. Hier hat er einige Zeit unter Giuseppe Cesari, genannt Cavaliere
d'Arpino, einem der entschiedensten Manieristen, gearbeitet, erlangte indess in
dieser Kunstweise keine Erfolge und beschloss, sich selbständig seinen Weg zu
bahnen. In Gemeinschaft mit einem anderen Künstler eröffnete er eine Boutique,
wo er ganz roh gearbeitete Bilder verkaufte. Lange fehlte auch hier jeder Erfolg, er hatte mit Mangel und Noth zu kämpfen, bis ihn ein französischer Kunsthändler unterstützte und seine Werke vortheilhaft zu verwerthen wusste. Endlich
ward ihm auch die Gunst eines kirchlichen Würdenträgers zu Theil, welche die
Vorbedingung alles künstlerischen Erfolges in Rom war. Der Kardinal del
Monte nahm ihn in sein Haus, und die Bilder, die Caravaggio dort malte, sind es,
die seinen Ruhm begründeten. Es war ein Glück für ihn, wie ein Zeitgenosse
sagt, gerade zur Zeit jenes falschen, hohlen und phantastischen Idealismus auf-
zutreten. In der That begann man dieser Auffassung auch in Rom allmälig
satt und überdrüssig zu werden, nachdem in Bologna die ersten Reformversuche
von Seiten der Caracci schon geschehen waren. So viel Mühe wie die Caracci
gab sich nun Caravaggio allerdings nicht, um etwas Neues, innerlich Begründetes
an die Stelle der alten Kunstweise zu setzen. Es ist sehr bezeichnend, welcher
Art die Bilder waren, mit denen er sich in jene Konkurrenz einliess. Vor
Allem wird ein Gemälde erwähnt, auf dem er mehrere musicirende Personen
darstellte. Auf einem Tische stand eine Karaffe mit Wasser und Blumen, in
der sich die umgebenden Gegenstände und namentlich ein Fenster sehr natürlich
spiegelten. Caravaggio hielt dies selbst für sein bestes Werk. Man freute sich,
statt der gespreizten und gezierten Figuren der Manieristen wieder ein Stück
Wirklichkeit und Natur zu sehen. Man musste vor Allem die Wirkung des
Kolorits bewundern. Alle künstlichen und konventionellen Farben, mit denen
der Manierismus Missbrauch getrieben hatte, wurden ausgeschlossen, Zinnober
und Azur wurden von ihm, wie ein italienischer Kunstgeschichtsschreiber sagt,
fast gänzlich verbannt; nur einfache kräftige Töne wendete er an. Das Studium

Giorgione's kam Caravaggio in dieser Beziehung sehr zu statten. In der Wahrheit seines Kolorits lag, ehe er sich entschieden der Schwarzmalerei zugewendet hatte, das Hauptverdienst dieses Künstlers. Darin lag zu gleicher Zeit der grosse Einfluss begründet, den er fast auf alle hervorragenden Zeitgenossen ausgeübt hat. Annibale Caracci sagte in seiner derben Weise von ihm, er müsse sich wohl Fleisch zum Malen des Fleisches reiben! Von den übrigen Akademikern bekunden diesen Einfluss am meisten Guido Reni und Guercino; von den Franzosen Vouet und Valentin; von den nordischen Künstlern Honthorst und Rubens. Bis dahin nun war die neue Weise Caravaggio's wohl berechtigt, und selbst seine Gegner verkennen dies nicht. Sie geben zu, wie Grosses er in dieser Beziehung geleistet habe und wie günstig er in diesem Sinne auf die Kunst hätte wirken können. Nun aber lag in dem Wesen und Charakter dieses Mannes Vieles, was der an sich berechtigten Auffassung eine unheilvolle Wendung gab. Roh und ungebildet in seinem Wesen war er allem Edlen in der Kunst abgeneigt. Leidenschaftlich, düster und wüst von Charakter war es vor Allem die Gewalt düsterer Stimmung, die er in seinen Werken auszudrücken liebte, wenn er überhaupt auf einen solchen Eindruck und nicht vielmehr auf die blosse Reproduktion der Natur hinarbeitete. Immer aber griff er die niedrige, hässliche und gemeine Seite der Erscheinung mit Vorliebe heraus. In seinem Kolorit lässt er sich durch eben diesen düsteren Sinn zur Anwendung der härtesten und schärfsten Kontraste verführen. Die Figuren heben sich von dem fast immer schwarz gehaltenen Hintergrunde schneidend ab; es ist, wie Lanzi einmal sagt, als ob sich seine Figuren alle in einem Kerker bewegten. Und in der That, das Nächtliche ist sein eigentliches Element. Nicht bloss in der Farbengebung, sondern auch in der ganzen Stimmung der Werke herrscht dasselbe vor. Auch hier sind es überall die Nacht- und Schattenseiten der menschlichen Natur, die er hervorkehrt. Diese, gleichviel, ob zu künstlerischer Geltung berechtigt oder nicht, werden immer eine grosse und unmittelbare Gewalt auf den Beschauer ausüben, und es ist in der That noch jetzt schwer, sich der Wirkung derartiger Bilder ganz zu entziehen. Der Tod der Maria im Louvre z. B. ist ein Werk reich an Widerwärtigkeiten aller Art. Mit geschwollenem Leibe, gleich einer Ertrunkenen, die blossen Füsse in unedelster Weise dem Beschauer entgegengestreckt, liegt die heilige Jungfrau da. Die Wirkung ist eine unangenehme, abschreckende; aber sie ist da, und es ist auch nicht zu leugnen, dass an einigen der Apostelfiguren sich eine tief ergreifende Gewalt der Leidenschaft bekundet. Der Kampf gegen ein Extrem in der Kunst ruft naturgemäss das andere Extrem hervor. Kein Wunder übrigens, dass diese Kunstweise einen grossen Erfolg hatte. Die obengenannten Künstler ehrten das wirkliche Talent in Caravaggio, den Fortschritt, den er zu einer wahren und realen Darstellung gethan. Auf die grosse Masse aber musste namentlich das Düstere, Leidenschaftliche wirken und nicht minder der Umstand, dass die meisten Gegenstände seiner Darstellungen dem gemeinen Leben entnommen und auch die kirchlichen Darstellungen durchaus in gemeiner und niedriger Weise aufgefasst waren. Es ist in dieser Beziehung sehr bezeichnend, dass nach der Aeusserung eines Zeitgenossen gerade die „popolani", die Leute des Volkes, grosses Gefallen an Caravaggio's Werke gefunden hatten. Einzelne Kopf- und Brustbilder Caravaggio's wurden bezahlt wie historische Kompositionen anderer Meister. Grosser „Rumor" wurde von seinen Werken gemacht, als deren besonderer Prophet und Anhänger Prosperino delle Grottesche genannt wird. Auch für die spätere Zeit der naturalistischen Schule erklärt Lanzi den Umstand, dass man so wenig über die Personen der Künstler wisse, daraus, dass sie meist für Private gearbeitet haben. Zur monumentalen Darstellung war diese Kunstweise am wenigsten geeignet. In diesem Erfolge Caravaggio's bei den gewöhnlichen Leuten liegt, wie in seiner Kunstweise selbst, Gutes und Schlimmes gemischt. In seiner heftigen Opposition gegen die hohle Scheinkunst der Manieristen hatte Caravaggio ganz Recht, die Natur wieder in ihr Recht einzusetzen. In der Anerkennung dieser einen Seite seiner Kunst kamen denn auch die Popolani mit den ersten Künstlern ihrer Zeit überein. Unrecht aber beging Caravaggio, indem er mit den falschen und hohlen Idealen des Manierismus alles Ideale und jeden veredelnden und erhebenden Gedanken aus der Kunst verbannte, und ebenso grosses Unrecht würde man begehen, diese ganze Kunstrichtung anders, denn als ein Durchgangsstadium billigen zu wollen. Die Kühnheit und Rücksichtslosigkeit, mit der Caravaggio seine Opposition gegen die bestehende Kunstansicht durchführte, ist der Grund gewesen, weshalb man ihn, wie z. B. Pointel und Kolloff gethan, als einen Revolutionär in der Kunst bezeichnet hat, ebenso wie der Anklang, den seine Kunstweise bei der des Manierismus überdrüssigen Masse des Volkes gefunden hat, wohl Veranlassung geworden ist, dieselbe als eine demokratische zu bezeichnen (Vischer); Ansichten, die nur unter sehr beschränkenden Bedingungen als richtig anerkannt werden können. Das Faktum ist, dass Caravaggio, stolz hochmüthig und satirisch von Sinnesart, von allen früheren und gegenwärtigen Künstlern schlecht redete und seine Kunstweise ausser mit dem Pinsel auch mit den Waffen gegen jeden Nebenbuhler zu vertreten geneigt war. Er glaubte allein die Wahrheit zu besitzen. Es erinnert dies an Gustave Courbet, der innerhalb der modernen Kunst zuerst das Wort „Realismus" auf seine Fahne schrieb, ein Wort, das sich heute nicht mehr mit dem Begriff der von Courbet inaugurirten Richtung deckt. Insofern er sich mit dem sklavischen Abschreiben der gewöhnlichen Natur begnügte, ist er freilich mit den alten Naturalisten verwandt. Es fehlt ihm aber die Macht leidenschaftlicher Stimmung und das Stilgefühl, welches jene immer noch zu echten Künstlern stempelt [1]).

Die Zeiten Papst Sixtus' V. waren es, in denen die drei mit einander kämpfenden Richtungen der Malerei sich gleichsam persönlich in Rom nahetraten. Der Manierismus hatte hier seit lange seine eigentliche Heimath ge-

[1]) Ueber Caravaggio vgl. auch Meyer's Allg. Künstlerlexikon I, S. 613 ff. und O. Eisenmann in Dohme's Kunst und Künstler Nr. LXXVIII.

funden, Giuseppe d'Arpino stand an der Spitze desselben. Wir sahen soeben, dass auch Caravaggio sich hierher gewendet; die Wechselwirkung der drei Schulen wurde vollständig, als auch Annibale und Agostino nach Rom kamen, um dort sehr bedeutende monumentale Werke auszuführen. Für das nun sich ergebende Verhältniss sind die folgenden Bemerkungen eines gleichzeitigen Schriftstellers sehr bezeichnend. „Der Kavalier," sagt Passeri einmal, „der damals den höchsten Gipfel des Ruhmes einnahm, liebte nicht den Umgang mit den Caracci und mit deren Anhängern; denn sie befolgten eine von der seinigen zu verschiedene Manier; überdies passen weder Bizarrerie und Bescheidenheit, noch das Heftige mit dem Friedlichen zusammen. Giuseppino machte es, wie mitunter die vornehmen Leute, die zu den an Rang unter ihnen Stehenden human, freundlich und artig sind, aber gegen Gleichstehende, oder die mehr Ansprüche als sie selbst machen können, stolz, schroff und zurückhaltend sind, und mit denselben nie recht gut zusammen aushalten können. Michelangelo da Caravaggio aber brachte der neuen Schule der Caracci einige Förderung, denn nachdem er einmal so kühn mit seiner kräftigen Manier hervorgetreten war, half er dazu, dass der gute Geschmack zu Ansehen kam und die Natürlichkeit, die damals aus der Welt verbannt war, indem man sich in einer bloss idealen und phantastischen Malweise verloren hatte, die ebenso von aller Natur als von der Wahrheit entfernt war, deren getreue Nachahmerin die Malerei sein soll. Allerdings hat er seinen neuen Stil nicht mit jenen Reizen verschönert, wodurch ihn die Caraccesken zur höchsten Vollendung gebracht haben, indem sie ihn mit Anmuth und Schönheit erfüllten, in der Komposition bereicherten, in allen Nebendingen verzierten und in der ganzen Haltung bescheidener und maassvoller gestalteten. Dennoch aber eröffnete er einen Weg, auf welchem man wieder zum Anblick der Wahrheit gelangen konnte, welche so zu sagen seit langen Jahren verloren gegangen war."

Was so in seinen ersten Gründen ganz gerechtfertigt war, drohte indess, wie gesagt, in seiner Folge der ganzen Kunst verderblich zu werden. Den Tadel einiger Akademiker über die zu grosse Natürlichkeit Caravaggio's wird man an verschiedenen Stellen der nachfolgenden Briefe und Erläuterungen hervorgehoben finden; Albani datirt den Verfall der Kunst geradezu von Caravaggio, und ein anderer Zeitgenosse drückt dieselbe Ansicht in folgenden Worten aus: „Jetzt macht sich eine Menge junger Leute nach Caravaggio's Beispiele daran, einen Kopf nach der Natur zu kopiren; sie kümmern sich weder darum, die Zeichnung gründlich zu studiren, noch um die Tiefe und Bedeutsamkeit in der Kunst überhaupt, sondern begnügen sich mit dem blossen Kolorit. Daher wissen sie denn allerdings nicht einmal, zwei Figuren gehörig zusammenzustellen, noch irgend einen Vorgang zu komponiren, indem sie von der Vortrefflichkeit einer so edeln Kunst gar keine Idee mehr haben!"

So wurde, gleichzeitig mit den Reformationsbestrebungen der Caracci, eine Schule begründet, die in Rom selbst auf lange Zeit hinaus eifrige Nachfolger fand und die sich durch Caravaggio's Flucht aus Rom nach Neapel übertrug, das fortan der Hauptsitz des Naturalismus wurde, bis Salvator Rosa denselben in edlerer Weise in Rom zur Geltung brachte. Was das Leben Caravaggio's betrifft, so genügen hier wenige Bemerkungen. Es bildet einen recht entschiedenen Gegensatz gegen das des Lodovico Caracci, wie auch Charakter und Kunstweise der beiden Meister einen solchen Gegensatz bilden. Seine Berührungen mit Guido Reni und Guercino werden weiter unten an den betreffenden Stellen erwähnt werden; ein Mord vertrieb ihn aus Rom. In Neapel überträgt er seine Kunstweise auf Spagnoletto: von Neapel geht er nach Malta, wo er durch das Porträt des Grossmeisters (jetzt im Louvre) grosse Ehre, eine goldene Kette und das Ritterkreuz gewinnt, bald aber wegen eines Zwistes mit einem Ritter in's Gefängniss geworfen wird. Er entflieht nach Sicilien, wo seine Kunstweise, namentlich durch Mario Minnitti, grosse Ausbreitung findet. Endlich, nachdem ihm der Kardinal Gonzaga die Rückkehr nach Rom ermöglicht hatte, macht er sich auf den Heimweg. Auf dieser Rückreise fand er, wohl hauptsächlich in Folge allzu leidenschaftlicher Aufregung, seinen Tod an der Meeresküste und von aller menschlichen Hülfe entfernt. „Er starb schlecht," sagt ein Berichterstatter, „wie er schlecht gelebt hatte."

Dies die kunstgeschichtliche Seite des Kampfes, der von zwei entgegengesetzten Seiten gegen den Manierismus unternommen wurde. Es hat nun aber dieser Kampf neben der rein künstlerischen auch noch eine kulturgeschichtliche Seite, die wohl beachtet werden muss, wenn man zum Verständniss dieser ganzen Bewegung gelangen will. Es war keine bloss zufällige, persönliche Abneigung, welche die Caracci zum Kampf gegen den Manierismus bewegt hatte. Ein tieferer Grund lag in der Zeit selbst und in dem veränderten Bewusstsein der Zeitgenossen, die nach einem festeren und positiveren Gehalt in der Kunst verlangten, als die Manieristen zu bieten im Stande waren. Diese Veränderung im Leben der italienischen Nation war durch ein Ereigniss hervorgerufen, das überhaupt dazu bestimmt war, der modernen Bildung durchaus neue Bahnen anzuweisen. Die Reformation war in Deutschland um die Mitte des sechzehnten Jahrhunderts zu einem wenigstens vorläufigen Abschluss gediehen. Sie hatte nicht nur eine neue Welt des Glaubens und der Gesittung im Gegensatze zu der bestehenden Welt des Katholicismus geschaffen, sondern auch durch ihre Rückwirkung dieser letzteren selbst einen neuen Lebensathem eingehaucht. Im Norden und namentlich in Deutschland hatte sich während des ganzen fünfzehnten Jahrhunderts eine innerliche, gemüthliche und sittliche Durchbildung vollzogen. Der Geist des Volkes hatte sich hier ebenso in sich selber vertieft, als er in Italien und dem romanischen Süden überhaupt zu äusserlich glänzenden Formen und Gestalten sich auseinander gelegt hatte. Das Resultat dieser Verinnerlichung des deutschen Geistes in Poesie und Leben, in Sitte und Kunst trat fast zu derselben Zeit in die Erscheinung als das der gleichzeitigen italienischen Entwicklung. Hier zeigte es sich in der durchaus heiteren, glänzenden und prächtigen Gestaltung des äusseren Lebens, in der erneuten Blüthe antiker Denk- und Sinnesart; in Deutschland in der Vertiefung und Erneuerung des

Glaubens und in dem Versuch, danach die Verhältnisse des Lebens neu zu gestalten. In Italien geht daraus die hohe Kunstblüthe hervor; in Deutschland die Reformation. Wunderbar, wie der Zeit nach diese beiden grossen Erscheinungen zusammenfallen. Es ist allerdings ein Spiel des Zufalls, dass Luther und Raffael in einem Jahre geboren sind; aber es ist kein solches Spiel, dass die grossen Schöpfungen, die sich in jenen Personen gleichsam verkörperten, fast zu derselben Zeit erwachsen, sich erweitern und vollenden. Hier wie dort erhebt sich — und zwar von denselben Einflüssen angeregt — der Geist der Nation zu seiner letzten Höhe und Vollendung. Die Reformation ist auf dem Gebiete der Religion und der Sittlichkeit, was die Erfolge Raffael's und seiner Zeitgenossen auf dem der schönen Form. Diese Verinnerlichung des Geistes und diese Vertiefung des religiösen Gefühls verfehlten natürlich nicht, auf die deutsche Kunst in der ersten Hälfte des sechszehnten Jahrhunderts ihren Einfluss auszuüben und dieselbe zu ihrer eigenthümlichsten Vollendung zu führen. Aber auch für die Kunstgeschichte des Südens ist die Reformation von grosser Bedeutung gewesen. In dem Kampf gegen die sittlich tief begründete Macht des Protestantismus hatte auch der Katholicismus sich in sich selber vertieft und gekräftigt, und diese Umwandlung des Zeitbewusstseins war es vor Allem, die zu der schon oben besprochenen Erneuerung des Kunstlebens geführt hatte. Man kann dieselbe als die Restauration der Kunst betrachten, wie man die Gesammtbestrebungen der katholischen Welt in den Begriff der Restauration der katholischen Kirche zusammenfasst. Niemand hat dies Verhältniss mit freierem Blick und feinerem Verständniss für die künstlerische Eigenthümlichkeit geschildert, als Ranke. „Die Kunst." sagt derselbe in Bezug auf die Manieristen, „wusste nichts mehr von ihrem Objekt: sie hatte die Ideen aufgegeben, welche sie sich sonst angestrengt hatte, in Gestalt zu bringen: nur die Aeusserlichkeiten der Methode waren ihr übrig. In dieser Lage der Dinge, als man sich von dem Alterthum bereits entfernt hatte, seine Formen nicht mehr nachahmte, seiner Wissenschaft entwachsen war: — als zugleich die altnationale Poesie und religiöse Vorstellungsweise von Literatur und Kunst verschmäht ward; — trat die neue Erhebung der Kirche ein: sie bemächtigte sich der Geister mit ihrem Willen oder wider denselben; sie brachte auch in allem literarischen und künstlerischen Wesen eine durchgreifende Veränderung hervor." In dem ersten Theile der Künstler-Briefe wurde darauf hingewiesen, dass sich diese Veränderung und der dadurch herbeigeführte Bruch mit den Elementen der klassischen Weltanschauung, die bis gegen die Mitte des sechszehnten Jahrhunderts geherrscht hatte, zunächst an solchen bekunden konnte, die ursprünglich dieser Welt- und Kunstanschauung angehörten. Als Beispiel hierfür wurde der treffliche Ammanati angeführt, der erste Gönner und Anhänger der Jesuiten in Florenz, dem das Bewusstsein dieses Bruches die letzten Lebensjahre in so trüber Weise verbitterte. Er ist einer von denen, die wider ihren Willen in die neuen Bahnen hineingetrieben wurden. Wunderbar, dass dies gerade unter der Regierung desjenigen Papstes geschah, der einem ähnlichen Schicksal unterlegen ist. Gregor XIII.

(1572—1585, die betreffenden Briefe Ammanati's sind 1582 geschrieben), von Hause aus ein heiterer und lebenslustiger Mann, mild und nachsichtig in kirchlichen Dingen, ist ebenfalls durch die Jesuiten in die strengere Anschauungsweise hineingetrieben worden; er wurde, wie Ammanati, aus seiner früheren Stellung von der kirchlichen Strömung hinweggerissen. Nun aber mussten diese neuen Ansichten in der Kunst auch von solchen vertreten werden, die von Anfang an den Einwirkungen dieses Geistes ausgesetzt waren, und als Beispiel dafür haben wir schon früher die Caracci angeführt. Sie zeigen in der That, wie die Restauration der Kirche auf die Kunst, und zwar in günstigem Sinne, einwirkte. „Kunst und Poesie," sagt Ranke, „ermangelten eines Inhaltes, des lebendigen Gegenstandes, die Kirche gab ihnen denselben wieder." Wie dadurch die Stellung des Künstlers zu seinem Kunstwerke eine durchaus andere geworden, hat Ranke ebenfalls nachgewiesen. Wir wollen seine treffenden Bemerkungen hier nicht wiederholen. Wohl aber kann manches zur Bestätigung derselben noch angeführt werden. Dahin gehört vor Allem die von Domenichino mitgetheilte Aeusserung, „dass man selbst empfinden müsse, was man darstellt." Und in der That, alle Werke dieser Zeit tragen einen solchen Stempel subjektiver Empfindung an sich. Die „kirchliche Sentimentalität und Hingerissenheit", die fortan, nach Ranke's Bemerkung, eine so wesentliche Eigenschaft des Zeitgeistes wird, zeigt sich auch in den meisten der gleichzeitigen Künstler. Das religiöse Gefühl war allerdings auch schon bei den Meistern der Blüthezeit vorhanden, aber in mehr naiver und unbewusster Weise. Es tritt jetzt mit Bewusstsein und Absichtlichkeit hervor. Die eigentlichen Devotionsbilder fangen an, Epoche zu machen. Die heilige Familie, um hier nur ein Beispiel hervorzuheben, war früher so unendlich oft dargestellt worden wegen der künstlerischen Bedeutsamkeit des Gegenstandes. Man hatte sie objektiv als ein rein menschliches, an sich schönes Verhältniss dargestellt. Nun wird derselbe Gegenstand mit Vorliebe so geschildert, dass Maria mit dem Kinde irgend einem Heiligen erscheint; in einer Vision, die nun natürlich als Grund der Verzückung desselben benutzt wird. Ueberall tritt ein docirendes Element hervor. Man sieht, die Kunst ist nicht bloss von den erneuten Ideen der Kirche erfüllt, sie ist in den Dienst der Kirche getreten. Je mehr dies kirchliche Interesse hervortritt, um so mehr tritt das rein künstlerische, das bisher geherrscht, zurück. In Bauten wird dies durch die Entfaltung eines gewissen Pompes und materieller Grossartigkeit bekundet; sehr lehrreich ist in dieser Beziehung der Brief Carlo Maderno's an Paul V. über seine Motive, von dem von Michelangelo festgestellten Grundriss der Peterskirche abzuweichen; nicht minder der Brief Crespi's an Federigo Borromeo über die dem h. Carlo Borromeo zu errichtende Kolossalstatue. In diesem Sinne ist es zu verstehen, wenn Claudio Tolomei die Baukunst nicht als Erfindung des Menschen, sondern als Resultat besonderer göttlicher Eingebung betrachtet wissen will. Daher kommt es, dass die Kunstwerke weniger ihrer Ausführung als wegen der frommen Empfindungen geschätzt und gerühmt werden, die sie in dem Beschauer hervorrufen, wie dies namentlich ein an Federigo Barocci gerichteter Brief in Bezug auf ein Krucifix dieses Meisters thut, der unter Nr. 1 der folgenden Briefe als einer der frömmsten Meister unter den Manieristen geschildert wird. Daher endlich ist es zu erklären, wenn der Maassstab des Tridentiner Koncils an die künstlerische Produktion angelegt werden kann, wie dies Gabriele Paleotti und nach dessen Vorgange viele andere Schriftsteller gethan haben. Insoweit der Kunst durch diese Restauration ein positiver Inhalt wieder zugeführt wird, insoweit ein ernster sittlicher Sinn, wenn auch in vielen Fällen nur äusserlich, gefördert wurde[1]), muss man dieselbe als einen grossen Fortschritt begrüssen, und der Ruhm der Caracci liegt eben darin, dass sie dieser veränderten und geläuterten Zeitstimmung Ausdruck in der Kunst verschafft haben. Aber die Schule der Caracci darf nicht als einziges Beispiel dieses Einflusses der kirchlichen Restauration betrachtet werden; auch ihre Gegner, die Naturalisten, scheinen, wenn auch in einem anderen Sinne, einen gewissen Antheil daran zu haben. Hat doch jene Restauration selbst ihre zwei sehr verschiedenen Seiten. Einmal allerdings hat sie jene Reinigung der Sitte und jene Verinnerlichung der katholischen Welt hervorgerufen, wie sie sich an den Caracci nachweisen lässt; andererseits aber hat sie nicht minder eine Welt düsteren Aberglaubens und blutiger Intoleranz gefördert und nur allzu oft durch die Blutströme von tausend und aber tausend Andersdenkenden die Sache des wieder zur Herrschaft strebenden Katholicismus befleckt und geschändet. Auch den Einflüssen dieses düsteren Geistes vermochte sich die Kunst nicht ganz zu entziehen, und man wird nicht irre gehen, wenn man die Anklänge und Rückwirkungen desselben in jenen zahlreichen Martyrienbildern erkennt, wie sie die Naturalisten (und nicht bloss diese allein) so oft und mit so grosser Vorliebe gemalt haben; vor Allen Spagnoletto, der nicht müde wird, den geschundenen h. Bartholomäus, den mit Pfeilen durchbohrten h. Sebastian, den gekreuzigten h. Andreas, den im Ofen gebratenen h. Januarius und den auf dem Rost verbrannten h. Laurentius darzustellen, ohne dem Beschauer auch nur eine Widerwärtigkeit dieser Ekel und Grauen erregenden Vorgänge zu ersparen.

So sehen wir, wie jene Restauration des Katholicismus sowohl nach ihren guten als auch nach ihren schlimmen Seiten zum Ausdruck in der Kunst gelangt ist, und man könnte sagen, dass fortan kein neues Element im Leben des siebzehnten Jahrhunderts hervorgetreten sei, das nicht ebenfalls in der Kunstübung der Zeit Ausdruck und Gestalt gewonnen hätte. Und zwar geschieht

---

[1]) Der Dichter Giovanni Battista Marini, der allerdings erst in späterem Alter von dieser neuen Zeitrichtung berührt wurde, bittet einmal Lodovico Caracci, ihm das Bild der Salmacis zu malen. Er möchte in der Darstellung des (sehr üppigen) Gegenstandes nicht allzu zurückhaltend sein; das Bild würde nicht öffentlich gezeigt, und auch Baroccio habe ihm ein ähnliches gemalt. Nicht tugendhafter war, nach dem Ausspruche Ranke's, die Zeit geworden, wohl aber ernsthafter; ein Ausspruch, für den sich viele Bestätigungen auch aus der Kunstgeschichte anführen lassen könnten.

dies mit einer merkwürdigen Uebereinstimmung der Personen und Zeiten. „Es wird sich in der Regel finden," sagt Ranke, „dass die Zeit, in der ein Mensch seine entscheidende Richtung ergreift, in die erste Blüthe der männlichen Jahre fällt, in denen er an Staat oder Literatur einen selbstthätigen Antheil zu nehmen anfängt. Die Jugend Paul's V., geboren 1552, und Gregor's XV., geboren 1554, gehörte in eine Epoche, in welcher die Principien der katholischen Restauration in vollem ungebrochenen Schwunge vorwärts schritten: auch sie wurden von denselben erfüllt." Nun ist zu bemerken, dass der Begründer der akademischen Schule zu derselben Zeit (1555) geboren ist, und auch Agostino und Annibale Caracci nur um weniges jünger sind. So sind sie, namentlich Lodovico, denselben Einflüssen ausgesetzt gewesen, unter denen jene Päpste ihre bestimmte Richtung erhalten haben, und es ist nicht ohne einen tief innerlichen Zusammenhang, dass gerade diese beiden Päpste, die Wiederhersteller des Katholicismus, als die eigentlichen Gönner und Beförderer der Caracci und ihrer Schule aufgetreten sind. Paul V., jener von fast schwärmerischer Auffassung des Papstthums erfüllte und dabei bis zur Grausamkeit unbeugsame Kirchenfürst, war der erklärte Gönner und Freund Guido Reni's, zu dem er in einem ähnlichen Verhältnisse stand, als einst Julius II. zu Michelangelo [1]). Gregor XV. dagegen, jener milde und liebenswürdige Kompatriot der Caracci, war, wie seine Familie überhaupt, schon als Kardinal Alessandro Ludovisi den Caracci günstig gesinnt und erklärter Gönner des stillen und anspruchslosen Domenichino. Als er den päpstlichen Stuhl bestiegen hatte, schienen sich für die innerlich schon fest begründete Schule von Bologna die glänzendsten Aussichten zu eröffnen. Der Papst selbst und sein energischer Nepot, der Kardinal Ludovico Ludovisi, beeiferten sich, ihre alten Schützlinge zur öffentlichen Geltung zu bringen. Domenichino, dem der Kardinal sein erstes Kind über die Taufe gehalten, wurde nach Rom berufen, von Beiden, vom Kardinal namentlich, auch architektonisch beschäftigt und zum Baumeister des päpstlichen Palastes ernannt. Nicht mindere Gunst wendete der Papst dem frommen und sittenreinen Guercino zu. Auch er wurde nach Rom berufen, um die Loggia des Segens für 22,000 Scudi auszumalen, und es wurde ihm als besondere Gnade gestattet, einen Monte di pietà in Cento zu gründen. Aber die Hoffnungen der bolognesischen Meister erloschen nur allzu rasch mit dem baldigen Hinscheiden des Papstes und dem Erlöschen der Macht des Nepoten. Die plötzliche Wandlung, die mit der Wahl des neuen Papstes in dem religiösen und politischen System eintrat (beide waren auf das Engste miteinander verbunden), sollte auch

---

[1]) Im Uebrigen wendete Paul V. seine Thätigkeit mehr der Baukunst zu, und er namentlich ist es, der im Wettkampf mit dem nicht minder baulustigen Sixtus V. den modernen Bauten Roms jenen äusserlich imponirenden und pomphaften Charakter aufgeprägt hat, auf den schon oben hingewiesen wurde. Unter ihm fand aus angeblich kirchlichen, eigentlich aber rein äusserlichen Motiven jene unglückliche Erweiterung der Peters-Kirche statt, welche, indem sie von dem einst durch päpstliche Breven geschützten Plane Michelangelo's abwich, zugleich den ästhetischen Eindruck des grossen Bauwerkes in so empfindlicher Weise beeinträchtigte.

für die Kunst nicht ohne Folgen vorübergehen. Die Interessen der Kirche, im Sinne jener Restauration der katholischen Weltherrschaft, fielen mit denen der spanischen Monarchie und der spanischen Partei in Italien zusammen, welcher letzteren auch die hervorragendsten bolognesischen Meister angehörten. Paul V. und Gregor XV. waren nicht bloss streng kirchlich, sondern auch durchaus spanisch gesinnt. Ihnen vor Allen war es zu danken, dass bis dahin dies kirchliche und spanische Interesse entschieden und ausschliesslich vorgeherrscht hatte. Nun aber wird, trotz aller Anstrengungen der spanischen Partei, ein Papst gewählt, der, ohne seine eigene kirchliche Bedeutung zu opfern, sich doch ganz unzweifelhaft einer entgegengesetzten Richtung zuneigt. „Die ersten Thätigkeiten Urban's VIII," sagt Ranke, „fielen in die Zeiten der Opposition des päpstlichen Fürstenthums gegen Spanien, der Herstellung eines katholischen Frankreich. Wir finden, dass nun auch seine Neigung sich vorzugsweise diesen Richtungen hingab." Kein kirchliche Interessen sind Urban VIII. fremd; statt der Andachtsbücher sieht man wieder Poesien auf dem Arbeitstische des Papstes; er selbst beschäftigt sich mit der Dichtkunst im Sinne einer früheren Zeit, ohne ascetischen Eifer, mehr der antiken Auffassung zugeneigt. Vor Allem aber liegt ihm die weltliche Macht des Kirchenstaates am Herzen. Das spanische Uebergewicht macht die Ausdehnung der letzteren unmöglich; kein Wunder, dass Urban VIII. sich der französischen Weltmacht, dem alten Rivalen Spaniens, zuwendete. Damit waren zugleich die Ansprüche jener strengen und zelotischen Auffassung der Kirche gebrochen, in der Spanien oft weiter als die Päpste selbst gegangen war [1]; denn in dem grossen Kampfe, der damals auch die katholische Welt in Bewegung setzte, hat Frankreich immer die mildere und weniger eifernde Auffassung der Kirche vertreten. Wenn man diese Verhältnisse, in denen sich das innerste Leben der Zeit selbst ausspricht, schon in kunstgeschichtlicher Beziehung beachtet hätte, so würde man gefunden haben, dass auch die Kunstübung der Zeit jenem Umschwunge der leitenden und bestimmenden Ideen in überraschender Weise nachfolgt. Nicht dass die Akademiker plötzlich ihre Wirksamkeit verloren hätten — sie sind ihrer Partei treu geblieben und noch lange in deren Sinne thätig gewesen. Aber mit ihrer öffentlichen Geltung, mit ihrer Herrschaft in der Kunstwelt, wie sie unter Paul V. und Gregor XV. stattgefunden, ist es vorüber, wie es mit der Herrschaft des spanisch-orthodoxen Systems vorüber ist. Wie die Vertreter dieses Systems unter den Kardinälen, die zugleich die Gönner der Akademiker waren, von ihrem öffentlichen Einfluss einbüssen, so ziehen sich diese selbst wieder von Rom zurück. Domenichino, noch eben voll Hoffnung, eine grosse Thätigkeit auch in der von ihm besonders geliebten Baukunst entfalten zu können, folgt bald dem Rufe des spanischen Vice-Königs nach Neapel, um wieder zu einer Wirksamkeit zu gelangen, die ihm so ver-

[1] Als Papst Sixtus V. sich dem Könige Heinrich IV. von Frankreich zuneigte, predigten die stets der spanischen Partei ergebenen Jesuiten gegen ihn, und Olivarez, orthodoxer als der Papst selbst, durfte demselben in seiner eigenen Residenz Maassregeln im spanischen Interesse aufzwingen.

derblich werden sollte; Guido Reni geht nach Bologna, Guercino nach Cento
zurück; Lanfranco treibt, ausser der Lust, mit seinem alten Nebenbuhler auch
dort zu rivalisiren, der Mangel an Beschäftigung ebenfalls nach Neapel[1]. So
verlassen die Akademiker den glänzenden Schauplatz des Kunstlebens, — denn
dies sollte Rom noch lange Zeit bleiben! Neue Künstler treten auf, neue
Richtungen machen sich geltend, um den nun herrschenden Ideen, die schon
lange auf den Moment, hervorzutreten, gewartet hatten, auch zum Ausdruck in
der Kunst zu verhelfen. Und die Regierung des kräftigen und energischen
Papstes währte lange genug, um diese neue Richtung zu einem festen Abschluss
und zu innerlicher Begründung gelangen zu lassen. Daher kommt es, dass die
Barberini einen so entscheidenden Einfluss auf die Entwicklung der modernen
Kunst gewinnen konnten. Derselbe ist zumeist weltlicher und äusserlicher Art.
Dies bekunden die Bauten des Papstes. Nicht minder die Namen Bernini und
Pietro Berrettini, welche als die eigentlichen Günstlinge Urban's VIII. und seiner
Familie zu betrachten sind und welche die Baukunst zu einem weltlichen,
glänzenden und an Ueberfülle willkürlicher Formen reichen Manierismus zurückgeführt haben. Jener übertrug einen ähnlichen Sinn auf die Skulptur, dieser
auf die Malerei. Unter Urban VIII. entwickelt sich die nach Pietro Berrettini
da Cortona benannte Malerschule der Cortonesken, die, indem sie sich an den
äusserlichsten unter den Bolognesischen Meistern anlehnte, zu einem kühnen
und üppigen Manierismus sich zurückwendete und auf lange Zeit in Rom und
Florenz die herrschende blieb. Auch das ist sehr bezeichnend, dass die Träger
dieser neuen Richtung viel für Frankreich und die dem französischen Interesse
eng verknüpften Mediceer arbeiteten. Vergl. die Briefe von Lorenzo Bernini,
von Pietro Berrettini da Cortona, von Ciro Ferri und von Benedetto Luti.

Ist schon hierin ein gewisser Einfluss des französischen Geistes und jenes
Systems nicht zu verkennen, das nun an Stelle des spanisch-orthodoxen zur
Geltung gekommen, so sollte derselbe mit noch grösserer Entschiedenheit in
der Thätigkeit französischer Meister hervortreten. Schon seit dem Anfange des
siebzehnten Jahrhunderts war der Zudrang französischer Künstler nach Rom
sehr gross gewesen. Fast alle bedeutenden Maler der französischen Schule
haben sich in Rom oder Florenz gebildet. So Jaques Callot, Simon Vouet,
Jaques Stella und Claude Vignon, von denen wir Briefe mitgetheilt haben;
so Moyse Valentin, Pierre Mignard und Andere, von denen wir hier nur
Nicolas Poussin hervorheben wollen. Poussin's erste Studien und Erfolge
in Rom fallen in die Regierung Urban's VIII., dessen Nepote, Francesco
Barberini, sein erster Gönner daselbst war, und schwerlich hätte unter einem
anderen Pontifikate, als unter dem Maffeo Barberini's, die Kunstweise Poussin's
in Rom Wurzeln schlagen können, indem dieselbe recht eigentlich als der
künstlerische Ausdruck des französischen Geistes und der von Frankreich gegen-

---

[1] Die Stellung Albani's wurde bei der Eigenthümlichkeit seiner Kunst- und
Lebensweise durch diesen Wechsel am wenigsten berührt.

über Spanien vertretenen Ideen betrachtet werden kann. So erscheint es nicht ohne eine tiefere Bedeutung, dass unter der Herrschaft desjenigen Papstes, welcher sich am liebsten als weltlichen Fürsten betrachtete und die Zügel kirchlicher Autorität am wenigsten straff hielt, die nationalen Interessen, die während dieses ganzen Jahrhunderts sich in immer steigenden Verhältnissen geltend machten, ihren Einfluss auf das künstlerische Leben und die künstlerische Production bewahren konnten. Weitere Belege bieten Spanien und die Niederlande dafür. Wir sahen, dass namentlich unter Paul V. und Gregor XV. das spanische System in der Kunst wie in Politik und Kirche zu vollkommener Herrschaft gelangt war. So lange Rom dieses System in seiner ganzen Ausdehnung vertrat, blieb dasselbe auch der Hauptsitz der entsprechenden Kunstweise. Erst als hier ein anderes System zur Geltung kam, wie unter Urban VIII., beginnt die spanische Kunst in ihrer eigenen Heimath sich zu ihrer letzten Vollendung zu erheben. Man ist mit Recht gewohnt, dieselbe in Murillo verkörpert zu sehen, in dessen theils schwärmerisch exaltirter, theils derb naturalistischer Kunstweise sich die Gegensätze der Akademiker und Naturalisten zu einer Einheit verbinden, deren eben nur diese Nation fähig gewesen zu sein scheint. Nicht minder bedeutsam und zugleich nachhaltiger war der Einfluss, den die Nationalität und die veränderte Glaubensansicht auf die Kunst in den Niederlanden ausüben sollte. Die reformatorischen Bewegungen, deren indirekte Folgen wir an der italienischen Kunst kennen gelernt haben, gewinnen hier im Zusammenwirken mit der Eigenthümlichkeit des niederländischen Zweiges der deutschen Nation einen direkten Einfluss auf die Entwickelung der Kunst, und zwar insbesondere der Malerei. Diese wird dadurch zu einer Vollendung emporgeführt, die an Tiefe und innerlicher Bedeutsamkeit sich sehr wohl mit der italienischen Kunst messen darf, während sie dieselbe an Originalität bei Weitem übertrifft. Wie sehr die Ideen der Reformation die deutsche Kunst des sechzehnten Jahrhunderts berührt und umgestaltet haben, ist schon oben bemerkt worden. Auch hier aber war, durch innere Verhältnisse wie durch äusserliche Einflüsse bedingt, ein gewisser Manierismus auf die kurzen Jahrzehnte wahrhaft nationaler Blüthe gefolgt, und als im siebzehnten Jahrhundert überall sich das Streben nach neuen Kunstgestaltungen zu regen begann, waren die deutschen Verhältnisse so trauriger Art, dass an eine anhaltende harmonische Kunstentwickelung nicht wohl zu denken war. Das Gefühl innerer Zerrissenheit und die schwüle Vorahnung des Kampfes, der dann auch bald dreissig Jahre lang Deutschland verwüsten sollte, liess es hier nicht zu der glücklichen inneren Ruhe und zu dem Gefühl der Gemeinsamkeit kommen, die selbst bei der grössten Bewegtheit der äusseren Verhältnisse Grundbedingungen aller künstlerischen Thätigkeit im Leben der Völker ausmachen. Dagegen waren diese Bewegungen in den Niederlanden schon früher zum Abschluss gelangt, und zwar in doppelter Weise.

In den belgischen Provinzen, die ebenfalls mit reformatorischen Ideen durchdrungen waren, war, wie die spanische Herrschaft, auch der Katholicismus

Sieger geblieben; aber nicht ohne mancherlei Einflüsse und Modifikationen zu erleiden, wie dies auch in der bis dahin herrschenden italienischen Kunstweise der Fall war. „Denn auch hier war," wie Schnaase einmal sehr richtig bemerkt, „das Gefühl der eigenen Kraft durch den, wenn auch nicht siegreichen Befreiungskrieg zu sehr angeregt, um sich nicht da, wo es verstattet war, Luft zu machen, und um der absterbenden italienischen Kunst länger zu folgen" — „die belgische Kunst blieb im Aeusseren der fremden Kunst treu und erfuhr unvermerkt den Einfluss der einheimischen Denkungsweise." Mit Entschiedenheit brachte diese Veränderung Rubens zur Geltung, der als der Maler dieses belgischen Katholicismus bezeichnet werden kann. Rubens fasste die Resultate der künstlerischen Gesammtbildung seiner Zeit zu durchaus nationalen Schöpfungen zusammen und nahm dem religiösen Inhalt des Kunstwerkes gegenüber eine ganz andere Stellung ein als die Akademiker, mit denen er übrigens fast denselben Entwickelungsgang durchgemacht hatte. Wohl malte er dieselben Gegenstände als jene und arbeitete wie jene für Kirchen und Orden, namentlich der Jesuiten, aber seine Stellung zur Kirche ist eine durchaus andere geworden. Der Eifer der kirchlichen Restauration, der specifische Katholicismus der italienischen Meister ist ihm durchaus fremd geblieben. Schon Waagen und Schnaase haben darauf hingedeutet, wie ihm, selbst bei Behandlung streng kirchlicher Gegenstände, der eigentlich kirchliche Sinn durchaus fehle, und wie er daran, stets nur nach voller individueller Gestaltung strebend, die allgemein menschliche und poetische Seite herausgekehrt habe. Und zwar ist es überall die Poesie des Glanzes, der prächtigen Erscheinung, der gewaltigen Leidenschaft und schwungvollen Empfindung, die er, seiner ganzen Sinnesweise entsprechend, zur Darstellung bringt. So entspricht auch darin seine Kunstübung seiner ganzen Lebens- und Anschauungsweise vollkommen. In Sitten und Gebräuchen gewiss ein guter Sohn der katholischen Kirche, der täglich mit Andacht seine Messe hörte, theilt er doch in keiner Weise die Interessen der kirchlichen Reaktion. Man muss seine Korrespondenz genau studiren, um zu sehen, dass auch nirgends specielle kirchliche Interessen hervortreten; Alles deutet vielmehr auf eine klare, gemässigte, verständige Auffassung der kirchlichen Fragen hin, und es ist in dieser Beziehung nicht ohne Bedeutung, dass er gerade mit den französischen Gelehrten, die zum Theil die Vorkämpfer einer freieren Auffassung der Kirche waren, auf das Engste verbunden war. Derselben Richtung gehörten auch seine italienischen Freunde an. Die Vorkämpfer der kirchlichen Reaktion in Deutschland, Tilly und Wallenstein, zeiht er offen der Barbarei; ein angebliches Wunder, das sich in der Nähe von Harlem ereignet haben sollte, fertigt er mit gerechter Nichtachtung ab; alle Versuche, Rubens im entgegengesetzten Sinne zu schildern, beruhen entweder auf Irrthum oder absichtlicher Täuschung [1]).

[1]) „Les Leçons de P. P. Rubens, ou: Fragments épistolaires sur la religion, la peinture et la politique, extraits d'une correspondance inédite, en langues latine et italienne, entre ce grand artiste et Ch. Reg. d'Ursel, abbé de Gembloux, par J. F. Boussard."

Lässt sich nun der Einfluss jener neuen nationalen Bildung des Nordens schon in der belgischen Kunst nachweisen, die, wie das Land unter spanischer Herrschaft, so auch ihrerseits in den Grenzen des Katholicismus geblieben war, um wie viel deutlicher muss derselbe nicht in der Kunst der holländischen Provinzen hervortreten, in denen der Protestantismus zum Siege gelangt war und das Volk zugleich zu politischer Unabhängigkeit und ungeahnter Macht geführt hatte. Die Folgen dieses Umschwunges der Dinge konnten nicht ausbleiben. Mit der Konsolidirung der politischen Verhältnisse, mit der Umgestaltung aller Bezüge des Lebens und der Gesellschaft im Sinne und Geiste des Protestantismus geht hier eine rasche Entfaltung der Literatur Hand in Hand, deren eigentliche Blüthezeit nach einigen Vorläufern am Schlusse des sechszehnten Jahrhunderts mit dem siebzehnten Jahrhundert zugleich anhebt; die Sprache läutert sich in durchaus nationalem Sinne, wie ja auch in Deutschland die Reformation schon eine ähnliche Folge im sechszehnten Jahrhundert hervorgerufen hatte; kein Zweig der Dichtkunst bleibt von dem neuen Geiste unberührt. Die grossen Fragen des Glaubens und der Politik, die Schilderung des dem Holländer so theuren häuslichen Lebens bieten den Dichtern Stoff dar (J. Oudaan, C. Huygens, Heerkmann, J. de Decker, Jan Six, Vondel, H. Grotius); einen Stoff, der zunächst prosaisch erscheinen kann, der aber mit Wärme und Innigkeit der Empfindungen beseelt und idealisirt wird; die Lyrik erfüllt sich mit dem Schwunge tiefer, innerlicher Religiosität (Vondel, D. Heinsius, J. de Decker, Oudaan, F. Vollenhove, D. v. Kamphuysen), wie dies schon in Deutschland während des sechszehnten Jahrhunderts ebenfalls stattgefunden hatte; und auch die weltliche Lyrik zeichnet sich durch gesteigerte Feinheit der Form wie durch Wahrheit der geschilderten Gefühle aus (P. Hooft, L. Real, C. Huygens, Maria Tesselschade, J. Cats). Das Drama endlich, indem es in die Stoffe des Glaubens und des damit eng verbundenen Staatslebens hineingreift, gewinnt eine Wirksamkeit, wie es sie bis dahin noch nie besessen hatte (Vondel, Hooft, Anslo, Oudaan u. A.). Wie nun dies protestantische Bewusstsein, das zu so reichen poetischen Schöpfungen den Anstoss gegeben, auch in der Malerei zur Geltung gelangt sei, ist unten in der Charakteristik von Rembrandt gezeigt worden. Seine grosse Bedeutung liegt, wie die der obengenannten Dichter, vor Allem darin, auch an gewöhnlichen prosaischen Stoffen die Macht grosser und ergreifender Ideen nachzuweisen, die erst dann vollkommen sind, wenn es ihnen gelingt, auch die sprödeste Wirklichkeit und selbst die hässlichsten Formen der Erscheinung zu beseelen und künstlerisch zu verklären. In diesem Sinne darf man Rembrandt, obgleich die Anfänge der Genremalerei schon bei einigen anderen holländischen Künstlern hervorgetreten sind, als den Begründer dieser Kunstweise bezeichnen, deren Zusammenhang mit der protestantischen Weltanschauung schon anderweitig nach-

---

sind, auch nach dem Urtheil belgischer Gelehrten, das Werk eines solchen frommen Betruges.

gewiesen ist und die Schmaase so schön als ein sittliches Bedürfniss des ger-
manischen Gefühls bezeichnet hat. So ist ferner die Idealität zu verstehen,
die unten in der Charakteristik Rembrandt's dem Meister zugeschrieben worden
ist, und die nicht etwa in der Geltendmachung eines abstrakten Schönheits-
ideales besteht, die Niemandem ferner liegen konnte, als gerade Rembrandt,
sondern die vielmehr darin beruht, dass eine an sich wahre, menschliche Idee
sich an wirklichen Personen und in Verhältnissen des wirklichen und gewöhnlichen Lebens verkörpert. Als Beispiele dieser Idealität, in deren Erreichung
vielleicht die letzte und höchste Aufgabe künstlerischer Thätigkeit liegt, mögen
hier nur Rembrandt's barmherziger Samariter und dessen heilige Familie im
Louvre genannt werden. Ersteres stellt einen ganz einfachen, natürlichen, anspruchslosen Vorgang in dem Hofe eines gewöhnlichen Gasthauses dar, der von
dem letzten Strahle der scheidenden Abendsonne erleuchtet scheint. Hierher
hat der barmherzige Samariter den Verwundeten, wenig poetisch, aber sehr
praktisch, zu Wagen schaffen lassen. Man sieht, dass derselbe Erleichterung
gehabt hat; man sieht, dass die beiden Leute, die ihn tragen, dies mit herzlicher Theilnahme thun; man sieht, dass der Samariter, der offenbar seinen Weg
fortsetzen muss, nun seine Theilnahme auf die Anderen überträgt, denen er
den Kranken anvertraut, und die Mittel zu dessen Pflege gewährt. Alles geschieht ohne poetische Aufregung, ohne Schwung der Empfindung, ohne Auf-
wand ergreifender Leidenschaften, wie ihn die italienischen Maler und auch
Rubens bei ähnlichen Darstellungen zu entfalten pflegen; aber Alles ist von
der stillen Macht werkthätiger Liebe durchdrungen und zu einer Poesie erhoben,
die man als Poesie der Prosa bezeichnen kann, und die an innerer Kraft und
mildem Zauber jene Poesie des Glanzes und der prächtigen Erscheinung weit
zu übertreffen im Stande ist. — Die heilige Familie ist an Tiefe, Gluth und
Sättigung der Farbe, in dem auf der Hauptgruppe ruhenden goldigen Lichte
eines der schönsten Bilder Rembrandt's. Wir werden hier nicht in stolze
Hallen oder in eine schöne Landschaft geführt. Wir befinden uns in einem
düsteren Raume, der zugleich die Wohnung der Familie und die Werkstatt
des Vaters ausmacht — das Heiligste und Schönste ist mit gutem Glauben in
die engste und dürftigste Wirklichkeit versetzt. Hat es dadurch verloren? Ist
es dadurch weniger heilig und weniger schön geworden? Die heilige Jungfrau
ist von dem Gefühl reinster und edelster Liebe nicht minder geadelt, als die
stolzen Himmelsköniginnen eines Guido und Rubens. Eine Alte, die allerdings
in ihrer derben und fast plumpen Erscheinung recht aus dem Leben gegriffen
erscheint, blickt mit herzlichster Theilnahme das Kind an; wie von einem Zuge
inniger, heimlicher Liebe geleitet sieht sich der Vater von der Arbeit nach
der Gruppe der ihm theuren Personen um. Ja, wir sehen hier den heiligen
Gegenstand in die Sphäre des realen und gewöhnlichen Lebens übertragen, aber
durch die Innigkeit und Tiefe der dargestellten Empfindungen ist dies gewöhnliche Leben zu einer Idealität, zu einer Verklärung geführt, die in der That
als der höchste Triumph der Kunst bezeichnet werden darf. Erst dadurch

wurde die Kunst, kann man mit Schnaase sagen, in ihre alten Rechte eingesetzt und ihr die Stellung wiedergeschafft, welche sie in der alten Welt
hatte, „das ganze Leben mit allen seinen Potenzen zu berühren. Erst dadurch
wurde sie volle Wahrheit".

Werfen wir nach diesen einleitenden Bemerkungen [1]) noch einen Blick auf
die italienische Kunst zurück, so tritt uns dort noch eine bedeutsame Gestalt
in Salvator Rosa entgegen, der, ein Zeitgenosse von Poussin und Rembrandt,
in gewisser Beziehung als der letzte selbständige Maler Italiens betrachtet werden kann. Mancherlei Einflüsse, künstlerische und nationale, literarische und
politische, kamen zusammen, um Salvator Rosa, der zugleich den italienischen
Naturalismus zum Abschluss gebracht hat, zu einem der eigenthümlichsten
Künstler des siebzehnten Jahrhunderts werden zu lassen. Von früher Jugend
an im Kampfe mit Noth und Entbehrung begriffen, hat er eine gewisse Er-
bitterung gegen die bestehenden Verhältnisse eingesogen, die er bei allen Gelegenheiten kund giebt, und die sich auch in seinem steten Drange nach äusserer
Ehre und Anerkennung ausspricht. Es ist wohl zu beachten, dass seine erste
selbständige Thätigkeit in den Anfang der Regierung Papst Urban's VIII. fällt.
Kirchlicher Auffassung stand er so fern, dass es ihm erst sehr spät gelingt, ein
Altarbild ausführen zu können, und dass ein schon aufgestelltes Bild wieder
von dem Altar entfernt wird. Während seiner Krankheit zweifelt man, ob er
als Lutheraner, Kalvinist oder Schismatiker sterben würde. In noch entschie-
denerer Opposition steht er gegen die spanische Herrschaft in seiner Heimath.
Gleichviel ob er an dem Aufstande Masaniello's, in dem sich die nationalen
Elemente des neapolitanischen Volkes Luft machten, persönlich Theil genommen
hat oder nicht, seine Sympathien dafür hat er mehrfach bekundet. Mit dieser
Opposition Salvator's gegen die spanische Partei hängt es dann wieder auf das
Engste zusammen, dass gerade die dem französischen Interesse zugeneigten
Mediceer es sind, die den Künstler lange Zeit hindurch beschäftigen, und als
er sich dann für immer in Rom niederliess, war zwar Papst Urban VIII. schon

---

[1]) Was die Art der Honorirung und die Preise der Bilder betrifft, so mögen hier
einige Andeutungen über den Werth der in diesem Werke erwähnten Münzen hinzugefügt werden. Von Goldmünzen werden Pistolen oder Doppien genannt, die, in Rom,
Toscana und anderen Orten üblich, einen Durchschnittswerth von 20⁵, Franken =
16 Mk. 60 Pf. haben; die Golddukaten, auch Zecchinen genannt, haben einen Durchschnittswerth von 11³, Franken = 9 Mk. 40 Pf. Neben den Golddukaten gab es
auch spanische Silberdukaten, die auch in Neapel gangbar waren, und deren Werth
sich auf ungefähr 4 Mk. 50 Pf. belief. Die am allgemeinsten verbreitete Silbermünze
ist der Scudo, dessen durchschnittlicher Werth sich in Rom auf 6¹/₂ Franken = 5 Mk.
beläuft, während die genuesischen Scudi gegen das Ende des siebzehnten Jahrhunderts
zwischen 7 Fr. 68 Cent. und 8 Fr. und die toskanischen zwischen 5 Fr. 36 Cent. und
5 Fr. 57 Cent. schwanken. Ducatoni sind Silbermünzen von etwas höherem Werth
als die römischen Scudi; in Bologna werden sowohl Ducatoni als Scudi zu 5 bolognesischen Liren gerechnet. Gegen andere Scudi steht der Ducatone wie 5 : 4, so z. B.
in der Rechnung Guercino's vom Jahre 1637 Ducatoni 44 = Lire 222 = Scudi 55.
Der Filippo ist eine alte Mailänder Silbermünze, deren Werth auf 4 Mk. 75 Pf. angegeben wird.

todt und die Macht des Nepoten gebrochen, aber Salvator's Gönner, der Konnetable Colonna, gehörte einer Familie an, die mit den Barberini eng verbunden war und in dem Treiben der römischen Kurie und Gesellschaft eine geschlossene Partei gegen die von jeher dem spanischen Interesse zugethanen Familien der Pamfili, der Borghese, der Ludovisi, der Aldobrandini und der Orsini bildete. Dies Salvator's Stellung zu den Parteien, deren Kampf damals noch das römische Leben bestimmte und mit deren bald erlöschender Bedeutung auch die italienische Kunst des siebzehnten Jahrhunderts ihre frühere Bedeutung verliert. An ihre Stelle tritt die französische Kunst, in der das rein äusserliche Wesen, das schon in den Cortonesken wieder hervorgetreten war, zur ausschliesslichen Herrschaft und, entsprechend dem politischen Uebergewicht des französischen Hofes, zu weitgreifendem Einfluss auch auf die anderen Nationen gelangte. Der weitere Verlauf der Kunstentwickelung des siebzehnten Jahrhunderts ist ein wenig erfreulicher. Die Zustände, zu denen dieselbe gelangte, entsprechen in mehr als einer Beziehung den Zuständen, in denen sich die Kunst am Schluss des sechszehnten Jahrhunderts befand. Es trat wieder ein äusserlicher Manierismus und ein wirres Gemisch der verschiedensten Style ein: die Kunst verlor ihre nationale Bedeutung, indem sie theils zu einer Sache der Mode und einer meist frivolen Liebhaberei oder zum Mittel rein äusserlicher Dekoration wurde. Erst die grossen geistigen Bewegungen des achtzehnten Jahrhunderts haben diesen Zuständen ein Ende gemacht und damit den Aufschwung der modernen Kunst herbeigeführt.

1.

FEDERIGO BAROCCIO AN DIE VORSTEHER DER LAYENBRÜDERSCHAFT VON S. MARIA DELLA MISERICORDIA ZU AREZZO.

Urbino, 12. November 1578.

Ich habe in den vergangenen Tagen Ihren Herren Vorgängern einen Brief geschrieben, worin ich sie um die 100 Scudi ersuchte, welche mir dieselben als zweite Abschlagszahlung schuldeten. Ich habe darauf von ihnen eine Antwort erhalten, welche mich in der That in die grösste Unruhe versetzt hat. Denn sie sagten mir darin, sie würden mir kein Geld mehr schicken, da sie gefunden hätten, dass ich die Tafel binnen Jahresfrist beendigen müsste. Und da dieselbe nun noch nicht fertig, sie aber am Ende ihrer Amtsthätigkeit seien, so wollten sie mir kein Geld mehr geben, sondern Eww. Herrll. davon benachrichtigen. Ich habe Ihren Herren Vorgängern darauf zu erwidern, dass in dem Instrument allerdings steht, dass ich die Vollendung des Bildes in Zeit eines Jahres versprochen habe, nichtsdestoweniger aber wissen die Herren aus jener Zeit, dass ich auf keine Weise versprechen wollte, die Tafel in einer bestimmten Frist fertig zu machen, indem ich bei meinem Unglück nicht Herr über mich selbst bin, noch mich zu irgend etwas Bestimmtem verpflichten kann. Ihre Herrll. meinten darauf, der Kontrakt liesse sich nicht abschliessen, ohne eine bestimmte Frist zu stellen; indess sollte dies ganz meiner Bequemlichkeit überlassen bleiben, und als ich ihnen sagte, sie möchten lieber zwei Jahre schreiben, obschon ich kaum glaubte, dass diese genügen würden, so erwiderten sie mir, es würde dies den Anderen als eine zu lange Frist erscheinen, und sie würden glauben, das Bild niemals fertig zu sehen, und anderes dergleichen mehr. Deshalb sollte ein Jahr festgesetzt werden, wobei ich mir jedoch alle Zeit, die nöthig wäre, lassen sollte. Ich erklärte mich damit zufrieden, indem ich meinte, sie möchten ganz nach ihrem Belieben schreiben, ich aber würde mir die nöthige Zeit nehmen und mich bemühen, so sehr als ich es vermöchte, das Werk zu einem guten Ende zu bringen, wobei ich ihren Herrll. versprach, vor Vollendung desselben mich auf kein anderes Unternehmen einzulassen. Und das habe ich auch gehalten, und Eww. Herrll. können überzeugt sein, dass ich das Bild nicht nur in einem Jahre, sondern sogar in sechs Monaten und vielleicht in noch kürzerer Zeit hätte fertig machen können, wenn ich gewollt hätte. Aber ich schätze meine Ehre um vieles höher, als das Geld, das mir Jene versprochen haben. Und wenn es Ihnen doch zu lange erscheint, noch bis zum Frühjahr zu warten, wie ich es Ihren Vorgängern gemeldet habe, so können Sie immer den Weg angeben, auf welchem das Bild dorthin gebracht werden soll; denn es kann jetzt auch fertig sein, und ich fürchte nicht, in meinem Bestreben, zu viel zu thun, nichts geleistet zu haben, indem ich an dem Werke doppelt so viel, als ich versprochen hatte, gearbeitet habe. Doch Geduld, wenn es nicht so, wie Sie es gewünscht hätten, beendet ist, so müssen Sie es mir verzeihen um meiner Krankheit und meines Unglücks willen. Und was die Gelder betrifft, die ich gefordert habe, so mögen Eww. Herrll. dieselben schicken, wenn es Ihnen so gut dünkt; wo nicht, so mögen Sie das thun, was ich Ihrer Meinung nach durch meine Nachlässigkeit verdiene, und ich werde deshalb nicht unterlassen wie bisher so auch ferner der wohlgeneigte Diener Eww. Herrll. zu bleiben, denen ich hiemit die Hand küsse.

Die Rektoren der pia confraternità dei laici di S. Maria della Misericordia zu Arezzo hatten schon im Jahre 1572 dem Giorgio Vasari ein Altarbild für die Kapelle der Pieve d'Arezzo aufgetragen, die kurz vorher nach den Zeichnungen dieses Meisters vollendet worden war. Nach dem bald darauf eintretenden Tode des Künstlers wenden sich die Rektoren am 22. Juli 1574 an den Gesandten oder Agenten der Stadt Arezzo in Florenz, Mr. Nofri Roselli, mit der Bitte, ihnen einen Maler zu empfehlen, der diese Arbeit gut ausführen könne und wolle. Roselli scheint sie auf den damals in hohem Ansehen stehenden Federigo Baroccio aus Urbino (1528—1612) aufmerksam gemacht zu haben; denn am 30. Oktober schreiben sie an diesen Künstler, es würde ihnen sehr angenehm sein, wenn er die Gewogenheit haben wolle, das Bild für die Kapelle der Kollegiatkirche der heiligen Jungfrau, genannt la pieve di Arezzo, zu übernehmen. Es solle darauf das Mysterium der Barmherzigkeit oder ein anderer auf die heilige Jungfrau, die Fürsprecherin der Stadt Arezzo, bezüglicher Gegenstand dargestellt werden. Sie erwarten seine Antwort und bitten ihn, Näheres über die Art der Herstellung und sein Honorar anzugeben. Der Künstler antwortet unter dem 5. November. Der Gegenstand schiene ihm nicht recht passend; er schlüge ihnen die Verkündigung, die Himmelfahrt oder die Visitation vor. Sie möchten sich darüber entscheiden; für die Ornamente aber möchten sie sich einen Anderen suchen, da diese zu besorgen nicht sein Geschäft sei. Nun entspinnt sich eine Korrespondenz, von der Gualandi in seiner Raccolta 26 Briefe bekannt gemacht hat, und aus der hier nur das Wichtigste zur Erläuterung des obigen Briefes hervorgehoben werden mag. Nach mancherlei Verhandlungen kam endlich der Vertrag über das Bild zu Stande, und am 30. December 1575 erkundigen sich die Rektoren bei dem Künstler, wie weit er mit demselben vorgerückt sei (Gual. p. 148). Baroccio antwortet am 10. Februar 1576, er habe immerfort daran gearbeitet. Zeichnung und Kartons seien fertig. Auf erneuerte Anfrage meldet er ihnen am 2. Juni, dass er nun endlich mit vieler Mühe die passenden Tafeln gefunden und ihnen die „imprimitura", wohl die erste Grundirung, gegeben habe. Uebrigens habe er alle anderen Aufträge und Arbeiten von der Hand gewiesen (p. 151). Aehnliche Anfragen und Auskünfte wiederholen sich bis zum April 1578, und zwar von beiden Seiten in feiner und artiger Weise gehalten. Dann aber scheinen die Vorsteher des Baues doch unmuthig geworden zu sein, und sie verweigerten dem Künstler die — eigentlich schon im Jahre 1576 fällige — zweite Abschlagszahlung von 100 Skudi, worauf BAROCCIO den oben abgedruckten Brief an sie, sowie einen zweiten gleichen Inhalts an den Cancelliere Vincenzo Torri (p. 171) richtete, letzteren mit geringerer Verhehlung seines Aergers über das Verfahren der Rektoren und mit besonderer Betonung des Umstandes, dass er doppelt so viel Arbeit auf das Bild verwendet habe, als er eigentlich verpflichtet gewesen sei. Dass er mit diesen Briefen seinen Zweck erreicht habe, geht aus dem folgenden vom 22. November hervor, in welchem er den Empfang der 100 Skudi anzeigt. Die Tafel wurde dann auch zur versprochenen Zeit fertig, indem dieselbe nach einem Briefe der Rektoren vom 1. Mai 1579 damals nach Arezzo geholt worden ist. Mit diesem Briefe, der noch sehr artig geschrieben ist (S. 175), steht dann der letzte dieser Reihe vom 30. Juni 1579 (S. 176—182) in scharfem Kontrast, indem die Rektoren darin ihre grosse Unzufriedenheit mit den Leistungen des Künstlers aussprechen. In kleinlicher Weise werden zunächst die früheren Verzögerungen sämmtlich wieder angeführt, dann aber wird es sehr übel vermerkt, dass das Bild gar nicht von der Güte erscheine, die man erwartet hätte. Auch beginne dasselbe schon einen Riss zu zeigen, indem die Hölzer noch nicht trocken genug gewesen oder nicht gut genug zusammengefügt seien. Wenn dem Künstler noch etwas fehle, so solle er es sagen; sie wollten ihm genug thun. Vielleicht würden sie dann auch daran denken, vor Gericht auszusagen, was ihnen fehle und was er noch nachzuthun habe.

Es ist zu bedauern, dass eine leichte Verstimmung die Rektoren bewog, mit solcher Nichtachtung von einem Bilde zu sprechen, das jetzt zu den besten dieses Meisters gerechnet wird und das einen sehr wichtigen Einfluss auf einige der jüngeren Zeitgenossen desselben ausgeübt hat. Es ist die unter dem Namen der Madonna del popolo bekannte Tafel in den Uffizien zu Florenz (Nr. 169), auf welcher die h. Jungfrau dargestellt ist, auf Wolken knieend und bei dem in einer Glorie erscheinenden Christus ihre Fürbitte für die Kinder und die Armen einlegend. In einem dazugehörigen und jetzt noch in Arezzo befindlichen Rundbilde ist Gott Vater dargestellt. Das Hauptbild (6 — 7 Braccien hoch, 4—5 Braccien breit) ist, wie der Künstler in den Briefen mehrmals mit Recht hervorhebt, sorgfältig ausgeführt und zeigt deutlich den Anschluss an die Malweise des CORREGGIO, durch welchen sich unser Meister, dessen Charakter als still, anspruchslos und gütig geschildert wird, eine gewisse Ruhe und Gehaltenheit bewahrt hat, die zu dem schon damals etwas wilden Treiben der übrigen Manieristen einen wohlthuenden Gegensatz bildet. — Was das in dem Briefe als Entschuldigungsgrund der Verzögerung angeführte Unglück des Meisters anbelangt, so scheint damit eine Krankheit gemeint zu sein, an welcher derselbe in Folge eines schon in seiner Jugend stattgehabten Vergiftungsversuches zu leiden hatte. Doch hat er seine Thätigkeit bis in sein hohes Alter fortgesetzt. Er starb 84 Jahre alt im Jahre 1612. Baldinucci Opp. X. p. 16. Ein aus Urbino vom 14. Januar 1590 datirter Brief an den Herzog von Urbino enthält bei Gelegenheit der Ablehnung einer vom Herzog ihm aufgetragenen Arbeit in der Kapelle del S. Sacramento die Klage, dass er alt und sehr krank sei. Ueberdies habe er sehr viel zu thun, sowohl für den Herzog selbst als auch u. A. für mehrere Edelleute aus Genua ein Bild, welches über 1000 Skudi koste. Gaye III. 510.

FEDERIGO ZUCCHERO.

FEDERIGO ZUCCHERO, den man als einen der entschiedensten Vertreter des Manierismus betrachten kann, ist mit Recht der römische Vasari genannt worden. Minder energisch und kräftig als dieser, hatte er die grosse Leichtigkeit des Machens mit ihm gemein. Er bewegt sich in den Reminiscenzen und Nachklängen der Meister der Blüthezeit, die aber bei ihm zu einer gewissen nüchternen Allgemeinheit abgeblasst erscheinen. Man kann dies Vorherrschen gewisser allgemeiner Formen und Motive, denen ebenso die Individualität wirklicher Empfindung als die Besonderheit der natürlichen Erscheinung fehlte, als das Hauptmerkmal des Manierismus bezeichnen, wie er sich in diesem und vielen anderen Meistern ausgesprochen hat. Er brachte damit das Bewusstsein eines grossen Theiles der Zeitgenossen zum Ausdruck, woher der seltene Erfolg seiner Werke zu erklären ist. Aber gerade dies auf die Spitze Treiben der manieristischen Prinzipien war der Grund, dass noch inmitten seiner eigenen Thätigkeit Bestrebungen hervortraten, die, auf einem tieferen Bedürfniss der Zeit beruhend, jene Kunstweise bald durchaus verdrängen sollten. Wir haben diese Bestrebungen und die in ihnen hervortretenden Gegensätze in der Einleitung geschildert und deuten hier nur noch einmal darauf hin, um die Stellung ZUCCHERO's innerhalb der Bewegungen seiner Zeit anschaulich zu machen. KUGLER nennt ihn, bei Anerkennung seines bedeutenden Talentes, „nüchtern und trivial, in einem widerwärtig geleckten Wesen befangen" und deutet auf die Uebereinstimmung zwischen seiner Malweise und der Art hin, in der er seine Ansichten über die Kunst ausgesprochen hat. Wir haben in der Einleitung aus seinem Buche „Idea de' Pittori Scultori e Architetti" einen Auszug mitgetheilt, welcher seinen künstlerischen Standpunkt hinreichend charakterisirt. Mit der Hohlheit und Phrasenhaftigkeit seiner Kunstanschauung steht die Gespreiztheit und Inhaltslosigkeit seiner Werke in bester Harmonie. Indess trägt auch in Bezug hierauf die Zeit einen grossen Theil der Schuld mit. Er, wie ein grosser Theil der Manieristen, war ein Kind seiner Zeit und folgte den Strömungen derselben nach, gerade wie die CARACCI sich von den kräftigeren Gegenströmungen in derselben tragen liessen. Dass letztere die kräftigeren, tiefer berechtigten waren, begründete den Sieg der neuen Kunstweise, der übrigens ZUCCHERO nie eigentlich feindlich gegenüber gestanden hat, wie aus dem nachfolgenden Briefe an LODOVICO CARACCI hervorgeht. Ueberhaupt gab er sich in seinem Sinne redliche Mühe um die Förderung der Kunst. RAFFAEL hielt er hoch in Ehren; als SCIPIONE DA GAETA einmal ein Bild desselben restaurirt hatte und es wagte, seinen Namen darauf zu setzen, ging ihm ZUCCHERO mit einer solchen Entrüstung zu Leibe, dass es zum Handgemenge zwischen ihnen kam. Wenn er RAFFAEL für seine Zeit in der ihr am meisten verständlichen hohlen und verallgemeinernden Weise paraphrasirte, so konnte er eben nicht anders. Er that mit RAFFAEL und MICHELANGELO, was BERNI mit dem *Orlando inamorato* des BOJARDO. „Wenn man ein wenig tiefer eingeht, so wird man finden, dass der Autor allenthalben statt des Individuellen ein Allgemeingültiges, statt des rücksichtslosen Ausdruckes einer schönen und lebendigen Natur eine Art von gesellschaftlichem Decorum untergeschoben hat, wie sie die damalige und die spätere italienische Welt forderte." Dies sagt Ranke von dem Verhältniss des BERNI zum BOJARDO. Man könnte durch nichts schärfer das Verhältniss ZUCCHERO's zu den Meistern der Blüthezeit bezeichnen. Und dieser traf damit wie jener vollkommen den Geschmack der Zeit. Unglaublich rasch, wie auf dem Gebiete der Poesie, hatte sich auch auf dem der bildenden Kunst diese Umwandlung vollzogen. Beide Erscheinungen sind für die Geschichte der modernen Bildung gleich wichtig. Wie sehr übrigens gerade dieses Verallgemeinern und Entindividualisiren in der Kunst und Anschauungsweise ZUCCHERO's begründet lag, geht u. A. aus den Lehrsprüchen hervor, die er in der besten Absicht den Akademikern von S. Luca bei seinem Rücktritt vom Präsidentenstuhl hinterliess.

All' arte del disegno — spirito ed ingegno.
Per essere compito — disegno e colorito.
Senza grazia non mai — altrui grato sarai.
Pastosità e dolcezza — condisce ogni bellezza.
Usa con avvertenza — la molta diligenza.
Fuggi l'affettazione — se vuoi far cose buone.
A molte cose vale — chi è universale.
Sia di studio fornito — chi vuol esser compito.
Decoro ed onestà — dan segno di bontà.
Chi imita il vero — è al fin maestro intiero.
Or se sarete intenti — a questi avvertimenti.
O nobil' intelletti — diverrete perfetti.
Il fine è di studiare — non finir non cessar mai.

Hier ist Alles allgemein gehalten; nirgends positiver Gehalt, nirgends ein fester Anhaltspunkt. Es ist Alles damit gesagt und gar nichts. Dem Künstler soll Alles damit gegeben werden, dessen er zu seiner Ausbildung bedarf, und ihm wird für seine wirkliche Ausbildung positiv nichts geboten. Wie anders dagegen jenes Sonett des AGOSTINO CARACCI, das den Inbegriff der akademischen Lehrmethode enthält und das überall auf positive Eigenschaften und bestimmte Vorbilder hinweist. (S. u. Erläuterung zu Nr. 10.) In diesem seinen Sinne aber hat ZUCCHERO in anerkennenswerther Weise für die Kunst zu wirken gesucht. Unter mehreren Schriften, die er in den späteren Jahren seines Lebens geschrieben, befindet sich ein Brief an die Fürsten und Herren seiner Zeit, in welchem er dieselben ermahnt, die Künste zu beschützen und zu fördern. Er glaubt, dies sei am besten durch Akademien zu erreichen. „Wenn ich auch," sagt er in dieser Beziehung am Schluss des Briefes, „nur einer der Geringsten in der Kenntniss dieser Studien bin, und auch nicht die Reichthümer eines Fürsten oder grossen Herren besitze, so habe ich dennoch aus Liebe zu diesem edlen Beruf in meinem Hause zu Rom aus eigenen Mitteln — Dank sei Gott dafür! — schon ein passendes Lokal angewiesen und eingerichtet, um daselbst eine Akademie der Künste zu gründen, sowie ein Hospiz für arme Jünger derselben. Aber das Bedürfniss dazu ist an mehreren Orten vorhanden, und es müssen demgemäss solche Akademien an mehreren Orten eingerichtet werden. Als ich darüber mit dem Hochwürdigsten Herrn Kardinal Borromeo, Erzbischof von Mailand, gesprochen, hat derselbe nicht nur meine Ansichten gebilligt und gelobt, sondern er hat mir auch versprochen, eine solche Akademie in Mailand zu errichten und dieselbe unter seinen besonderen Schutz zu nehmen. Und ich hoffe, dass dies geschehen wird", (es ist auch geschehen) „indem Seine Hochwürdigste Herrlichkeit grosse Kenntniss, Neigung und Verständniss für diese Studien besitzt. Schliesslich aber bitte ich die Fürsten inständigst, diese Akademien zu begünstigen, und ich ersuche einen Jeden derselben, zum allgemeinen Besten und zu eigener Ehre sich dieser Studien anzunehmen. Gott der Herr möge sie dafür segnen und beglücken!" Man mag von der Kunstweise dieses Meisters halten, was man wolle; man wird immer den Eifer anerkennen müssen, mit dem er für die Kunst zu wirken suchte. Und zwar waren dies keine leeren Worte; sondern er hat seine Ideen wirklich mit eigenen Opfern ausgeführt. In seinem Testamente (vom 12. Oktober 1603) ist uns ein Denkmal edelster Gesinnung und reinster Kunstliebe erhalten. Er vermacht darin sein Haus auf dem Monte Pincio — dasselbe, nach dem noch heut die Freunde der modernen deutschen Kunst wallfahrten, die dort die ersten Proben ihrer Tüchtigkeit abgelegt hat — der Akademie von Malern, Bildhauern und Architekten „ed altri nobili spiriti di belle lettere", als deren hauptsächlichster Gründer er betrachtet werden muss. Es seien darin Räumlichkeiten befindlich, in denen unbemittelte junge Maler, einheimische und auch fremde, wohnen sollen. Zwölf Zimmer werden dazu bestimmt, deren jedes mit zwei Betten, Tisch, Schrank u. a. nöthigem Geräth versehen sein soll. Von denen, die sich um Aufnahme bewerben, sollen die Aermsten und Fähigsten ausgesucht werden, denen auf sechs, resp. zwölf Monate Wohnung und Anleitung in der Kunst gewährt wird. Zuccero hofft, die Einrichtung noch selbst besorgen zu können, wo nicht, so sollen dies die Erben thun. Die Ausgaben, welche diese etwa für die Feier von Jahrestagen machen wollten, sollen auch für die jungen Leute verwendet und ihnen Papier, Bleistift und anderes zur Ausübung der Kunst Erforderliche angeschafft werden. Diese verpflichten sich dagegen nur, still, friedlich und fleissig zu leben und die Statuten der Akademie zu beobachten. Für den Fall, dass die Linie seiner Erben aussterbe, waren ebenfalls gewisse Kapitalien zum Vortheil der Akademie ausgesetzt. Er starb im Jahre 1609, welches auch das Todesjahr der vorzüglichsten Vertreter der akademischen und naturalistischen Schule, ANNIBALE CARACCI und CARAVAGGIO, war. Von edler Gesinnung, würdigem Verhalten im Verkehr mit Anderen, voll Witz und Kenntniss, freigebig bis zur Verschwendung, war er von den Fürsten und den Künstlern seiner Zeit gleich hoch geehrt. Kein Künstler, sagt Baglione, sei zu seiner Zeit so glücklich im Gewinn von Geld und Ehre gewesen. Dass er in seinen künstlerischen Leistungen nicht gleich bedeutend gewesen, liegt an den Einflüssen, unter denen seine Entwickelung vor sich ging.

2.

FEDERIGO ZUCCHERO AN DEN GROSSHERZOG FRANCESCO VON TOSCANA.

Rom, 24. November 1581.

Ich bin als Unterthan und demüthigster Diener Ew. Hoheit nach Rom gegangen, wohin mich im Namen Sr. Heiligkeit der damalige hochw. Nuntius gerufen und von Ew. Durchl. Hoheit verlangt hatte, damit ich die Kapelle unseres Herren malen sollte. Ohne die gnädige Erlaubniss Ew. Hoheit wäre ich nicht gekommen; und nun habe ich, so weit meine schwachen Kräfte reichen, nicht unterlassen, meine Schuldigkeit zu thun, wie meine Arbeiten auch davon Zeugniss ablegen können. Da ich nun zu meinem eigenen Vergnügen, wie es die Maler zu thun pflegen, ein Bild gemalt habe, das sich von selbst sogleich als von ganz allgemeiner Bedeutung zu erkennen giebt, so scheint man dasselbe jetzt so ausgelegt zu haben, als ob ich damit dritte Personen der Unwissenheit hätte zeihen wollen. Daher ist es denn gekommen, dass, wie man sagt auf Befehl Unseres Herrn, der Governatore mich eine Kaution von 500 Skudi dafür hat zahlen lassen, dass ich mich stellen würde; und sie haben drei von meinen Gehülfen eingesetzt und halten sie noch heut fest, vielleicht um aus ihnen meine Ideen in Betreff besagten Bildes herauszulocken. Diese aber können weder jene, noch irgend ein anderer Mensch wissen, indem Gott allein in die Herzen der Menschen blickt.

Ich bin der Meinung, man dürfe den Malern nicht das Innerste ihres Gemüthes als Schuld anrechnen, wenn sich auf ihren Bildern keine Portraits befinden und keine Person darauf schriftlich benannt ist. Daher glaube ich denn, es wohl zu verdienen, dass mir Ew. Hoheit die Gunst und Gnade erweise, zwei Zeilen an Ihren hochverehrten Gesandten zu schreiben, damit sich derselbe bei Unserem Herrn in der Weise verwende, die ihm die günstigste scheinen wird. Denn ich hoffe zuversichtlich, dass Se. Heiligkeit, von dieser Angelegenheit unterrichtet, in ihrer Weisheit erkennen wird, dass ich für diese Sache durchaus keine Strafe verdiene. Ich werde dies als ein Zeichen der Güte und des Wohlwollens von Ew. Hoheit annehmen, welche unser Herrgott stets im Glück erhalten möge!

Gaye Carteggio III. p. 444. Der Grossherzog von Toscana, an den der obige Brief gerichtet ist, hatte den in seinen Staaten in S. Angelo in Vado geborenen Künstler an den Papst Gregor XIII. (Boncompagni) zur Ausführung der Deckenbilder in der von MICHELANGELO angemalten Capella Paolina empfohlen. Zuccheko richtete in Folge dessen ein Schreiben an den Grossherzog (Rom, 8. April 1580), worin er demselben seinen Dank für die Empfehlung ausspricht; die Aufgabe sei zwar schwer und er selber schon schwach, doch reize ihn die Arbeit, mit der er dem Grossherzoge Freude und Ehre machen möchte (Gaye III. 433). Bald darauf scheint er nun das im Briefe erwähnte Spottbild auf einige Höflinge, die seine Malereien getadelt, gemalt zu haben. Es stellte dasselbe die Malerei in einer Schmiede von Ungeheuern misshandelt dar und ist aus einem von C. Cort gestochenen und bei Gabr. Terradeo erschienenen Kupferstiche bekannt.

In Folge dessen scheint der Maler Rom verlassen und wieder für den Grossherzog gearbeitet zu haben. Denn dieser schreibt aus Pesaro am 18. November 1582 an seinen Gesandten Baldo Falcucci in Rom, Zuccheko sei mit der von ihm, Falcucci, verlangten und mitgetheilten Antwort des päpstlichen Truchsess (scalco del Papa) gar nicht zufrieden und würde auch nicht wieder nach Rom zurückkehren, wenn er nicht besonders zur Fortsetzung der angefangenen Arbeiten berufen würde. Vor der Hand gedenke er seine, des Herzogs, Arbeiten fortzuführen, wisse auch gar nicht, was er in Rom solle, wo er sich doch nicht mehr mit der gewohnten Freiheit aufhalten könne. Wenn aber Seine Heiligkeit es wünschte, und man ihn von aller Strafe freispräche, würde er sehr gern kommen. Unterzeichnet „Francesco Maria", Adresse: „al myeo. uro. secreto m. Baldo Falcucci in Roma." Gaye III. 448. Die gestellten Bedingungen müssen darauf erfüllt worden sein, und Zuccheko ist wieder nach Rom zurückgegangen, von wo aus er am 14. April 1583 dem Grafen Giovanni di Montebello mittheilt, er würde nun nach Loreto gehen, um dort die von dem Grafen ihm aufgetragenen Arbeiten anzufangen. Gaye III. 453.

3.

FEDERIGO ZUCCHERO AN LODOVICO CARACCI.

Pavia, 7. August [159.]

ieser Tage hat mich hier ein gewisser Armenini aufgesucht, ein sehr wohlgesitteter junger Mann, der sich sehr angelegentlich mit unserer Kunst beschäftigt. Derselbe sagte mir, dass er zu seinem Vergnügen und in der Absicht reise, um die schönen Kunstwerke der Malerei kennen zu lernen, die sich in der Lombardei befinden. Er hat mir Wunder von Euch und Euren Vettern erzählt. Und da er zu mir kam, um mir einen Gruss von Euch zu bestellen, so habe ich ihm die grössten Artigkeiten erwiesen, die ich nur wusste, und er zeigte sich damit äusserst zufriedengestellt. Er hat Mailand gesehen, wo er mit der modernen Malerei nicht zufrieden war, und er hat mir eine gewisse Geschichte von einem jungen Maler und dem reichen Herrn erzählt, der ihn in seinem Palaste beschäftigte, die, wenn sich Alles so verhält, weder dem Einen noch dem Andern allzugrosse Ehre machen würde. Aber wo ist die Stadt, die nicht unbedeutende Maler und Herren von grossem Reichthum und wenigem Wissen hat? Ich kann Euch aber wirklich sagen, dass sich in dieser Stadt sehr treffliche Maler befinden und viele Herren, welche dieselben beschäftigen und sie nach Maassgabe ihres Verdienstes belohnen. Derselbe hat mir gesagt, dass Ihr vielleicht wegen einiger Werke von grosser Wichtigkeit nach Piacenza kommen würdet; weshalb ich denn, wenn dies vor Ende dieses Jahres geschähe, Euch dort umarmen und einige Tage mit Euch verbringen könnte. Ich bin — werdet Ihr es glauben? — in Parma gewesen, ohne die Sachen des Correggio und des Parmigianino zu sehen. Es war nämlich fast Nacht, als ich daselbst anlangte, und weil ich von einem Diener des Grafen Borromeo begleitet war, der mich von Ferrara geholt hatte und in zwei Tagen in Pavia eintreffen wollte, so habe ich mir Gewalt anthun und bei anbrechendem Tage wieder abreisen müssen. Ich gestehe Euch indess, dass ich über eine so grosse Sünde Busse thue und mich nicht zufrieden geben werde, ehe ich dieselbe nicht abgebüsst habe.

Ich habe viel Gebäude und einige Bilder Eures Bolognesen gesehen, der hier den grössten Erfolg gehabt hat; und das Kollegium, in welchem ich arbeite, wird ein ewiges Zeugniss von dem Grossmuthe des Kardinals Carlo Borromeo sein, um dessen Heiligsprechung es sich gegenwärtig handelt, und zugleich von der geringen Einsicht des Architekten, der Alles einem ausschweifenden Luxus zum Opfer gebracht hat, ohne auch nur irgendwie an die Bequemlichkeit im Innern zu denken.

Ich habe in dem Palast des Erzbischofs von Mailand einen Stall von diesem Architekten gesehen, der in einen sehr eleganten Tempel umgewandelt werden könnte, sowie auch das Gebäude, in welchem ich mich befinde, eher das Ansehen eines königlichen Palastes hat, als eines Aufenthaltsortes, in welchem vierzig studirende Jünglinge erzogen werden sollen. Uebrigens hatte er mit einigen tüchtigen Architekten zu kämpfen, die ihn, ich weiss nicht in welcher Sache, des Irrthums überführten; indess liess er sich nicht imponiren und erreichte seinen Zweck, trotz der Vorsteher des Baues der Kathedrale von Mailand, indem sich Niemand dem offenbaren Günstlinge des Kardinals zu widersetzen wagte. Möge es ihm Gott immer zum Guten wenden! Lebt wohl und seid überzeugt, dass ich allen Euren Wünschen nachzukommen bereit bin.

Der bei Bottari VII. 516 abgedruckte Brief zeigt uns den Vertreter des damaligen Manierismus in freundschaftlichem Verkehr mit dem Begründer der akademischen Schule, der ihm durch einen Freund Grüsse gesendet hat. Mit grosser Offenheit erzählt ihm Zuccero, dass er in Parma gewesen, ohne die Bilder des Correggio gesehen zu haben. Das Versprechen, diese Vernachlässigung einst wieder gut machen zu wollen, hat er gehalten, indem er seinen späteren Aufenthalt und seine Studien daselbst in einem Werke bekannt gemacht hat, das unter dem Titel: *La dimora di Parma del Car. Fed. Zuccaro in Bologna 1608* erschienen ist. Vergl. auch: *Il passaggio per Italia, in cui sono descritte varie pitture del Car. F. Zuccheri*, Bologna 1608.

Der Bolognesische Künstler, von dem am Schlusse des Briefes mehrere Gebäude erwähnt werden, ist Pellegrino Tibaldi, der allerdings mehr als Maler, denn als Architekt bekannt ist, der aber zu Ancona und Ravenna sowie in mehreren anderen Orten des Kirchenstaates Fortifikationsbauten ausgeführt hat. In Pavia übertrug ihm der später heilig gesprochene Carlo Borromeo den Bau des erwähnten Kollegiums, zu dessen Ausschmückung Zuccero nach Pavia berufen war. Dieses Baues erwähnt, als kürzlich begonnen, Vasari, der mit Tibaldi befreundet war. Das Urtheil Zuccero's ist kein günstiges; vielleicht hat daran eine gewisse Missgunst Schuld, die er gegen Tibaldi hegte, indem derselbe damals an seiner eigenen Stelle nach Spanien berufen worden war, um die von Zuccero begonnenen Dekorationen des Eskurial fortzuführen; doch stimmt jenes Urtheil mit einigen Aeusserungen Vasari's überein, der von einigen Bauten seines Freundes besonders den Reichthum an Erfindung sowie die *novità* und *bizarria*, Neuheit und Absonderlichkeit, hervorhebt, die gerade in jener Zeit des Manierismus als besondere Verdienste gepriesen wurden. An und für sich würde diese auch wohl Zuccero nicht getadelt haben, welcher derselben Richtung angehörte: jedoch konnte ihm seine Feindschaft gegen Vasari in diesem Falle leicht zu anderer Ansicht bewegen. — Der obige Brief hat keine Jahreszahl, doch wird er wahrscheinlich aus dem Anfang der neunziger Jahre herrühren, indem Zuccero 1591 Spanien verlassen und schon 1593 oder 1595 in Rom die Gründung der Akademie von S. Luca veranlasst hat, nachdem er jene Rundreise durch Italien und namentlich durch die Lombardei beendigt, auf der auch die Malereien in Pavia entstanden sind.

Es wird diese Vermuthung durch die im Briefe befindliche Aeusserung Zuccero's bestätigt, dass es sich gegenwärtig um die Seligsprechung Carlo Borromeo's handele. Dieser aber ist im Jahre 1590 gestorben und die Seligsprechung zwei Jahrzehnte später unter Papst Paul V. erfolgt. Was den Ueberbringer von Lodovico's Grüssen an Zuccero, den jungen Armenini, betrifft, so kann dies nicht der Verfasser des unter dem Titel: *Dei veri precetti della pittura* im Jahre 1587 zu Ravenna erschienenen Buches sein, der damals schon ein Mann von mehr als 60 Jahren war. Vielmehr scheint ein jüngerer Verwandter dieses Gio. Battista Armenini aus Bologna darunter zu verstehen zu sein, welcher dem Zuccero aus dem wenige Jahre vorher erschienenen Buche dieses letzteren die Geschichte von dem Mailänder Künstler erzählt hat, deren ZUCCHERO in dem Briefe Erwähnung thut. In dem genannten Werke (Buch III., Cap. 15) wird nämlich eine Geschichte erzählt, auf welche die Aeusserung ZUCCHERO's sehr wohl zu passen scheint. Er habe einst, erzählt ARMENINI, den Palast eines reichen Mailänder Kaufmannes besehen, worin derselbe einen Saal von einem jungen Künstler ausmalen liess. Als dieser den Kaufmann fragte, welche Gegenstände er auf dem Friese dieses Saales malen sollte, erwiderte dieser, er möchte ihm den Fries nur wie die buntfarbigen Strümpfe ausmalen, die jetzt Mode seien. Und als der Maler angefangen hatte, die Geschichten der Psyche nach den in Kupfer gestochenen Kompositionen Raffael's darauf vorzustellen, sagte ihm der Herr, er möchte ihm nicht zu viel Psychen malen (*non me fè troppo di quei psighi*), es liessen sich gar keine feine Farben dabei anbringen. Entrüstet über diese Dummheit ging ARMENINI von dannen, um nie wieder zurückzukehren.

4.

FEDERIGO ZUCCHERO AN ANTONIO CHIGI.

Pavia, 16. Mai 15[9.]

Ich habe immer eine gute Meinung von den Lombardischen Malern gehabt, aber jetzt finde ich, dass sie in viel höherer Achtung gehalten werden müssen, als man allgemein zu thun pflegt. Und zwar ist dies auch sehr natürlich. Hier zu Lande nämlich (ich spreche besonders von Mailand, welches die bedeutendste Stadt ist) giebt es viele sehr reiche Herren und Mönche und Brüderschaften und Kirchen, die sehr viel auf die Kunst verwenden, sodass die einheimischen Maler nicht nöthig haben, ausser Landes Arbeiten nachzugehen und somit auch anderwärts nicht bekannt werden können. Und es sind nur wenige wahrhaft unterrichtete Personen, die in diese Gegenden kommen. Allerdings war Messer Giorgio (Vasari) hier und hat die Werke dieser Künstler gesehen, aber mit verblendeten Augen und mit Lob sparsamer als mit Tadel; aber er weiss auch nichts, als seine Toscaner zu loben, mögen sie nun gut oder schlecht sein, was ihm Gott verzeihen möge. Er war wegen der Protektion Michelangelo's und des Herzogs Cosimo so hochmüthig geworden, dass er Alle, die nicht die Mütze vor ihm abnahmen, schlecht machte. Ihr wisst ja, wie schlecht er meinen armen Bruder (Taddeo) behandelt hat, obschon es, nach der Aussage Aller, zu seiner Zeit keinen Toscaner gab, der ihn übertroffen hätte, am wenigsten der arme Giorgio, der nur rasch zu arbeiten und die Mauern mit Figuren anzufüllen wusste, die dann dort wie zur Miethe zu wohnen scheinen [1]).

Dieser Tage bin ich in Mailand gewesen und habe dort Dinge gesehen, die mich wahrhaft in Staunen versetzt haben. Ich will Euch nicht von dem Abendmahl des Leonardo da Vinci in dem Kloster delle Grazie sprechen,

---

[1]) D. h. sie scheinen nicht recht dahin zu gehören.

welches in der That etwas Wunderbares gewesen sein muss; jetzt aber erregt es Mitleid, indem es ganz voller Flecken und schwarz geworden ist, und zwar, wie ich glaube, aus Schuld des Malers, der, ein wie grosser Mann er auch gewesen, doch nicht die wahre Art kannte, wie auf Mauern zu malen ist. In der Kirche delle Grazie habe ich eine Tafel von Gaudenzio (Ferrari) mit einem h. Paulus in der Verzückung und einer Landschaft von so schöner Art gesehen, dass vielleicht Raffael selbst sie nicht schöner und besser gemacht haben würde. Dabei ist eine Kapelle der Passion al fresco ausgemalt mit einer unendlichen Mannigfaltigkeit von Köpfen, Figuren und Gewandungen und eine Geisselung Christi an der Säule, so ergreifend und das Ganze mit solcher Leichtigkeit, dass es eher mit einem Hauche als mit einem Pinsel gemacht scheint.

In einer zu einem Nonnenkloster gehörigen Kirche[1]), nicht weit von S. Ambrogio, auf deren Namen ich mich nicht mehr besinnen kann, finden sich verschiedene Sachen von Bernardino Luini, dem Vater eines Luino, der in Mailand viele Werke hinterlassen hat, die aber von geringerem Werthe als die des Vaters sind.

Wenn Vasari diese Sachen gesehen und wenn er Augen hatte, um das Gute zu erkennen, so musste er nothwendig darüber erstaunt sein. Bei den Mönchen della Pace habe ich auch Bilder dieses vorzüglichen Künstlers (Bernardino Luini) und eines gewissen Marco da Uglione (Oggione) gefunden, der vielleicht rascher gearbeitet hat, aber sonst nicht mit Bernardino zu vergleichen ist. Ich habe mich überzeugt, dass Mailand auch an anderen vortrefflichen Malereien reich ist, und werde binnen Kurzem dorthin zurückkehren.

Von Mailand ist auch der Maler, der jetzt die Vorderseite des grossen Saales in diesem von dem Erzbischof Borromeo gestifteten Kollegium malt, und ich kann Euch sagen, dass ich, wenn ich ihn früher gekannt hätte, mich nicht so leicht in eine Konkurrenz mit ihm eingelassen haben würde. Ferner leben die Procaccini, eine Bolognesische Künstlerfamilie, in Mailand, wo sie viel verdienen und sehr geehrt werden. Wenn sie sich aber noch mehr hervorthun wollten, so hätten sie sich dem lombardischen Style nähern und dem trockenen Kolorit der Schule der Caracci's eine grössere Fülle geben müssen. Uebrigens muss ich Euch sagen, dass die gegenwärtigen Mailänder Maler, zu denen ich auch die stets in Mailand beschäftigten Campi von Cremona rechne, sich mit Unrecht von der schönen Einfalt und der Bescheidenheit der Maler entfernt haben, die im Anfang dieses Jahrhunderts lebten; und dass die Procaccini, besonders aber Giulio Cesare, gewisse gezierte Köpfe einführten und eine Art so plumper Engel, die auch nicht die geringste Ehrerbietung beim Anblicke Gottes und der h. Jungfrau zeigen, so dass ich kaum weiss, wie sie ertragen werden, wenn man sie ihnen nicht etwa in Rücksicht auf so viele anderweitige Vorzüge vergiebt.

Ich werde hier sehr gut behandelt, und wenn ich nicht die Verpflichtung

---

[1]) S. Maurizio.

übernommen hätte, nach Venedig zu gehen, so würde ich mich nach anderen Arbeiten umsehen, um noch einige Zeit hier zu bleiben. Nach Rom komme ich, wann es mir möglich ist, was Ihr nur ganz offen dem Monsignor Cesarini sagen möget. Euch aber empfehle ich mich.

Bottari VII. 509. Ueber das Datum dieses, sowie des folgenden Briefes vergl. die Erläuterung zu Nr. 3. Die in dem Briefe erwähnten Meister und Kunstwerke sind zum Theil bekannt. Der h. Paulus von GAUDENZIO FERRARI befindet sich gegenwärtig im Louvre zu Paris, bezeichnet „Gaudentius 1543" (Ecoles d'Italie Nr. 177). — Der Mailänder Maler, der mit ZUCCHERO zusammen im Saale des Kollegiums malt, ist nach ZUCCHERO's eigener Mittheilung in seinem „Passaggio per l'Italia" CESARE NEBBIA. ZUCCHERO hat daselbst übrigens nur ein Bild, die Ernennung des heiligen Carlo Barromeo zum Kardinal, gemalt. Lanzi III. 564.

5.

FEDERIGO ZUCCHERO AN MONSIGNOR CESARINI.

Pavia, 28. Juli [159.].

Ich schicke Ihnen die Zeichnungen des Adonis und des Endymion, die mir von Sr. Eminenz (dem Kardinal) Farnese aufgetragen sind, und zwar von dem letzten Gegenstande zwei etwas verschiedene, damit er sich unter ihnen diejenige aussuchen könne, die er nach seinem Geschmack findet. Ich würde auch bei dem Adonis ebenso gethan haben, aber es ist mir nachher kein Gedanke wieder eingefallen, der mir besser als der erste gefallen hätte. Ueber den Preis und die Zeit kann ich nichts Bestimmtes sagen, indem ich weder die Maasse der Bilder habe, noch weiss, wann ich werde von hier weggehen können, wo ich nur Grund habe, mit den Herren zufrieden zu sein.

Wenn indess die Bilder nicht zu gross und der Kardinal mit meinen Ideen zufrieden wäre, so könnte ich auch noch hier in Pavia die Hand daran legen, da ich doch öfter die Arbeit in dem Saale wegen der Grillen des Baumeisters unterbrechen muss, der bald die Gerüste abbrechen lässt, bald mir den Meister entzieht, der den Bewurf zu besorgen hat, so dass es zum Verzweifeln ist. Da ihm aber die Herren nach seiner Weise drüber und drunter wirthschaften lassen und die Maler von ihm abhängig sind, so sind wir allesammt lieber stille, um es nicht noch schlimmer zu bekommen.

Ich wundere mich gar nicht, dass der Caravaggio so viele Lober und Beschützer findet, da die Aussergewöhnlichkeit seines Charakters und seines Malens mehr als genügend sind, um solche Wirkungen hervorzurufen. Und da unsere grossen Herren sich um so feinere Kenner dünken, je nach Maassgabe ihrer Reichthümer und ihres Ranges, so erachten sie Alles für schön, was den Anschein der Neuheit hat und auf die Ueberraschung berechnet ist. Gesegnet sei

dies Land hier, wo Jeder an seine eigenen Geschäfte denkt; und ich kann
Ihnen sagen, dass, wenn nicht die Campi wären, die alle Arbeiten in Anspruch
nehmen möchten, es hier kaum einen bescheidenen Künstler geben würde, der
nicht sein Stück Arbeit hätte. Ich empfehle mich Ew. Hochw. Herrlichkeit und küsse Ihnen die Hand.

Bottari VII. 514. Der im Eingange des Briefes genannte Kardinal ist
Alessandro Farnese, Sohn Pier Luigi's (s. Künstlerbriefe I. Abth. S. 219—221)
und Neffe Papst Paul's III., den wir schon als Gönner Tizian's kennen gelernt
haben und der später die Gallerie seines Palastes von den Caracci's ausmalen
liess. Von diesem war auch Zucchero auf Vermittelung des Monsignor Cesarini
nach Rom berufen worden, wie sich aus einem Briefe unseres Künstlers an
Sgr. Brignole (Pavia 2. Aug. . . . .) bei Bottari VII. 515 ergiebt; schon der
ältere und früher verstorbene Bruder, Taddeo Zucchero, war von diesem kunst-
und prachtliebenden Kardinal begünstigt worden, und auch Federigo spricht in
dem letzterwähnten Briefe seine besondere Ergebenheit gegen das Haus Farnese
aus, dessen Geschichte er in Gemeinschaft mit dem Bruder schon früher im
Palazzo Caprarola gemalt hatte. — Der im Briefe erwähnte Caravaggio ist der
bekannte Begründer der naturalistischen Schule M. A. Amerigi da Caravaggio.
S. d. Einleitung.

GIOVANNI BATTISTA PAGGI.

Aus einer alten angesehenen Familie von Genua stammend war Gio.
Battista Paggi (1554—1627) von seinem Vater zum Handel bestimmt worden.
Nur verstohlen konnte er seiner Liebhaberei zur Musik — er ist der Erfinder
der Theorbe gewesen — sowie zur Zeichenkunst nachhängen, bis der Tod
seines Vaters ihm in seinem fünfundzwanzigsten Jahre die Freiheit gab, sich
der Malerei zu widmen, wozu ihn der damals in Genua thätige Luca Cambiaso,
in der Kunst zugleich sein Vorbild, ermunterte. Ein in der Hitze eines Streites
begangener Mord nöthigte ihn, die Heimath zu verlassen; er ging nach Florenz,
wo er durch die Gunst der Fürstin von Piombino dem Grossherzoge Francesco
empfohlen wurde und bald zu hohem Ansehen gelangte. Dies war der Grund,
weshalb der Fürst Doria den auf ihm ruhenden Bann aufhob und ihn nach
Genua zurückrief. Da erwachte in mehreren unbedeutenden Malern, die eben
nur des Gewinnes wegen arbeiteten, die Besorgniss, durch die Konkurrenz eines
durch Talent und Geburt so ausgezeichneten Künstlers beeinträchtigt zu werden,
und man suchte einige alte Verordnungen über die Malerzunft wieder hervor,
die aus einer Zeit herrührten, als die Maler noch mit den Vergoldern eine und
dieselbe Zunft ausmachten und auch denselben Gesetzen unterworfen waren.
Diese wurden dem Senate mit der Bitte um Bestätigung vorgelegt, um dadurch
dem gefürchteten Nebenbuhler die Thätigkeit in seiner Heimath einerseits —
wegen seines aristokratischen Stolzes — zu verleiden, andererseits aber auch
durch gewisse Vorschriften in Betreff des Meisterwerdens unmöglich zu machen.
Nun aber erhoben sich die Freunde Paggi's, namentlich dessen Bruder, der Doktor
Girolamo Paggi, ein Maler Cesare Corte und ein gelehrter Edelmann, Ludovico
de' Lorenzi, der auch selbst malte, und traten im Interesse des Abwesenden
sowie einer edleren Auffassung der Kunst selbst jenen Artikeln entgegen. Der
Streit wurde von einer vom Senate eingesetzten Kommission ausgekämpft, und

unser Gio. Battista Paggi nahm selbst Antheil daran, insofern er seinem
Bruder in einer Reihe von Briefen seine Ansichten über die einzelnen Artikel
der Verordnung und über die Taktik mittheilte, die sie ihren Gegnern gegenüber beobachten sollten. Aus den beiden nachfolgenden Briefen, die wir als
Proben dieser Korrespondenz mittheilen, wird man leicht ersehen, dass Paggi
viel über das Wesen der Kunst nachgedacht hat und seine Ansichten gern mit
einer gewissen behaglichen Breite ausspricht. Ersteres wird uns auch anderweitig bestätigt. Soprani nämlich in seiner Lebensbeschreibung Genuesischer
Maler erzählt, dass Paggi einst Lomazzo's *Trattato della pittura*, den wir
schon in der Einleitung als Beispiel einer gewissen reflektirenden Richtung der
damaligen Künstler angeführt haben, in die Hände bekommen und dem Autor
seine abweichenden Ansichten über einige Punkte mitgetheilt hätte. Später hat
er diese seine Ansichten zusammengestellt auf einem Blatte, das unter dem Titel:
„*Diffinizione ossia divisione della Pittura*" im Jahre 1607 gedruckt worden ist.
Dies Blatt, gewöhnlich *la tavola del Paggi* genannt, ist später so selten geworden,
dass selbst Soprani es nicht gesehen hat. Es scheint, als ob er darin diejenigen Aeusserungen in bestimmter Ordnung zusammengestellt habe, die in den
Briefen vereinzelt vorkommen. Hauptsächlich ist es die hohe Würde der Kunst,
die er gegen jede niedrige und handwerksmässige Auffassung zu vertheidigen
sucht (Bottari VI. 70. 74. 75. 86). Auch das Verhältniss der Malerei zur
Poesie kommt zur Besprechung. Der Poesie, die von Allen als edelste Kunst
anerkannt würde, stehe die Malerei ganz gleich. Auch würde sie von den
Schriftstellern ganz allgemein eine stumme Poesie genannt, wie man umgekehrt
die Poesie als eine sprechende Malerei bezeichnen könne. Dichter und Maler
seien mit einander nah verwandt, sie haben dieselbe Bildung und Lehre, den
Kampf mit denselben Schwierigkeiten gemein. Beide seien unendliche Künste,
zu deren Erlernung ein Menschenleben nicht hinreiche. Ebd. p. 67. Die Ver-
wandtschaft und Gleichartigkeit der Poesie und Malerei war in der That ein
Lieblingsgedanke der damaligen Zeit. Cesare Rinaldini führt in seinem
Sonett auf den Tod des Agostino Caracci Malerei und Poesie als ein Schwestern-
paar ein, die klagend durch Berg und Wald streifen. In einer der sinnbildlichen,
an die heutigen Rebus erinnernden Inschriften bei der Leichenfeier desselben
Agostino Caracci heisst es, dass derselbe wegen der Fülle seines Geistes die
Herrschaft in der gemalten Poesie geführt habe. — Im ersten Buche von
Armenini's Abhandlung über die Malerei heisst ebenfalls die Malerei „*poetica
che tace*" und die Poesie „*pittura che parla*". Beide seien so enge mit einander
verbunden, wie Leib und Seele. Nur durch den Gebrauch der „Worte" und
„Farben" verschieden, seien sie in Bezug auf Erfindung und Wahrheit von einer
und derselben Natur und von einer und derselben Wirkung. Denselben Gedanken führt Lodovico Gandini in einem kleinen Gedicht auf Lomazzo aus:

> *Eloquente pittura,*
> *Chiamiam la Poesia.*
> *Faconda Poesia*
> *Diciam, ch'è la Pittura:*
> *Pittura dunque e Poesia son pari etc. etc.*

Auf einer der Radirungen, die sich in Vincenzio Carducho's Dialogen
über die Malerei befinden (Madrid 1633), ist jenes Bild der „stummen Poesie"
sehr handgreiflich dargestellt in einer malenden weiblichen Gestalt, welcher der
Mund verbunden ist. — Paggi erntete übrigens mit seinem Werk, das den Ansichten der Zeit vollkommen entsprochen zu haben scheint, allgemeinen Beifall.

Giorgio Vasari, der Nachkomme des Giorgio Vasari aus Arezzo, schrieb ihm am 4. August 1607 einen Brief voll Lob und Anerkennung (von Baldinucci bezweifelt Opp. XI. 54), und auch von dem Dichter Gio. Battista Marini wird ein Brief aus derselben Zeit erwähnt, wonach in jener Schrift *..i più belli lumi dell' arte*" enthalten seien. Soprani a. a. O. 130. Man war mit Lobeserhebungen der Freunde damals ebenso wenig sparsam, als mit Scheltworten, wenn es Nebenbuhlern oder Gegnern galt. Heftigkeit, Uebertreibung und persönliche Leidenschaft sind hervorragende Züge der gesammten Zeitrichtung.

6.

GIO. BATTISTA PAGGI AN GIROLAMO PAGGI.

Florenz, 1590.

Ich habe gehört, wie es Euch mit den Malern ergangen ist, und glaube, dass wir zur Beschämung jenes Tölpels von (Bernardo Castello) Sieger bleiben werden. Dieser ist mir feind geworden, weil ich ihm einmal in brüderlicher Weise meine ehrliche Meinung über zwei seiner (Bilder) geschrieben habe, die hierher gelangten und die mir so traurig vorkamen, dass ich mich in meinem Gewissen für verpflichtet hielt, ihm etwas darüber zu sagen; auf der anderen Seite aber weiss er auch, wie sehr ich ihn bei jenen Herren und Edelleuten gerühmt habe, mit denen sich die Gelegenheit zu sprechen ergab. Wenn es auch aus keinem andern Grunde wäre, so würde er mir schon deshalb hoch verpflichtet sein. Wer aber einem Esel den Kopf wäscht, verliert Zeit und Seife. Vielleicht werde ich ihm eines Tages, wenn aller Streit beendet ist, einen ganz anmuthigen Brief schreiben, der Euch zum Lachen bringen soll — unterdess kämpft nur lustig weiter. Ziehen sich Jene zurück und es scheint Euch, so lasst sie nur retiriren, ohne grausam den Kampf fortzusetzen, wenn Ihr nicht etwa den Zweck hättet, die Künste ganz von einander abzusondern. Das wäre sehr wohlgethan, obschon ich es für besser hielte, wenn man damit wartete, bis es Gott gefiele, dass ich selbst zugegen sei. Denn ich möchte nicht bloss den Versuch machen, die besagten Künste zu trennen, sondern zu gleicher Zeit auch im Senat den Adel der Malerei beweisen, so dass sie nach Kenntnissnahme der Anordnungen, womit ich diese Kunst regeln möchte, nicht bloss gezwungen sein würden, dieselbe für edel zu erklären, sondern ich möchte ihr auch eine solche Verfassung geben, dass nicht jeder Lump aus dem Volke zugelassen würde, und sie auf gute Manier allmählich in die Hände der Vornehmen zurückführen. Da ich indess abwesend bin, so kann ich nicht mehr thun und so überlasse ich Euch das Ganze. Unterlasst nicht, wie Ihr mir schreibt, jeden Weg zu versuchen, sie unter sich uneins zu machen oder Einige von ihnen auf unsere Seite zu ziehen. Denn auf diese Weise liesse sich der ganze Streit ohne Schwierigkeit gewinnen.

Es ist mir sehr lieb gewesen, dass der Corte sich so plebejischen Statuten widersetzt hat, und so, scheint es mir, müsse jeder Mann von Ehre handeln. Macht ihm meine Empfehlungen. In Pisa habe ich einen Kopf von seiner Hand gesehen; es war das Portrait eines Alten aus Genua, ich glaube der Grossvater von Giulio Sale, und derselbe hat mir ungemein gefallen.

Der bei Bottari VI, 79 abgedruckte Brief, über dessen Veranlassung oben schon das Nähere beigebracht ist, zeigt im Anfang eine Lücke, die schon Bottari durch den Namen eines gleichzeitigen Künstlers BERNARDO CASTELLO ausgefüllt hat. Dieser war ein Maler von nicht geringerer Bedeutung als PAGGI selbst, als Schüler SEMINI's und CAMBIASO's der Stolz der genuesischen Schule und durch die Freundschaft hervorragender Männer nicht minder geehrt als jener. Gio. Battista Marini, der Freund PAGGI's, hat auch ihm öffentlich Lob gespendet; Gabriel Chiabrera aus Savona, einer der hervorragendsten Dichter der damaligen Zeit, war sein Freund und Rathgeber in Bezug auf den poetischen Theil seiner Kompositionen; vor Allem aber ist sein Verhältniss zu Torquato Tasso hier hervorzuheben, mit dem er nah befreundet war und zu dessen befreitem Jerusalem er 1586 eine Reihe von Kompositionen entworfen hat, die eine Zierde der genuesischen Ausgabe dieses Gedichtes vom Jahre 1590 ausmachen. Einen, dem mitgetheilten Anfange nach zu urtheilen, sehr herzlichen Brief Tasso's an CASTELLO hat Soprani gesehen (Vita di Bernardo Castello a. a. O. 158), und ein zu Ehren des Malers gedichtetes Sonett Tasso's ist in der vorerwähnten Ausgabe der Gerusalemme liberata abgedruckt. Mit dieser angesehenen Stellung sowie mit der später erfolgten sehr ehrenvollen Berufung CASTELLO's nach Rom steht es denn allerdings in etwas starkem Kontrast, dass PAGGI denselben geradezu „goffo" (Tölpel oder noch schlimmer „Schuft") schilt. Doch scheint der Eifer PAGGI's für seine Partei in Betreff der Malerstatuten dies erklärlich zu machen, indem Soprani (a. a. O. 159) von CASTELLO erzählt, dass er trotz seiner künstlerischen Bedeutung und seiner ehrenvollen Verhältnisse die Schwachheit gehabt habe, sich in dem bewussten Streite der Gegenpartei PAGGI's zuzuneigen. — Der am Schluss des Briefes genannte CORTE ist ein Künstler der genuesischen Schule, CESARE CORTE, den wir schon als Mitkämpfer der PAGGI kennen gelernt haben. Er stammte aus einer alten Familie von Pavia her und wird u. A. von Zucchero erwähnt, der ihn in einem Briefe an Sgr. Antonio Brignole, dessen Ueberbringer er war, als giovane gentiluomo einführt. Bott. VII. 516.

7.

GIO. BATTISTA PAGGI AN GIROLAMO PAGGI.

Florenz, 1590.

Ausser dem, was ich Euch schon in meinen anderen Briefen gesagt habe, will ich nicht unterlassen, noch einiges Andere in Bezug auf diejenigen Kapitel (Artikel) hinzuzufügen, die mir weniger vollständig erscheinen oder wenigstens auf diejenigen, die mir entschieden zuwider sind.

Was den ersten Artikel betrifft, der ganz auf mich gemünzt ist[1]) und wonach Niemand zum Malen zugelassen werden soll, bevor er nicht zum Meister erklärt worden sei (wie sie sich rühmen, in anderen Artikeln bestätigen zu wollen), so schwöre ich Euch zu, dass ich darauf die Antwort geben würde, die einst Michelangelo Buonarroti einigen dummen Architekten gegeben hat, welche in Bezug auf die Peterskirche, deren Architekt er war, eine Verschwörung gegen ihn angezettelt hatten. Der eine war ein Maurer, der andere ein Zimmermeister und der dritte ein Steinmetz, und alle drei waren von ihm hervorgezogen worden, um ihm bei einigen materiellen Arbeiten zur Hand zu gehen. Nachdem dieselben nun glaubten, einigen Kredit erlangt zu haben, suchten sie Michelangelo zu vertreiben und gaben sich selbst für Architekten aus. Wie sie sich nun wirklich für solche hielten, wollten sie den Papst überreden, dass der Bau wegen zu geringer Umsicht Michelangelo's litte, indem jener Vielerlei begönne und wieder beseitigte, wovon sie den Grund nicht einsehen könnten und weil eine Welt von Dingen dabei in Gefahr wäre; wenn nun also Seine Heiligkeit den Absichten Michelangelo's auf den Grund gekommen wäre und ihnen dieselben mitgetheilt hätte, so würden sie Gelegenheit gefunden haben, die Dinge in Ordnung zu bringen. Solche und ähnliche Schwindeleien ersannen sie und theilten sie dem Papste mit, der dann endlich eines Tages Michelangelo zu sich rief und ihm in Gegenwart jener und halb im Zorne mittheilte, was jene behaupteten, und ihn fragte, was er darauf zu erwidern habe. Michelangelo sah sich die Leute mit grosser Ruhe von oben bis unten an, und indem er sich darauf mit der Miene grosser Verwunderung, jedoch ohne alle Gemüthsbewegung zum Papste zurückwendete, entgegnete er: Heiliger Vater! die einzige Antwort, die ich diesen Leuten geben kann, besteht darin, dass dieser an's Mauern und jener an's Steinhauen, der dritte aber an seine Zimmerarbeit gehe; jeder möge thun, was seines Handwerks ist, oder wenigstens das, wozu ich sie beauftragt habe: denn von dem, was ich beabsichtige, werden sie nun und nimmermehr etwas erfahren. Denn so erfordert es meine Würde. Eure Heiligkeit aber bitte ich, mit ihnen Mitleid zu haben, da der Neid für gewöhnliche Menschen eine zu grosse Versuchung ist. Diese weise Antwort gefiel dem Papste dermaassen, dass sie Michelangelo einen noch grösseren Einfluss erwarb, und er ihm seit der Zeit noch mehr Liebe erwies. Da ich nun aber nicht zugegen bin, so könnt Ihr diese Ansicht vertheidigen und behaupten, dass die Kunst sehr gut ohne Meister erlernt werden kann. Denn das Studium derselben besteht zunächst in der Theorie, welche zum grössten Theile auf der Mathematik, Geometrie, Arithmetik, Philosophie und anderen edlen Wissenschaften beruht, die aus Büchern gelernt werden können. Das Uebrige aber hängt von einer langen Beobachtung der natürlichen, künstlichen und zufälligen sowie der körperlichen und unkörperlichen Dinge ab und von den Wirkungen und Bewegungen

---

[1]) *Tutta tagliata a mi adosso.* Auch Soprani bemerkt, dass gerade dieser Artikel auf *Paggi* berechnet gewesen sei.

aller Dinge, die nur auf der Welt sind. Sie besteht ferner in der Praxis, und ich stelle nicht in Abrede, dass diese von einem Meister seinen Schülern überliefert werden kann, indem er Vieles durch seine Anweisung erleichtert; aber selbst die Praxis lässt sich nicht lehren, wenn der Schüler nicht zum Lernen fähig ist. Ist er aber fähig dazu, so wird er dieselbe nicht mehr und nicht minder auch von selbst zu erlernen im Stande sein, indem er das von tüchtigen Meistern in ihren Werken befolgte Verfahren beobachtet, welches sich darin ebenso wie die Hand des Schreibenden in ihren Schriftzügen wahrnehmen lässt.

Es ist ganz klar, dass wie in der Poesie ein Dichter sich den Styl eines anderen zum Muster nimmt, den er niemals weder gesehen noch gekannt hat, und ähnlich ein Musiker den Styl eines anderen nur durch Auseinanderlegung und Erforschung seiner Kompositionen sowie dadurch sich aneignet, dass er sich Regeln daraus bildet, so auch ein Maler, wie man ja täglich sieht, die Manier eines anderen erlernen kann, indem er dessen Werke studirt. Das ist so klar, dass es keiner Beispiele zu bedürfen scheint; trotzdem aber will ich deren einige anführen.

Malerei und Skulptur sind bis auf unsere Zeiten mehrmals zugleich mit den Meistern zu Grunde gegangen. Wie könnten sie nun also heutigen Tages gekannt sein, wenn sie nicht ohne Meister erlernt werden könnten? Und um die Wahrheit zu sagen, so hatte man kaum angefangen, die verschütteten antiken Statuen aus der Erde aufzugraben, als auch die Kunst zu einem neuen Leben zurückkehrte, in Folge der Beobachtung und des Studiums, welche die Menschen darüber anzustellen unternahmen. Aehnlich erging es mit der Malerei in Folge der ausgegrabenen Bilder. Polidoro da Caravaggio war ursprünglich ein Maurergehülfe, und durch das Studium der alten Skulpturen der Trajans-Säule wurde er ganz von selbst ein bewunderungswürdiger Meister im Helldunkel. Mattreo Civitali von Lucca soll nach Allen zuerst Barbier gewesen sein, und erst im Alter von mehr als vierzig Jahren hat er Scheere und Kamm weggeworfen und sich daran gemacht, den Marmor zu bearbeiten. Und in Genua kann man in der Kapelle des heiligen Johannes des Täufers an den sechs von ihm gearbeiteten Statuen sehen, ob er von selbst zu lernen vermochte. Michelangelo nannte sich Schüler des Torso vom Belvedere, an dem er grosse Studien gemacht zu haben behauptete, und in der That hat er durch seine Werke bewiesen, dass er damit die Wahrheit gesagt. Um indess hiermit zu Ende zu kommen, möchte ich doch alle Diejenigen, nach denen man nur von einem einzigen Meister die Kunst erlernen soll, fragen, weshalb sie denn antike Basreliefs, gute Zeichnungen und ausgezeichnete Stiche kaufen, und ob sie dies zum Studium oder aus Gewohnheit thun. Vielleicht aber sagen sie wegen ihrer geringen Bildung, es sei aus Gewohnheit oder als Zierrath, und es ist möglich, dass sie damit, in der Absicht zu lügen, die Wahrheit sagen. Jene wollen ihre Bösswilligkeit gegen mich mit dem dummen Vorgeben der Ehre der Kunst bedecken, indem sie meinen, dass Jemand, nachdem er sieben oder acht Jahre bei einem Meister gewesen, geprüft werden müsse; werde er nicht für tüchtig erfunden, so solle er als Gehülfe bei einem Meister untergebracht werden. Sie haben Recht, und ich verzeihe ihnen. Ich frage aber, wenn nun Jemand innerhalb eines Jahres durch besondere Begünstigung so viel erlernte, als ein Anderer nicht in sieben, acht oder zwanzig Jahren erlangen kann, soll man dem entgegen sein und ihm eine Gabe streitig machen, die ihm Gott verliehen hat? Und wenn Einer von selbst und ohne Meister erlernt, was ein Anderer nicht mit Hülfe eines Meisters erlangen kann, ist es da nicht ehrenwerth, aus Liebe zur Kunst jenen höher zu stellen als diesen? Am besten wäre es wahrlich, von diesem Artikel das, was darin Böswilliges sich befindet, zu streichen und zu sagen, dass nur Derjenige bestätigt werden solle, der seine Kenntnisse im Examen bekundet hat; wo nicht, so solle er als Gehülfe arbeiten. Besser freilich wäre es, dass Allen, Alten und Jungen, Vorstehern und Nichtvorstehern, eine kleine Fähigkeit verliehen werde, damit man die Gehülfen billiger bekommen könne. Denn ich bilde mir ein, dass Mangel daran sein wird, und es kann auch kaum anders sein, da es eine so grosse Menge von Meistern giebt.

Auf den zweiten Artikel, der da verbietet, mehr als einen Lehrling zu haben, habe ich Folgendes zu erwidern. Dieser Artikel ist ganz erträglich, indem er zum Zweck hat, die Zahl der Ungeschickten zu verringern; denn es scheint wirklich eine unmenschliche Sache, dass Alle, auch die Dutzendmaler, sich einen ganzen Haufen von Schülern halten, die meistentheils arm sind, weder wissenschaftliche Bildung noch Talent haben und sich nur des Erwerbes halber der Kunst zuwenden. Und nachher machen sie dann abscheuliche und unwürdige Dinge, um diesen Zweck zu erreichen. Meiner Ansicht nach ist es nothwendig, jene Masse zu vermindern, aber das Mittel, das man dazu ersonnen hat, scheint mir nicht passend, weil unter zehn, oder um besser zu sagen, unter hunderten kaum einer ein tüchtiger Mensch wird. So wird es vielmehr nöthig erscheinen, Viele zu erziehen, weil nur Wenige davon gerathen. Aber auch dies ist keine richtige Auskunft: denn der Uebrigen, welche nicht vorwärts kommen, sind sehr viel, und man muss also ein Mittel finden, deren wenige, aber gute auszubilden. Da sich diese nun aber nicht auf den ersten Anblick erkennen lassen (mitunter könnte dies bloss aus der Physiognomie gelingen), so wird es räthlich sein, nur Söhne von anständigen, wohlhabenden und, wenn es möglich ist, von adligen Bürgern zu Schülern zu nehmen. Diese sind meistentheils wegen ihrer guten Sitten und Erziehung gelehriger und fähiger als die anderen und von mehr erfinderischem Geist. Daher man denn auch von ihnen bessere Erfolge erwarten könnte. Sie würden nach Ehre und nicht nach Gewinn streben, sie würden mit Kenntnissen und den schönen Wissenschaften ausgestattet sein, die dem Maler so nöthig sind; sie würden endlich im Stande sein, jene edle Kunst zu ihrer früheren Grösse wieder emporzuheben.

Es könnte darauf Jemand erwidern, dass, wenn man so verführe, sie vielmehr auf das Schleunigste erlöschen würde, indem sich bei unseren Mitbürgern gar keine Neigung zu einer von ihnen missachteten Kunst bemerken liesse. Darauf habe ich zu entgegnen, dass unzählige Menschen dieselbe nicht achten,

weil sie sie nicht kennen; viele dagegen kennen sie wohl, aber sie schätzen sie
nicht wegen der untergeordneten Verhältnisse Derer, die sie ausüben. Denn
oft giebt es Leute, die reich an Tugenden sind, aber dürftig in ihrer Kleidung
und deshalb von den Anderen gemieden werden. Nicht etwa, weil die Kleider
das Talent im Geringsten vergrössern oder verringern könnten, sondern es ist
die Rücksicht auf den Dritten, wegen welcher man so handelt. Ich gebe zu,
dass auf einige Zeit die Zahl der Künstler sich verringern würde, keineswegs
aber die Kunst, zweifle dann aber auch nicht im Geringsten, dass, wenn jene
Art von Leuten verschwunden ist, die angeseheneren Bürger anfangen würden,
ihre Söhne gern zu diesem Berufe zu bestimmen; und dies wäre schon ein
Gewinn zu nennen. Ein krankes Glied wird nie geheilt, wenn ein verständiger
Chirurg nicht erst den von dem Verderben ergriffenen Theil entfernt, welcher
das gesunde Fleisch von Neuem nachzuwachsen verhindert. Der grosse Michelangelo rühmte den Adel der Kunst und beklagte es, dass dieselbe wegen der
geringen Achtsamkeit der Hochstehenden in die Hände des niedrigen Volkes
gefallen sei. Und er hatte Recht [1]. Darüber mag nun aber genug gesprochen
sein, denn ich will für jene nicht den Schulmeister spielen und ihnen neue Artikel machen, eine Sache, die sie von selbst verstehen oder doch wenigstens zu
verstehen vorgeben.

Auf den vierundzwanzigsten Artikel, welcher den Fremden den Zugang in
die Stadt verwehrt, erwidere ich, dass die Furcht ein dummes Ding ist.
Mahomet, der als kluger Mann die Schwäche seiner Lehre erkannte, verbot es,
darüber zu streiten. Nur mit den Waffen sollte man sie vertheidigen und aus-
breiten. Er zeigte darin seine Furcht, bei Erörterungen zu unterliegen, war
aber überzeugt, mit den Waffen zu siegen. Jene aber zeigen zugleich Furcht
und grosse Feigheit, indem sie weder selbst kämpfen, noch auch durch den
Vergleich der Werke Anderer bekämpft sein wollen und jeden Andern von
einem Wettkampf mit ihnen ausschliessen. Und so schützen sie sich hinter dem
Schilde, dass, wer kommen will, ungeschickt sei und mit ihnen keinen Kampf
eingehen werde; wer aber tüchtig ist, der wird gar nicht kommen, und so
sitzen sie sicher. Der alte Fürst Doria liess, um seinen Palast und die Kirche
des h. Matthaeus mit schönen Gemälden und Skulpturen zu schmücken, Pordenone, Perino, Meccherino (Beccafumi) und andere ausgezeichnete Maler kommen,
sowie Fr. Gio. Angelo und Silvio von Fiesole, zwei tüchtige Bildhauer, und
andere würdige Personen, indem er keine Kosten scheute, um dieselben herbei-
zuziehen, wie er denn auch keineswegs auf Ersparniss sah, als er den Bandinelli herbeiholte. Wenn es nun aber jetzt einem andern grossen Herrn einfiele,
Baroccio und Tintoretto dorthinzuberufen, oder Zucchero, Bassano, Muziano und
Passerotto und viele Andere, die hier in Florenz und anderwärts tüchtig und
berühmt sind, würden diese dann auch gezwungen sein, auf eine so erniedrigende

---

[1] *Soleva dire il gran Michelangelo, ch'era nobile.* Er oder die Kunst? Es ist
keine derartige Aeusserung von *Michelangelo* überliefert.

Weise geprüft zu werden? Und wenn es den Examinatoren gut schiene,
würden sie gezwungen sein, sich als Gehülfen zu ihnen zu begeben? Es ist
ein wahres Unglück, dass so viel treffliche Künstler, die jetzt in Flor stehen,
nicht gewusst haben, dass es dort so weise und erfahrene Lehrer der Kunst
giebt, denn in diesem Falle wären sie gewiss wie toll nach Genua gestürzt, um
aus einem so reichen Quell so hoher Weisheit zu schöpfen!

Was nun den zwanzigsten Artikel anbetrifft, nach welchem keine fremden
Bilder eingeführt werden sollen, so will ich darauf nur kurz antworten. Die
Fürsten und Republiken verbieten die Einfuhr solcher Dinge, von deren Er-
zeugung sich die Armen erhalten. So zum Beispiel ist die Einführung von
Seiden- und Wollenstoffen in Florenz von ausserhalb verboten, und zwar mit
Recht, damit die Gesammtheit keinen Schaden darunter leide. Was aber hat
es mit der allgemeinen Wohlfahrt eines Volkes zu thun, ob fremde Bilder eingeführt werden, und was macht man also ein so grosses Geschrei darüber?
Vielmehr behaupte ich, dass eine solche Maassregel zum Nachtheil der Stadt
ausfallen würde in Bezug auf deren Ausschmückung, denn man würde fortan
nicht mehr nach den Bildern so vieler ausgezeichneter Meister verlangen, welche
die hauptsächlichste Zierde der prachtvollen Paläste ausmachen. Sollten aber
die Maler sagen, sie wollten die Einführung nicht verbieten, sondern nur, dass
um ihre Erlaubniss dazu gefragt werde, so können sie allerdings die Absicht
haben, sie zu geben. Nun können sie dieselbe aber auch nicht geben wollen,
oder wir, wenn wir auch könnten, sie nicht annehmen, denn es ist weder
anständig noch vernünftig, dass ein dortiger Herr, wenn er eine gute Meinung
von mir hat und, wie dies täglich geschieht, mir daher ein Bild auftragen will,
er nun gezwungen sei, wegen der Erlaubniss dazu vor den Vorstehern zu erscheinen, die sie ihm dann vielleicht ertheilen, wenn sie sich nicht selbst auf
das Werk Rechnung gemacht haben, oder wenn sie für keinen Andern, der
dies thut, Interesse haben; ist aber das Gegentheil der Fall, so werden sie die
Erlaubniss nicht ertheilen, und dies wird am häufigsten geschehen, nicht sowohl
wegen des Wunsches, Ehre zu erwerben, als vielmehr wegen der Begierde,
Geld zu gewinnen. Denn sobald sie erfahren, dass es irgend eine Arbeit zu
machen giebt, so geben sie sich alle Mühe, um dieselbe für sich zu erlangen,
wenn anders das, was man mir gesagt hat, wahr ist. Die Aermsten mögen
also nur studiren und immer wieder studiren und sich bemühen, so zu werden,
dass ihre Mitbürger sich nicht mehr gezwungen sehen, hierhin und dorthin nach
Malereien zu schicken. Mögen sie dem Cambiaso, guten Angedenkens, nach-
eifern, dessen Bilder sowohl den Einheimischen als auch den Fremden Genüge
leisteten, die auf alle Weise nach Werken von ihm strebten. Und wenn sie
zu jener Höhe gelangt sind, was nicht allzubald geschehen wird, so werden
ihnen nicht mehr so dumme und thörichte Gedanken in den Sinn kommen.
Dies möge Euch für jetzt in Bezug auf jene vier Artikel genügen, welche mir
als die wichtigsten und zugleich als die unverständigsten erscheinen.

Bottari V. 87 ff. — Der Erfolg der Verhandlungen, die von den Vorstehern der Maler (Consules) J. B. Bignole, Maler und Bapt. Castello „Miniator" und den Freunden Paggi's (s. o. S. 37) vor der Deputation des Senates geführt wurden, war der, dass letztere unter dem 10. Oktober 1590 ihr lateinisch geschriebenes Erkenntniss veröffentlichte, wonach jene Verordnungen nur für die Vergolder und Maler niederen Ranges und Solche gelten sollten, die einen offenen Laden „apothecam apertam" hielten. Dies Erkenntniss wurde unter dem 16. Oktober 1590 nach vorhergegangener Abstimmung vom Dogen und den Gubernatoren vollkommen und in allen Theilen bestätigt. Beide Dokumente sind bei Soprani p. 136—138 abgedruckt; es ist danach das Datum unserer Briefe berichtigt worden, in Uebereinstimmung mit der Ansicht C. Gius. Ratti's in seinem Briefe an Bottari Racc. VI. p. 189. Wie die ganze Angelegenheit die Aufmerksamkeit der Zeitgenossen und namentlich der Künstler in sehr hohem Grade erregt zu haben scheint, so sprach sich auch eine allgemeine Freude über den für die Kunst ehrenvollen Ausgang derselben aus, und Paggi erntete viel Lob und Anerkennung; unter den Briefen, die von hervorragenden Künstlern in dieser Absicht an ihn gerichtet worden sind, sollen sich auch deren von Peter Paul Rubens und Anton van Dyck befunden haben.

LODOVICO, AGOSTINO UND ANNIBALE CARACCI.

In der Einleitung ist die Stellung nachgewiesen, welche die Erneuerung der Kunst durch die Caracci und ihre Schüler zu der allgemeinen Umwandlung der Gesinnungen und Anschauungen einnahm, die in Folge der Restauration des Katholicismus im Leben der italienischen Nation gegen den Schluss des 16. Jahrhunderts stattfand. Wir haben hier die Gründer der Schule noch nach ihrem persönlichen Charakter und nach ihren speciellen künstlerischen Leistungen zu betrachten. Das Werk, das Lodovico unternommen, war das einer Reform. Er ging von der Ueberzeugung aus, dass der manieristische Zustand, in dem sich die Kunst zu seiner Zeit befand, nicht haltbar wäre; er sah, dass diesen Meistern der tiefere Gedankeninhalt sowohl als die geläuterte Form fehlte, durch welche die damalige Zeit, die sich in der That in sich selber vertieft hatte, allein befriedigt werden konnte. Wie jener Gehalt durch ein Zurückgehen auf tiefere kirchliche Bedeutung gewonnen wurde, haben wir gesehen. Ein ähnliches Zurückgehen fand nun auch in Bezug auf die künstlerische Darstellung und deren Mittel statt. Waren doch die Manieristen, jenem hastigen und leidenschaftlichen Zuge der Zeit, von dem wir schon früher gesprochen (Künstlerbr. I. 268), sowie der eigenen Willkür Folge gebend, zu einer völligen Vernachlässigung der Vorbilder gelangt, von deren äusserlicher Nachahmung sie zunächst ausgegangen waren; hatte sie doch das übermüthige Selbstbewusstsein grösster technischer Meisterschaft dazu ermuthigt, sich ihren blossen subjektiven Eingebungen zu überlassen, so dass ihre Werke allerdings von einer gewissen Kühnheit und von einem gewissen Schwunge waren, zugleich aber alles tieferen künstlerischen und sittlichen Haltes und Ernstes entbehrten[1]). Lodovico Caracci, der im Jahre 1555 geboren und unter den Einflüssen der neuen Zeit-

---

[1]) So fassten schon ernstere Beurtheiler im siebzehnten Jahrhundert selbst die Sache auf. Der Graf Malvasia namentlich ist es, der die später allgemein gültige

richtung gross geworden war, konnte, obschon er selbst die Schule jener Meister durchgemacht, sich in dieser Auffassung nicht befriedigt fühlen. Schon früh wurde er so zu seinen reformatorischen Ideen gedrängt. Solche Reformen bestehender Kunstweisen aber können nur das Werk fester Ueberzeugung, vollkommen klaren Bewusstseins, ernster Gewissenhaftigkeit sein: das zeigt nun Lodovico in seinem ganzen Wesen recht deutlich. Bei aller seiner Begabung ist es doch nicht die unmittelbare künstlerische Begeisterung, nicht die Macht des Genies, die ihn beseelt. In den Augen seines entschlossenen, kühnen, wie die Manieristen überhaupt, rasch fertigen Lehrmeisters Prosper Fontana sowie in denen des Tintoretto, der wenigstens im Punkte der Kühnheit mit Fontana verwandt war, erschien er geradezu unfähig: man rieth ihm wohlmeinend, eine andere Profession zu ergreifen; man mochte ihn wohl zum Farbenreiber eher geeignet halten als zum Maler; seine Mitschüler, in denen sich das Urtheil des Meisters, wie gewöhnlich, in schärferer Weise reflektirte, nannten ihn geradezu mit einem Spitznamen den Ochsen. Dass die Langsamkeit Lodovico's keineswegs Folge seiner Unfähigkeit, sondern seiner Gewissenhaftigkeit war, konnten sie nicht begreifen, da jene stille und gewissenhafte Hingabe des Künstlers an sein Werk, die den Ruhm der früheren Zeiten ausgemacht hatte, längst aus den Gemüthern geschwunden war. Diese Gewissenhaftigkeit nun aber war es, die Lodovico auf seinem ganzen späteren Bildungswege leitete. Sie führte ihn nach Venedig, wo er unter Tintoretto, nach Florenz, wo er unter Passignano arbeitete. Hier waren es die Werke des Andrea del Sarto, nach denen er sich zu bilden suchte, in Parma die des Correggio und Parmigianino. In Rom ist er nicht gewesen oder erst sehr spät, nachdem die Zeit des Lernens vorüber war. Darin liegt auch zugleich die zweite Seite seines Wesens ausgedrückt, jenes Prüfen und Wählen unter den Weisen der verschiedenen Meister, die der ganzen Schule den Namen der eklektischen zugezogen hat. (Vergl. die Einleit.) Als er nach Bologna zurückkehrte, musste man seine vielseitige Erfahrung wohl anerkennen, aber es fehlte viel daran, dass er als Einzelner die ganze damalige Richtung, die sich grosser Talente und grosser Sympathien erfreute, hätte bekämpfen können. Er suchte deshalb nach Bundesgenossen und fand dieselben, da sein Bruder Paolo, der allerdings Maler war, sich nicht dazu eignete, in seinen Vettern, den nur um weniges jüngeren Söhnen seines Oheims, Agostino und Annibale. Agostino (1558 bis 1601) war Goldschmied, welche Kunst seit jeher Pflanzschule für die tüchtigsten Maler gewesen war, — Annibale, der jüngere (1560 bis 1609), arbeitete in der Werkstatt seines Vaters, der ein Schneider von Profession war. Noch mehr als in ihrem Beruf waren die Brüder in Bildung und Charakter verschieden, und die Art, in der Lodovico sie für seine Zwecke gewann und sie zu gemeinsamem Wirken befähigte, zeugt von grossem pädagogischem Talente. Agostino, an den Verkehr mit Gelehrten gewöhnt, war bewandert in Literatur und Poesie; Philosophie und Mathematik waren ihm nicht fremd; er konnte später Mitglied der Bolognesischen Akademie der Gelati werden. Auch in mancherlei technischen Dingen, wie z. B. der Uhrmacherkunst, hatte er sich versucht. Annibale, an niedrigen Umgang gewöhnt, hatte weder selbst Bildung, noch achtete er sie an Andern. Im Verkehr mit Höherstehenden war er befangen und linkisch.

Ansicht über diese Schule ausgesprochen hat, so dass auch die Bezeichnung „Manier und Manieristen" auf ihn zurückzuführen ist. Er spricht in der Einleitung zu den Lebensbeschreibungen der Caracci von einer „*maniera insomma lontana dal verisimile, non che dal vero, totalmente chimerica e ideale*" und von einem „*certo fare sbrigativo e affatto manieroso.*" Felsina pittrice II. 358.

Vom Reden war er kein Freund; mit den Händen hätten die Maler zu sprechen, pflegte er zu sagen. Agostino gab viel auf seine Person; fein im Anzuge, war er verbindlich und liebevoll in der Unterhaltung. Annibale legte wenig Werth wie auf Worte so auf äussere Erscheinung; Mantel und Bart waren nie in Ordnung; erst später in Rom änderte er sich darin etwas; den Bruder, der gern und frei mit Grossen verkehrte, erinnerte er wohl mit gutmüthigem Spott durch das Bild von Vater und Mutter, wie jener nähte und diese die Nadel einfädelte, an die gemeinsame niedrige Herkunft. Witzig, scharf und schlagend in ihren Aeusserungen waren Beide. So konnte es, bei sonst eher heftiger als sanfter Gemüthsart, nicht an Reibungen fehlen. Das Bestreben Agostino's, den jüngeren Bruder zu meistern, mochte die Spannung noch grösser machen. Da ist es denn rührend zu sehen, wie in der gemeinsamen Liebe zur Kunst alle Misshelligkeiten zwischen den Beiden aufgingen. Ihre verschiedenen Charaktere allerdings bethätigten sich auch in ihrer Kunstübung. Aber wie weise wusste Lodovico diese zu leiten! Agostino war in der Malerei sehr schüchtern, wählerisch, schwer zum Entschluss gelangend, noch schwerer zur letzten Vollendung. Annibale war ein rascher und tüchtiger Arbeiter, er machte sich nicht viel Zweifel und Skrupel und arbeitete mit grosser Leichtigkeit. Agostino also bedurfte des Spornes, Annibale des Zügels. Lodovico gab daher jenen zum Fontana in die Lehre, wie wir sahen, einem raschen entschiedenen Meister; den Annibale behielt er in seinem eigenen Atelier, wo es streng und wohlüberlegt zuging. So schliffen sich die Schärfen und Ecken in den Charakteren der beiden Brüder allmählich ab, die feindliche Spannung liess nach, sie konnten nun gemeinsam wirken. Dies geschah, nachdem die Brüder noch in Parma und Venedig studirt, und Agostino namentlich als Kupferstecher sich einen ehrenvollen Namen erworben, in der Akademie, die sie nun in ihrer Vaterstadt gründeten, und der sie den Namen der „Incamminati", der auf den rechten Weg Gebrachten, gaben. Die Schöpfung dieser Akademie, die sie unter endlosen Kämpfen, unter Spott und Hohn in's Leben riefen, gereicht ihnen zu grosser Ehre. Die Methode war wohl überlegt; was geschah, geschah mit vollkommener Uebereinstimmung Aller. Die schwierigsten Theile des Unterrichts waren natürlich Agostino übertragen. Er trug Perspektive und Architekturlehre vor; ebenso lehrte er Anatomie und Osteologie, worin er von seinem Freunde, dem Anatomen Lanzoni, unterstützt wurde. Ebenso hatte er die Vorträge über Geschichte und Mythologie zu halten; die Schüler wurden zur Darstellung solcher Gegenstände angeleitet, die Arbeiten geprüft, der Sieger gekrönt. Die täglichen Uebungen — Gypsabgüsse und Kupferstiche waren in hinlänglicher Zahl angeschafft, — leitete, neben dem Bruder, Annibale; an der Spitze blieb immer Lodovico, der die Leitung des Ganzen hatte, und an den man sich in zweifelhaften Fällen wandte. Sehr eingehend schildert das Leben in der Akademie Lucio Faberio in der Leichenrede auf Agostino, bei Malvasia p. 427.

Die Grundlage des ganzen Unterrichts war das Bestreben, die Beobachtung der Natur mit der Nachahmung der besten Meister zu vereinigen. Die Vorzüge aller Schulen sollten erreicht und verbunden werden. Theoretisch drückt dies das bekannte Sonett Agostino's aus (s. u. Nr. 10). Die Zeichnung solle sein wie in der Antike; Bewegung und Schattengebung wie in der Venezianischen Schule; von den Lombarden solle man die treffliche Färbung entlehnen; von Michelangelo die Kühnheit; von Tizian die Naturwahrheit; von Correggio — dem Lieblingsmaler der Caracci — den reinen und edlen Styl; *e di un Rafael la giusta simmetria*, das wahre Maass, die Wohlgemessenheit, die Harmonie. Von Tibaldi (Pellegrino de' Tibaldi, vergl. S. 33) das Dekorum und die Gründlichkeit; die Erfindung von Primaticcio und ein Wenig von der Grazie des Parmigianino.

Was in einem solchen Eklekticismus Falsches liegt, haben wir schon oben nachgewiesen. Man kann sich aber nicht der Ueberzeugung entziehen, dass darin für die damalige Zeit eine Nothwendigkeit lag. Ueberdies war die Anwendung dieser Grundsätze keine schematische; ein Zwang zu besonderem Styl und besonderer Auffassung fand nicht statt. Jeder konnte seiner Neigung und seinen natürlichen Anlagen folgen. Daher die Vielseitigkeit, die sich bald in dieser Schule zeigte. Es konnte sich Jeder seinen eigenen Styl bilden, jedem Styl aber sollte die Natur und die Prüfung der Meister der Blüthezeit zu Grunde liegen. Zu dieser verständigen Einrichtung der Akademie kam noch die Liebe hinzu, mit der dieselbe geleitet, mit der die Schüler behandelt wurden. So geschah es denn, dass die besten Zöglinge der anderen Meister sich zu den CARACCI wendeten; die oft verhöhnte Richtung gelangte zu grosser Ehre, die Einsichtigen unter den anderen Meistern erkannten die Trefflichkeit derselben an; FONTANA bedauerte, zu alt zu sein, um noch ihr Schüler werden zu können. Welch ein Erfolg jener geringen, aber von tiefster Ueberzeugungstreue getragenen Bestrebungen LODOVICO's! Die Geschichte der italienischen Malerei im 17. Jahrhundert ist in der Geschichte der Bolognesischen Schule enthalten. Es versteht sich, dass auch die äussere Stellung der Künstler eine glänzendere wurde. Der Kreis ihres Umganges erweiterte sich, ihr Haus wurde der Sammelplatz von Gelehrten und Dichtern, an denen Bologna damals so reich war. Hier verkehrte Ulisse Aldovrando, der Begründer der neueren Naturgeschichte, den man nicht mit Unrecht den Plinius von Bologna genannt hat; der Astronom und Geograph Antonio Magini; der gelehrte Archäolog Dempster, der Verfasser der Etruria regalis; der schon erwähnte Lanzoni; von Dichtern: Giambattista Marini, der eine neue, dem veränderten Wesen der Zeit entsprechende Richtung in der Poesie eingeschlagen; Claudio Achillini und Preti, die dieser Richtung nachfolgten; Cesarino Rinaldi, dessen Portrait AGOSTINO gestochen, und der auf des Freundes Tod ein vielbewundertes Sonett gedichtet; Ferrante Carlo und Dulcini, von denen wir weiter unten sprechen werden. und Melchiore Zoppio, der durch seine „universale Kenntniss aller Wissenschaften und Künste" als Professor der Philosophie an der Universität glänzte, der Gründer der Academia de' Gelati, den Malvasia geradezu „divino" nennt, und für den AGOSTINO mehrere Blätter gestochen hat. Auch Künstler gehörten zu diesem Kreise, in dem — zur grössten Langeweile ANNIBALE's — über Kunst und Kunstwerke gesprochen, auch manche heitere und lustige Unterhaltung gepflogen wurde, wie denn die CARACCI selbst erwähnte Freunde maassvollen Scherzes waren. In der Kunst aber hat sie niemals der tiefe Ernst verlassen, der sie auf die neue Bahn geführt. Es heisst, dass LODOVICO oft Essen und Trinken über der Arbeit vergessen habe. Geheirathet hat Keiner von ihnen, um ihrer grossen Aufgabe durch kein anderes Interesse entzogen zu werden. Die Kunst war, wie ANNIBALE sich ausdrückte, ihre Braut und Herrin.

Sehr bezeichnend sind die Worte, mit denen Sandrart seinen Bericht über die CARACCI beschliesst. „Alle drei CARACCI," sagt derselbe, „haben in der Kunst zwar glückliche, in der zeitlichen Güter Wohlfahrt aber ganz schlechte Progress' gemacht, dass sie also ohne Ergötzlichkeit ihr Leben enden mussten; zwar unwissend, dass ihr tugendsamer Name bei der Nachwelt einigen Nachklang Lobes, Ruhmes und Ehre haben würde. womit sie jedoch billig zu ihrem

unendlichen Preis nach ihrem Tode gekrönt werden sollen." Vergl. H. Janitschek Die Malerschule von Bologna in Dohme's Kunst und Künstler
Nr. 75—77.

8.

ANNIBALE CARACCI AN LODOVICO CARACCI.

Parma, 18. April 1580.

Ich komme mit diesem meinen Briefe, Sie zu begrüssen und Ew. Herrl.
mitzutheilen, wie ich gestern um die siebzehnte Stunde in Parma angelangt bin. Ich stieg daselbst in dem Wirthshause zum Hahn ab, wo
ich mit wenigen Quattrinen und vielem Vergnügen zu bleiben gedenke und
ohne alle Verpflichtung und Zwang, indem ich nicht hierher gegangen bin, um
mich in Ceremonien zu ergehen und allerhand Rücksichten zu nehmen, sondern
um mich meiner Freiheit zu erfreuen und studiren und zeichnen zu können.
Deshalb bitte ich Ew. Herrl. um der Liebe Gottes willen, mich zu entschuldigen.

Ich habe Euch mitzutheilen, wie gestern der Korporal Andrea mich aufgesucht hat, indem er mir sehr viel Höflichkeiten und Artigkeiten erwies: und
er fragte, ob ich an Niemanden, auch an ihn selbst nicht einen Brief von
Ew. Herrl. abzugeben hätte; denn Sie hätten ihm geschrieben, um mich ihm
zu empfehlen; so dass er die Absicht hatte, mich gleich mit von diesem Orte weg-
zunehmen, der, wie er sagte, sich nicht für unseres Gleichen passte, und er
wollte mich durchaus zu sich nach Hause führen; es machte ihm gar keine
Umstände, und er hätte schon dasselbe Zimmer in Stand gesetzt, das Sie schon
einmal bewohnt hätten, und es machte ihm gar keine Unbequemlichkeit —
und er sprach so viel davon, dass ich nicht mehr wusste, was antworten, ausser
dass ich ihm immer dankte und ihm sagte, ich hätte keinen Brief, weil ich
meine Freiheit behalten will. Genug, ich machte mich mit grosser Mühe frei,
und wenn nicht Meister Giacomo — denn so heisst mein Wirth — dagewesen
wäre und mir gut geholfen hätte, so hätte ich ihm nicht entgehen können.
Ich bitte Ew. Herrl., mir dies nicht übel zu nehmen und mich bei ihm zu entschuldigen, wie Ihr meint, dass es am besten sei,   denn er liess es beim
Weggehen merken, dass er ein wenig beleidigt wäre.

Und nun hielt es mich nicht länger, und ich musste mir die grosse Kuppel
ansehen, die Sie mir so vielmals anempfohlen haben, und in der That blieb
ich starr vor Erstaunen, als ich dies gewaltige Werk erblickte, an dem jede
Einzelheit so vortrefflich verstanden und auf den Anblick von unten nach oben
so richtig und mit solcher Strenge berechnet ist und dabei immer mit solchem
Geschmack und solcher Anmuth und mit einem Kolorit, das wahrhaft Fleisch
scheint. Bei Gott, weder Tibaldo, noch Niccolino, noch, ich stehe nicht an es
zu sagen, Raffael selbst haben je Aehnliches geschaffen.

Ich kenne noch nicht so viel Sachen, aber ich habe mir heute früh die Tafel mit dem heiligen Hieronymus und der heiligen Katharina angesehen und die Madonna auf der Flucht nach Egypten mit der Schüssel — und bei Gott, ich würde keines derselben gegen die heilige Cäcilia umtauschen. Sagt selbst, ist die Anmuth jener heiligen Katharina, die mit solcher Grazie ihren Kopf auf den Fuss jenes schönen Christkindes beugt, nicht schöner, als die heilige Maria Magdalena? Und jener schöne Greis, der heilige Hieronymus, ist er nicht grösser und zugleich (denn darauf kommt es an!) zarter, als jener heilige Paulus, der mir zuerst als ein Wunder erschienen ist und der mir jetzt ganz hölzern vorkommt, so hart und eckig ist er?

Daher lässt sich gar nichts darüber sagen, was nicht zuviel gesagt wäre. Auch Euer Parmegianino selbst möge sich nur zufrieden geben, denn ich sehe jetzt, dass er von diesem grossen Manne die Nachahmung aller Grazie unternommen hat, aber er ist noch sehr weit davon entfernt, denn die Kinder des Correggio athmen und leben und lachen mit solcher Anmuth und Wahrheit, dass man selbst mit ihnen lachen und heiter werden muss.

Ich schreibe an meinen Bruder, denn es ist durchaus nöthig, dass er hierher komme, wo er Dinge sehen wird, die er nie für möglich gehalten hat. Treibt ihn nur um der Liebe Gottes willen selbst dazu an. Er solle die beiden Arbeiten rasch beseitigen, um so bald als möglich hierher zu kommen, denn ich versichere ihm, dass wir in Frieden mit einander leben wollen; es soll keinen Streit zwischen uns geben, und ich will ihm Alles sagen lassen, was er will, und mich mit Zeichnen beschäftigen. Auch fürchte ich gar nicht, dass er nicht dasselbe thun und alle Redereien und Sophistereien bei Seite lassen wird, was doch Alles verlorene Zeit ist.

Ich habe ihm auch gesagt, dass ich mich bemühen werde, ihm zu Diensten zu sein, und wenn ich erst etwas bekannt geworden bin, werde ich mir Gelegenheit zum Arbeiten aufsuchen. Da aber die Stunde schon spät und mir mit dem Schreiben an ihn und an meinen Vater der Tag verflossen ist, so behalte ich mir für die nächste Post vor, Ihnen Alles noch genauer zu sagen, womit ich Ew. Herrlichkeit die Hand küsse.

9.

ANNIBALE CARACCI AN LODOVICO CARACCI.

Parma, 28. April 1580.

Wenn Agostino kommt, so soll er willkommen sein; wir wollen in Frieden leben und uns mit dem Studium dieser schönen Sachen beschäftigen. Aber um der Liebe Gottes willen! ohne Zwistigkeiten zwischen uns, und ohne so viel Feinheiten und Redereien! So wollen wir streben, uns in den Besitz jener schönen Manier zu setzen, denn das soll unsere Aufgabe sein, um eines Tages jene boshafte Bande todt zu machen, die hinter uns her ist, als ob wir Jemanden gemordet hätten. Die Gelegenheiten zur Arbeit, die sich Agostino wünscht, finden sich hier nicht, und dies scheint mir hier eine Stadt so alles guten Geschmackes baar, dass man es kaum glauben sollte; ohne irgend eine Erheiterung noch Beschäftigung für einen Maler. Ausser Essen, Trinken und Liebschaften denkt man hier an nichts Anderes.

Ich habe Ihnen vor meiner Abreise versprochen, Rechenschaft über meine Empfindungen abzulegen; aber ich gestehe, dass es mir unmöglich ist, so verwirrt bin ich. Ich könnte zum Narren darüber werden und bin innerlich ganz betrübt, wenn ich mir bloss in Gedanken das Unglück des armen Antonio vorstelle. Ein so grosser Mann — wenn er ja ein Mensch, und nicht vielmehr ein verkörperter Engel gewesen ist — und hier in einer Stadt verkommen zu müssen, wo er nicht verstanden und bis zu den Sternen erhoben wurde! — und hier elend sterben zu müssen! Correggio wird immer meine Freude sein, und Tizian! und wenn ich nicht auch noch dessen Werke in Venedig zu sehen bekomme, so sterbe ich nicht zufrieden.

Das sind die wahren Kunstwerke, möge Einer sagen, was er wolle; jetzt erst erkenne ich und spreche ich es aus, wie sehr Sie Recht haben. Ich kann sie indess nicht mit einander verbinden und will es auch nicht; mir gefällt jene Einfachheit und Reinheit, die wahr ist und nicht bloss wahrscheinlich. Sie ist natürlich, nicht künstlich, noch gezwungen. Jeder versteht dies auf seine Weise; ich verstehe es so; ich kann es zwar nicht in Worten ausdrücken, aber ich weiss, wie ich es zu machen habe, und das ist genug.

Es hat mich auch der grosse Korporal zweimal besucht und mich mit sich nach Hause nehmen wollen, und er hat mir die schöne heilige Margaretha und die heilige Dorothea von Ew. Herrlichkeit gezeigt, welche, bei Gott, zwei schöne Halbfiguren sind; ich habe ihn auch nach den beiden andern Bildern von Euch gefragt; indess sagte er mir, dass er sie mit grossem Vortheil wieder verkauft habe. Er meint auch, er wolle von mir alle die Köpfe nehmen, die ich aus der Kuppel kopiren würde, und auch andere Kopien nach Bildern des Correggio, die sich im Privatbesitz befinden, und die er mir zum Kopiren verschaffen würde; wenn ich mit ihm gemeinschaftliche Sache machen wollte, würden wir Beide unsern Vortheil dabei finden. Ich habe ihm erwidert, dass ich ihm Alles und ganz und gar überlassen wollte, denn im Grunde ist er doch ein guter Kerl und von gutem Herzen. Er hat mir mit Gewalt ein Kollet von Hirschleder schenken wollen, das ich einmal sehr zu ihm gelobt hatte, und ich konnte nichts dagegen ausrichten; denn wie ich nach Hause kam, hatte er es mir schon geschickt und den Auftrag gegeben, es dort zu lassen. Aber was soll ich damit anfangen, da es nicht für mich passt? Er will mir auch noch ein schwarzes Stadtgewand geben, was dann auf Malereien abgerechnet werden soll. Ich habe ihm gesagt, dass ich es annehmen und alles Mögliche für ihn thun würde, indem wir so viele Verpflichtungen gegen ihn hätten.

Von meinem Vater habe ich keine Antwort erhalten. Ich kann mir den

Grund nicht erklären, obschon ich glaube, dass er es vergessen hat, indem Agostino mir auch schreibt, dass er mir an demselben Tage antworten wollte.

Ich bin in der Steccata und bei den Barfüssern gewesen und habe beachtet, was Ihr mir in Bezug auf die Deckenbilder gesagt habt. Ich gestehe auch, dass dies alles wahr ist; aber ich sage immer, dass, meinem Geschmack nach, Parmegianino mit dem Correggio doch nicht verglichen werden könne. Denn die Bilder des Correggio sind eben seine Gedanken und seine Erfindungen gewesen; man sieht, dass er sie aus seinem Kopfe genommen und aus sich selbst erfunden hat, indem er sich dann bloss durch das Modell berichtigte. Die Andern haben sich alle auf etwas, was nicht ihr eigen war, gestützt; der Eine auf's Modell, der Andere auf die Statuen, ein Dritter endlich auf Stiche. Alle Werke der Anderen sind dargestellt, wie sie sein können; die Werke dieses Mannes aber, wie sie in Wahrheit sind. Ich kann mich nicht ausdrücken noch mich verständlich machen, aber ich verstehe mich selbst innerlich sehr gut. Agostino wird es gewiss besser machen und Alles nach seiner Art auseinandersetzen. Ich bitte Ew. Herrlichkeit, ihn anzutreiben, mit jenen beiden Kupferstichen fertig zu werden, und auf gute Art, wie von selbst, unsern Vater an jene Unterstützung zu erinnern. Ich kann sie jetzt nicht entbehren, werde ihn aber später nicht wieder behelligen; und wenn ich, wie ich hoffe, etwas Geld verdient habe, so schicke ich es ihm wieder oder bringe es selber. Und um Ihnen nicht weiter lästig zu werden, empfehle ich mich Ew. Herrlichkeit.

Bottari I. 118 und 121. Malvasia *Felsina pittrice* I. 365—367. — Von den im ersten Briefe erwähnten Gemälden Correggio's befinden sich der heilige Hieronymus und die Madonna della scodella (mit der Schüssel) noch in Parma und zwar in der Pinakothek. Caracci nennt die Heilige, die sich über den Fuss des kleinen Heilands beugt, fälschlich Katharina; es ist Maria Magdalena. Vergl. Meyer Correggio im Allgem. Künstlerlexikon I. S. 401. Unter dem heiligen Paulus ist die Figur dieses Heiligen auf dem Bilde der heiligen Cäcilia von Raffael zu verstehen, welches sich damals in S. Giovanni in monte zu Bologna befand (jetzt in der Pinakothek); von den Malereien Correggio's im Dome von Parma und denen des Parmegianino in der Steccata haben wir in den Künstler-Briefen I. S. 109—111 und 236 ff. gehandelt; von den im ersten Briefe erwähnten Künstlern ist unter „Tibaldi" der Bologneser Pellegrino de' Tibaldi (vergl. Nr. 3), unter „Niccolino" Niccolo dell' Abbate zu verstehen. Mit der „boshaften Bande" im Anfang des zweiten Briefes — Annibale drückt sich eigentlich noch etwas stärker aus: *canaglia berettina* — sind die heimischen Manieristen gemeint, welche damals die neue, ernstere Richtung mit allen Waffen des Hohnes und Spottes verfolgten. Was den Wunsch Annibale's anbelangt, sein Bruder Agostino möchte ebenfalls nach Parma kommen, so ist derselbe nicht sogleich in Erfüllung gegangen. Erst später haben sie die Kunstschätze jener Stadt des Correggio gemeinsam bewundert. — Ueber die geheimen und offenen Feindseligkeiten zwischen den Caracci und den älteren Meistern, namentlich Procaccini, Passerotti und Cremonini, die auch die Veranlassung zu Annibale's Reise gewesen, vergl. Malvasia p. 364.

10.

AGOSTINO CARACCI AN DEN KARDINAL PALEOTTI.

[Bologna ..... 1581.]

So gross, Erlauchtester Monsignore! ist der Eifer, den ich habe, Ew. Erlauchten und Hochwürdigsten Herrlichkeit in irgend einer Sache zu dienen, dass ich mich, in dem Vorgefühl, dass Sie gern eine genaue und gedruckte Abbildung dieser Stadt Bologna sehen würden, deren Sohn und Seelenhirt Sie zu gleicher Zeit sind, rasch daran gemacht habe, dieselbe zu zeichnen, indem ich mich bemühte, Ihrem Wunsche wie der Wahrheit Genüge zu leisten; und nun biete ich Ihnen diese Zeichnung dar, worauf die Kirchen und Strassen genau bezeichnet sind, welche letztere noch durch besonders beigefügte Zahlen und Namen erklärt werden sollen.

Wenn ich Ew. Hochwürdigen Herrlichkeit in einer Sache von grösserer Bedeutung dienen könnte, so würde ich dies mit um so grösserer Bereitwilligkeit thun, als dies meinem Wunsche sowie meiner Verehrung gegen Sie entsprechen würde. Da indess meine schwachen Kräfte mir dies nicht gestatten, so mögen Sie mit Ihrer gewohnten Milde mehr die Gesinnung, als diese kleine Gabe selbst entgegennehmen. Ich küsse Ihnen mit Ergebenheit die Hand und erflehe Ihnen von Gott vollkommenes Glück.

Die obigen Worte (Bottari II. 483) bilden die Dedikations-Inschrift eines grossen Planes der Stadt Bologna, den Agostino in Kupfer gestochen und dem Erzbischof seiner Vaterstadt, dem Kardinal Gabriele Paleotti, gewidmet hat. Sie befinden sich auf der einen Seite des Wappens von Papst Gregor XIII. (Buoncompagni), auf dessen anderer Seite eine kurze Uebersicht der Geschichte von Bologna gestochen ist, welche ebenfalls Agostino verfasst hat. Paleotti gehörte einer kunstliebenden Bolognesischen Familie an (Malvasia I. 221. 251. 537) und hat sich selbst mit der Kunst wissenschaftlich beschäftigt, wie aus seinem „Discorso delle immagini sacre e profane" hervorgeht. Das Wappen desselben, das sich ebenfalls auf diesem Blatte befindet, hat Agostino noch einmal allein gestochen (Malvasia I. 100). Was den Brief selber anbelangt, so ist dies leider der einzige Agostino's, den wir hier mittheilen können. Es ist ausserdem nur noch ein Brieffragment bekannt, worin er sich, wahrscheinlich in Bezug auf Annibale's Lob Correggio's über die venetianischen Meister und namentlich Paul Veronese, ausspricht, den er damals (der Brief ist wahrscheinlich aus Venedig geschrieben) für den grössten Maler der Welt hielt und in Bezug auf Kühnheit und Erfindung selbst über Correggio setzte: „è vera che supra il Correggio in molte cose, perchè è più animoso e più incendore." (Malvasia 368.) Auch von seinen Dichtungen ist wenig erhalten. Er muss schon früh mit Erfolg, wenigstens mit einer gewissen Selbständigkeit, gedichtet haben, indem man noch vor 1580 ein satyrisches Sonett auf Passerotti an dem „Styl" für sein Werk erkannte. (Malvasia 304.) Dass er Madrigale und Oden gedichtet und zur Laute und Viole, die er beide zu spielen verstand, gesungen habe, erwähnt Lucio Faberio in der Lobrede, die er auf ihn in der Academia de' Gelati gehalten, deren Mitglied Agostino war, und in welcher er häufig Vorträge über naturwissenschaftliche und geographische Gegenstände gehalten sowie über die Geschichte und Poesie bei den verschiedenen Völkern, „die gleichsam der Spiegel des menschlichen Lebens sind." Bei Malvasia 129. Kleinere Proben seiner Dichtkunst geben öfter die Inschriften seiner Kupferstiche.

Es mag hier schliesslich noch das Sonett hinzugefügt werden, dessen schon früher erwähnt wurde. Agostino hat dasselbe, wie die Ueberschrift besagt, zum Lobe Niccolo's von Bologna gedichtet, unter welcher Bezeichnung Niccolo dell' Abbate, einer der befähigtesten Nachfolger Raffael's, zu verstehen ist, der später in Fontainebleau mit Primaticcio thätig war. Mehr in malerischer, als in poetischer Beziehung bedeutend enthält es die Grundsätze des Bolognesischen Eklekticismus in bündigster Form zusammengestellt.

> *Chi farsi un bon pittor crea, e desia*
> *Il disegno di Roma habbia alla mano,*
> *La massa coll'ombrar Veneziano,*
> *E il degno colorir di Lombardia.*
>
> *Di Michel Angiol la terribil via,*
> *Il vero natural di Tiziano,*
> *Del Correggio lo stil puro, e sovrano,*
> *E di un Rafael la giusta simmetria.*
>
> *Del Tibaldi il decoro, e il fondamento,*
> *Del dotto Primaticcio l'inventare*
> *E un pò di grazia del Parmigianino.*
>
> *Ma senza tanti studi, e tanto stento,*
> *Si ponga sol l'opre ad imitare,*
> *Che qui lasciaci il nostro Nicolino.*

Malvasia im Leben Primaticcio's I. 159, vergl. oben S. 36.

II.

LODOVICO CARACCI AN BARTOLOMEO DULCINI.

Bologna, 27. März 1599.

Dass ich das Geld nicht angenommen habe, als mir Ew. Herrlichkeit dasselbe bringen liess, hatte in nichts anderem seinen Grund, als dass ich in meinem Gewissen überzeugt war, dasselbe nicht verdient zu haben. Und das war meine Absicht, so lange das Bild nicht vollendet war, wenn ich es sodann wirklich anzunehmen gehabt hätte, wie mir Ew. Herrlichkeit das freundliche Anerbieten machte. Nachdem ich aber aus Ihrem letzten Briefe ersehen habe, dass Sie erzürnt sein würden, wenn ich es nicht genommen hätte, so habe ich sogleich von dem Herrn Falserio, im Namen des Erlauchten Grafen Ercole Bentivoglio, 16 Lire in Münze empfangen und glaube fest, dass mir Ew. Herrlichkeit nun so viel gegeben hat, dass ich mich wirklich schämen muss, mich wegen noch nicht stattgehabter Vollendung des Bildes zu entschuldigen

Doch genug davon, das nächste Mal will ich mehr von diesen Dingen schreiben. Es genügt mir, von Ihrer Gunst überzeugt sein zu dürfen, indem mir diese sehr am Herzen liegt. Damit empfehle ich mich und küsse Ihnen ergebenst die Hände.

Der bei Bottari I. 267 abgedruckte Brief zeigt uns den Künstler in freundschaftlichem Verhältniss zu Bartolomeo Dulcini, einem kunstliebenden Kanonikus, der als einer der grössten Verehrer der Caracci und ihrer Schule zu betrachten ist. In einer seiner Schriften bezeichnet er die drei Verwandten als eben so viele Herkules', die allein die sinkende Malerei aufrecht erhalten hätten. Er war im Besitz mehrerer Bilder, namentlich Lodovico's, die er in demselben Werke begeistert pries (Malvasia 450). Malvasia ist nicht gut auf den Kanonikus zu sprechen, von dem er behauptet, sehr auffällig nach Bildern der Caracci getrachtet und sich dieselben oft auf schlaue Weise verschafft zu haben. Auch von Agostino, der ihm z. B. sein Wappen auf seinem Silberzeug eingravirte, wusste er sich Mancherlei anzueignen, zum grossen Aerger Annibale's, der, misstrauisch wie er gegen feiner Gebildete war, jenen Gönner durchschaut haben soll, aber nicht ohne selbst von „interessirten Füchsen" aus niederer Sphäre ausgebeutet zu werden. Jedenfalls scheint sich der Kanonikus der Angelegenheiten seiner künstlerischen Freunde angenommen zu haben; so wandte er dem Lodovico den Auftrag einer grossen Verkündigung in S. Pietro zu, die anfänglich Al. Tiarini zugesagt war (Malvasia II, 208). Auch scheint er den Vermittler zwischen diesem und dessen hohem Gönner, dem Prälaten Agucchi in Rom, gemacht zu haben. — In dem obigen Falle scheint es sich übrigens auch um kein Geschenk zu handeln, indem der Brief von der Bezahlung eines bestellten Bildes spricht, und zwar in einer Weise, die den Künstler als ungemein bescheiden und uneigennützig erscheinen lässt. Diese Eigenschaften sowie überhaupt eine grosse Herzensgüte und Sorglosigkeit in Geldangelegenheiten gehen aus manchen Einzelheiten der Schilderung bei Malvasia hervor; vergl. z. B. 464. — Ein zweiter Brief an Dulcini ist vom 1. Mai und ein dritter vom 15. Mai datirt, in welchem letzteren der Maler seinem Freunde die Vollendung des Bildes anzeigt. Er habe es mit aller Liebe gearbeitet, und denen, die dasselbe gesehen, habe es sehr gefallen. Er — Dulcini — möge indessen doch lieber Jemanden beauftragen, es anzusehen, und nach dessen Bericht dann anordnen, ob er es ihm zusenden oder behalten solle. Allen seinen Befehlen würde er gern nachkommen. Bottari a. a. O. p. 268 und 269.

12.

LODOVICO CARACCI AN FERRANTE CARLO.

Bologna, 11. November 1606.

Durch Herrn Giulio Carlini habe ich einen Brief von Ew. Herrlichkeit erhalten, mit vielen weitläuftigen Höflichkeitsbezeugungen und mit Titulaturen von „sehr berühmt" u. s. w., was Alles, wie Ew. Herrlichkeit wohl weiss, mir nicht zukommt, weshalb ich Sie denn auch bitte, sich deren

nicht wieder zu bedienen, damit ich nicht verspottet werde. Der Vorschlag des
Gemäldes, das Ew. Herrlichkeit mir nach Maassgabe Ihrer Wünsche andeutet,
gefällt mir, was die ganze Erfindung betrifft, sehr wohl, mit Ausnahme des
heiligen Joseph. Denn wenn derselbe ein Portrait von mir werden sollte, so
muss ich Ihnen nur sagen, dass ich durchaus nicht das Ansehen von solch
einem Heiligen habe, indem dieser mager im Angesicht und abgehärmt sein
müsste, wogegen ich in Anbetracht meiner Dicke und der Röthe meines Fleisches
viel mehr einem Silen ähnlich sehe. Ew. Herrlichkeit bedenke nur, welch ein
Missverhältniss dies in Bezug auf die Schicklichkeit sein würde! Was dagegen
meine Bereitwilligkeit anbelangt, Ihnen zu dienen, so bin ich Ihnen allerdings,
Ihrer allbekannten offenkundigen Tugenden wegen, sehr zugethan; indessen
thut es mir leid, dass ich nicht jetzt gleich Hand an's Werk für Sie legen
kann, indem ich nämlich schon eine grosse Arbeit im Auftrage des Erlauchten
Bischofs von Piacenza für dessen Kathedrale begonnen habe, wie Ew. Herrlichkeit sich von ihm selbst näher berichten lassen kann, indem derselbe jetzt
in Rom ist. Jeder Pinselstrich ist jetzt diesem seinem Werke gewidmet, indem
ich mich durch Versprechungen gebunden und mich ihm als Diener und frei-
williger Sklave geweiht habe wegen der edlen Behandlungsweise, die er gegen
mich in Piacenza geübt hat. Ist dies aber vollendet, obschon ich viele wichtige
Arbeiten für Piacenza habe, so werde ich jedenfalls thun, als ob ich deren
nicht hätte, um Ihnen in der Weise dienstbar zu sein, die Sie mir in Betreff
der Tafel der Konvertiten angedeutet haben, und zwar mit allem Fleiss, der
mir möglich sein wird, indem ich Ew. Herrlichkeit verehre und von Herzen
liebe; womit ich Ihnen die Hand küsse und alles Gute von Gott, unserm Herrn,
für Sie erflehe.

Bottari I. 271. Was zunächst die Person des Herrn Ferrante Carlo
anbelangt, so ist trotz der ausgedehnten Korrespondenz dieses Mannes mit vielen
hervorragenden Künstlern seiner Zeit doch nur wenig Sicheres über dessen
Lebensstellung beizubringen. Selbst M. J. Dumesnil, der ihn in seiner
Histoire des plus célèbres amateurs italiens et de leurs relations avec les artistes
neben Balthasar Castiglione, Pietro Aretino und dem Komthur del Pozzo behandelt hat, konnte über die Geschichte desselben nicht mehr ausfindig machen,
als was an zufälligen Notizen in der Korrespondenz desselben enthalten ist.
Danach ist er aus Parma gebürtig, befand sich erst in einem Orden, trat sodann in die Dienste des Kardinals Sfondrato, Bischofs von Cremona, und scheint
sich in Folge dieser Stellung in Cremona und Bologna aufgehalten zu haben.
Später stand er in einem ähnlichen Verhältniss zum Kardinal Scipio Borghese, dem
Nepoten Papst Paul's V. Dies sowie sein früherer Aufenthalt in Bologna brachte ihn
in Berührung mit einer grossen Anzahl von Künstlern, denen er durch seinen
Einfluss, sowie durch seine Kenntnisse vielfache Dienste zu leisten im Stande
war, und Dumesnil mag Recht haben, wenn er ihn preist, dass er über vierzig
Jahre lang der uneigennützigste Beschützer der Künstler sowie ihr aufopferndster
Freund und erleuchtetster Rathgeber gewesen sei (a. a. O. S. 337). Jedoch
darf man nicht, wie Dumesnil dies thut, ausser Acht lassen, was Malvasia in

seiner nur kurze Zeit nach dem Tode [*)] Carlo's erschienenen *Felsina pittrice* über diesen Kunstfreund äussert. Er erkennt seine grosse Gelehrsamkeit an und hebt besonders hervor, dass er sogar griechisch verstanden habe; vor Allem aber rühmt er seine „*prontezza, versalità ed energia di dire, che fů mostruosa.*" Sein Verhältniss aber zu LODOVICO und AGOSTINO schildert er, wie das des Pietro Aretino zum TIZIAN. In Bezug auf Sitte und Charakter gewiss der für Carlo ungünstigste Vergleich, den er treffen konnte. Wie jener hätte er ihnen die Gegenstände ihrer Bilder angegeben oder vielmehr sich dafür „interessirt"; wie jener ihnen versprochen, zu gelegener Zeit ihren Namen zu preisen; wie jener endlich hätte er diese Stellung benutzt, um Bilder und Zeichnungen von ihnen zu erlangen. „Zu solchen Künsten geschickt" nennt ihn Malvasia und bezeichnet ihn und Dulcini, wie schon oben von letzterem bemerkt worden, als „interessirte Füchse". Namentlich gegen ihn sei auch die Abneigung ANNIBALE'S gerichtet gewesen, der diese *Jesta calra, foeosa e tutto naso* sehr ungern im Hause sah, und ihm den Spottnamen „*D. Quattro*" gegeben hatte. Wie dem aber auch sei, LODOVICO war ihm treu und redlich ergeben, wie dies der obige und alle nachfolgenden Briefe dieser Korrespondenz beweisen, deren Zahl sich auf siebzehn beläuft und die bis zum Tode unseres Künstlers reichen. — In Bezug auf LODOVICO's bescheidene Ablehnung aller ihm nicht gebührenden Titel im Eingang des Briefes ist zu bemerken, dass derselbe in späterer Zeit, wohl der allgemeinen Zeitrichtung folgend, allerdings auf die äusseren Ehrenbezeugungen und Titulaturen einen grösseren Werth gelegt haben mag; er liess sich gegen Ende seines Lebens statt „*Messer*" gern „*Signore*", statt „*Magnifico*" gern „*Illustre*" nennen, gegen welche Bezeichnung er in unserm Brief noch protestirt. Er scheint sich sogar einmal gegen Dulcini darüber beklagt zu haben, dass Monsignor Aguchi, ein durch hohe Bildung und freundschaftliche Gesinnung gleich ausgezeichneter Gönner der CARACCI, ihm in dieser Beziehung nicht genug Ehre erwiesen habe. Der Prälat schrieb darauf einen äusserst gutmüthigen Brief an Dulcini unter dem 19. Mai 1618. Er hätte LODOVICO titulirt, wie er bisher immer gethan, da weder in seiner eigenen noch in des Künstlers Stellung irgend eine Veränderung eingetreten sei. Titel hingen ja überhaupt heut zu Tage ganz von der Willkür des Einzelnen ab, er selbst achte auch sehr wenig auf solche Dinge. Er würde den Künstler aber, den er so sehr liebe, sehr gern „*Illustre*" oder auch „*molto Illustre*" nennen. (Malvasia 459.) Der sonst so einfache LODOVICO hat dem schon seit der Mitte des Jahrhunderts herrschenden Streben nach äusserer Ehre und Titeln erst spät genug nachgegeben.

[*)] Die Zeit seines Todes ist unbestimmt, doch muss er nach dem Datum eines von Lanfranco an ihn gerichteten Briefes noch 1641 am Leben gewesen sein. Vergl. unten unter Lanfranco. Der erste Band der *Felsina* ist 1678 erschienen, aber bei weitem früher geschrieben.

13

LODOVICO CARACCI AN FERRANTE CARLO.

Bologna, 29. Juni 1616.

Ich habe nun den Grund gehört, weshalb Sie mit dem Schreiben zögerten, obwohl ich ihn mir schon selbst gedacht habe. Das kommt davon, dass man am Mittage über den Po geht. Es ist auch gar kein Wunder, wenn Ew. Herrlichkeit so von der Hitze gelitten hat, indem Sie zwischen zwei Sonnen waren, zwischen Apollo am Himmel und Phaeton im Po. Doch Gott sei Dank, dass Sie nun vom Fieber geheilt sind — und dann unmittelbar darauf eine so lange Rede in der dortigen Akademie zu halten, unter dem Zulauf und dem Beifall jener Stadt! Den Gegenstand werden wir wohl bei Ihrer Ankunft hören, die ich mir sehr herbeiwünsche. Ich habe Ihre Empfehlungen an den Herrn Bart. Dolcini ausgerichtet; er lässt sie freundlich wieder grüssen.

Ich habe das Bild der Susanna schon vollendet und an jenen Kavalier von Reggio abgesendet, nämlich an den Herrn Tito Buosio; wenn Sie bei Ihrer Rückkehr so freundlich sein wollten, es sich anzusehen, so würde es Ihnen jener Herr mit grosser Artigkeit zeigen, und ich hoffe, dass es Ihren Beifall haben wird, indem es hier sehr wohlgefallen hat. Ich bin jetzt bei meinem Bilde der Anbetung der Könige. Ich wohne wieder zu Haus, indem ich nicht mehr den Umgang der Grafen Caprara geniesse, weil ich wieder nach Bologna zurückgekehrt bin.

Die Angelegenheit der Tafel von S. Giovanni in Monte schläft ein, indem jener Herr Lorenzo den Preis niedriger stellen wollte, wobei er meinte, dass ich doch in meiner Jugend für niedrigere Preise gearbeitet hätte. Da habe ich mich denn zurückgezogen, ohne je wieder ein Wort zu sagen, und ich mache mir auch nichts daraus, indem es mir nicht an den ehrenvollsten Aufträgen fehlt.

Ich habe Ihnen noch Nachricht zu geben, dass der Caserta die Freundschaft des Herrn Lorenzo Bonsignor und des Messer Jacinto Gilioli verloren, so dass er jetzt keinen Beschützer mehr hat, indem er mit Wenigen, ja fast mit Niemandem Freundschaft hält. Ich danke Ihnen für die vielen Artigkeiten, die Sie in dem letzten Briefe für mich aussprechen, in Erwiderung eines Briefes, den Sie von mir erhalten hatten. Camilo und alle die jungen Leute im Atelier grüssen Sie wieder, und damit bitte ich unseren Herr Gott, dass er Ihnen eine vollständige Gesundheit verleihe.

Bottari I. 278. — In einem vorhergehenden Briefe vom 14. Juni (ebd. 277) hatte sich Lodovico über das lange Stillschweigen seines Freundes beklagt und die Besorgniss ausgesprochen, dass ihm jener damit stillschweigend die Erkaltung seiner Freundschaft habe andeuten wollen. Inzwischen hat ihn nun Carlo den Grund der Verzögerung geschrieben, und Lodovico antwortet in unserem obigen Briefe. Die Anbetung der heiligen drei Könige ist eines der bedeutendsten Bilder Lodovico's und befindet sich noch jetzt in der Kirche S. Bartolomeo di Reno, in der Nähe von Bologna (M. A. Gualandi Tre giorni in Bologna. Bol.

1850. p. 130); für die Grafen Caprara haben die Caracci öfter Werke ausgeführt. Lodovico namentlich hat in dem Palast eines Senators aus dieser Familie einen Kamin *al fresco* gemalt. Möglich, dass dieser vor der Stadt belegen war, und die Aeusserung Lodovico's sich auf seine und der Grafen Rückkehr von dort nach Bologna bezieht. Dieselbe Nachricht enthält auch schon der vorhergehende Brief: „ich bin nicht mehr in dem Hause der Herren Caprara". In dem in der Stadt selbst befindlichen alten Palast dieser Familie erwähnt Gualandi keiner Malerei Lodovico's (p. 49). — Die Kirche S. Giovanni in Monte zu Bologna ist noch jetzt sehr reich an Bildern der Bolognesischen Schule; ein Bild von Lodovico Caracci aber ist nicht darunter. Der Preis wird Messer Lorenzo wohl zu hoch gewesen sein. Dass Lodovico, wie dies auch ganz natürlich ist, zur Zeit seiner höchsten Meisterschaft und allgemeinen Anerkennung die Preise seiner Bilder höher stellte, sagt Malvasia ausdrücklich p. 459, vergl. 466. — Die Buonsignori und Gilioli waren angesehene Bolognesische Familien, aus deren letzterer ein Marchese Gilioli 1622 Gesandter des Herzogs von Ferrara am Hofe Gregor's XV. war. — Der am Schluss erwähnte „Camulo" ist ein Schüler Lodovico's, Francesco Camulo, von dem Malvasia erzählt, dass er meist nach kolorirten Zeichnungen des Meisters gearbeitet habe (I. 577). Im Oratorium des heiligen Rochus hat er eine Geburt dieses Heiligen *al fresco* ausgeführt. M. A. Gualandi a. a. O. 123.

II.

LODOVICO CARACCI AN FERRANTE CARLO.

Bologna, 15. Februar 1617.

Ich komme mit diesem meinen Briefe Sie recht freundlich zu begrüssen und Sie zugleich zu bitten, mich Näheres über Ihre Person und Ihr Wohlbefinden wissen zu lassen und über jenen ewigen Prozess, denn so kommt er mir wirklich vor. Ich werde wegen der Freundschaft und der Anhänglichkeit, die ich zu Ihnen habe, immer den lebhaften Wunsch empfinden, von dem Allem unterrichtet zu sein. In diesen Karnevalstagen geschah es, dass eines Abends, etwa gegen drei Uhr Nachts, eine Maske in mein Haus eingeführt wurde, sowohl nach dem Anzuge, als nach dem nicht bedeckten Gesicht ein Engel des Paradieses; das Haupt mit Lorbeer bekränzt, in weissem Gewande, das mit schöner Zeichnung drapirt war, und mit einer Posaune in der Hand. Als sie in das Zimmer trat, in dem ich mich befand, liess sie die Trompete in gewissen Passagen ertönen und recitirte mir dann mit jungfräulicher Anmuth, die ihr ganzes Wesen auszeichnete, die Verse, die hier beigeschlossen sind, so reizend in Wort und Geberde, dass es erschien, als ob die Poesie selbst vom Himmel herabgekommen wäre, um mich zu beglücken.

Und nun gedachte ich, Ew. Herrlichkeit zu ersuchen, mir den Gefallen zu erweisen und Ihre Muse dazu anzuwenden, das Lob dieses Mädchens zu singen, das von aussergewöhnlicher jungfräulicher Schönheit und von einem herrlichen, die gewöhnliche Weibergrösse überragenden Wuchs ist. Es ist ein Mädchen von 15 oder 16 Jahren, von solcher Beredsamkeit in ihren Worten, so fein gesittet und von so bezaubernder Anmuth, wie ich noch niemals gesehen, auch nicht einmal auf der Bühne; und sie recitirt mit solcher Grazie und mit so passenden Bewegungen und Geberden! — Die von ihr ausgesprochenen Worte schicke ich Ihnen beiliegend. Wer der Dichter ist, weiss ich nicht; ich bitte Sie, so gut zu sein, mir zu antworten und mir zu verzeihen, wenn ich zu viel zu bitten wage, da ich so grosses Vertrauen zu Ihnen habe, und ich werde Ihre Muse anflehen, ganz nach ihrer Gewohnheit zu thun, womit ich Ihnen liebevoll die Hand küsse.

NS. Der Name des jungen Mädchens ist Angela. Vergessen Sie nicht, das wirkliche Maass des Christus und das Blatt von L. und B. zu schicken.

Bottari I. 283. Die Bemerkungen über das Maass beziehen sich auf ein Bild des Leichnams Christi, das Lodovico für Carlo ausführen sollte, und wozu ihm dieser ein unzureichendes Maass gegeben hatte. Lodovico spricht darüber in einem Briefe vom 1. Januar 1617 (Bottari I. 283). Es heisst darin: hier bei uns sind Feste, Maskeraden und Bälle, und man ist heiter. Nun wird uns in dem obigen Briefe einer dieser Maskenscherze erzählt, der zugleich eine Huldigung für den Künstler enthielt. Die schöne Angela war vielleicht jenes junge Mädchen aus der Familie Giacomazzi, nach der Lodovico Engel und Heilige malte, und von der Malvasia einen mit dem obigen ähnlichen Karnevalsscherz erzählt, p. 462.

15.

LODOVICO CARACCI AN FERRANTE CARLO.

Bologna, 19. Juli 1617.

Aus Ihrem liebenswürdigen Briefe vom 13. dieses Monats habe ich entnommen, dass Sie von dem Fieber und dem Wirrwar des Prozesses geplagt sind. Aber das ist das gewöhnliche Schicksal bei Prozessen, man muss sich mit Geduld waffnen und mit Klugheit, wie Ew. Herrlichkeit thut. Und am letzten Ende, wenn man das Seinige gethan hat, muss man sich Gott empfehlen und das Beste hoffen. Ich weiss wohl, dass Sie über mich, wegen dieser Rathschläge an Sie, lachen werden, indem Sie das Gesagte selbst besser wissen. Aber man muss die Diener, wie ich einer bin, wegen ihrer guten Absichten gegen den Herrn, wie Ew. Herrlichkeit ist, reden lassen.

Was das Bild betrifft, so ist dasselbe, um die Wahrheit zu sagen, noch nicht fertig, aber ich hege die Hoffnung, mich mit dieser Arbeit ganz allein auf's Land zurückziehen zu können, damit ich nicht anderweit belästigt werde und dasselbe vollenden kann. Seien Sie also guten Muthes, denn ich denke Sie nachher desto besser zu bedienen.

Hier ist ein wahrer Zusammenlauf der ersten Maler. Es ist Herr Domenico di San Pietro angelangt, von einem Rufe, den Sie kennen. Herr Antonio Caracci wird binnen 15 oder 20 Tagen unter uns sein. Er ist jetzt in Siena, um sich von seinem so gefährlichen Leiden zu erholen, und ich erwarte ihn in meinem Hause. Herr Lionello Spada ist zurückgekehrt, und auch ein Herr Francesco von Cento eingetroffen: dieser ist hier, um für den Herrn Kardinal Erzbischof einige Bilder zu malen, und er giebt sich ganz heroisch. Ich übergehe den Herrn Albano und Andere, welche Alle die Sehnsucht nach dem Vaterlande zurückgeführt hat und welche die ersten Maler Italiens sind. Genug, ich habe dies nur Ew. Herrlichkeit mittheilen wollen, und damit schliesse ich, indem ich Ihnen mit Ergebenheit die Hand küsse und von Gott jedes wahre Glück für Sie erflehe. Viel Glück auf Ihre Reise nach Mailand und glückliche Heimkehr mit besseren Nachrichten als die von dem jetzigen grossen Kriegsgetümmel sind! Gott möge Sie mit seiner heiligen Hand beschützen!

Bottari I. 286. — Die in dem Briefe genannten Künstler sind bekannt. ANTONIO CARACCI ist ein natürlicher Sohn AGOSTINO's, dessen Leben MALVASIA I. 517 beschrieben hat. Ueber FRANCESCO von Cento, der in der Kunstgeschichte unter dem Namen GUERCINO bekannter ist, enthält ein früherer Brief LODOVICO's (vom 15. Oktober 1617. Bott. I. 287) Folgendes: „Es ist hier ein junger Mann, aus Cento gebürtig, der mit äusserst glücklicher Erfindung malt. Er ist ein grosser Zeichner und vortrefflicher Kolorist; ein wahres Naturwunder, so dass Alle, die seine Werke sehen, in Staunen versetzt werden. Ich sage nichts weiter, als dass er die ersten Maler in starre Bewunderung versetzt."

Es mag hier noch das Urtheil LODOVICO's über einen der entgegengesetzten Schule angehörenden Künstler hinzugefügt werden, welches derselbe in einem Briefe an Ferrante Carlo vom 11. December 1618 ausspricht (Bott. I. 289). Es freue ihn, sein Urtheil über jene Maler zu hören, die einen so guten Geschmack bekunden. Insbesondere jener spanische Maler, der sich zu der Schule des CARAVAGGIO hält. Wenn es der ist, der zu Parma einen heiligen Martin gemalt hat, so muss man auf dem Posten sein, damit sie dem armen LODOVICO nicht ein Schnippchen schlagen. „Ich denke aber, dass sie nicht mit einer Schlafmütze zu thun haben sollen." Der Maler ist wahrscheinlich RIBERA, auch SPAGNOLETTO genannt, und jene Aeusserung LODOVICO's gewinnt für uns ein um so höheres Interesse, als sie wenige Monate vor seinem Tode gethan ist.

16.

LODOVICO CARACCI AN FERRANTE CARLO.

Bologna, 22. Februar 1619.

Ich danke Ihnen, dass Sie den Wechsel richtig besorgt haben, und ich habe die Quittung von Signor Leoni erhalten. Ich vermuthe, dass Ew. Herrlichkeit schon von den schlimmen Diensten erfahren haben, die mir von böswilligen Malern geleistet sind, während der Herr Kardinal Aloisi in Mailand war, in Bezug auf die Verkündigung, die ich in der Kathedrale von Bologna gemalt habe. Es scheint mir nöthig, ein Wort darüber an den Grafen

Lodovico Aloisi zu sagen; und da die Herren von der Kongregation hier beschlossen haben, keine Entscheidung vor der Ankunft des Herrn Kardinals zu treffen, so habe ich eine kleine Notiz über das gemacht und hiebei angeschlossen, was man ihm zu sagen hätte. Ew. Herrlichkeit möge nun die Gewogenheit haben, in meinem Namen einen Brief an den Herrn Grafen Aloisi, d. h. an den Herrn Lodovico zu schreiben; schön stilisirt, wie Sie dies sehr gut vermögen, nur dass derselbe demüthig sei; denn man wird ihn in Rom und vielleicht auch in Bologna lesen. Geben Sie ihn dann auf die römische Post, damit er an den Herrn Grafen gelangen kann. Entschuldigen Sie mich und haben Sie Nachsicht mit der Verstimmung, die mich beherrscht; ich bin fast krank vor grosser Melancholie. Beten Sie zu Gott für mich in dieser meiner Noth und schenken Sie mir Ihre Hülfe. Ich küsse Ihnen die Hand.

NS. Wenn es Ihnen nicht passend erscheinen sollte, diesen Brief zu schreiben, so füge ich mich ganz Ihrem geläuterten Urtheil. Was Ihnen recht scheint, mögen Sie ganz nach Ihrem Wohlgefallen ausführen.

Bottari I. 291. — LODOVICO CARACCI hatte den Auftrag bekommen, in der Bogenwölbung des Chores von S. Pietro (der Kathedrale von Bologna) eine Verkündigung zu malen. Das Werk hatte kolossale Dimensionen, und das Gerüst genügte nicht, um dem Künstler einen richtigen Anblick des Bildes selbst zu gestatten. Er bat daher Ferrante Carlo, das Bild von unten zu besehen und ihm sein Urtheil darüber zu sagen. Dieser, von schwachem Gesicht, bemerkte einen Fehler in einer Verkürzung nicht, lobte das Bild und Lodovico liess das Gerüst abbrechen. Da ergab sich dann bei vollkommen freier Ansicht der Fehler, den der Meister nicht früher bemerken konnte. Lodovico war ausser sich und reichte sogleich bei den Vorstehern des Baues eine Schrift ein, in der er um die Erlaubniss bat, das Gerüst auf seine eigenen Kosten wieder aufbauen zu lassen, um den Fehler verbessern zu können. Diese Bitte auch bei dem Kardinal Erzbischof von Bologna, Lodovico Lodovisi, zu unterstützen, verlangt er in obigem Briefe von seinem Freunde, der das Unheil zum Theil mit verschuldet hatte. Er erreichte indess seinen Zweck nicht; ein Reskript der Herren Fabbriccieri verweigerte ihm in Anbetracht der grossen Mühe und Unruhe, die dadurch entstehen würden, den Wiederaufbau des kolossalen Gerüstes. Damit war ihm jede Hoffnung genommen, jenen Fehler zu verbessern. Es war dies für den gewissenhaften Künstler, der sein ganzes Leben ausschliesslich der Kunstreform geweiht hatte, ein unerträglicher und überwältigender Gedanke. Und in der That: der Schmerz, der sich schon in unserem Briefe so rührend ausspricht, ergriff den Meister dergestalt, dass er erkrankte und wenige Tage darauf den Geist aufgab.

Sein Tod erfolgte — die Angelegenheit des Gerüstes mochte sich lange hingezogen haben — im November 1619. Vergl. den Brief eines unbekannten A. C. an Ferrante Carlo (Bott. I. 326), des Alexandro Tiarini an denselben (Bott. p. 328) und die Nachrichten bei Malvasia I. 419 ff.

DOMENICHINO.

Domenico di Zampieri (1581 — 1641), den man in mancher Beziehung wohl als den besten Schüler der Caracci bezeichnen kann, hat in seinem Wesen und seinem Entwickelungsgange manche Eigenthümlichkeit, die an Lodovico Caracci erinnert. Wie dieser war er in seiner Entwickelung langsam, fast schwerfällig; in der Ausübung seiner Kunst zögernd, unentschlossen, fast peinlich sorgsam. Aber wie bei L. Caracci lag diesen scheinbaren Mängeln eine tief ernste Gewissenhaftigkeit zu Grunde. Das Glück des Lebens hat ihm nie gelächelt; nur einmal gegen das Ende seiner Thätigkeit — aber auch dann nur verrätherisch und zu seinem Verderben. Von dem Vater, einem wackeren Schuhmacher in Bologna, bekam er Prügel, weil er nicht Priester werden wollte, sondern Maler; als er es dann mit vieler Mühe und nach manchen Proben seines Talentes durchgesetzt hatte, sich der Malerei widmen zu dürfen, bekam er von seinem Meister, Dionigio Calvart, wiederum Prügel, weil ihm die Sachen der Caracci besser gefielen, und er über einem Kupferstiche Agostino's studirend gefunden wurde. Der jähzornige Meister schlug ihn mit einer Kupferplatte. Blutig und mit zerschlagenem Kopfe kehrte er zum Vater zurück, der ihn nun endlich zum Lodovico Caracci in die Schule brachte. Hier wird er zuerst wegen seiner kleinen und schwächlichen Figur verspottet. Er hatte die Lichter anzuzünden und andere kleine Dienste im Atelier zu verrichten. Niemand traute ihm irgend welche Fähigkeiten zu. Es erging ihm wie seinem Lehrer Lodovico im Atelier des Prosper Fontana. Noch als er in Rom unter Annibale Caracci arbeitete, nannten ihn die Mitschüler, namentlich Antonio Caracci, den „Ochsen". Annibale meinte dann wohl, der Ochse brackere ein sehr fruchtbares Land, von dem die Malerei einst gute Nahrung ziehen würde. Das Talent bildete sich auch hier in der Stille. Bei einer der Preisbewerbungen, welche in der Akademie der Caracci alle zwei Monat stattfanden, und bei denen Kompositionen der älteren Schüler nach bestimmten, meist von Agostino angegebenen Ideen eingereicht wurden, fand es sich, dass eine Zeichnung ohne Namen einstimmig als die beste anerkannt wurde. Man war in Verlegenheit, wem der Preis zuerkannt werden sollte: die Lehrer forschten nach, und mit Beschämung gestand der kleine Domenico, dass die Komposition von ihm herrührte. Nur mit der Mütze, sagt Bellori, hätte er sich getraut, dem fragenden Lehrer ein Zeichen zu geben. Nun war Domenichino der Held des Tages; von daher datirt sein Ruf, dessen er sich fortan unter den Anhängern der neuen Schule erfreute, und wonach er in der Darstellung aller wahren Empfindung und der tiefsten Erregungen des menschlichen Gemüthes geradezu als der Erste betrachtet wurde; von daher die Freundschaft mit seinem Mitschüler Francesco Albani, die ihn tröstend und erquickend durch sein ganzes Leben begleitete. Und wahrlich, des freundschaftlichen Trostes bedurfte er im reichsten Maasse. Schläge freilich gab es nicht mehr — obschon später einmal die Bauern von Frascati nicht übel Lust hatten, ihn durchzuprügeln, als er eine schöne Frascatanerin in den Malereien zu Grotta ferrata (um 1609) portraitirt hatte[1]) — aber das Leben hat ihm fast keine Art von Kränkung erspart. Er war schüchtern, bescheiden und zurückhaltend. *Dicoto e ritirato* nennt ihn Passeri einmal. Kein Wunder, dass er trotz der Bemühung einflussreicher Gönner in jener Zeit entfesselten Künstlerehrgeizes überall vor kühneren Bewerbern zurückstehen, fast immer mit

---

[1]) Er scheint das Mädchen geliebt zu haben und wollte sie heirathen, wie Bellori erzählt, musste aber vor dem Zorn der aufgebrachten Bauern nach Rom fliehen.

niedrigeren Preisen zufrieden sein musste. Für die Kommunion des heiligen Hieronymus, die man jetzt mit RAFFAEL's Transfiguration und TIZIAN's Himmelfahrt Mariä zu den Wunderwerken italienischer Kunst zu rechnen pflegt, hat er 50 Scudi bekommen, während eine Kopie des Bildes bald darauf mit 100 Scudi bezahlt wurde. Mit der Transfiguration hat schon Poussin das Bild DOMENICHINO's zusammengestellt. Kein Künstler hat in jener, an Künstlerfeindschaften so reichen Zeit so viel von Nebenbuhlern zu leiden gehabt, als DOMENICHINO, während er selbst vielleicht nur allzusehr geneigt war, alles Gute anzuerkennen, wo er es fand. Dies und der Mangel vielleicht mehr an Selbstvertrauen denn an Erfindungsgabe hat ihn oft veranlasst, Motive anderer Meister zu benutzen, was seine Feinde nicht verfehlten, ihm als Plagiat auszulegen. Mit Unrecht, denn die Werke, an die er sich anschloss, wie z. B. der heilige Hieronymus des AGOSTINO CARACCI, nach dem er seine Kommunion des heiligen Hieronymus gemalt, u. a. waren ja weltbekannt, und vor den Augen der Welt begeht man keinen Diebstahl. Bellori wie Passeri vertheidigen ihn gegen diesen Vorwurf, der hauptsächlich von Lanfranco ausging. Nur Einiges, sagt Passeri, haben die Bilder gemein gehabt; im Uebrigen sei das DOMENICHINO's selbstständig gewesen. Der Gegenstand sei einmal gegeben gewesen, dieselben Motive hätten benutzt werden müssen, kein Anderer hätte es anders machen können. Es ist vielmehr ein Zug von Anspruchslosigkeit und Selbstlosigkeit, der sich in diesem Anschluss an die guten Ideen Anderer ausspricht und der überhaupt in seiner künstlerischen Thätigkeit sich bemerkbar macht. Daher jener Mangel an „risoluzione e facilità“, daher jene „circospecione e limatura“, die Malvasia mit Recht von ihm, im Gegensatz namentlich zu Guido Reni hervorhebt (II. 309). Passeri nennt ihn allerdings selbst timido ed irresoluto; den Vorwurf der Langsamkeit lässt er nicht gelten und weist auf die grosse Zahl seiner Werke hin, die denselben zur Genüge widerlegten. Daher endlich jene liebenswürdige Befangenheit, die einen besonderen Reiz an vielen seiner Werke ausmacht. Eine solche Natur war wohl geeignet, die Verdienste Anderer anzuerkennen, aber nicht dem Andrängen und den Verdächtigungen gewinn- und ehrbegieriger Nebenbuhler kühn und erfolgreich entgegen zu treten. Wie sehr das Erstere der Fall gewesen, geht namentlich aus seinem Urtheile über Werke GUIDO RENI's in Bologna hervor. „Ich habe,“ schreibt er am 6. Mai 1612 aus Bologna an seinen Gönner, den Kardinal Poli, „die Werke des grossen Guido Reni in S. Domenico und S. Michele in boschi gesehen. Das sind Sachen, die vom Himmel herabgekommen und von der Hand eines Engels gemalt sind. Welche paradiesische Gestalten! Welcher Ausdruck der Empfindungen! Welche Wahrheit und Lebensfrische! Ja wahrlich, das nenne ich Malen!“ u. s. w. Wie sehr das zweite der Fall war, lehrt die Geschichte seines Lebens und wird sich uns aus der Schilderung seiner Thätigkeit in Neapel ergeben. Nur in seiner Ehe lebte er, abgesehen von Streitigkeiten mit den Verwandten über die Mitgift, glücklich. So hat wenigstens seine Wittwe später an Malvasia selbst erzählt. Leider hören wir auch hierüber von anderer Seite Abweichendes. Die Frau, sagt Passeri, Marsibilia Barbetta mit Namen, sei allerdings sehr schön gewesen, aber stolz, herrschsüchtig und interessirt. Er spricht sogar die Vermuthung aus, dass sie am Tode der beiden ersten Kinder Schuld gewesen sei, und dass auf ihren Antrieb später ihre Brüder nach Neapel gekommen seien, um dem armen geplagten DOMENICHINO das Leben noch schwerer zu machen. Er wird auch wohl in der Ehe ein stiller Mann gewesen sein. Die Liebe zur Ruhe, die man bei einem solchen Charakter schon von vornherein voraussetzen darf, ging bei ihm so weit, dass er nicht einmal Hunde, welche die Frau gern hatte, im Hause leiden wollte; wenn er arbeitete, hörte man im ganzen Hause keinen Laut, wie er auch niemals in Gegenwart Anderer gemalt hat. Auch dies hat seinen Neidern Grund zu Verläumdungen gegeben, die Malvasia, wie alle übrigen, widerlegt hat. Das Bild dieses stillen, einfachen, sinnigen Charakters, der, wenn je einer, sich auch in der künstlerischen Produktion des Meisters deutlich abspiegelt, rundet sich noch mehr ab, wenn wir noch hinzufügen, dass er auch auf dem Gebiet der Architektur bewandert gewesen ist. Dadurch, dass sein Gönner, der Kardinal Ludovisi, im Jahre 1621 zum Papst gewählt wurde (Gregor XV.), öffnete sich ihm die Aussicht, seine Tüchtigkeit auch in dieser Kunst bewähren zu können. Gregor XV. rief ihn nach Rom und ernannte ihn zum Architekten des päpstlichen Palastes. Aber der rasche Tod dieses Papstes raubte ihm auch diese Hoffnung. Er hat es sein ganzes Leben lang bedauert, nie, mit Ausnahme etwa eines unbedeutenden Portales, Gelegenheit zum Bauen gefunden zu haben. Er liebte es, über das Wesen der Malerei und über die Weisen der verschiedenen Meister nachzudenken. War er doch ein Denker in der Ausübung seiner Kunst selbst! *Filosofava nella pittura*, sagten die Freunde von ihm. Ursprünglich von geringer allgemeiner und wissenschaftlicher Bildung, ist er namentlich durch den Umgang mit dem trefflichen Agucchi zu erweiterten Kenntnissen, ja selbst zu einer gewissen literarischen Thätigkeit gebracht worden. Wir werden beide weiter unten an einer gemeinschaftlichen wissenschaftlichen Arbeit beschäftigt finden.

Schliesslich ist seiner Vorliebe zur Musik Erwähnung zu thun. Wie so vielen duldenden Herzen, war auch ihm diese Kunst eine Trösterin. Schon seit früher Jugend hat er mit den Kapellmeistern Consoni und Righetti verkehrt; als er dem Uebermaass der Widerwärtigkeiten fast erliegend aus Neapel geflohen war und auf dem Landsitz eines Gönners verweilte, ist es vor Allem Gesang, mit dem er sich zu trösten sucht, und bis zu seinem Lebensende haben ihn theoretische und praktische Forschung über Tonkunst und musikalische Instrumente beschäftigt (vergl. die Erläuterungen zu Nr. 19). Sein Aeusseres war fein und zart; begünstigt von der Natur war er nicht, es heisst, er sei von Natur mit den Füssen einwärts gegangen, und es sei seine stete Sorge gewesen, auswärts zu gehen; er war klein von Figur, aber von frischen Farben und blauen Augen, etwas Vornehmes hat er durchaus nicht an sich gehabt. So auch soll er im Umgang nicht von vornherein einnehmend gewesen sein; in seinen Sitten aber war er unsträflich, rein von Gemüth, mässig, bescheiden — *modestissimo nel parlare* — allem Trug feind; zurückgezogen, um allem Neid zu entgehen, den er gerade dadurch hervorrief. Wer ihn näher kannte, verehrte ihn. Passeri, der ihn nach seiner Flucht aus Neapel kennen lernte, sieht ihn wie einen Engel an. Aehnlich war es mit seiner künstlerischen Geltung. Für die grosse Masse des Publikums und der Maler war er nicht; aber das Lob aller Einsichtigen vereinigte sich über ihn. Nicht der geringste Ruhm für ihn ist, dass die beiden Nebenbuhler, Guido Reni und Albani, in seinem Lobe einig waren. Agucchi sagte, seine ganze und volle Anerkennung würde er erst nach seinem Tode finden, und er hat Recht darin gehabt.

17.

DOMENICHINO AN FRANCESCO ANGELONI.

Ich hoffte nach der Ankunft des Herrn Gio. Antonio Massani zu Rom die Abhandlung in die Hände zu bekommen, die Monsignor Agucchi geschrieben hat, während wir in seinem Hause waren. Ich habe mich bemüht, die Unterschiede der Meister und Kunstweisen von Rom, Venedig, der Lombardei sowie derer von Toskana zu erkennen und darüber bestimmte Ansichten zu gewinnen; wenn mir aber die gefällige Bemühung Ew. Herrlichkeit nicht dabei zu Hülfe kommt, so verzweifle ich daran. Ich war im Besitz zweier Bücher über die Malerei, von Leon Battista Alberti und Gio. Paolo Lomazzo; sie sind mir aber bei meiner Abreise von Rom mit anderen Sachen verloren gegangen. Haben Sie doch die Güte, sich etwas umzuschen, ob man sie nicht zu kaufen findet. Ich weiss nicht, ob es Lomazzo ist, der da sagt, dass die Zeichnung die Materie und die Farbe die Form der Malerei sei. Mir scheint gerade das Gegentheil der Fall zu sein, da die Zeichnung das Leben giebt, und es nichts giebt, das nicht seine Form von deren bestimmten Grenzen erhält [1]. .... Schliesslich hat auch die Farbe ohne Zeichnung gar keinen Bestand. Mir ist es auch, als ob Lomazzo behaupte, dass ein nach der Natur gezeichneter Mensch durch die blosse Zeichnung nicht erkannt werden würde, wohl aber durch Hinzufügung der entsprechenden Farbe. Und dies ist auch falsch, indem Apelles mit blosser Kreide das Bild desjenigen zeichnete, der ihn zu dem Gastmahle eingeführt hatte, worauf derselbe zur grössten Verwunderung des Königs Ptolemaeus sogleich erkannt wurde [2]. Und dasselbe genügt auch für die Skulptur, welche gar keine Farbe anwendet. Er sagt ferner, dass Adam und Eva der Gegenstand wären, um ein vollkommenes Gemälde zu machen; der Adam müsste von Michelangelo gezeichnet und von Tizian kolorirt sein; die Eva dagegen von Raffael gezeichnet und von Correggio gemalt. Da sehe Ew. Herrlichkeit, wohin Jemand gelangt, der in den ersten Prinzipien irrt.

Bottari II. 392. — Francesco Angeloni ist der berühmte Antiquar und Münzforscher, der als Sekretär im Dienste des Kardinals Ippolito Aldobrandini stand. Als solcher war er mit dem schon erwähnten Gönner der CARACCI, Monsignor Gio. Batt. Agucchi, bekannt, welcher damals Maggiordomo des Kardinals Pietro Aldobrandini war. Später wurde er Bischof von Amasia und Nuntius in Venedig, wo er als solcher gestorben ist. DOMENICHINO, als er ohne alle Hülfsmittel seinem Freunde Albani nach Rom nachgereist war, fand in dem Hause dieses vortrefflichen Prälaten die freundlichste Aufnahme und ist auch später durch ihn sowohl wie durch seinen Bruder, den Kardinal Girolamo Agucchi, vielfach begünstigt und empfohlen worden. Aus dem Briefe ersieht man, ausser diesen für den Künstler so wichtigen persönlichen Beziehungen, auch dessen Neigung,

---

[1] Mentre il disegno dà l'essere e non vi è niente che abbia forma de' suoi termini precisi; nè intendo del disegno, in quanto è semplice termine e misura della quantità.
[2] Plin. hist. nat. XXXV. 36. 14.

sich theoretischen Spekulationen über die Natur der Malerei hinzugeben, wie sie damals, meist in ziemlich nutzloser Weise, gern angestellt wurden. Schon damals war das Verhältniss der Zeichnung zum Kolorit ein Lieblingsgegenstand solcher Untersuchungen, wie es dies auch bis auf den heutigen Tag noch geblieben ist. Ueber das Buch von Alberti s. Künstlerbriefe I. S. 26 u. 27; über Lomazzo die Einleitung zu dieser Abtheilung.

Die Aeusserungen im Anfang des Briefes scheinen übrigens eine ganz spezielle Veranlassung zu haben. Monsignor Agucchi war vermuthlich damals mit einer Arbeit über die Malerei beschäftigt, und zwar gemeinschaftlich erst mit Annibale, oder was wahrscheinlicher ist, mit Agostino Caracci und dann mit Domenichino. Von dieser gemeinsamen Arbeit — ein ähnliches Beispiel werden wir später bei Fr. Albani kennen lernen — cirkulirten mit dem fingirten Autornamen Graziado Machato mehrere handschriftliche Bruchstücke, wie dies aus einer beiläufigen Notiz Malvasia's im Leben des Francesco Albani hervorgeht.

Auch Bellori erwähnt dieser gemeinsamen Arbeit. Er erzählt, dass es Domenichino von grossem Nutzen gewesen sei, von Agucchi in das Studium der Geschichtschreiber und Poeten eingeführt zu werden. Dieser nämlich sei ein grosser Freund der Malerei gewesen und habe dem Künstler das Wesen und die Schönheit der Dichtkunst auseinander gesetzt, auch die verschiedenen Mittel und Darstellungsweisen der Dichter und Maler mit ihm besprochen. Aus diesen Berathungen mit Domenichino sei ihm der Entschluss gekommen, eine Abhandlung über die Malerei und deren verschiedene Manieren zu schreiben. Er theilte dieselbe, wie auch die Malerei des Alterthums, in vier Theile oder Schulen. Der von Bellori mitgetheilte Anfang dieser Schrift enthält eine allgemeine Bestimmung dieser vier Schulen, von der folgendes Fragment hier einen Platz finden möge: „Die Römische Schule, deren Häupter Raffael und Michelangelo sind, hat die Schönheit der Statuen zum Vorbilde genommen und sich der Kunstweise der Alten genähert. Dagegen haben die Meister von Venedig und der trevisanischen Mark, deren Haupt Tizian ist, vielmehr die Schönheit der Natur, wie sie unseren Augen vorliegt, nachgeahmt. Antonio von Correggio, der erste der Lombarden, war Nachahmer gleichsam einer höheren Natur (oder Nachahmer der Natur in einem höheren Sinne), indem er dieselbe in einer zarten, glücklichen und zugleich edlen Weise nachbildete und sich so seine eigene Manier schuf. Die Toskaner endlich waren die Urheber einer von dieser ganz abweichenden Manier, indem dieselbe etwas Kleinliches und Fleissiges an sich hat und die angewendete Kunst durchblicken lässt. Unter ihnen waren die Ausgezeichnetsten Leonardo da Vinci und Andrea del Sarto von Florenz. Man kann also vier Malweisen in Italien unterscheiden: die römische, die venezianische, die lombardische und die toskanische. Die anderen sind nur nebenhergehend und abhängig von diesen." Wer diese Worte mit dem Anfange unseres Briefes vergleicht — sogar die Reihenfolge der Schulen ist dort beibehalten —, wird nicht daran zweifeln, dass die Aeusserungen Domenichino's in Beziehung zu jener gemeinsamen Arbeit stehen. — Dem Briefe selbst ist weder bei Bottari noch bei Bellori ein Datum hinzugefügt. Ist er aus Bologna geschrieben, so fällt er in die Jahre 1612, 1617 oder 1622—1623; er kann aber auch aus der Zeit des neapolitanischen Aufenthalts herrühren, und darauf deutet vielleicht der Umstand, dass er bei Bellori mit vier anderen Briefen zusammen gedruckt ist, welche sämmtlich aus Neapel vom Jahre 1638 und 1640 datirt sind.

18.

DOMENICHINO AN CASSIANO DEL POZZO.

Neapel, 23. Januar 1632.

Die Autorität, die Ew. Herrlichkeit über meine Person ausübt, die gute Meinung, die Sie mir, mehr als ich es verdiente, immer über meine Werke ausgesprochen, endlich der Werth, den ich auf Ihre Befehle lege, geben mir Grund zu grosser Rathlosigkeit, indem ich mich auf der einen Seite für verpflichtet halte, dem Wunsche Ew. Herrlichkeit nachzukommen, und auf der anderen meine Hände mit eisernen Fesseln gebunden sehe und nun nicht weiss, wohin mich wenden. Diese Herren hier haben gewollt, dass ich mich verpflichte, während dieser Arbeit keinen anderen Pinselstrich zu machen; sie haben mich gezwungen, dies mit Bürgschaften zu versichern; sie haben mich veranlasst, mich nicht unbedeutenden Strafen zu unterwerfen, wenn ich je etwa halsstarrig wäre, und die Neider stehen schon mit geschärften Zähnen da, um über mich herzufallen. Und wenn sie auch einen Augenblick eingeschläfert sein sollten, so ist die Zeit doch so kurz, dass es mich in grosse Noth versetzt, und ich kann in solcher Bekümmerniss nicht absehen, wie ich meine Hände aus einem so grossen Unternehmen herausziehen soll. So ersuche ich also Ew. Herrlichkeit, wie Sie immer grosse Neigung gezeigt haben, mich zu begünstigen, so auch jetzt so freundlich zu sein und diese Entschuldigungen anzunehmen, die ich mit Offenheit und Aufrichtigkeit des Herzens mache, indem ich mich dem Glauben hingebe, dass einst die Gelegenheiten nicht fehlen werden, in welchen Sie mit gutem Erfolg Ihre Herrschaft über meine Person werden ausüben, und ich meinen Eifer in der Erfüllung Ihrer Befehle werde bekunden können. Und damit endlich von Gott die Erfüllung alles Glückes für Sie erflehend, küsse ich Ihnen die Hand.

Bottari I. 355. — Ueber den Cavaliere del Pozzo werden die Erläuterungen zu den Briefen des NICOLAS POUSSIN, über die Verhältnisse, unter denen DOMENICHINO den obigen Brief geschrieben, die zum nächstfolgenden Brief an Francesco Angeloni Aufschluss geben. Im Anschluss an obigen Brief ist in Bottari's Sammlung folgende Quittung abgedruckt:

„Ich Endesunterschriebener bekenne, von dem Herrn Cav. del Pozzo durch Vermittelung des Gio. Pietro Olina 40 Scudi Münze erhalten zu haben, welche mir derselbe im Auftrage des Erl. und Hochw. Sig. Kardinal Barberino, meines Gönners, geschenkt hat, in Anbetracht, dass seine Erl. Herrlichkeit sich herabgelassen haben, eine Tochter von mir über die Taufe zu halten.

Rom, 1. Dezember 1623. Domenichino."

Das Datum dieser Quittung ist offenbar irrthümlich auf 1623 angegeben und statt dessen 1630 oder 1631 zu lesen. Im Jahre 1623 nämlich hat sich der Künstler erst verheirathet und zwar während seines damaligen Aufenthalts zu Bologna, wo auch sein erstgeborenes Kind, ein Knabe, vom Kardinal Lodovico Ludovisi über die Taufe gehalten worden ist. Das zweite Kind, ebenfalls ein Knabe, hat den Kardinal Buoncompagni zum Pathen gehabt, und erst bei dem dritten, einem Mädchen, hat der Kardinal Barberini zu Gevatter gestanden. Hierauf bezieht sich das Geschenk, worüber die Quittung Domenichino's ausgestellt ist. Das letztgeborene Kind war das einzige, welches den Vater überlebte. Malv. 321.

—

19.

DOMENICHINO AN FRANCESCO ANGELONI.

Belvedere, 1. August 1631.

Ich fühle mich gedrungen, meinen tiefgefühlten Dank für die Gunst auszusprechen, die mir Se. Eminenz nebst seiner Frau Mutter erweisen, indem sie so gut sind, mir Wohnung und den zum Lebensunterhalt nöthigen Wein geben zu lassen. Sie können ihnen sagen, dass ich nicht ermangeln werde, nachzusehen, was noch irgend an den Malereien der Kapelle fehlt, und Se. Eminenz mögen befehlen, was noch gemacht werden soll. Später werde ich Ihnen erzählen, wie ich, nachdem ich in diesen Tagen so plötzlich jenen Entschluss gefasst, Tag und Nacht fast ununterbrochen geritten bin, und wie ich, von Nichts als Verdacht und Widerwärtigkeiten begleitet, nach drei Tagen hier so früh angelangt bin, dass ich zwar noch ganz bequem Rom erreichen konnte, aber so zu Grunde gerichtet, dass ich das Leben aufzugeben glaubte. Die Hülfe Gottes indess und das Vertrauen auf die gute Luft hier in Belvedere, vereint mit der Güte der Familie Aldobrandini, die sich meiner als ihres Schützlinges erinnert, Alles dies hat mich in dem Maasse gestärkt, dass ich jetzt nichts mehr als Rettung und Freiheit fühle. Ich würde an den Herrn Kardinal schreiben, aber meine Feder wagt es nicht; Ew. Herrlichkeit möge mit Ihren Worten an meiner Stelle meinen Fehler wieder gut machen.

Nachdem ich eine solche Menge von Schwierigkeiten bekämpft, wie deren kaum die ganze Hölle zu ersinnen vermag, so habe ich sie alle mit der Hülfe des Herrn und des heiligen Januarius überwunden. Mir blieb nur noch ein Augenblick Zeit, als zu meinem letzten Missgeschick mir der Vicekönig einige Bilder auftrug; ich machte sie sehr ungern, da ich ihn ursprünglich gar nicht bedienen wollte, ehe er nicht selbst, damit ich mir nichts vergäbe, es von den Herren Deputirten erwirkt hätte, dass sie mir die Arbeit gestatteten und mir dieselbe selbst auftrügen. Als ich nun einen Aufschub des Terminus für die beiden Bilder, die ich malte, und für die beiden andern verlangte, die noch zu machen waren, konnte ich dies weder von dem Vicekönige, noch von den Deputirten auf irgend eine Weise erlangen, nur dass ganz unverhofft der mit meiner Angelegenheit betraute Deputirte sagte, dass sie entschlossen seien, mir die Oelbilder für die Altäre ganz zu nehmen. Ich erwiderte darauf, dass sie wollten, ich solle weggehen; worauf er meinte: Geht nur immer; aber überlegt's Euch wohl! Zuletzt kam es dahin, dass ich verlangte, mir den Kontrakt aufrecht zu erhalten, und darauf antwortete er mir: Und wenn zehn Kontrakte da wären, so sollte ich doch meine Absicht nicht erreichen. Und er stellte mir die Frage: Wer ist Herr in Neapel? Der Vicekönig, und damit ist's genug.

Den Tag darauf wurde mir gesagt, es sei ein Billet von Sr. Excellenz für mich da. Ich aber, indem ich eine grosse Misshelligkeit voraussah, — denn die Gewalt reitet auf der Vernunft hier zu Lande — habe meines guten Rufes willen das geringere Uebel gewählt und vorgezogen, lieber mein Leben der Gefahr auszusetzen, als meines ehrlichen Namens verlustig zu gehen, indem Andere den ehrenvolleren und leichteren, ich aber den weniger geachteten und mühsameren Theil der Arbeit ausführte.

Ich sage Ihnen für das Anerbieten der Wohnung und für die anderen Gefälligkeiten meinen Dank, mit denen Ihre Liebenswürdigkeit mich zu erfreuen weiss. Sobald ich mich beruhigter fühle, werde ich einen Ausflug nach Rom machen, und indem ich mich Ihnen schliesslich empfehle, stelle ich mich Ihnen als Diener zur Verfügung.

Bottari V. 58. — Es ist hier der Ort, auf die für die Kunstgeschichte in mehrfacher Beziehung so wichtige Angelegenheit der Capella del Tesoro im Dom zu Neapel einzugehen, welche bei Gualandi Memorie V. 128—165 ausführlich mit Benutzung sämmtlicher Dokumente mitgetheilt ist. Im Jahre 1612 schon war die Dekoration der Kapelle beschlossen worden, und da sich damals kein passender Maler in Neapel fand, schrieb man 1616 an den Cavaliere d'Arpino nach Rom, um ihn für diese Arbeit zu gewinnen. Nach mancherlei Zwischenfällen kam der Cavaliere nach Neapel (1617), und im Februar 1618 wurde ihm die Verzierung der Wände der Kapelle mit Freskobildern übertragen. In die Oelbilder (für die Altäre) sollte er sich mit dem Neapolitanischen Maler Santafede theilen. Der Preis der Arbeiten sollte durch Deputirte abgeschätzt werden; 500 Dukaten wurden ihm sogleich ausgezahlt; für die Reise nach und den Aufenthalt in Neapel wird ihm eine Entschädigung von 100 Dukaten bewilligt. Darauf geht Arpino nach Rom zurück, um Stuccatoren zu besorgen, schickt aber weder diese, noch kehrt er selbst nach Neapel zurück, so dass man sich dort entschliesst (4. Oktober 1619), das Werk dem Guido Reni anzutragen, ohne dass, wie es scheint, ein Ersatz der 600 Dukaten von Seiten Arpino's stattgehabt hätte. Nachdem sich Guido bereit erklärt, werden ihm (28. Oktober 1620) 130 Dukaten = 100 römische Scudi zur Reise geschickt; er kommt indess nicht eher, als bis man ihm ein Haus zugesichert hat, das für ihn gekauft und ausgestattet wird mit einem Kostenaufwande von 450 Dukaten. Nun wird der Kontrakt gemacht, die Gegenstände für den unteren Theil der Kapelle werden festgestellt und der Preis auf 100 Scudi für jede Figur in Lebensgrösse bestimmt: grössere sollten höher, kleinere geringer bezahlt werden (17. Mai 1621). Darauf stellt Belisario Corrente, einer der Hauptführer der einheimischen naturalistischen Schule, dem Guido und seinem Genossen nach. Ein gewisser Giandomenico von Capua wird zu deren Ermordung gedungen: der Anschlag aber wird entdeckt, Giandomenico kommt auf die Galeere, und Corrente wird eingekerkert, aber bald wieder freigelassen. Natürlich beeilt sich Guido, dessen Genosse nach Einigen wirklich erschlagen ward, sobald als möglich nach Rom zurückzukommen.

Nun waren die Deputirten wieder in Noth. Sie schicken FABRIZIO SANTA-FEDE nach Rom, um GUIDO oder ARPINO zur Rückkehr zu bewegen. Da dies aber vergeblich ist, wird die Arbeit der Wandbilder an SANTAFEDE selbst unter den zuletzt festgestellten Bedingungen übertragen; zur Ausführung kann er sich wen er will zu Hülfe nehmen. Die Vergebung der Oelbilder behält sich die Deputation vor. SANTAFEDE erwählt GIAMBATTISTA CARACCIOLO zum Mitarbeiter, dem auch ein Zimmer nebst einigen von den Geräthen GUIDO's gegeben wird. ARPINO dagegen, der sich jetzt wieder meldet, wird zurückgewiesen (Ende 1623). Nun macht sich SANTAFEDE an die Arbeit, zu der er sich noch einen zweiten Gehülfen in der Person des FRANCESCO GESSI von Bologna (Oktober 1624) mit 50 Dukaten monatlichen Gehalts annimmt; aber nachdem zwei Angeloni (Eck-bilder) vollendet sind, lässt die Deputation die Arbeiten einstellen, verweigert auch vor einem definitiven Beschlusse alle Zahlung. GESSI wird wegen schlechter Arbeit verabschiedet und mit 300 Dukaten incl. Reisegeld abgefunden (Anfang 1625). Da stirbt SANTAFEDE, der bis dahin im Ganzen 500 Dukaten erhalten hat. Auf Verlangen der Deputation zahlt sein Sohn und Erbe Pietro 400 Du-katen zurück, wofür man ihm die Zeichnungen des Vaters einhändigt (Ende 1626). Im Dezember 1628 fassen nun die Deputirten den Beschluss, dass sich Fremde wie Neapolitaner um die Arbeit bewerben können. Es melden sich B. CORRENTE und SIMONE PAPA, die auch bald zu malen beginnen; da ihre Bilder indess nicht gefallen, werden sie verabschiedet und scheinen, dem Kon-trakt zufolge, gar kein Honorar bekommen zu haben.

Nach so vielen misslungenen Versuchen wurde nun endlich von der Depu-tation der Beschluss gefasst, DOMENICO ZAMPIERI, unseren DOMENICHINO, aus Rom zu berufen; man richtete ein Schreiben an ihn, worin er sehr lebhaft um die Annahme der Arbeit gebeten und ihm sehr günstige Bedingungen in Aus-sicht gestellt wurden. DOMENICHINO antwortet am 23. März 1630, er würde zum nächsten Osterfeste kommen, bittet die Deputation aber zu gleicher Zeit, nichts davon verlauten zu lassen. Dieser Brief und die sehr artige Antwort der Deputation vom 29. März befinden sich noch im Archive des Domes. Nun aber bekommt DOMENICHINO einen anonymen Drohbrief; es würde ihm schlecht er-gehen, wenn er nach Neapel käme. Nach anfänglichen Weigerungen und erst nachdem der Vicekönig durch den spanischen Gesandten in Rom, Grafen von Monterey, seinen speziellen Schutz versprochen, entschloss sich DOMENICHINO zur Reise, zu der er sich höchst bescheiden 30 Scudi erbeten hatte; statt deren wurden ihm (Oktober 1630) 50 Scudi ausgezahlt, und DOMENICHINO begiebt sich sogleich nach Neapel, wo im Dezember dieses Jahres der Kontrakt voll-zogen und ihm eine Summe von 1000 Scudi = 1080 Dukaten im Voraus zu-gesichert wurde, die er jedoch bei Vollendung der Bilder oder bei Unterbrechung der Arbeit zurückzuzahlen habe. Wolle er seine Familie aus Rom nachholen (er war seit 1623 verheirathet), so solle er dazu 210 Dukaten erhalten. Nach-dem dies geschehen, wird ihm (Juni 1631) das für GUIDO RENI gekaufte Haus eingeräumt, und er erhält die 1000 Scudi ausgezahlt. Nun begann DOMENICHINO in der Kapelle zu malen, und sehr bald liess sich die Vortrefflichkeit des Werkes erkennen, so dass man beschloss, ihm auch die sechs Altarbilder in Oel zu über-tragen, die, beiläufig gesagt, auf Kupfer gemalt werden sollten (bestätigt Oktober 1636). Im Oktober 1633 waren drei Freskobilder vollendet. Die Deputirten bewunderten deren „naturalezza" und „vaga idea" und beschlossen dieselben gleich zu bezahlen und zwar mit 5292 Dukaten, wovon er schon 3300 in ver-schiedenen Raten erhalten hatte (25. November 1633). Es waren 1) das Bild des Vesuvs mit 18½ Figuren; 2) die Hülfe der heiligen Jungfrau durch das

Blut des heiligen Januarius mit 18½ Figuren, und 3) das Martyrium des heiligen Januarius mit 16 Figuren. In Summa 49 Figuren à 108 Dukaten = 5292 Dukaten, wovon jedoch später 3 Dukaten für jede Figur abgerechnet werden. Am 30. März 1634 bekommt er ein viertes Bild mit 7 Figuren (für die Figur 105 Dukaten) mit 735 Dukaten bezahlt. Wenige Monate darauf wurde der obige Brief aus Belvedere, einer Villa der Aldobrandini bei Frascati, geschrieben. Inzwischen nämlich waren, wie aus Malvasia hervorgeht, in Neapel von den einheimischen Malern alle nur erdenklichen Mittel in Bewegung gesetzt worden, um dem verhassten Nebenbuhler das Leben zu verleiden und ihn zum Rückzuge zu bewegen. Man hatte das Volk aufgehetzt, Schmähschriften erscheinen lassen, Drohbriefe selbst an solche Personen gerichtet, die den Künstler begünstigten. Zu den geheimen Gegnern kamen als offene Feinde LANFRANCO von der Bolognesischen (s. u.) und SPAGNOLETTO von der Neapolitanischen Schule. Man schalt auf die exorbitanten Preise, die DOMENICHINO für seine Arbeiten erhielt, während man doch auch andererseits wieder die Langsamkeit verhöhnte, mit der jener arbeitete, und wodurch sich die Preise verhältnissmässig geringer herausstellten. LANFRANCO, ein ächter Schnellmaler, rühmte sich öffentlich, er würde doch noch einmal die Malereien in der Kapelle vollenden. Genug, DOMENICHINO war auf das Aeusserste gebracht; nur bei seinem Beichtvater soll er Ruhe und Trost gefunden haben. So standen die Sachen schon seit geraumer Zeit, als eine Intrigue SPAGNOLETTO's Alles noch mehr auf die Spitze trieb. Dieser nämlich soll, um DOMENICHINO von der Arbeit in der Kapelle abzuhalten und so später selbst eines der Bilder ausführen zu können, den Vicekönig veranlasst haben, dem DOMENICHINO mehrere Staffeleibilder aufzutragen. Die Unmöglichkeit, sich diesem Auftrage zu entziehen und den Anforderungen der Deputation gerecht zu werden, trieben den unglücklichen Künstler endlich zu dem Entschlusse, aus Neapel zu fliehen; mit einem Vertrauten eilte er zu Fuss bis zur nächsten Post (in Aversa), dort wurden Pferde genommen und so der Weg bis nach der Villa der Aldobrandini zurückgelegt, von wo aus unser Brief geschrieben ist. Die Familie DOMENICHINO's, die in Neapel zurückgeblieben war, wurde in Verwahrsam gebracht. Da man ihn indess zur Vollendung der Malerei wirklich zurückwünschte, wurde von aller Strenge bald abgesehen und der Frau sogar einige noch restirende Summen ausgezahlt. Ueber den Aufenthalt DOMENICHINO's in der Villa Aldobrandini, wo er früher schon einige Wandgemälde ausgeführt hatte, haben wir genauere Nachrichten von PASSERI erhalten. Der Aufseher der Villa, ein Bolognese von Geburt, empfing ihn sehr freundlich. Der Kardinal Ippolito Aldobrandini schickte seinen Sekretair Angeloni, an welchen der obige Brief gerichtet ist, zur Begrüssung des Künstlers nach Belvedere, wo sich DOMENICHINO den ganzen Sommer aufhielt. Was den in unserm Brief erwähnten Auftrag des Kardinals betrifft, so hatte dieser den Künstler ersucht, die Malereien in einer Kapelle des heiligen Sebastian anzusehen und erforderlichenfalls zu restauriren. DOMENICHINO berief zu diesem Zweck einen seiner Schüler aus Rom, CANINI, welcher seinerseits den von uns oft erwähnten PASSERI als Gehülfen zu dieser Arbeit mitbrachte. PASSERI, damals fünfundzwanzig Jahre alt, kann nicht genug den würdigen Eindruck schildern, den DOMENICHINO auf ihn gemacht. „Ich nahm,“ erzählt er, „den Auftrag gern an, denn ich wünschte DOMENICHINO kennen zu lernen, der meiner Idee nach ein Mann von grösstem Verdienst war. Sobald wir in Frascati angelangt waren, begrüsste er mich äusserst freundlich, und da er hörte, dass ich ein Freund der schönen Wissenschaften sei, gewann er mich noch lieber, und ich erinnere mich, dass ich diesen Mann mit einer solchen

Bewunderung betrachtet habe, als wenn er ein Engel gewesen wäre." Der Aufenthalt DOMENICHINO's in Belvedere wird von PASSERI in sehr anmuthiger Weise geschildert; derselbe dehnte sich bis zum Jahre 1635 aus, in welchem er sich seine Familie, die auf Verwendung Aldobrandini's freigelassen worden war, nachkommen liess. Im Jahre 1635 fordert man DOMENICHINO von Neapel aus zur Rückkehr auf, zu der er sich auch, auf Verwendung des Erzbischofs von Neapel, des Kardinals Buoncompagni aus Bologna, der ihm die Arbeit verschafft hatte, und des Kardinals Aldobrandini, bereit finden lässt; im Juli dieses Jahres findet schon wieder die erste Zahlung, am 25. Oktober 1635 eine zweite statt. Am 12. März 1637 sind 10 Bilder mit 42 Figuren fertig, für die er 4410 Dukaten zu fordern hat; an demselben Tage erhält er den nach einigen Ratenzahlungen noch bleibenden Rest mit 2940 Dukaten ausgezahlt. Im Januar 1638 ist eins der Rundbilder über dem Altar des Heiligen fertig und wird mit 1730 Dukaten bezahlt. Zu gleicher Zeit aber malt DOMENICHINO auch an den Oelbildern für die Altäre, von denen am 30. Mai 1638 zwei Bilder fertig sind und mit 787 resp. 840 Dukaten honorirt werden. So rückte die Arbeit zwar rüstig vor, aber das Leben DOMENICHINO's wurde weder ruhiger, noch angenehmer. Zu neuen Ränken der Maler — man liess Asche unter den Kalkbewurf mischen u. dergl. — kamen alte Misshelligkeiten mit den Verwandten seiner Frau, mit denen er über die Mitgift im Streite lag, und die ihm von Bologna nach Neapel nachgereist waren, um ihm das Leben noch mehr als seine Nebenbuhler zu verbittern. In zwei Briefen klagt er seinem Freunde Albani sein Leid darüber (Malvasia 323. 324). Am 1. November 1637 schrieb er einen Brief nach Bologna, von wo aus man ihn, durch Vermittelung Albani's, über den Sinn eines früher dort von ihm ausgeführten grossen Altarbildes befragt hatte (Malvasia 321). Endlich aber ist ein Brief vom 1. Dezember 1638 ebenfalls an Albani vorhanden, der da zeigt, wie er von allen Sorgen sich in der Beschäftigung mit Musik und musikalischen Instrumenten zu erholen suchte. "Ich habe mich dem Genusse der Musik hingegeben," schreibt er, "und um deren zu hören, habe ich versucht, Instrumente zu bauen: und so habe ich eine Laute gemacht und mache jetzt eine Harfe mit allen ihren Tonarten, der diatonischen, chromatischen und enharmonischen, eine Sache, die bisher noch von Niemandem unternommen worden ist. Aber weil sie den Musikern unserer Zeit neu ist, habe ich bis jetzt noch nicht darauf spielen lassen können. Wenn ich in die Heimath zurückkehre, so gedenke ich eine Orgel nach dieser Art zu bauen." Bottari V. 47. (Vergl. ebds. S. 48 einen Brief an Fr. Angeloni vom 1. September 1640.) Dieser Wunsch sollte ihm nicht in Erfüllung gehen. Denn nachdem er noch zwei Jahre hindurch gearbeitet, zwei Altarbilder für 840 resp. 1575 Dukaten vollendet und auch die Kuppel schon in Angriff genommen hatte, starb er ganz plötzlich und ohne vorhergehende Krankheit, wie man glaubt, an Gift, das ihm durch seine Nebenbuhler beigebracht worden sei. So endete ein ernster, stiller und gewissenhafter Künstler sein Leben, das man mit Recht als eine stete Kette von Unglück bezeichnet hat. Als ihm nach langer, wenig lohnender Arbeit eine schöne und wirklich lohnende Aufgabe gestellt wurde — er soll an 20.000 Scudi hinterlassen haben —, sollte selbst diese wie zur Quelle zahlloser Kränkungen so auch zur Ursache seines Todes werden! Ueber die Vortrefflichkeit seiner Bilder in der Kapelle vergl. den Brief von G. Hamilton bei Bottari Racc. V. 394.

Werfen wir noch einen Blick auf die weitere Geschichte der Kapelle. Sie hat sogleich wieder Kränkungen unseres Künstlers anzuweisen, die diesem auch nicht einmal im Tode erspart wurden. Die der einheimischen Schule an-

gehörigen Maler, Cavaliere STANZIONI und GIUSEPPO RIBERA, genannt SPAGNO-
LETTO, erklärten fälschlich, die Figuren in der Kuppel seien schlecht und gar
nicht von DOMENICHINO ausgeführt. Sie sollten heruntergeschlagen werden und
die Erben DOMENICHINO's die schon darauf gezahlten 5000 Dukaten wieder erstatten. Das erstere geschah, und die Ausmalung der ganzen Kuppel wurde an
LANFRANCO für 6000 Dukaten (mit Inbegriff des Bewurfs und der Farben,
ausser dem Azur) verdungen (Januar 1643). Mai 1641 war schon eines der
noch fehlenden Oelbilder dem RIBERA übertragen; im Januar 1643 wurde das
vierte Altarbild von STANZIONI vollendet und mit 500 Dukaten bezahlt. LAN-
FRANCO wurde im November 1643 mit der Kuppel fertig, zur grossen Zufriedenheit der Deputirten, die ihn mit 7000 Dukaten und überdies noch mit 200
Dukaten für Nebenkosten honorirten (Juni 1641). Im Juli 1647 endlich
wurde von RIBERA das grosse Oelbild — der Heilige kommt unverletzt aus
den Flammen des Ofens — vollendet und mit 1400 Dukaten bezahlt, von
denen jedoch RIBERA 400 der Kapelle zum Geschenk machte.

GUIDO RENI.

Zu der bescheidenen Kunstweise des DOMENICHINO steht die des GUIDO
RENI (1575—1642) in einem eigenthümlichen Gegensatz. Jener war schlicht
und einfach, mehr auf tiefe und ernste Begründung des Gegenstandes und
treuen Ausdruck wirklicher Empfindung, als auf äusserliche Wirkung gerichtet.
Dieser kühn und frei, rasch und entschieden im Arbeiten, mehr auf ein gewisses
allgemeines Ideal und die Erreichung einer bestimmten Wirkung gerichtet,
gleichviel ob dieselbe wie im Anfang seiner künstlerischen Laufbahn eine
düstere, mächtige und imponirende sei oder wie in späteren Werken eine vornehm gefällige, einschmeichelnde. Malvasia, der mit beiden Künstlern befreundet war, hat ausser dem schon oben bei DOMENICHINO angeführten Gegensatz
diesem die Tiefe des Wissens und die Wahrheit im Ausdruck der Leidenschaften und
Empfindungen nachgerühmt, GUIDO RENI *nobilità* und himmlische Ideen (*celeste
idee*). Unter *Nobilità* ist hier nicht der wahre innere Adel des Gedankens
zu verstehen, sondern eine gewisse äusserliche Noblesse, ein vornehmer Anstand.
Ganz dasselbe sagt ANNIBALE CARACCI von ihm aus in einem Briefe an Lo-
DOVICO: "in Beziehung auf eine gewisse Anmuth und Majestät, die seine eigentlichen Gaben sind, ist er unübertrefflich." Auch hier ist Majestät in einem
mehr äusserlichen Sinne zu fassen. Und in der That, GUIDO RENI ist der
Maler jener Noblesse und Majestät, die recht eigentlich den Gegensatz zu der
schlichten, aber innerlich tieferen und wahreren Kunstweise des DOMENICHINO
bildet. Man kann sagen, dass auch die Charaktere und die äusseren Lebensverhältnisse der beiden Meister in einem ähnlichen Gegensatze stehen. DOME-
NICHINO einfach, still, bescheiden: GUIDO voll Selbstbewusstsein, stolz auf seine
Kunst, vornehm. Wie er in der Kunst vornehm war, war er es auch im
Leben. Kein Wunder, dass er in einer Zeit, die mehr als jede andere auf die
Würde der äusseren Erscheinung Werth legte, als der erste aller Künstler
betrachtet wurde. Kam in DOMENICHINO jene reflektirende, nach Wissen und
wahrem, tiefen Gehalt begierige Richtung des 17. Jahrhunderts zur Erscheinung,
wie sie namentlich die CARACCI's in die Kunst eingeführt hatten, so in GUIDO
das Streben nach persönlicher Geltung, die Freude an äusserlicher Wirkung.

die Lust an der Repräsentation, die so tief in allen Verhältnissen des damaligen Lebens begründet lagen. Wer so die Schwächen der Zeit theilt und denselben einen gefälligen Ausdruck zu geben vermag, wird stets grossen Erfolges gewiss sein. Die Zeit will sich in den Werken eines Künstlers immer selbst wiederfinden. Wer ihr die ernsteren Seiten ihres Wesens entgegenhält, wie dies DOMENICHINO gethan, für den wird sie immer Respekt haben; ihm ist der „Erfolg der Achtung" gewiss, wie ihn DOMENICHINO auch wirklich errungen hat. Wer ihr aber ihre Schwächen zu stattlicher Erscheinung bringt, wer es versteht, diesen Schwächen gleichsam eine künstlerische Weihe zu verleihen, den wird sie verehren und lieben. Denn für seine Schwächen hat der Mensch — eben eine Schwäche. Dies ist so wahr, dass es bis auf die Gegenwart gilt und wer die Erfolge heutiger künstlerischer Produktion — im Drama, in der Musik, in der bildenden Kunst — prüfend gegeneinander abwägt, wird das Mehr oder Minder derselben fast immer durch die grössere oder geringere Theilnahme an den Schwächen der Gegenwart selbst bedingt finden. So haben wir die Kunstweise und die Erfolge des GUIDO im Verhältniss zu seiner Zeit zu betrachten. Es ist in dieser Beziehung sehr bezeichnend, dass Malvasia, sein Freund und jüngerer Zeitgenosse, ihn den Vater der modernen Kunst nennt.

GUIDO RENI war der Sohn eines Musikers in Bologna, der ihn zu seiner Kunst erziehen wollte. CALVART bewegte ihn, den Sohn zu ihm selbst in die Lehre zu geben. Schon als Knabe kann er dort den andern Schülern als Muster aufgestellt werden; im achtzehnten Jahre malt er Bilder, die der geizige Meister für viel Geld, natürlich zu seinem eigenen Vortheil, verkauft. Möglich, dass diese Erfahrung dem jungen Künstler jenen Sinn für die Geldverhältnisse gegeben, den er später bei aller Vornehmheit beibehalten hat. Gewiss ist es, dass er seinem Lehrer durch dies Verfahren entfremdet wurde. Er floh zu den CARACCI; LODOVICO empfing ihn mit offenen Armen, CALVART bemühte sich vergebens, den fähigen Schüler seinem Atelier wieder zu gewinnen. In der Schule der CARACCI tritt ein schöner Zug seines Wesens hervor, die persönliche Bescheidenheit, die er auch später nie verleugnet hat, und die durchaus nicht mit dem Streben nach Ehre und Geltung unvereinbar ist. Wenn er im Atelier gelobt wurde, so erröthete er; LODOVICO glaubte dann — er war schön von Gestalt und Angesicht — einen Engel in ihm zu erblicken. Noch in späten Jahren, als er schon ganz der vornehme Mann war und sich auf dem Gipfel des Ruhmes fühlte, war er persönlichem Lob abgeneigt und ging ihm, wo er nur konnte, aus dem Wege. Die Vorliebe LODOVICO's für den talentvollen Jüngling war sehr gross; er ward ihm ein so guter Lehrer, dass jener, wie er selbst sagte, bald „zu viel wusste". ANNIBALE, auf die Wahrung eigenen Ruhmes bedacht, warnte den Vetter: „Du wirst noch einmal über ihn zu seufzen haben," sagte er. Unter den Mitschülern aber erregte jene Vorliebe Neid, und man suchte die Beiden zu entzweien. Nachdem dies gelungen war, ging GUIDO nach Rom. Hier ward er von dem Cavaliere D'ARPINO mit grosser Liebe empfangen, namentlich um eine gewisse Opposition gegen den Naturalisten CARAVAGGIO mit ihm zu machen. Es erklärt dies Verhältniss die sonst auffallende Erscheinung, dass GUIDO, dem schon in der Schule der CARACCI eine allzugrosse Grazie und ein Hinneigen zur schwächlichen und matten Kunstweise der ZUCCHERI und PASSEROTTI vorgeworfen worden war, sich plötzlich der derben, gewaltigen und düsteren Weise der Naturalisten zuwendete. Seine Gegner bekämpft man am besten mit deren eigenen Waffen. Wie sehr GUIDO dies gelungen ist, geht aus einigen seiner früheren Werke hervor, die man, wie z. B. das Martyrium des heiligen Petrus im Vatikan, geradezu für Erzeugnisse CARAVAGGIO's oder RIBERA's halten könnte. ARPINO meinte einst zum Kardinal Borghese, GUIDO würde sich noch ganz in einen CARAVAGGIO verwandeln, und als man GUIDO einmal sagte, sein heiliger Petrus könne für ein Bild CARAVAGGIO's gehalten werden, erwiderte er: „wollte Gott, dass dem so sei!" ANNIBALE CARACCI war äusserst erzürnt darüber, niemand aber mehr als CARAVAGGIO selbst, der sich auf seinem eigenen Gebiete und doch von Seiten einer Schule angegriffen sah, die seiner Auffassung so sehr zuwiderlief. Er solle sich nur nicht einfallen lassen, gab er GUIDO zu verstehen, mit ihm zu konkurriren; er würde ihm ganz anders als mit dem Pinsel antworten. Dem Antrage eines förmlichen Duells wusste sich GUIDO mit Feinheit zu entziehen. Sein Erfolg steigert sich immer mehr und mehr. Die Aufträge vermehren sich seit 1610 ungefähr so sehr, dass er, sei es wegen wirklicher Ueberhäufung, sei es, wie man ihm nachsagte, aus einer gewissen schlauen Berechnung, viele Caparren — Anzahlungen — zurückgab. Seine Arbeiten wurden besser bezahlt, als man sonst gewohnt war; ANNIBALE CARACCI erwähnt missbilligend und doch wohl nicht ohne eine gewisse Eifersucht, dass er für eine Arbeit von wenig Monaten 400 Scudi gefordert und erhalten habe. Nun wurden ihm grosse Wandmalereien im päpstlichen Palast auf Monte Cavallo übertragen; Tag und Nacht arbeitete er; am Tage auf dem Gerüst, bei der Nacht an den Kartons, wonach er und seine Genossen am folgenden Tage malen sollen. ANTONIO CARACCI, DOMENICHINO, LANFRANCO und ALBANI werden von ihm beschäftigt und besoldet. Eine Misshelligkeit mit dem Schatzmeister in Betreff der Bezahlung veranlasst ihn, voll Zorn Rom zu verlassen. Er geht nach Bologna zurück und beschliesst, gar nicht mehr zu malen, sondern lieber mit Bildern Anderer zu handeln. „Um wie viel bequemer," sagte er, „sei es nicht von der Arbeit Anderer zu leben, als selbst solche Arbeiten zu machen. Was soll ich mir den ganzen Tag den Kopf zerbrechen, mit Grossen und Ministern mich herumstreiten, und wo ich mich mit Heiterkeit und Ruhe dem Schaffen hingeben sollte, mir mit Gedanken erlittenen Unrechts das Gemüth verbittern? Welchen Aerger habe ich jetzt mit den Klagen über zu langsames Arbeiten und zu hohe Preise. Und doch habe ich die Kreuzigung des heiligen Petrus für erbärmliche 70 Scudi gemalt. Ueber drei Jahre habe ich mich abgequält, goldene Berge hat man mir versprochen, und nun kann ich nicht einmal erhalten, was man mir schuldig ist." Diese und andere Klagen sprach er öffentlich aus (Malvasia II. 21) und begann wirklich eine Sammlung für den Kunsthandel anzulegen, der, wie immer der Handel mit den Geistesprodukten Anderer lohnender ist, als die geistige Produktion selbst, in der damaligen Zeit allgemeiner Kunstliebhaberei sehr grossen Vortheil abwarf. Da mahnte ihn CALVART, der bei manchen Fehlern ein trefflicher Mann und ehrenhafter Charakter war, mit väterlicher Offenheit, er solle nicht die Ehre über dem Gewinn vergessen und seinen Nebenbuhlern durch solche Niedrigkeit nicht gerechten Grund zur Anklage geben. GUIDO, dem es wohl mit diesem Entschlusse nie ganz Ernst gewesen, gab nach und begann nun wieder zu malen, indem er Aufträge um jeden Preis annahm und mit kühnen Pinselstrichen und einer gewissen „sprezzatura da gran maestro" darauf los arbeitete. Ein psychologischer Process, der bei der Würdigung seiner späteren raschen und freien Manier nicht ausser Acht gelassen werden darf.

Bald aber sollte er von dieser Thätigkeit weg zu einer höheren Laufbahn berufen werden. Papst Paul V. setzte alle Mittel in Bewegung, den Künstler wieder zu gewinnen, und suchte vor Allem das Unrecht des Schatzmeisters wieder gut zu machen. Unter ehrenvollen Bedingungen kehrt GUIDO nach Rom zurück, und nun beginnt der vornehme Theil seines Lebens. Kardinäle und Fürsten begrüssten ihn. Wagen wurden ihm bis Ponte molle entgegengeschickt, der Papst empfing ihn äusserst huldvoll; man wurde an die Versöhnung Papst Julius' II. und MICHELANGELO's erinnert. Das Verhältniss beider hat in der That etwas Aehnliches. Paul V. blieb dem Künstler immer gütig gesinnt; selbst als dieser zu wiederholten Malen meist aus verletztem Künstlerstolz Rom verlassen, entschuldigte ihn der Papst. Malern und Dichtern, sagte er, sei Alles gestattet. An keiner Art von Ehrenbezeugung fehlte es ihm. Kardinal Sacchetti hielt ihm einmal, als er ihn beim Rasiren fand, das Seifbecken und dachte dabei selbst an Karl V., der TIZIAN den Pinsel aufhob. Jetzt möchte man vielleicht dabei denken, dass das 17. Jahrhundert eine Parodie auf das 16. gewesen sei. Kein Wunder übrigens, wenn GUIDO verwöhnt wurde und sich leicht verletzt fühlte. Es mag schwer gewesen sein, ihm in Allem genug zu thun. Daher finden wir denn auch, dass er sich selbst mit seinen Lieblingsschülern leicht entzweit, die, wie SEMENTI und GESSI — wohl nicht ohne Schuld von beiden Seiten — seine erklärten Gegner werden. Daher die merkwürdige Erscheinung, dass er oft mit den Auftraggebern in Streit liegt. während z. B. ALBANI, der mit allen Künstlern haderte, mit den Auftraggebern selten Misshelligkeiten gehabt hat. Aeusserlich übrigens behandelte er auch die Geldgeschäfte höchst vornehm, d. h. er liess Alles durch Unterhändler besorgen, indem es ihm selbst unanständig erschien, von Geld und Geldangelegenheiten zu sprechen. Nicht immer scheint er dabei wirklich anständig verfahren zu sein. Vornehm und ehrenhaft waren schon damals zwei sehr verschiedene Begriffe. Da haben wir denn für unsern Künstler keinen andern Entschuldigungsgrund, als den — freilich sehr mächtigen — der Leidenschaft. Wir nannten ihn den Künstler der Noblesse; nun, er hatte auch eine der noblen Passionen. Je mehr er den Frauen und der Liebe abgeneigt war — er soll einmal ausser sich gewesen sein, als durch einen Zufall ein Frauenhemde unter seine Leibwäsche gekommen war — um so mehr war er dem Spiel ergeben. Und zwar spielte er nicht des Gewinnes wegen, sondern rein aus Liebe zu der Aufregung, die den eigentlichen Reiz jener dämonischen Leidenschaft ausmacht. Er spielte immer unglücklich; nur einmal gewann er in einer Nacht 4000 Dublonen, aber er hatte keine Freude daran; es sei ihm unheimlich zu Muthe gewesen, sagte er zu Freunden später — auch sei er faul und lässig zur Arbeit geworden. Er hatte nicht eher Ruhe, als bis er die 4000 Dublonen und alle Ersparnisse obenein wieder verloren hatte. Zu den Freunden, die ihn warnten, lobte er das Spiel als eine anständige und ehrenhafte Unterhaltung; wenn Fremde unberufen auf seine Leidenschaft hindeuteten, erwiderte er kurz, er pflege nur sein eigenes Geld zu verspielen. Das Spiel war ihm ein steter Sporn zur Arbeit. Oft verlor er grosse Summen, die er augenblicklich gar nicht einmal im Vermögen hatte, auf Ehrenwort. Dann ging er wohl am folgenden Morgen ganz früh nach dem Ospedale della morte, wo viele Künstler ihre Ateliers hatten, und arbeitete unter lautem Singen rastlos an einem begonnenen Werke, mehr von der schlechten Laune getrieben als vom Genius. Dass GUIDO auch die grössten Verluste mit Anstand und Würde sowie ohne alle äusserliche Erregung ertrug, mag ihm aus dem Gesichtspunkte der Gesellschaft innerhin zur Ehre gereichen; wenn er dadurch nur nicht zu einer Verleugnung des Anstandes und der Ehrenhaftigkeit in Geschäften getrieben worden wäre, wie sie ihm sonst wohl eigen waren. Zu welchen Verirrungen er aber in dieser Beziehung getrieben werden konnte und wirklich getrieben worden ist, ergiebt sich aus der nachfolgenden Schilderung seines Verhaltens gegenüber der Seidenzunft von Bologna (Nr. 20).

Für das vollständige Bild dieses für die Kunstgeschichte ungemein bedeutenden Charakters sind uns mehr Züge, als für irgend einen anderen Künstler erhalten. Wer hoch steht, wird viel gesehen; und man kann in der That sagen, dass er auf der Höhe des damaligen italienischen Kunst- und Geisteslebens gestanden. Er besass die natürlichen Erfordernisse eines vornehmen Mannes in vollem Maasse: grosse und schöne Figur, edle Züge, schöne Farben, bis auf die langen und schmalen Hände. Anderes ging über diese Erfordernisse weit hinaus, Geschmack in der Kleidung, Mässigkeit im Leben, Reinheit der Sitten. Selbst den höchsten Personen gegenüber bewahrte er seine Würde; gerade gegen sie beobachtete er eine weise Zurückhaltung. Einladungen nahm er nur selten an. Es ist sehr bezeichnend, dass der Kardinal Sacchetti sich rühmte, ihn einmal bei sich zu Tisch gehabt zu haben. Eine gewisse Scheu vor persönlichen Ehrenbezeugungen hat ihn nie verlassen; seine literarischen Freunde Rinaldi, Marini, Preti u. a. bat er, ihn mit Lobgedichten, die damals an der Tagesordnung waren, zu verschonen. Als einmal (im Jahre 1632) ein Buch erschienen war: „Lodi al Signor Guido Reni", kaufte er die ganze Auflage, liess einen neuen Titel drucken: „Lodi a carte pitture del Signor Guido Reni" und schenkte das Ganze dem Buchhändler zurück. An dem Lobe seiner Kunst erfreute er sich, für sich selbst verlangte er kein Lob. Er ging am liebsten am späten Abend aus, um nicht so viel gegrüsst zu werden. Er war, wie namentlich aus den Aeusserungen seines früheren Freundes, dann leidenschaftlichen Gegners ALBANI hervorgeht, ein Mann des Volkes, das ihn liebte und stolz auf ihn war.

Was uns von seinen Urtheilen über gleichzeitige Künstler überliefert ist, zeigt eine sehr richtige und leidenschaftslose Beobachtung. GUERCINO preist er als grossen Koloristen, aber ein RAFFAEL sei er doch nicht; CARAVAGGIO ist ihm zu natürlich; ARPINO zu kühn. ALBANI sei gar kein Maler, sondern ein vornehmer Mann, der seinen anmuthigen Gedänkchen und schönen Geschichtchen zum Scherz und zur Unterhaltung nachhänge. Von den Meistern der Vergangenheit hielt er am höchsten RAFFAEL und PAUL VERONESE; von den Zeitgenossen DOMENICHINO und PETER PAUL RUBENS. Sehr bezeichnend ist das, was er über sein eigenes Wesen und seine eigene künstlerische Natur sagt. Er ärgert sich, wenn man von ihm behauptet, seine Vortrefflichkeit beruhe auf natürlicher Begabung. ALBANI sagte in der That von ihm, sein einziges Verdienst sei sein „bel carattere" und die angeborene Begabung. „Che carattere proprio!" rief er dann wohl in ächt italienischer Weise aus. „Was natürliche Anlage, was angeborenes Talent! Mit Mühe und Arbeit habe ich mein Wissen und Können erworben. Das kommt Niemandem im Schlafe. Jene vollkommenen Ideale sind mir nicht im Traum und in der Verzückung offenbart worden — in den antiken Statuen liegen sie, die ich länger als acht Jahre nach allen Seiten hin studirt habe, um ihre wunderbare Harmonie mir anzueignen. Denn diese allein that Wunder. Ich habe mehr als alle Anderen studirt und mir in meiner Jugend oft Schläge wegen allzu grossen Fleisses zugezogen." Er wollte von Talent nichts wissen, Alles hätte er erarbeitet.

20

GUIDO RENIS KONTRAKT MIT DEN VORSTEHERN DER SEIDEN-
ZUNFT IN BOLOGNA.

Bologna, 21. April 1622.

Der ehrenwerthe Herr Guido, Sohn des verstorbenen H. Daniel Reni, Bürger und Maler zu Bologna, verspricht aus freien Stücken und ohne allen Irrthum von seiner Seite den Vorstehern der Seidenzunft sowie den Vorstehern der Kapelle dieser Zunft in der Mendikantenkirche und verpflichtet sich, für den Altar dieser Kapelle ein Bild zu malen. Das Bild soll die Glückseligkeit des Hiob darstellen, und es sollen sich darauf mehr als 25 Figuren befinden, von denen zehn von etwas mehr als Lebensgrösse ganz zu sehen sind, nebst Architekturen und Aussichten, wie sie der Gegenstand erfordert, und zwar für den Preis von 3000 Bol. Liren, wovon der Herr Guido schon 1000 in guten Gold- und Silbermünzen empfangen. Von dem Rest verpflichten sich die Vorsteher 500 Lire anzuzahlen, wenn das Bild skizzirt, und 1500 Lire, wenn dasselbe vollendet ist; auch tragen dieselben die Kosten für Rahmen, Leinewand und Ultramarin. Der Herr Guido verpflichtet sich dagegen, das Bild in 15 Monaten zu vollenden, und sind alle diese Bedingungen von beiden Seiten auf das heilige Evangelium beschworen worden.

Wir haben diesen Vertrag (M. A. Gualandi *Memorie* I. p. 118—121) mit Hinweglassung der einzelnen Namen und gerichtlichen Formeln hier aufgenommen, weil der weitere Verlauf dieser Angelegenheit manchen wichtigen Einblick in das Kunstleben und Treiben der damaligen Zeit gewährt. Nachdem die Zunft auf das in 15 Monaten zu vollendende Bild 11 Jahre gewartet, wenden sich die Vorsteher sehr bescheiden an den Maler und bitten ihn, die Vollendung etwas zu beeilen. Guido sagt ihnen, er behandele sie nicht anders, als die Fürsten und Herren, die ihm Aufträge gegeben. Wenn sie das Geld zurück haben wollten, so wäre er dazu sehr gern bereit, wollte ihnen auch das Bild, so weit es bis jetzt gediehen, schenken, zum Danke für das Geld, das er lange in Händen gehabt. Am 28. Februar 1633 werden die 1500 Lire auch zurück bezahlt, das Bild aber nicht ausgeliefert. Nun beschliesst die Zunft, das Bild an Domenichino zu vergeben, der sich aber in Neapel befindet und so viel beschäftigt ist, dass er viele Caparren, Anzahlungen, zurückgegeben hat. Nachdem man nun den Beschluss gefasst, das Bild von Guercino da Cento malen zu lassen, wird den Vorstehern von einem Freunde Reni's der Antrag gemacht, die Unterhandlungen mit diesem wieder anzuknüpfen. Guido fordert 1000 Ducatoni = 5000 Lire für die Vollendung des Bildes, und die Vorsteher gehen auf diese Erhöhung des Preises ein, um den späteren Zunftgenossen zu zeigen, was sie gethan, um das Werk von Guido zu erlangen, „den man den Maler des Paradieses nennen könne". Man bittet Gott und den heiligen Patron Hiob, dass das Werk nun glücklich zu Ende komme. Nach langem Zögern und mancherlei Zwischenfällen gehen die Vorsteher wieder zu Guido (31. August 1634) und bitten ihn um die „Ehre und Gunst", das Bild zu vollenden. Guido ist „sehr gnädig", dankt für die ihm gemachten Anerbietungen von Geld, dessen er aber augenblicklich nicht bedürfe. Die Herren von der Zunft gehen mit grosser Genugthuung und

Befriedigung von ihm. Am 4. September 1634 wird Jemand beauftragt, ihm 2000 Lire auszuzahlen. Nach einer neuen Mahnung (Oktober) werden im Dezember 500 Scudi zur Auszahlung angewiesen, womit aber der Künstler noch nicht zufrieden ist. Er meint, früher habe er keine Preise gestellt, sondern die Bilder verschenkt. Da er aber oft „poca discretione" gefunden, d. h. keine genügende Gegengeschenke empfangen, wolle er in Zukunft die Preise selbst machen. Auf ihrem Bilde seien neun Figuren in Lebensgrösse; jede rechne er zu 200 Ducatoni; das mache 1800 Ducatoni: für die übrigen Figuren müsse er eigentlich noch 200 Ducatoni hinzurechnen; diese wolle er ihnen aber schenken und sich mit 1800 Ducatoni zufrieden stellen. 1800 Ducatoni zu 5 Lire gerechnet ergeben die Summe von 9000 Lire, die bei dreimal geringerer Figurenzahl, als ursprünglich ausgemacht war, den zuerst festgesetzten Preis um das Dreifache überstieg. Da meinen denn die Deputirten aber doch, sie müssten mit den Fabbriccieri (den Vorstehern der Kapelle) erst darüber berathen und das Vermögen der Zunft berechnen. In dieser Berathung beschliesst man, ihm 6000 Lire zu geben, aber nicht mehr. Der Unterhändler GUIDO's, Jacobs, ein in Bologna ansässiger Silberschmied aus Flandern, bringt die Nachricht zurück, GUIDO wolle nicht unter 1500 Ducatoni arbeiten. Die Trefflichen sind betrübt, halten es aber nicht mit ihrer Pflicht vereinbar, ein solches Geld auszugeben. Am 30. März 1635 endlich bringt Jacobs die Nachricht, jetzt hätte GUIDO, der wahrscheinlich in der Nacht zuvor wieder im Spiel stark verloren hatte, Lust, „genio", zum Arbeiten. Er mache sich anheischig, die Tafel in drei Monaten zu vollenden, müsse aber 1000 Ducatoni auf der Stelle bekommen. Den Rest von 500 Ducatoni könne man ihm bei Vollendung des Bildes auszahlen. Nun findet eine grosse Berathung (16. April) statt; man bespricht die Sache von allen Seiten; es müssten erst Schulden gemacht werden; die Steigerung des Preises sei zu gross u. s. f. Von der anderen Seite wird die fromme Pflicht hervorgehoben, Gott mit Bildern zu ehren; man wolle das Opfer bringen, das Geld aber könne nach allen gemachten Erfahrungen erst nach Vollendung des Bildes gezahlt werden. Dies wird GUIDO, immer durch Unterhändler, mitgetheilt, und er demüthig gebeten, das Bild zu vollenden. Am 30. April kommt der Bescheid von ihm, wenn sie die 1000 Ducatoni nicht gleich bezahlen, wolle er das Bild gar nicht machen. Er hätte die Vollendung in drei Monaten nur versprochen, um die 1000 Ducatoni gleich vorweg zu bekommen! Darauf aber werden die Vorsteher der Zunft denn doch böse, man wisse ja gar nicht mehr, woran man mit ihm wäre, weder über die Tafel noch über das Geld sei man Herr; er hätte niemals Wort gehalten, sie dagegen hätten es niemals an Artigkeit, Vertrauen, Achtung und Freigebigkeit fehlen lassen. Die braven Meister durften das mit Recht von sich sagen. Auch ändert GUIDO bald seine Sprache. Am 23. Mai 1635 erklärt er sich bereit, die 1500 Ducatoni erst nach der Vollendung des Bildes zu nehmen. Er wolle sich dann die 1000 Ducatoni jetzt borgen, die Zinsen dafür müssten sie ihm dann aber später ersetzen! — Die Vorsteher lassen sich von Neuem auf Unterhandlungen ein: man beschliesst, das nöthige Geld zu borgen, weigert sich aber doch, auf das Verlangen GUIDO's einzugehen, einen von ihm ausgestellten Wechsel auf 1000 Ducatoni mit zu unterschreiben! Die Vollendung des Bildes lässt noch ein Jahr auf sich warten. Am 7. Mai 1636 wird es nach S. Marta gebracht, um gefirnisst und retouchirt zu werden: am 10. Mai nach der Mendikantenkirche, wo es bis zum 17. August öffentlich ausgestellt und dann auf den Altar gebracht wird. — Die Vorsteher benehmen sich bis zum Schluss der Angelegenheit sehr anständig; ohne dazu verpflichtet zu sein, bezahlen sie dem Vermittler Sampieri 174 Lire als Zinsen für das Darlehn an Guido und bedanken sich noch überdies bei ihm. Das Verlangen aber, Guido selbst noch ein Extrageschenk von 100 Ducatoni zu machen, scheint ihnen denn doch etwas zu stark, und sie weigern sich dessen — trotz wiederholter Forderung — mit Bestimmtheit. Die erste Verpflichtung Guido's sei dahin gegangen, eine Tafel mit 25 Figuren zu malen; auf der jetzigen befänden sich nur 18 Figuren, worunter nur sechs ganze und zwei Kinder; von acht anderen sehe man nur die Hälfte u. s. w. Der erste Preis sei 3000 Lire gewesen, der jetzige 7500! Dennoch wiederholt Sampieri seine Bitte am 25. Januar 1637 „con modo gagliardo“. Die Zunft aber beharrte unter Anführung neuer Gründe bei ihrer Weigerung, und aus den Verhandlungen geht hervor, dass man der höchst ungerechten Forderung nicht nachgegeben hat. — Die Verhandlungen befinden sich in dem Archiv der Zunft und sind von Gualandi (Memorie 129—140) vollständig abgedruckt. Was das Bild selbst anbelangt, so stellte dies Hiob auf einem Throne dar, nach Ueberwindung aller Trübsal, von seiner Familie umgeben. Dasselbe scheint nicht einmal durch innere Vortrefflichkeit die Opfer der Zunft belohnt zu haben. Selbst Malvasia gesteht ein, dass es mit zu Guido's schwächsten Werken gehöre; er nennt es flach, ohne Charakter, affektirt in der Bewegung. — Es ist von den Franzosen entführt und nicht wieder zurückerstattet worden. In der Sammlung des Louvre, die sehr reich an Werken Guido's ist, befindet es sich nicht.

21.

GUIDO RENI AN FERRANTE TROTTO.

Bologna, 11. Juli 1639.

Der Tod meines theuren Freundes M. Carlo Bononi, den Gott unter seine Seligen aufnehmen möge, ist mir schon nach Rom gemeldet worden, und habe ich darüber den Schmerz empfunden, den man bei dem Hinscheiden eines treuen Freundes und eines solchen Freundes empfinden muss, wie er war. Ich habe damals schon gesagt, dass mit dem Verluste dieses Mannes, den ich seit vielen Jahren zum Freunde gehabt, Ferrara viel verloren hätte. Nun wünscht Ew. berühmte Herrlichkeit, dass ich diesen Verlust ersetzen möchte, indem ich das von ihm begonnene Bild der Auferstehung Christi zur Vollendung brächte. Ich würde in Wahrheit vermessen sein, wenn ich dies unternehmen wollte, und Sie können glauben, dass dies keine leere Rederei ist. Ich habe Messer Carlo schon früher als Sie gekannt; er verband mit einem äusserst guten und ehrenvollen Lebenswandel eine grosse Kenntniss in der Zeichnung und in der Kraft des Kolorits. Eigenschaften, die ich nicht befolgen wollte, sowohl weil es schwer ist, darin etwas Gutes zu leisten, als auch, weil jene Manier nicht Allen, auch weniger in der Kunst Erfahrenen gefällt und damit weniger zu verdienen ist. In seinen Arbeiten war er gross und vortrefflich, wie ich ihn schon in seiner frühen Jugend nach einem Votivbilde bezeugen musste, worauf eine dem Antlitz nach schon sehr alte Frau dargestellt war. Und obschon das Bild des Heilandes hier wegen der zu scharfen Grundirung, vielleicht mit Mineralerde, sehr verloren hat, so kann doch nach demjenigen, was davon noch erhalten ist, obschon in den Mitteltönen Einiges verdorben ist, ein Sachverständiger wohl behaupten, dass der Maler kein gewöhnlicher gewesen sei.

Dies Alles nun bewegt mich zu dem Entschlusse, diese Arbeit nach einem so schönen Anfange nicht zu unternehmen, indem die Erinnerung daran dem Besitzer des Bildes immer bleiben wird, selbst wenn ich auch etwas Paradiesisches machen sollte. Mehr als alles Andere aber wird der Umstand Ew. Herrlichkeit meine Weigerung gerechtfertigt erscheinen lassen, dass ich nicht mehr so viel Aufträge mit einem Male annehme, als mir gemacht werden. Auch fange ich an, an meinen eigenen Sachen immer weniger Gefallen zu finden, sei es, weil mein Alter mir beschwerlich zu werden beginnt, oder sei es wegen der grossen Anstrengungen von so vielen Arbeiten und Reisen. Ich fühle keine rechte Kraft mehr und werde viel oder zu viel thun, wenn ich das Begonnene, fast möchte ich sagen mit Unlust, zu Ende bringe. So also sieht Ew. Herrlichkeit, dass es mir nicht möglich ist, Ihnen zu Diensten zu sein, und dass dies weder mir noch Ihnen zu Ehren gereichen würde. Daher ist es denn besser, Ew. Herrlichkeit nehmen an, mir diesen Auftrag gar nicht gegeben zu haben, als dass Sie mir denselben geben, ohne einen Erfolg davon zu haben. Denn dies könnte sehr leicht geschehen, namentlich da ich nicht glaube, dieses Jahr zu überleben. Es wird ja kein Mangel an Solchen sein, die Ew. Herrlichkeit pünktlich zu Diensten sind, und wenn ich Messer Carlo Bononi ersetzen soll, so können Sie mich ja durch jenen Genga ersetzen, der ein so guter Schüler des Messer Carlo sein soll. Und indem ich Ihnen die Hand küsse, verbleibe ich mit Achtung und Verehrung Ihr sehr verbundener und ergebenster Diener.

Gaye Carteggio III. 515. CARLO BONONI war ein tüchtiger Künstler der ferraresischen Schule, der wie in seinem Studiengange (in Parma und Venedig), so auch in seinen Werken eine grosse Aehnlichkeit mit LODOVICO CARACCI zeigte, und den man deshalb auch wohl den Caracci von Ferrara zu nennen pflegte. Der am Schluss des Briefes vorkommende Künstlername ist wohl nur irrthümlich „Genga" geschrieben, indem nur ein Künstler dieses Namens bekannt, dieser aber schon um die Mitte des 16. Jahrhunderts gestorben ist. Es scheint vielmehr „Chenda" zu lesen zu sein, welches der kunstgeschichtliche Beiname eines Schülers von BONONI, ALFONSO RIVEROLO, ist. Dieser hat auch in der That das oben erwähnte Bild seines Meisters, eine Vermählung der heiligen Jungfrau in S. Maria in Vado, vollendet, und zwar in einer des Meisters durchaus würdigen Weise.

22.

GUIDO RENI AN FERDINAND II., GROSSHERZOG VON TOSKANA.

Bologna, 30. Juni 1642.

Gnädigster Herr und verehrungswürdiger Gönner! Es war nicht weniger eine Folge der unbegränzten Huld Ew. Hoheit, dass Sie das von mir gemalte Bild angenommen, als dass Sie mich mit einem so reichlichen Geschenk beehrt haben; ich gestehe, Ihnen auf ewig dafür verpflichtet zu sein, und während ich den grösstmöglichsten Dank dafür sage, unterlasse ich nicht, Ew. Hoheit ehrerbietigst zu bitten, Ew. Hoheit möge auch späterhin fortfahren, mich mit Ihren Aufträgen zu beehren, damit ich in Stand gesetzt werde, Ihnen durch die That meine pflichtschuldige Verehrung bezeugen zu können, womit ich Ew. Hoheit meine ergebenste Empfehlung mache.

Der bei Gaye Carteggio III. 546 abgedruckte Brief befindet sich unter den Manuskripten der Gallerie der Uffizien zu Florenz und scheint somit auf eines der dort befindlichen Bilder Guido Reni's Bezug zu haben. Es sind dies eine heilige Familie mit dem kleinen Johannes, und eine heilige Jungfrau, in halber Figur, nachsinnend. *(Galérie impériale et royale de Florence.* 1844, p. 208 u. 232.) Dass Guido dem Kardinal — Fürsten Leopold von Toskana, dem Bruder Ferdinands — eine Kleopatra zum Geschenk gemacht habe, erwähnt Malvasia II. 61. Der in dem Briefe ausgesprochene Wunsch, der Grossherzog möge ihn auch später noch mit Aufträgen beehren, ging dem Künstler nicht in Erfüllung. Schon aus dem vorhergehenden Briefe geht hervor, dass sich derselbe matt und schwach gefühlt habe und dass er kaum noch ein Jahr zu leben zu haben glaubte. Wenige Wochen, nachdem er den Brief an den Grossherzog geschrieben, ward er krank (6. August 1642), nachdem er schon öfters geäussert, er habe genug gelebt, er wolle Anderen Platz machen, die, so lange er lebe, niedrig bleiben müssten. Da er allein lebte, bemühten sich Aerzte und vornehme Herren um ihn; Jeder wollte ihn in seinem Hause pflegen dürfen. Er liess sich zu seinem Freunde, dem Kaufmann Ferri, tragen. Man sang ihm schöne Lieder vor, in den Kirchen wurde für ihn gebetet, endlich nahm er das heilige Abendmahl, und nachdem er noch sein Testament gemacht und seinem Freunde für die viele Sorge und Mühe, die er ihm gemacht, gedankt hatte, starb er am 18. August 1642 im Alter von 67 Jahren. In Kapuzinerkleidern wurde sein Leichnam nach S. Domenico gebracht und die Exequien mit grösster Theilnahme aller Stände gefeiert. Kein Künstler war in Bologna so hoch geehrt und zugleich so populär gewesen, als Guido. Man fühlte, dass der grösste Meister der Schule dahingegangen war. Vergl. über Guido Reni auch Janitschek Die Malerschule von Bologna in Dohme's Kunst und Künstler Nr. 75—77.

FRANCESCO ALBANI.

Francesco Albani (1578 — 1660), „der Maler der Zierlichkeit", wie Kugler ihn nennt, war der Sohn eines reichen Seidenhändlers zu Bologna. Schon früh kamen alle Umstände zusammen, um ihm jene Richtung auf Anmuth und Zierlichkeit zu geben, die sich in fast allen seinen Werken so deutlich ausspricht. Seine Neigung zur Kunst trat bereits in der Schule hervor, wo er lieber Bambocciaden malte, als lernte. Der Vater wollte indess nicht, dass der Knabe die Malerei zu seinem Berufe machte, den ihm einige arme Teufel von Malern, von denen er sich ein Landhaus ausmalen liess, als zu untergeordnet schilderten. In seinem zwölften Jahre verlor FRANCESCO den Vater und wendete sich sogleich von der Arithmetik seiner Lieblingsbeschäftigung wieder zu. Er ging zu CALVART in die Lehre, fand dort einen früheren Schulgenossen, GUIDO RENI, als schon ziemlich weit vorgeschrittenen Schüler wieder und schloss mit ihm ein enges Freundschaftsbündniss, das so lange dauerte, als ihr beiderseitiger geringer Ruhm ihnen noch keinen Anlass zur Eifersucht gab. Später kannte er keinen ärgeren Feind als GUIDO RENI. Zunächst aber folgte er ihm nach Rom, zumal da ihm die Heftigkeit und Strenge seines Lehrers sehr missfiel; er betreibe die Kunst nur als Liebhaberei, sagte er ihm, und wolle sich dadurch in seinem angenehmen Leben — auf einem Landsitz bei Meldola — nicht stören lassen. In Rom, wo er anfänglich mit GUIDO zusammenwohnte, — Nachts spielten sie Karten; erzählt PASSERI, — verheirathete er sich mit einem sehr reichen Mädchen, die ihm sehr bald durch den Tod entrissen ward und ihm eine Tochter sowie die reiche Mitgift hinterliess. Nun gedachte er in einem seiner beiden ererbten Häuser in Rom als Junggeselle zu leben, als ihm die Ermahnungen des älteren Bruders zu einer Aenderung seines Entschlusses bewogten. Dieser nämlich verlangte, er solle nach Bologna zurückkehren, sich dort verheirathen und ein sorgenfreies Dasein auf den vom Vater ererbten Gütern führen. Er brauche nur zu malen, alle Geldgeschäfte solle er ihm — der Bruder war Jurist — überlassen. FRANCESCO weigerte sich lange; namentlich zum Heirathen hatte er gar keine Lust, endlich aber kehrt er zurück und heirathet Doralice Fioravanti, die zwar nur 10,000 Lire Mitgift und ausserdem 2000 Scudi in Besitzthümern hat, — seine erste Frau hatte ihm doppelt so viel zugebracht — die aber schön und geistreich war. Und in der That war diese Frau ein grosser Gewinn für den Künstler; konnte er doch für alle seine Galateen, Aphroditen, Najaden und Dryaden kein besseres Modell bekommen! Ueberdies liess sie es ihm nie an den reizend-sten Amoretten fehlen, denn sie gebar ihm in rascher Folge eilf schöne Kinder, die sie sehr früh schon zu den lieblichsten und schwierigsten Stellungen anzuleiten wusste, um dem Vater als Modell zu dienen, wobei sie aber auch deren Erziehung und das Hauswesen selbst besorgte. So lebte er bald auf dem einen seiner Landsitze, Meldola, bald auf dem anderen, Querzuola, bald in der Stadt, wo er sich ebenfalls Gärten miethete, indem ihm der Aufenthalt in der freien und schönen Natur zum Bedürfniss geworden war. In seiner Familie selbst war ihm fortwährend der Anblick schöner Gestalten geboten, deren Reproduktion denn in der That auch der hauptsächlichste Gegenstand seiner künstlerischen Thätigkeit war. Denn mit den anderen Theilen der Bilder gab er sich keine Mühe; diese liess er von seinen Schülern malen, denen er übrigens ein liebevoller Freund war. BIBIENA (GIOVANNI MARIA GALLI) nannte er seinen Wassermeister, er hatte Fluss und Bach und Meer zu malen; PIANORO war sein Architekt, er hatte die Baulichkeiten zu malen; zwei FILIPPI, MENZANI und VERALLI waren seine Gärtner und Bauern, sie besorgten die Vordergründe, Bäume, überhaupt die ganze Landschaft; mitunter schenkte er ihnen dann wohl ein Goldstück dafür. Dabei liebte er die Genüsse des Lebens; obschon mässig und nüchtern, hielt er auf einen guten Tisch und gute Weine. Wir wissen, dass ihm sein Schüler und Freund BONINI aus Venedig, wo sich derselbe aufhielt, mit Muscheln, Austern und Seefischen versorgte, die er be-

sonders gern ass. Auch dem Spiel war er nicht abgeneigt. Dazu gesellten sich
geistige Genüsse, die ausser den Unterhaltungen mit den Freunden, die stets
gute Aufnahme bei ihm fanden, hauptsächlich in der Lektüre seiner Lieblings-
dichter bestanden; Ovid und Vergil las er in den Uebersetzungen von Caro und
Anguillara; oft bedauerte er es, sie nicht in der Ursprache lesen zu können;
von den Neueren liebte er Ariost und Tasso, letzteren weniger wegen des
ernsteren Gegenstandes, als wegen der idyllischen Parthien. Die Episoden von
der Erminia und der Armida wurde er nicht satt zu lesen und sich vorlesen zu
lassen. Man sieht, wie diese ganze Lebensweise mit dem Geist seiner Werke
in Einklang steht; und man kann es kaum begreifen, dass er in solchen Verhältnissen sich nicht wohl und glücklich fühlte. Und dennoch war er es nicht.
Er hatte stets zu klagen, mehr in Folge seines unzufriedenen Charakters, als
auf Grund wirklicher Unglücksfälle. Diese blieben ihm bis zum Ende seines
Lebens fern. Es lag etwas Unstätes und Schwankendes in seinem Wesen; es
fehlte seinem Charakter der feste Halt, wie er seiner Rede fehlte. Er sprach,
wie Malvasia sagt, in ungeordneter Weise und sprang von einem Gegenstande
zum andern. Später kommt dazu eine unausstehliche Breite und Weitschweifig-
keit. Alles verletzte ihn, mit Allen war er unzufrieden, zu Jedem klagte er.
Bald über die Last der Familie — dem Bruder hat er es nie vergeben, dass
er ihn zum Heirathen veranlasst, — bald über zu geringe Ehre, die ihm, bald
über zu grosse, die anderen Künstlern erwiesen wurde. Die Künstlereifersucht
zeigt sich bei ihm im höchsten Grade. Wenn er auf derartige Gespräche gebracht wird, steigert sich seine Heftigkeit oft bis zur Wuth. Dabei liess er
selbst keinen einzigen Künstler unberührt von scharfem Spotte, jedem hatte er
einen Spitznamen angehängt, nur Domenichino's erwähnte er immer mit Liebe.
Vor Allem aber war ihm seines früheren Freundes Guido Ruhm ein Dorn im
Auge. Er zürnte auf die Schriftsteller, die ihn priesen; Bologna nennt er eine
„Viehstadt" wegen der Ehre, die sie seinem Nebenbuhler angedeihen lässt.
Seine Abneigung steigert sich bis zu dem lächerlichen Extrem, dass er einmal
eine gewisse Art Käse — von Piacenza — um die er soeben gehandelt hatte,
nicht kauft, weil er hört, Guido Reni nehme auch davon. Die jüngeren
Künstler verachtet er ganz und gar. So hatte er stets Stoff zur Unzufriedenheit,
nicht einmal fürstliche Personen verschonte er mit seinen Klageliedern. Gegen
das Ende seines Lebens betraf ihn ein wirkliches Missgeschick; sein Bruder, der
das gemeinschaftliche Vermögen verwaltete, starb und hinterliess eine Schulden-
masse von 67—70,000 Liren. Das schöne Meldola muss nun verkauft werden.
Doch scheint sich die Angelegenheit ohne grosse Opfer von seiner Seite geordnet
zu haben; wenigstens brauchte er seine gewohnte glänzende Lebensweise nicht
zu ändern. Als er zu Bonini, seinem Lieblingsschüler und treuen „Achates",
wie er ihn nannte, an den er über hundert Briefe gerichtet, den Wunsch ausspricht, nach Venedig zu gehen (6. Januar 1654. Malvasia II. 272), ist er
ausser einer Sänfte hauptsächlich um seinen Wein besorgt; jedoch gedachte er
sich davon nach Venedig nachschicken zu lassen. Bis in die letzte Zeit seines
Lebens war er rastlos thätig; nur ärgerte er sich, dass er weniger Bestellungen
hätte als sonst. Er schrieb es dem Verfalle des Kunstgeschmackes zu. Ohne
vorausgegangene Krankheit starb er den 1. Oktober 1660 in hohem und glück-
lichem Alter. Bei seiner Gemüthsart ist es nicht zu verwundern, dass auch
gegen ihn viel Schlimmes von seinen Gegnern, namentlich von den Anhängern
Guido's, gesagt worden ist. Einen guten Theil der oben angedeuteten Schwächen
haben namentlich diese ihm vorgeworfen. Malvasia, der mit ihm befreundet
war, kann ihn nicht vor allen Vorwürfen in Schutz nehmen. Doch ist Vieles

in seinem Wesen auch Lobes werth. Er war offen und ehrlich und sprach aus, was er dachte. Seine eheliche Treue wird besonders gerühmt. Ueberhaupt können ihm Laster gar nicht vorgeworfen werden. In den Preisen seiner Bilder war er mässig und bescheiden; seinen Schülern war er stets freundlich und liebevoll gesinnt. Merkwürdig genug ist er, der Lebemann unter den Künstlern, einer von den wenigen, von denen eine besondere Frömmigkeit hervorgehoben wird: *„fù tutto religioso e pio"*, wie Malvasia sagt, und als er sein Ende herannahen fühlte, war seine einzige Sorge, seinem Beichtvater, der damals in Rom war, nicht mehr die letzte Beichte ablegen zu können. Von seinen Briefen hätte eine grosse Zahl mitgetheilt werden können; wer die Originale kennt, wird uns indess Dank wissen, dass wir uns auf wenige beschränkt haben. — Ueber ALBANI vergl. ausser Janitschek a. a. O. auch J. Meyer im Allg. Künstlerlexikon I. S. 171 ff.

23.

FRANCESCO ALBANI AN ORAZIO ZAMBONI.

Meldola, 29. Juli 1637.

Ich erinnere mich, dass neulich beim Vorlesen meiner hastig geschriebenen und ungeordneten Notizen einige meiner Bemerkungen über die Eigenschaften des Michelangelo Buonarroti falsch verstanden worden sind. Ich schrieb demselben — und das thue ich auch wirklich — den ersten Rang zu, indem er in der Grossartigkeit der Formen der Grösste gewesen ist unter den Neueren; denn weder Giovanni Bellini, Andrea Mantegna, Pietro Perugino und Francia, noch auch später Leonardo da Vinci und Palma vecchio haben ihn darin erreicht; doch scheint mir Letzterer der Grösse des heroischen Styles am nächsten gekommen zu sein. So war es auch mit Torquato Tasso; nicht sowohl was die Erfindungen anbelangt, sondern wegen der Grossartigkeit des heroischen Styles, welche vor Tasso, z. B. von Ariosto und andern Dichtern der Zeit, auch nicht erreicht worden ist. Hätte Michelangelo diesen Styl nicht erfunden, so wäre er nicht würdig gewesen, unter die Vier aufgenommen zu werden; in der Grösse übertraf er die Andern; in andern Dingen diese ihn: Tizian in der Anmuth und Weichheit; Correggio in der engelgleichen Reinheit; Raffael in den Erfindungen, in dem Ausdruck und in der Mannigfaltigkeit der Gedanken und Motive. Die Erfindung ist immer die Hauptsache, alle andern Theile der Malerei sind ihr untergeordnet. Und wenn die letzteren an und für sich auch noch so gut sind, so haben sie doch keinen Werth, wenn sie nicht mit einer schönen Erfindung, mit wohlersonnenen Motiven Hand in Hand gehen und alle Figuren zu einem bestimmten Zwecke mitwirken und nicht müssig dastehen . . . .

In den obigen Zeilen ist der gedrängte Auszug aus einem Briefe enthalten, den FRANCESCO ALBANI an seinen Freund, den Dr. Orazio Zamboni in Bologna, von seinem Landsitze in Meldola aus geschrieben hat. Es ist das einzige Mal, dass in dieser Sammlung ein Auszug statt wörtlicher Uebersetzung gegeben wird; eine Uebersetzung zu geben war indess nicht wohl räthlich, indem der Brief bei Malvasia II. 254—257 drei enggedruckte Quartseiten einnimmt und in einer breiten und geschwätzigen Schreibweise zum grossen Theil unwichtige Redereien über persönliche Angelegenheiten und Klatschgeschichten über GUIDO RENI enthält. Dagegen verdient derselbe doch eine gewisse Aufmerksamkeit, indem er auf ein Werk Bezug hat, welches ALBANI in Gemeinschaft mit Zamboni in Form eines „Trattato della pittura" herausgeben wollte, und welches hier als wiederholtes Zeichen jener schon öfter hervorgehobenen reflektirenden Richtung der damaligen Künstler Erwähnung verdient. Von diesem Werke, das übrigens nicht fertig geworden ist und dessen Hauptzweck gewesen zu sein scheint, ALBANI selbst als den ersten Maler erscheinen zu lassen, hat Malvasia einige handschriftlich vorhandene Bruchstücke in seiner Felsina pittrice abgedruckt. Es geht daraus hervor, dass Zamboni dieselben nach mündlichen Aeusserungen ALBANI's niedergeschrieben hat. Einige derselben sind nicht ohne kunstgeschichtliches Interesse. So die Aeusserungen über CARAVAGGIO, in dessen Manier der Anfang des Verfalles der Malerei gesehen wird (S. 244); der Tadel der Kniestücke, die damals mehr als früher, namentlich auch von GUIDO, gemalt wurden (245); die Kritik von RAFFAEL's heiliger Cäcilie, um welche die Heiligen ganz müssig umherständen, ohne irgend eine Verbindung mit der Hauptfigur zu haben, ein Fehler, der allerdings durch den besonderen Auftrag zu entschuldigen sei; die Ansicht, dass Malerei und Poesie Schwestern seien, und die Bemerkung, dass ihm kein Bild befriedige, wenn es nicht irgend ein neues und absonderliches Motiv zeige (qualche peregrino concetto); das ungemessene Lob PARMIGIANINO's, der ein „mostro di natura" genannt wird, von Gott gesendet, um die Menschen in Erstaunen zu versetzen; der Tadel VASARI's wegen seiner Parteilichkeit als Schriftsteller; Bemerkungen über RAFFAEL, der glücklich gepriesen wird wegen seines Umganges mit CASTIGLIONE und seiner klassischen Bildung, die der Quell aller poetischen Anschauung sei; Aeusserungen über TIZIAN, MICHELANGELO, LEONARDO und die CARACCI; das Lob seines eigenen Bildes, worin Herkules zwischen Tugend und Laster dargestellt ist, und welches eine an Motiven reiche „bellissima moralità" genannt wird; endlich der auf der ganzen Zeitansicht beruhende Ausspruch, dass Ariosto, wenn er gekannt hätte, was Tasso nach ihm gedichtet, auch anders und namentlich viel erhabener geschrieben haben würde! u. s. w. Doch las er den Ariost gern, man fand ihn oft in seinem Atelier „zerlesen" auf der Erde liegen; RAFFAEL, bei dessen Nennung er stets Hut oder Mütze abzunehmen pflegte, pries er wegen seines Reichthums an Erfindung und dies um so mehr, als er sich in dieser Partie der Kunst gleichsam als dessen einzigen Nachfolger betrachtete. Was übrigens jene Erfindung anbelangt, die er als das Haupterforderniss der Malerei betrachtet, so meint er damit weder die Verkörperung neuer, bedeutsamer Ideen, noch auch die Darstellung neuer und noch nicht behandelter Gegenstände — seine Bilder bewegen sich, abgesehen von 45 Altarbildern, die er gemalt, in einem sehr engen, ganz bestimmten Kreise von Gegenständen —, sondern vielmehr neue Wendungen derselben und den Reichthum und die Mannigfaltigkeit absonderlicher seltener Motive. So ist das stets wiederkehrende Wort „concetto" zu verstehen, welches nicht die Idee als solche, sondern einen „Einfall" bezeichnet. Er selbst äusserte einmal zu Zamboni, dass er ausser den grossen Altarbildern eine zahllose Menge mittelgrosser und kleiner Bilder gemalt habe — capriccii di favole —, und alle seien auf die Neuheit absonderlicher Gedanken gerichtet gewesen (tutte tendenti à novità di pensieri concettosi). — Die Freundschaft mit Orazio Zamboni scheint übrigens späterhin erkaltet zu sein. Albani hatte nämlich das Princip, keine Bilder zu verschenken, und Zamboni, der dem Künstler mancherlei Dienste geleistet, den Wunsch, etwas von ihm geschenkt zu bekommen. Und wie man wohl zu sagen pflegt, dass bei Geldfragen die Gemüthlichkeit aufhöre, so scheint es hier ähnlich mit der Freundschaft ergangen zu sein. Die Freunde kamen auseinander, und die Folge davon war, dass der *Trattato della pittura* unvollendet blieb.

24.

FRANCESCO ALBANI'S KONTRAKT MIT BONIFACIO GOZZADINI.

Bologna, 9. März 1639.

Ich Endesunterschriebener bekenne, von dem sehr erlauchten Herrn Bonifacio Gozzadini vierhundert und fünfzig Lire, sage 450 Lire als Angeld einer Tafel erhalten zu haben, die ich Sr. Herrlichkeit zu machen habe für dessen Altar in der Servitenkirche, worauf sich ein heiliger Andreas mit Engeln befinden wird, und zwar innerhalb zweier Jahre, von dem obigen Tage an gerechnet. Und als Preis dieser Tafel haben wir uns über die Summe von 200 Lombardischen Ducatoni geeinigt, welche 1000 Lire ausmachen, wobei sich der Herr Bonifacio verpflichtet, mir die Leinewand, den Rahmen und so viel Ultramarin-Azur zu liefern, als dazu gehört.

Dies bekunde ich Francesco Albani.

20. Dezember 1641.

Ich Endesunterschriebener habe von dem sehr erlauchten Herrn Bonifacio Gozzadini fünfhundert und fünfzig Lire erhalten, und zwar, um die oben geschriebenen 1000 Lire voll zu machen. Als Rest und vollständige Bezahlung der obbesagten Tafel bekenne ich 500 Lire erhalten zu haben.

Dies bekunde ich Francesco Albani.

M. A. Gualandi *Memorie* I. 19. Die Kapelle Gozzadini befindet sich in der Kirche S. Maria de' Servi. Bonifacio Gozzadini ist derselbe, welcher in S. Andrea della Valle zu Rom ein Denkmal zu Ehren des Kardinals Marc Antonio Gozzadini, eines Vetters Gregor's XV., errichten liess. Das Bild stellt den heiligen Andreas dar, welcher das von den Henkersknechten bereitete Kreuz anbetet; er kniet auf der Erde mit ausgebreiteten Armen. Darüber drei Engel in einer Glorie. Gualandi lobt dasselbe (a. a. O. 20, vergl. auch dessen *Tre giorni* in Bologna p. 73). Malvasia dagegen rechnet es zu den schwächeren Werken des Meisters und erzählt, dass es vielfach und nicht mit Unrecht von den Nebenbuhlern Albani's angegriffen worden sei (*Felsina pittrice* II. 261).

25

FRANCESCO ALBANI AN CESARE LEOPARDI.

Bologna, 9. Oktober 1642.

Ew. Herrlichkeit angeborene Liebenswürdigkeit überhäuft mich in dem Briefe, den ich soeben empfange, mit so auffallenden Gunstbezeugungen, dass ich in der Beschämung über mein geringes Verdienst keine Worte finde, meine Verpflichtungen gegen Sie auszusprechen, noch Ihrer Güte genügend Dank zu sagen. Sie erweisen mir eine zu grosse Ehre dadurch, dass Sie als mein Herr und Gönner meine Bemühungen mit Wohlwollen entgegennehmen; aber allzu gross ist die Wohlthat, die Sie mir dadurch erweisen, dass Sie als öffentlicher Lobredner meiner Werke auftreten.

Ach warum steht mir nicht auch die Feder so zu Gebote, wie zufälliger Weise der Pinsel mir gehorcht; dann würde ich es wohl wagen, meine tiefste Verehrung gegen die erhabenen Fähigkeiten meines Herrn Cesare auszusprechen. Die Lobeserhebungen ferner, die Sie meinem Bilde widmen, verdecken dermaassen die Erbfehler Adam's und Eva's, dass ich fast schwören möchte, sie seien ihrer ursprünglichen Unschuld wiedergegeben. Da ist es dann auch kein Wunder, wenn ein Anderer, dadurch verblendet, die Schwäche der gestraften Nacktheit nicht erkennt. Es scheint mir wunderbar, dass bei der Melodie Ihrer Töne jenem göttlichen Geiste nicht das flammende Schwert aus der Hand fällt. Aber wie? erkennt man nicht doch deren grossen Nutzen, indem jener trotz seiner Drohung, von ihrer Milde bezwungen, die unbesonnenen Sünder verschonet?

Ich habe es wohl gesagt, dass das goldene Zeitalter der Unschuld zurückgekehrt sei, da die edlen Leoparden zahm und gebändigt den nackten Menschen schmeicheln. Ich habe diese unsere ersten Eltern voll Trauer in einem Busche gemalt, aber siehe da! nun erblicke ich sie den Augen einer edelen Stadt ausgesetzt, auf dem Schauplatz einer hochberühmten Akademie, in der die reinsten Schwäne ihre Melodieen ertönen lassen, die in der italischen Hippokrene schwimmen! Gesegnet sei das Werk meiner Hände, da sie die Harmonieen so göttlicher Sänger erworben haben.

Was soll ich ferner zu den Anerbietungen Ihres glücklichen Hauses sagen? Sollte mir einst so viel Musse zu Theil werden, um meiner innigen Andacht Genüge leisten und das „heilige Haus" besuchen zu können, dann werde ich gewiss nicht ermangeln, einem solchen Gönner, wie Sie sind, meine Ehrfurcht zu bezeugen. — Auch bitte ich Sie inständigst, wenn Sie oder einer der Ihrigen hierher kommen, über mein Haus zu verfügen, wo ich voll pflichtschuldiger Liebe stolz sein werde, den grossen Verpflichtungen, die ich gegen Sie habe, nachkommen zu können; und indem ich Ihnen vom Allerhöchsten ein dauerndes Glück erbitte, empfehle ich mich Ihnen auf das Ehrerbietigste.

Gualandi *Memorie* I. p. 46. — Francesco Albani war von Leopardi zu Osimo ein Bild aufgetragen worden: Adam und Eva aus dem Paradiese vertrieben. Die Verhandlung leitete ein Freund des Malers, Berlingiero Gessi, ein bekannter Schriftsteller der damaligen Zeit, 1613—1670 zu Bologna lebend. Von diesem sind neun Briefe an Leopardi bekannt, deren erster Bologna 1. Mai 1647 den Preis des Bildes, wie er sagt, billiger als gewöhnlich auf 100 Scudi zu 10 Paoli berechnet. Das Bild habe 3½ Figuren. Nach dem zweiten vom 8. Juni 1647 hat Albani den Preis auf Verlangen des Bestellers auf 70 Scudi ermässigt; Gessi bittet um 8 — 10 Scudi Angeld. Diese 10 Scudi hat dann Leopardi, nebst Angabe der Maasse, auch geschickt (nach einem Briefe Gessi's vom 10. Juli 1647). Darin heisst es ausserdem, Albani würde sich in Bezug auf die Anordnung der Figuren und der Landschaft Leopardi's Wünschen fügen, obschon er auch von selbst etwas Gutes machen könne. Gewöhnlich bezahle man dem Maler den Rahmen, die Grundirung und Ultramarin; da dies aber nur 2 — 3 Scudi ausmachen würde, so habe er (Gessi) den Albani beredet, auf diese zu verzichten, bis die Güte und Schönheit des Bildes für sich selbst sprechen würde.

Später ist Leopardi in Bologna gewesen, ohne jedoch Gessi zu sprechen; wohl aber den Maler selbst, der die warme Zeit erwartet hatte, um die Figuren nach der Natur malen zu können (Brief vom 22. Juli). Die letzten Briefe aus diesem Jahre sind vom 11. September, worin die Erwähnung vorkommt, dass Albani kleine Figuren besser gelingen als grosse (p. 42), und vom 26. September, worin von der schlimmen Zeit zu Bologna die Rede ist; Albani zumal sei von häuslichen Sorgen geplagt, so dass Gessi den Leopardi ersucht, ihm etwas Geld für denselben zu schicken.

Die Vollendung des Bildes zog sich bis zum Jahre 1649 hin; vom 27. März ist ein Brief Albani's datirt (Gualandi I. 46), worin er sich auf das Artigste entschuldigt, zugleich aber den grössten Fleiss verspricht: vom 15. Mai ein Brief Gessi's an Leopardi, worin er ihm meldet, dass nur noch ein Vormittag Arbeit nöthig sei, um das Bild ganz zu Ende zu bringen; sodann erinnert er ihn daran, dass Albani die Auslagen für Rahmen, Leinewand, Grundirung und Ultramarin zu ersetzen bäte, überhaupt bittet er um etwas mehr Honorar, als ausgemacht war; denn das Bild sei sehr gut ausgefallen, auch einige Figürchen mehr darauf befindlich, als ausgemacht war. Gessi spricht die Zuversicht aus, Leopardi würde „*qualche poco di regalo di più*" gewähren.

Der achte Brief vom 2. Juli handelt von der Absendung des Bildes, und am 31. (sic!) September drückt ihm Gessi seine Freude aus, dass ihm das Bild gefallen und in der Akademie grosses Lob gewonnen habe.

Der oben abgedruckte Brief, welcher den Schluss dieser Korrespondenz ausmacht und der ganz in der gesuchten und gekünstelten Ausdrucksweise der damaligen Zeit gehalten ist, scheint von Albani diktirt oder in seinem Auftrage, vielleicht von seinem Beichtiger, verfasst worden zu sein und hat nur die Unterschrift von des Künstlers eigener Hand. — Das „heilige Haus" ist die „Santa Casa" zu Loretto, in dessen Nähe Osimo liegt. Das Bild, dessen Preis Gualandi mit Recht dürftig nennt, ist seit 1825 im Besitz des Herrn Park und von diesem mit nach England genommen.

GIOVANNI LANFRANCO.

GIOVANNI LANFRANCO ist im Jahre 1581 in Parma geboren und war vom Vater schon früh für die wissenschaftliche Laufbahn bestimmt. Um Weltbildung zu erlangen, trat er als Page in den Dienst des Marchese Scotti. Er legte dort in der That einen guten Grund zu weltmännischer Bildung. Aber auch seine Anlage zur Malerei wurde von dem Marchese erkannt und befördert. Er wurde zu AGOSTINO CARACCI, der damals in Parma arbeitete, in die Lehre gegeben, und hier traten sehr bald die ungemeine Schnelligkeit und Leichtigkeit hervor, welche nicht zum Vortheil derselben auch den Charakter seiner späteren künstlerischen Produktionen ausmachen. „In diesem Künstler," sagt Kugler, Geschichte der Malerei II. 372, „zeigt sich wiederum der Rückschritt zu einem bloss handwerksmässigen Streben, durch Geschicklichkeit und leichte Mittel Wirkung und Aufsehen zu machen, was ihm allerdings oft in schlagender Weise gelingt. Schroffe Gegensätze von Hell und Dunkel, Gruppirung nach Schullehren, aber nicht wie die darzustellende Handlung solche erfordert, Verkürzungen ohne Noth, bloss um ein Zeichnungskunststück zu machen, Gesichter, die bei aller Spannung nichts ausdrücken — dies Alles bezeichnet das Element in seiner Kunst." Den Anstoss und die Grundlage seiner Bildung hat er allerdings von den CARACCI erhalten. Nach der obigen, dem ihm befreundeten PASSERI entlehnten Ansicht, war er Schüler AGOSTINO's, nach Andern LODOVICO's; wiederum nach Andern ANNIBALE's dessen Arbeiten in Rom ihn ebenfalls dorthin zogen. Jene Leichtigkeit zu arbeiten, die früher schon AGOSTINO CARACCI und seinen Gönner, den Marchese Scotti, in Erstaunen gesetzt hatte, wurde nun vorzugsweise von ihm ausgebildet. Ohne den ernsten Gehalt der CARACCI zu besitzen, wusste er sich seines Talentes zu raschem Fortkommen sehr wohl zu bedienen. Aeussere Umstände, seine Lust an prächtigem Leben, die Verschwendung seiner Frau u. a. kamen hinzu, jene Leichtigkeit zu einer fast leidenschaftlichen Hast zu steigern. Die Zeitgenossen, die schon seinen Namen scherzend auf seine franke und freie Malweise anwendeten, sprachen geradezu von seiner eingebornen Wuth zu malen *(innato furore di dipingere)*. Je schneller er malte, desto zahlreicher kamen die Bestellungen. Die Begünstigung einflussreicher Kardinäle kam hinzu, um ihn zu einem der gesuchtesten und am besten bezahlten Künstler zu machen. In einem Brief vom 19. August 1627 rühmt er sich, für je eine Figur auf einem kleinen Tafelbilde 200 Scudi gefordert und erhalten zu haben. Erst seien die Besteller überrascht gewesen, dann aber von selbst wiedergekommen (Bottari I. 296). Ein Zeitgenosse sagt, er hätte der glücklichste aller Künstler der damaligen Zeit sein können, wenn nicht der Hochmuth und die Verschwendung seiner Frau gewesen wäre. Im Jahre 1616 nämlich hatte er Cassandra Barli geheirathet, die schön und entschlossenen Geistes war und ihn zu manchen Verschwendungen verleitet haben soll, wie er sich darüber in einem späteren Briefe (s. u. Nr. 30) lebhaft beklagt. Die Frau aber mag daran nicht mehr Schuld gehabt haben, als er selber. Aus Allem geht hervor, dass er den Genüssen des Lebens in einer Weise zugethan war, die seiner künstlerischen Thätigkeit nur Nachtheil bringen konnte. Vor einem der Thore Roms hatte er sich einen Weinberg gekauft und ein Casino darauf erbaut: hier gab er seiner und anderen schönen Frauen zu Liebe verschwenderische Feste[1]). So war er selbst bei grossem und

---

[1]) Sandrart schildert das häusliche Leben Lanfranco's in sehr idealer Weise. „Und war die Haushaltung des Lanfranco in Pictura, Poesia et Musica zwischen Eltern und Kindern (eine Tochter malte) wahrhaftig nichts Anderes, denn ein kunst-

leichtem Gewinn immer in Geldnoth und mit hässlicher Hast um Aufträge bemüht. Ein solcher Grund war es, aus dem seine Feindschaft gegen DOMENICHINO hervorging, die er selbst nach dem Tode des letzteren nicht aufgegeben, wenn auch geleugnet hat. Es ist allerdings schwer, aus den oft widersprechenden Mittheilungen der Zeitgenossen, die nicht immer unparteiisch waren, ganz Sicheres über das Verfahren und die Gesinnung LANFRANCO's gegen DOMENICHINO herauszustellen, und man muss sich allerdings hüten, aus Vorliebe für DOMENICHINO auf dessen Gegner alle Schuld wälzen zu wollen. Die Zeit ist ohnehin nur allzureich an gehässigen Leidenschaften. So viel aber ist gewiss und selbst von LANFRANCO's Freunden nicht in Abrede gestellt, dass von ihm namentlich die Verleumdungen wegen des Plagiats an einem Bilde von AGOSTINO CARACCI ausgegangen sind, deren wir oben Erwähnung gethan haben (S. 65); auf seine Veranlassung ist das betreffende Bild von PERRIER in Kupfer gestochen und verschiedenen Akademien Europa's zugesendet worden; von ihm ist bei Gelegenheit eines anderen Streites DOMENICHINO öffentlich als ein ruchloser und boshafter Mensch bezeichnet worden; von ihm also sind die Anfänge aller jener Kränkungen DOMENICHINO's ausgegangen, die dann durch eifrige Anhänger und Parteigänger noch mehr gesteigert wurden. Gleichwohl hat es LANFRANCO nicht verschmäht, selbst an DOMENICHINO in den Pendentifs der Kuppel in Gesù Nuovo ein Plagiat zu begehen. Vergl. Burckhardt Cicerone, 4. Aufl. S. 798. Er hat übrigens einmal PASSERI erzählt, dass einer seiner Freunde, Ferrante de Caoli, der sich auch in der Literatur eines gewissen Ansehens erfreute, aus Liebe zu ihm so ungehörige, verletzende und verruchte Dinge (cose nefande) von DOMENICHINO ausgesagt habe, dass er — LANFRANCO — selbst sich darüber geärgert, trotzdem jener es gethan, um ihm die erste Stelle unter den Künstlern zu sichern. Hierzu hatte namentlich die Theilung der Arbeiten in S. Andrea della Valle Veranlassung gegeben, wo LANFRANCO die Kuppel mit einer bis dahin unerhörten Kühnheit und Meisterschaft ausgemalt hatte, wie er denn auch späterhin gerade in dieser Art von Malereien, die dem Geschmack der damaligen Zeit ungemein zusagte, besondern Ruhm erworben. Himmlische Glorien schilderte er darin ganz so sinnlich, wie die kirchlich und weltlich exaltirte Phantasie der Zeitgenossen sich dieselben vorstellen mochte. Ueberdies konnte er sich bei solchem Werke am leichtesten aller tieferen Charakteristik, aller Wahrheit der Empfindung, aller Genauigkeit in der Ausführung entheben, Eigenschaften, die ihm selbst seine Freunde durchaus absprechen. Und dann konnte ihm gerade bei solchen Werken, wie er selbst zu sagen pflegte, „die Luft am besten mit malen helfen". Sehr bezeichnend für seine Kunst ist der Ausspruch Bellori's, er hätte wohl viel gewusst, aber weniger geleistet, als er vermochte. Von seinen Erfolgen, in denen er fast alle gleichzeitigen Künstler übertraf, gilt das, was oben von der allgemeinen Anerkennung des GUIDO RENI gesagt worden ist, in noch viel höherem Maasse, indem ihm der würdige Anstand und der Schimmer der Empfindung fehlte, der selbst an GUIDO's späteren Werken nicht ganz vermisst wird. Welt- und Genussmensch, wie er es war, hatte er feine und einnehmende Sitten und war im Verkehr offen und ungezwungen. Dazu wird seine Liberalität gerühmt. Auf diese

reicher Parnass oder Helikon aller Tugenden, dadurch diese zierlichen Leute in allen Theilen dermaassen sich geübt, bereichert und fortgebracht, dass sie zu hohem Grad kommen und gelanget sind." Wie arge Missklänge diese schöne Harmonie nicht selten zerrissen haben, geht nur zu deutlich aus Lanfranco's Aeusserung an Ferrante Carlo hervor, wonach er seine Gattin mit dem wenig galanten Beiwort „animale" beehrt. S. u. Nr. 30.

Eigenschaften aber beschränkt sich selbst das Lob des ihm befreundeten Passeri, der seinen Charakter und sein Verhältniss zu DOMENICHINO allerdings mit einer gewissen Zurückhaltung, aber doch zugleich mit lobenswerther Unparteilichkeit schildert. Sie können die Schattenseiten seines Charakters eben so wenig aufwiegen, als jenes meisterliche Machen, jene unbeschränkte Freiheit der Darstellung die Schattenseiten seiner Kunstweise.

26.

GIOVANNI LANFRANCO AN FERRANTE CARLO.

Neapel, ... März 1634.

Ich benachrichtige Sie, dass ich durch Gottes Gnade gesund in Neapel angelangt bin, mit einem Theil meiner Familie, wie Ew. Herrlichkeit weiss. Ich werde hier sehr gern gesehen und man erweist mir viel Artigkeiten, so dass mein Glück vollständig sein würde ohne die Erinnerung, ich will nicht einmal sagen, an die Heimath und Rom, sondern die Freunde und Gönner, die sich dort befinden, und von denen Sie sich selbst sagen können, wie sehr schmerzlich ich Ihre Person entbehre, indem Sie nicht allein stets gefällig und gütig gegen mich waren, sondern auch eine Hülfe und Zuflucht in allen meinen Bedürfnissen, wie ich mich denn auch während meiner Abwesenheit Ihrer Gunst zu erfreuen hoffe. Die Treppen Ew. Herrlichkeit, die mich wegen der Mühe, die sie mir beim Steigen verursachten, oft des Vergnügens Ihrer edlen Konversation beraubten, scheinen mir jetzt von gar keiner Bedeutung, und ich denke oft bei mir über meine grosse Trägheit nach und bereue dieselbe. Und gerade jetzt, da ich Ihnen schreibe, glaube ich bei Ihnen zu sein und Ihr mildes Benehmen zu sehen, das wie jene Dinge ist, die man nicht achtet, wenn man sie hat, nach denen man sich aber, wenn sie fern sind, mit solcher Lebhaftigkeit sehnt, dass man fast daran verzweifelt, je wieder zu einem solchen Glücke gelangen zu können.

Indessen hoffe ich ja zu Gott, dass er uns das Glück gewähren wird, uns unserer gegenseitigen Freundschaft in gewohnter Weise zu erfreuen, und ebenso freue ich mich noch immer der Aussicht, Ihnen persönlich meine Verehrung darbringen zu können, womit ich Ihnen herzlich die Hand küsse.

N.S. Von den Vätern der Gesellschaft Jesu erhielt und erhalte ich noch täglich viele Freundschaftsbezeugungen, wie auch Cassandra von vielen edlen Frauen der Stadt.

Bottari I. 297. LANFRANCO erhielt im Jahre 1631 von den Vätern der Gesellschaft Jesu die Aufforderung, nach Neapel zu kommen, um die Kuppel ihrer dortigen Kirche gegenüber von S. Chiara auszumalen. Gewiss verliess er Rom, wo er ein glänzendes Leben führte, nur ungern; doch mochte ihn der Wunsch, mit DOMENICHINO, der schon seit einiger Zeit in Neapel arbeitete

(s. o. S. 72), den alten Wettkampf fortzusetzen, sowie augenblickliche Geld-
verlegenheit zur Annahme des Auftrages bewegen, der in der That ein sehr
vortheilhafter war. Lanfranco hat 10,000 Scudi für seine Malereien im Gesù
erhalten. Die Veranlassung zu seiner Berufung gab die von ihm selbst gesuchte
Bekanntschaft mit dem Jesuitengeneral Vitelleschi sowie die Empfehlung des
Grafen Monterey, der damals spanischer Gesandter in Rom war und später zum
Vicekönig von Neapel ernannt wurde. Lanfranco übersiedelte mit der ganzen
Familie nach Neapel, wo er, wie auch anderweitig bekannt ist, mit den dor-
tigen Malern in näheren Verkehr trat, wogegen Domenichino sehr zurück-
gezogen lebte. Darauf bezieht sich die Aeusserung Lanfranco's über seine
Frau Cassandra in der Nachschrift des Briefes. Ueber Ferrante Carlo s. o.
S. 57 f.

27.

GIOVANNI LANFRANCO AN FERRANTE CARLO.

Neapel, 18. Juli 1636.

Mein theurer Gönner, ich bitte Sie um der Liebe Gottes willen, mich
wegen meiner Nachlässigkeit zu entschuldigen, indem ich Sie versichere,
dass ich nicht bloss gegen Sie, sondern noch gegen viele andere Gönner
gefehlt habe; was mich aber am meisten quält, ist, dass keiner derselben so wie
Ew. Herrlichkeit ist, indem Sie mir nicht nur Gönner sind, sondern, wie ich
mich selbst überrede, vermöge Ihrer grossen Herzensgüte auch Freund. Und
deshalb halte ich mich für um so strafbarer, als ich, eben weil Sie dies sind,
gleich nach meiner Ankunft von dieser und von meinen Geschäften hätte Mittheilung machen müssen. Alles dies werden Sie nun wohl schon von Anderen
gehört haben, weshalb ich Ihnen heut, da jenes überflüssig sein würde, andere
Nachrichten mittheilen will, die Ihnen wegen der Liebe, die Sie in so freundlicher Weise zu mir hegen, erfreulicher erscheinen werden.

Diese Nachricht ist nämlich die, dass ich meine Arbeit im Gesù vollendet
habe und von derselben mit Gottes Hülfe noch einigen Beifall und folglich auch
Nutzen zu ernten hoffe. Bei dem Pater General glaube ich kaum einer besonderen Vermittelung zu bedürfen, indem er von Natur ungemein leutselig und
in derlei Gegenständen sehr erfahren ist. Sodann habe ich mich deren auch
nicht bedienen wollen, um Sr. hochwürdigen Väterlichkeit grösseres Vergnügen
zu machen, indem er mir gesagt hat, er wünsche, dass der Vertrag nur zwischen
uns beiden abgeschlossen werde und durch keine andere Hände zu gehen habe.
So dass ich, bei seinem Wunsche, mir Genüge zu leisten, und bei meinem Bestreben, an meinen Verpflichtungen Gefallen zu finden, auf ein gutes Einvernehmen und gegenseitige Zufriedenstellung hoffen darf.

Wir befinden uns in gutem Wohlsein und ich werde mich freuen, dasselbe,
wie ich hoffe, auch von Ew. Herrlichkeit zu hören, wenn Sie so gut sein wollen,
mir davon Nachricht zu geben, und indem ich Ihnen meine Ergebenheit aus-
spreche, küsse ich Ihnen die Hände.

Bottari I. 301. In einem Briefe vom 18. Juli 1635 (ebds. I. 299) hatte Ferr. Carlo dem LANFRANCO die Vermittelung eines Paters Gio. Battista Ferrari bei dem General der Jesuiten vorgeschlagen. Dieser wünschte eine Zeichnung von ihm zu haben. LANFRANCO hat ihm die Zeichnung gemacht, die Ferrari, der in der Geschichte der Philologie namentlich durch ein syrisches Lexikon bekannt ist, dann für sein Werk: „*Gli orti dell' Esperidi*" stechen liess. Die Bemerkungen über Vitelleschi's Charakter werden auch von anderer Seite bestätigt. „Er war," wie Ranke einmal sagt, „von Natur mild, nachgiebig, versöhnend: seine Bekannten nannten ihn den Engel des Friedens."

28.

GIOVANNI LANFRANCO AN FERRANTE CARLO.

Neapel, 1. August 1637.

Ich danke Ew. Herrlichkeit unzählige Male für das Andenken und die Liebe, die Sie mir bewahren; ich habe dieselben aus Ihren ausgezeichnet schönen Briefen erkannt und finde darin einen Sporn, um meine Rückkehr zu beeilen und Ew. Herrlichkeit meine Ergebenheit und Dienste darbringen zu können, wenn auch bei Tische wieder wie gewöhnlich unbrauchbar und tüchtiger Esser. Was hat Ew. Herrlichkeit auch sonst wohl von mir gehabt? [1])

Mein lieber Herr Ferrante! in den letzten Tagen war der Herr Ippolito Vitelleschi in Neapel, der mir viel Liebe erwies, und als er einst in mein Haus kam, dort eine Magdalena sah — dieselbe, die Ew. Herrlichkeit über der Thüre meines Saales gesehen haben wird. Ich habe sie mit nach Neapel genommen, um mich derselben nebst anderen Heiligen in der Kuppel zu bedienen. Besagter Herr nun fasste hier eine grosse Vorliebe für dieselbe, und ich gab sie ihm für einen Preis, den er selbst bestimmte, und zwar für 60 Dukaten, die 58 Scudi betragen, und er nahm sie mit sich mit vielem Vergnügen, wie auch ich ebenso viel Vergnügen daran fand, ihm zu dienen; wie denn ja Ew. Herrlichkeit weiss, dass ich für Kopien (wenn man anders Kopien Sachen nennen kann, die aus dem Atelier und den Händen der Meister selbst kommen) über 100 Scudi erhalten habe. Jetzt nun aber hat mir besagter Herr dieselbe zurückgeschickt, indem er vorgab, dass sie gar nichts tauge.

Ich bin überzeugt, dass Maler und vielleicht auch die Herren, mit denen er umgeht, — Ew. Herrlichkeit wird wohl wissen, wer diese sind, — ihn dazu bestimmt haben, obschon er gleichwohl auch mit Jemand Anderem verhandelte, der zu dem Hause des Herrn Abbate Peretti gehörte (welcher letztere mit mir gesprochen und mir das Geld bezahlt hat). Diesem hat der Herr Vitelleschi auch das Bild zugeschickt. Bei alledem aber will ich, um als ein uneigennütziger

---

[1]) Hier folgt eine nicht ganz verständliche Anspielung auf Privatverhältnisse.

Mann zu erscheinen, ihm sein Geld wiedergeben lassen. Es ist allerdings wahr, wie Ew. Herrlichkeit weiss, dass es einem armen Menschen sehr übel gefällt, Geld wieder zurückzuerstatten, das, weil es schon gewonnen war, auch ohne grosse Sparsamkeit schon wieder ausgegeben worden ist, so dass, wenn es sich in irgend einer Art und mit Anstand thun liesse, es nicht wieder herauszugeben, mir dies allerdings lieber sein würde. So habe ich denn gedacht, dass die Vermittelung Ew. Herrlichkeit etwas dabei ausrichten könnte, indem Sie ihn entweder auf den Neid der Maler aufmerksam machten, die ihn zu diesem Schritt gerathen haben, und dass er es dann selbst wieder zurücknähme; oder dass Sie ihm sagten, es wäre gut, wenn er mir das Geld liesse, und ich ihm etwas Anderes, das mehr nach seinem Geschmack wäre, dafür machte. Indess müssten Sie ihm dies Alles in Ihrem Namen sagen und ihm überdies bemerklich machen, dass ich Auftrag gegeben, ihm sein Geld wieder zurückzuzahlen. Besagter Herr verlangt zwar nichts, aber ich muss daran denken, dass ich auch nichts an meinem guten Namen einbüsse. Ich ersuche Ew. Herrlichkeit inständigst, sich aus Liebe zu mir in dieser Angelegenheit etwas Mühe zu geben, denn ich weiss, wenn Sie mit Ihrer Rede sich verwenden, dann machen Sie die Anderen stumm und nachgiebig und erreichen, was Sie wollen. Verzeihen Sie mir diese Belästigung, aber ich bin, da es sich um den guten Ruf handelt, gezwungen worden, meine Augen auf Ihre Person zu richten, der ich mich ergebenst empfehle und mit Verehrung die Hand küsse.

NS. Ich empfehle Ew. Herrlichkeit die Beschleunigung dieser Angelegenheit, indem darüber schon eine geraume Zeit vergangen ist. Und von dem, was Ew. Herrlichkeit ausrichten wird (wenn man das besagte Geld nicht mit Anstand retten kann), geben Sie meinem Bruder Egidio, den Sie rufen lassen können, Nachricht, und dieser soll Ihnen dann, wenn auch mit thränendem Auge, das Geld schicken oder selbst bringen.

Bottari I. 302. — Die Vermittelung Carlo's in dieser Angelegenheit scheint nichts gefruchtet zu haben, wie aus einem Briefe LANFRANCO's an denselben hervorgeht. Neapel 17. (?) Oktober 1637. (Bottari I. 304.) LANFRANCO beklagt sich darin nochmals über Vitelleschi. Er hätte das Bild von keinem Anderen zurückgenommen, Vitelleschi hätte es nach allem Recht behalten müssen, und selbst wenn es auch eine „buffoneria" gewesen wäre, wie sie es getauft hätten. Er brauchte ihm das Geld um so weniger zurückzugeben, als das Bild sehr übel zugerichtet zurückgeliefert worden sei.

Der Herr Vitelleschi scheint ein Verwandter des Jesuiten-Generals zu sein, und mag LANFRANCO's Bereitwilligkeit, das Geld zurückzuzahlen, wohl in seinen Verpflichtungen gegen diesen ihren Grund haben. Egidio war der Bruder LANFRANCO's, der in Rom lebte und die Holzschneidekunst übte. Was die Aeusserung über Carlo's Redegabe betrifft, so soll dieselbe in der That eine wunderbare — mostruosa — gewesen sein. Im Dezember desselben Jahres schreibt LANFRANCO an Carlo, dass er nicht, wie einige gute Freunde ausgesprengt, gestorben sei, sondern sich sehr wohl befinde. Des Freundes Warnungen, nicht zu viel in Gasthäuser zu gehen, würde er befolgen. Es sei dies ohnehin in Neapel nicht Sitte (Bottari p. 306).

29

GIOVANNI LANFRANCO AN FERRANTE CARLO.

Neapel, 11. September 1639.

Ich kann nicht genug versichern, wie sehr mich der freundliche Brief von Ew. Herrlichkeit verpflichtet, ja eigentlich beschämt hat, indem ich Ew. Herrlichkeit niemals einen Dienst erwiesen, es sei denn ein so geringer, dass er gleichsam für Nichts zu erachten war. Für jede Kleinigkeit aber, die Ew. Herrlichkeit so gut war, von mir anzunehmen, haben Sie mir solche Gegengeschenke gemacht, von denen es genügt, zu sagen, dass sie Ihrer würdig waren. Was nun jetzt jene Sache von geringer Wichtigkeit betrifft, die ich Ihnen geschickt habe, und für die Sie mir Ersatz leisten wollen, so kann ich Ihnen sagen, dass mich dieselbe gar nichts kostet, indem ich sie von einem meiner jungen Leute machen lassen und sie selbst nur retouchirt habe, so dass mir Ew. Herrlichkeit Wohlwollen ein mehr als zu grosser Ersatz dafür ist.

Deshalb wage ich auch wohl zu viel in meiner gegenwärtigen Bedrängniss, die ich Ihnen in einem mit der letzten Post abgeschickten Brief geschildert habe, wie ich Sie denn auch mit Gegenwärtigem instündigst ersuche, so gut sein zu wollen und die besagte Angelegenheit Sr. Eminenz dem Herrn Kardinal Padrone zu empfehlen. Die Sache ist folgende. Nachdem ich die Arbeit für die Mönche von S. Martino vollendet hatte, und sie keine Anstalt machten, mir einen gewissen Rest auszuzahlen, der 1600 Dukaten betrug, habe ich mich an den besagten Herrn Kardinal gewendet, und dieser war auch so gut, aus Wohlwollen für mich, dem Monsignor Nuntius den Auftrag zu geben, mir besagtes Geld auszahlen zu lassen. Als dieser nun die Patres dazu drängte, schickten sie einen Bankschein von 800 Dukaten mit einem Briefchen an Monsignore, worin sie versprachen, innerhalb von vierzehn Tagen den Rest bezahlen zu wollen. Und da ich nun jetzt nach Verlauf von acht Monaten mir einen Theil davon für meine Bedürfnisse ausbat, hat mir der Prior mit bösen Worten geantwortet und mir überdies einen Prozess angezettelt, ja eigentlich mehr als einen, mit solchen Strapazen, wie kaum je erhört sind. Ich will Ihnen, mein theurer Signor Cavaliere! im Vertrauen mittheilen, und Sie können dies auch Sr. Eminenz andeuten, welches der Grund der Misshelligkeiten ist, die ich jetzt zu erdulden habe. Im Anfang meiner Arbeit nämlich wurde ich von dem Architekten oder Bildhauer der Mönche von S. Martino sehr geliebt, und demzufolge liebten mich auch die Mönche selbst ungemein. Nachdem ich nun aber meine älteste Tochter an den Herrn Giuliano Finello verheirathet habe, welche der besagte Architekt für einen seiner Söhne, der viel zu jung, sonst aber ein wohlgesitteter junger Mann war, zur Frau gewünscht hatte, hat mir derselbe seine Freundschaft gekündigt und in Folge dessen auch die Mönche, die nicht mehr und nicht weniger thun, als was ihr Architekt sagt. Es muss noch hinzugefügt werden, dass besagter Herr Giuliano, mein Schwiegersohn, wegen seiner grösseren Tüchtigkeit bei den grössten Arbeiten beschäftigt wird, woher denn ein sehr lebhafter Wetteifer unter ihnen besteht, indess ich in dieser meiner Arbeit darunter zu leiden habe.

Ich habe Ew. Herrlichkeit das Ganze mittheilen wollen, weil man es gar nicht für möglich halten würde, dass ich so schlecht behandelt werde, während ich ihnen gegenüber gerade das Gegentheil gethan habe; denn ich habe ebenso gut, als bei sonst irgend welchem Auftrage gearbeitet, ganz abgesehen davon, dass ich Morgens und Abends den Gipfel eines so hohen Berges zu ersteigen hatte — und das Werk an und für sich ist sehr gross und mühselig [1]).

Bei dem Prozesse zweifle ich gar nicht, dass ich gewinnen würde; aber ich würde mich vorher dabei zu Grunde richten, und somit würde doch die Autorität Sr. Eminenz erforderlich sein, und dass er so gut wäre, noch ein Billet zu schreiben, weil der Herr Kardinal selbst von ihnen die Antwort erhalten hat, sie würden mich innerhalb vierzehn Tagen vollständig befriedigt haben; und nun, da acht Monate darüber vergangen sind, verweigern sie nicht nur mein Geld, sondern bemühen sich überdies noch mit aller Macht, mir meinen guten Namen zu rauben, mit verschiedenen falschen Erdichtungen, wie ich dem erlauchten Monsignore Panzirolo durch Vermittelung des Prokurators schon mitgetheilt habe.

Ich ersuche Ew. Herrlichkeit inständigst um diese Gunst, die für mich aus mehrfachen Gründen eine sehr grosse ist, und wofür Sie von dem gebenedeiten Gott, da es eine sehr gerechte Sache ist, Ihren Lohn erhalten werden. Und indem ich Sie hiermit noch einmal um Entschuldigung wegen dieser Belästigung bitte, versichere ich Sie meiner ehrerbietigsten Ergebenheit.

Bottari I. 313. Das im Anfang des Briefes erwähnte Geschenk an Carlo ist das Bild des Vesuvs, dessen damaliger Ausbruch vielen Schaden anrichtete und von LANFRANCO in einem Briefe vom 23. August 1639 sehr lebhaft geschildert wird (Bottari I. p. 308). In demselben Brief wird auch schon die Streitigkeit mit den Mönchen von S. Martino erwähnt. Er bedauert darin, dass Carlo die Malerei nicht gesehen, und hofft, sie würde ihm gefallen haben. Er verweist ihn deshalb an den Kardinal Brancaccio, D. Francesco Peresa, Monsignore Erera, und zum Theil könne ihm auch Gio. FRANC. ROMANELLI, Maler von Viterbo, darüber Auskunft geben. Dieser habe ihm die Ehre angethan, auf sein Gerüst zu steigen, und würde mit seinem geläuterten Urtheile im Stande gewesen sein zu sehen, ob die Bilder auf's Trockene gemalt seien, wie die Mönche ihn vor Gericht beschuldigt und deshalb das ganze Geld zurückverlangt hätten. Er habe nicht die Ausgaben gewonnen, nur um die Ehre und ein mündlich versprochenes Geschenk gearbeitet, nun wolle man ihm zum Danke Ehre, Vermögen und Leben rauben. Mit der letzten Versicherung scheint es nicht so genau zu nehmen zu sein, indem LANFRANCO für die Arbeiten in S. Martino

---

[1]) „Jene Malerei ist ohne Zweifel die mühseligste und gewiss nicht die schlechteste von allen, die ich je gemacht habe. Denn auf einer grossen Wand ist der Kalvarienberg mit unserem Herrn gemalt und die Schächer mit den Volkshaufen und den Schergen, die bei dieser Gelegenheit beschäftigt sind, zusammt mit den Marien und vielen Personen, die dem grossen Schauspiel zuschen. Und dann an der Decke und den Seitenwänden vielerlei verschiedene Geschichten.“ (Brief v. 30. Aug. p. 312.)

(nach Bellori) 5000 Scudi erhalten hat. — Der Ausdruck „Cardinale Padrone" kann entweder speziell auf den Patron Carlo's, den Kardinal Scipio Borghese, bezogen oder allgemein verstanden werden. In diesem letzten Fall ist damit der Kardinal Barberini, Neffe von Papst Urban VIII. (Maffeo Barberini), gemeint, der damals die Oberleitung der Geschäfte in Händen hatte, soweit Urban VIII. überhaupt Anderen Antheil an den Geschäften gestattete. Es ist nicht bekannt, ob dessen Vermittelung die Angelegenheit zu Gunsten des Malers beendet hat. Indess scheint aus der oben angeführten Angabe Bellori's hervorzugehen, dass die Ansprüche des Künstlers befriedigt worden seien. Passeri, der sonst sehr genaue Nachrichten über LANFRANCO mittheilt, erwähnt dieser Misshelligkeit mit den Mönchen von S. Martino gar nicht.

30.

GIOVANNI LANFRANCO AN FERRANTE CARLO.

Neapel, 19. April 1641.

Durch Egidio's Vermittelung habe ich die Grüsse Ew. Herrlichkeit mit der guten Nachricht Ihres Wohlbefindens erhalten, worüber ich, wie Sie sich wohl denken können, die grösste Freude empfinde. Egidio wird Ihnen wohl die Nachricht von dem Tode des Herrn Domenichino mitgetheilt haben, der seine Arbeit unvollendet hinterlassen hat, so dass daraus viel Sorge für die Erben hervorgehen wird. Denn da die Malerei schon früher den Herren nicht recht gefallen hat [1]), so wollen sie dieselbe jetzt, wie man zu sagen pflegt, auf's Haar untersuchen. Indess soll dies so geschehen, dass ich meinerseits, wenn ich das bis jetzt Vollendete mit Anderen zu untersuchen und abzuschätzen habe, den Erben so wenig als möglich schaden werde; im Gegentheil will ich ihnen helfen, wie ich wünschen würde, dass es mir selbst geschähe; obschon Domenichino selbst während seines Lebens nichts Anderes verdiente, als dass man ihn ganz bei Seite liess — und Ew. Herrlichkeit kennt ja auch einen Theil von dem, was er mir angethan hat. Ich habe indess niemals im Leben Groll gegen ihn gehegt und thue es noch viel weniger jetzt, da er todt ist. Habe ich doch vielmehr immer gewünscht, mit ihm befreundet zu sein und mir nie etwas gegen ihn zu Schulden kommen lassen.

Jetzt nun haben die Herren mir den Auftrag gegeben, die Arbeit zu vollenden, und kein anderer Grund, als dieser, hat mich daran gehindert, in jetziger Jahreszeit nach Rom zu kommen. Domenichino hat in eilf Jahren 18,000 Dukaten gewonnen, ich in sieben und einem halben Jahre 30,000. Ich sage Ihnen dies, weil ich weiss, dass Sie mit Egidio über diesen Gegenstand gesprochen und

---

[1]) Ein oben ausgelassener Zwischensatz: „siccome vi è stato tanto intorno con pastelli, altra che nulla (?) se ne cade in fine" deutet darauf hin, dass Domenichino die Fresken öfter übermalt habe und dass dieselben zum grossen Theile von der Mauer abfielen.

sich über meinen geringen Ueberschuss gewundert haben. Indess hatte Domenichino auch nicht die Ausgaben, die ich habe, und andererseits muss man auch
bedenken, dass sich mit 1000 Dukaten nicht mehr als acht römische Staats-
schuldscheine [1]) kaufen lassen, wegen des Verlustes an der Münze und der
jetzigen Valuta der Monti. Ew. Herrlichkeit wird mir darauf allerdings erwidern
können, dass zwischen dem Einen und dem Anderen denn doch ein zu grosser
Unterschied sei; ich habe Ihnen indess darauf zu entgegnen, dass, wenn Domenichino ein Paar Kleider machen lassen musste, ich deren sieben machen zu lassen
habe, und das kommt alle Tage vor. Dabei will ich es ganz bei Seite lassen,
dass Jener, um reich zu werden, ein sehr zurückgezogenes Leben geführt hat.
Mir erscheint das als eine Erbärmlichkeit, und man sieht es auch an dem Ende,
das er genommen hat. Jener hat auch keine Töchter verheirathet, was ich gethan; noch hat er so viel Reisen gemacht als ich, was mich doch immer, Eines
zum Anderen gerechnet, ein Tausend Dukaten mindestens gekostet hat, und
immer ganz nutzlos.

Ich könnte noch etwas Anderes anführen, und da Sie es doch beinahe
selbst denken können, brauche ich mich nicht zu enthalten, es zu sagen; ich
meine nämlich, dass Domenichino, wenn er eine Frau von der Art der meinigen
gehabt hätte, auch nicht so viel erübrigt haben würde, um sich begraben lassen
zu können. Und doch wird man wohl bei manchen Gelegenheiten hören können,
dass ich niemals etwas für sie gethan hätte. Mein Trost ist nur der, dass es
anderen Ehemännern, wenn sie auch nicht gerade an eben solche Thiere, wie
ich, gerathen sind, doch im Ganzen auch nicht viel besser ergeht. Und damit
empfehle ich Sie der Gnade Gottes und küsse Ihnen die Hand.

N.S. Ew. Herrlichkeit sieht, dass ich mehr als je mit meiner alten Offenheit gesprochen habe; da ich aber sehe, dass die Sache nie und nie ein Ende
nimmt, und Sie mir Veranlassung dazu geben, habe ich nicht länger damit
zurückhalten können.

Bottari I. 316. — Nachdem die Korrespondenz mit Ferrante Carlo auf
einige Zeit, während welcher LANFRANCO öfter in Rom arbeitete, unterbrochen
worden, findet sich der oben abgedruckte Brief LANFRANCO's, der für die Beurtheilung seiner Stellung DOMENICHINO gegenüber von nicht geringer Bedeutung
ist. LANFRANCO sucht sich zu entschuldigen, aber jede Entschuldigung wird zu
einem neuen Vorwurf. Selbst DUMESNIL, der sonst den Charakter LANFRANCO's
in Schutz zu nehmen sucht, sieht aus jeder Zeile Groll und Neid hervorblicken.
Dass er nie Groll gegen DOMENICHINO gehegt, kann man geradezu als arge Lüge
bezeichnen. Auch ein zweiter Brief, den er an Carlo in derselben Angelegenheit
geschrieben (23. April 1641, bei Bottari I. 318), vermag nicht den ungünstigen
Eindruck des ersten zu verlöschen. Er habe nun das Werk gesehen, sagt er
darin; es sei mit grosser Mühseligkeit und Langsamkeit vollendet, so dass der
eine Theil schon ganz alt erschiene, während der andere noch nicht vollendet
sei. Die Kuppel sei zur Hälfte fertig; wolle man sie ebenso weiter führen, so

[1]) *Luoghi di monte.* Zinsbare Papiere, die auf Einnahmen des Kirchenstaats fundirt
waren. Ranke Päpste II. S. 403 ff. S. 465 ff.

würde man mindestens noch ebenso viel Zeit gebrauchen, um sie zu vollenden. Hierin spricht sich der eigentliche Grund aus, der LANFRANCO dazu bewegte, die Zerstörung der Kuppelbilder zu verlangen. Neben der durchdachten Anordnung der Bilder DOMENICHINO's, neben deren sorgsamer Ausführung und ergreifender Tiefe in der Empfindung konnte sein eigenes, äusserlich glänzendes, aber innerlich hohles und in Hast ausgeführtes Machwerk nicht bestehen. Passeri erzählt, dass er sich zu den Deputirten geweigert, die Kuppel zu vollenden; seine und DOMENICHINO's Malereien könnten nicht neben einander bestehen. Nur unter der Bedingung, dass alles Fertige — die volle Hälfte der Kuppel — wieder herunter geschlagen würde, wollte er die Arbeit übernehmen. Er hätte sich, wie wir dies schon oben S. 73 gesagt, die Arbeit schon lange gewünscht, aus alter Eifersucht gegen DOMENICHINO, nun hätte er gedacht, ihn zu übertreffen und durch ein gänzlich verändertes Kolorit (sehr lebhaft, mit tiefen Schatten) die schon vollendeten Sachen DOMENICHINO's schlecht und nüchtern erscheinen zu lassen. Es sei ihm dies, setzt Passeri hinzu, auch gelungen, aber ohne dass er selbst Vortheil davon gehabt, indem seine Malereien nun vielmehr äusserst schwer erschienen seien. Ueber den weiteren Verlauf dieser für LANFRANCO wenig ehrenvollen Angelegenheit s. o. die Erläuterungen zu dem Briefe DOMENICHINO's Nr. 19.

GUERCINO.

Wir schliessen die Reihe der Akademiker mit einem wohlthuenden Bilde. FRANCESCO BARBIERI, 1590 in Cento als Sohn eines Bauern geboren, zeigte sehr früh Talent zur Malerei. Die erste Entwicklung dieses Künstlers und seine Berührung mit den CARACCI, deren Kunstweise er befolgte, wird verschieden angegeben. Selbst die Zeitgenossen, die ihn persönlich gekannt, weichen darüber ab. Passeri erzählt, dass er als Knabe den Vater, wenn dieser Holz nach Bologna fuhr, dorthin begleitet habe. So sei er in das Haus der CARACCI gekommen; in das Atelier getreten, habe er stumm vor Freude und Erstaunen dagestanden. AGOSTINO, sich dieser Regungen freuend, fragte ihn, ob er auch zeichnen wollte. Ja, sagte er hastig, ich will es auch lernen. So hätte er zuerst ein Vorlegeblatt AGOSTINO's zu dessen grosser Zufriedenheit kopirt. Auf dem Lande hätte er dann fleissig nach den Dingen seiner Umgebung gemalt. Malvasia hat er selbst erzählt, er hätte schon früh Studien nach einem Bilde des LODOVICO CARACCI gemacht, das sich bei den Kapuzinern in Cento befunden. Namentlich sein Kolorit, das noch später seine besondere Grösse ausmachte, habe er von jenem Bilde entnommen, das er selbst als seine Amme zu bezeichnen pflegte. Nach G. Campori (Gli artisti italiani e stranieri negli stati Estensi Modena 1855 p. 33) ist er in seinem neunten Jahre zu einem sehr unbedeutenden Maler, BARTOLOMEO BERTOZZI zu Bastiglia, auf modenesischem Gebiete, in die Lehre gekommen, von dem er aber kaum den Gebrauch der Farben erlernen konnte. Wie dem auch sei, der Anstoss zu seiner ersten künstlerischen Entwickelung ist, direkt oder indirekt, von den CARACCI ausgegangen. Im Jahre 1607 trat er zu einem Maler in Cento, BENEDETTO GENNARI (nach Malvasia) oder zu Zagnoni in Bologna (Baruffaldi bei Campori p. 34) in das Atelier, und arbeitete mit demselben für jährlichen Lohn, bis er dessen Kompagnon wurde. Seit 1613 kommen schon Maler aus Bologna nach Cento, um die Werke des jungen GUERCINO zu sehen; diesen Beinamen hat er von einer körperlichen Unvollkommenheit erhalten; er schielte nämlich. Seit 1617 steigert sich die Zahl seiner Schüler. Trotzdem bleibt er höchst bescheiden in seinen Ansprüchen, mässig in den Preisen. Als ihm ein Freund und Gönner einmal für ein Bild, das er ihm für 30 Scudi verkaufen sollte, 200 Scudi aufzählt, steht er an, dieselben zu nehmen; er fürchtet ein Unrecht zu thun, sich so hoch über seine Erwartung honoriren zu lassen. Für die Ausbildung seiner späteren Kunstweise war seine Berührung mit CARAVAGGIO sehr wichtig. In Rom ist es nämlich in dem bunten Künstlergewirr hauptsächlich CARAVAGGIO, der ihn anzieht. Er glaubte in der tiefen Färbung dieses Meisters eine seinem eigenen ernsten Sinn entsprechende Kunstweise zu finden. CARAVAGGIO imponirte dem bescheidenen GUERCINO und mochte seinerseits erfreut sein, einen so begabten Anhänger zu gewinnen. Aber ein freundschaftliches Verhältniss konnte zwischen zwei so verschiedenen Naturen nicht bestehen. GUERCINO war friedlich, einfach, gottesfürchtig. CARAVAGGIO roh, abstossend, leidenschaftlich (*quanto al costume, era sinistro per la sua bestialità*, sagt Passeri von ihm). Auch wurde der Umgang bald abgebrochen, als eine Arbeit in der Kirche von Loreto, auf welche CARAVAGGIO gerechnet hatte, unter beide vertheilt werden sollte. GUERCINO trug dies dem älteren Meister höchst bescheiden vor; er meinte, er wolle als sein Schüler mit ihm dort arbeiten. Eine Zeit lang hatte ihn CARAVAGGIO, der beim Kaminfeuer beschäftigt war, angehört, da stiess er heftig mit der Feuerzange auf den Boden und sprang voller Wuth auf, er solle ihn nicht verhöhnen, die Arbeit würde entweder von CARAVAGGIO oder von GUERCINO gemacht werden, von theilen könne zwischen ihnen Beiden keine Rede sein. So verliess er den erschreckten GUERCINO, der froh war, das Haus mit heilen Gliedern zu verlassen. Die Arbeit bekam später weder der Eine noch der Andere. — So löste sich jenes Verhältniss auf, das aber doch für GUERCINO von grossem Einfluss geworden ist. Er hat das Düstere und Ernste von Jenem beibehalten, nur dass er dasselbe durch eine höhere Grazie veredelte. Er steht so zwischen GUIDO RENI und CARAVAGGIO mitten inne. Milder, zarter als dieser, war er kräftiger und kühner als jener; *seguace della fierezza* nennt ihn Malvasia im Gegensatz zu GUIDO RENI. Man muss bedenken, dass dieser sich damals schon mehr seiner letzten zarten Manier zugewendet hatte, wie dies auch GUERCINO später gethan. Das warme Kolorit, das schöne Helldunkel, verbunden mit einem tieferen Gefühl für Wahrheit und Empfindung, hat er auch später vor jenem voraus behalten. In ähnlicher Weise, wie ihre Kunstübung, waren auch ihre Charaktere verschieden. GUERCINO war still, nach innen gekehrt, schweigsam. Von dem vornehmen Wesen GUIDO's zeigte er gerade das Gegentheil. Eine gewisse bäuerische Befangenheit soll er nicht eher abgelegt haben, als bis er, nach GUIDO's Tode, nach Bologna ging, um dort dessen Stelle als Lehrer einzunehmen. Nur Eines hatten sie gemein mit einander: sie sollen niemals Umgang mit Frauen gehabt haben. Einmal allerdings, es war um das Jahr 1632, wurde eine Heirath für GUERCINO beabsichtigt und berathen; er hatte aber wenig Lust zu derselben, und ein Ruf an den Hof von Modena diente zum erwünschten Vorwand, die Unterhandlungen abzubrechen, die auch nicht wieder aufgenommen wurden. So lebte er denn fortan mit der Mutter und zwei geliebten Schwestern, erst in Cento, dann in Bologna. Durch rastlose Thätigkeit gewann er grosse Schätze, die er gut anzuwenden wusste. Er begründete das Glück seiner ganzen Familie, Nichten stattete er zur Heirath aus, Andere dotirte er in Klöstern. Dabei baute er Kapellen und Landhäuser, obschon er selbst an einfaches Leben gewöhnt war. Stets bereit, mit Rath und That zu helfen, wurde er von Allen geliebt. Die Armen verehrten ihn; wenn er ausging, umringten sie ihn wie einen Vater.

Seine Person belangend, sagt Sandrart, so war er sittsam und von guten Geberden. Im Umgang war er heiter und angenehm; nicht durch Form der Rede glänzte er, aber er bezauberte durch den milden Sinn, der sich in allen seinen Aeusserungen kund gab. Auch in künstlerischen Dingen hörte man ihn fast nur Lob aussprechen; musste er tadeln, so geschah es stets mit Maass und Schonung. In seinem sittlichen Verhalten wurde er stets als Muster von Reinheit und Keuschheit betrachtet. In Allem war er still und bescheiden; persönliches Lob beängstigte ihn und machte ihn befangen. Am liebsten war er im eigenen Hause, im Kreise seiner Familie. Er ergötzte sich wohl an den Spässen eines Lieblings-Aeffchens, das ihn weder bei Tag noch bei Nacht verliess und dessen Tod ihn in grosse Bekümmerniss versetzte. Gesund und kräftig von Natur blieb er frisch und blühend bis zum Ende seines Lebens, das er bis auf fast achtig Jahre gebracht. Er lebte als ein Weiser, sagte ein Freund von ihm, und starb als ein Heiliger, den Tod mit Freuden erwartend (Erläuterungen zu Nr. 33). Für die Milde und Güte seines Wesens kann wohl kaum ein besserer Beweis angeführt werden, als dass — in einer Zeit ununterbrochener Künstlerfeindschaften — nie etwas Schlechtes von ihm gesagt, nie auch nur der leiseste Vorwurf gegen ihn ausgesprochen worden ist.

31.

GUERCINO AN [CESARE CAVAZZI].

Cento, 25. September 1637.

w. Herrlichkeit schicke ich hiermit eine Dublone als Ersatz derjenigen, welche Sie für den mir übersandten Geleitsbrief ausgelegt haben. Ich sage Ihnen meinen unbegrenzten Dank dafür, indem ich Ihnen wegen der Mühe, der Sie sich meinetwegen unterzogen haben, ganz besonders verpflichtet bleibe. Die Nachricht von dem Tode des sehr ehrwürdigen Herrn Kapuziners, des Bruders von Ew. Herrlichkeit, habe ich mit grosser Betrübniss vernommen. Aber gegen den Tod giebt es keine Hülfe; man muss sich daher in den Willen Gottes fügen und mit Ergebenheit tragen, was er über uns verhängt!

Was das Bild für den Herrn Doktor Torri anbelangt, so kann ich nur wiederholt meine Geneigtheit versichern, Ew. Herrlichkeit Befehle entgegenzunehmen, und obschon ich mehr als je verschiedenen Personen in Bezug auf übernommene Aufträge verpflichtet bin, so unterziehe ich mich nichtsdestoweniger aus Liebe zu Ihnen der Verpflichtung, besagtes Bild in der mir angegebenen Zeit zu malen, und da mir die Zahl der Figuren in der Darstellung des Verlöbnisses der heiligsten Jungfrau mit dem heiligen Joseph selbst überlassen bleibt, so will ich mich auch mit den 600 Scudi Bologneser Münze zufrieden erklären; mit der Bemerkung jedoch, dass die Ausgabe für den zu verwendenden Ultramarin-Azur dem Besteller des Bildes zur Last fällt. Was die Zahlungsfristen anbetrifft, so genügen mir 100 Scudi als Angeld; das Uebrige kann bezahlt werden, wenn das Bild fertig ist. Das ist es, was ich auf den Brief Ew. Herrlichkeit zu antworten habe, und damit küsse ich Ihnen in aller Liebe die Hand, wie auch mein Bruder thut.

Der Brief ist abgedruckt bei Carlo Morbio *Lettere storiche ed artistiche* Milano 1840, p. 70 ff. Derselbe trägt keine Adresse, scheint indess an einen Herrn Cesare Cavazzi gerichtet zu sein, welcher von dem Dr. Torri beauftragt war, das Geschäft mit Guercino abzuschliessen. Aus einem kurz darauf geschriebenen Briefe Guercino's vom 17. Oktober an den Dr. Torri selbst geht hervor, dass er ihm statt eines *Sposalizio* eine Grablegung Christi gemalt habe, „*quando Cristo già spiccato di croce fù posto nel sepolcro*".

Dieses Bild ist nach der gleichzeitigen Uebersicht der Werke Guercino's (bei Malvasia) im Jahre 1640 vollendet worden. Es stellte eine *Pietà*, Maria mit dem Leichname Christi dar, nebst fünf Figuren, und war von dem Besteller, Herrn Dottore Giovanni Torri in Modena, für die dortige Kirche del Voto bestimmt, wo es auch aufgestellt wurde. G. Campori hat in seinem sehr verdienstlichen Werke *Gli artisti italiani e stranieri negli stati Estensi*, Modena 1855, mehrere Dokumente bekannt gemacht, die sich auf die Geschichte dieses Bildes beziehen. Vom 17. Oktober 1637 datirt eine Quittung Guercino's über die *Caparra* von 100 Ducatoni von Bologna, „es soll auf dem Bilde eine Madonna, ein heiliger Johannes, ein todter Christus und eine heilige Magdalena befindlich sein" (100 Ducatoni == 131 Scudi). Vom 8. Januar 1640 eine Quittung über eine weitere Abschlagszahlung von 100 florentinischen Ducatoni == 135½ Scudi. Am 11. Juni desselben Jahres hat Guercino über die Gesammtsumme quittirt. Sechs Briefe, die derselbe in dieser Angelegenheit nach Modena geschrieben, befinden sich im Besitz des Grafen Francesco Ferrari Moreni. Das Bild selbst ist 1775 von dem Patron der Kapelle wegen seines übeln Zustandes zurückgenommen und durch eine Kopie von Antonio Verni ersetzt worden, die aber später auch zurückgenommen wurde. Man glaubt, dass das Originalbild untergegangen sei (Campori 40). Cesare Cavazzi, an den der Brief nach Morbio's Vermuthung gerichtet ist, war Guardarobe Ducale, Aufseher des Herzogs Francesco I., und hatte die Aufträge, die dieser Fürst öfter dem Guercino ertheilte, zu vermitteln. Vergl. die Dokumente vom 18. Januar 1634; vom 15. November 1641; vom 25. Oktober 1650 bei Campori a. a. O. p. 39. 42. 48. Guercino hat ihm im Jahre 1653 eine Maria mit dem Christkinde gemalt. Campori p. 50 und Malvasia p. 379. — Der in dem Briefe erwähnte Geleitsbrief *(salvocondotto)* scheint sich auf eine Reise zu beziehen, die Guercino vielleicht damals nach Modena unternehmen wollte. Er war schon im Jahre 1632 daselbst gewesen, und zwar auf Wunsch des Herzogs, um sein und seiner Gemahlin Maria Farnese Portrait zu malen. Eine gleichzeitige Chronik erzählt, dass ihm eine Equipage mit sechs Pferden nach Cento entgegengeschickt worden sei, und dass er im herzoglichen Schlosse gewohnt habe. Eine zweite Reise des Künstlers nach Modena wäre an sich nicht unwahrscheinlich, wie wir denn auch wissen, dass ihn der Herzog im Jahre 1649 von Bologna nach Modena holen liess, um ihn aus der tiefen Betrübniss zu reissen, in die ihn der Tod seines vielgeliebten Bruders versetzt hatte. Er wurde nebst einigen andern befreundeten Malern vom Herzoge mit grossen Ehrenbezeugungen aufgenommen und bei seiner Abreise mit einer goldenen Kette im Werth von 100 Dublonen beschenkt, nachdem er dem Herzoge aus Dankbarkeit heimlich ein sehr verdorbenes Bild des Dossi so gut restaurirt hatte, dass dasselbe wie neu erschien.

32.

GUERCINO AN GIAN-DOMENICO OTTONELLI.

Bologna, 13. Mai 1652.

ochwürdiger Vater! Mein verehrter Herr und Gönner! Von dem berühmten Herrn Vincenzo Fiorini habe ich den Brief und das Buch von Ew. Herrlichkeit erhalten. Beide habe ich mit besonderem Vergnügen gelesen; und wenn ich auch das Buch noch nicht vollständig durchsehen konnte, indem ich es einem sehr ausgezeichneten Herrn hier in Bologna, der mich darum gebeten, mitgetheilt habe, so werde ich doch bald Gelegenheit finden, sobald ich dasselbe zurückerhalte, meinem Wunsche Genüge zu leisten und die nützliche und segensreiche Arbeit Ew. Hochwürdigen Herrlichkeit und Ihres Genossen studiren und bewundern zu können. Nach demjenigen, was mir die Kürze der Zeit zu lesen gestattet hat, kann ich nicht anders sagen, als dass das Werk mit grösster Kenntniss und Schärfe des Urtheils geschrieben ist und den Dank eines jeden Malers und Bildhauers verdient; denn es enthält Anleitungen und Belehrungen von solcher Wichtigkeit für den Künstlerberuf, dass dieselbe durch Nichts übertroffen werden kann. Die Vollkommenheit des Buches wird übrigens, meiner Ansicht nach, kaum irgend einen Zusatz erlauben; ich bin überzeugt, dass die Verfasser nur den grössten Ruhm damit ernten können. Denn ich für meinen Theil gestehe ein, dass ich mich Beiden auf das Aeusserste verpflichtet fühle, und sage Ihnen hiermit allen Ihren Verdiensten gebührenden Dank für die freundliche Mittheilung desselben. Hiermit schliesse ich und küsse Ew. Hochwürdigen Herrlichkeit mit Liebe und Verehrung die Hände.

Der obige Brief Guercino's ist gleichsam als Einleitung und Empfehlung einer Abhandlung über die Malerei vorgedruckt, die von einem Theologen und einem Maler im Jahre 1652 zu Florenz gemeinsam herausgegeben ist. Der Drucker des Werkes, Gio. Antonio Bonardi, leitet das Schreiben folgendermaassen ein: der Druck des *Trattato* sei kaum vollendet gewesen, als er von dem theologischen Verfasser die Kopie dieses Briefes erhalten habe, den der berühmte Guercino an denselben gerichtet hätte, nachdem er von ihm sich einige Zusätze und Bemerkungen erbeten, um dieselben mit dem Buche zugleich erscheinen zu lassen. Er, der Drucker, auch Verleger des Werkes, füge nun den Brief dem Buche hinzu, um zu zeigen, wie sehr jener berühmte Maler mit dem Inhalte desselben übereinstimme. Es möge denjenigen Künstlern zum Trost und zur Ermunterung dienen, welche sich in ihren Werken aller gegen die christliche Sitte verstossenden Unschicklichkeiten (*indecenze*) enthielten. Denn derartigen Unschicklichkeiten entgegenzuwirken, sei der Hauptzweck des Buches. Dasselbe hat den Titel: „*Trattato della pittura e scultura, uso et abuso loro, composto da un Theologo e da un Pittore per offerirlo a' Signori Accademici del Disegno di Fiorenza e d'altre Città Christiane. In cui si risolvono molti casi di conscienza intorno al fare e havere l'Immagini sacre e profane etc. etc. Stampato ad instanza de' Sigri. Odomenigico Lelmotti da Fanano e Britio Prenilteri.*" Es ist durchaus in streng kirchlichem Sinne geschrieben, und zwar, wie die Insignien des Ordens auf dem Titel, sowie mehrere Stellen des Buches selbst ergeben, von einem Mitgliede der Gesellschaft Jesu; dies war der Pater Gian-Domenico Ottonelli von Fano, sein Genosse der bekannte Maler und Baumeister Pietro Berettini von Cortona, deren Namen sich als Anagramme auf dem Titel des Buches abgedruckt finden (Gualandi Mem. III. 68—70). Es steht dasselbe in Zusammenhang mit einigen Schriften gegen die Aufführung unsittlicher Lustspiele und ist gegen alle Unschicklichkeiten in der Malerei gerichtet, wozu indess schon jede Darstellung nackter Gestalten gerechnet wird. Das Buch ist voller gelehrter kirchlicher Citate, vorzugsweise aber ist das von uns schon oben (S. 54) erwähnte Werk des Kardinals Paleotti über die heiligen und unheiligen Bilder (in Ingolstadt lateinisch erschienen) von dem geistlichen Verfasser benutzt worden, während Pietro Berettini einzelne kunstgeschichtliche Notizen dazu geliefert zu haben scheint. Der Eifer des Jesuitenpaters richtet sich hauptsächlich gegen die Darstellung des Nackten, insbesondere bei weiblichen Gestalten; nicht minder sei es tadelnswerth, die Züge geliebter Frauen für Heiligenbilder zu benutzen; schon die Benutzung bestimmter männlicher Vorbilder oder Modelle für die Darstellung heiliger Gestalten sei gefährlich; am besten sei es, sich nach der Wirklichkeit zu richten und etwa vorhandene authentische Portraits von Heiligen zu Vorbildern zu benutzen; weshalb denn auch mitunter Heilige den Malern in Visionen erschienen seien, um ihnen eine treue Anschauung ihres wirklichen Aussehens zu gewähren. Eine sehr wichtige Frage ist es dem Autor, ob es dem Maler gestattet sei, an Festtagen zu malen. Es wird zur Lösung derselben eine umfassende Literatur aufgeboten, erst werden die kirchlichen Autoren angeführt, welche das Malen an Feiertagen gestatten, dann solche, die es verbieten wollen; ferner mehrere zweifelhafte Fälle auseinandergesetzt: wenn der Maler z. B. das Bild an eine Kirche verschenken wolle, wenn er zur eigenen Belehrung arbeite u. s. w.

Endlich folgt die Entscheidung des Autors selbst, die dahin geht, dass die Malerei, als freie Kunst, an Festtagen geübt werden dürfe; insofern sie aber mechanisch und nicht frei sei, wäre dies nicht gestattet; öffentlich dürfe ein Maler unter keiner Bedingung an Festtagen arbeiten, wohl aber allein und in der Zurückgezogenheit, um keinen Skandal zu geben, gleichviel, ob es um Lohn, aus Frömmigkeit oder zu eigener Belehrung geschehe; alles aber, was den mechanischen Theilen der Beschäftigung angehört, das Farbenreiben, das Aufspannen der Leinewand, das Grundiren derselben und Aehnliches sei durchaus verboten und sündhaft. Dies sind einige der Gewissensfragen, die zum Nutzen des Künstlers behandelt werden. Andere betreffen die Besitzer. Bilder mit nackten Figuren solle man nicht aufhängen. Es werden schreckliche Folgen derartiger Bilder erzählt. Ein Vater sei, weil er dies Verbot nicht befolgt, nach dem Willen der Vorsehung von seinen eigenen Söhnen erschlagen worden; ein Mann, der in einem Zimmer, worin sich nackte Figuren befanden, an schwerer Krankheit darnieder gelegen, sei auf wunderbare Weise gesund geworden, nachdem er das Zimmer verlassen. Nun aber seien doch einmal viele Bilder der Art verbreitet. Wie solle man sich helfen? Man könne dieselben entweder in wenig besuchte Gemächer hängen oder mit Leinewand überdecken, was denselben durchaus nicht schädlich sei. Man könne sie auch übermalen lassen, wie Gio. Francesco Sanfelice in Neapel im Jahre 1643 gethan. Er habe eine nackte Venus besessen, der ein Amor mit einem Pfeile die Liebeswunde beibrachte; er liess die Venus bekleiden, einen Todtenkopf dazu und dem Amor eine Geissel in die Hand malen. *O quanto è ingegnoso il zelo d'un animo nobile e virtuoso!* ruft der Verfasser dabei aus. So habe einst Pius V. das Weltgericht Michelangelo's, das er wegen der Nacktheit der Gestalten ursprünglich ganz vernichten wollte, auf Rath des römischen Malers Giovanni de' Vecchi theilweise übermalen lassen. So übermalte noch später der Maler Domenico Puglijano von Florenz mehrere nackte Figuren auf einigen Bildern, die aus den Niederlanden stammten. Am verdienstlichsten allerdings sei es, derartige Sachen ganz zu zerstören; so habe der Kardinal Berlinghieri Gessi eine Venus von Tizian besessen; er liess die Hauptfiguren aus der Leinewand herausschneiden, nur der Amor blieb auf dem Bilde. Ein frommer Bischof besass ein Urtheil des Paris; er liess (1654) die drei Göttinnen herausschneiden, nur der Paris blieb übrig. Noch weiter ging Kaiser Ferdinand II., der „grosse Jesuitenzögling", wie Ranke ihn einmal nennt; er habe Bilder der Art ohne weiteres in die Flammen werfen lassen. Noch viele ähnliche Beispiele werden angeführt. u. a. von einer frommen spanischen Dame, welche Bilder in einem Werth von 30,000 Realen verbrannt habe. Aber nicht das Nackte allein verfolgt die Kirche. Auch Bilder heidnischen Inhalts dürfen nicht geduldet werden; keine heidnischen Gottheiten, keine heidnischen Kaiser, namentlich wenn sie die Christen verfolgt, vor allen keine Ketzer [1]). Zur Bestätigung dieses Verbotes wird ein ähnlicher Gewissensfall in Bezug auf häretische Schriften angeführt. Man setze den Fall, ein sonst von dem Verdacht der Häresie ganz freier Katholik besässe ketzerische Bücher, nicht um den darin enthaltenen Irrthümern Folge zu geben, sondern um die glänzende Kunst und die Eleganz zu bewundern, mit der dieselben geschrieben sind. Würde sich dieser nicht eines kirchlichen Vergehens schuldig machen, würde er nicht inquirirt und bestraft werden müssen? „Gewiss", sagen die Schriftgelehrten. So würde auch ein Mann, der häretische Bilder besitzt, sich dem Verdachte des Unglaubens aussetzen. Indess sei in diesem Falle doch die Benutzung derartiger Bilder gestattet, wenn man auf denselben irgend ein Zeichen anbrächte, dass man die Ketzerei der dargestellten Person verdamme. So habe man einmal Luther gemalt, im Mönchskleide, aber unter der Gestalt eines Wolfes, und schöne erbauliche Verse darunter hätten die Gründe dieses „wölfischen" Aussehens angegeben. Das sei löblich und christlich! So hätte ein Mann das Bild eines Häretikers besessen. Dieser habe nämlich lange Zeit für einen tugendhaften und frommen Christen gegolten. Endlich habe die heilige Inquisition das Gegentheil entdeckt, und der Besitzer des Bildes sei in arge Verlegenheit gekommen, da dasselbe gut gemalt gewesen sei und er sich dessen nicht habe berauben wollen. Da sei er auf den guten Einfall gekommen, einen Teufel hinzu malen zu lassen, der dem Häretiker seine verderblichen Lehren ins Ohr flüsterte. Nun sei es ein gutes Werk gewesen, das Bild zu behalten! In letzter Konsequenz kommt endlich der Verfasser dazu, dass auch komische und lächerliche Bilder (ridicolo) nicht gestattet seien. Mit Weinen komme der Mensch auf die Welt, mit Weinen gehe er von dannen — dazwischen dürfe Scherz und Lachen keinen Platz finden! — Man sieht die Ideen, die einst dem armen Ammanati, dem ersten Jesuitenfreund unter den Künstlern, seine letzten Lebensjahre verbittert haben (Künstlerbriefe I. 317), sind zu voller Blüthe gelangt. Das Buch ist sehr lehrreich für die Kunstgeschichte, und zwar nicht bloss für die des siebzehnten Jahrhunderts.

[1]) Cosimo I. liess sich einen Melanchthon für seine Gallerie malen. Künstlerbriefe I. 266.

33.

GUERCINO AN . . . .

Bologna, 28. August 1652.

Von Signor D. Claudio habe ich diesen Morgen Ihren Brief erhalten und daraus ersehen, dass jene Dame, von der Sie mir schrieben, das Bild mit dem heiligen Franciscus zu haben wünscht. Ew. Herrlichkeit weiss schon, wie weit dasselbe vorgerückt ist, so dass nichts Anderes mehr nöthig ist, als dasselbe abholen zu lassen, wobei ich bitte, dass diejenigen, welche es abholen, ein Tuch mitbringen, um es damit zuzudecken. Inzwischen ersuche ich Ew. Herrlichkeit um die Gunst, in meinem Namen der Besitzerin des Bildes meine Verehrung zu bezeigen und sie zu versichern, dass ich bei jeder Gelegenheit ihren Befehlen gern nachkommen würde. Ich muss Ihnen ferner meinen herzlichsten Dank für die Empfehlungen sagen, die Sie auf mein Ersuchen mündlich ausgerichtet haben, und in deren Erwiderung ich Sie benachrichtige, dass der Herr Doktor Francesco Scanelli sich in gutem Wohlsein befindet und beifolgende Notizen in Bezug auf das Bild eigenhändig aufgeschrieben hat. Und um nicht zu verfehlen, Ihnen das Verlangte mitzutheilen, schicke ich hier beigeschlossen Alles, sowohl über die Leinwand und den Rahmen, als auch über den Ultramarin-Azur, wonach Sie sich richten und ersehen können, was mir die besagte Dame schuldet. Indem ich Sie schliesslich noch von Seiten des Herrn Gennari und vom „ganzen Atelier" wieder grüsse, küsse ich Ihnen herzlich die Hand.

Das in Rede stehende Bild, an welchem eine besondere Formenschönheit gelobt wird (der Heilige ist jung und schön dargestellt), war von der Gräfin Lucrezia Castellini für eine der Familie Galamini, aus welcher ihr Mann stammte, gehörige Kapelle des heiligen Franciscus bestellt worden. Nach den von Calvi Vita del Guercino Bol. 1808 p. 129 bei M. A. Gualandi Memorie III. 81, wo auch der obige Brief abgedruckt ist, mitgetheilten Quittungen hat auch Guercino im Ganzen 125 Dukaten dafür erhalten, wobei Rahmen, Leinwand und Ultramarin besonders bezahlt worden sind. Das Bild, von dem es in der ersten Quittung heisst: „fatto ad istanza della Signora Lucrezia Castellini", ist 3½ Braccien hoch, 3 Braccien breit und befand sich 1812 im Besitz des Grafen Torricelli in Florenz. Der Doktor Francesco Scanelli, der im Brief erwähnt wird, stammte aus Forli und ist als Verfasser des „Microcosmo della pittura, Cesena 1657", bekannt. — Wir fügen hier noch einen Auszug aus dem Testamente Guercino's hinzu. Dasselbe ist am 12. Oktober 1665 in italienischer Sprache niedergeschrieben und enthält folgende Hauptbestimmungen. Sein Körper soll mit einem Kapuzinergewande bekleidet (dasselbe war auch bei den Exequien Guido Reni's der Fall) und an verschiedenen Orten 200 Messen gelesen werden. Der Haupterbe soll die Trauerkleider für seine Schwestern, Nichten und deren Männer bezahlen, damit denselben keine Ausgaben wegen seines Todes erwachsen. Aus einer Besitzung in Cento werden mehrere Messen daselbst gestiftet. Der heiligen Jungfrau del Rosario zu Cento wird eine goldene Kette von 60 Doppien Werth als Legat vermacht, an Festtagen umzuhängen. (Diese

Kette ist trotz aller Vorsichtsmaassregeln des Testators später verschwunden, wie auch die zur Stiftung der Messen bestimmten Kapitalien.) Mehreren Nichten und Neffen werden Häuser und Jahrgehalte ausgesetzt. Seine beiden liebsten Schwestern aber, Maria und Lucia, welche mit dem Erblasser zusammenleben, soll der Haupterbe erhalten und hoch ehren, wie er es selber gethan, für jede derselben eine Magd halten und ausserdem einer jeden 10 Scudi jährlich als Taschengeld geben. Sterben sie in dem Hause des Erben, so dürfen sie noch über je 50 Scudi nach ihrem Belieben verfügen. Er würde sie, setzt Guercino hinzu, selbst zu Haupterben ernannt haben; weil er aber wisse, wie viel Unruhe und Qual den Wittwen in seiner Zeit bereitet werde, glaube er, sie auf diese Weise viel sicherer gestellt zu haben, und hoffe, dass sie ihm Dank dafür wissen würden. Universalerben in allem Uebrigen sind Benedetto und Cesare de' Gennari, seine liebsten Neffen, die gegen ihn gehorsam und liebevoll gewesen sind, wie Söhne gegen einen Vater. Sie erben zu gleichen Theilen. Stirbt einer von ihnen, ohne Kinder zu hinterlassen, so tritt der Andere für ihn ein. Keiner darf ohne Wissen und Willen des Andern etwas veräussern. Wenn einer wegen eines Kapitalverbrechens gestraft werden sollte, so geht er der ganzen Erbschaft verlustig; durch Recht oder Gnade restituirt, tritt er auch in die Erbrechte wieder ein. Schliesslich ermahnt er die Brüder, sie möchten friedfertig und in Eintracht mit einander leben; auch den übrigen Verwandten stets mit Rath und That beistehen und sich vor Allem nicht durch üble Nachreden und Verläumdungen gegen einander zu Misstrauen und Unfriede verleiten lassen. Gualandi *Memorie* I. 150—159. — Der milde und fromme Sinn, den Guercino durch sein ganzes Leben hindurch bekundet hat, tritt auch in diesem seinen letzten Willen zu Tage. *„Fece un testamento,"* sagt der gleichzeitige Biograph bei Malvasia, *„degno da essere veduto da tutto il mondo, con ricordi veramente espressi da un animo di Paradiso."*

PETRUS PAULUS RUBENS.

Die mit grossem Pomp begangene Feier der dreihundertsten Wiederkehr von Rubens' Geburtstag im Jahre 1877 hat den Anlass zu einer Reihe von werthvollen Publikationen gegeben, welche zur Aufklärung, Richtigstellung und Ergänzung der Biographie des Malerfürsten erheblich beigetragen haben. Bis dahin war für die Kenntniss des Meisters immer noch Waagen's Abhandlung in v. Raumer's historischem Taschenbuch vom Jahre 1833 (in der zweiten Redaktion wiederabgedruckt, berichtigt und durch schätzbare Anmerkungen versehen von Woltmann in Waagen's Kleine Schriften, Stuttgart 1875, S. 234 ff.) maassgebend gewesen. Eine Fülle von Dokumenten und Briefen, die sich auf Rubens und seine Eltern beziehen, hat P. Génard unter dem Titel: *P. P. Rubens, Aanteekeningen over den grooten meester en zijne bloedverwanten,* Antwerpen 1877, herausgegeben. Sie geben namentlich interessante Aufschlüsse über die Testamente und die Hinterlassenschaft des Künstlers und über die traurigen Verhältnisse, in welche sein Vater durch seine Beziehungen zu der wahnsinnigen Gattin Wilhelm's von Oranien, Anna von Sachsen, verstrickt wurde. Es ist das Verdienst von Bakhuizen van den Brink, zuerst in seiner Schrift: *Het huwelyk van Willem van Oranje met Anna van Saxen.* Amsterdam 1853, diese tragische Episode aus dem Leben von Rubens' Vater nach Aktenstücken geschildert zu haben, aus welchen zugleich hervorging, dass PETRUS PAULUS

Rubens nicht in dem Lande, welches ihn mit berechtigtem Stolz als einen seiner grössten Männer feiert, sondern in dem westphälischen, damals zur Grafschaft Nassau gehörigen Städtchen Siegen das Licht der Welt erblickt habe. Gegen seine Ausführungen wandten sich zwar Dr. Ennen, der Stadtarchivar von Köln, welcher diese Ehre der Hauptstadt der Rheinlande zuwenden wollte[1]), und der belgische Deputirte Dumortier[2]), der für Antwerpen plaidirte; aber es gelang Bakhuizen in einer zweiten Schrift (*Les Rubens à Siegen*, La Haye 1861), die von den Gegnern vorgebrachten Bedenken mit solchem Erfolge zu widerlegen, dass selbst der amtliche Katalog des Antwerpener Museums (Ausgabe von 1874, S. 291) zugeben musste, dass „Rubens mehr als wahrscheinlich in Siegen geboren worden ist".

Während der Jubiläumstage im August 1877 wurde diese an sich ziemlich unbedeutende Ortsfrage zu einer Nationalitätsfrage aufgebauscht. Man begnügte sich in Antwerpen nicht mit der Ehre, dem grössten malerischen Genie der Nation eine Heimstätte und die Bedingungen zu seiner ungehinderten, glorreichen Entwicklung gewährt zu haben, man wollte ihn, der gewiss mit jeder Faser seines Herzens im vlämischen Volke wurzelte, der sich stets einen Bürger Antwerpens nannte, auch zum Sohn der Scheldestadt machen, und so entwickelte sich in der Tagespresse, in Broschüren und Gelegenheitsschriften eine wilde chauvinistische Polemik, die jedoch weit entfernt war, triftige Gegengründe zu Tage zu fördern.

Indessen stellten sich, getrieben durch ein leicht begreifliches patriotisches Gefühl, selbst ernsthafte Forscher in den Dienst dieser Sache und durchsuchten mit unermüdlichem Eifer die Archive. An ihrer Spitze steht der Stadtarchivar von Antwerpen, P. Génard, der in dem oben citirten dicken Folianten von Neuem die von Dumortier mit mehr Beredsamkeit als historischem Sinn entwickelten Gründe vorgebracht hat. Er beruft sich mit jenem auf einen Brief, den Maria Pijpelinckx, die Mutter Rubens', am 14. Juni 1577 an den Grafen Johann von Nassau gerichtet und in welchem sie sagt: „*Ayant maintenant plus de six ans continuellement pleuré ce notre désastre[3]), calamité et affliction, l'une sur l'autre, il a plu à ce bon*

[1]) Dr. L. Ennen, Ueber den Geburtsort des P. P. Rubens, Köln 1861.

[2]) B. C. Dumortier, *Recherches sur le lieu de naissance de P. P. Rubens*, Bruxelles 1861.

[3]) Jan Rubens, der Vater des Malers, war am 13. März 1530 zu Antwerpen geboren und studirte die Rechte, zuletzt in Rom, wo er im Jahre 1554 den Doktorhut erhielt. 1561 schloss er eine Ehe mit Maria Pijpelinckx. Während der Zeit von 1562 bis 1567 war er Schöffe von Antwerpen, verliess aber diese Stadt im Jahre 1568, weil er protestantisch gesinnt war und die Verfolgungen des Herzogs Alba fürchtete. Er begab sich nach Köln und bald darauf trat er in Beziehung zu der Gemahlin des Prinzen Wilhelm von Oranien, Anna von Sachsen. Anfangs ihr Sachwalter, der ihr persönliches Gut von der Konfiskation, welche über die Besitzthümer ihres Gatten verhängt war, befreien sollte, wurde er ihr Liebhaber. Das sträfliche Verhältniss ward ruchbar, kurze Zeit bevor die Prinzessin im August 1571 ein Kind zur Welt brachte, und als sich Rubens eines Tages zu ihr nach Siegen begab, wo sie ihren Wohnsitz hatte, wurde er unterwegs von den Trabanten des Grafen Johann von Nassau, des Bruders von Wilhelm von Oranien, aufgehoben und nach Dillenburg gebracht, wo er in strenger Haft gehalten wurde. Seine edelmüthige Gattin verzieh in seltener Hochherzigkeit seinen Fehltritt, sie tröstete ihn in seiner Trübsal und setzte alle Hebel in Bewegung, um seine Freilassung zu erwirken. Jan Rubens blieb bis zum Beginn des Jahres 1573 im Gefängniss. Dann erst wurde er Dank den Bemühungen seiner Gattin und einflussreicher Personen in Freiheit gesetzt und ihm gestattet, sich in Siegen niederzulassen, nachdem er vorher mit Hülfe seiner Frau eine Bürgschaft von 8000 Thalern

Dieu, source de toute miséricorde, me console un peu, m'ayant donné le moyen inespéré, de pouvoir supplier à Monsieur le Prince d'Orange etc. Aus dem Worte „*supplier*" will er schliessen, dass Maria Rubens dem Prinzen von Oranien persönlich ihre Supplik überreicht habe, und da dieser, wie unzweifelhaft feststeht, während der Monate Mai und Juni die Niederlande nicht verlassen hat, folgert er weiter, dass Frau Rubens, zugleich in der Absicht, die geschäftlichen Angelegenheiten ihres Mannes zu ordnen, nach den Niederlanden gereist sei und dort eine Zusammenkunft mit dem Herrn ihres Geschicks gehabt habe. Die Unzulässigkeit dieser Interpretation hat Riegel in der Augsb. Allg. Ztg. 1877 Nr. 310 Beilage sofort nach dem Erscheinen des Génard'schen Buches nachgewiesen und mit Recht geltend gemacht, dass der sonst so gründliche Stadtarchivar von Antwerpen dieses völlig unhaltbare Gebäude von Hypothesen aufgerichtet habe, um dem grossen Kirmessfest, welches die Scheldestadt im August 1877 „zu Ehren ihres grossen Sohnes" feierte, auch einen wissenschaftlichen Halt zu geben. Génard ist auch später nach dieser Richtung hin thätig gewesen und hat zur weiteren Unterstützung der von ihm vertheidigten Hypothesen im *Journal des Beaux-Arts* vom 31. Mai 1878 (*Nouveaux documents sur la famille de Rubens*) einen Brief veröffentlicht, in welchem ein gewisser Marnix van Saint-Aldegonde unter dem 18. Mai 1577 d. d. Gertruidenberg, einem Städtchen an der Maas zwischen Breda und Dortrecht, Jan Rubens die Mittheilung macht, dass die Schritte, welche RUBENS' Halbbruder, Philips de Landmeter, thun wollte, um dem Prinzen von Oranien eine Bittschrift zu überreichen, auf eine bessere Gelegenheit verschoben worden sind. Diese Bittschrift soll sich nach Ansicht derer, welche für Antwerpen als die Geburtsstadt des Meisters kämpfen, auf die oben aus dem Briefe vom 14. Juni 1577 mitgetheilte Stelle beziehen. Wenn aber Maria Pijpelinckx trotz ihres hochschwangeren Zustandes die beschwerliche Reise nach den Niederlanden wirklich unternommen haben sollte, würde sie entweder selbst den Brief an ihren Gatten geschrieben oder Marnix van Saint-Aldegonde würde doch mit einem Worte ihrer Anwesenheit in Gertruidenberg, die Rooses in seiner *Geschiedenis der Antwerpsche Schilderschool* S. 254 auf den 18. Mai festsetzt, Erwähnung gethan und dem besorgten Gatten ihre glückliche Ankunft gemeldet haben. Eine derartige Unterlassung gehört so sehr in das Gebiet der Unwahrscheinlichkeit, dass wir die Hypothesen der Antwerpener Stadtgelehrten auf sich beruhen lassen können. Urkundlich steht fest, dass Maria Pijpelinckx am 26. April und am 14. Juni in Siegen war, und dort war sie auch, als sie Ende Mai 1577 einem Kinde das Leben gab, welches in der Taufe den Namen Peter Paul erhielt. Die Annahme, dass RUBENS im Mai geboren ist, bedarf übrigens auch noch des Beweises. Sie stützt sich auf die von Gevaerts verfasste Grabschrift des Malers, welche als den Todestag RUBENS' den 30. Mai 1640 nennt und weiter sagt, dass derselbe 64 Jahre alt war. Wäre RUBENS also, wie die alte Ueberlieferung will, am 29. Juni 1577 geboren, so würde er nur ein Alter von 62 Jahren und 11 Monaten erreicht haben. Aber selbst wenn wir seinen Geburtstag in

gestellt hatte. Er sah diese Summe nicht wieder. Johann von Nassau und sein Bruder Wilhelm waren in beständiger Geldnoth, und diese ihre Verlegenheiten benutzte Jan Rubens, um sich erst theilweise und endlich ganz aus ihrer Gewalt loszukaufen. Am 10. Januar 1583 stellte der Graf von Nassau in Dillenburg eine Urkunde aus, laut welcher er dem Jan Rubens seiner „sonsten wol verwirkten Haft und Straff gnediglich" entlässt und für sich und seine Nachkommen sich jeder weiteren Ansprüche begiebt. Damit fand die Tragödie nach zehnjähriger Dauer ihren Abschluss. Rubens war inzwischen (1577) mit seiner Familie nach Köln gezogen, wo er im Jahre 1587 starb.

den Mai setzen, würde sich nur eine Lebensdauer von 63 Jahren und einigen Tagen ergeben. Die Grabschrift stimmt also mit der einen Annahme ebenso wenig wie mit der anderen. Ihre Autorität ist für uns aber keineswegs bindend, da wir sie nicht in der ursprünglichen Fassung besitzen. Wir haben deshalb viel grössere Veranlassung, an der alten Ueberlieferung festzuhalten, welche gewiss mit gutem Grund den Tag der Apostelfürsten Peter und Paul, den 29. Juni 1577, als den Geburtstag des Malerfürsten angiebt. Damals war aber Maria Pijpelinckx unzweifelhaft in Siegen. Vergl. über den ganzen Streit auch A. Spiess Episode aus dem Leben der Eltern P. P. Rubens, Dillenburg 1873 und H. Hymans Rubens nach seinen neuesten Biographen (Repertorium für Kunstwissenschaft III. S. 35 ff.).

Die Jugend unseres Malers fiel also in eine trübe Zeit. Das Drama, welches um seine Wiege spielte, wird nicht ohne Einfluss auf seine Gemüthsrichtung geblieben sein, und das heldenhafte Wesen seiner trefflichen Mutter auf seine Herzensbildung eingewirkt haben. Erst nach dem Tode des Vaters, als die Mutter Köln verliess und mit den Kindern in die Heimath zurückkehrte, gestalteten sich die Verhältnisse für ihn und die Seinigen wiederum günstiger. Nach beendigtem Schulunterricht, den er schon in Köln mit so gutem Erfolg begonnen hatte, dass er seine Altersgenossen übertraf, erhielt er eine Stelle als Page im Hause der Frau von Ligne, der Wittwe des Grafen von Lalaing. Aber das Leben in diesem vornehmen Hause behagte ihm auf die Dauer nicht, und er wusste es bald durchzusetzen, dass seinem künstlerischen Drange Genüge gethan wurde.

Rubens erhielt erst den trefflichen Landschafter Verhaegt zum Lehrer, was für seine spätere Kunstweise von grossem Einfluss geworden ist. Der darauf folgende Unterricht bei van Noort wurde wegen der Rohheit des Meisters dem feingebildeten Jüngling verhasst und bald aufgegeben. Indessen hat auch dieser etwas brutale Kolorist und kühne Zeichner ohne Zweifel auf den künstlerischen Entwicklungsgang von Rubens bedeutend eingewirkt. Nun konnte es sich für Rubens nicht günstiger fügen, als dass er zu Octavius van Veen in die Schule kam. Dieser Künstler hatte sich, obschon auch er an jener im Grunde unorganischen Verbindung niederländischer und italienischer Kunstelemente Theil hatte, trotzdem einen feinen Natursinn und eine gewisse Naivetät bewahrt, die namentlich in seinen Sinnbildern der Liebe höchst erfreulich sich aussprechen. Er war überdies ein durch feine Bildung und Gesittung gleich angesehener Mann; sein Wesen hatte etwas dem Schüler Verwandtes. So kam zu Rubens' künstlerischer Entwicklung, soweit diese die Heimath gewähren konnte, die letzte glückliche Zuthat; nicht minder zu seiner weltmännischen Ausbildung die Berührung mit dem Brüsseler Hofe. Octavius van Veen war dem Erzherzog Albrecht und dessen Gemahlin, der Infantin Isabella, befreundet und stellte ihnen den jugendlichen Künstler vor, der durch sein liebenswürdiges Wesen sich bald ihre Zuneigung gewann; eine Zuneigung, die sie ihm während ihres ganzen Lebens bewahrt haben. So kam Alles zusammen, künstlerische Tüchtigkeit, ausgedehnte Bildung, namentlich eine seltene Sprachkenntniss, gesellschaftliche Bedeutsamkeit und Unabhängigkeit, endlich die Empfehlung einflussreicher Fürsten, um Rubens, als er sich im Jahre 1600 nach Italien aufmachte, so vorbereitet auf die damalige hohe Schule der Kunst ziehen zu lassen, wie wohl nur wenig Künstler vor und nach ihm dies zu thun im Stande waren. Ueber Venedig ging er nach Mantua. Dort waren es die farbenprächtigen Tizian und Veronese, hier der gestaltenmächtige Giulio Romano, die ihn durch eine gewisse Kongenialität fesselten und sehr wesentlich zur Abrundung seiner eigenen

Kunstübung beitrugen. In Mantua fand er eine Stellung als Hofmaler des Herzogs Vincenzo von Mantua, der, ein Freund der Künste und wissenschaftlicher Studien, den vielseitig gebildeten Künstler bald nach Gebühr schätzen lernte. Einst überraschte er RUBENS, als dieser beim Malen lebhaft eine dem Gegenstand seiner Arbeit entsprechende Stelle der Aeneïde recitirte; er sprach ihn darauf lateinisch an und war nicht wenig über die zierliche lateinische Entgegnung erfreut, mit der ihn RUBENS begrüsste. Ein wie grosses Vertrauen der Fürst dem Künstler geschenkt, geht aus einer Sendung nach Spanien mit Geschenken für den König und den Herzog von Lorma — Pferde für den ersteren, Gemälde für den letzteren — hervor, mit der er denselben betraute. In RUBENS' künstlerische Weiterbildung griff es dann nicht minder mächtig ein, dass er nach Rom ging. Zuerst im Sommer 1601, dann für längere Zeit Ende 1605 bis Juni 1607 und zuletzt 1608. Auf den Einfluss der todten Meister folgte der der lebenden. Kaum mochte jemals ein solches Getriebe der verschiedenartigsten Richtungen und Gegensätze diese Hauptstadt bewegt haben, als dies gerade jetzt in den ersten Jahren des siebzehnten Jahrhunderts der Fall war. Manierismus, Eklekticismus und Naturalismus waren im Kampf begriffen; der erstere noch auf dem Gipfel seiner Geltung, die beiden letzteren schon von ihren ersten Erfolgen gehoben. ZUCCHERO, die CARACCI, CARAVAGGIO und ihre Schüler kreuzten sich hier mannigfach durcheinander: ein feuriger, nicht immer edler Wetteifer hatte die heimischen Künstler ergriffen, um welche sich mit mehr oder weniger Theilnahme andere Künstler fast aller Nationen gruppirten. Welch eine Anregung für einen jugendlich strebenden Geist! Die Gefahr, die allerdings auch in diesem heftig bewegten Treiben lag, war für RUBENS minder gross, weil er schon eine tüchtige Schule durchgemacht hatte. Wer weiss, ob er sich sonst von jener eigenthümlichen Gewalt wieder hätte losmachen können, die der düstere Naturalismus eines CARAVAGGIO damals auf Künstler und Publikum ausübte, und der RUBENS, wie Sandrart ausdrücklich erwähnt, sich auch nicht ganz zu entziehen vermochte. So aber ging er unbeirrt durch jenes Treiben hindurch und wusste sich den Kern seiner eigenen Natur ungefährdet zu bewahren. Bedeutende Werke bezeugen seine produktive Thätigkeit während jenes dreimaligen römischen Aufenthalts. Im Sommer 1607 machte er mit seinem Fürsten eine Reise nach Genua, das wir schon als Sitz eines sehr bewegten Kunstlebens kennen gelernt haben. Dass er an den dortigen Parteiungen wenigstens innerlich lebhaften Antheil genommen, haben wir ebenfalls schon angedeutet (S. 46). Vor Allem aber war es hier ein anderes Studium, das ihn beschäftigte, das der Architektur. Ausser einer Reihe von Portraitbildern, die er hier für die reichen Familien des genuesischen Adels malte, hat er eine grosse Anzahl von Zeichnungen und Messungen der schönen Paläste gesammelt, die dieser Stadt den Namen der „Stolzen und Prächtigen" verschafft haben. Die Zeichnungen sind später (1622) in einem Kupferwerke zu Antwerpen erschienen [1]. Im Januar 1608 ging er wieder nach Rom, um seine dort begonnenen Arbeiten für die Kirche Sa. Maria in Vallicella fortzusetzen; aber noch bevor er sie vollendet hatte, rief ihn eine traurige Nachricht in die Heimath zurück. Seine Mutter war gefährlich erkrankt, und obschon er sich augenblicklich zur Rückreise entschloss, fand er dieselbe bereits als Leiche. Tiefe Trauer hielt ihn längere Zeit von aller Kunstübung entfernt und, als er wieder in die Welt und das Leben zurücktrat, geschah es nur, um in der Rückkehr nach Italien Tröstung

---

[1] Vergl. Ch. Ruelens *Pierre-Paul Rubens, Documents et lettres*, Bruxelles 1877, S. 84 und S. 101 ff.

zu suchen. Da war es denn ein für die Kunstgeschichte äusserst folgenreiches Ereigniss, dass er diese Reise aufgab und sich zum Bleiben entschloss, wozu er von den Erzherzögen in einer ebenso liebevollen, als für ihn ehrenden Weise aufgefordert wurde. Man hat Recht, dies Bleiben als ein Ereigniss für die Kunstgeschichte zu bezeichnen. Allerdings wären RUBENS auch in Italien die grössten Erfolge gewiss gewesen. Er würde ohne Zweifel in dem glänzenden Künstlerkreise Italiens einer der Ersten und Grössten geworden sein. Aber ein eigentlich neues Element hätte er auf diese Weise nicht in die Kunstgeschichte einführen können. Dies war das der Nationalität. Denn darin liegt eben seine grosse geschichtliche Bedeutung, alle Elemente der damaligen Bildung im Sinne seiner Nationalität aufgefasst und verschmolzen zu haben. Das konnte er nur, wenn er in seiner Heimath, mitten unter den nationalen Einflüssen weiter schuf. So allein konnte er den Abschluss der nordischen Kunstentwicklung bilden, was er nach einer Seite ebenso entschieden gethan, als REMBRANDT nach der andern. Wie er aber diesen seinen Entschluss, im nationalen Sinne in der Heimath zu wirken, ausführte, lässt einen deutlichen Blick in das Verhältniss thun, in dem in seinem Innern der Künstler zum Welt- und Hofmanne stand. Man wünschte, indem man ihn zum Hofmaler ernannte, ihn in Brüssel zu behalten. Die Liebe der Erzherzöge und die Freundschaft des Ministers Spinola hätten ihm hier eine hohe und einflussreiche Stellung gesichert. RUBENS dagegen nahm von der ihm zugedachten Ehre nur das an, was seinen Künstlerberuf nicht beeinträchtigte. Anstatt sich in das festgegliederte Leben des Hofes einzufügen, zog er es vor, sich ein neues zu schaffen. „Ich bin des Hoflebens satt," sagte er später einmal von dem französischen, und „ich hege einen Abscheu dagegen" von dem englischen Hofe. Man hat dies wohl aus anderen Gründen zu erklären gesucht, wie aus dem Aerger über verspätete oder ganz ausgebliebene Zahlungen; aber der eigentliche Grund lag tiefer. Es war der, dass der Künstler in ihm den Hofmann überwog. Es war die Ueberzeugung, dass mit dem Hofleben die wahrhaft freie Entfaltung des künstlerischen Geistes unvereinbar war. Die erste Aeusserung dieser Gesinnung war eine faktische; sie ist in der Weigerung ausgesprochen, seinen Aufenthalt in Brüssel zu nehmen. Er stellte die Bedingung, in Antwerpen leben zu dürfen. Und nun, da man dies, wenn auch gewiss nicht gern, bewilligt hatte, beginnt eine neue Zeit für ihn; ein Leben so reich an geistigen Interessen und so glänzend zugleich, dass man fast das Ideal eines Künstlerlebens darin sehen möchte. Es sollen hier, ohne auf den ganzen Reichthum der nun sich entfaltenden Thätigkeit einzugehen, nur die hauptsächlichsten und für RUBENS' künstlerische Charakteristik wesentlichsten Seiten derselben hervorgehoben werden.

Zunächst ist die vollkommene Unabhängigkeit dieses Lebens zu beachten. Dies ist für das Wesen der nun sich im Norden entwickelnden Kunstweise sehr beachtenswerth. Von den italienischen Meistern der damaligen Zeit haben die meisten in abhängigen Verhältnissen gelebt. Das ehrgeizige Treiben namentlich am römischen Hofe hatte sie mit in seine Kreise gezogen. Der Nepotismus hatte im Kunstleben nicht geringeren Einfluss, als im literarischen und politischen Leben Roms. Jeder einflussreiche Kardinal bildete seinen besonderen Kreis von Günstlingen um sich. Fast alle Künstler sind so an die Gunst der Grossen geknüpft und von ihr abhängig gewesen. Der stete Wechsel des Glückslaufs betraf dann nicht selten den Günstling wie den Gönner. In anderen Städten Italiens hatten dann die weltlichen Hofintriguen nicht geringeren Einfluss, als in Rom die geistlichen. In Frankreich und England, als überwiegend monarchischen Staaten, zeigt sich dies noch deutlicher. RUBENS hat sich dagegen —

wie einst Tizian — von solchen Einflüssen ganz frei gehalten. Wohl arbeitete er für Höfe; an Höfen aber arbeitete er nur, wenn er durch politische Sendungen daran gefesselt war. In seinem Hause lebte er in gänzlicher Unabhängigkeit. Und zwar trägt diese Unabhängigkeit einen glänzenden, beinahe fürstlichen Charakter an sich. Es ist bekannt, mit welcher Pracht er sich ein Haus errichtete. Breite Treppen führten zum Atelier empor. Ein Rundbau, nach dem Muster des Pantheons in Rom, war zur Aufnahme seiner kostbaren Kunstsammlung bestimmt. Auch bei Rembrandt werden wir eine solche Unabhängigkeit kennen lernen. Nur dass diese mehr bürgerlich, volksthümlich, republikanisch war.

Innerhalb dieses schönen und unabhängigen Lebens tritt dann aber die rastlose Thätigkeit des Künstlers um so auffallender und lobwürdiger hervor. Am frühen Morgen — im Sommer schon um vier Uhr — erhob er sich, hörte die Messe und ging an die Arbeit, die er nur kurz vor Tische unterbrach, um der Unterhaltung mit Freunden zu pflegen oder einen Spazierritt auf edelem Rosse zu machen. Im Essen und Trinken war er mässig, wie einst Michelangelo; er wollte durch Speisengenuss die geistige Schöpfungskraft nicht lähmen. Nach der Tagesarbeit bot der Verkehr in der Familie — er hatte sich schon 1609 mit Elisabeth Brandt verheirathet — oder mit Freunden Erquickung nach der ununterbrochenen Arbeit des Tages dar. Besuche empfing er während der Arbeit; er selbst machte deren keine. Zu seinen Erholungen gehörte ferner Kunstliebhaberei und literarischer Verkehr. Was die erstere anbelangt, so haben wir schon oft darauf hingewiesen, wie Kunstliebhaberei und Kennerschaft sehr wichtige Bestandtheile der damaligen Zeitbildung ausmachten. Beide finden wir in Rubens in seltenem Maasse vereint. Wie sein Sinn auf die Kenntniss und geistige Durchdringung des klassischen Alterthums (vergl. unten Nr. 66) gerichtet war, so nicht minder auf den Besitz antiker Kunstwerke. Mit wie grossen Opfern er sich deren zu verschaffen suchte, geht u. a. aus dem Erwerb der Kunstsammlung des Lord Carleton hervor, dem er zum Aequivalent derselben die Auswahl unter vielen seiner besten Bilder freistellte und ausser kostbaren Teppichen noch eine bedeutende Summe baaren Geldes auszahlte (Nr. 40). Allerdings gab er diese Sammlung später an den bekannten Günstling König Karl's I., den Lord Buckingham, gegen eine sehr grosse Summe hin. Dies geschah indess erst 1625, und es ist nicht unmöglich, dass schon dieselben politischen Rücksichten bei diesem Verkaufe obwalteten, die wenige Jahre später mit grösserer Entschiedenheit hervortreten (s. Nr. 61 u. 62). Jedenfalls haben nicht bloss pekuniäre Rücksichten den Künstler zur Veräusserung der Sammlung bestimmt. Dies geht deutlich daraus hervor, dass er sich sogleich an deren Erneuerung machte und bald wieder eine so grosse Sammlung von „guten Gemälden, Handzeichnungen, Statuen, Bildern von Elfenbein", wie Sandrart sagt (vergl. Nr. 70), „meistentheils durch die fleissige Nachforschung unseres lobwürdigen Augsburgischen Petel zusammenbrachte, dass man sich selbst über so grosse Ausgaben verwunderte".

Ferner ist der literarische und briefliche Verkehr zu beachten, den Rubens von Antwerpen aus unterhielt. Erst in der Theilnahme an den Bewegungen der Zeit, deren leitenden Ideen und hervorragenden Personen zeigt sich die ganze Bedeutsamkeit eines Menschen. Diese Theilnahme ist schwerlich jemals bei einem Künstler grösser gewesen als bei Rubens. Man kann sagen, dass Rubens im Mittelpunkt der gesammten damaligen Zeitbewegung gestanden hat. Je unzulänglicher damals die Mittel der Verbreitung waren, wie sie heut zu Tage die Presse und die Journalistik bieten, um so mehr wurden die Einzelnen zu persönlicher Theilnahme angeregt. Diese konnte sich nur in brieflichem Verkehr aussprechen. Ein gewisses allgemeines Bedürfniss brachte die hervorragendsten Persönlichkeiten der verschiedenen Länder so miteinander in Berührung. Ein mit der grössten Regelmässigkeit geführter Briefwechsel spann seine Fäden über ganz Europa. Es waren die Leitungsfäden geistiger Mittheilung. „Le dixseptième siècle," sagt Gachet mit Recht, „a été un siècle éminemment épistolaire." In dem Nachlasse des Herrn von Peiresc sollen 10,000 Briefe vorgefunden sein. Wo ein geschichtliches Ereigniss eintrat, wo eine neue Idee, sei es dem politischen oder dem geistigen Leben angehörig, auftauchte, da fasste sie ein berufener Geist auf und theilte sie dem Freunde oft in die weiteste Ferne mit. Es ist ein sehr wesentlicher Zug der Zeit selbst, der sich in diesem brieflichen Verkehr ausspricht, und nichts ist für Rubens' Stellung zu seiner Zeit bezeichnender, als dass er selbst den Mittelpunkt eines solchen Verkehrs bildete. Dies ist es auch, wodurch sich die Korrespondenz Rubens' z. B. von der Poussin's, der ebenfalls viel Briefe geschrieben hat, unterscheidet. Die Briefe des letzteren beziehen sich fast durchweg auf persönliche Angelegenheiten, auf Bilder, die er malt, auf die Theorie seiner eigenen Kunstweise, auf Ereignisse, die ihm begegnen: sie tragen einen mehr subjektiven Charakter an sich. Rubens' Briefe, deren Gesammtzahl auf 8000 geschätzt wird, von denen uns jedoch nur ca. 150 erhalten blieben, sind mehr objektiver Art, die Ereignisse der Zeit, die Fragen der Politik beschäftigen ihn: über neu erschienene Werke der Literatur, über Werke der antiken Kunst berichtet er den Freunden; das persönliche, subjektive Interesse geht neben dem objektiven nur nebenher. Man glaube in den nachfolgenden Briefen nicht etwa einen Beweis gegen diese Behauptung zu finden. Unser Zweck erforderte es, gerade diejenigen Briefe besonders hervorzuheben, die ein mehr subjektives Interesse haben. Dieser Gesichtspunkt hat die Auswahl bestimmt. Die bei weitem grössere Mehrzahl der bekannt gewordenen Briefe (Gachet's Sammlung zählt gegen 90 Nummern) trägt dagegen jenen oben angedeuteten Charakter an sich. Sie sind hier nicht mitgetheilt, weil es uns nicht um Rubens, den Gelehrten und Politiker, sondern um Rubens, den Künstler und Menschen, zu thun ist. Was die Personen anbelangt, mit denen Rubens in solchem Verkehr stand, so werden wir diese aus den nachfolgenden Briefen selbst kennen lernen; hier genüge es, die Namen dieser literarischen und persönlichen Freunde zu nennen. In der Heimath war es vor Allen der berühmte Humanist Gevaerts, von heimischen Gelehrten im Auslande Franciscus Junius und, wenn auch keine Briefe an diesen vorhanden sind, Hugo Grotius; in England Gerbier; in Frankreich Peiresc, Valavès und die beiden Dupuy's, durch die Rubens dann wieder in Beziehung zu den De Thou und Rigault trat; alles Persönlichkeiten, die Rubens' oft ausgesprochene Vorliebe für die französische Gelehrsamkeit zu rechtfertigen wohl geeignet waren (Brief an Dupuy vom 27. April 1628); in Italien endlich der Komthur Del Pozzo und der Kardinal Alexander [1]). Die Gegenstände der Mittheilungen sind im Allgemeinen schon oben angedeutet: Kunst, Literatur, Politik waren es, seltener persönliche Angelegenheiten [2]). Ueberwiegend ist das gelehrte Interesse. In manchen Briefen glaubt man die Worte eines Gelehrten

[1]) In einem Briefe an Peiresc vom 12. Juni 1625 trägt Rubens diesem Freunde Grüsse an Del Pozzo, Doni und Alexandro auf. Vergl. auch den Brief vom 19. September 1625.

[2]) Vergl. den Brief an Dupuy vom 12. November 1626 und an Peiresc vom 16. August 1635 über den Absatz seiner Kupferstiche; eine Angelegenheit, die er in einem andern Briefe vom 16. März 1636 geradezu als Bagatelle bezeichnet.

zu lesen, der kein anderes Interesse als neue Bücher (26. Dezember 1625) oder alte Kunstwerke (August 1630 und unten Nr. 58) hat, und der mit nichts Anderm als wissenschaftlichen Forschungen beschäftigt ist. Auch die Regelmässigkeit der Mittheilung — gewöhnlich geht jede Woche ein Brief ab — ist schon hervorgehoben worden. Was den, wenn man so sagen darf, menschlichen Charakter der Briefe anbetrifft, so hat Gachet denselben vortrefflich geschildert. „Wenn sonst," sagt derselbe, „in Briefen oft Ueberraschungen und Enttäuschungen über grosse Personen enthalten sind, so findet dies bei Rubens nicht statt. Er ist derselbe darin, wie man ihn aus der Geschichte kennt, nur steht er nicht auf dem Piedestal, auf dem man ihn gewöhnlich sieht. Er ist nicht der Fürst der vlämischen Malerschule, auf dem Throne sitzend, der ihm gebührt, aber vielleicht mehr und Besseres: Rubens selbst mit seiner ganzen Gemüthlichkeit, mit allen Vorurtheilen seiner Zeit, mit seinen Künstler- und Gelehrten-Neigungen, seinen politischen Ideen und auch seinen Fehlern, seinen Sympathien und Antipathien." Von Fehlern wird man allerdings wenig darin finden; es sei denn die rückhaltlose Offenheit, mit der er selbst flüchtigen Regungen und Stimmungen Worte gegeben hat. Denn diese, obschon an sich unbedeutend, haben noch nach zwei Jahrhunderten parteiischen Beurtheilern Grund zu Vorwürfen oder vielmehr nur zu einem Vorwurf gegeben, der sich indess bei genauerer Betrachtung als durchaus ungerecht erweisen muss. Dieser Vorwurf geht dahin, dass Rubens mit allzugrossem Eifer nach Aufträgen und Geld getrachtet habe. Der Graf de Laborde hat diesem Vorwurf in seiner Geschichte der *Renaissance des beaux arts en France* I. 329 besonders heftige Worte geliehen, und zwar namentlich aus dem Grunde, dass die grosse Bilderreihe, mit welcher Maria von Medicis den Luxembourg-Palast schmücken wollte, ihm und nicht dem französischen Maler Quintin Varin übertragen worden sei. „So wollte es," sagt er, „nicht der Ruhm des Künstlers, nicht der Genius der Kunst, sondern die Beschaffenheit jenes fabrikmässigen Ateliers in Antwerpen, das schon vor zwei Jahrhunderten die Wunder der Dampfmaschine überboten hat." Ruelens hat in einer trefflichen, oben in der Anmerkung citirten Schrift (S. 51 ff.) die Geschichte jenes Bildercyklus zuerst klar gestellt und den Künstler von allen Vorwürfen gereinigt, die man gegen ihn etwa in dieser Angelegenheit erheben könnte. Da jene Schrift sehr selten ist, weil sie nur in 50 Exemplaren in den Handel gelangte, wollen wir seine interessanten Mittheilungen hier wiederholen.

Maria von Medicis, die intrigante Mutter Ludwig's XIII., die bald mit Concini, bald mit dem Herzog de Luynes, bald mit Richelieu um die Herrschaft über den Sohn stritt und Frankreich fünfundzwanzig Jahre lang in Unruhen und Kämpfe stürzte, liess sich in Paris einen prächtigen Palast, das jetzige Palais de Luxembourg erbauen. Um das Jahr 1617 kam sie auf den Gedanken, diesen Palast mit einer Galerie von Gemälden zu schmücken, welche ihre Thaten und ihren Ruhm verherrlichen sollten. Sie ertheilte ihrem Almosenier, dem Abbé von St. Ambroise Claude Maugis den Auftrag, einen französischen Maler ausfindig zu machen, der im Stande wäre, ihre Pläne zu verwirklichen. Maugis soll ihr einen Maler, Namens Quintin Varin, anempfohlen haben, der eine Zeichnung machte, welche die Billigung der Königin-Mutter fand. Varin sei aber nicht zur Ausführung seiner Arbeit gelangt, weil er in Beziehungen zu einem gewissen Durant gestanden, der als Verfasser eines Schmähgedichts gegen die Regierung hingerichtet wurde. Varin habe sich, aus Furcht, von einem gleichen Schicksal ereilt zu werden, verborgen gehalten, so dass es Maugis nicht möglich gewesen, ihn zur Ausführung der Arbeit zu veranlassen. Ruelens

zieht diese in Simon's *Histoire du Beauvaisis* mitgetheilte Geschichte in Zweifel,
weil Maria 1617 oder 1618, während der heftigsten Fehde mit ihrem Sohne,
gewiss nicht an eine künstlerische Verherrlichung ihrer Regierung denken
konnte. Es ist natürlicher, dass sie erst 1620, als sie sich durch den Vertrag
von Angoulême wieder mit Ludwig versöhnt hatte, einen derartigen Plan fasste.
In diesem Jahre wendete sich auch Maria an den Gesandten des Erzherzogs
Alberts am französischen Hofe, Henri de Vicq, Herrn von Meulevelt, und bat
ihn, Rubens nach Paris kommen zu lassen. Damit widerlegt sich schon die
Insinuation, dass sich Rubens selbst um die Arbeit beworben oder gar einen
anderen, französischen Maler herausgedrängt habe. Im Winter 1621 auf 1622
befand sich Rubens in Paris, und damals wird er sich mit Maria von Medicis
über die Ausführung des Ganzen und über die Fülle von allegorisch-symboli-
schen Einzelheiten verständigt haben. Vielleicht fertigte er auch sofort die
Skizzen an, die später Eigenthum des Abbé Mangis wurden und sich jetzt in
der Münchener Pinakothek befinden. Es war der Königin darum zu thun,
ihren Palast möglichst bald feierlich einzuweihen, und bis zu dieser Feier sollten
die Gemälde fertig sein. Sie trieb Rubens zur Eile, und wohl oder übel musste
der Künstler, um seine hohe Auftraggeberin zufrieden zu stellen, Schüler zu
Hilfe nehmen, mit welchen er das Riesenwerk bis zum Frühjahr 1625 vollendete. Eines der Bilder wurde noch in Paris aus politischen Gründen verworfen, und Rubens, welcher selbst nach Paris gekommen war, um die Aufstellung zu leiten, malte dort an seiner Stelle ein neues. Die Gemälde gefielen
sehr, aber von Bezahlung war keine Rede. Und Rubens hatte gewiss Ursache
darauf zu dringen, da er während der drei Jahre zwei Reisen und erhebliche
Auslagen für das Werk gemacht hatte. Alle Bemühungen des Malers, zu seinem
Gelde zu kommen, waren eine Zeit lang vergeblich, und es scheint, dass er
erst nach geraumer Zeit in den Besitz des ausbedungenen Honorars gekommen
ist. Eine indirekte Bestätigung dafür ist der Eifer, mit welchem er an die
Ausführung des zweiten von Maria bestellten Cyklus ging. Als Maria von
Medicis im Jahre 1631 aus Frankreich verbannt wurde und nach Antwerpen
ging, fand sie in Rubens' Hause nicht nur gastliche und respektvolle Aufnahme,
sondern der Maler streckte ihr auch noch eine Summe Geldes vor, wofür er
allerdings, was ihm niemand verübeln wird, ihre Schmucksachen als Pfand
behielt. Am Hofe zu Mantua hatte Rubens bereits in Geldangelegenheiten die
traurigsten Erfahrungen gemacht. Dass er trotz derselben mit neuem ohne
vorherige Garantieen mit einem Hofe einliess, spricht eher für die Noblesse
seiner Denkungsart, als für einen angeblichen Eigennutz. „Rubens' ganzes
Leben," sagt Ruelens, „protestirt gegen die Vorwürfe, durch welche man
seinen edlen und hochherzigen Charakter zu trüben versucht. Man kennt aus
verschiedenen Dokumenten, aus öffentlichen Akten und Privatbriefen, sein Verfahren in Geldangelegenheiten: aus Verkäufen seiner Werke, aus Verträgen,
die sein Haus in Antwerpen betreffen, aus der Abtretung von Kunst- und
Alterthumsgegenständen, die er gesammelt hatte; möge man alle diese Dokumente lesen und wieder lesen und dann noch sagen, ob es jemals einen un-
interessirteren, einen in Geschäften kulanteren Menschen gegeben hat als
Rubens."

In Rubens verkörperte sich der Geist und die gesammte Bildung seiner
Nation. Er fühlte ihre Leiden, er kannte ihre Bedürfnisse, er kannte zugleich die Mittel, jene zu lindern und diesen entgegenzukommen. Bei der
nahen Berührung, in der er zu den Häuptern der Regierung stand, konnte es
nicht anders kommen, als dass er berufen wurde, für die Geschicke seines

Volkes mitzuwirken. Eine der ruhmvollsten Seiten in RUBENS' Leben ist seine politische Thätigkeit. Er wirkte immer nach seiner Ueberzeugung und immer nur für Einen Zweck, den er einmal als heilbringend für sein Vaterland erkannt hatte. Ohne auf seine politischen Ansichten[1]) und auf die Einzelheiten seiner diplomatischen Laufbahn einzugehen, welche bereits mehrfach eine monographische Behandlung erfahren hat[2]), soll hier nur die eine leitende Idee derselben hervorgehoben werden. Von dem Augenblicke an, dass RUBENS zu politischer Thätigkeit berufen wurde, hat er keinen andern Zweck verfolgt, als unter den gegebenen Verhältnissen für sein Vaterland zu wirken, den Druck, den dasselbe unter der spanischen Herrschaft zu erdulden hatte, zu erleichtern, alle verschlimmernden Ereignisse abzulenken. Zu letzteren gehörte vor Allem der Krieg, gleichviel mit welcher der damals streitenden Mächte. In der Gewinnung und Erhaltung des Friedens ist zugleich der Wunsch seines Herzens und das Ziel seiner politischen Laufbahn enthalten. Darauf zielten die Unterhandlungen, die er auf seiner Reise in Holland mit Gerbier, dem Agenten Karls I., zu führen hatte; darauf seine Reise nach Madrid (Nr. 59) und die kurz darauf folgende nach London (Nr. 61—63), die das ersehnte und für sein Vaterland heilbringende Resultat herbeiführte; darauf endlich, und zwar auf einen Frieden mit den vereinigten Staaten von Holland, die letzte Reise nach dem Haag, die ihm so tiefe persönliche Schmach bringen sollte (Nr. 64).

[1]) Mehrere Aeusserungen der Art, die stets das gemässigte und richtige Urtheil des staatsmännischen Künstlers bekunden, sind in den mitgetheilten Briefen und in den dazu gehörigen Erläuterungen enthalten. Wir erwähnen hier noch einige andere, wie z. B. das tadelnde Urtheil über Tilly und Wallenstein (18. Oktober 1625); die Voraussicht des Krieges zwischen England und Spanien und das offene und strenge Urtheil über Buckingham (26. Dezember 1625); über Richelieu und den Prozess Chalais (18. August und 12. November 1626); über die Geldverlegenheiten der spanischen Niederlande und die Goldflotte, die aus Peru erwartet wurde (19. November 1626 und 9. April 1627); über die Kriegsverhältnisse in Deutschland (12. November 1626); über die allgemeine Geldverlegenheit der Fürsten (22. April 1627); über den Einfluss des Papstes in Italien (20. Mai 1627); über die schlechte Verwaltung der spanischen Niederlande (23. September 1627); über die Belagerung von La Rochelle (11. Juli und 10. August 1628, in welchem letzteren Briefe auch ein strenger Tadel des Verfahrens der Spanier und des Kardinals Della Cueva enthalten ist); über die Verwickelung der deutschen Verhältnisse und die Stellung des Hauses Oesterreich (2. März 1628); über die mantuanischen Streitigkeiten, die er im Interesse seiner früheren Gönner bedauert (20. April 1628); über die allgemeinen Verwickelungen der damaligen Zeit und die Unfriedsamkeit der Fürsten, mit Hinweis auf das alte, aber ewig wahre: „Quidquid delirant reges plectuntur achivi," den Wahn der Fürsten müssen stets die Völker büssen (16. August 1635) u. s. w.

[2]) Klose Peter Paul Rubens im Wirkungskreise des Staatsmannes (in v. Raumer's historischem Taschenbuche von 1856). W. Noël-Sainsbury Original unpublished papers illustrative of the life of Sir Peter Paul Rubens. London 1859. G. Cruzada Villaamil Rubens diplomatico español sus viajes a España y noticias de sus Cuadros. Madrid 1874. — Zusammenfassend und vorläufig abschliessend: Gachard Histoire politique et diplomatique de Pierre Paul Rubens. Brüssel 1877.

RUBENS AN DEN HERZOG VON MANTUA.

Valladolid, 17. Juli 1603.

Erlauchtester Herr! Obwohl der Fleiss Iberti's meinen Brief überflüssig macht, kann ich doch nicht verfehlen, die ausreichende Nachricht, die er Ew. Hoheit gegeben, mit drei Worten zu begleiten, nicht als ob ich etwas ergänzen wollte, sondern um mich über den Erfolg zu freuen, den Sie gehabt haben, indem ich im Uebrigen Zeugniss ablegen kann als einer, der dabei gewesen ist oder Theil genommen hat an der Vollziehung der Uebergabe der Geschenke. Die der Kutsche habe ich gesehen; die der Gemälde habe ich selber bewerkstelligt [1]. Was die erste anbelangt, so empfand ich ein Vergnügen darüber, die Urtheile zu konstatiren, welche der König durch Handbewegungen, Worte und Lächeln ausdrückte; was die zweite betrifft, die an den Herzog, so habe ich auch das Vergnügen gehabt, zu hören und wahrzunehmen seine Bewunderung, die sich mit feinem Urtheil auf das, was gut war, erstreckte, und seine Befriedigung, die nicht erheuchelt war, sondern die vielmehr, soweit mein Verstand sie durchschauen konnte, ihre Berechtigung in der Qualität und Quantität der Geschenke fand. Ich hoffe also, da doch die für angenehm befundenen Geschenke den Geber belohnen, dass Ew. Hoheit Ihr Ziel erreicht hat. Uebrigens haben die äusseren Umstände, Zeit und Ort und solche, welche der Zufall günstig gestaltet hat, uns ihre Beihülfe geleistet, und mehr noch das treffliche Urtheil Iberti's, der sehr erfahren ist im geschickten Gebrauch der für die Umgangsformen dieses Hofes passenden Worte. Seiner Geschicklichkeit und seiner Sorgfalt schreibe ich alles Uebrige in dieser Angelegenheit zu. Und um so mehr, als meine geringen Fähigkeiten mir im Hinblick auf Ew. Hoheit schlecht geeignet erscheinen, um nach etwas Anderem zu trachten, als danach, Ihnen unterthänigst zu dienen. Ew. Durchlauchtigsten Hoheit sehr ergebener Diener

Pietro Paolo Rubens.

Ueber Rubens' Aufenthalt in Italien, seine Reise nach Spanien und nach Genua hat Armand Baschet in vier Artikeln der *Gazette des Beaux-Arts* (Bd. XX S. 401 ff., Bd. XXII S. 305 ff., Bd. XXIV S. 326 ff., S. 479 ff.) eine Reihe der wichtigsten Dokumente, darunter vierzehn Briefe von Rubens, aus den Mantuanischen Archiven veröffentlicht und so diese Periode in dem Leben des Meisters, die bis dahin fast in völligem Dunkel lag, aufgehellt. Ueber den Zeitpunkt, an welchem Rubens, der seine Vaterstadt im Mai 1600 verlassen hatte — sein Pass ist vom 8. Mai datirt — an den Hof des Herzogs von Mantua kam, geben die Archive freilich keinen Aufschluss. Er wird zuerst in einem Briefe vom 18. Juli 1601 erwähnt, in welchem der Herzog „den Vlamländer Peter Paul, seinen Maler" an den Kardinal Alessandro Montalto in Rom empfiehlt, wo Rubens einige Kopieen anfertigen sollte. Vincenzo I. Gonzaga,

---

[1] Del carozzino vidi, delle pitture feci.

welcher 1587 den Thron bestiegen hatte, machte sich gerade mit seinen Kavalieren auf den Weg, um zum Heere des Kaisers Rudolph II. in Kroatien zu stossen, welcher einen Zug gegen die Türken plante. Während seiner Abwesenheit sollte sein Hofmaler, dessen Stellung wir uns als eine ziemlich untergeordnete denken müssen, in Rom für ihn thätig sein. Rubens' Stellung wird sich in nichts von der der übrigen Hofbediensteten unterschieden haben, und als solcher, nicht etwa als Gesandter oder ausserordentlicher Geschäftsträger, ging er im Auftrage seines Gebieters im Monat März des Jahres 1603 nach Spanien. Er war der Führer eines Transportes von Geschenken für den König von Spanien und seinen allmächtigen Günstling, den Herzog von Lerma. Vincenzo Gonzaga war nicht bloss ein leidenschaftlicher Freund der schönen Künste, sondern auch ein gewiegter Staatsmann, der sich durch klug angebrachte Geschenke zur rechten Zeit den spanischen Einfluss in Italien zu Nutze machen wollte. Für den König war eine prächtige Karosse mit den zugehörigen Pferden, elf Flinten und eine mit Parfüm gefüllte Krystallvase, für den Herzog von Lerma, der ein grosser Kunstliebhaber war, eine Anzahl Gemälde, eine hohe silberne Vase mit Parfüm und zwei goldene Vasen bestimmt. Die Gemälde, sechszehn an der Zahl, waren Kopieen berühmter Werke, die Pietro Facchetti für diesen Zweck angefertigt hatte. Nach grossen Schwierigkeiten und Mühsalen, die Rubens in mehreren von Baschet mitgetheilten Briefen sehr beweglich schildert, langte er am 13. Mai mit seinem Transporte in Valladolid an. Dort wohnte Annibale Iberti, der Resident des Herzogs von Mantua in Spanien, bei welchem Rubens so lange gastliche Aufnahme fand, bis der Hof, der sich gerade in Burgos befand, nach Aranjuez zurückkehrte. Obwohl Rubens auf die Erledigung seiner Aufgabe zwei Monate warten musste, kam ihm diese Wartezeit sehr gelegen, da die Gemälde während des Transportes derartig gelitten hatten, dass er sie einer gründlichen Restauration unterziehen musste. Zwei von ihnen waren jedoch so verdorben, dass sich Rubens entschliessen musste, an ihrer Stelle ein neues, einen Demokrit und einen Heraklit, zu malen, das nach dem Berichte Iberti's vortrefflich auslief. Im Anfang Juni kehrte der König nach Valladolid zurück, und am 17. desselben Monats fand endlich die feierliche Uebergabe der Geschenke statt, über welche der obige Brief an den Herzog (von Baschet a. a. O. XX. S. 443 in französischer Uebersetzung veröffentlicht) und ein zweiter ausführlicher an Annibale Chieppio, den Minister des Herzogs und warmen Beschützer des Malers, berichtet (Baschet a. a. O. S. 441). In dem letzteren beklagt sich übrigens Rubens darüber, dass Iberti ihm nicht Gelegenheit gegeben habe, wie zuvor zwischen beiden verabredet worden war, dem Könige seine Reverenz zu machen, und auf diese Vernachlässigung bezieht sich vielleicht die feine, in der Anmerkung hervorgehobene Wendung: *Del carozzino vidi, delle pitture vei*. In seinem eigenen Berichte lässt übrigens Iberti dem Künstler volle Gerechtigkeit widerfahren. Er lobte das von ihm mit „grosser Kunst" neu gemalte Bild und hebt hervor, dass die Restauration der übrigen Bilder so gut gelungen war, dass der Herzog von Lerma dieselben zum grössten Theile für Originale hielt, ein Irrthum, welcher dem hohen Herrn von den beiden Beauftragten des Herzogs von Mantua nicht genommen wurde. Rubens revanchirte sich, wie aus dem obigen Briefe hervorgeht, seinerseits, indem er die Verdienste Iberti's in das hellste Licht rückte.

RUBENS AN ANNIBALE CHIEPPIO.

Valladolid (November) 1603.

Mein sehr erlauchter, hochzuverehrender Herr! Wie mir schien, hat mir der letzte Brief Ihrer erlauchtesten Herrlichkeit zu verstehen gegeben, dass Se. durchlauchtigste Hoheit auf seinen Willen besteht, mich nach Frankreich zu schicken, einen Willen, den er mir vor meiner Abreise ausgedrückt hat. Es sei mir in dieser Angelegenheit erlaubt, meine Meinung über meine Tauglichkeit für diese Mission zu sagen. Wenn der Herzog keinen anderen Zweck für diese Reise hat, wie ich es glaube, als die Anfertigung jener Portraits, so bin ich ein wenig erstaunt darüber, dass er in verschiedenen Briefen an Iberti und in dem kleinen Briefe Ew. Herrlichkeit selbst so sehr auf meine Rückkehr drängt, da diese Angelegenheit nicht wichtig ist und da überdies tausend unausbleibliche Konsequenzen das gewöhnliche Resultat solcher Aufträge sind. Ich kann zu meinen Gunsten das Beispiel meines Aufenthaltes in Spanien und Rom anführen: der eine wie der andere haben in ebenso viele Monate die Wochen umgewandelt, die für jeden derselben bestimmt waren. Signor Iberti kennt die unvermeidlichen Nothwendigkeiten, die ihn und mich gezwungen haben, ad jus usurpandum, ohne auf den Befehl zu warten. Ew. Herrlichkeit kann gewiss glauben, dass die Franzosen an Neugierde Niemandem nachgeben, besonders da sie einen König und eine Königin haben, die der Neigung für die Kunst nicht fremd sind, wie es die grossen, in diesem Augenblick inopia operariorum (aus Mangel an Arbeitern) unterbrochenen Werke beweisen. Ich habe über alle diese Dinge Privatnachrichten, und wie man sich in Flandern, in Florenz und selbst in Piemont und Savoyen, allerdings in Folge schlechter Erkundigungen, bemüht hat, um tüchtige Leute zu finden. Ich würde diese Dinge — und ich sage sie Ew. Herrlichkeit mit der Bitte um Nachsicht — Ihnen nicht gestehen, wenn ich nicht den Herrn Herzog zu meinem Patron und Herrn erwählt hätte, so lange mir die Gunst gestattet ist, in Mantua mein Adoptivvaterland zu besitzen. Der wenn auch niedrige Vorwand, Portraits zu malen, genügte mir, um zu wichtigeren Arbeiten zu gelangen, wenn ich mir nur im Hinblick auf die Art der Kommission vorstellen könnte, dass der Herzog Ihren Majestäten damit eine vollkommene Idee von dem geben kann, was ich bin. Ich möchte also vorschlagen, dass es nach meiner Meinung sehr viel sicherer und vortheilhafter wäre, sowohl was die Zeit als was den Preis anlangt, dieselben, indem man sich der Hülfe der Herren de la Brosse oder des Signor Carlo Rossi bedient, durch irgend einen geübten und erfahrenen Maler dieses Hofes machen zu lassen, der schon eine Sammlung der Art bei sich hat, ohne dass ich anfange mehr Zeit und Reisen und Ausgaben und Kosten an Werken zu verlieren, die nach meinem Sinne niedrig und gewöhnlich sind. Ungeachtet alles dessen unterwerfe ich mich durchaus, da ich ein guter Diener bin, der Entscheidung des Herrn und dem geringsten Worte von Befehl, den er mir geben wird. Ich bitte ihn jedoch inständig, sich meiner an seinem Hofe oder ausserhalb für Unternehmungen zu bedienen, die meinem Talente angemessener sind, und für die vorhandene Nothwendigkeit, die angefangenen Werke fortzusetzen. Ich werde sicher sein, diese Gnade zu erhalten, mit dem Augenblick, wo Ew. Herrlichkeit sich zu meinem günstigen Vermittler bei dem Herrn Herzog herablässt, und im Vertrauen darauf sei Ihre Hand mit dem demüthigsten Respekt geküsst.

Von Valladolid im Jahre 1603.

Ihrer erlauchtesten Herrlichkeit ergebenster Diener

Pietro Pauolo Rubens.

Baschet a. a. O. XX. S. 151. — Annibale Chieppio, ein Rechtsgelehrter, wurde im Jahre 1591 Staatssekretär des Herzogs von Mantua, dessen Vertrauen er bald gewann und im folgenden Jahre durch eine mit grossem Geschick erledigte diplomatische Sendung rechtfertigte. Im Jahre 1611 erhielt er den Grafen- und Ministertitel; in Wahrheit hatte er jedoch schon seit längerer Zeit die Funktionen eines Ministers versehen. Ein vollkommener Ehrenmann mag er bald den offenen, treuherzigen Vlamländer schätzen gelernt haben, der sich seinerseits mit rückhaltlosem Vertrauen an ihn anschloss, wovon seine an Chieppio gerichteten Briefe, besonders der obige, ein beredtes Zeugniss ablegen.

Rubens hatte von dem Herzoge von Mantua noch einen Auftrag erhalten, der ihm, wie wir aus diesem Briefe ersehen, äusserst unbequem war, weil er ihn seines Talentes nicht würdig erschien. Vincenzo Gonzaga besass nämlich eine Gallerie weiblicher Schönheiten aller Länder, auf deren Vergrösserung und Bereicherung er eifrigst bedacht war. Rubens hatte den Befehl erhalten, in Spanien derartige Schönheiten zu portraitiren, und von da sollte er nach Paris gehen, um die Gallerie seines Herrn zu kompletiren. Er giebt sich die erdenklichste Mühe, den Herzog von seinem Vorsatze abzubringen, und in der That gelang es ihm, seinen Willen gegen den des Herzogs durchzusetzen. In den ersten Monaten des Jahres 1604 war er wieder in Mantua. — Der obige Brief trägt kein anderes Datum als die Jahreszahl; doch glaubt ihn Baschet in den November setzen zu müssen.

36.

RUBENS AN DEN MINISTER CHIEPPIO.

Rom, 28. Oktober 1608.

Mein erlauchtester Herr! Es scheint meine Schuldigkeit zu sein, da Se. Hoheit sich noch nicht wieder in Mantua befindet, Ew. erlauchtesten Herrlichkeit Rechenschaft abzulegen von der Nothwendigkeit, welche mich zwingt, gleichsam eine Unziemlichkeit zu begehen, das heisst einer so langen Abwesenheit von Neuem eine andere, in entferntere Länder, folgen zu lassen, die jedoch, wie ich hoffe, kurz sein wird. Der Grund ist der, dass

mir vorgestern sehr schlechte Nachrichten in Betreff der Person meiner Mutter
zugekommen sind, welche derartig unpässlich ist, dass, da zu dem sehr schweren
Leiden eines Asthmas das lästige Alter von zweiundsiebzig Jahren hinzukommt,
kein anderer Ausgang zu erwarten ist als der allen Menschen gemeinsame.
Es ist für mich sehr hart, zu einem solchen Ereigniss, und ebenso hart, ohne
die Erlaubniss meines durchlauchtigsten Patrons dorthin reisen zu müssen. Deshalb
habe ich mit Herrn Magni den Beschluss gefasst, dass man es gern sehen wird,
wenn ich auf jede Art versuche, ihm auf der Reiseroute zu begegnen, und wenn
ich nach den Nachrichten, die ich unterwegs davon erhalte, die Wahl treffe,
diese oder jene Route einzuschlagen. Ich tröste mich auch nicht wenig damit,
dass die Meinigen, während sich Se. Hoheit in Antwerpen befand, wegen
meiner Ankunft ein Bittgesuch gestellt und den Herrn Filippo Percia und den
Herrn Annibale Iberti von der Nothwendigkeit meiner Gegenwart vollständig
unterrichtet haben. Durch ihre Vermittlung werden sie auch von dem Mit-
gefühl Sr. Hoheit unter den obwaltenden Verhältnissen gute Hoffnung erlangt
haben. Aber die Krankheit war noch nicht bis zu diesem Höhepunkt der
Verzweiflung gelangt, auf welchem sie sich jetzt befindet. Deshalb haben sie
noch nicht die letzte Bemühung versucht, mir zu schreiben, wie sie es jetzt
thun. Ich bitte Ew. erlauchteste Herrlichkeit, mir die Gunst erweisen und
von diesem meinem Kummer der durchlauchtigsten Frau Herzogin Mittheilung
zu machen und mich zu entschuldigen, wenn ich, um Zeit zu gewinnen, damit
ich den erlauchtesten Herrn Herzog treffe, Mantua nicht mehr berühre, indem
ich eifrigst den geraden Weg einschlage. Von meiner Rückkehr sage ich nichts
anderes, als dass jeder Wille des erlauchtesten Patrons von mir ausgeführt und
als unweigerliches Gesetz betrachtet werden wird in allen Orten und zu jeder
Zeit. Meine Arbeit in Rom an den drei grossen Gemälden für die neue Kirche
ist vollendet und, wenn mich der Erfolg nicht täuscht, ist es mir nicht
übel geglückt. Gleichwohl reise ich ab, ohne es aufzudecken — die Marmor-
ornamente sind noch nicht vollendet — wegen der Eile die mich jagt. Bei
dem Wesen des Werkes schadet es nichts, da es öffentlich an Ort und Stelle
auf den Stein gemalt ist, so dass ich bei der Rückkehr aus Flandern gerades
Weges nach Mantua kommen werde, was mir sehr angenehm sein wird wegen
unendlicher Rücksichten, besonders um Ew. erlauchtesten Herrlichkeit persönlich
dienen zu können. Ich küsse Ihnen die Hände, indem ich Sie bitte, mir Ihre
Geneigtheit zu bewahren, und ebenso die der durchlauchtigsten Patrone.

Von Rom den 28. Oktober des Jahres 1608. (Indem ich auf das Pferd
steige.)

Ew. erlauchtesten Herrlichkeit ergebenster Diener

Pietro Paoulo Rubenio.

Baschet *Gazette des Beaux-Arts* XXIV, S. 489 ff. — Als RUBENS diesen
Brief schrieb, weilte seine Mutter bereits nicht mehr unter den Lebenden. Sie
war am 19. Oktober gestorben, ohne dass ihr Wunsch, ihren Sohn noch einmal
zu sehen, befriedigt wurde. — Die drei grossen Gemälde, welche RUBENS in

Rom bis auf die Marmoreinfassung vollendet zurücklässt, sind die bereits erwähnten Arbeiten für die Kirche Sa. Maria in Vallicella, gewöhnlich Chiesa Nuova genannt. RUBENS gedenkt ihrer zuerst in einem Briefe an Chieppio, aus Rom vom 2. Dezember 1606 datirt (*Gazette des Beaux-Arts* XXII. S. 314), in welchem er seinem Protektor mittheilt, dass er genöthigt gewesen wäre, einige Arbeiten zu übernehmen, weil er mit den ihm von Mantua aus geschickten 140 Thalern nebst seinen zwei Dienern während des ganzen fast ein Jahr dauernden Aufenthaltes in Rom nicht hätte leben können. „Es handelt sich,“ schreibt er weiter, „um den Hochaltar der Neuen Kirche der Priester des Oratoriums von Sa. Maria in Vallicella, heute der berühmtesten und besuchtesten von ganz Rom, weil sie im Centrum der Stadt liegt und unter Mitwirkung von all den tüchtigen Malern Italiens dekorirt ist. Bevor das Werk, von dem ich spreche, noch gar nicht angefangen war, haben sich Personen von so hohem Range dafür interessirt, dass ich, ohne Schaden für meine Ehre, ein Unternehmen nicht in Stich lassen kann, dessen Auftrag ich gegen die Ansprüche der ersten Künstler Roms erlangt habe.“ Der Herzog hatte nämlich seine Rückkehr nach Mantua gewünscht. Auf seine Bitte wurde ihm dann ein Aufschub von drei Monaten bewilligt. Indessen dehnte sich dieser Urlaub bis zum Juni aus, und dann erst trennte sich RUBENS von seinem Werke, da er den Herzog von Mantua auf seiner Reise nach Flandern begleiten sollte. Nach einem Briefe vom 9. Juni 1607 (*Gazette des Beaux-Arts* XXII. S. 318) scheinen die Gemälde nunmehr fertig gewesen zu sein; nur ihre Aufstellung konnte nicht erfolgen, da das heilige Bild der Madonna in Vallicella, welches über RUBENS' Gemälde placirt werden sollte, nicht vor Mitte September überführt werden konnte. Da er das Bild noch an Ort und Stelle retouchiren will, bittet er, später noch auf vier Wochen nach Rom zurückkehren zu dürfen. Die Reise nach Flandern kam nicht zur Ausführung. Der Herzog reiste nur bis nach Genua, wohin ihn RUBENS auch begleitete.

Im Winter 1608 finden wir ihn wieder in Rom. Am 2. Februar 1608 schreibt er an Chieppio voll Freuden, dass sein grosses Gemälde für den Hochaltar der Chiesa Nuova „zur grössten Genugthuung der Väter und, was selten vorkommt, aller derjenigen, die es vor der Aufstellung gesehen haben, vollständig gelungen“ wäre. Leider sei die Beleuchtung so schlecht, dass „man kaum die Figuren unterscheiden und die Güte des Kolorits, die Feinheit der Köpfe und die nach der Natur mit grösster Sorgfalt wiedergegebenen Stoffe erkennen könne“. Er hätte sich deshalb entschlossen, eine weniger fleissig durchgeführte Kopie an die Stelle dieses Bildes zu setzen, wozu ihm auch die Väter bereits ihre Zustimmung gegeben, und böte darum das Gemälde dem Herzoge zum Kaufe an. Er hätte dafür 800 Dukaten erhalten, sei jedoch auch mit einer geringeren Summe zufrieden. Der Schatz des Herzogs war aber so erschöpft, dass das Anerbieten des Malers abgelehnt wurde. RUBENS stellte nun das Bild an einem helleren Orte in der Kirche aus, wo es *per molti giorni con gran planso di tutta Roma* viele Tage hindurch unter grossem Beifall von ganz Rom besichtigt wurde. (Brief vom 23. Februar 1608. *Gaz. des Beaux-Arts* XXIV. S. 486.) Da er schliesslich eine Kopie für die Väter anfertigte — von dieser ist in obigem Briefe die Rede —, scheint er für das Altarwerk doch noch einen Käufer gefunden zu haben. Das Mittelbild stellte die Madonna mit dem Kinde dar, von schwebenden und knieenden Engeln umgeben, und auf den beiden Flügeln sah man rechts die Heiligen Gregor, Maurus und Papian, links die Heiligen Nereus, Achilles und Domitilla. Ueber den Verbleib des Originals ist nichts ermittelt worden.

37.

RUBENS AN DE BYE.

Herr de Bye! Es ist mir sehr lieb, zu erfahren, dass Sie das Vertrauen zu mir haben, etwas von mir zu begehren, worin ich Ihnen dienen kann; aber es thut mir dagegen von Herzen leid, dass es die Gelegenheit nicht mit sich bringt, dass ich mehr mit Werken als Worten meine Zuneigung gegen Sie beweisen kann. Es ist mir nämlich unmöglich, den jungen Mann, den Sie mir empfohlen haben, anzunehmen, da ich von allen Seiten im Voraus besetzt bin. Mehrere sind sogar für einige Jahre bei anderen Meistern hier untergebracht, um auf meine Willfährigkeit zu warten. Unter Anderen hat Herr Rouckoex, wie Sie wissen, mein Freund und Patron, mit grosser Schwierigkeit für einen Knaben eine Stelle so bekommen, dass er ihn nebenher und in der Zwischenzeit noch bei Anderen lernen lässt. Ich kann ferner der Wahrheit gemäss, ohne jede Uebertreibung, sagen, dass ich über hundert habe zurückweisen müssen, darunter mehrere von meinen und meiner Frau Anverwandten, nicht ohne grosses Missvergnügen von vielen meiner Freunde. Darum bitte ich Sie, mich bestens entschuldigen und in allen anderen Sachen meine Zuneigung auf die Probe stellen zu wollen, die in nichts fehlen soll, soweit in meiner Macht sein wird. Hiermit empfehle ich mich sehr herzlich Ihrer Wohlgeneigtheit und wünsche Ihnen von Gott vollkommenen Segen und Seligkeit.

Ew. Herrlichkeit Diener

Pietro Paolo Rubens.

P. S. Ich hoffe, dass Sie es nicht übel nehmen werden, dass ich mit dem Stück mit Juno und Argus, da sich eine Gelegenheit bietet, es gut zu verkaufen, meinen Profit mache. Ich hoffe, dass mit der Zeit ein anderes aus meinem Pinsel hervorgehen wird, das Sie besser befriedigen wird. Ich habe Ihnen die Sache mittheilen wollen, bevor ich das Geschäft abschliesse, da ich sehr gerne pünktlich handle und Jedermann, insbesondere aber meinen Freunden, volles Genüge leiste. Ich weiss wohl, dass man bei Prinzen nicht immer seinen Wunsch durchsetzen kann, wofür ich Ihnen ebensosehr verpflichtet bleibe.

Dieser Brief, der zuerst im *Messager des sciences historiques* 1861 p. 92, dann von Pinchart in den *Archives des Arts, des Sciences et des Lettres*, Gand 1863, II. S. 165 f. veröffentlicht worden ist, ist in vlämischer Sprache geschrieben. Jacques de Bye war ein Kupferstecher, der im Dienste des grossen Kunstfreundes Charles de Croy, Herzogs von Arschot, stand. Wie aus der Nachschrift hervorgeht, scheint er die Absicht gehabt zu haben, für seinen Herrn den Ankauf eines Gemäldes von RUBENS, Juno und Argus, zu vermitteln. Doch ist der Herzog, wie aus der Wendung, „dass man bei Prinzen nicht immer seinen Wunsch durchsetzen kann", hervorgeht, nicht auf den Ankauf eingegangen. In der That hat sich auch in dem Nachlasse des Herzogs — er starb 1612 — kein Bild von RUBENS vorgefunden. Vergl. Hymans *Histoire de la Gravure dans l'école de Rubens*, Brüssel 1879, S. 98 f. Rubens spricht auch in den Briefen an den Herzog Wolfgang Wilhelm von Bayern (s. u.) von dem Inventar der Croy'schen Gemäldesammlung, die er nicht sehr hoch geschätzt zu haben scheint.

Der obige Brief ist besonders um der Thatsache willen interessant, dass Rubens schon drei Jahre nach seiner Niederlassung in Antwerpen einen solchen Ruf erlangt hatte, dass die Schüler ihm schaarenweise zuströmten. — Ronckocx ist vielleicht Rockox, der Bürgermeister von Antwerpen, der auch ein Bild von Rubens' Hand, Simon und Delila, besass.

38.

RUBENS AN SIR DUDLEY CARLETON.

Antwerpen, 17. Mai 1618.

Da ich von verschiedenen Personen von der Seltenheit der antiken Gegenstände vernommen habe, welche Ew. Excellenz gesammelt hat, so ist in mir der Wunsch entstanden, dieselben in Gesellschaft des Herrn Georg Gage, Ihres Kompatrioten, zu besehen. Indessen ist mit der Abreise dieses letzteren nach Spanien und wegen meiner zu grossen Ueberhäufung mit Geschäften jener Gedanke auch über die Berge gegangen. Da nun aber Ew. Excellenz damals gegen Herrn Gage geäussert hat, Sie würden sich dazu entschliessen, einige jener Antiken gegen Malereien von meiner Hand auszutauschen, so würde auch ich bei meiner grossen Liebe zu den Alterthümern mich leicht entschliessen, jeden billigen Vorschlag anzunehmen, im Falle Ew. Excellenz in derselben Neigung beharren sollte. Nun kann ich mir aber kein besseres Mittel denken, um zu irgend einem Vertrage zu gelangen, als die Vermittelung des Ueberbringers gegenwärtigen Briefes. Wenn Ew. Excellenz diesem Ihre Sachen zeigen und ihm erlauben wollte, sich Aufzeichnungen darüber zu machen, um mir dann Bericht zu erstatten, so würde ich Ihnen gleicherweise ein Verzeichniss derjenigen Werke schicken, die ich jetzt im Hause habe, oder Ihnen sagen lassen, ob die Bilder, welche Ihnen am meisten zusagen, vorhanden sind.

Mit einem Worte, es liessen sich Unterhandlungen anknüpfen, die beiden Seiten zum Vortheil gereichen würden. Jener Herr heisst François Pieterssen de Grebbel, geboren und ansässig zu Harlem, ein ehrenwerther und geachteter Mann, auf dessen Rechtlichkeit wir uns beiderseits mit Zuversicht verlassen können. Und hiermit empfehle ich mich mit aufrichtigem Herzen Ihrer freundlichen Gunst und erflehe für Sie alles Glück und alle Zufriedenheit vom Himmel.

W. H. Carpenter *Pictorial Notices consisting of a Memoir of Sir Anthony Van Dyck etc.* London 1844, p. 138. Der in italienischer Sprache geschriebene Brief trägt die Adresse: „*Al Excellentissimo hon. et patron mio colendissimo il Signor Dudley Carleton Ambasciatore del Ser. Re. della Gran*

Bretagna nella Haja" und ist an den obengenannten Gesandten König Jacob's I.
bei den vereinigten Staaten der Niederlande gerichtet. Der im Eingang erwähnte
Sir Georg Gage ist im Auftrage des Königs nach Spanien und Italien gegangen,
wo er später mit VAN DIJCK ein enges Freundschaftsbündniss geschlossen hat;
bis zu seiner Abreise vom Haag hatte er zwischen Sir Dudley Carleton und
mehreren niederländischen Künstlern die Vermittelung besorgt, von denen der
erste, ein grosser Kunstfreund und Sammler, Gemälde erwarb. Von ihm hatte
RUBENS die im Besitz Carleton's befindlichen Alterthümer rühmen hören, um
deren Erwerb es sich in dem obigen Briefe handelt. Ueber den weiteren Verlauf dieser Angelegenheit geben die beiden folgenden Briefe und die darauf
bezüglichen Erläuterungen Auskunft.

39.

RUBENS AN SIR DUDLEY CARLETON.

Antwerpen, 28. April 1618.

Aus der Mittheilung meines Bevolmächtigten habe ich entnommen, dass
Ew. Excellenz sehr geneigt ist, mit mir ein Geschäft in Bezug auf Ihre
Antiquitäten einzugehen, und ich schöpfe günstige Hoffnungen für dasselbe daraus, dass Sie mit Ernst zu Werke gehen, indem Sie jenem den richtigen
Preis genannt haben, um welchen Sie die Sachen erstanden, und in Bezug auf
welchen ich mich vollständig auf Ihr ritterliches Wort verlassen will. Auch
will ich glauben, dass Sie diesen Ankauf mit aller Kenntniss und allem Geschick gemacht haben; obschon die grossen Herren im Kaufen oder Verkaufen
mitunter einigen Nachtheil zu erleiden pflegen, indem Viele auch den Titel des
Käufers gern mit auf den Werth der Gegenstände einrechnen; ein Verfahren,
das mir durchaus fremd ist. Vielmehr kann Ew. Excellenz versichert sein, dass
ich Ihnen die Preise meiner Bilder gerade so stellen werde, als ob es sich
darum handelte, sie um baares Geld zu verkaufen, und in Bezug darauf bitte
ich Sie, sich mit Zuversicht auf das Wort eines Ehrenmannes zu verlassen.

Ich habe gegenwärtig die Blüthe meiner Sachen im Hause und insbesondere
auch einige Bilder, die ich aus eigenem Wohlgefallen zurückbehalten, ja sogar
einige, die ich theurer zurückgekauft habe, als ich sie vorher Anderen verkauft
hatte. Das Ganze aber soll Ew. Excellenz zu Gebote stehen, indem ich die
kurzen Geschäfte liebe, wo Jeder das Seinige auf einmal giebt und empfängt;
und um die Wahrheit zu sagen, so bin ich mit öffentlichen und Privataufträgen
so überhäuft und schon für die Zukunft in Beschlag genommen, dass ich auf
einige Jahre hinaus gar nicht über meine Person bestimmen kann. Nichtsdestoweniger aber werde ich, im Falle dass wir, wie ich hoffe, einig werden,
nicht ermangeln, alle diejenigen Bilder zu vollenden, die noch nicht vollständig
fertig sind. Von denen aber, welche in der beigefügten Liste aufgeführt werden,

ist der grösste Theil vollendet, und die fertigen würde ich Ew. Excellenz augenblicklich übersenden.

Mit einem Worte, wenn Sie sich entschliessen, so sehr auf mich zu vertrauen, als ich auf Sie, so ist die Sache abgemacht, indem ich damit einverstanden bin, von den unten genannten Malereien bis zu dem Belang von 6000 Gulden zu dem üblichen Baarwerthe für alle jene Antiquitäten zu geben, die sich in Ew. Excellenz Hause befinden, obschon ich weder das Verzeichniss davon gesehen habe, noch selbst die Zahl derselben kenne. Vielmehr verlasse ich mich ganz auf Ihr Wort; die fertigen Bilder werde ich sogleich an Ew. Excellenz schicken und für die andern, welche Behufs ihrer Vollendung noch in meinen Händen bleiben, genügende Sicherheit stellen und dieselben so bald als möglich zu Ende bringen.

Unterdessen unterwerfe ich mich dem, was Ew. Excellenz mit Herrn François Pieterssen, meinem Bevollmächtigten, beschliessen wird, und werde Ihrer Entscheidung entgegensehen, indem ich mich mit aufrichtigem Herzen Ihrer freundlichen Gunst empfehle und Ihnen ehrfurchtsvoll die Hand küsse.

Verzeichniss der Bilder, welche sich in meinem Hause befinden.

Gulden.		Grösse in Fuss.
500	Ein gefesselter Prometheus, auf dem Berge Kaukasus, mit einem Adler, welcher seine Leber anfrisst. Original von meiner Hand, der Adler von Snyders	6 × 3
600	Daniel unter vielen Löwen, die nach der Natur gemalt sind. Original ganz von meiner Hand	8 × 12
600	Leoparden nach der Natur, mit Satyrn und Nymphen. Original von meiner Hand, ausgenommen die sehr schöne Landschaft von der Hand eines Meisters in diesem Fache	9 × 11
500	Eine Leda mit dem Schwane und einem Cupido. Original von meiner Hand	7 × 10
500	Ein gekreuzigter Christus in Lebensgrösse, welcher für das Beste gehalten wird, was ich vielleicht jemals gemacht habe . .	12 × 6
1200	Ein jüngstes Gericht. Begonnen von einem meiner Schüler nach einem andern Bilde, welches ich in viel grösserer Form für den Erlauchten Fürsten von Neuburg gemacht habe, und welches mir derselbe mit 3500 Gulden baar bezahlt hat. Da dasselbe aber noch nicht vollendet ist, so würde ich es ganz mit eigener Hand übergehen, und so könnte es für ein Original gelten	13 × 9
500	Der heilige Petrus nimmt den Stater aus dem Fische, um den Tribut zu bezahlen, mit andern Fischern umher. Nach dem Leben gemalt. Original von meiner Hand	7 × 8
600	Eine Jagd von Reitern und Löwen, begonnen von einem meiner

Jeder	Schüler nach einem Bilde, das ich für Se. Durchlaucht von Bayern gemacht habe, aber ganz von meiner Hand retouchirt	8×11
50	Die zwölf Apostel nebst einem Christus, von meinen Schülern nach den Originalen gemalt, welche der Herzog von Lerma von meiner Hand besitzt, aber noch ganz und vollständig von meiner Hand zu retouchiren	4×3
600	Das Bild eines Achilles in Weiberkleidern, von meinem besten Schüler gemalt und ganz von meiner Hand retouchirt. Ein sehr anmuthiges Bild und voll von sehr schönen Mädchenfiguren	9×10
300	Ein nackter heiliger Sebastian von meiner Hand	7×4
300	Eine Susanna, von einem meiner Schüler gemalt, jedoch ganz von meiner Hand retouchirt	7×5

40.

RUBENS AN SIR DUDLEY CARLETON.

Antwerpen, 1. Juni 1618.

Dem Auftrage Ew. Excellenz gemäss, habe ich die 2000 Gulden an Herrn Lionello ausgezahlt, und er hat darüber Quittung von seiner Hand gegeben und wird Ew. Excellenz davon benachrichtigen. Die Bilder habe ich sämmtlich in gutem Zustande und sorgfältig verpackt Herrn Francesco Pieterssen eingehändigt und hoffe, dass Sie vollständig damit zufrieden sein werden, wie auch Herr Pieterssen darüber erstaunt war, als er sie alle mit Liebe vollendet und ordentlich in einer Reihe aufgestellt sah. Mit einem Worte, anstatt eines mit Marmorfiguren gezierten Zimmers erhält Ew. Excellenz Malereien, um damit einen ganzen Palast auszuschmücken, wobei die Tapeten noch gar nicht einmal mitgerechnet sind.

Was die Maasse anbelangt, die etwas geringer ausgefallen sind, als Sie erwarteten, so habe ich das Meinige gethan, indem ich die Grösse der Sachen nach dem hier zu Lande üblichen Maasse angab; Sie können auch versichert sein, dass dieser geringe Unterschied in Bezug auf den Preis nichts ändert. Denn Malereien berechnet man auf eine andere Art als Tapeten, welche nach der Elle gekauft werden, jene dagegen nach der Vortrefflichkeit, dem Gegenstande und der Zahl der Figuren. Doch ist Ihre Sorge darum nichtsdestoweniger für mich so angenehm und ehrenvoll, dass ich sie als die grösste Gunst betrachte. So dass ich Ew. Excellenz sehr gern mein Portrait schicken werde, wenn Sie mir dagegen die Ehre erweisen wollen, mir irgend ein Andenken Ihrer Person zu gewähren, um dasselbe in meinem Hause aufzustellen; indem ich Ihnen mit Fug und Recht eine höhere Achtung zu zollen habe, als Sie mir. Die Antiken habe ich gerade heute erhalten, ohne sie jedoch wegen der eiligen

Abreise des Herrn Pieterssen besehen zu können, indessen hoffe ich, dass sie meiner Erwartung entsprechen werden.

Signor Lionello hat die Sorge auf sich genommen, für Ihre Sachen freien Aus- und Durchgang zu erwirken, indem ich ihm den Brief Ew. Herrlichkeit für Brüssel schon vor vielen Tagen gegeben habe; für meine Antiken habe ich jenen Weg nicht für geeignet erachtet, so dass ich dieselben anderweitig bekommen habe. Doch bleibe ich Ew. Excellenz für Alles, was zu unseren Gunsten geschehen ist, unendlich verpflichtet und damit schliesse ich, indem ich Ihnen von ganzem Herzen die Hand küsse und auf immer zu sein wünsche Ihr ergebenster Diener

Pietro Pavolo Rubens.

Der erste der beiden obigen Briefe (Carpenter a. a. O. p. 140) folgt unmittelbar auf das unter Nr. 38 mitgetheilte Schreiben. Rubens erhielt darauf eine Antwort von Carleton, datirt aus dem Haag vom 7. Mai, worin ihn dieser auffordert, lieber selbst nach dem Haag zu kommen und sich die Antiquitäten anzusehen, „um nicht die Katze im Sacke zu kaufen". Er spricht sich ferner über seine Beweggründe aus, die Sammlung zu veräussern; statt der Skulptur hätte er plötzlich die Malerei, und zwar namentlich die des Herrn Rubens, in Affektion genommen. Das Kruzifix sei ihm für sein hiesiges Haus und auch das in England zu gross; überhaupt geht er näher in das Detail des Tauschgeschäfts ein und sucht sich die besten Sachen aus der von Rubens mitgetheilten Liste aus (Carpenter p. 146 ff.). Danach entspinnt sich dann eine Korrespondenz, in der das Geschäft nach allen Seiten hin besprochen wird (Carpenter 148—165), und welche von dem unter Nr. 40 mitgetheilten Briefe beschlossen wird. Die Bilder, deren Absendung Rubens an Carleton meldet, waren, einer Randbemerkung zufolge, die des Daniel, der Leoparden, der Jagd, des heiligen Petrus, der Susanna, des heiligen Sebastianus, des Prometheus, der Leda und eines andern, welches Sara und Hagar darstellte. Ausser diesen hat Rubens, wie aus dem Anfange des Briefes hervorgeht, noch 2000 Gulden baar an Carleton ausgezahlt. „Signor Lionello" ist ein Herr Wake, Sohn eines reichen Kaufmanns zu Antwerpen, der auch späterhin Rubens' Bezahlung für die Malereien in White Hall zu vermitteln hatte. Vergl. unten die Erläuterungen zu Nr. 61. Das nahe und freundschaftliche Verhältniss zwischen dem Künstler und dem Kunstfreunde geht überdies daraus hervor, dass Rubens dem letzteren den Stich von Vorsterman nach seiner Kreuzabnahme gewidmet hat. Das Blatt trägt folgende Inschrift: „*Illustrissimo excellentissimo et prudentissimo Domino Domino Dudleyo Carleton equiti Magnae Britanniae regis ad Confoederatarum provinciarum in Belgio ordines Legato, pictoriae artis egregio admiratori Petrus Paulus Rubens gratitudinis et benevolentiae ergo nuncupat dedicatque.*" Eine Huldigung, die dem Künstler ebenso sehr zur Ehre gereicht, als der „freie und ehrenhafte Geist", in welchem er nach Carpenter's Bemerkung die Unterhandlungen mit Carleton geführt hat.

11.

RUBENS AN DEN HERZOG WOLFGANG WILHELM VON BAYERN.

Antwerpen, 11. Oktober 1619.

Ich habe die Zeichnung des Altars für den heiligen Michael gesehen, die mir schön und gut scheint, ausgenommen, dass mir die im Verhältniss zur Breite doppelte Höhe übertrieben erscheint. Und deshalb erscheint mir auf jeder Seite der mittlere äussere Pilaster überflüssig, welcher ganz zwecklos, wenn man den Platzmangel berücksichtigt, anderthalb Fuss Raum einnimmt. Wenn derselbe mit dem Gemälde enger verbunden werden könnte, würde letzteres mit dieser kleinen Hülfe viel besser proportionirt ausfallen. Es ist allerdings wahr, dass diese Pilaster keinen schlechten Effekt machen, auch würden sie das Werk ohne die Enge des Ortes reicher gestalten. Und deshalb möge mir Ew. durchlauchtigste Hoheit darüber, sobald sie kann, ihren Willen kund thun. Was den Gegenstand des heiligen Michael anbelangt, so fürchte ich, dass sich schwerlich unter meinen Schülern einer finden wird, der im Stande ist, ihn, wenn auch nach meiner Zeichnung, gut ins Werk zu setzen; auf jeden Fall wird es nöthig sein, dass ich das Bild, so gut es geht, mit meiner eigenen Hand retouchire.

Ich werde nicht verfehlen, für Ew. Hoheit das Inventar des Studio[1]) des verstorbenen Herzogs von Arschot zu erlangen; da aber sein Vater zur Zeit abwesend ist, kann ich es nicht erhalten. Sofort nach seiner Rückkehr werde ich es möglichst schnell verschaffen. Anderes habe ich für jetzt nicht zu schreiben. Ich küsse Ew. erlauchtesten Hoheit mit unterthänigster Reverenz die Hände, indem ich bitte, mich in Gnaden behalten zu wollen.

Ew. durchlauchtigster Hoheit ergebenster und unterthänigster Diener

Pietro Paulo Rubens.

Die zwei Gemälde für die Seitenaltäre sind beide schon so weit vorgerückt, dass nur noch die letzte Vollendung fehlt. Ich denke, mit Gottes Gnade sie Ihnen sehr bald zu liefern und zwar mit der grössten Sorgfalt, die mir möglich sein wird.

12.

RUBENS AN DEN HERZOG WOLFGANG WILHELM VON BAYERN.

Antwerpen, 7. Dezember 1620.

Durchlauchtigster Herr! Ich schrieb bereits Ew. erlauchtesten Hoheit meine Ansicht über das Ornament (die Einfassung) des Altars des heiligen Michael und schickte sofort die Zeichnung selbst zurück, indem ich die Aenderung darauf notirte, die mir zur Verschönerung des Werkes nöthig

---

[1]) Studio eigentlich Studirzimmer, dann, da die hohen Herren es liebten, ihr Arbeitszimmer mit auserlesenen Kunstwerken zu schmücken, im weiteren Sinne Kunstsammlung.

erschien. Aber nach dem habe ich von Seiten Ew. Hoheit noch nichts weiter
gehört, was ich jedoch Ihrem Belieben anheimstelle, da Sie vielleicht Ablenkungen
von grösserer Wichtigkeit haben. Ich habe indessen die Arbeit an den beiden
Gemälden mit der Geburt Christi und dem heiligen Geiste nicht unterbrochen.
Ich habe sie mit Gottes Hülfe zu Ende geführt, so dass sich Ew. durchlauchtigste Hoheit derselben nach jeglichem Belieben bedienen kann. Ich hoffe, dass
Sie nicht nur mit meiner besten Dienstwilligkeit gegen Sie in dieser Angelegenheit zufrieden sein werden, sondern auch mit der That. Ew. Hoheit kann einen
Auftrag ertheilen, wie er Ihnen zweckmässig erscheinen wird, um sie abholen
zu lassen, und mir eine Person nennen, welche sie aus meinen Händen empfangen soll. Und es wird mir lieb sein, mich mit Ihrem Dienst und Geschmack so vertraut zu machen, dass ich nicht verfehlen werde, Ihnen pünktlich
zu dienen, so lange ich lebe. Ich schrieb Ew. Hoheit etwas über das Studio
des weiland Herzogs von Arschot, welches in unserer Stadt zum Verkauf steht.
Obwohl mir, um die Wahrheit zu sagen, diese Jahreszeit nicht geeignet
erscheint, um über solche Kleinigkeiten zu verhandeln, habe ich dennoch
Ew. Hoheit gehorchen wollen, da Sie mir in Ihrem letzten befahlen, Ihnen die
Liste und das Inventar der in dem Kabinet enthaltenen Gegenstände zu schicken.
Dasselbe folgt anbei [1]. Der Preis wird etwa einige vierzigtausend Gulden in flan-
drischer Münze betragen, den Gulden zu 20 Stüber, und unter solchen Um-
ständen würde der Käufer wenig gewinnen, weil die Kosten etwa ebenso gross
gewesen sind. Mehr habe ich für jetzt nicht zu schreiben. Ich empfehle mich
demüthig der Wohlgeneigtheit Ew. durchlauchtigsten Hoheit, der ich von ganzem
Herzen die erlauchteste Hand küsse.

Ew. durchlauchtigsten Hoheit ergebenster Diener

Pietro Pauolo Rubens.

43.

RUBENS AN DEN HERZOG WOLFGANG WILHELM VON BAYERN.

Antwerpen, 24. Juli 1620.

Durchlauchtigster Herr! Da ich mich in den verflossenen Tagen in Brüssel
aufhielt, erfuhr ich zu meiner grossen Befriedigung von dem Kommissar
Oberholtzer, dass die beiden kürzlich an Ew. Hoheit abgesandten Bilder
wohlbehalten eingetroffen sind. Dagegen missfiel es mir sehr, zu erfahren, dass

---

[1] Das Inventar lag dem Briefe von *Rubens* nicht bei. Pinchart hat in den
Archives des Arts, des Sciences et des Lettres, Gent 1862, I. S. 158, ein Inventar der
Sammlungen des am 13. Januar 1612 verstorbenen Charles de Croy, Herzogs von
Arschot, veröffentlicht, aus welchem hervorgeht, dass der Herzog 234 Gemälde,
darunter solche von *Roger van der Weyden*, *Paul Veronese*, *Mabuse*, *Frans Floris*,
Michael Coxcia, *Henry Jordaens* u. A. besass. Ein Bild von *Rubens* ist nicht im In-
ventar aufgeführt.

sie zu kurz im Verhältniss zu dem schon an Ort und Stelle placirten Ornament (Umfassungsrahmen) ausgefallen sind. Dieser Irrthum ist jedoch keine Folge meiner Nachlässigkeit oder Schuld oder, weil ich die Maasse falsch verstanden habe, wie aus der mir von Ew. Hoheit zugesandten Zeichnung hervorgeht. Dieselbe befindet sich noch in meinen Händen und zeigt 16 Neuburgische Fuss in der Höhe und 9 Fuss in der Breite. Dort ist auch noch das Maass des Neuburgischen Fusses aufnotirt. Dieselben entsprechen vollkommen den Rahmen, auf welche die Gemälde aufgespannt worden sind, und diese sind noch daran. Ich tröste mich jedoch mit der Hoffnung, dass die Differenz nicht so gross sein wird, dass ihr nicht abgeholfen werden könnte, indem man ein Stückchen oben oder unten an die Einfassung ansetzt, so dass man diesen Mangel ohne Schaden der guten Symmetrie wird ausgleichen können. Wenn Ew. Hoheit damit gedient werden kann, dass ich erfahre, wie gross die Differenz ist, so mache ich mich anheischig, eine Zeichnung nach meiner Phantasie anzufertigen, wie es mir am angemessensten scheint, Abhülfe zu schaffen.

Mehreres habe ich für jetzt nicht zu schreiben. Ich küsse Ew. durchlauchtigsten Hoheit demüthigst die Hände und erbiete mich als Ihren ergebensten Diener.

Ew. erlauchtesten Hoheit demüthigster Diener

Pietro Paolo Rubeus.

Allen, welche diese Bilder in meinem Hause gesehen haben, schienen ihre Proportionen zu schlank zu sein und dass bei geringerer Höhe die darauf verwandte Arbeit besser zur Geltung kommen würde; indessen entschuldigt dieses die Beschränkung des Ortes.

44.

RUBENS AN DEN HERZOG WOLFGANG WILHELM VON BAYERN.

Antwerpen, Anfang Januar 1621.

Durchlauchtigster Herr! Ich habe zu lange gezögert, um Ew. durchlauchtigsten Hoheit für die gute Belohnung zu danken, die Sie geruht haben, mir für die kürzlich auf Ihren Befehl angefertigten beiden Bilder zu geben. Ich habe die Quittung über die 3000 Gulden dem Herrn Ringout, dem Agenten Ew. durchlauchtigsten Hoheit in Brüssel gegeben. Wie derselbe mich stets mit grosser Zuvorkommenheit behandelt hat, so hat er mich auch wissen lassen, dass er von Ew. erlauchtesten Hoheit den Auftrag hat, meiner Frau ein kleines Andenken zu übergeben. Diese so grosse Liebenswürdigkeit und Freigebigkeit, die Ew. durchlauchtigste Hoheit gegen mich, Ihren demüthigsten Diener, übt, beschämt mich, aber diese Handlungsweise entspricht Ihrer Grösse, nicht jedoch meinem geringen Verdienste. Ich kann Ew. durchlauchtigsten Hoheit keinen andern Dank abstatten, als mich ganz und gar Ihrem beständigen Dienste widmen. Indem ich Ew. durchlauchtigsten Hoheit meine tiefste Reverenz mache, erbitte ich für Sie von Gott dem Herrn ein glückliches neues Jahr.

Ew. durchlauchtigsten Hoheit ergebenster und demüthigster Diener

Pietro Paulo Rubens.

Die im Obigen mitgetheilten vier Briefe an den Herzog Wolfgang Wilhelm von Bayern sind aus den Papieren desselben im „Archiv für die Geschichte des Niederrheins" Bd. VI (Köln 1867) S. 192 ff. von W. Harless veröffentlicht worden. Der letzte Brief trägt folgende Adresse: Alla Altezza Serenissima del Serenissimo Wolfgango Guglielmo Conte Palatino del Reno Duca di Baviera Giuliers Cleves-Bergh etc. in Neobourgh. Wolfgang Wilhelm, Pfalzgraf von Zweibrücken-Neuburg, ein begeisterter Freund der schönen Künste und Wissenschaften, geboren 1578, gehörte dem protestantischen Bekenntniss an. Mit dem Kurfürsten Johann Sigismund von Brandenburg erhob er Ansprüche auf die Herzogthümer Kleve und Jülich, weil er der Sohn der einzigen Tochter des verstorbenen letzten Herzogs war, willigte aber schliesslich in eine Theilung. Die Einigung sollte noch durch eine Heirath Wolfgang Wilhelm's mit einer Tochter des brandenburgischen Kurfürsten besiegelt werden; indessen überwarf sich ersterer mit Johann Sigismund so heftig, dass er sich unverzüglich nach München begab, dort zum Katholicismus übertrat und eine bayerische Prinzessin heirathete. Mit dem Eifer des Konvertiten, der unbequeme Erinnerungen an die Vergangenheit auszutilgen sucht, gab er in seinem Stammsitze Neuburg an der Donau alle Kirchen dem katholischen Kultus zurück und gründete ebenda ein Jesuitenkollegium, dessen Kirche am 21. Oktober 1618 eingeweiht wurde. Einige Jahre später fand die Einweihung der Pfarrkirche zum heiligen Peter statt. Für eine dieser beiden Kirchen waren der Michaelaltar, für welchen Rubens nach dem ersten der vier Briefe durch seine Schüler ein Gemälde ausführen liess, und die beiden andern Bilder mit der Geburt Christi und der Ausgiessung des heiligen Geistes, von welchen in den drei andern Briefen die Rede ist, bestimmt. Es scheint, dass die beiden letzteren schon früher bestellt waren als der „Kampf des heiligen Michael mit dem Drachen", der sicherlich den Gegenstand des Gemäldes für den Altar des Heiligen bildete. In der That befanden sich unter den fünf Bildern, die Michel Histoire de la vie de P. P. Rubens, Bruxelles 1771, p. 334 f. als von der Hand Rubens' herrührend in Neuburg anführt, der heilige Michael im Kampf mit dem Drachen, die Geburt Christi und die Ausgiessung des heiligen Geistes, also die Bilder, von welchen die obigen Briefe handeln. Michel behauptet sogar, sie hätten sich in der Pfarrkirche befunden. Ob in der zum heiligen Peter oder in einer andern, sagt er jedoch nicht. Nach dem Zeugniss von Lipowsky Gesch. der Landstände von Pfalz-Neuburg S. 120 schmückte das vierte Bild, die Darstellung des jüngsten Gerichts, den Hochaltar der Jesuitenkirche als ein Geschenk des Herzogs. Es ist das berühmte Gemälde, welches sich gegenwärtig in der Münchener Pinakothek befindet, und dasselbe Bild, welches Rubens in dem Briefe an Sir Dudley Carleton (s. o. Nr. 39) erwähnt. Unter der Regierung des Kürfürsten Johann Wilhelm von der Pfalz wurde es nach Düsseldorf gebracht, und von da kam es mit der ganzen Gallerie nach München. Das fünfte der Neuburger Bilder war der Engelsturz, vielleicht derselbe, der sich jetzt in der Münchener Pinakothek (Rubenssaal Nr. 250 oder 264) befindet. Ebenda befindet sich wohl auch die Ausgiessung des heiligen Geistes (unter Nr. 299). Nach dem Tode seines Vaters (1611), der aus Gram über den Abfall seines Sohnes starb, theilte sich Wolfgang Wilhelm mit seinem Bruder in den Landbesitz. Bald darauf mag er die Verbindung mit Rubens angeknüpft haben, der zuerst das jüngste Gericht für ihn malte, welches nach dem Briefe an Carleton mit 3500 Gulden bezahlt wurde. „Seit er (Herzog Wolfgang Wilhelm) seine dauernde Residenz in Düsseldorf genommen," sagt Harless a. a. O. S. 194—195, „umgab er sich hier gern mit Künstlern, theils Musikern, die unter der Leitung des Kanonikus und Kantors zu St. Johann in Lüttich, Aegidius Hennius, eine in Aufführung von Messen, Kantaten, Motetten und Opern geschulte Kapelle bildeten, theils Malern, wie dem Hofmaler Johann Spielberg und dem Maler Francesco Rugia, dem der Pfalzgraf am 4. Juni 1632 bescheinigte, er habe sich „ehrlich und in Verfertigung unterschiedlicher hier von Unss anbefholener schilderei vund stückhen zu vunserm gnedigsten contento verhalten", oder Bildhauern, wie Franz Perez (um 1617). Ein Augenzeuge, der brandenburgische Gesandte Karl von Burgsdorf, bemerkte, als er am 15. Februar 1647 Audienz beim Pfalzgrafen hatte, in dessen Schlafgemache viele Bilder und Gemälde aus dem alten und neuen Testamente und vernahm dazu aus des Letzteren Munde die Erklärung, „dass er vermittelst dieser Gemälde die beiden Testamente allezeit vor Augen und im Haupte habe und sich deren Beihülfe zu seiner Andacht bediene". Vielleicht hat Herzog Wolfgang Wilhelm — er starb 1653 zu Düsseldorf — bereits den Grundstock zu der herrlichen Rubenssammlung gelegt, welche im 18. Jahrhundert den fünften oder Rubenssaal der Düsseldorfer Gallerie füllte.

15.

RUBENS AN PETER VAN VEEN.

Antwerpen, 19. Juni 1622.

Sehr erlauchter und verehrungswürdiger Herr! Ich habe so lange gezögert, Ew. Herrlichkeit zu antworten, wegen verschiedener Reisehindernisse und anderer. Nun erfahre ich aus Ihrem sehr liebenswürdigen Schreiben vom 12. Mai, welches diejenigen Stiche sind, die Ihnen fehlen. Es thut mir leid, dass es wenige sind, da wir während einiger Jahre nichts gemacht haben, wegen der Geistesstörung (disviamento) meines Stechers. So wenige es sind, werde ich sie Ihnen dennoch gern schicken. Es sind ein S. Franciscus, welcher die Wundenmale empfängt, wurde etwas grob gestochen, weil es der erste Versuch war; die Rückkehr der Madonna mit dem Jesusknaben aus Aegypten; eine kleine Madonna, welche das Kind küsst, die mir gut zu sein scheint, und noch eine Susanna, die ich zu den besten zähle, und ein grosses Bild des Sturzes Lucifer's, das nicht übel gelungen ist, und noch der Auszug Loth's mit der Frau und den Töchtern aus Sodom, welcher zuerst gestochen wurde, als der Stecher zu mir kam. Ich habe noch eine Amazonenschlacht von sechs Blättern, der noch wenige Tage Arbeit fehlen; aber ich kann sie nicht aus den Händen des Stechers ziehen, obwohl es drei Jahre her sind, dass die Arbeit bezahlt ist. Ich würde sie gern zusammen mit den andern

Ew. Herrlichkeit schicken; aber es ist wenig Aussicht vorhanden, dass sie so schnell fertig gemacht wird.

Ich habe noch ein architektonisches Buch mit den schönsten Palästen Genua's, bestehend aus einigen 70 Blättern zusammen mit den Plänen; aber ich weiss nicht, ob Ew. Herrlichkeit dergleichen liebt. Es würde mir lieb sein, Ihre Meinung darüber zu hören, und dass Sie einem Schiffer oder einem Ihnen bekannten Boten Auftrag ertheilten, dem ich diese Sachen übergeben könnte; sonst würden sie zu viel Postgeld kosten. Ich habe erfahren, dass Sie ein Mittel gefunden haben, auf weissem Grund auf Kupfer zu zeichnen, wie es der Herr Adam Elzheimer that [1]). Um das Kupfer mit Scheidewasser zu ätzen, bedeckte er es gleichsam mit einem weissen Teig, und dann gravirte er mit der Nadel bis auf das Kupfer, und da dieses ein wenig röthlich von Natur ist, schien es, als zeichnete er mit Rothstein auf weisses Papier. Ich erinnere mich nicht mehr der Ingredientien dieses Teigs, obgleich er sie mir in liebenswürdiger Weise nannte. Ich höre, dass Herr Ottavio Veen, Ihr Bruder, das Werk eines Anonymus über die Universal-Theorie oder etwas Aehnliches in Druck gegeben hat. Ich wünschte sehr, dasselbe zu sehen, und wenn Ew. Herrlichkeit es mir mittheilen könnte, da Sie ohne Zweifel ein Exemplar haben werden, würde ich es sehr hoch schätzen und würde es empfangen unter dem Versprechen eines Ehrenmannes, diese Ihre Gunst ganz geheim zu halten, ohne, wenn es nöthig ist, mit einem lebenden Menschen darüber zu sprechen.

Und zum Schluss küsse ich Ew. Herrlichkeit von ganzem Herzen die Hände und erbitte für Sie vom Himmel alles Glück und Zufriedenheit.

Ew. sehr erlauchten Herrlichkeit ergebenster Diener

Pietro Pauolo Rubens.

Ruelens *Pierre Paul Rubens, documents et lettres*, Bruxelles 1877, S. 83 ff., 113 f. Das Original, welches italienisch geschrieben ist, befindet sich im Museum Plantin-Moretus in Antwerpen. — Der Brief ist für die Geschichte der nach RUBENS angefertigten Stiche äusserst wichtig. PETER VAN VEEN (1546—1630), aus Leyden gebürtig, war ein Bruder des OTTO VAENIUS, des Lehrers von RU-BENS, und gleichfalls Maler. Im Rathhaus von Leyden befindet sich ein Bild von ihm, welches die Aufhebung der Belagerung der Stadt darstellte. Als RUBENS an ihn schrieb, lebte er im Haag. Die Reisehindernisse, von welchen ersterer im Anfang seines Briefes spricht, beziehen sich auf seine Reise nach Paris wegen der Gemälde für den Luxemburgpalast, von welcher er etwa drei Monate vor diesem Briefe zurückgekehrt war. Der Kupferstecher, welcher unter RUBENS' Aufsicht nach seinen Kompositionen stach, war Lucas Emil Vorstermann, geboren 1595 in Bommel in Geldern. 1620 wurde er als Freimeister in die Lucasgilde aufgenommen, und in diesem Jahre begann er auch seine Thätigkeit für RUBENS, die er bis zum Jahre 1622 fortsetzte. In dieser Zeit stach er die sieben Blätter, die RUBENS in dem obigen Briefe erwähnt: 1. der heilige Franciscus, der die Stigmata empfängt (1620, Voorhelm Schneevogt, *Catalogue*

[1]) Am Rande: Wie ich mir vorstelle, kennt vielleicht Ew. Herrlichkeit eine bessere Prozedur als jene.

des estampes gravées d'après P. P. Rubens p. 97 Nr. 26), nach einem Gemälde des Museums in Köln, 2. die Heimkehr aus Aegypten (1620, Schneevogt p. 20 Nr. 121), nach einem Gemälde in der Galerie Marlborough in Blenheim, 3. die heilige Jungfrau, das Kind küssend (1620, Schneevogt p. 88 Nr. 126), 4. Susanna im Bade, von den Alten belauscht, (1620, Schneevogt p. 10 Nr. 84), 5. der Sturz Luzifers (1621, Schneevogt), vielleicht nach einer mit dem Gemälde in der Münchener Pinakothek verwandten Zeichnung, 6. Lot's Auszug aus Sodom (1620, Schneevogt p. 2 Nr. 9), nach einem Gemälde in der Galerie Marlborough in Blenheim, 7. die Amazonenschlacht (1623), nach dem Gemälde in der Münchener Pinakothek. Ausser diesen sieben Blättern hat Vorstermann in den Jahren 1620 und 1621 noch sieben andere nach Rubens gestochen, welche dieser nicht erwähnt, da sie Peter van Veen vermuthlich schon kannte. Mariette sagt in seinem Abecedario (publicirt von de Chennevières und de Montaiglon, Paris 1853) VI. p. 93 von dem unter Nr. 5 erwähnten Stiche des Engelsturzes: „Er ist eine der vollkommensten Arbeiten dieses geschickten Stechers und eine der glücklichsten von Rubens' Compositionen. Licht und Schatten sind mit grosser Kunst vertheilt, so wie man es wegen der schönen Wirkung im Stich nur wünschen kann. Rubens leitete die Arbeit seines Stechers mit ausserordentlicher Sorgfalt, und dieser unterzog sich ihr mit solchem Eifer, dass sein Geist dabei sehr erheblich schwächer wurde *(que son esprit s'en affaiblit très-considérablement)."* Hymans hat in seiner „*Histoire de la Gravure dans l'Ecole de Rubens*, Bruxelles 1879", in welcher er auf S. 153—230 ein sehr anschauliches Bild von dem besten Interpreten Rubens'scher Kunst entwirft, diese Notiz Mariette's mit der Bemerkung des Meisters im obigen Briefe über das „*Disriamento*" seines Stechers in Verbindung gebracht, und in der That fällt dadurch auf die räthselhafte Stelle, welche Ruelens durch die „Abreise" Vorsterman's nach London erklären wollte, ein aufhellendes Licht. „*Disriamento*" heisst wirklich auch Geistesverwirrung, und wenn Rubens nur die „Abreise" seines Stechers gemeint hätte, würde er, wie Hymans richtig bemerkt, das Wort „*partenza*" und nicht das ungewöhnlichere und obendrein zweideutige „*disriamento*" gebraucht haben, zumal Rubens, wie aus seiner reichen Korrespondenz hervorgeht, ein Freund lichtvollen und verständlichen Ausdrucks ist. Vorsterman's Geisteskräfte hatten durch die erstaunliche Arbeit, welche er in den Jahren 1620 und 1621 für Rubens bewältigte, gelitten, und darauf spielt Rubens in seinem Briefe an. Nur so erklärt sich auch der Schluss des ersten Absatzes, er könne die Amazonenschlacht nicht aus den Händen des Stechers herausbekommen *(cavare delle mani).* Wir wissen ferner, dass Vorsterman sich noch im Winter 1623 in Antwerpen aufhielt, da ihm Theodor Galle am 24. Februar dieses Jahres 75 Gulden für den Stich eines Frontispizes für den dritten Band von „*Harraeus Annales Ducum seu principum Brabantiae*" auszahlte. Im Werke Vorsterman's findet sich kein Blatt, welches die Jahreszahl 1622 trägt, und merkwürdiger Weise wurde im April dieses Jahres Rubens' Sicherheit und Leben durch einen Menschen bedroht, der „nach dem Urtheile Mehrerer geistesgestört" war. So heisst es nämlich in einer Bittschrift, welche mehrere Freunde des berühmten Malers behufs Sicherung seiner Person an die Infantin nach Brüssel richteten, nachdem sich der Bürgermeister von Antwerpen Rockox geweigert, in dieser Angelegenheit zu interveniren. (Pinchart *Archives des arts, lettres et sciences* II. p. 173). Das zufällige Zusammentreffen dieser Umstände macht die Annahme wahrscheinlich, dass Vorsterman der Ruhestörer war, der vielleicht vermeintliche Ansprüche geltend machen wollte. Dass er aber nichts zu fordern hatte, lehrt unser Brief. Schliesslich scheint er doch die

Platten mit den Stichen der Amazonenschlacht beendigt zu haben; denn dieselbe erschien in sechs Blättern, welche zusammen die beträchtliche Länge von 1,24 Meter haben, am 1. Januar 1623. Im Laufe dieses Jahres scheint Vorsterman nach England gezogen zu sein, wo er einen mehrjährigen Aufenthalt nahm. Er starb zu Antwerpen 1667.

Das Werk über die genuesischen Paläste erschien nach Ruelens (a. a. O. S. 102) in zwei Theilen, der erste, welcher 67 Tafeln enthielt, unter dem Titel: *Palazzi di Genova*. Es waren die modernen Paläste. Der zweite erschien mit 72 Tafeln (*Palazzi antichi*) noch in demselben Jahre, und das Gesammtwerk trug den Titel: *Palazzi di Genova con le loro pianti ed alzati*. Die Widmung des ersten Theils (an Carlo Grimaldi) datirt vom 29. Mai 1622. Aus der Vorrede ergiebt sich, dass Rubens die Aufnahmen und Pläne nicht selbst gezeichnet, sondern sich dieselben während seines kurzen Aufenthalts in Genua anderweitig verschafft hat. Rubens figurirte in diesem Falle also nur als Herausgeber.

Adam Elzheimer ist der deutsche Landschaftsmaler aus Frankfurt am Main (1574—1620), der sich frühzeitig in Rom niederliess. Rubens scheint dort seine Bekanntschaft während der Jahre 1601—1608 gemacht zu haben, in welche ein mehrmaliger Aufenthalt des Antwerpener Künstlers in Rom fällt. Wenn man den Mittheilungen des Schwätzers Campo Weyermann trauen darf, war die Bekanntschaft zwischen beiden Malern eine so nahe, dass Rubens seinen unglücklichen Kunstgenossen, der sich in drückenden Verhältnissen befand, sogar mehrere Male durch Bezahlung seiner Schulden aus dem Gefängniss befreite. Dass Elzheimer auch radirte, wird durch unsern Brief bestätigt. Man schreibt ihm ein mit Ae l s. f. bezeichnetes Blatt mit dem jungen Tobias zu, der seinen Vater führt.

Es ist auffallend, dass sich Rubens, um ein Buch von Otto Vaenius zu erlangen, an dessen im Haag wohnenden Bruder wendet, statt seinen ehemaligen Lehrherren, der damals entweder noch in Antwerpen oder in Brüssel wohnte, selbst darum zu ersuchen. Ruelens vermuthet, dass allmälig eine Spannung zwischen Otto van Veen und seinem grossen Schüler eintrat, welche ihren Verkehr aufhob. Nach seinen Ermittlungen ist das von Rubens gesuchte Buch vermuthlich das folgende: *Conclusiones physicae et theologicae, notis et figuris dispositae ac demonstratae de primariis fidei capitibus, atque in primis de Praedestinatione, quomodo effectus illius operetur a libero arbitrio. Anthone Otthone Vaenio.* Orsellio 1621.

46.

RUBENS AN PEIRESC.

Antwerpen, 10. August 1623.

ch bin heute so mit Geschäften überhäuft, dass es mir unmöglich ist, auf Ihren sehr lieben Brief, so wie ich sollte, zu antworten. Sed summa sequar vestigia rerum. Doch will ich die Hauptsachen berühren, das Uebrige werde ich mir zur nächsten Post aufsparen. In Bezug auf die Gemmen wiederhole ich Ihnen meinen unbegrenzten Dank; doch habe ich die Absicht, sie Ew. Herrlichkeit wiederzustellen, und werde Ihnen inzwischen die Abdrücke davon schicken. Ich erinnere mich nie in meinem Leben irgend etwas gesehen zu haben, was mir mehr Freude gemacht hätte.

Das von der Inquisition gegen die Basilianer zu Sevilla veröffentlichte Dekret wird schwerlich jetzt zu erlangen sein, indem, so viel ich weiss, nur ein Exemplar davon hierher gekommen ist; indess werde ich alle mögliche Mühe anwenden, um desselben habhaft zu werden.

Die Sekte der Rosenkreuzer ist in Amsterdam schon alt, und ich erinnere mich, schon vor drei Jahren ein Buch gelesen zu haben, das von ihrer Gesellschaft herausgegeben worden ist und worin das Leben und der glorreiche Tod ihres ersten Stifters sowie alle ihre Regeln und Statuten beschrieben waren. Mir kommt das Ganze wie eine Alchymie vor, indem sie vorgeben, den Stein der Weisen zu besitzen; in der That aber ist es eine blosse Betrügerei. Die Studie des Herrn Goly[1]) regt mir noch immer die Galle auf, so oft ich daran denke; möge es Herrn Fontane gut bekommen, da er den Muth gehabt hat, sie zu kaufen. Es wird mir lieb sein, mit der Zeit die Zeichnung des Spiegels zu bekommen, wenn sich eine Kopie davon in Rom bei dem Herrn Alexander befindet; was das Sistrum betrifft, so glaube ich, müsste es sich leichter finden. Der Herr Cobergen befindet sich wegen seiner Angelegenheiten zu Wynockbergen in Flandern und wird sobald nicht wieder zurückkehren. Die Geschichte des Paolo Parente erscheint mir lächerlich ohne Gleichen. Hoc enim est insanire potius quam delirare. Möge er mit dem Zeuge in Frieden ziehen, wie auch der Chiadu(que, obschon man sie wie ein Paar Ochsen an einen Wagen spannen könnte; mir thut es nur leid, dass Ew. Herrlichkeit sich aus Liebe zu mir mit den schlechten Menschen so viel Mühe gegeben haben.

In Bezug auf jene unedirten lateinischen Epigramme würde ich Ew. Herrlichkeit gern zu Dienst gewesen sein, aber Herr Gevaerts ist abwesend von hier, indem er nach Brüssel gegangen ist, um seinem Patron, dem Herrn Kardinal Della Cueva, die Hand zu küssen. Dieser ist nämlich im Begriff nach Rom zu gehen, wohin ihn die spanische Partei gerufen hat, um noch diese Stimme mehr zu haben. Daraus kann man schliessen, dass sich dieses Konklave in die Länge ziehen wird; denn jener reiset nicht mit der Post und glaubt doch noch zur rechten Zeit zu kommen, indem man mit dem Scrutinium zu keiner genügenden Stimmenmajorität gelangen kann.

Der Marchese Spinola reist heute oder morgen nach Maestricht ab; dort wird ein Waffenplatz errichtet, obschon er unter der Hand noch über den Waffenstillstand verhandelt. Anderes habe ich Ihnen für jetzt wegen der Kürze der Zeit nicht zu sagen und küsse schliesslich Ew. Herrlichkeit sowie Ihrem Bruder, dem Herrn von Valavès, von ganzen Herzen die Hand, indem ich Ihnen von unserm Herrn Gott eine glückliche Reise erflehe.

Der obige Brief, abgedruckt bei Émile Gachet *Lettres inédites de Pierre Paul Rubens publiées d'après ses autographes*, Bruxelles 1840 p. 8 ff., ist, wie

---

[1]) Nach Gachet vielleicht der berühmte Orientalist J. Golius aus dem Haag.

alle nachfolgenden Briefe von RUBENS, bei denen nicht das Gegentheil bemerkt
wird, in italienischer Sprache geschrieben und zeigt uns den Künstler in freundschaftlichem Verkehr mit einem der berühmtesten Beschützer und Kenner der
Wissenschaften und Künste im siebzehnten Jahrhundert. Es war dies Nicolas
Claude Fabri de Peiresc, aus einer alten und angesehenen Familie der Provence
herstammend und das Amt eines Parlamentsrathes zu Aix verwaltend; er stand
als Freund und Gönner mit einer grossen Anzahl von Gelehrten und Künstlern
seiner Zeit in Verbindung und brieflichem Verkehr, so dass er gleichsam im
Mittelpunkte aller wissenschaftlichen Bestrebungen stand. Bei seinem Tode fand
man ungefähr 10,000 Briefe vor, von denen die meisten später seiner Nichte
zu Papilloten dienen mussten. Die wenigen von diesem Schicksal geretteten
Briefe werden gegenwärtig in der Bibliothek von Aix aufbewahrt. Besonders
waren es Werke der alten Kunst, auf die er sein Augenmerk gerichtet hatte
und zu deren Erwerbung er an vielen Orten Agenten und Emissäre hielt. So
war er es, der zuerst die auf der Insel Paros gefundenen Skulpturen angekauft
hatte, die dann später durch eine Verzögerung in die Hände des Grafen Arundel
kamen. Diese Vorliebe für das klassische Alterthum sowie die genaue Kenntniss
desselben, wonach ihn Balzac geradezu als „einen aus dem Schiffbruch des
Alterthums geretteten Ueberrest und eine Reliquie des goldenen Zeitalters" be-
zeichnete, scheint ihn auch mit RUBENS in nähere Berührung gebracht zu haben.
Die Vermittelung dieser bis zum Tode von Peiresc (24. August 1637) mit gleicher
Liebe von beiden Seiten gepflegten Verbindung scheint durch Johann Kaspar
Gevaerts stattgefunden zu haben, der in Belgien eine ähnliche Stellung einnahm,
als Peiresc in Frankreich. Durch Gelehrsamkeit und Reinheit des Charakters
gleich ausgezeichnet, war er schon früh zu bedeutender politischer Wirksamkeit
berufen worden und stand mit RUBENS in so nahem freundschaftlichen Verkehr,
dass ihm dieser, während er sich auf Reisen befand, seinen Sohn anzuvertrauen
pflegte. Dass Gevaerts in der That die Bekanntschaft RUBENS' mit Peiresc vermittelt hat, geht aus einem Briefe des letzteren an Gevaerts hervor (Paris,
25. Oktober 1619), worin er ihm meldet, dass er für RUBENS das verlangte
Privilegium für den Verkauf von dessen Kupferstichen in Frankreich ausgewirkt
habe. In einem zweiten Briefe vom 17. Januar 1620 bittet er Gevaerts, seinen
Dank an RUBENS für den Katalog von dessen Kunstsammlung auszusprechen, den
ihm jener zugeschickt hatte. Zu gleicher Zeit hatte er ihm die Zeichnung der
darin befindlichen Köpfe des Cicero, Seneca und Chrysippus versprochen, wofür
Peiresc seinen Dank in einem Briefe an Gevaerts (vom 3. Oktober 1620) ausspricht. Von besonderer Wichtigkeit aber ist ein Brief vom Jahre 1622, in
welchem Peiresc in ausführlicher Weise sein Urtheil über RUBENS ausspricht und
welcher daher hier seinen Platz finden möge.

[17.]

PEIRESC AN GEVAERTS.

Paris, 26. Februar 1622.

Mein Herr! Das Wohlwollen des Herrn Rubens, welches Sie mir zugewendet haben, hat mich mit solchem Glück und solcher Genugthuung
erfüllt, dass ich Ihnen während der ganzen Zeit meines Lebens zu Dank
verpflichtet bleiben werde. Denn ich kann weder seine Ehrenhaftigkeit genug

rühmen, noch würdig genug die Vortrefflichkeit seiner Tugend und seiner grossen Eigenschaften lobpreisen, sowohl was die tiefe Gelehrsamkeit und wunderbare Kenntniss des guten klassischen Alterthums, als auch was die Geschicklichkeit und das seltene Benehmen betrifft, welche er in den Angelegenheiten der Welt bekundet; endlich auch die Unübertrefflichkeit seiner Hand und die grosse Anmuth seines Umganges, worin ich die angenehmste Unterhaltung gefunden habe, welche mir während meines kurzen Aufenthaltes hierselbt zu Theil geworden ist. Ich beneide Sie ungemein wegen der Leichtigkeit, sich seines Umganges zu erfreuen; zumal jetzt, wo Sie ein neues Amt in Antwerpen erhalten haben, welches Sie mit ihm in eine nähere Berührung bringt, als Sie zuvor hofften. Ich wünsche Ihnen von ganzem Herzen Glück zu dem Einen wie zu dem Andern und bitte Gott, dass er Ihnen recht lange dieses Glück lassen möge; wobei ich Sie dringend ersuche, mir auch in der Folge und an seinem Ort dieselbe Gefälligkeit zu erweisen und mir die Gunst des Herrn Rubens sowie die Ihrige zu erhalten. — Der König hat gestern in vollem Rathe 1200 Thaler als jährliche Pension für Herrn Grotius ausgesetzt.

Rubens äussert sich über Peiresc in einem Briefe an Dupuy vom 22. Juni 1628. „Herr von Peiresc," heisst es daselbst, Gachet p. 208, „beharrt trotz seiner vielen Geschäfte in seinen antiquarischen Neigungen, was wirklich zum Verwundern ist. Wahrlich, er besitzt in seiner Person so viel Kenntnisse in allen verschiedenen Zweigen des Wissens, als sonst ein Jeder nur in seinem eigenen Berufe zu haben pflegt. Ich kann es kaum begreifen, wie ein Geist allein so vielen verschiedenen Beschäftigungen Genüge leisten kann." Rubens spendet hier in liebenswürdiger Anerkennung fremden Verdiensten ein Lob, welches die Nachwelt auf ihn selbst ausgedehnt hat.

Was nun die Erläuterung des obigen Briefes von Rubens (Nr. 46) anbelangt, so ist hier der Ort, eines Schreibens zu erwähnen, welches er acht Tage vorher, nämlich am 3. August von Antwerpen an Peiresc gerichtet hat und das von Bottari in dessen *Raccolta* IV. 29 bekannt gemacht worden und mit verbessertem Text bei Ruelens, *Pierre-Paul Rubens Documents et Lettres*, S. 9 f. und 133 f. wieder abgedruckt ist. Es ist dieser Brief, obschon nicht zur vollständigen Uebersetzung und Mittheilung geeignet, wichtig, insofern er auf manche, in den übrigen Briefen berührte Punkte ein grösseres Licht wirft und zu deren Ergänzung oder Erläuterung beitragen kann. Zuerst bedankt sich Rubens für eine Sendung kostbarer Gemmen und spricht dann von einem Instrument, das er „*moto perpetuo*" nennt. „Ich bin erfreut, dass Sie die Zeichnung des *Perpetuum mobile* erhalten haben; sie ist mit Wahrhaftigkeit angefertigt und in der aufrichtigen Absicht, Ihnen das wirkliche Geheimniss mitzutheilen. Ferner, wenn Sie in der Provence sind und die Probe gemacht haben werden, verpflichte ich mich, alle Schwierigkeiten zu heben. Vielleicht werde ich sogar — aber ich wage noch nicht, Ihnen dafür Gewissheit zu geben — von meinem Herrn Gevatter (Compare) erreichen, dass er hier ein komplettes Instrument mit dem Kasten machen lässt" etc. Auf dieses *Perpetuum mobile* werden wir in den Erläuterungen zu den folgenden Briefen zurückkommen. Nach einem Briefe Rubens' an Gevartius vom 23. November 1629 hiess jener Gevatter Montfort. Dann sagt Rubens weiter: „Was den kleinen Spiegel (*la specchietta*) anbetrifft, so werde ich darüber mit demselben Gevatter sprechen, um zu sehen, ob wir einen konstruiren können, der bei einem geringeren Umfang mehr vergrössern kann, damit wir ihn mit grösserer Schnelligkeit weit verschicken können." Wir sehen daraus, dass sich Rubens mit der Herstellung eines Vergrösserungsglases beschäftigte.

Sodann folgt eine Stelle, durch welche die Erwähnung des räthselhaften Chiaducque in dem Briefe vom 10. August wenigsten einigermaassen erläutert wird. „Die Zeit," heisst es daselbst, „erlaubt mir nicht, Ew. Herrlichkeit namentlich für die guten Dienste Dank zu sagen, die Sie mir bei den Herren De Loménie und dem Herrn Abbé, sowie bei anderen Freunden erwiesen haben: nicht minder auch für die an jener bäurischen Seele von Caduc vollzogene Rache und die demselben ertheilten Schläge und Stösse [1]). Er verdiente es, diese Kränkung als Strafe für seine Grobheit mit sich herumzutragen." Die beiden erstgenannten Herren von Loménie waren Staatssecretäre und einflussreiche Personen am Hofe Ludwig's XIII. Unter dem Abbé ist der öfter erwähnte Abt von S. Ambrosius, Claude Maugis, zu verstehen, Almosenier der Königin Maria von Medicis, mit dem Rubens über die Arbeiten in der Gallerie zu verhandeln hatte. Caduc endlich ist offenbar der in dem Brief vom 10. August erwähnte Chiaducque, in welchem Namen schon Gachet mit Recht einen Schreibfehler vermuthete. Louis Caduc war ein sehr gelehrter Alterthumsforscher, dessen Mariette in seinem *Traité des pierres gravées* S. 307 Erwähnung thut.

In der Nachschrift dieses Briefes endlich kommen folgende Worte vor: „Ich habe nicht verfehlt, dem Herrn Abbé seinem Maasse entsprechend zu Diensten zu sein", die sich ohne Zweifel auf die von Rubens zu fertigenden Bilder der Gallerie beziehen, zu denen genaue Maasse von Paris geschickt werden mussten.

Die am Schluss des obigen Briefes erwähnte Reise des Herrn von Peiresc war durch eine in Paris herrschende ansteckende Krankheit veranlasst, gegen welche es, wie Rubens in der eben erwähnten Nachschrift sagt, kein besseres Mittel, als die Flucht gäbe. Jeder Tag käme ihm wie ein Jahr vor, ehe er nicht höre, dass Peiresc vor der Krankheit in Sicherheit sei. Zur weiteren Erläuterung der in dem Briefe enthaltenen Einzelheiten nur noch einige Worte. Das in Bezug auf die Rosenkreuzer, eine damals in Holland verbreitete schwärmerische Religionsgesellschaft, von Rubens erwähnte Buch mag Andreä's „Allgemeine generelle Reformation der ganzen weiten Welt benebenst der *Fama Fraternitatis* des löblichen Ordens der Rosenkreuzer", Kassel 1614, oder „Christian Rosenkreuz' chymische Hochzeit" Strassburg 1616 gewesen sein (Gervinus' Deutsche Dichtung III. 362), wenn Rubens nicht etwa wirklich die Statuten einer in Amsterdam bestehenden Gesellschaft bekannt geworden sind. Unter „Cobergen" ist der Architekt der Erzherzöge, Wenceslaus Coberger, zu verstehen, der nebst Abraham Jansen zu den heftigsten Feinden von Rubens gehört haben soll. Die Angelegenheit, wegen der er auf Reisen war, mag der Ankauf grosser Moore gewesen sein, die er durch Kanalisation zum Anbau geschickt machte. Girolamo Aleandro, gewöhnlich der Jüngere genannt, war 1574 in der trevisanischen Mark geboren, und hatte sich schon seit früher Jugend grosses Ansehen sowohl durch seine Dichtungen als auch durch seine juristischen und antiquarischen Studien erworben. Zwanzig Jahre stand er als Sekretär im Dienste des Kardinals Bandini. Urban VIII., der Aleander in der freieren Richtung seiner kirchlichen Ansichten sowie seiner literarischen Thätigkeit verwandt war, wendete ihm seine besondere Gunst zu und erwählte ihn zum Begleiter

---

[1]) *Siccome ancora per la vendetta fatta e le piaghe date, anzi pugnalate in quell' animo rustico e imbarbarito del Caduc.*

seines Nepoten Francesco Barberini auf dessen Legationsreise nach Frankreich. Hier wurde er mit den bedeutendsten französischen Gelehrten und namentlich mit Peiresc bekannt. Er starb im Jahre 1629, wie es heisst, in Folge seiner allzu üppigen Lebensweise. Der Kardinal della Cueva reiste zu dem Konklave, in welchem Maffeo Barberini zum Papst — Urban VIII. — erwählt wurde.

48.
RUBENS AN VALAVÈS.

Antwerpen, 12. Dezember 1624.

Ich habe Ihnen nicht eher schreiben wollen, als bis ich das Perpetuum mobile nach Paris abgeschickt, welches ich sehr gut in seine eigene Kiste eingepackt habe, in welcher es seine Funktionen machen soll, nach der Instruktion (und der Zeichnung)[1], die ich früher an Herrn Peiresc geschickt habe, wie ich es von Neuem thun werde, um ihm sein Gedächtniss aufzufrischen, wie er sich dessen bedienen soll. Ich glaube, dass er gut daran thun wird, es in derselben Weise weiter zu befördern, vorausgesetzt, dass es wohlbehalten von Paris nach Aix kommt. Indessen wäre es gut, wenn es Ihnen beliebt, den Hanf soweit aufzuheben, bis die Glasröhre erscheint; wenn sie noch ganz ist, können Sie über das Uebrige beruhigt sein. Denn es ist nur für die Röhre Gefahr, das Glas ist sehr fest und ausser Gefahr; auch befindet sich darin ein kleines Glas, halb mit grünem Wasser gefüllt, und mit demselben Wasser habe ich die Röhre gefüllt, so viel für die Operation nöthig ist. Ich habe noch neben das Gefäss eine kleine Schachtel mit einigen Gemmenabdrücken gelegt. Es hat mir gut geschienen, die Kiste der eigenen Hand von Antoine Muys, des Wagenmeisters (maître voiturier) für Paris, anzuvertrauen, der sich verpflichtet hat, sie Ihnen wohlerhalten zustellen zu lassen, wiewohl ich glaube, dass er nicht in Person nach Paris gehen wird. Indessen ist er ein rechtschaffener Mann und pünktlich in seinen Versprechungen. Ich habe ihm einen offenen, an Sie adressirten Brief übergeben, in welchem ich den Preis (des Porto's)[2] Ihrer Diskretion überlasse und ihm verspreche, dass Sie ausser der gewöhnlichen Vergütigung nach dem Gewicht ihm ein Extrahonorar für die Sorgfalt geben werden, die er auf die gute Erhaltung der Kiste verwenden wird. Vor drei Tagen hat er mir gesagt, dass der Karren am nächsten Tage abgehen würde. Bei den schlechten Wegen werden sie lange unterwegs sein.

Ich habe die Briefe des Kardinals von Ossat noch nicht empfangen mit den andern Büchern, die Sie mir gütigst geschickt haben nach der Ihrem letzten Briefe beigelegten Liste, in der ich die Sammlung aller von Théophile verfassten

---

[1] Zusatz des ersten Abdrucks des Briefes bei Thicknesse: et pourtrait.
[2] Ebds. du port.

Sachen von seiner Gefangenschaft bis jetzt gesehen habe, die mir sehr angenehm sein wird. Aber vor Allem wäre es mir erwünscht, sein Satiricon zu sehen, welches die Ursache seines Unglücks war und das so grausam verurtheilt und vernichtet wurde. Ich halte das Buch des Pater Scribanius, betitelt: Politico christianus, zu welchem ich das Frontispiz gezeichnet habe, bereit. Auch hat man mir von Brüssel die „Ordonnances des armoiries" geschickt; aber es war nicht möglich, diese Bücher unserer oben erwähnten Kiste noch beizulegen. Auch hatte ich die „Ordonnances des armoiries" noch nicht. Wir werden also ein kleines besonderes Packet machen müssen und es demselben Herrn Antoine Muys übergeben. Indessen werde ich noch etwas Anderes suchen, was Ihnen angenehm sein könnte. Neues giebt es nichts. Die Belagerung von Breda wird mit derselben Hartnäckigkeit fortgesetzt, ungeachtet die Regengüsse ausserordentlich sind und dem Lager grossen Verdruss bereiten, indem alle Wege so ruinirt sind, dass die Zufuhren mit der grössten Schwierigkeit von der Welt vorwärts kommen. Indessen findet der Prinz von Oranien kein Mittel, sie zu schlagen oder lahm zu legen, und er hat sich von diesem Unternehmen abgewandt, da er es für unmöglich hält. Der Marquis hat, um sich von der Unannehmlichkeit des Fouragirens zu befreien und um die Pferde sich erholen zu lassen, den grössten Theil seiner Reiterei in die dem Lager zunächst liegenden Städte, wie Herentals, Liere, Mecheln, Thurnhoult und Boldue vertheilt. Dieselbe befindet sich dort sehr wohl und kommt den Proviantzügen entgegen, die vom Lager kommen, und begleitet sie einen jeden bis zu seiner Grenze. Der Prinz von Oranien plant eine Unternehmung; aber man weiss bis zu dieser Stunde nicht, ob sie dazu dienen wird, Breda zu entsetzen oder den Marquis fortzulocken. Er hat vierzig Schiffe in Rotterdam gebaut, tragfähig für Menschen und Pferde, mit beigefügten Pontons, um ihre Ladung mit Leichtigkeit aller Orten ans Land zu setzen. — Der Mörder des Herzogs von Croy ist noch nicht entdeckt; was seine Frau betrifft, so sagt man, dass er ihr ein gutes Wittthum ausgesetzt hat; aber ich kann Ihnen gegenwärtig nicht sagen, wie viel. — Was mich betrifft, so hoffe ich mit Gottes Hülfe in sechs Wochen ganz fertig zu sein, um meine Reise nach Paris anzutreten in der Zuversicht, Sie dort zu finden, was mir der grösste Trost von der Welt sein wird. Auch hoffe ich, noch zur rechten Zeit zu kommen, um das Fest der königlichen Hochzeit mit anzusehen, welches wahrscheinlich im nächsten Karneval gefeiert werden wird. Unterdessen empfehle ich mich sehr demüthig Ihrer Gunst und, indem ich Ihnen die Hände aus vollem Herzen küsse, verharre ich, mein Herr, als Ihr sehr ergebener Diener

Pietro Paolo Rubens.

Dieser Brief befand sich mit noch fünf anderen von Rubens' Hand im vorigen Jahrhundert im Besitz eines Herrn Gérard, Mitgliedes der kaiserl. königl. Akademie der Wissenschaften und Konservators der Archive. Ein Engländer, Namens Thicknesse, kopirte drei von diesen Briefen, die französisch geschrieben waren, und publizirte dieselben, aber sehr fehlerhaft, in einem Werke, welches unter dem Titel: *A Years journey through the Pais-Bas or Austrian Netherlands* (2. Aufl. London 1786). Eine richtigere Abschrift nahm François Mols, der im Jahre 1771 eine aus 15 dicken Folianten bestehende Sammlung von Dokumenten abschloss, die sich auf Rubens und andere vlämische Künstler beziehen. Diese Sammlung wird unter dem Titel: *„Recueil de pièces authentiques tant sur P. P. Rubens et ses ouvrages que sur d'autres artistes de l'école Flamande"* in der burgundischen Bibliothek in Brüssel aufbewahrt. Nach den Mols'schen Kopien hat Ruelens einen verbesserten Text dieser und anderer Briefe in seiner oben erwähnten Schrift: *P. P. Rubens Documents et Lettres* gegeben. Der obige Brief ist auf S. 12 ff. publizirt. Die Originale befinden sich in der königl. Bibliothek im Haag.

Im Anfange desselben ist zunächst wiederum von dem *Perpetuum mobile* die Rede, welches durch die Vermittelung des Herrn von Valavès an Herrn von Peiresc gelangen soll. Ueber die Natur dieses Instrumentes werden wir in den Erläuterungen zu Brief Nr. 50 die nöthigen Mittheilungen machen. — Théophile de Vian, geboren zu Clairac im Jahre 1590, war ein bedeutender französischer Dichter, der sich schon frühzeitig durch seine kühnen Gedichte missliebig gemacht und in Folge dessen durch ein *Lettre de cachet* vom 14. Juni 1619 verbannt worden war. Er kehrte jedoch nach zwei Jahren wieder zurück, nachdem er zum Katholicismus übergetreten war. Da erschien im Jahre 1622 eine Sammlung satyrischer Gedichte, welche Rubens im Sinne hat, die aber nicht den Titel *„Satyricon"*, sondern *„Parnasse satyrique"* trägt. Diese Sammlung enthielt einige Gedichte von Théophile, und im Jahre 1623 erschien auch eine Ausgabe unter seinem Namen. Daraufhin verurtheilte ihn das Parlament am 19. Juni 1623 zum Feuertode. Da der Dichter sich rechtzeitig flüchten konnte, wurde die Strafe nur *in effigie* an ihm vollzogen. Am 28. September wurde er jedoch in Catelet ergriffen und nach Paris geschleppt, wo er bis zum 1. September 1625 in strenger Haft gehalten wurde. Dann wurde er aus dem Königreich verbannt, erhielt jedoch bald wieder die Erlaubniss, in Anbetracht seines kränklichen Zustandes nach Paris zurückzukehren, wo er am 25. September 1626 starb. Die Sammlung seiner sämmtlichen Werke, von der Rubens spricht, erschien im Jahre 1624.

Das Werk des Pater Scribanius hat folgenden Titel: *Caroli Scribani e societate Jesu Politicus Christianus. Philippo IV. Hisp. regi D. D. Antverpiae, apud Martinam Natium, anno M.DC.XXIV.* Das Frontispiz, welches Rubens entworfen hat, zeigt zwei Frauengestalten, vermuthlich Gerechtigkeit und Friede, welche ein Wappenschild mit dem Titel halten. Unten liest man: *R. pinxit. Corn. Galle sculpsit.* — Was unter den *„Ordonnances des armoiries"* zu verstehen ist, hat man bis jetzt nicht ermitteln können. —

Breda fiel erst am 2. Juni 1625, nach dem Tode des Prinzen Moritz von Nassau (25. April), in die Hände des spanischen Feldherrn Spinola — dieser ist mit dem Marquis gemeint —, kam aber am 20. Oktober 1637 wieder in die Gewalt der Holländer, die es seitdem behalten haben. — Der Herzog von Croy, ein Mann von aufbrausendem Temperament, hatte einem gewissen Pasturel, Pagen der Frau von Cheverailles, eine Ohrfeige gegeben. Dieser schlich sich in der Nacht in den Garten des Herzogs und feuerte in dem Augenblick durch das Fenster einen Schuss auf ihn ab, als er sich aus dem Speisesaal in sein Schlafzimmer begeben wollte. Obwohl tödtlich verwundet, hatte er noch soviel Kraft, sich in's Bett zu schleppen und geistlichen Trost zu verlangen. Er sprach zugleich den Wunsch aus, im Ordenskleide der Karthäuser zu sterben, und in einer Mönchskutte wurde seine Leiche auch ausgestellt. Ueber die Vermögens-

verhältnisse seiner Wittwe ist Rubens, der zur Familie der Croy's vielfache
Beziehungen hatte, jedoch schlecht unterrichtet. Der Herzog hinterliess seiner
Gattin nur das nothwendigste.

Das Werk, von welchem am Schluss des Briefes die Rede ist, ist die grosse
Epopöe für die Königin Maria von Medicis (vergl. die Einleitung).

49.

RUBENS AN VALAVÈS.

Antwerpen, 26. Dezember 1624.

Ich bin auf zwei Ihrer Briefe die Antwort schuldig; der erste kam mir
ein wenig zu spät, um ihn mit dem Kourier der vergangenen Woche zu
beantworten, obwohl es mich lebhaft zur Antwort drängte wegen der
Nachrichten, die Sie mir in demselben von der Abreise des Königs (aus dem
Munde des Herrn Abbé von St.-Ambroise) und des ganzen Hofes von Paris
gaben. Sie sollte spätestens im Februar stattfinden, ohne dass jedoch bestimmt
gesagt war, ob im Anfang, in der Mitte oder gegen Ende des Monats. Nun
habe ich mit gewöhnlicher Post einen Brief von Herrn von St.-Ambroise selbst
erhalten, datirt vom 19. dieses Monats, in welchem er mich im Auftrage der
Königin nach dem bestimmten Termine fragt, bis zu welchem ich meine Sachen
nach Paris liefern könnte. Er fügt nichts weiter hinzu, noch thut er der Abreise des Hofes Erwähnung und drängt mich keineswegs. Im Gegentheil, er
schickt mir noch das Maass eines Stückes, welches der Herr Kardinal von
Richelieu gern von meiner Hand haben möchte. Es missfällt mir, dass das
Maass nicht grösser ist, da ich mich ihm wohl dienstbeflissen erweisen möchte.
Ich habe ihm geantwortet, dass, wenn es so grosse Eile hätte, wie er mich
durch Ihre Vermittlung wissen liesse, ich, wenn mir Gott Leben und Gesundheit schenkt, das Ganze bis Ende nächsten Januars vollenden könnte. Aber
wenn es nicht so grosse Eile hätte, würde es besser sein, mir noch ein wenig
Zeit zu lassen, so dass die Farben ruhig trocknen können, damit die Gemälde
zusammengerollt und eingepackt werden können, ohne Gefahr zu laufen, irgendwie verdorben zu werden. Auch muss man zum mindesten vierzehn Tage auf
die Reise des Karrens rechnen, welcher die Gemälde von Brüssel nach Paris
bringen wird, da die Wege völlig zerstört und vernichtet sind. Ungeachtet
aller dieser Dinge verpflichte ich mich, mit Gottes Hilfe spätestens Ende Februar
mit allen Bildern in Paris zu sein. Aber wenn es nöthig ist, früher zu kommen,
werde ich meine Pflicht nicht verabsäumen. Ich bitte Sie inständigst, mir
darüber sichere Nachricht zu geben, so schnell es möglich ist, damit ich weiss,
wonach ich mich zu richten habe. Denn ich möchte nicht verfehlen, wie es
auch kommen mag, mich vor der Abreise des Hofes in Paris einzufinden. Ich
bitte Sie auch, Herrn von Ambroise drängen zu wollen, dass er mir sichere

Nachricht über den für meine Ankunft bestimmten Termin giebt, ohne irgend-
welchen Irrthum, und falls eine Neuigkeit vorfällt oder eine Aenderung in Betreff
der Abreise des Königs, bitte ich auch Sie, Ihrerseits dafür zu sorgen, dass ich
es schnell erfahre. Dadurch werden meine Verpflichtungen gegen Sie nur noch
wachsen, falls ein solches Wachsthum noch möglich ist.

Ich habe vorgestern das Packet mit den in Ihrer Liste aufgeführten Büchern
erhalten. Sie sind alle darin; aber ich dachte nicht, dass sie eine so grosse
Last ausmachen würden. Die Briefe des Kardinals d'Ossat sind in der besten
Form geschrieben, die ich je gesehen habe, und die von Duplessis-Mornay sind
mir auch sehr angenehm. Denn ich erinnere mich nicht, von demselben in
meinem Viertel sprechen gehört zu haben, obwohl die Persönlichkeit bekannt
und berühmt war wegen ihrer anderen Werke und ihres Disputs mit du Perron.
Ich kann Sie nur mit Danksagungen bezahlen; denn ich finde hier nichts, was
Ihrer Wissbegier würdig wäre und des Herrn Raths, Ihres Bruders. Ich habe
das Buch des Pater Scribanius und die „Ordonnances des armoiries" noch nicht
dem Fuhrmann gegeben, in der Hoffnung, noch eine andere Aufmerksamkeit
ausfindig zu machen. Aber es ist hier nach meiner Meinung nur ein lateinisches
Buch, welches ganz frisch aus der Hand des Herrn Chifflet hervorgegangen ist:
De Sacra Sindone Vesuntina aut sepultura Christi, welches mir sehr hübsch zu
sein scheint. Ich werde es morgen erhalten und mit der ersten Post, die abgehen wird, werde ich Ihnen alle drei Bücher zusammenschicken.

Ich habe auch die Zeichnung der Mumie machen lassen, die ich besitze,
in ganzer Vollkommenheit (d. h. in natürlicher Grösse), zur Ansicht für Ihren
Herrn Bruder. Aber ich wage sie nicht mit den Briefen zu schicken, weil
man sie sonst zu klein zusammenfalten müsste. Es scheint mir, dass es sicherer
wäre, obwohl es nur ein Blatt Papier ist, sie in meine Gemälde einzurollen,
auch um sie besser vor Feuchtigkeit zu schützen. Indessen werde ich noch
daran denken. Denn sie ist fertig, und ich möchte die Wissbegierde nicht zu
lange in der Spannung erhalten. Unterdessen bitte ich Sie, mein Herr, überzeugt zu sein, dass ich ganz der Ihrige bin, und wenn Gefahr vorhanden sein
sollte, dass ich Sie durch meine Zögerung nicht mehr in Paris treffen sollte, so
werde ich nicht verfehlen, mich ausdrücklich in dieser einzigen Rücksicht zu
beeilen. Sie werden mich verpflichten, wenn Sie mich pünktlich benachrichtigen
wollten. Und indem Sie mir Ihre volle Geneigtheit zu Theil werden lassen,
seien Sie versichert, dass ich während meines ganzen Lebens sein werde, mein Herr,
Ihr sehr ergebener Diener   Pietro Pauolo Rubens.

Ruelens a. a. O. S. 20 f. — Das Datum dieses Briefes ist für die Lebhaftigkeit des Briefwechsels in damaliger Zeit charakteristisch. Der letzte Brief
des Malers an Valavès datirt vom 12. Dezember (s. die vorige Nummer), und
bis zum 26. hat er schon zwei Antwortschreiben von Valavès erhalten. Die
erste Hälfte dieses Briefes bezieht sich wiederum auf die Vollendung der Gallerie
für den Luxembourgpalast, welche der Abt von St. Ambroise gern bis zur be-
vorstehenden Hochzeit der Prinzessin Marie Henriette von Frankreich, der Tochter

Heinrich's IV. und Schwester des Königs, mit dem Herzog von York, dem nachmaligen König Karl I. von England, vollendet wissen wollte, weil die Königin Maria von Medicis den fremden Gästen ihren Palast in seiner Vollendung präsentiren wollte. Die Hochzeit fand am 11. Mai 1625 statt.

Die „*Lettres du cardinal d'Ossat à Henri IV. et à M. de Villeroy* 1594—1601" (Paris 1624) sind für Rubens deshalb von besonderem Interesse, weil der Kardinal, welcher die Absolution Heinrich's IV. und später seine Scheidung von Margarethe von Valois in Rom betrieb, ein ausgezeichneter Diplomat war und seine Briefe als ein Meisterstück diplomatischer Kunst galten. — Duplessis-Mornay war ebenfalls ein Diplomat, den Heinrich IV. gelegentlich in seinem Dienste verwendete. Sein Streit mit du Perron, dem Bischof von Evreux, wurde durch eine Schrift Duplessis' veranlasst, welche dieser unter dem Titel: „*De l'institution usage et doctrine du saint Sacrament de l'eucharistie en l'Eglise ancienne, comment, quand et par quels degrés la messe s'est introduite à sa place*" im Jahre 1598 herausgab. Duplessis war Protestant und als solcher eine einflussreiche Stütze der protestantischen Sache. Als der Bischof von Evreux ihn wegen seines Buches angriff und ihm bei einer theologischen Disputation, welche am 4. Mai 1600 in Fontainebleau stattfand, zahlreiche Irrthümer nachwies, die er besonders durch falsche Citate begangen hatte, erlitt das Ansehen der protestantischen Partei einen empfindlichen Stoss.

Das in dem Briefe citirte Buch Chifflet's hat folgenden Titel: *Jo. Jac. Chiffletii de Linteis sepulchralibus Christi servatoris crisis historica. Antverpiae, ex officina Plantiniana, apud Balthas. Moretum et viduam Jo. Moreti et Jo. Meursium. M.DCXXIV.* Jacques Chifflet aus Besançon, später erster Leibarzt und Rath des Kardinals Ferdinand von Oesterreich und seiner Nachfolger in der Statthalterschaft (1588—1660), machte grosse Reisen durch Europa, auf welchen er besonders die Museen, Bibliotheken und Antiquitätensammlungen besuchte. Er bemühte sich, in einem Buche nachzuweisen, dass das in Besançon aufbewahrte Leichentuch Christi das einzig ächte sei. Sein Motiv war nicht sowohl Lokalpatriotismus als die Absicht, seinen Herren, den Erzherzögen, gefällig zu sein, welche die Reliquie in Besançon zum Gegenstande hoher Verehrung gemacht und ihren Altar auf das Reichste geschmückt hatten. Auf S. 171 des Chifflet'schen Buches findet sich die Beschreibung und Abbildung einer Marmorfigur, welche Rubens aus Italien mitgebracht hatte und die ein Kind in Windeln darstellte. Rubens, der Sammler, führt auch am Schlusse des Briefes das Wort. Wir sehen, dass sein Sammeleifer sich sogar auf ägyptische Alterthümer erstreckte. Wir können die Existenz der Mumie, von der Rubens spricht, bis in die neueste Zeit verfolgen. Vor ca. 30 Jahren wurde die Sammlung des Herrn van Parys in Brüssel verkauft, in welcher sich diese Mumie befand. Van Parys war ein direkter Nachkomme von Alexander Joseph, dem Enkel des Malers, und eine Tradition besagte, dass die Mumie aus dem Nachlasse Rubens' stammte. S. Ruelens a. a. O. S. 27. Seitdem ist sie verschollen.

50.

RUBENS AN VALAVES.

Antwerpen, 10. Januar 1625.

Mein Herr! Ich bin erfreut, dass Sie das Perpetuum mobile erhalten haben und zwar in ziemlich gutem Zustande, wie ich glaube, da die Glasröhre nicht zerbrochen ist. Ich glaube, dass Ihr Herr Bruder noch die Anweisung hat, die ich ihm vor längerer Zeit geschickt habe, wie er das Instrument in Funktion setzen soll. Im Fall jedoch etwas fehlen sollte, werde ich ihm die Sache bei der nächsten Gelegenheit wieder in Erinnerung bringen, was ich übrigens schon hätte thun sollen. Aber ich bitte Sie, glauben zu wollen, dass die Kürze der Frist zur Vollendung der Malereien für die Königin Mutter und noch andere Beschäftigungen mich zum meist beschäftigten und meist gedrängten Menschen von der Welt machen. Ich danke Ihnen für die genaue Instruktion, die Sie mir in Bezug auf meine Angelegenheit geben. Sie stimmt in Allem überein mit dem, was mir Herr von Saint-Ambroise darüber geschrieben hatte, nämlich: dass ich mich mit allen meinen Gemälden am 2., 3. oder spätestens am 4. Februar in Paris einfinden soll. Dieser Termin ist so kurz, dass ich mich von Stund an entschliessen muss, die Hand von meinen Gemälden abzuthun. Denn sonst würde keine Zeit mehr zum Trocknen der Farben sein, noch für die Reise von Antwerpen nach Paris. Nichtsdestoweniger werden deshalb keine grösseren Schwierigkeiten eintreten. Denn man kann ebenso gut das ganze Werk an Ort und Stelle übergehen, das heisst an seinem Aufstellungsort in der Gallerie selbst, und wenn noch etwas mehr oder weniger daran fehlt, so wird alles auf einmal gemacht werden. Ob ich nun das, was noch zu machen ist, in Antwerpen oder in Paris mache, kommt auf eins heraus. Obwohl ich nun glaube, dass man sich über die Zeit der Abreise von Madame (der Prinzessin Henriette) noch verrechnen wird, da sich die Angelegenheiten der Grossen immer etwas verzögern, will ich mich nicht darauf verlassen und so pünktlich mit der Malerei sein, so sehr ich kann. Was mir verdriesslicher ist als alles Uebrige, ist, dass das Gemälde für den Herrn Kardinal nach meiner Meinung noch keineswegs vollendet sein wird, und wenn es fertig würde, so könnte man es nicht in trockenem Zustande transportiren. Aber so sehr ich auch wünsche, diesem Herrn zu Diensten zu sein, besonders da ich weiss, von welcher Bedeutung seine Gnade ist, so glaube ich nicht, dass es von grosser Bedeutung ist, ob ich das Bild in Paris oder in Antwerpen vollende. Am Ende wird er, wie ich hoffe, mit meinem Fleisse zufrieden sein, ebenso wie die Königin-Mutter; auch werde ich schon einen Gegenstand nach seinem Geschmack finden. Nach Ihrem Briefe, der den Wunsch berührt, den Madame hegt, meine Gemälde vor Ihrer Abreise zu sehen, fühle ich mich sehr geschmeichelt, und es würde mir sehr lieb sein, ihr diese Genugthuung geben zu können; auch ist der Herr Prinz von Wales, ihr Gemahl, der grösste Gemäldeliebhaber unter den Fürsten der Welt. Er hat schon etwas von meiner Hand, er hat mich durch den in

Brüssel residirenden englischen Agenten so dringend um mein Portrait ersucht, dass ich kein Mittel fand, es ihm zu verweigern, obwohl es mir nicht schicklich schien, einem Prinzen von solchem Rang mein Portrait zu schicken. Aber er überwand meine Bescheidenheit, und ich versichere Ihnen, wenn die projektirte Verbindung wirklich abgeschlossen worden wäre, so wäre ich gezwungen gewesen, eine Reise nach England zu machen. Aber da diese Freundschaft im Allgemeinen vergangen ist, ist auch der Verkehr der Privatleute erkaltet, wie die Geschicke der Grossen nun einmal alles Uebrige mit sich ziehen. Was mich betrifft, so versichere ich Ihnen, dass ich für die öffentlichen Angelegenheiten das geringste Interesse von der Welt habe, so lange es mir nicht an Leib und Eigenthum geht; aber wohl verstanden achte ich ceteris paribus die ganze Welt wie mein Vaterland; deshalb glaube ich auch, dass ich überall sehr willkommen sein werde.

Man hält hier das Veltlin für völlig verloren und glaubt, dass zwischen dem Könige von Frankreich und dem Papste ein sehr gutes Einvernehmen herrscht. Das ist alles in Betreff dieser Angelegenheit. Was Breda anlangt, so versetzt sich der Marquis Spinola immer mehr darauf, den Platz zu haben und, glauben Sie mir, wenn er nicht auf den ausdrücklichen Befehl seines Herrn fortgeschickt wird, um anderswo einem neuen Zwischenfall zu begegnen, was ich jedoch nicht glaube, so wird keine Macht der Stadt helfen können, so gut ist sie belagert. Er hat auch mit Anbeginn nicht darauf gerechnet, sie mit Sturm zu nehmen, sondern sie nur zu blokiren. Man unternimmt grosse Kriegsrüstungen zur Vertheidigung der Provinzen Artois, Luxemburg, Hennegan und Flandern. Gott gebe, dass ich sicher gehen und kommen kann, bevor ein Bruch eintritt.

Ich habe nichts mehr, als Ihnen sehr ergeben die Hände zu küssen und mich von ganzem Herzen Ihrer Geneigtheit zu empfehlen, indem ich Ihnen versichere, dass ich so mein Leben lang verharren werde. — Ich habe dem Antoine Soris ein kleines Packet mit drei Büchern übergeben oder, besser gesagt, mit nur zwei; denn die „Ordonnances des Armoiries" bestehen nur aus einem Blatt. Die beiden andern sind der „Prince Christiano-politique" von P. Scriban und M. Chifflet de Linteis Salvatoris. Man versichert, dass Sie sie sehr theuer bezahlen werden; denn dieser Meister Antoine hat für das Porto niemals weniger verlangt als zwei Francs. Ich überlasse es Ihnen deshalb, abzuhandeln, was Ihnen unberechtigt erscheint; was nach meiner Meinung mehr als die Hälfte ist. Die Mumie ist nicht dabei; ich werde sie mit den Gemälden bringen.

Mein Herr, Ihr sehr unterthänigster Diener

Pietro Pauolo Rubens.

Ruelens a. a. O. S. 28 ff. — Im Anfang dieses Briefes kommt RUBENS wiederum auf das *Perpetuum mobile* zurück. Der „Gevatter", der ihm dasselbe konstruirt hat, hiess Montfort; er war ein hervorragender Medailleur und Bildgiesser. VAN DIJCK hat zweimal sein Portrait gemalt; eines derselben befindet

sich in Wien (Belvedere I. 3. 25), das andere in Florenz. RUBENS nennt ihn
Gevatter, weil er vermuthlich bei einem seiner Kinder Pathe gestanden hat,
eine Ehre, um die sich die Künstler Antwerpens sehr eifrig bewarben. Es ist
sehr zweifelhaft, ob ein Mann wie RUBENS, der sehr geringschätzig von Alchy-
misten (s. den Brief an Peirese, Nr. 46) und von Charlatans wie Drebbel
(s. den Brief an Peirese vom 9. August 1629, Nr. 62) sprach, der Lösung
eines so unfruchtbaren Problems, wie das *Perpetuum mobile* ist, nachgejagt
habe. In der Stelle über Drebbel bespricht er das von letzterem erfundene
Perpetuum mobile. Aus einer Andeutung, die RUBENS giebt, geht aber hervor, dass
es sich nicht um eine durch eigene Kraft in beständiger Bewegung befindliche
Maschine handelt: er sagt, es sei ein *„moto perpetuo nel anello di vetro"*, in
einem Glasringe, in einer ringförmigen Glasröhre. Drebbel beschreibt nun in
einem zu Rotterdam 1621 herausgegebenen Traktate, dessen Inhalt ausschliesslich meteorologisch ist, ein solches Instrument, dessen Zweck darin bestand, den
motus perpetuus zu konstatiren, der sich innerhalb der Wettererscheinungen
vollzieht. Es war also eine Art Barometer. Es ist sehr wahrscheinlich, dass
RUBENS und Montfort sich bemüht haben, nach der Anweisung Drebbel's ebenfalls einen solchen Apparat zu konstruiren, und darauf führt auch in dem oben
citirten Briefe an Peirese vom 3. August 1623 die Erwähnung des Specchietto,
des kleinen Spiegels, welcher die Dinge vergrössert. Es ist vermuthlich das
Mikroskop, dessen Erfindung auch auf Drebbel zurückgeht. Nach der Beschreibung bestand das von Montfort erfundene Instrument aus einer Röhre und
einem kleinen Glase, die beide mit grünem Wasser gefüllt waren, für ein *Perpetuum mobile* in unserem Sinne gewiss ein wenig komplizirter Apparat.

Die projektirte Verbindung, von der RUBENS weiter spricht, war von
Jakob I. zwischen dem Prinzen von Wales und der Infantin Maria von Spanien
geplant, sie zerschlug sich jedoch nach der Reise, welche Buckingham mit dem
Prinzen 1623 nach Spanien unternahm. RUBENS war an den diplomatischen
Unterhandlungen über diese Verbindung betheiligt. Der Abschluss einer neuen
Verbindung mit der Schwester des Königs von Frankreich konnte die Veranlassung zu einem Kriege Spaniens mit England werden, den letzteres Grund
hatte zu vermeiden. Der englische Hof wusste die Beziehungen RUBENS' zur
Erzherzogin Isabella zu schätzen, und der englische Agent in Brüssel, William
Trumbull, erhielt den Auftrag, dem Maler dadurch eine Schmeichelei zu
erweisen, dass man um sein Portrait bäte, und ihn nach England einzu-
laden. Drei Monate später verhandelten RUBENS und Buckingham zusammen
in Paris.

Der Prinz von Wales, sagt RUBENS, besässe schon etwas von seiner Hand.
Es war ein Gemälde, welches Judith und Holofernes darstellte, eine Jugend-
arbeit, mit welcher der Künstler nicht sehr zufrieden war. Ein Gemälde dieses
Gegenstandes befindet sich in der Braunschweiger Gallerie; von einem andern
besitzen wir nur einen guten Stich von C. Galle. Es ist unbekannt, welches
von diesen beiden Gemälden im Besitze des Prinzen war. Das Portrait des
Malers erhielt der Prinz erst im Jahre 1628. Es befindet sich im Buckingham-
palace in London und stellt den Künstler mit dem Hute auf dem Kopf, im
schwarzen Mantel und mit einer goldenen Kette um den Hals dar.

Ueber die sehr verwickelte Streitfrage in Betreff des Schweizer Kantons
Veltlin findet man nähere Aufklärungen in den Memoiren Richelieu's. Frankreich besass seit einem Jahrhundert das Recht, in diesem Kanton Aushebungen
für sein Heer zu machen. Spanien, die Republik Venedig und andere Staaten
waren auf dieses Vorrecht eifersüchtig, es kam zu Streitigkeiten, und schliesslich

wurde das Schiedsrichteramt in dieser Angelegenheit dem Papste übertragen, der dieselbe jedoch auch nicht zum Abschluss brachte. Da das Veltlin auf der Route lag, welche die spanischen Truppen auf dem Wege nach Belgien einzuschlagen pflegten, interessirte die Streitfrage auch hier.

51.

RUBENS AN PEIRESC.

Paris, 14. Mai 1625.

Wirklich ist Madame, die Schwester des Königs, vorgestern[1]) durch den Herzog von Chevreux, im Namen und in Prokuration für den König von England geheirathet worden, mit allen in solchen Fällen gebräuchlichen Feierlichkeiten. Der Kardinal von Rochefoucauld vollzog die Ceremonie. Sie werden alle Einzelheiten aus den geschriebenen und gedruckten Berichten erfahren, und ich verweise sie darauf, weil ich, um die Wahrheit zu sagen, alles Vergnügen an diesem Feste verloren habe wegen des Unfalls, welcher Ihrem Bruder, Herrn von Valavès, zugestossen ist. Er befand sich mit mir auf demselben Balkon, welcher für die Engländer aus dem Gefolge der Herren Gesandten bestimmt war[2]). Man war in grosser Anzahl auf denselben gestiegen. Plötzlich brechen unter der enormen Last die hölzernen Bretter, und ich sehe auch Ihren Bruder, der sich an meiner Seite befand, mit den Andern fallen. Das verursachte mir einen grossen Schrecken und lebhaften Kummer; ich hielt mich an der äusseren Seite des anstossenden Balkons fest, wodurch ich heil und gesund blieb, ut solemus aliquando duobus sellis sedere (wie wir bisweilen auf zwei Stühlen sitzen zu bleiben pflegen oder: zwischen zwei Stühlen sitzen zu bleiben pflegen?). Kaum habe ich die Zeit gehabt, das Bein von dem Balkon, der herabstürzte, fortzuziehen, um es auf den Balkon zu setzen, der an seinem Platze blieb. Und Niemand konnte von diesem herunterkommen, ohne sich herabzustürzen, so dass es in diesem Augenblick nicht möglich war, nach Ihrem Bruder zu sehen, noch etwas über sein Schicksal zu erfahren, ob er verwundet war oder nicht. Ich war genöthigt, in dieser Angst bis zum Ende der Ceremonie zu bleiben. Dann, nachdem ich mich so schnell wie möglich davongeschlichen hatte, fand ich Ihren Bruder in seinem Logis mit einer Wunde an der Stirn. Das schmerzte mich unendlich und zwar um so mehr, als von mehr als dreissig Personen, die mit herabgefallen sind, ich nicht gehört habe, dass eine einzige beschädigt oder stark gequetscht worden ist. Der Schädelknochen ist nicht

---

[1]) Am Rande: Am 11. Mai.
[2]) Am Rande: Wir verdankten dem Eifer des Herrn von Valavès diesen Platz, der sehr günstig war, weil wir dort gerade gegenüber der Estrade waren, auf welcher die Ceremonie vollzogen wurde.

getroffen, nur das Fleisch ist verletzt, so dass die Wunde, wenn nicht rings um dieselbe eine Quetschung wäre, in wenig Tagen geheilt sein könnte. Da jedoch die Geschwulst neben der Wunde ist, wird man den Eiter ohne Gefahr durch dieselbe Oeffnung hinauslassen können. Gott sei Dank ist kein Fieber da, weil man sofort Mittel angewendet hat, um jeder Aufregung vorzubeugen oder sie fernzuhalten, wie Aderlass und Klystiere.

Deshalb hoffe ich, dass er in wenigen Tagen wieder gesunden wird. Was ihn am meisten bekümmert, ist, dass dieses Unglück gerade mit der Ankunft des Legaten zusammengefallen ist, und er fürchtet, dass es ihn hindern wird, in Uebereinstimmung mit Ihrem Wunsche Ihre erlauchte Eminenz und die Herren ihres Gefolges zu begrüssen. Man weiss den Tag der Ankunft des Legaten in Paris noch nicht bestimmt anzugeben; sicher ist nur, dass er am Sonnabend den 10. Mai in Orleans angekommen ist und dort gewohnt hat und dass er am 13. in Estampes absteigen wird. Diese Reise des Legaten ist bis jetzt von vielen ungünstigen Vorzeichen begleitet gewesen, und dazu gehört besonders die plötzliche Krankheit seines Oheims Sgr. Magalotti, der ihm vorangereist ist, bei seiner Ankunft an dem Hof. Es steht schlecht mit ihm nach Meinung der Aerzte, die weder mit grossen Aderlässen noch mit anderen Arten von Heilmitteln der Bösartigkeit seines Fiebers Widerstand zu leisten vermögen. Wenn Ihr Herr Bruder nicht bald ganz auf die Beine kommt, werde ich schwerlich, da mir seine Einführung fehlt, die Gelegenheit haben, den vornehmen Personen meine Aufwartung zu machen, die Sie mir beschrieben und schilderten in Ihrem Briefe mit den Ihnen eigenen Farben. Es ist besonders Herr Alexander, von dem Sie, wie Sie in Ihrer Bescheidenheit sagten, in kurzer Zeit viele merkwürdige Dinge gelernt haben, von denen ich jedoch glaube, dass Sie sie schon wussten. Wenn ich zu seinen vertraulichen Unterhaltungen gelangen könnte, könnte ich in viel höherem Grade in Allem und durch Alles belehrt und berichtigt werden. Ebenso würde mir eine besondere Gunst zu Theil werden, wenn ich dem Signor Cavaliere del Pozzo und dem Signor Dossi die Hände küssen könnte, zwei Personen von hohem Ruf und Ansehen in der Kenntniss des Alterthums und in jeder Art schöner Wissenschaft.

Ich befinde mich in einiger Sorge wegen meiner Privatgeschäfte, welche wirklich durch die öffentlichen Vorgänge leiden, da ich bei diesem Drang der öffentlichen Vorgänge die Königin mit Privatangelegenheiten nicht behelligen kann, ohne mir den Vorwurf der Unverschämtheit und des Lästigfallens zuzuziehen. Im Ganzen bemühe ich mich mit allen meinen geringen Geisteskräften, um meine Abfertigung (Abrechnung) zu erhalten vor der Abreise der Vermählten, welche zum Pfingstfest stattfinden soll, und die Königin-Mutter und die regierende Königin werden sie bis Boulogne begleiten und der König bis Amiens. Ich weiss gewiss, dass die Königin-Mutter mit meinem Werke sehr zufrieden ist, wie sie es mir viele Male mit eigenem Munde gesagt hat und wie sie es noch Jedermann sagt. Auch erwies mir der König die Ehre, unsere Gallerie zu besuchen; es war überhaupt das erste Mal, dass er seinen Fuss in den Palast setzte, den

man vor sechszehn oder achtzehn Jahren zu bauen begann[1]). Auch gab
Se. Majestät seine volle Zufriedenheit mit meinen Gemälden zu erkennen, wie
mir sogleich von Allen berichtet wurde, die zugegen waren und namentlich
von dem Herrn von St.-Ambroise, welcher als Erklärer der Gegenstände diente
mit einer sehr kunstreichen Verschiebung und Verkleinerung des wahren Sinnes.
Ich glaube, Ihnen geschrieben zu haben, dass ein Bild ausgeschieden worden
ist, welches den Auszug der Königin aus Paris darstellte, und dass ich an seiner
Stelle ein anderes ganz neu gemacht habe, welches das Glück ihrer Regent-
schaft und die Blüthe des französischen Reiches symbolisirt, zugleich mit dem
Wiedererwachen der Wissenschaften und Künste durch die Freigebigkeit und
die Prachtliebe Ihrer Majestät, welche auf einem glänzenden Throne sitzt und
eine Waage in der Hand hat und so mit ihrer Klugheit und Gerechtigkeit die
Welt im Gleichgewicht hält. Dieser Gegenstand, welcher die besondere Staats-
raison dieses Reiches nicht berührt und sich auf kein bestimmtes Individuum
bezieht, hat aber gefallen, und ich glaube, wenn sie sich ganz auf uns verlassen
hätten, würde der Hof über die anderen Gegenstände viel leichter ohne Aergerniss und Murren hinweggegangen sein[2]), und für die Zukunft glaube ich, dass
man nicht verfehlen wird, Schwierigkeiten in Betreff der Gegenstände der
anderen Gallerie zu erheben. Dieselben sollen leicht (d. h. unanstössig) und
unbedenklich sein. Der Stoff ist aber sehr reichhaltig und prächtig und reicht
für zehn Gallerien aus. Aber der Herr Kardinal Richelieu ist, obwohl ich
es ihm in Kürze schriftlich dargestellt habe, so sehr mit der Staatsregierung
beschäftigt, dass er nicht die Zeit hat, es einmal anzusehen. Ich bin deshalb
entschlossen, wenn ich den Rest meiner Abrechnung erhalten kann, sofort abzureisen und ihm und dem Herrn von Sanct Ambroise die Sorge zu überlassen,
mir die Beschlüsse mitzutheilen . . . . [3]).

In Summa bin ich dieses Hofes überdrüssig, und es kann sein, dass ich,
wenn sie mich nicht mit derjenigen Zufriedenstellung abfertigen, welche der im
Dienste der Königin-Mutter von mir gezeigten Pünktlichkeit entspricht, nicht
leicht zurückkehren würde (das sei jedoch im Vertrauen unter uns gesagt), obgleich ich mich, um die Wahrheit zu sagen, bis jetzt nicht über Ihre Majestät
beklagen kann, da die Hindernisse begründet und entschuldbar gewesen sind.
Aber dabei verläuft die Zeit, und ich befinde mich mit einigem Schaden ausserhalb meines Hauses.

Aus Belgien haben wir nichts Neues. Die Belagerung von Breda wird

[1]) Am Rande: Ich befand mich damals im Bette; ein Fuss, den der Schuhmacher
mit einem neuen Stiefel, den er angefertigt, gleichsam ruinirt hatte, hielt mich zehn
Tage lang im Bette, und auch jetzt noch fühle ich, obwohl ich zu Pferde steigen kann,
denselben sehr, wenn ich mich seiner frisch drauflos bedienen will.

[2]) Am Rande: Später hat es sich der Kardinal überlegt und war in grosser
Sorge, als er sah, dass die neuen Gegenstände übel gedeutet wurden.

[3]) Hier folgen zwei vermuthlich durch die Abschrift entstellte Zeilen, deren Sinn
ungefähr der ist, dass die Beiden in aller Bequemlichkeit die Sache berathen und die
schriftlichen Entwürfe in Jahresfrist nach Antwerpen schicken werden.

wie gewöhnlich fortgesetzt, wie wir einem Briefe vom 6. Mai entnommen haben, ohne irgend welche Bewegung, was jedoch, wie ich glaube, nicht so fortgehen wird, da die beiden sehr starken Lager einander so nahe sind. Ich empfehle mich schliesslich der Wohlgeneigtheit Eurer Herrlichkeit und küsse Ihnen von ganzem Herzen die Hände.

Eurer sehr Erlauchten Herrlichkeit Diener

Pietro Pauolo Rubens.

Paris, in dem Zimmer Ihres Herrn Bruders, am 13. Mai des Jahres 1625.

P. S. Ich empfinde den Unfall Ihres Herrn Bruders wie meinen eigenen, da er bei keiner Gelegenheit verabsäumt hat, mir alle guten Dienste zu leisten, sowohl in kleinen Dingen als in grossen, was man nur von einem leiblichen Bruder erwarten darf.

Ruelens a. a. O. S. 135 ff. und S. 41 ff. Das Original ist italienisch. — Da wir aus der Zeit vom 10. Januar bis zum 13. Mai 1625 keine anderen Schriftstücke von der Hand des Meisters besitzen als die oben mitgetheilten, ist es wahrscheinlich, dass er vielleicht im Anfang des Februar die Reise angetreten hat, um seine Bilder an Ort und Stelle zu schaffen und aufzustellen. Die Hochzeit der Prinzessin, welche am 11. Mai gefeiert wurde, ist in zahlreichen fliegenden Blättern beschrieben und verherrlicht worden, und auf diese verweist Rubens seinen Freund. Die ausführlichste Darstellung des Ereignisses findet sich im 11. Bande des *Mercure françois ou l'histoire de notre temps*, Paris, Richer, 1626. Ruelens giebt am a. a. O. S. 48 ff. einen Auszug daraus. — Ob eine feierliche Einweihung der Rubens'schen Gemäldegallerie stattgefunden hat, ist aus den vorhandenen Dokumenten und Berichten nicht ersichtlich. — Der päpstliche Legat, dessen Ankunft Rubens erwartet, ist der Kardinal Francesco Barberini, Neffe des Papstes Urban VIII. Er traf erst am Mittwoch, dem 21. Mai, in Paris ein, um mit dem Könige über die Uebergabe des Kantons Veltlin an den Papst und die Vertreibung der Grisons aus ihrem Ländchen zu unterhandeln. Seine Mission scheiterte jedoch. Sein Oheim Magalotti starb wenige Tage nach seiner plötzlichen Erkrankung. — Ueber die Zahlungsangelegenheit vergl. die Einleitung.

Die zweite Gallerie, welche Maria von Medicis dem Ruhm und dem Gedächtniss Heinrich's IV. widmen wollte, blieb in den Entwürfen und Anfängen stecken. Die Verbannung Maria's bereitete auch dieser Unternehmung ein Ende. In Rubens' Nachlass befinden sich sechs unvollendete grosse Gemälde, welche zu diesem Cyklus gehörten. Zwei derselben, die Schlacht von Ivry und der Einzug in Paris, sind jetzt in den Uffizien zu Florenz. Eine Skizze ist im Besitze von Sir Richard Wallace in London, eine andere, die Einnahme von Paris darstellend, im Berliner Museum Nr. 798 E. — Der Abt von St. Ambroise zog sich nach der Verbannung seiner Herrin vom Hofe zurück und starb am 12. Juli 1658. — Wie wir einem vom 3. Juli 1625 aus Antwerpen datirten Briefe an Herrn von Valavès (Ruelens a. a. O. S. 62 ff.) entnehmen, reiste Rubens am 13. Juni von Paris nach Hause, ohne dass man sich der Verbindlichkeiten gegen ihn entledigt hatte, obwohl man versicherte, dass die Fonds bereit seien. In einem anderen Briefe (Ruelens a. a. O. S. 64) sagt er jedoch, dass er in der Nacht des 11. Juni in Brüssel angelangt sei.

52.

RUBENS AN VALAVÈS.

Brüssel, 19. September 1625.

Sehr verehrter Herr! Bei meiner Rückkehr von Dünkirchen habe ich zwei Briefe von Ihnen vom 29. Aug. und vom 14. Sept. vorgefunden, die mir äusserst angenehm waren, ganz abgesehen davon, dass sich bei dem letzteren noch ein Schreiben des sehr liebenswürdigen und gelehrten Herren Aleandro befand. Ich habe Ew. Herrlichkeit vor einigen Tagen von Dünkirchen einen Brief über Calais geschrieben, den Sie wohl schon erhalten haben werden; für dieses Mal mögen Sie die Güte haben, die Kürze meines Briefes zu entschuldigen; denn ich schreibe mit dem Fuss im Steigbügel, indem ich auf Befehl der Erlauchtesten Infantin in aller Eile einen Fürsten an der deutschen Grenze aufzusuchen habe, in einer Angelegenheit, welche Ihrer Hoheit sehr am Herzen liegt. Ich hoffe indess mit Gottes Hülfe bald von dort zurück zu sein und etwas Musse zu gewinnen, um unsere Korrespondenz, wie es nöthig ist, fortzuführen.

Was das Bild des Cameo's anbelangt, so sagen Sie (Ew. Herrlichkeit möge mir verzeihen) zu viel darüber zu einem Kenner von nur mittelmässigen Fähigkeiten; denn ich sehe kein so grosses Unglück in einem kleinen Aufschube, indem es zu Antwerpen an sicheren Verbindungen mit Marseille nicht fehlt, wodurch ich Sie ihm (Peiresc) auf meine Gefahr zustellen kann. Denn dies sind in jeder Weise doch nur Sachen des Geschmackes, und wenn es um mein Leben ginge, so würde ich nicht anders handeln können, bei dieser steten Verhinderung durch Reisen, indem ich nach meiner Rückkehr aus Deutschland wieder nach Dünkirchen zurück und von dort wieder anderwärts hingehen muss. Und wenn ich auch vielleicht diesen ganzen Winter in Brüssel bleiben muss, so kann ich doch ein Werkchen dieser Art auch ausserhalb Antwerpens machen. Aber es noch vor Ew. Herrlichkeit Abreise zu machen und nach Paris zu schicken, ist ein Ding der Unmöglichkeit. Ihren Herrn Bruder konnte ich trotz meiner inständigsten Bitten niemals zu der Versicherung bewegen, dass er dies kleine Andenken von meiner Hand, wenn es fertig wäre, annehmen würde, und ich bin Ihnen sehr verbunden dafür, dass Sie mir Gewissheit darüber verschafft haben. Die dringende Nothwendigkeit dieser Reisen aber, die ich im Dienste meiner Fürstin zu machen habe, leidet keine Ausnahme; sobald dieselbe aber aufhört, werden Sie keinen Anlass mehr haben, mich an meine Pflicht zu erinnern, indem ich es als die höchste Gunst und Ehre betrachte, Ew. Herrlichkeit in solchen Dingen, die von meinem Vermögen abhängen, zu Diensten zu sein.

Von dem Herrn Abbé habe ich seit meiner Abreise von Paris noch keine Nachricht erhalten. Ew. Herrlichkeit sage ich von ganzem Herzen meinen Dank für die Nachrichten, welche Sie mir geben, und zwar namentlich von den englischen Angelegenheiten, die am Schlusse dieses Lustrums wahrlich nicht dem verflossenen Zeitraume entsprechen. Das Heer, so furchtbar es auch sei, scheint die günstige Zeit zu versäumen, um von grosser Wirkung sein zu können. Während meines Aufenthaltes in Dünkirchen sind zwanzig sehr schöne Schiffe zusammengebracht worden, sechszehn davon habe ich aus dem Hafen von Mardick auslaufen sehen, die übrigen sollten am Tage meiner Abreise auslaufen; und gegenüber diesem Hafen sah ich fortwährend eine Flotte von zweiunddreissig holländischen Schiffen aufgestellt, so dass sich sehr leicht irgend ein Kampf oder Zusammenstoss zwischen ihnen ereignen könnte. Im Uebrigen aber, glaube ich, werden wir uns bloss auf der Defensive halten und keineswegs die Ersten sein, den Waffenstillstand zu brechen; wenn indess die englische Flotte einen Schritt zum Nachtheil des Königs von Spanien vorwärts thut, so kann mir Ew. Herrlichkeit glauben, dass die Welt ein böses Spiel zu sehen bekommen wird.

Hiemit schliesse ich gegen meinen eigenen Wunsch, indem ich meine Abreise nicht mehr aufschieben kann, küsse Ew. Herrlichkeit von ganzem Herzen die Hand und ersuche Sie, dasselbe in meinem Namen dem Herrn Ritter Del Pozzo zu thun. Derselbe hat mich in der That in einem Grade verpflichtet, dass ich ihm nicht ohne ein paar Zeilen von mir abreisen lassen sollte; wegen der Kürze der Zeit aber ist es mir nicht möglich, in diesem Augenblicke meine bisherige Nachlässigkeit wieder gut zu machen. Es soll, so Gott will, bei seiner glücklichen Rückkehr nach Rom geschehen. Ihrem Bruder, dem Herrn Rath, empfehle ich mich ergebenst zu Gnaden und bleibe ihm wie Ew. Herrlichkeit von ganzem Herzen ergeben.

Gachet Lettres p. 16. — Rubens hatte zugleich mit dem in den Erläuterungen zur vorigen Nr. citirten Briefe aus Antwerpen, 3. Juli 1625, an Valavès einen Stich geschickt, welcher einen antiken Cameo mit einem römischen Kaiser auf der Quadriga darstellte. Rubens glaubte in ihm den Kaiser Theodosius zu erkennen und sprach zugleich den Wunsch aus, die Erklärung des Herrn Aleander zu erfahren. Der Stich rührte wahrscheinlich von Vorsterman her; der Cameo befindet sich heute im Cabinet des médailles zu Paris unter Nr. 255 als „Triumph des Licinius“. Der Herr „Abbé“, von dem Rubens spricht, ist der schon oft erwähnte Abt Claude Maugis. — Der Cavaliere del Pozzo ist uns schon als Freund und Gönner italienischer Künstler bekannt geworden. Vergl. auch die Erläuterungen zu den Briefen Poussin's. In Bezug auf die Malereien im Luxembourg mag hier noch bemerkt werden, dass dieselben der Gegenstand grosser Lobeserhebungen in Poesie und Prosa wurden. Ueber eine poetische Beschreibung von Morisot äussert sich Rubens in einem Briefe an Dupuy (20. Januar 1628): „Der Herr Morisot würde mich mit seinen Lobeserhebungen zu einem zweiten Narciss machen, wenn ich nicht alles, was er Grosses und Gutes von mir sagt, seiner Artigkeit und Kunstfertigkeit zuschriebe, indem er seine Redegewalt (magniloquentia) an einem geringen Gegenstande zu üben sucht. In der That sind seine Verse bewunderungswürdig und athmen eine Grösse (generositas), welche über das gewöhnliche Maass unseres Jahrhunderts hinausgeht. Auch habe ich niemals die Absicht gehabt, mich über etwas Anderes zu beklagen, als über die Unannehmlichkeit, dass ein so grosser Dichter mir die Ehre anthut, meine Werke so hoch zu preisen, ohne dabei vollständig von der Bedeutung aller Gegenstände unterrichtet zu sein. Denn es ist schwer, dieselben bloss durch Vermuthungen und ohne Erläuterungen von Seiten des Autors selbst richtig zu verstehen. Ich kann augenblicklich nicht auf seinen Brief antworten, werde dies aber bei der ersten Gelegenheit mit dem grössten Vergnügen thun und ihm dann andeuten, was er ausgelassen oder in einem andern Sinne aufgefasst hat. Es ist dies nur sehr Weniges, und ich muss mich wundern, dass er durch den blossen Anblick so tief in den Sinn der Bilder eingedrungen ist." (Gachet 162.)

53.

RUBENS AN VALAVÈS.

Brüssel, 12. Februar 1626.

Hochverehrter Herr! Ich bin sehr über die Mittheilung Ew. Herrlichkeit verwundert, dass der Herr Kardinal zwei Bilder von meiner Hand wünscht, indem dies nicht mit dem übereinstimmt, was mir der Herr Gesandte von Flandern schreibt, dass nämlich die Malereien in der zweiten Gallerie der Königin gegen die Bestimmungen meines Kontraktes an einen italienischen Maler verdungen seien. Allerdings sagt er selbst, er hätte es bloss gehört und wisse es nicht gewiss. Man habe es ihm als ganz bestimmt mitgetheilt, und er setzt voraus, dass es mit meiner Bewilligung geschehen sei. Wäre dies wirklich der Fall, so glaube ich, würde es Ew. Herrlichkeit auch erfahren und mir davon Nachricht gegeben haben.

Das Werkchen der Arminianer habe ich noch nicht auftreiben können; auch wird dies schwer sein, indem unser Verkehr mit jenen Ländern ein sehr beschränkter, ja man möchte fast sagen, ganz aufgehoben ist. Ich habe die Absicht, in einigen Tagen mich nach Antwerpen zurückzuziehen, und gedenke die nächste Woche abzureisen. Und indem ich hiermit schliesse, küsse ich Ew. Herrlichkeit von ganzem Herzen die Hand und empfehle mich Ihrem Wohlwollen.

54.

RUBENS AN VALAVÈS.

Brüssel, 20. Februar 1626.

Ich habe den äusserst freundlichen Brief Ew. Herrlichkeit vom 13. d. M. zugleich mit dem des Herrn Abbé de St. Ambroise erhalten, welcher sich nach seiner Gewohnheit artig erweist und mir mehr als jemals wohlgesinnt ist. Der Grund war, dass der Herr Kardinal, wie mir Ew. Herrlichkeit in Ihrem letzten Briefe schrieb, zwei Bilder von meiner Hand für sein Kabinet zu haben wünscht. Und was die Gallerie anbelangt, so sagt mir der Herr Abbé, dass die Königin-Mutter sich entschuldigt, indem sie bisher weder

Zeit noch Gelegenheit gehabt habe, an die Gegenstände zu denken. Dies würde aber, da die Gallerie noch wenig vorgerückt sei, zu seiner Zeit geschehen. So bin ich also zu dem Glauben veranlasst, dass dasjenige, was mir der Herr Gesandte von Flandern über diesen Gegenstand schrieb, und wovon ich letzthin Ew. Herrlichkeit Nachricht gegeben habe, nicht wahr sei.

Ich habe die Vertheidigungsschrift des Herrn Rigault gegen die „Admonition" erhalten, habe dieselbe indess wegen einiger Geschäfte bis jetzt noch nicht lesen können. Ich habe ein wenig darin geblättert, und danach hat sie mir gefallen, namentlich ist der Styl klar und kräftig. Das Büchlein der Arminianer habe ich wegen des geringen Verkehrs mit jenen Gegenden noch nicht bekommen können; doch werde ich mich in Antwerpen von Neuem bemühen, es aufzutreiben.

Statt dessen schicke ich Ew. Herrlichkeit ein anderes Buch in vlämischer Sprache und von den Patres Jesuiten sehr hoch gehalten; ich vermuthe, dass es aus ihrer Offizin hervorgegangen sei. Die Briefe nach Köln sind ganz richtig besorgt worden. Hier hat man die Nachricht von dem Frieden zwischen dem König und den Hugenotten nur ungern vernommen und man befürchtet einen allgemeinen Bruch zwischen Frankreich und Spanien. Das würde einen Brand geben, der sich nicht so leicht löschen liesse. Es wäre wahrlich besser, wenn jene Jünglinge, die jetzt die Welt regieren, ein freundliches und gutes Einverständniss unter sich bewahrten, als dass sie die ganze Christenheit ihrer Grillen wegen in Aufruhr bringen. Aber man muss glauben, dass es so vom Himmel bestimmt sei, und sich bei dem göttlichen Willen beruhigen. Indem ich hiermit schliesse, küsse ich Ew. Herrlichkeit von ganzem Herzen die Hand und empfehle mich Ihrem Wohlwollen.

Gachet Lettres p. 34 und 36. — Die Königin Mutter hatte Rubens während seiner Anwesenheit in Paris, wie wir oben gesehen haben, den Auftrag zu einer zweiten Gallerie ertheilt und, wie aus diesem Briefe hervorgeht, auch einen Kontrakt mit dem Maler abgeschlossen. Nun erfährt Rubens durch den Gesandten von Flandern, dass die Arbeit an einen Italiener vergeben werden sollte. Aus der Besorgniss, die Rubens in Betreff dieser Angelegenheit in den obigen Briefen äussert, ist übrigens erlaubt zu schliessen, dass seine rückständigen Forderungen schliesslich befriedigt worden sind. In einem Briefe an Valavès vom 26. Februar schreibt er in dieser Sache weiter: „Aus meinem vorigen Briefe werden Sie schon ersehen haben, dass ich in Bezug auf den Herrn Abt von S. Ambrosius ganz zufriedengestellt bin, indem ich seine gewohnte Liebe und Zuneigung zu mir aus dem Briefe erkannt habe, den Sie mir geschickt, und auf welchen ich auch schon mit dem Kourier der vorigen Woche geantwortet habe. Ich zweifle gar nicht, dass die auf die Gallerie bezügliche Nachricht falsch sei, da der Herr Kardinal mich in seinen eigenen Diensten beschäftigt. Dies würde nicht der Fall sein, wenn eine so grosse Veränderung in einer Angelegenheit eingetreten wäre, die S. Herrlichkeit mit mir persönlich behandelt und beschlossen hat." Der ehrliche Vlamländer, denn das blieb Rubens bei aller Feinheit seiner geselligen Bildung, konnte den Kardinal Richelieu, den grossen

Meister moderner Diplomatie, nicht durchschauen. Jene Nachricht war durchaus nicht falsch, wie RUBENS gutmüthig glaubte, und Richelieu gab RUBENS jene Privataufträge nur, um ihn zu beruhigen. Er hatte seinen Plan, die Arbeiten in der zweiten Gallerie, gegen den Beschluss der Königin, seinem Günstlinge, dem Cavaliere D'ARPINO, aufzutragen, so wenig aufgegeben, dass er noch im April 1629 an die Königin schrieb: „Ich habe geglaubt, dass es Ew. Majestät nicht unangenehm sein würde, wenn ich Ihr mittheilte, dass ich es für rathsam halte, Ihre Gallerie von Josepin (Giuseppe d'Arpino) ausmalen zu lassen. Derselbe hat keinen andern Wunsch, als Ew. Majestät zu dienen, und diese Arbeit zu unternehmen und zu vollenden für den Preis, den Rubens für die von ihm ausgemalte andere Gallerie erhalten hat.“ Mitgetheilt von Fr. Villot in der *Notice des tableaux du Louvre* II. p. 232 (Paris 1854). Auch die letzte Aeusserung Richelieu's kann so ausgelegt werden, dass RUBENS schliesslich befriedigt worden ist.

Die in beiden Briefen erwähnten Arminianer bildeten eine von Arminius (✝ 1609) gegründete Sekte innerhalb der holländisch-protestantischen Kirche, welche von der dort herrschenden Kirchenlehre namentlich durch ihre Zweifel an der unbedingten Prädestination abwichen. Nach einer den Staaten von Holland überreichten Rechtfertigung ihrer Ansichten (Remonstranz vom Jahre 1610) werden sie auch Remonstranten genannt. Da die Häupter der republikanischen Partei, namentlich Hugo Grotius, dieser Ansicht huldigten, war die ganze Sekte vom Statthalter Moritz von Oranien unterdrückt worden, und erst nach dessen Tode (1625) trat für sie Duldung und rasche Entwicklung ihres Kirchenwesens ein. Welches Buch von RUBENS gemeint sei, ist schwer anzugeben. Die Arminianer haben eine grosse Anzahl von Werken geschrieben, von denen es mehrere Sammlungen giebt (K. Hase, Kirchengeschichte S. 445). Für uns ist es von besonderem Interesse, zu sehen, wie RUBENS auch den Bewegungen auf dem Gebiete der protestantischen Kirche nicht mindere Aufmerksamkeit zuwendete als dem katholischen Kirchenleben, in welches durch die Jesuiten und durch die Opposition gegen deren System eine ebenfalls sehr lebhafte Bewegung gekommen war. — Die beiden andern in dem letzten Briefe erwähnten Schriften beziehen sich auf den am 26. Februar 1626 geschlossenen Frieden des Königs Ludwig XIII. mit den Hugenotten. Dieser war in einer Schrift „*Admonitio G. G. R. Theologi ad Ludovicum XIII.*“ angegriffen worden, auf welche Rigault (als Philologe unter dem Namen Nicolaus Rigaltius bekannt) mit seinem „*Apologeticus pro rege Ludovico XIII. adversus factiosae admonitionis calumnias in causa principum foederatorum*“ Paris 1626 antwortete.

55.

RUBENS AN PIERRE DUPUY.

Antwerpen, 15. Juli 1626.

Ew. Herrlichkeit thut wohl daran, mich auf die Gewalt des Schicksals hinzuweisen, welches sich unseren Leidenschaften nicht fügt und welches als ein Ausfluss der höchsten Macht nicht verpflichtet ist, uns von seinen Handlungen Rechenschaft abzulegen. Ihm gebührt die unbeschränkte Herrschaft über alle Dinge, uns Ergebung und Gehorsam; und es bleibt meiner Ansicht nach nichts Anderes übrig, als diesen Gehorsam ehrenvoller und weniger fühlbar durch unsere freiwillige Beistimmung zu machen. Aber dies scheint mir allerdings nicht so leicht, noch sogleich thunlich zu sein.

Darum verweist mich auch Ew. Herrlichkeit sehr richtig auf die Zeit, welche, wie ich hoffe, in mir dasselbe zu Wege bringen wird, was eigentlich die Vernunft thun sollte: denn ich vermesse mich nicht, jemals zu einer stoischen Unerschütterlichkeit zu gelangen, noch auch bin ich der Meinung, dass irgend eine dem Gegenstande so entsprechende menschliche Eigenschaft unpassend für einen Menschen sei, ebenso wenig, als alle Dinge dieser Welt für denselben gleichgültig sein müssen; „sed aliqua esse quae potius sint extra vitia quam cum virtutibus", und dass diese nothwendig in unserem Geiste gewisse Empfindungen, die man nicht tadeln darf, nach sich ziehen.

Ich habe in der That eine vortreffliche Gefährtin verloren, die man mit Recht lieben durfte, ja vielmehr lieben musste, indem sie frei von den gewöhnlichen Fehlern ihres Geschlechtes war. Ohne Grämlichkeit und weibische Schwäche, war sie durchaus gut und tugendhaft und sowohl während ihres Lebens geliebt, als auch nach ihrem Tode wegen ihrer Tugenden von Allen betrauert. Ein solcher Verlust scheint mir wohl einer lebhaften Empfindung werth zu sein, und da das wahre Heilmittel gegen alle Uebel in der Vergessenheit, der Tochter der Zeit, liegt, so darf ich auch wohl ohne Zweifel von dieser Hülfe und Beistand erwarten. Doch finde ich es sehr schwer, bei dem Andenken einer Person, die ich, so lange ich lebe, zu achten und zu verehren habe, nicht zugleich auch den Schmerz des Verlustes zu empfinden. Eine Reise, glaube ich, würde sehr geeignet sein, mich den Eindrücken so vieler Gegenstände zu entziehen, die nothwendig meinen Schmerz lebendig erhalten müssen, „ut illa sola domo moeret vacua stratisque relictis incubat". Und die neuen Gegenstände, die sich dem Auge darbieten, wenn man den Aufenthaltsort wechselt, beschäftigen die Einbildungskraft, so dass sie keinen Rückfall in den Herzenskummer gestatten. Allerdings ist es wahr, „dass ich mit mir reisen und mich mit mir selbst herumführen werde"; doch kann mir Ew. Herrlichkeit glauben, dass es mir zum grossen Troste gereichen würde, Sie nebst Ihrem Herrn Bruder von Angesicht zu Angesicht wiederzusehen und Ihnen in Dingen Ihres Geschmackes und meines Vermögens dienen zu können. Denn durch Ihr Mitleid und Ihren freundschaftlichen Trost sowohl als durch Ihr Versprechen, mit mir in Abwesenheit des Herrn Valavès in Korrespondenz zu bleiben, haben Sie mich verpflichtet, so lange ich lebe, Ihr ergebenster Diener zu bleiben.

Gachet *Lettres* p. 19. — Gachet bemerkt, dass der Freund und Gönner des Künstlers, der Herzog von Olivarez, einen vom 8. August 1626 datirten Brief an Rubens gerichtet habe, worin er ihn über den Verlust der Gattin zu trösten sucht. — Pierre Dupuy, mit dem nach Valavès' Abreise von Paris Rubens seine Korrespondenz nun fortführt, war einer der grössten Gelehrten seiner Zeit, der eine ausgebreitete Korrespondenz zu führen hatte, nichtsdestoweniger aber sehr gern nach der Abreise des Herrn von Valavès mit Rubens in Briefwechsel trat. „Der Herr von Valavès," schreibt Rubens in seinem ersten Briefe an Dupuy (Antwerpen, 24. April 1626), „hat mir die Versicherung gegeben, dass Ew. Herrlichkeit die Gewogenheit haben will, mit mir während seiner Abwesenheit brieflich zu verkehren. Dies würde mir zur grössten Genugthuung gereichen, wenn Ew. Herrlichkeit dadurch keine Unbequemlichkeiten veranlasst würden. Denn Sie müssen mit solchen Dingen überhäuft sein, und wenn ich nicht irre, so verwenden Sie einen grossen Theil Ihrer Zeit darauf, mit den hervorragendsten Personen von ganz Europa zu korrespondiren." Freund Rigault's und De Thou's, nahm Dupuy am französischen Hofe eine sehr ehrenvolle Stellung ein und wurde zum Rath des Königs sowie zum Vorsteher der Königlichen Bibliothek ernannt. In den kirchlichen Streitigkeiten hat er sich durch die Wahrung der Freiheit der gallikanischen Kirche bekannt gemacht, und ist in dieser Beziehung namentlich sein „Traité des droits et des libertés de l'église Gallicane" Paris 1639, in drei Foliobänden, hervorzuheben, an dessen Abfassung auch sein Bruder Jacques Dupuy mitbetheiligt gewesen ist, der in den Briefen öfter erwähnt wird.

Die Reise, auf welche Rubens in dem Briefe hindeutet, hat er später wirklich ausgeführt. Er ging nach Holland, wo er, zum grossen Theil in Gesellschaft des jungen Sandrart, mehrere der hervorragendsten Künstler besuchte.

<hr />

56.

RUBENS AN PIERRE DUPUY.

Antwerpen, 29. Oktober 1626.

Ich habe jetzt jenes Gedicht über die mediceische Gallerie mit grösserer Aufmerksamkeit gelesen. Ueber den Werth desselben in Betreff der Verse kommt mir kein Urtheil zu: darüber mögen sich Leute vom Fach aussprechen. Das dichterische Talent darin scheint mir edel und gefällig; Worte und Sätze wohl geeignet, um die Ideen des Dichters auszudrücken. Der Autor soll, wenn ich nicht irre, der Sohn oder der Verwandte eines maître de requêtes [genannt Monsieur Marechot[1])] sein, den ich zu Paris gesehen habe. Nur missfällt es mir, dass er, während im Allgemeinen die Ideen der Malereien gut angegeben sind, doch bei einigen Theilen nicht in den wahren Sinn eingedrungen ist. So z. B. sagt er bei der vierten Tafel „Mariam commendat Lucina Rheae". Lucina empfiehlt die Maria der Rhea statt der Fiorenza, „welche gleichsam wie eine Amme ihren Zögling auf den Armen empfängt", und dieser Irrthum rührt von dem ähnlichen Ansehen der Stadt her, die wie Cybele oder Rhea mit einer Mauerkrone gemalt wird. Dadurch ist auch fast derselbe Irrthum auf der neunten Tafel veranlasst, wo er in ähnlicher Weise die Stadt Lyon, in welcher die Heirath vollzogen wurde, für Cybele nimmt.

<hr />

[1]) Randbemerkung von Rubens' Hand. In dem Briefe vom 12. November 1626 giebt Rubens den richtigen Namen Morisot an. Maître de requêtes ist ein Hofbeamter, der die Bittschriften anzunehmen hat.

indem dieselbe eine Mauerkrone trägt und Löwen am Wagen hat. Um aber auf die vierte Tafel zurückzukommen, so nennt er Liebesgötter und Zephyre die Figuren, welche die günstigen Stunden der Geburt der Königin vorstellen, die man an den Schmetterlingsflügeln erkennt und welche weiblichen Geschlechts sind. Der Jüngling aber, der das Füllhorn mit Sceptern und Kronen trägt, ist der gute Genius der Königin, und oben befindet sich der Glücksstern ihres Horoskops, der Schütze. Dies scheint mir passender und bezeichnender. Doch es sei dies nur unter uns zum Zeitvertreib gesagt, denn im Uebrigen finde ich mich nicht im Geringsten daran betheiligt. Jedoch liesse sich so allmälig noch Manches auffinden, wenn Jemand Alles bemerken wollte; aber freilich ist das Gedicht auch kurz, und lässt sich nicht Alles in wenig Worten sagen, obschon es auch wiederum nichts zur Kürze beiträgt, eine Sache statt einer andern zu sagen.

Soeben erhalte ich Ihren sehr lieben Brief vom 22. zugleich mit dem Ihres Herrn Bruders. Ich höre zu meiner grossen Freude, dass er seine Gesundheit wieder erlangt hat, und bitte Gott, dass er sie ihm noch lange erhalten möge. Ich antworte ihm nicht besonders, um ihm nicht Veranlassung zu geben, sich mit einer überflüssigen Erwiderung zu bemühen. Neuigkeiten haben wir hier nur sehr wenige, ausgenommen, dass frisch an dem bewussten Kanal gearbeitet wird, welcher schon in schönster Ordnung angelegt ist, während der Graf Heinrich von Bergen mit seinem Heere den Rücken der Arbeitenden deckt. Dass der Zusammenstoss nicht ohne eine gewisse Bedeutung gewesen sei, lässt sich deutlich aus der Zahl der Gefangenen [unter denen sich Leute von Rang befinden [1]] entnehmen sowie aus den eroberten Fahnen und der grossen Menge von Pferden, die überall verkauft werden und von denen einige der ausgesuchtesten nach Brüssel gebracht worden sind.

In Holland allerdings ist die Sache durch den Druck in ganz entgegengesetzter Weise veröffentlicht worden, wonach denn der Graf Heinrich geschlagen worden sein soll. Aber das sind Scherze eines volksthümlichen Staates, um die Masse des Volkes in guter Laune zu erhalten. Unser Hof aber, das kann Ew. Herrlichkeit mir glauben, ist dazu zu gemässigt, und dies rührt von der Mässigung der Erlauchten Infantin und der Weisheit des Marchese Spinola her, welche solche Eitelkeiten verabscheuen, und es wird sich bei uns ein Befehlshaber wohl hüten, eine falsche Nachricht zu geben. Denn da der Marchese die Wahrheit selbst erfahren kann, so würde ein solcher seinen ganzen Kredit für die Zukunft opfern. Von allen Seiten bestätigen sich die Nachrichten, dass Tilly mit seinem Heere bis in die Nähe von Bremen vorgerückt sei und dass er die Absicht hege, den Winter bei der Belagerung dieser Stadt zuzubringen. Der Türke hat mit dem Kaiser gebrochen und sich mit Gabor Bethlen verbunden; indessen scheint es nach dem, was man aus Wien schreibt, dass die Ungarn Gabor verlassen und sich für neutral erklärt hätten, so dass er dadurch

[1] Randbemerkung von *Rubens'* Hand.

in grosse Gefahr gerathen wäre. Aus diesem Unfalle aber sei die Veranlassung eines Vertrages hervorgegangen, von dem man noch nichts Gewisses weiss.

Diesem Kaiser, der sich niemals waffnet, muss der Himmel sehr günstig sein, denn in seinem grössten Unglück und wenn er schon zur Verzweiflung gebracht scheint, immer erscheint ihm irgend ein „Deus ex machina" und erhebt ihn wieder auf den Gipfel seines Glückes. Ich gestehe, dass ich ihn oft schon für einen ruinirten Fürsten erklärt habe, der sich mit seinem Eifer in's Verderben stürze.

Ueber den Türken aber wundere ich mich, dass er zu solcher Zeit und bei so ungünstigen Verhältnissen im Innern seines Reiches, gegenüber der Hartnäckigkeit der Janitscharen und trotz der steten Angriffe von Seiten der Perser, es wagt, unter solchen Konjunkturen mit den Christen zu brechen. Es scheint mir, als ob dieses Reich mit grossen Schritten seinem Verfall entgegen gehe, und dass nur ein Mann fehle, um ihm den letzten Stoss zu geben. Für die Nachrichten aus Frankreich sage ich Ew. Herrlichkeit meinen Dank und freue mich, dass man mit der Ausschmückung des Palastes vorschreitet. Der Herr Abbé von St. Ambroise muss schön beschäftigt sein, indem er mir nicht mehr schreibt, obschon er Gelegenheit hat, es zu thun. Und da ich nun nichts weiter zu sagen habe, küsse ich Ew. Herrlichkeit und Ihrem Herrn Bruder von ganzem Herzen die Hand und empfehle mich Ihrem Wohlwollen.

NS. Ich habe mir alle mögliche Mühe gegeben, um die „Quaestio politica" aufzutreiben; es ist dieselbe indess hier von Niemandem gekannt, noch bis jetzt von irgend Wem gesehen worden.

Gachet *Lettres* p. 65. Ueber die poetische Beschreibung der Gallerie des Luxembourg „*Porticus Medicea*" von Morisot haben wir schon oben gesprochen. Dupuy hatte dieselbe an RUBENS geschickt, wofür sich dieser am 22. Oktober mit der Bemerkung bedankt, dass er nicht Ursache habe, dem Dichter verpflichtet zu sein, indem dieser ihn gar nicht einmal genannt habe (Gachet 62). Die in der Nachschrift erwähnte „*Quaestio politica*" hat RUBENS später kennen gelernt, er meint indess (5. November 1626), dass dieselbe sowie eine andere damals erschienene politische Schrift „*Instructio secreta ad comitem Palatinum*" zu unbedeutend seien, als dass es sich der Mühe verlohnte, sie nach Paris zu schicken (Gachet p. 73). — Ueber die weiteren politischen Aeusserungen des Briefes mögen hier nur einige Andeutungen genügen. Wie richtig das Urtheil über Ferdinand II. sei, hat Klose (Peter Paul Rubens in v. Raumer's historischem Taschenbuche vom Jahre 1856 S. 214) hervorgehoben; die Ansicht von der Türkei, die also schon damals von einem so einsichtigen Politiker wie RUBENS aufgegeben wurde, bespricht Gachet p. 71; Tilly, der hier nur beiläufig erwähnt, wird in einem früheren Briefe wegen seiner Grausamkeit getadelt. „Auch der Fürst Wallenstein," schreibt RUBENS an Valavès am 11. Oktober 1625, „ist dort (in Dänemark) mit einem ziemlich starken Heer im Auftrag des Kaisers angelangt; er benimmt sich tyrannisch und verbrennt Dörfer und Städte wie ein Barbar." Gachet p. 22.

57.

RUBENS AN PIERRE DUPUY.

Brüssel, 22. Januar 1627.

Gegenwärtiges soll nur als Nachricht von meiner glücklichen Ankunft in Brüssel dienen, die indess nicht ohne Beschwerde wegen der schlechten Wege und der Langsamkeit des Wagens erfolgt ist, der acht und einen halben Tag zur Vollendung unserer Reise gebraucht hat. Das Fussübel hat mich bis Peronne begleitet, von dort aus hat es allmälig nachgelassen und bei meiner Ankunft in Brüssel ist es gänzlich verschwunden, so dass ich mich durch Gottes Gnade jetzt vollkommen frei davon fühle. Möge es unserm Herrn und Gott gefallen, mich in Zukunft vor der näheren Bekanntschaft und den Ränken dieses Hausfeindes zu bewahren und denselben zu meinen Gunsten innerhalb der französischen Grenzen zu bannen.

Von Neuigkeiten will ich jetzt nichts schreiben, indem ich noch keine Zeit gehabt habe, mich danach zu erkundigen. Denn ich bin bis jetzt damit beschäftigt gewesen, eine Verleumdung zu beseitigen, dass ich nämlich nach England gegangen wäre; und diese hatte sich durch verschiedene Nachrichten dermaassen in dem Sinne der Erlauchten Infantin und des Herrn Marchese festgesetzt, dass ich sie mit grosser Mühe kaum durch meine Gegenwart zu widerlegen im Stande bin. Allerdings wäre dies gerade kein Majestätsverbrechen; jedoch fand man es unrecht, dass ich zu Kriegszeiten, ohne Erlaubniss meiner Herrin, nach einem feindlichen Lande gegangen wäre. [Jedoch scheint sich dieser Nebel jetzt zerstreuen zu wollen, indem das Licht der Wahrheit durchzubrechen beginnt [1].] Im Uebrigen habe ich diesen Hof in solcher Ruhe und so fern von allem Wirrwarr wiedergefunden, als ob man im tiefsten Frieden lebte.

In Bezug auf den Kanal hegt man gute Hoffnungen, jedoch werde ich Ew. Herrlichkeit Genaueres bei Ankunft des Don Giovanni von Medici mittheilen können. Er ist der Leiter dieses Unternehmens und wird von Stunde zu Stunde bei Hofe erwartet, und ich bin auf das Engste mit ihm befreundet. Und da ich nichts Anderes mitzutheilen habe, küsse ich schliesslich Ew. Herrlichkeit und Ihrem Herrn Bruder ergebenst die Hand und empfehle mich mit aufrichtigstem Herzen Ihrem gütigen Wohlwollen.

Gachet *Lettres* p. 89. Der Brief ist nach der Rückkehr von einer Reise nach Paris geschrieben, die RUBENS wahrscheinlich in der Angelegenheit der zweiten Gallerie unternommen hat. Was jenes Gerücht anbetrifft, wonach RUBENS nach London gegangen sein sollte, so äussert derselbe in einem Briefe vom 18. Februar 1627, dass die Verleumdung gewichen sei wie der Nebel vor der Sonne. Mit Hülfe Gottes und seiner Unschuld habe er die gewohnte Gunst seiner Gönnerin Isabella und des Ministers, Marchese Spinola, wiedergewonnen, die sich bei ihm wegen dieses aus vielfachen falschen Mittheilungen hervorgegangenen Verdachtes entschuldigt hätten. Gachet p. 95. — Der Kanal,

---

[1] Randbemerkung von *Rubens'* Hand.

dessen Bau Rubens ungemein interessirte, hatte den Zweck, den Rhein mit der Maas zu verbinden, und sollte sogar bis Antwerpen fortgeführt werden. Ein grosses Unternehmen, „mobile" wie Rubens in einem Briefe vom 18. Januar d. J. sagt. Er sieht voraus, dass derselbe Gegenstand vieler Kämpfe werden würde. Dass er unter dem Schutze der Waffen hergestellt werden müsse, sei gut, indem die Einquartierung der Soldaten zum grossen Wohle der Städte und Dörfer dadurch vermieden würde. Diese Kantonnirungen aber, als ein Mittelding zwischen Nichtsthun und Angriffskrieg, seien ganz eitel, kosten ungemein viel Geld und haben gar keinen Erfolg gegen so mächtige und durch Kunst wie Natur gleich gut geschützte Völker, wie die Holländer seien. Gachet p. 92.

58.

RUBENS AN PEIRESC.

Antwerpen, 19. Mai 1628.

Ich habe, nachdem ich an Ew. Herrlichkeit geschrieben, noch über den Gegenstand der alten Malerei in den vitellianischen Gärten nachgedacht und versucht, sie mir so gut wie es anginge in's Gedächtniss zurückzurufen. Danach glaube ich, mich in dem Brief an Ew. Herrlichkeit geirrt zu haben; denn die Braut ist mit einem sehr weiten Mantel bekleidet, dessen weisse Farbe etwas in's Gelbliche fällt. Sie ist eine wohlgeordnete Figur und vom Kopf bis zu den Füssen verhüllt. Die halbnackte weibliche Figur, von nachdenklichem und melancholischem Ausdruck, ist mit einem veilchenblauen Mantel bekleidet; das Hochzeitsbett ist mit einigen Kissen bedeckt. Wenn ich mich recht entsinne, so befindet sich nicht weit davon noch eine Alte, die eine Sklavin zu sein scheint und welche ein Becken mit einem Brödchen hält, vielleicht zum Gebrauche der Braut; und nach reiflicher Ueberlegung erinnere ich mich, dass der grösste Theil der Antiquare in Rom den halbnackten, mit Blumen bekränzten Jüngling für den Bräutigam hielt, „der ungeduldig über die Zögerung gleichsam wie aus dem Hinterhalte auf die Braut blickt und auf das, was die Frauen sprechen, zu horchen scheint [1]." Ueber die drei opfernden Weiber, deren zwei strahlenförmige Kronen, wenn ich mich recht entsinne, auf dem Haupte haben, sowie die dritte eine Mitra, weiss ich nichts völlig Wahrscheinliches mehr, als dass sie die Beschützerinnen der Ehe und der Zeugung sein müssen. Vielleicht ist die eine Juno als Königin, die ich indess niemals mit einer solchen Krone gesehen habe, und die andere Lucina. „Denn die Strahlen bedeuten ohne Zweifel das Licht, und der Mond selbst entlehnt sein Licht von den Sonnenstrahlen [2]." Von den Figuren auf der andern, dem Opfer entgegengesetzten

[1] Die in Anführungszeichen eingeschlossenen Worte sind in lateinischer Sprache geschrieben.
[2] Die durch Anführungszeichen hervorgehobenen Worte sind in lateinischer Sprache geschrieben.

Seite des Bettes habe ich Ihnen in meinem vorigen Briefe geschrieben. Dies ist Alles, was ich zu sagen im Stande bin, ohne Ordnung, aus der Erinnerung und „ex tempore". Wenn mich Ew. Herrlichkeit mit der Zeichnung erfreuen will, die aber, um richtig davon urtheilen zu können, kolorirt und von guter Hand gemacht sein muss, so werde ich Ihnen mit grösserer Ausführlichkeit und tieferer Begründung zu Diensten sein können. Und indem ich schliesslich Ew. Herrlichkeit die Hand küsse, empfehle ich mich Ihrem freundlichen Wohlwollen.

Gachet *Lettres* 195. — Das in Rede stehende und jetzt unter dem Namen der Aldobrandinischen Hochzeit bekannte Wandgemälde wurde zu Rom im Jahre 1606 auf dem Equilinischen Hügel ausgegraben. Seinen Namen erhielt es vom Kardinal Cintio Aldobrandini, seinem ersten Besitzer. Es waren mehr als zwanzig Jahre darüber vergangen, dass RUBENS das Bild gesehen, und es zeugt für sein reges Interesse sowie für seine gründliche Kenntniss des klassischen Alterthumes, dass er nach so langer Zeit das Bild aus der Erinnerung, wenn auch mit einigen nicht zu vermeidenden Irrthümern, zu beschreiben im Stande war. — Von Pius VII. angekauft, gelangte die Aldobrandinische Hochzeit im Jahre 1818 in die vatikanische Sammlung.

59.

RUBENS AN PEIRESC.

Madrid, 2. Dezember 1628.

Es scheint mir tausend Jahre her zu sein, dass ich keine Nachricht von Ew. Herrlichkeit erhalten habe, da unsere ganze Korrespondenz durch seine Reise nach Spanien unterbrochen worden ist, die ich im Auftrage der Erlauchtesten Infantin mit solcher Verschwiegenheit und Schnelligkeit machen musste, dass sie mir nicht erlaubte, einen Freund zu sehen, nicht einmal den spanischen Gesandten, noch den in Paris residirenden Sekretär von Flandern. Es erschien mir gewiss sehr hart, gezwungen zu sein, eine mir so befreundete Stadt zu passiren, ohne den Herren Dupuy, von Saint-Ambroise und meinen anderen Herren Gönnern die Hände küssen zu können, was mir ein solches Missvergnügen verursacht hat, dass ich es schwer mit Worten auszudrücken vermag, die meinen Leiden und meiner Qual entsprechen. Ich kann in die Geheimnisse der Fürsten nicht eindringen; aber es ist wahr, dass der König von Spanien mir befohlen hatte, mit der Post zu kommen, und vielleicht dachte meine Erlauchteste Gönnerin, dass ich bei den vielen engen Beziehungen, die ich zu der Königin-Mutter habe, leicht einige Tage an diesem Hofe zurückgehalten werden könnte. Ich beschäftige mich hier mit Malen, wie ich es überall thue, und ich habe schon das Reiterportrait Sr. Majestät gemalt zu seiner grossen Zufriedenheit und nach seinem Geschmack. Er liebt augenscheinlich die Malerei ausserordentlich, und nach meinem Urtheil ist dieser Fürst mit den besten Eigenschaften begabt. Ich kenne ihn schon aus eigener Erfahrung, da ich Zimmer im Palaste habe, und er mich fast jeden Tag zu besuchen kommt. Ich habe auch die Köpfe der ganzen königlichen Familie gemalt, genau und mit aller Bequemlichkeit in ihrer Gegenwart, im Auftrage der Erlauchtesten Infantin, meiner Herrin. Dieselbe hat mir die Erlaubniss ertheilt, bei meiner Heimkehr die Rückreise über Italien nehmen zu dürfen, und deshalb hoffe ich, dass es Gott dem Herrn gefallen wird, dass ich mir die Gelegenheit der Ueberfahrt der Königin von Ungarn von Barcelona nach Genua zu Nutze machen kann. Dieselbe wird bestimmt am Ende des nächsten Monats März vor sich gehen, und es kann sein, dass ich ein wenig von der königlichen Reiseroute abbiege nach der Provence zu meinem Herrn Peiresc und dass ich mich einige Tage seiner höchst erwünschten Gesellschaft in seinem eigenen Hause erfreue, welches ein Kompendium aller Merkwürdigkeiten der Welt sein soll.

Ich habe, indem ich ein wenig vom Wege abbog, die Belagerung von La Rochelle gesehen, welche mir als ein bewunderungswürdiges Schauspiel erschien, und ich freue mich mit Ew. Herrlichkeit und mit ganz Frankreich sowie mit der ganzen Christenheit über den Erfolg dieser höchst ruhmvollen Unternehmung. Und da ich nichts Anderes zu sagen habe, endige ich, indem ich Ew. Herrlichkeit und dem Herrn von Valavès aus aufrichtigstem Herzen die Hände küsse und Sie bitte, mich in Ihrer Gunst zu erhalten.

Ew. sehr erlauchten Herrlichkeit sehr ergebener Diener

Pietro Paulo Rubens.

Ich hoffe, dass Ew. Herrlichkeit mein Portrait schon erhalten hat, welches ich viele Tage vor meiner Abreise von Antwerpen dem Schwager des Herrn Pyequeri übergab, sowie Sie es mir aufgetragen haben.

Ich habe in diesem Lande keinen Antiquar getroffen, noch habe ich Medaillen oder Kameen irgend welcher Art gesehen, was ich vielleicht wegen meiner Beschäftigungen verfehlt habe, und deswegen werde ich mit grösserer Sorgfalt nachforschen und Ew. Herrlichkeit seiner Zeit benachrichtigen. Ich glaube aber, dass ich mir diese Mühe umsonst geben werde.

Ruelens a. a. O. p. 69 u. 141 ff. Der Brief ist in italienischer Sprache geschrieben. Ueber die diplomatische Sendung des Malers nach Spanien giebt das oben bereits citirte Buch von G. Cruzada Villaamil *Rubens diplomatico espanol sus viajes a Espana y noticia de sus Cuadros.* Madrid, werthvolle Aufschlüsse. Vergl. auch Gachard *Histoire politique et diplomatique de P. P. Rubens* S. 94—117. Der Zweck von RUBENS' Sendung nach Madrid waren die Friedensunterhandlungen mit England, für welche es keinen besseren Vermittler geben konnte als RUBENS, dessen Hauptaugenmerk auf die seinem Vaterlande durchaus nöthige Erhaltung und Wiedergewinnung des Friedens gerichtet war. Deshalb hatte ihn Isabella schon im Jahre 1628 nach Holland gesendet, um dort mit BALTHASAR GERBIER, Maler und Baumeister Karl's I., sowie dessen Geschäftsführer im Haag vorläufige Unterhandlungen über die Beendigung des von

Buckingham leichtsinnig angeregten Krieges zwischen Spanien und England anzuknüpfen, ohne jedoch wegen des Ausbleibens definitiver Entscheidungen aus Madrid zu einem bestimmten Resultate gelangen zu können. König Philipp wünschte nun genau von dem Stande der Verhandlungen unterrichtet zu sein und forderte von Isabella die Einsendung aller an RUBENS in dieser Beziehung gerichteten Briefe. Die Infantin schrieb zurück, RUBENS sei bereit dazu, zweifele aber, dass die Briefe, „sowohl die in Buchstaben als in Zeichen" geschriebenen, von anderen Personen richtig verstanden werden würden. Dies war die äussere Veranlassung, dass Philipp IV. RUBENS nach Madrid kommen liess, wo derselbe Ende August eintraf. Hauptsächlich war es aber, wie Villaamil sagt, dem spanischen Hofe darum zu thun, durch die Berufung RUBENS' Zeit zu gewinnen und die Entscheidung hinauszuschieben. „RUBENS legte in Madrid nicht bloss alle verlangten Papiere vor, sondern er schilderte auch, wie ihm die Erzherzogin aufgetragen, in mehreren Verhandlungen mit dem Könige und Olivarez Beiden die Erschöpfung des Staatsvermögens, den Uebermuth und die Bedrückungen, welche das Land von Seiten der spanischen Truppen erduldete, und die allgemeine Unzufriedenheit des Volks, welches die Erfolge des Feindes beinahe nur der geringen Einsicht und den schlechten Maassregeln des spanischen Kriegsraths zuschrieb; Schilderungen, aus welchen heilsame Rathschläge wohl hätten abgeleitet werden können, wenn RUBENS sie nicht aussprach, die er aber wirklich, und zwar vergebens ausgesprochen hat." Klose a. a. O. p. 229.

Eben so erspriesslich wie für die Politik war der Aufenthalt RUBENS' in Madrid für die spanische Kunst. Wir wissen aus Pacheco's *Arte de la pintura*, dass er mit VELASQUEZ verkehrte, mit dem er schon früher eine Korrespondenz unterhalten hatte, von der sich jedoch keine Spur gefunden hat. Der Einfluss des vlämischen Malers auf den spanischen, sagt Villaamil, ergiebt sich klar aus dem Gemälde im Museum des Prado „*Los Borrachos*" (die Betrunkenen), welches VELASQUEZ während RUBENS' Aufenthalt in Madrid malte und mit welchem eine neue Phase in der künstlerischen Entwickelung des spanischen Meisters anhebt. RUBENS selbst entfaltete während der acht Monate, die er in Madrid zubrachte, eine wahrhaft erstaunliche Thätigkeit, welche zugleich beweist, dass man nicht immer bei einem ihm zugeschriebenen Werke von flüchtigerer Ausführung die Mitwirkung von Schülern annehmen darf. Es ist nicht zu glauben, dass sich RUBENS auf einer so diskreten Mission, die er in grösster Eile und unter strengster Verschwiegenheit unternehmen musste, von einem Schüler begleiten liess, und doch hat er in acht Monaten nach der Berechnung Villaamil's allein vierzig Bilder, Portraits, Gemälde für Kirchen und Paläste, Kopieen nach TIZIAN u. a. m., gemacht, die in Spanien zurückgeblieben sind. Er hat also durchschnittlich immer in sechs Tagen ein Bild beendigt.

Das Reiterportrait König Philipp's IV., welches seiner Zeit so grosses Aufsehen machte, dass es Lope de Vega zu einem Gedichte begeisterte, ist wahrscheinlich bei dem Brande des Eskurial im Jahre 1734 zu Grunde gegangen. Von da an verschwindet es nämlich in den Inventaren. Ein Verzeichniss vom Jahre 1636 beschreibt es mit diesen Worten: „Der König sitzt bewaffnet auf einem dunkelrothen Pferde, er trägt eine karmoisinrothe Schärpe, einen Stab in der Hand und einen schwarzen Hut mit weissen Federn. Oben befindet sich eine Erdkugel, die von zwei Engeln gehalten wird und von der Gestalt des Glaubens, welche ein Kreuz über dem Globus hält und Sr. Majestät einen Lorbeerkranz darbietet. Auf der einen Seite blitzt die göttliche Gerechtigkeit seine Feinde nieder, auf der andern sitzt auf dem Erdboden ein Indianer, welcher einen Helm trägt." Villaamil glaubt in einem Gemälde der Uffizien, welches die Nr. 210 trägt und dort Velasquez zugeschrieben wird, eine schlechte Kopie des Rubens'schen Originales zu erkennen.

Ebenso wenig wissen wir etwas Bestimmtes über den Verbleib der übrigen Portraits, welche Rubens nach Mitgliedern der königlichen Familie im Auftrage des erzherzoglichen Paares malte. Albert und Isabella hatten eine förmliche Sammlung von Familienportraits angelegt, für welche auch die Bildnisse bestimmt waren, mit deren Anfertigung Rubens betraut war. Ob dieselben später in die reiche Sammlung des Erzherzogs Leopold Wilhelm übergingen und mit derselben 1657 nach Wien kamen oder ob sie mit andern Gemälden von Rubens im Jahre 1731 beim Brande des erzherzoglichen Palais in Brüssel vernichtet wurden, bleibt eine offene Frage. Die spanische Königsfamilie im engeren Sinne bestand zur Zeit, als Rubens in Madrid anwesend war, eigentlich nur aus dem König und der Königin Elisabeth, Tochter Heinrich's IV. von Frankreich. Ausserdem lebten am spanischen Hofe damals noch zwei Brüder und zwei Schwestern des Königs. Carlos, Ferdinand, Anna Maria Mauricia und Maria Anna. Endlich lebte im Kloster der armen Klarissen in Madrid eine Infantin Margarethe, Tochter Kaiser Maximilian's II., als Nonne. Pacheco sagt in der oben angeführten Schrift. Rubens malte „den König, die Königin und die Infanten im Brustbild, um sie nach Flandern zu schicken. Von dem Könige führte er fünf Portraits aus, darunter ein Reiterportrait. ... Er malte auch von der Infantin bei den Karmeliterinnen ein Portrait in mehr als halber Figur und machte eine Kopieen davon."

In der Nachschrift erwähnt Rubens sein eigenes Portrait, welches er für Peiresc bestimmt hatte. Dieser besass nämlich eine Portraitgallerie berühmter Zeitgenossen, die zum grössten Theile aus Geschenken der Dargestellten bestand. Rubens hatte sich von seinem Schüler van Dyck malen lassen. Peiresc vermachte es testamentarisch an Bonifaz Borrily, Rath und Ehrensekretär der Kammer in Aix, welcher eine reiche Kunstsammlung besass. Im Jahre 1817 befand sich dieses Gemälde im Besitz des Herrn Roux-Alphéran in Aix.

60.

RUBENS AN GEVAERTS.

Madrid, 29. Dezember 1628.

Mein Herr! Diese meine Antwort in deutscher Sprache [1] wird Ihnen hinlänglich zu erkennen geben, dass ich die Ehre nicht verdiene, welche mir Ew. Herrlichkeit mit Ihren lateinischen Briefen anthut. Meine Uebung und meine „Studien in den schönen Wissenschaften" liegen schon so weit hinter mir, dass ich sogleich die Bitte „um die Erlaubniss, Fehler machen zu dürfen", hätte vorausschicken müssen. „Erlassen Sie es also, ich bitte Sie, mir, dem so bejahrten Manne, noch einmal mit den Knaben in die längst-

---

[1] Der Brief ist, wie Rubens selbst sich ausdrückt, „in duytsche taele" geschrieben, d. h. vlämisch. Jedoch sind viele lange Sätze in lateinischer Sprache eingemischt, die wir durch Anführungszeichen im Text hervorgehoben haben.

verlassene Schule zu gehen!" Ich habe mir einige Mühe gegeben, um zu erfahren, ob es möglich wäre, in Privat-Bibliotheken etwas mehr von Ihrem
Marcus (Aurelius Antoninus) aufzufinden, als davon bis jetzt bekannt ist; habe
indess noch nichts auftreiben können. „Allerdings behaupten Einige, sie hätten
in jener berühmten Sammlung von S. Lorenzo zwei handschriftliche Codices,
unter der Aufschrift des göttlichen Marcus, gesehen. Aus den übrigen Um-
ständen indess, sowie aus dem Gewicht und dem Ansehen der Codices (ich
hatte es mit einem des Griechischen ganz unkundigen Manne zu thun), schliesse
ich, dass nichts Grosses oder Neues daran ist, sondern dass es nur die gewöhnlichen und längst bekannten Werke des Marcus sind. Ob aber etwa aus deren
Vergleichung irgend ein Licht für den Schriftsteller gewonnen oder etlicher
Unrath aus demselben beseitigt werden könne, das ist nicht meines Amtes zu
erforschen, indem ich durch Zeit, Lebensart und Stellung in eine andere Bahn
gewiesen und vor allen Dingen durch meine Unwissenheit von jenem innersten
Heiligthum der Musen zurückgescheucht werde."

Ich glaube, Sie werden die Bekanntschaft des Herrn Don Francisco Bravo,
des Neffen unseres Kastellanes, gemacht haben, der von hier vor einigen Monaten
nach unserem Vaterlande abgereist ist. Er scheint mir starken Anspruch auf
den Namen eines Gelehrten zu machen, und „wenn ich nicht irre, so strebt er
nach der Diktatur auf dem Gebiete der Kritik oder glaubt dieselbe gar schon
erreicht zu haben". Ich habe ihm das Memoire mitgetheilt, welches Sie mir
bei meiner Abreise gegeben haben, indem ich voraussetzte, dass er von dem,
was Sie wünschten, etwas finden und thun könne, habe indess danach weder
ihn, noch das Memoire wieder zu sehen bekommen und bitte Ew. Herrlichkeit,
mir dasselbe zu erneuern und zuzuschicken. In der That hat jener Kavalier
mit grossem Fleisse und nicht ohne Kosten Untersuchungen in der Manuskripten-
Sammlung von S. Lorenzo angestellt und er behauptet, Wunderdinge gefunden
zu haben „namentlich in den Schriften der alten Kirchenväter" [eigentlich sollte
dieser Brief nicht anders, als durch einen Strich quer darüber hin korrigirt
werden; Sie müssen indess Nachsicht mit Ihrem Freunde haben, welcher leidet
und mit seiner Krankheit zu kämpfen hat] [1]. Vieles soll ein grosses Licht
über Tertullian verbreiten, den er mit vielen und wunderbaren Dingen bedroht.
Auf Ihren Papinius und Ihren Kommentar dazu schien er etwas — ich weiss
nicht was — zu sticheln; jedoch, wenn ich nicht irre, so mehr nach seiner
Weise und um sich etwas zu brüsten, als aus bestimmten vernünftigen Gründen.
Doch sehen Sie ihn sich selbst an und ziehen Sie von seinem Geiste Vortheil;
er kann Ihnen Nutzen oder Unterhaltung gewähren und vielleicht — was von
Ihrer Weisheit abhängen wird — Beides zugleich.

Ich bin auch „mit Don Laura Torrio" bekannt geworden, einem sehr be-
liebten und bescheidenen Manne, der sich mir zu jedem Dienste erboten hat.
„Ich möchte aber wohl jenen Band afrikanischer Inschriften persönlich ein-

---

[1] Randbemerkung von *Rubens'* Hand, ebenfalls in lateinischer Sprache.

sehen, nicht sowohl wegen des Marcus und in dem Wunsche, Ihnen behülflich zu sein, was durch Andere und zwar besser geschehen kann, sondern vor Allem, um meinem eigenen Wunsche Genüge zu leisten. Da ich nun durch Vermittelung einiger Freunde (denn ich schreibe Ihnen dieses im Bette und unter den Schmerzen des Podagra) Don Torrio dringend darum ersuchte, erwiderte er mir mit kurzen Worten eigenhändig, was Sie hierbei sehen."

Ich habe in diesen letzten Tagen ungemein an der Gicht und am Fieber gelitten „und um in Wahrheit zu gestehen, was es gewesen ist, habe ich nur mit Mühe und unter Stöhnen und Seufzen athmen können; jetzt aber, Gott sei Dank! kann ich wieder frei aufathmen."

Was die öffentlichen Angelegenheiten anbetrifft, so kann ich darüber weder etwas Sicheres, noch etwas Gutes mittheilen. Der Marchese [1] bleibt unbeweglich und lässt gar keinen Wunsch merken, nach den Niederlanden zurückzukehren, trotzdem dass die Infantin den König auf das Lebhafteste darum ersucht, indem, wie sie sagt, durch seine Abwesenheit Alles zu Grunde gehe. „Jener aber, auf sein Bewusstsein gestützt, bereitet stillschweigend, ich weiss nicht was für ein ungeheuerliches Projekt vor (ich bitte Sie, dies nur in gutem Sinne zu verstehen), und harrt dabei aus, indem er ruhigen Gemüthes schon viermal den Befehl des Königs erhalten und ich weiss nicht, durch welche Kunstgriffe zurückgewiesen oder umgangen hat. Was da geschehen wird, weiss ich nicht, wohl aber durchschaue ich klar, in welcher Absicht und zu welchem Ende dies Alles geschieht. Das Uebrige ruht in dem Schoosse der Götter. Mehr zu sagen, ist weder erlaubt, noch von Nutzen."

Der Verlust der Flotte hat hier grosses Aufsehen und Lärmen gemacht; so lange man indess noch keine Nachricht von unserer Seite davon hat, darf man noch nicht daran glauben. Es ist indess nach der Meinung des Volkes nur allzuwahr, „dass der Verlust ein ungeheurer sei, und dass sie denselben mehr der eigenen Thorheit und Nachlässigkeit, als dem Geschicke zuschreiben, indem sie oftmals und noch zu rechter Zeit gewarnt worden sind, ohne zur Abwendung des Uebels Vorkehrungen zu treffen oder für Schutz zu sorgen. Sie würden hier — wunderbar genug! — nicht nur Viele, sondern fast Alle übermässig erfreut sehen, indem sie der Meinung sind, das öffentliche Missgeschick mit Recht auf den Zwist und Neid der Regierenden schieben zu dürfen. So gross ist die Macht des Hasses, dass man über die Süssigkeit der Rache das eigene Unglück vergisst, ja dasselbe gar nicht einmal fühlt!

Mir thut nur der König leid, der von der Natur mit allen Gaben des Körpers und des Geistes ausgestattet — denn ich habe ihn durch täglichen Umgang in- und auswendig kennen gelernt — jedes Glückes würdig und einer jeden Herrschaft fähig wäre, wenn er nicht sich selbst zu wenig und Andern zu viel vertrauen wollte. Nun aber leidet er die Strafe, welche seine eigene

---

[1] Der Marchese Spinola war schon am 23. Oktober 1627 vom Hofe der Erzherzogin nach Madrid abgereist, wie *Rubens* in einem Briefe an Dupuy vom 28. Oktober d. J. meldet. Merlo, Nachrichten von Kölnischen Künstlern, S. 391.

Leichtgläubigkeit und die Thorheit Anderer verwirkt haben, und trägt den Hass, der eigentlich nicht ihm gilt u. s. w. So wollten es die Götter! Mit Ihnen — doch ich breche ab und setze meinem Briefe und meiner Ermüdung, nicht aber meiner Neigung gegen Sie ein Ende. Leben Sie wohl, grosser und unvergleichlicher Mann! und bringen Sie der Göttin der glücklichen Heimkehr für Ihren Rubens, den Sie so innig und mit Recht als den Ihrigen lieben, täglich Ihre Gelübde dar! Noch einmal, leben Sie wohl!"

NS. Dieser Brief ist sehr durch Radirungen entstellt und nachlässiger geschrieben, „als es ein an Sie gerichteter Brief sein sollte" [1]. Aber Ew. Herrlichkeit muss mich mit meiner Krankheit entschuldigen. Ich bitte Sie, meinen kleinen Albert, als das Abbild meiner selbst, wenn auch nicht in Ihr Heiligthum und Sanctuarium, doch wenigstens in Ihr Arbeitszimmer aufzunehmen. Ich liebe den Knaben und empfehle Ihnen, dem Ersten unter meinen Freunden und dem Hohenpriester der Musen, auf das Wärmste, sich seiner nebst meinem Schwiegervater und Bruder Brandt mit Sorgfalt anzunehmen, mag ich am Leben oder gestorben sein!

Von den englischen Angelegenheiten weiss ich nichts Gewisses, indem nach jenem verhängnissvollen Schlage Alles mit einem Male zersprengt ist. Doch scheinen die getrennten Theile sich zum zweiten Male vereinigen zu wollen, und Alles ist mehr zur Hoffnung als zur Furcht geneigt. Noch aber schwebt Alles als eine Sache der Zukunft und, wie die Dinge dieser Welt sind, wage ich nur über Vergangenes mit Bestimmtheit mich zu entscheiden. Noch einmal, leben Sie wohl!

Und nun wünsche ich Ihnen noch in gutem Deutsch ein gutes und fröhliches neues Jahr, Ihnen sowie meiner Dame, Ihrer Hausfrau und Ihrer Familie.

Gachet *Lettres* p. 221. Der „Verlust der Flotte" bezieht sich darauf, dass am 28. September 1628 eine spanische Flotte, mit der ungeheuren Summe von 168 Tonnen Goldes beladen, in der Nähe der Insel Cuba eine Beute der Holländer geworden war. — Die beiden Werke von Gevaerts, die in dem Briefe erwähnt werden, sind Kommentare zu Statius (Leyden 1616) und zu Marcus Aurelius Antoninus, welche letztere nicht gedruckt worden sind.

61.

RUBENS AN PIERRE DUPUY.

London, 8. August 1629.

Der rasche Besuch so vieler verschiedener Länder und Höfe würde in meiner Jugend geeigneter und nützlicher für mich gewesen sein, als in meinem jetzigen Alter, indem mein Körper noch kräftiger gewesen wäre, um die Beschwerden der Post zu ertragen, und mein Geist sich durch

---

[1] Negligentius quam ad te scriberem.

Erfahrungen und den Verkehr mit den verschiedensten Nationen für die Zukunft zu grösseren Dingen hätte vorbereiten können: jetzt aber verschwende ich meine Körperkräfte, die schon von selbst nachlassen, und es bleibt mir keine Zeit mehr übrig, um die Frucht so grosser Mühen zu pflücken: „es sei denn, dass ich nach diesen Erfahrungen weiser sterbe". Unterdessen tröste ich mich und suche Ersatz in der blossen Freude an den schönen Schauspielen, die mir meine Reise vorführt.

Unter diesen aber scheint mir diese Insel ein Schauplatz, würdig der Wissbegierde eines jeden Mannes von Bildung, und zwar nicht bloss wegen der Anmuth des Landes und der Schönheit des Volkes oder wegen des Glanzes und der Pracht des äusseren Lebens, welches mir wie das eines reichen und in den Genüssen des tiefsten Friedens schwelgenden Volkes auf das Höchste gesteigert erscheint, sondern überdies wegen der unglaublichen Menge ausgezeichneter Malereien, Statuen und antiker Inschriften, die sich an diesem Hofe befinden. Ich brauche wohl kaum der Arundel-Marmore zu erwähnen, von denen Ew. Herrlichkeit mir die erste Nachricht gegeben hat, und muss gestehen, niemals auf der Welt etwas Selteneres in Bezug auf das Alterthum gesehen zu haben, „als das zwischen den Smyrnäern und Magnesiern geschlossene Bündniss nebst zwei Dekreten derselben Staaten und den Siegen eines Citharoeden Publius". Es thut mir leid, dass Selden, dem wir die Veröffentlichung und Erläuterung derselben verdanken[1], die Forschung vernachlässigt und „sich in die politischen Wirren mischt"; eine Thätigkeit, die seinem hohen Genius und seinem unbegrenzten Wissen so fremd ist, dass er nicht einmal das Schicksal anklagen darf, wenn ihn dies wegen seiner volksthümlichen Halsstarrigkeit und, weil er den Zorn des entrüsteten Königs erregt, mit den andern Mitgliedern des Parlamentes zusammen in's Gefängniss geworfen hat. Ich gedenke, mich hier ein Weniges aufzuhalten, trotz meines Wunsches, wieder einige Zeit in meinem Hause ausruhen zu können; denn dies bedarf allerdings meiner Gegenwart, indem ich auf meiner Rückkehr von Spanien nur drei oder vier Tage in Antwerpen geblieben bin.

Ich habe hier einen Brief des Herrn Peiresc vom 2. Juni erhalten, in welchem er sich sehr darüber beklagt, dass ich von meinem ursprünglichen Plan, auf meiner Rückreise Italien und auf dem Wege dorthin seine Provence zu besuchen, abgewichen bin. Ich hätte wohl gewünscht, es thun zu können, wenn es auch nur gewesen wäre, um mich auf einige Tage seiner beglückenden Unterhaltung zu erfreuen. Ich bitte Ew. Herrlichkeit inständigst, die Güte zu haben und ihm den beigeschlossenen Brief zugehen zu lassen: es ist der erste nach einem Stillschweigen von fast einem ganzen Jahre. Indem ich hiermit schliesse, küsse ich Ew. Herrlichkeit und Ihrem Herrn Bruder in aller Liebe die Hand und empfehle mich mit aufrichtigem Herzen Ihrem freundlichen Wohlwollen.

---

[1] Marmora Arundeliana, publicavit J. Seldenus. London 1629.

Gachet *Lettres* p. 228. Als RUBENS, von Philipp IV. mit Gunst und Ehrenbezeugungen überhäuft, wieder nach Brüssel zurückgekehrt war (Mai 1629), nicht über die Provence und Italien, wie er gewünscht, sondern über Paris, wurde ihm sogleich ein neuer nicht minder ehrenvoller Auftrag zu Theil, der nämlich, in London selbst die Friedensverhandlungen weiter fortzuführen. Kaum einige Tage konnte er in seinem Hause in Antwerpen ausruhen. „Schon am 27. Mai jenes Jahres," sagt Klose S. 230, „konnte die Infantin nach Madrid berichten, dass RUBENS sich in Dünkirchen eingeschifft habe, und am Hofe Karl's I. finden wir ihn nun bald auf einem Schauplatze, der seine Thätigkeit in den öffentlichen Angelegenheiten endlich zu einem glücklichen Erfolge gelangen lässt." Dieser Erfolg war — gleichviel ob grössere oder geringere Schwierigkeiten sich den Verhandlungen entgegensetzten — ein für beide Theile, namentlich aber für RUBENS' Heimath, deren Wohl ihm zunächst am Herzen lag, gleich günstiger. RUBENS behielt übrigens für seine Person Zeit und Musse genug übrig, um auch als Künstler thätig zu sein: er hat für den König sowie für den Grafen Arundel, dessen auch im Briefe Erwähnung geschieht, gearbeitet. Für ersteren namentlich die Skizzen zu den später in Antwerpen ausgeführten Deckengemälden im Festsaale, der jetzigen Kapelle von White Hall: sowie ein Werk, in welchem er den politischen Zweck seiner Reise, der zu gleicher Zeit auch der innigste Wunsch seines Herzens war, künstlerisch ausgeprägt hat. Es ist dies die allegorische Darstellung des Friedens, der von der Weisheit und Tapferkeit beschützt den Menschen seine Segnungen spendet, während Minerva den Kriegsgott und die Harpyien abwehrt. Ein Werk, in dem namentlich die Gruppen der Frauen und Kinder „in Schönheit der Köpfe, Naturgefühl in der fleissigen Ausführung, Sättigung und Klarheit des hellgoldenen Fleischtons zu dem Schönsten gehören, was RUBENS je gemalt hat". Waagen Kunstwerke und Künstler in England I. 216 und 478. RUBENS hat das jetzt in der National-Gallerie in London befindliche Bild dem Könige geschenkt, was wohl beachtet zu werden verdient, um die schon öfter berührten und widerlegten Vorwürfe, die man gegen RUBENS wegen seiner vermeintlichen Geldgier erhoben hat, in richtigem Lichte erscheinen zu lassen.

62.

RUBENS AN PEIRESC.

London, 9. August 1629.

Wenn es mir vergönnt wäre, über meine Angelegenheiten nach eigenem Wunsche zu verfügen „et sponte mea componere curas" [1]), so würde ich schon mit Ew. Herrlichkeit zusammen gewesen oder es gegenwärtig noch sein. Aber ich weiss nicht, welcher gute oder böse Geist mich gegen den Faden meiner Entwürfe in ganz entgegengesetzte Gegenden entführt. Allerdings finde ich auf diesen meinen Reisen Genuss daran, so viel verschiedene Länder und „vieler Menschen Sitten und Städte" zu sehen. Und wahrlich, auf dieser Insel hier finde ich keineswegs die Barbarei, die man wegen

---

[1]) Wir haben die obigen lateinischen Worte in der Ursprache stehen lassen, weil sie fast dasselbe sagen, wie der vorhergehende Satz.

seines, von italienischer Anmuth so weit entfernten Klima's voraussetzen möchte; im Gegentheil gestehe ich, dass ich in Bezug auf ausgezeichnete Malereien von Meistern ersten Ranges deren nie eine so grosse Menge zusammen gesehen habe, als in der Gallerie des Königs und des verstorbenen Herzogs von Buckingham; sowie bei dem Grafen Arundel eine Unzahl alter griechischer und römischer Statuen, die Ew. Herrlichkeit bekannt sein werden, indem sie von Johannes Selden veröffentlicht worden sind. Derselbe hat sie auch in sehr gelehrter Weise erläutert, ganz entsprechend den Fähigkeiten dieses begabten und geläuterten Geistes, von dessen Abhandlung „über die Syrischen Gottheiten" Ew. Herrlichkeit wohl schon die neue verbesserte und vermehrte Ausgabe gesehen haben wird. Indessen wünschte ich, er hielte sich innerhalb der Grenzen des „beschaulichen Lebens", ohne sich in die politischen Wirren zu mischen, wegen deren er gegenwärtig nebst einigen Anderen gefangen sitzt, die man wegen Widersetzlichkeit gegen den König im letzten Parlamente angeklagt hat.

Es befindet sich hier auch noch der Kavalier Cottone, ein grosser Alterthumskenner und ausgezeichnet in Wissenschaften und Kenntnissen, sowie der Geheimschreiber Bozuel, mit denen indess Ew. Herrlichkeit genau bekannt sein und sogar in Korrespondenz stehen wird, wie mit allen ausgezeichneten Männern der ganzen Welt. Dieser Letzte sagte mir in den letztvergangenen Tagen, dass er die Ergänzung einiger Lücken in der Ausgabe von Procop's geheimer Geschichte (historia anecdota) besässe und mir dieselbe mittheilen wolle; sie bezöge sich auf die Ausschweifungen der Theodora und sei vielleicht vom Alemanni aus Bescheidenheit und Schamgefühl weggelassen, später aber wieder aufgefunden und aus dem Manuskript im Vatikan ausgezogen worden.

Aus Spanien kann ich Ew. Herrlichkeit nichts Besonderes mittheilen, obschon auch dort kein Mangel an gelehrten Männern ist; „doch gehören sie meist einer strengeren Richtung[1]) an und sind nach Art der Theologen allzu ernst und finster." Die Bibliothek von S. Lorenzo habe ich gesehen, aber auch nur gesehen. Indessen ist ein gewisser Kavalier, genannt Don Francisco Bravo, nach Flandern gekommen, der von einer unzähligen Menge von Manuskripten Abschrift hat nehmen lassen und mir in Madrid gesagt hat, er habe über sechszig Bücher von den alten Kirchenvätern aufgefunden, von denen man bisher nichts gesehen noch gewusst habe. Ich vermuthe, dass er „in der Plautinianischen Offizin etwas unter der Presse hat."

Den weitberühmten Philosophen Drebbel habe ich nur so im Vorübergehen gesehen und drei oder vier Worte mit ihm gewechselt, indem er in einiger Entfernung von London auf dem Lande lebt. Er gehört zu denen, die, wie Macchiavelli sagt, aus der Entfernung den Menschen grösser erscheinen, als aus der Nähe: denn man sagt mir, dass man hier von ihm in so langen Jahren noch nichts Anderes gesehen hat, als jenes optische Rohr, welches, in aufrechter Stellung befindlich, die darunter gelegten Gegenstände über alle

[1]) Severioris Minervae.

Maassen vergrössert, und jenes Perpetuum mobile in dem Glasringe, welches in der That nur eine Kleinigkeit ist. Auch hat er für die Entsetzung von La Rochelle einige Maschinen und Instrumente gemacht, die aber gar keine Wirkung gehabt haben. Ich will indess der öffentlichen Meinung zum Nachtheil eines so berühmten Mannes keinen Glauben beimessen, sondern ihn lieber erst in seinem Hause aufsuchen und, wenn es angeht, näheren Umgang mit ihm pflegen. Ich erinnere mich nicht, jemals eine tollere Physiognomie gesehen zu haben, als die seinige, „aber es leuchtet bei dem schlecht gekleideten Manne etwas hindurch, was zur Bewunderung zwingt, indem der plumpe Ueberrock ihm nicht, wie es bei einem unbedeutenden Menschen der Fall sein würde, der Lächerlichkeit preisgiebt".

Ich hoffe, mit der gütigen Erlaubniss meiner Herren, recht bald nach meiner Heimath zurückkehren zu können. Denn auf meiner Rückreise von Madrid habe ich mich nicht einmal vier ganze Tage in meinem Hause aufgehalten, und dasselbe erfordert nach einer so langen Abwesenheit wieder dringend meine Gegenwart. Doch habe ich deshalb noch nicht die Hoffnung aufgegeben, meinen Wunsch, nach Italien zu gehen, erfüllt zu sehen. im Gegentheil steigert sich die Lust dazu von Tag zu Tage, und ich versichere Sie, ich werde nicht zufrieden sterben, wenn mir das Schicksal diese Gunst versagen sollte. Und dann kann Ew. Herrlichkeit überzeugt sein, dass ich auf der Hin- oder Rückreise, lieber aber auf der ersteren, Ihnen in Ihrer gesegneten Provence meine Ergebenheit bezeugen werde, was für mich das grösste Glück auf der ganzen Welt sein würde.

Wenn ich wüsste, dass mein Portrait noch in Antwerpen wäre, so würde ich es noch daselbst zurückhalten lassen, um die Kiste zu öffnen und nachzusehen, ob es nicht gelitten oder nachgedunkelt habe, wie es mit frischen Farben öfter zu gehen pflegt, wenn sie, wie es hier der Fall ist, so lange Zeit in einer Kiste eingeschlossen und von der Luft unberührt geblieben sind. So könnte mein Portrait auch nicht mehr so aussehen, als es ursprünglich gewesen ist. Sollte es wirklich in einem so üblen Zustande bei Ihnen anlangen, so ist das beste Mittel dagegen, es öfter an die Sonne zu setzen, indem dadurch der Ueberfluss an Oel, welcher solche Veränderungen bewirkt, aufgezehrt wird, und wenn es von Zeit zu Zeit wieder nachdunkeln will, so muss es von Neuem den Sonnenstrahlen ausgesetzt werden, welche das einzige Mittel gegen diese Herzkrankheit sind. Und da ich nichts Anderes mehr zu sagen habe, küsse ich Ew. Herrlichkeit in aller Liebe die Hand und empfehle mich mit aufrichtigem Herzen Ihrem freundlichen Wohlwollen sowie dem des liebenswürdigen Herrn Valavès, und indem ich Ihnen Beiden meine ergebensten Dienste zur Verfügung stelle, verbleibe ich auf ewig Ihr etc.

NS. Ich kann nicht unterlassen, jedesmal, wenn ich schreibe, den mir sehr befreundeten Herrn De Picqueri Ihrem Schutze anzuempfehlen; er rühmt ungemein Ew. Herrlichkeit Liebenswürdigkeit. — Ihr freundlicher Brief vom 2. Juni hat mir das Leben gegeben.

Gachet *Lettres* p. 232. — S. die Erläuterung zu Nr. 61. Was Rubens' Urtheil über Selden anbelangt, so darf man sich nicht wundern, dass dasselbe, bei dessen geringer Kenntniss der inneren Zustände Englands und bei seiner persönlichen Bekanntschaft mit dem Könige, so wenig günstig ausfällt. Der Ausdruck „*contumacia popular*" im vorigen Brief an Dupuy ist geradezu ein Vorwurf für den trefflichen und kühnen Vorkämpfer religiöser und politischer Freiheit, den Hugo Grotius mit Recht den „Stolz Englands" nennt. Bei längerem Verweilen in England und bei genauerem Eindringen in die politischen und kirchlichen Verhältnisse würde Rubens, der selbst späterhin seine Abneigung gegen den englischen Hof sehr deutlich ausspricht, sein Urtheil über Selden wohl in günstigerem Sinne geäussert haben. — Der in der Nachschrift erwähnte Herr „De Piequeri" — im Text ist der Name in italienischer Weise Pichery geschrieben — wurde nachmals der Schwager von Rubens, der in einer Urkunde vom Jahre 1642 als „*marguillier de St. Jacques*" erwähnt wird. Er hatte Elisabeth Fourment, die Schwester Helenen's, Rubens zweiter Gattin, geheirathet. Gachet p. 234. — Drebbel ist ein Holländer, welcher, nachdem er bekannt gemacht, dass er das *Perpetuum mobile* erfunden, von König Jakob I. nach England berufen worden war. Vergl. oben die Erläuterungen zum Brief 50. Drebbel werden übrigens manche wichtige Entdeckungen verdankt, so die des Mikroskopes, der Scharlach-Färberei und des Thermometers, welche letztere allerdings von ihm selbst am wenigsten geschätzt wurde. Er starb zu London im Jahre 1634. Gachet p. 238.

63.

RUBENS AN GEVAERTS[1].

London, 15. September 1629.

Ew. Herrlichkeit macht sich einen Beruf daraus, mir stets in Courtoisie zuvorzukommen und mich darin zu übertreffen, ohne auf meine Fehler Rücksicht zu nehmen und ohne mir den geringen Eifer, Ihnen wie ich es sollte meine Verehrung und Ergebenheit zu bezeugen, zum Vorwurf anzurechnen. Aber Gott weiss es, dass ich es nur an äusserlichen Zeichen fehlen lasse, und dass ich für Sie immer noch dieselbe Achtung und herzliche Zuneigung hege, die ich Ihnen durch die That beweisen werde, sobald mir die erwünschte Gelegenheit, Ihnen zu dienen, zu Theil werden wird. Ich hoffe, dass mein Sohn wenigstens in dieser meiner Verpflichtung gegen Ew. Herrlichkeit mein Erbe sein wird, gleichwie er auch in hohem Maasse Ew. Herrlichkeit Gunst theilhaftig ist und Ihrer guten Anweisung das beste Theil seiner selbst zu verdanken hat. Ich werde für ihn um so mehr Achtung hegen, als Ew. Herrlichkeit ihm solche beweisen, indem Ihr Urtheil hierin gewichtiger ist, als das meinige. Doch habe ich allezeit bei ihm sehr vielen guten Willen beobachtet. Es freut mich sehr, dass er sich nun Gottlob! besser befindet, und ich sage

---

[1] Der Brief ist fast ganz in vlämischer, die im Text bezeichneten Stellen dagegen in lateinischer Sprache geschrieben.

Ew. Herrlichkeit meinen grössten Dank für diese gute Nachricht, sowie für die Ehre und den Trost, welche Sie ihm durch Ihre Besuche während seiner Krankheit gewährt haben. Er ist zu jung, um, „wenn die Natur ihre Ordnung befolgt", vor uns von dannen zu scheiden; möge Gott es ihm vergönnen zu leben und in Ehren zu leben, „denn nicht darauf, wie lange ein Stück spielt, kommt es an, sondern wie gut es gespielt wird".

Ich fürchte mich, den Verlust Ihrer lieben Gattin zu berühren; meine Pflicht war es, dies sogleich zu thun. Nun wird diese Erwähnung nichts Anderes „als eine nothgedrungene und unzeitige Pflichterfüllung und eine lästige Erneuerung Deines Schmerzes sein, indem man das Vergessen der Vergangenheit viel eher befördern als unterbrechen sollte. Denn wenn von der Philosophie einiger Trost zu erwarten ist, so steht Dir ein reicher Schatz des Trostes bei Dir selber offen! Ich weise Dich auf Deinen Antonius, aus dessen Ueberfluss Du wie ein Verwalter noch Deinen Freunden mittheilen kannst. Ich will nur das eine traurige Trostmittel hier hinzufügen, dass wir in einer Zeit leben, in welcher das Leben, gleich wie dem Schwimmer das Schwimmen, um so leichter ist, je weniger man mit sich führt".

Von unsern öffentlichen Angelegenheiten weiss ich nichts zu sagen, „als dem Schicksal, um nicht Götter und Menschen anzuklagen", die Schuld des Verlustes von Wesen und Alles, was daraus folgen wird, zuzuschreiben. Nun haben die Holländer Recht, sich als „das auserwählte Volk" betrachten zu lassen und zu Gott zu sagen: „Wir aber sind Dein Volk und Deine Heerde!" Denn es scheint in der That ein Schlag der göttlichen Vorsehung zu sein, „die der Unerfahrenheit zu Hülfe kommt, so oft der guten Sache irgend ein Nachtheil erwächst". Ich fürchte, dass sich Herzogenbusch auch nicht lange mehr wird halten können, obschon Einige noch Hoffnung auf die beginnenden Regengüsse setzen; ich glaube indess, dass dies Wasservolk auch dagegen seine Vorkehrungen getroffen hat.

Nach meiner Rückkehr verlange ich gar sehr, und dennoch fürchte ich, unter so ungünstigen Verhältnissen die Heimath wiederzusehen. Trotzdem aber werde ich nicht einen Tag länger bleiben, sobald Don Carlos Coloma hier angelangt sein wird. Dies aber wird bald geschehen, indem der Gesandte, der von hier nach Spanien gehen soll, schon im Begriff abzureisen ist; er gedenkt in höchstens vierzehn Tagen die Reise anzutreten, und an demselben Tage soll ich einen Expressen an Don Carlos absenden, welcher dann unmittelbar von dort hierher abreisen wird [1]).

Ich weiss wohl, dass Ihnen aus der langen Abwesenheit meines Schwagers Brandt viele Unbequemlichkeit erwächst, zumal da, wie ich höre, auch Herr De Pape sich entfernt hat, und daher die ganze Last der Geschäfte auf Ihnen allein ruht. Zu meiner Schande muss ich gestehen, „dass ich daran nicht ge-

---

[1]) Coloma ist in Brüssel. Heinrich Brandt an Gevaerts, London, 28. Dezember 1629. Gachet p. 247.

dacht habe“, doch konnte man allem Anschein nach auch kaum annehmen, dass diese Angelegenheiten sich über zwei Monat hinziehen würden, und für die kurze Zeit, die dann noch übrig blieb, mochte ich meinen Schwager nicht nach Hause schicken; und doch hätte ich dies gethan, um Ew. Herrlichkeit Erleichterung willen, und obschon mir seine Gesellschaft angenehm sowie seine Hülfe nothwendig war, wenn er nicht hätte fürchten müssen, in die Hände der Holländer zu fallen, deren Schiffe im Kanal kreuzen. Denn das Orlog-Schiff des Königs, das uns hindurch bringen soll, würde nicht seinetwegen allein unter Segel gehen. Daher bitte ich Sie denn, sich noch ein wenig zu gedulden, und da Sie schon so Vieles um meinetwillen gethan haben, auch dies Geringere zu ertragen; ich verpflichte mich dafür auch in meinem und meines Schwagers Namen, Ew. Herrlichkeit dankbar zu sein und Ew. Herrlichkeit in allen anderen sowie auch in ähnlichen Gelegenheiten wiederum zu Diensten zu sein, indem ich allzeit verbleibe Ihr etc.

NS. Mein Schwager Brandt empfiehlt sich von ganzem Herzen Ihrem freundlichen Wohlwollen.

Gachet *Lettres* p. 238. — Die Holländer hatten Wesel am 19. August und Herzogenbusch am 14. Oktober 1629 erobert. — In dem nächsten Briefe vom 23. November 1629 an Gevaerts spricht Rubens noch immer die Erwartung aus, der englische Gesandte müsse bald nach Spanien abgehen, dann käme Coloma, der sein Gepäck schon nach Dünkirchen hatte lassen. Sein Schwager, den er mit nach London genommen, sei schon sehr ungeduldig, es thue ihm leid, seinem Herrn Kollegen Beschwerde zu verursachen — auch sehne er sich nach den Damen von Antwerpen zurück.

„Von dem Waffenstillstand wird hier viel gesprochen, und die Nachrichten aus Holland berechtigen zu der Hoffnung, dass er zu Stande kommen werde, und bei aller Freude, welche ich über die Geburt unseres Prinzen von Spanien empfinde, so gestehe ich doch, dass mir die Nachricht vom geschlossenen Frieden oder Waffenstillstand eine grössere Freude machen würde, als irgend eine andere Sache auf der Welt. Viel lieber würde ich dann nach Hause zurückkehren und nicht wieder von dannen gehen.“ Schliesslich drückt er sein Bedauern über den Tod des öfter erwähnten Don Francisco Bravo aus. Er hätte aber erhalten, was er verdient, indem er die Musen mit dem Waffenhandwerk vertauscht habe. Gachet p. 243. Der Abschluss des Friedens kam nach Verlauf eines Jahres zu Stande. Klose a. a. O. p. 233 und p. 262 ff.

64.
RUBENS AN PHILIPP VON AREMBERG, HERZOG VON ARSCHOT.

1633.

Monseigneur! Es betrübt mich sehr, dass Ew. Excellenz über meine Bitte um meinen Pass erzürnt ist, denn ich gehe einen geraden Weg und ersuche Sie inständigst, zu glauben, dass ich stets von allen meinen Handlungen volle Rechenschaft ablegen werde. Auch bekunde ich vor Gott, dass ich von meinem Herrn nie einen anderen Auftrag gehabt habe, als Ew. Excellenz in der Vermittelung dieser Angelegenheit in jeder Weise behülflich zu sein, indem dieselbe für den Dienst des Königs und die Erhaltung des Vaterlandes so nöthig ist, dass ich einen Jeden des Todes würdig erachten würde, der dieselbe aus Privatrücksichten nur im Geringsten verzögern wollte. Indessen sehe ich nicht ein, welcher Uebelstand daraus hervorgegangen wäre, wenn ich nach dem Haag gegangen wäre und meine Papiere in die Hände Ew. Excellenz niedergelegt hätte, ohne irgend einen anderen Auftrag und in keiner anderen Absicht, als Ihnen einen ergebenen Dienst zu leisten, indem ich nichts auf der Welt mehr als eine Gelegenheit wünsche, um Ihnen durch die That zu beweisen, dass ich von ganzem Herzen bin etc.

Dieser Brief, aus dem viel Verdruss und vielleicht zu viel Ergebenheit, wie Gachet sagt, hervorleuchtet, fällt in die politisch-bewegte Zeit von Rubens' Leben. Er war von der Infantin autorisirt worden, im Haag über den Frieden mit den Vereinigten Staaten — das stete Ziel seiner patriotischen Wünsche zu unterhandeln. Unterdess aber hatte schon eine Deputation von vier Mitgliedern der belgischen Generalstaaten im Auftrage der ganzen Versammlung die Initiative zu Unterhandlungen ergriffen und es übel empfunden, dass die Infantin Rubens, dessen Ruhm allerdings nicht von seinen Ahnen herrührte, mit diesem Auftrage betraut hatte. Wie aus einer Note des englischen Agenten und Malers Gerbier (bei Sainsbury *Original unpublished Papers illustrative of the life of Sir P. P. Rubens* p. 176) hervorgeht, hatte der Herzog von Arschot eine grosse Abneigung gegen Rubens, „aus verschiedenen Gründen, die zu erzählen zu lang wäre". Und diese Abneigung kam in folgendem Briefe zum Ausbruch:

„Herr Rubens! Ich habe aus Ihrem Billet Ihre Betrübniss ersehen, dass ich über Ihre Forderung des Passes erzürnt bin, dass Sie einen geraden Weg gehen und dass Sie mich zu glauben ersuchen. Sie würden immer Rechenschaft von Ihren Handlungen ablegen. Ich hätte es füglicherweise unterlassen können, Sie mit einer Antwort zu beehren, da Sie so auffällig gegen Ihre Pflicht verstossen haben, mich in Person aufzusuchen, ohne den Vertrauten durch Absendung jenes Billets zu spielen, was sich nur für Personen gleichen Ranges ziemt. Denn ich bin von eilf bis halb eins im Gasthofe gewesen und des Abends um halb sechs dahin zurückgekehrt, so dass Sie Zeit genug hatten, um mich zu sprechen. Nichtsdestoweniger aber will ich Ihnen mittheilen, dass die ganze Versammlung zu Brüssel es sehr sonderbar gefunden hat, dass Sie, nachdem wir Ihre Hoheit und den Marquis d'Ayetone ersucht hatten, Ihnen die Mittheilung der in Ihrem Besitz befindlichen Papiere an uns aufzutragen, und uns dies auch versprochen worden war, anstatt dies zu thun, vielmehr Ihren Pass verlangt haben. Im Uebrigen kümmere ich mich sehr wenig darum, welchen Weg Sie gehen, und welche Rechenschaft Sie von Ihren Handlungen ablegen können. Alles, was ich Ihnen sagen kann, ist, dass ich mich sehr freuen werde, wenn Sie fortan lernen, wie Leute Ihres Standes an Personen des unsrigen zu schreiben haben. Dann können Sie versichert sein, dass ich sein werde" etc. etc. Gachet sieht in diesem Schreiben ein Zeichen adliger Brutalität, für deren Verringerung er die so oft verdammten Revolutionen segnet.

Trotz dieser unangenehmen Erfahrungen setzte Rubens auch nach dem am 1. Dezember 1633 erfolgten Tode der Erzherzogin Isabella seine Thätigkeit als patriotischer Unterhändler fort, trotz des grossen Missvergnügens, welches die Generalstaaten darüber empfanden, da der Maler doch nicht zu ihnen gehörte oder richtiger vielleicht, weil er, wie der englische Gesandte im Haag, Boswell, in einem Briefe schreibt, „mehr Geist besass als eines ihrer Mitglieder". RUBENS erzielte jedoch keine politischen Erfolge mehr. Vergl. über die ganze Angelegenheit Gachard *Histoire politique et diplomatique de P. P. Rubens* S. 245 ff.

65.

RUBENS AN GEORG GELDORP.

Antwerpen, 25. Juli 1637.

Ich habe, mein Herr! Ihren angenehmen Brief vom letzten Juni erhalten, durch welchen alle Zweifel zerstreut werden; denn ich konnte mir nicht denken, zu welchem Zwecke man zu London eines Altarbildes bedürfen könnte. Was die Zeit anbelangt, so würde ich anderthalb Jahre gebrauchen, um Ihrem Freunde mit Lust und Bequemlichkeit dienen zu können. Was aber den Gegenstand betrifft, so würde man denselben am besten nach Maassgabe der Grösse des Bildes auswählen, indem gewisse Gegenstände sich besser in einem grösseren, andere dagegen besser in einem mittleren oder kleinen Raume behandeln lassen. Wenn ich indess einen Gegenstand in Bezug auf den heiligen Petrus nach meinem Geschmack erwählen oder wünschen sollte, so müsste es dessen Kreuzigung mit den Füssen nach oben sein, welche für mich Gelegenheit geben würde, etwas Aussergewöhnliches zu machen. Uebrigens aber überlasse ich die Wahl demjenigen, auf dessen Kosten das Bild gemacht werden soll und bis ich die Maasse des Stückes werde gesehen haben. Ich habe eine grosse Liebe für die Stadt Köln, indem ich daselbst bis zum zehnten Jahre erzogen worden bin, und oftmals nach so langen Jahren habe ich den Wunsch gehegt, dieselbe noch einmal wiederzusehen; doch fürchte ich, dass die Gefahren der Reise sowie meine Beschäftigung diesem, sowie vielen anderen meiner Wünsche entgegen sein werden. Und damit empfehle ich mich von ganzem Herzen Ihrer freundlichen Gunst und bleibe für immer etc.

Gachet *Lettres* p. 276. GELDORP war ein vielleicht aus Köln gebürtiger Maler, der, wie es scheint, in glänzenden Verhältnissen in London lebte. RUBENS ist mit ihm wohl bei seinem Aufenthalt in London bekannt geworden. GELDORP hatte sich nun im Namen seines Freundes, des reichen Kaufmanns und Kunstliebhabers Jabach zu Köln, an RUBENS gewendet, um ihm das im Brief erwähnte Bild aufzutragen. In einem Briefe, datirt Antwerpen 2. April 1638, meldet RUBENS an GELDORP, dass das Bild schon sehr weit vorgerückt sei, und dass er hoffe, „es werde eines der besten Werke werden, die je aus seiner Hand hervorgegangen seien". Er könne dies seinem Freunde dreist schreiben. Zugleich aber bittet er, ihm Zeit zu lassen, „damit er es mit Lust ausführen könne, denn so überladen er mit anderen Arbeiten auch sei, so fessele ihn doch der Gegenstand an dieses Bild mehr als an irgend ein anderes von denen, die er unter den Händen habe". Gachet p. 278. Rubens hat in der That an diesem Bilde mit grosser Liebe und Sorgfalt gearbeitet. Dasselbe befand sich bei seinem Tode unter den im Atelier vorhandenen Werken und wurde (nach dem Inventarium bei Gachet p. 250) auf 1200 Gulden abgeschätzt. Die Bezahlung erfolgte im Jahre 1644. Die Aufstellung in der Peterskirche zu Köln geschah im Jahre 1642, zufolge der Inschrift des marmornen Altaraufsatzes, in welcher Everhardus Jabach nebst seinen vier Schwestern und deren Ehemännern als diejenigen genannt werden, die das Bild zu Ehren ihrer verstorbenen Eltern, Eberhard und Anna, geb. Reuters, gestiftet haben. „Jabach und seine Gattin waren also im Jahre 1642 verstorben und ihre Kinder und Schwiegersöhne errichteten zu der Eltern Andenken den Altar, nachdem im vorhergegangenen Jahre in ihrem Auftrage der Schätzungspreis an die Erben Rubens' erlegt worden war; der hochherzige Entschluss aber, seiner Pfarrkirche ein Altargemälde von der Hand des grössten und berühmtesten Malers verehren zu wollen, sowie der ursprüngliche Auftrag zur Ausführung, welchen 1636 der Maler Geldorp persönlich nach Antwerpen brachte, kann immerhin, wie Gelen [de magnitudine Coloniae p. 407] berichtet, von Everhard Jabach selbst ausgegangen sein. Der edle Mann scheint kurz darauf gestorben zu sein, und aus diesem Umstande liesse es sich denn auch erklären, dass sein Name in den beiden Briefen nicht vorkommt." Merlo, Nachrichten von dem Leben und den Werken Kölnischer Künstler, Köln 1850 S. 380 ff., wo auch, S. 378 ff., die in vlämischer Sprache geschriebenen Originalbriefe abgedruckt sind. Das Bild ist, nach mancherlei vergeblichen Versuchen, dasselbe zu erwerben, namentlich von Seiten des Kurfürsten von der Pfalz im Jahre 1716, von den Franzosen im Jahre 1794 nach Paris entführt, aber im Jahre 1815 an Köln zurückgeliefert und wieder in der S. Peterskirche aufgestellt worden. Eine wortreiche und begeisterte Schilderung des Bildes von Wallraf, der dasselbe im Jahre 1804 im Centralmuseum zu Paris sah, ist von Merlo mitgetheilt a. a. O. S. 373—377. Hier genüge es, an die Worte Waagen's zu erinnern (Raumer's hist. Taschenbuch 1833 S. 246): „Das gemässigtste[1]) wie das ausgezeichnetste unter den Werken dieser Art (in denen grässliche und ergreifende Gegenstände dargestellt werden) ist die berühmte Kreuzigung Petri zu Köln, — welchen Gegenstand sich Rubens selbst aus dem Leben des Heiligen ausgewählt hat. Der Körper des Heiligen krümmt sich gewaltsam an dem Kreuze, woran er, den Kopf nach unten, angenagelt wird. Er beugt das Haupt rückwärts; in seinem Gesicht sind die Qualen ausgedrückt, welche er leidet; sein geöffneter Mund versinnlicht schrecklich sein Angstgeschrei. Sechs Schergen sind um ihn beschäftigt, alle, wie Petrus selbst, von sehr robustem Körperbau. In der Luft erscheint der Engel mit Märtyrerkranz und Siegespalme. Die einzelnen Theile dieses Bildes sind sorgfältiger studirt als gewöhnlich" (d. h. in der späteren Zeit seiner Thätigkeit), „die Beleuchtung des Ganzen, die Tiefe, Klarheit und Sättigung der Farben ist meisterhaft. Dasselbe gewinnt noch dadurch an Interesse, dass es, da es eines der letzten, wo nicht das letzte grössere Werk ist, welches Rubens gemalt hat, beweist, wie er auch noch im Alter im vollen und ungeschwächten Besitze seiner Meisterschaft gewesen ist."

---

[1]) Auf diese Mässigung weist auch Wallraf hin: „Aber hier ist nichts Scheussliches; keine abgerissene Haut, kein Blutstrom fliesst. Alle Keuschheit der Kunst, alle Schonung für Zartgefühl ist hier beobachtet." S. 375.

66.

RUBENS AN FRANCISCUS JUNIUS.

Antwerpen, 1. August 1637.

Sie werden sich gewiss sehr gewundert haben, dass ich Ihnen erst jetzt von dem Empfang Ihres Briefes sowie Ihres Schreibens vom 24. Mai Kunde gebe, in welchem Sie Ihre Absicht aussprechen, den gegenwärtigen Brief an mich zu richten. Ich ersuche Sie, zu beachten, dass noch nicht mehr als vierzehn Tage seit dem Empfange desselben verflossen sind. Ein Herr aus dieser Stadt, mit Namen Hemselroy, hat mir denselben überbracht und sich sehr wegen seiner Verzögerung entschuldigt. Dies ist der Grund, weshalb ich nicht früher geantwortet habe. Ueberdies wünschte ich, den Brief vorher genau durchzulesen, wie ich auch jetzt mit grosser Aufmerksamkeit gethan habe. Ich kann in Wahrheit sagen, dass Sie unserer Kunst eine sehr hohe Ehre erwiesen haben, „durch diesen unerschöpflichen Thesaurus des gesammten Alterthums, der mit solchem Fleiss ergründet und in so schöner Ordnung der allgemeinen Kenntniss dargeboten wird. Denn das Buch Ew. Herrlichkeit selbst ist, um es mit einem Worte auszusprechen, eine überreiche Schatzkammer aller Aussprüche, Beispiele und Grundsätze, die von den Alten jemals zum Ruhm und zur Würde der Malerkunst an verschiedenen Orten niedergeschrieben und zu unserm grössten Vortheile bis auf den heutigen Tag erhalten worden sind. So hat Ew. Herrlichkeit den Titel und den Gegenstand Ihres Buches „De pictura Veterum" bis auf den letzten Grund erschöpft. Lehrsprüche und Gesetze, Urtheile und einzelne Beispielsfälle, die uns die grösste Aufklärung gewähren, sind dem Werke an den verschiedensten Stellen eingeflochten und mit ebenso bewundernswürdiger Gelehrsamkeit als in glänzender Form zum Ausdruck gebracht. Das ganze Werk aber ist nicht bloss durch die strengste und vollkommenste Anordnung ausgezeichnet, sondern es glänzt auch nicht minder durch künstlerische Feile und durch eine seltene Sorgfalt der Ausführung. Da nun aber jene Werke der alten Maler nur durch die Einbildungskraft, und zwar natürlich je nach der besonderen Fähigkeit und Anlage des Einzelnen, aufgefasst werden können, so wünschte ich wohl, dass man mit demselben Fleisse einmal eine ähnliche Abhandlung über die Malereien der Italiener schriebe, deren Vorbilder oder Prototype noch heut der öffentlichen Betrachtung ausgestellt sind, die man mit den Fingern weisen und von denen man sagen kann: Das sind sie." Denn was unter die Sinne fällt, prägt sich schärfer ein und bleibt fester haften; sowie es auch eine genauere Untersuchung erfordert und den Forschern einen reicheren Stoff der Erkenntniss darbietet, als das, was sich der Einbildungskraft gleichsam nur als ein Traumgebilde darstellt; und was man nur mit Worten fassen kann, kann selbst bei dreifacher Bemühung uns so leicht wieder entschwinden, wie dem Orpheus einst das Bild seiner geliebten Eurydice, und alle Hoffnungen sind dann vergebens gewesen. Ich spreche aus eigener Erfahrung. „Denn wer von uns wird nicht, wenn er es versuchen wollte, ein berühmtes

Werk des Apelles oder Timanthes, welches uns Plinius beschreibt, auf eine
würdige Weise wirklich darzustellen, etwas Abgeschmacktes oder der erhabenen
Grösse der Alten durchaus Fremdes hervorbringen? Indem Jeder sich nämlich
seinem eigenen Naturel überlässt, bringt er anstatt eines köstlichen abgelegenen
Weines, der Kraft und Milde vereint, ein junges ungegohrenes Gewächs zum
Vorschein und beleidigt dadurch jene grossen Geister, welchen ich mit der
höchsten Ehrfurcht nachstrebe, mich jedoch mehr begnüge, die Spuren ihrer
Fusstritte zu verehren, als dass es mir, ich bekenne es offenherzig, je einfiele,
dieselben auch nur in der blossen Vorstellung erreichen zu können." Nehmen
Sie gütig auf, was ich, durch unsere Freundschaft ermuthigt, mir die Freiheit
genommen habe, Ihnen zu schreiben. Ich schmeichele mir mit der Hoffnung,
dass Sie nach einem so guten „Vorgericht [1]" uns nicht die „Hauptmahlzeit"
verweigern werden, die wir Alle so sehnlichst erwünschen; denn von Allen, die
bis jetzt von diesem Gegenstande (der modernen Malerei) gehandelt, hat noch
keiner unseren Appetit befriedigt. „Denn auf die Individuen muss man eingehen, wie ich schon gesagt habe." Ich empfehle mich von ganzem Herzen
Ihrem Wohlwollen und sage Ihnen meinen Dank für die Ehre, die Sie mir
durch die Darbringung Ihrer Freundschaftsversicherungen sowie des Buches erwiesen haben. Ich bleibe auf ewig der Ihrige.

Der Brief ist in vlämischer und lateinischer Sprache geschrieben und ist
den verschiedenen Ausgaben von Franciscus Junius' Buch „de pictura Veterum",
deren erste 1637 zu Amsterdam erschienen ist (s. u. Nr. 73) [2], vorgedruckt.
Bottari hat ihn in seine Raccolta (vol. IV. p. 19) mit Uebersetzung der vlämischen Stellen ins Italienische aufgenommen. In unserer Uebersetzung sind die
lateinischen Stellen des Originals durch Anführungszeichen hervorgehoben. Dass
letzteres sehr eilig geschrieben ist, geht aus dem Zusatz zum Datum „raptim et
stans pede in uno", in Hast und gleichsam auf einem Fusse stehend, hervor.
Ueber das Werk selbst genügt hier die Bemerkung, dass dasselbe in dem Briefe
sehr richtig charakterisirt und mit vollem Rechte gelobt wird. Mit der Person
des Verfassers ist Rubens vielleicht schon in England bekannt geworden, wo
derselbe seit dem Jahre 1620 in dem Hause des Grafen Arundel lebte, dessen
Berührung mit Rubens wir schon oben hervorgehoben haben. Franciscus Junius
war 1591 in Heidelberg geboren, hat aber seine Erziehung und erste Ausbildung
in den Niederlanden genossen, so dass Graevius, der sein Leben beschrieben
hat, das Vlämische als seine Muttersprache (lingua vernacula) bezeichnet. Daher
lässt es sich erklären, dass Rubens einen Theil seines Briefes vlämisch schrieb.
Als dies geschah, lebte übrigens Junius noch im Hause des Grafen Arundel, wo
er sein Werk geschrieben und von wo aus er dasselbe nach Amsterdam geschickt
hat. Ob er die Absicht gehabt, dem Werke über die alte Malerei ein gleiches
über die neuere folgen zu lassen, lässt sich nicht mit Gewissheit bestimmen.

[1] „Promulsis": Vortisch, Speisen, die bei den alten Römern zur Anreizung des
Appetites zum Eingange der Mahlzeit gegeben wurden, etwa mit den „Entrées"
heutiger Tafeln zu vergleichen. Im Gegensatz dazu steht die Hauptmahlzeit, „caput
coenae".

[2] In späteren Ausgaben, wie z. B. in der von Rotterdam 1694, sind auch noch
zwei Schreiben von Hugo Grotius vom Jahre 1638 mitgetheilt.

Jedenfalls aber ist ein solches Werk von ihm erwartet worden, sonst hätte Rubens wohl kaum das erste nur als einen Vorläufer zu jenem zweiten betrachten können, wie aus dem Bilde des „Vorgerichtes" und der „Hauptmahlzeit" am Schlusse des Briefes hervorgeht.

Die hohe Verehrung für die antike Kunst, die aus Rubens' obigen Aeusserungen hervorgeht, wird auch anderweitig bestätigt. Namentlich ist in dieser Beziehung ein lateinischer Aufsatz über das Studium der antiken Statuen wichtig, welchen De Piles in seinem *Cours de peinture* nach Rubens' Manuskript hat abdrucken lassen und von dem wir hier einen Theil nach Waagen's umschreibender Uebersetzung (a. a. O. p. 273 ff.) mittheilen. „Einigen Malern ist dieselbe (die Antike) von grossem Nutzen, anderen verderblich bis zur Vernichtung ihrer Kunst. Ich habe jedoch die Ueberzeugung, dass, um in der Malerei zum höchsten Grade der Vollendung zu gelangen, man die (antiken) Statuen nicht allein genau kennen, sondern von ihrem Verständniss ganz und auf das innigste durchdrungen sein muss. Bei dem Gebrauch, welchen man von denselben in der Malerei machen will, ist aber eine Einsicht in die derselben eigenthümlichen Gesetze erforderlich, so dass man auf dieselbe durchaus nichts überträgt, was in der Bildhauerei nur nothwendige Bedingung des Stoffes, worin sie arbeitet, nämlich des Steines ist. Denn viele unerfahrene, aber selbst auch erfahrene Maler unterscheiden nicht den Stoff von der darin ausgedrückten Form, nicht den Stein von der darin gearbeiteten Figur, nicht Dasjenige, wozu den Künstler die Natur des Marmors zwingt, von dem von demselben unabhängigen allgemeinen Kunstgehalt. Ein Hauptgrundsatz aber ist, dass, wie die besten antiken Statuen für den Maler vom grössten Nutzen, so die geringen unnütz, ja selbst schädlich sind. Denn während die Anfänger glauben, wunder was zu gewinnen, wenn sie von denselben etwas Hartes, Scharfbegrenztes, Schwerfälliges und eine übertriebene Anatomie auf ihre Malereien übertragen, geschieht dieses doch nur auf Kosten der Naturwahrheit, indem sie anstatt Fleisch mit den Farben nur Marmor darstellen. Denn selbst bei den besten antiken Statuen sind für den Maler viele Dinge zu berücksichtigen und zu vermeiden, welche nicht den Bildhauer (sondern den Stoff, worin er gearbeitet hat) betreffen. Dahin gehört vorzüglich die Verschiedenheit der Schatten. In der Natur wird nämlich durch das Durchscheinende des Fleisches, der Haut, der knorplichen Theile Vieles in den Schatten gemildert, was in den Skulpturen hart und schroff erscheint, indem die Schatten durch die natürliche und gleichsam unüberwindliche Dichtigkeit des Steines verdoppelt werden. Wer nun diese Unterschiede in gehöriger Schärfe erkannt hat, kann sich dem Studium der antiken Statuen nicht eifrig genug hingeben. Denn was vermögen wir Entartete in diesen Zeiten der Verkehrtheit? Wie gross ist der Abstand von dem kleinlichen Geiste, der uns Verkümmerte am Boden fesselt, zu jener erhabenen, dem Geiste als ursprüngliche Eigenschaft innewohnenden Einsicht (in das Wesen der Natur) bei den Alten." Ueber Rubens' Beschäftigung auch mit andern wissenschaftlichen Theilen der Kunst (*Théorie de la figure humaine, ouvrage traduit du latin de P. P. Rubens* Paris 1773) vergl. Waagen a. a. O. 278.

67.

RUBENS AN JUSTUS SUSTERMANS.

Antwerpen, 12. März 1638.

Ich hoffe, dass Ew. Herrlichkeit meine Antwort auf Ihren letzten Brief vom 10. Februar erhalten haben wird, worin ich Ihnen den Empfang der Tragödie mittheilte und Ihnen meinen schuldigen Dank für diese Gunst ausdrückte.

Nun habe ich Sie zu benachrichtigen, dass Herr Schutter mich heut in meinem Hause besucht und mir 142 Gulden 11 Stüber als den Rest meiner vollständigen Bezahlung für jenes Bild ausgezahlt hat, welches ich im Auftrage Ew. Herrlichkeit in Ihren Diensten gemalt habe. Ich habe Herrn Schutter Quittung darüber ertheilt. Bei Herrn Annoni habe ich mich erkundigt, um davon Bestimmtes mittheilen zu können, und dieser sagt mir, er habe die Kiste mit Ihrem Bilde schon vor drei Wochen nach Lille geschickt, von wo dieselbe geradeswegs nach Italien gehen wird. Wolle Gott, dass Sie das Bild gut erhalten; ich hoffe es, da die Wege in Deutschland nach der Einnahme von Hanau [1]) und der Niederlage des Herzogs von Weimar [2]) von allen gefährlichen Hemmnissen befreit sein werden.

Was den Gegenstand des Bildes betrifft, so ist derselbe sehr leicht verständlich, so dass mit den wenigen Worten, die ich Ew. Herrlichkeit zu Anfang darüber geschrieben habe, das Uebrige sich mit dem erfahrenen Auge Ew. Herrlichkeit vielleicht von selbst besser verständlich machen wird, als es durch meine Erklärung geschehen kann. Trotzdem aber will ich Ew. Herrlichkeit Befehl nachkommen und das Bild mit einigen Worten erläutern.

Die Hauptfigur ist Mars, welcher den geöffneten Tempel des Janus (dieser war nach den Sitten der Römer in Friedenszeiten geschlossen) verlassen hat und mit dem Schilde und dem blutbefleckten Schwerte den Völkern ein grosses Unheil drohend einherschreitet; er kümmert sich dabei wenig um Venus, seine Gebieterin, die sich, von ihren Liebesgöttern und Amoren begleitet, vergebens bemüht, ihn mit Liebkosungen und Umarmungen zurückzuhalten. Von der andern Seite aber wird Mars von der Furie Alekto, die eine Fackel in der Hand schwingt, einhergezogen. Dabei Ungeheuer, welche die Pest und die Hungersnoth, die untrennbaren Genossen des Krieges, bedeuten. Auf dem Boden liegt rücklings hingestürzt ein Weib mit einer zerbrochenen Laute,

---

[1]) Das von Ramsay vertheidigte Hanau (im Text Hanaulh) wurde am 12. Februar von Heinrich von Nassau erobert.

[2]) „La rotta data a Bernardo"; es ist ohne Zweifel der Herzog Bernhard von Weimar gemeint. Die Niederlage aber, von der Rubens gehört hatte, beruhte auf einer übereilten Siegesnachricht, die der kaiserliche General, Herzog von Savello, während der noch unentschiedenen Schlacht von Rheinfelden, „an die kaiserliche Majestät und sonsten hin und wieder in's Reich ausgeschrieben" hatte. Die Schlacht endete mit dem Siege Bernhard's. H. Oraeus *Theatri Europaei Continuatio III.* (Frankf. 1670) S. 914.

welche die mit der Zwietracht des Krieges unvereinbare Harmonie bedeutet; ebenso auch eine Mutter mit ihrem Kinde im Arm, welche andeutet, dass die Fruchtbarkeit, die Erzeugung und die elterliche Liebe durch den Krieg behindert werden, der Alles zerstört und vernichtet. Auch sieht man ferner einen Baumeister auf den Rücken gestürzt mit seinen Instrumenten in der Hand, um auszudrücken, dass dasjenige, was in Friedenszeiten zur Zierde und zum Nutzen der Städte erbaut wird, durch die Gewalt der Waffen zu Boden stürzt und zu Grunde geht. Ich glaube, wenn ich mich recht entsinne, dass Ew. Herrlichkeit am Boden unter den Füssen des Mars noch ein Buch finden wird, sowie eine Zeichnung auf Papier, um anzudeuten, dass er die Wissenschaften und alles übrige Schöne mit Füssen tritt. Es muss auch noch ein Bündel von Pfeilen da sein, deren Band, wodurch sie ursprünglich zusammengehalten wurden, aufgelöst ist, und die in ihrer Verbindung als das Sinnbild der Eintracht angesehen werden, sowie ferner der Caduceus und ein Olivenzweig als Symbol des Friedens, welchen ich daneben auf dem Boden liegend angebracht habe. Jene schmerzerfüllte Frau aber im schwarzen Gewande und mit zerrissenem Schleier und aller Juwelen und sonstigen Schmuckes beraubt ist das unglückliche Europa, welches schon so viele Jahre lang Raub, Schmach und Elend erleidet, von denen der Einzelne so schmerzlich berührt wird, dass es nicht nöthig ist, dies näher anzugeben. Ihr Symbol ist jener Globus, der von einem Engelchen oder Genius getragen wird, mit dem Kreuze darüber, wodurch die christliche Welt angedeutet wird.

Dies ist es, was ich Ew. Herrlichkeit darüber sagen kann, und mir scheint dies schon zu viel, da Sie mit dem Ihnen eigenen Scharfsinn es leicht selbst werden errathen haben. Und da ich nun nichts Anderes mehr habe, um Sie damit zu unterhalten oder zu belästigen, empfehle ich mich von ganzem Herzen Ihrer freundlichen Gunst und bleibe auf ewig etc.

NS. Ich fürchte, wenn das frische Bild so lange Zeit zusammengerollt und eingepackt bleibt, so könnten die Farben etwas verderben und namentlich die Karnation und das Bleiweiss ein wenig dunkel werden. Da indess Ew. Herrlichkeit in unserer Kunst selbst so gross sind, so werden Sie dem leicht dadurch abhelfen, dass Sie das Bild in gewissen Zwischenräumen der Sonne aussetzen; und wenn es nöthig wäre, so könnte Ew. Herrlichkeit mit meiner Zustimmung selbst noch Hand anlegen und es da, wo es durch Zufall oder meine Nachlässigkeit nöthig wäre, retouchiren. Womit ich Ihnen noch einmal die Hand küsse.

Bottari *Raccolta* III. 525. Justus Sustermans (auch Subtermans und, wie von Rubens selbst, „Suttermann" genannt) war ein Maler aus Antwerpen (geb. 1597), der früh nach Italien ging und unter den Einflüssen der akademischen, wie der naturalistischen Schule der heimischen Kunstweise entsagend, — er war Schüler von Wilhelm de Vos gewesen — bald einen grossen Ruhm, namentlich in der Portraitmalerei erlangte. Er liess sich zu Florenz unter der Regierung des Grossherzogs Cosimo II. nieder, erwarb das florentinische Bürgerrecht und wurde von dem grossherzoglichen Hofe häufig beschäftigt und besonders begünstigt. Davon zeugt namentlich ein Brief, den die verwittwete Grossherzogin am 18. August 1627 an den Grossmeister von Malta richtete, und worin sie den Künstler, der in ihren Diensten stände, ungemein lobte. Er würde von ihr und ihrem Sohne, dem regierenden Grossherzog, sehr geliebt. Sie hätten ihm erlaubt, nach Rom zu gehen, wo er den Papst (Urban VIII.) portraitirt habe. Ihr Bruder (Kaiser Ferdinand II.) habe auch gewünscht, ein Bild von ihm zu erhalten. Der Grossmeister möchte ihn freundlich empfangen und beschützen (Bottari Raccolta III. 523). Dass er mit Rubens und Van Dijck befreundet gewesen, wird auch anderweitig, namentlich von Baldinucci erwähnt. Van Dijck hat sein Bildniss gezeichnet und radirt; Carpenter Pictorial Notices, London 1844 S. 111. Der obige Brief bezieht sich auf ein jetzt in der Gallerie des Palastes Pitti befindliches Gemälde, das mit Recht zu den besten und gefeiertesten Werken von Rubens gezählt wird. Der obigen Beschreibung des Künstlers ist nichts weiter hinzuzufügen: es sei denn, dass das Bild, trotz seines allegorischen Inhaltes, mit einer solchen Wärme der Empfindung gemalt ist, dass es gleichsam als der unmittelbare Ausdruck von Rubens' innerstem Gefühl betrachtet werden kann. Niemandem lag die Erhaltung des Friedens im Interesse seines eigenen Vaterlandes mehr am Herzen als ihm; Niemanden konnten daher die Schrecknisse des damals ganz Europa zerrüttenden Krieges tiefer erschüttern und schmerzlicher ergreifen, als ihn. Das Bild drückt diese Stimmung nicht minder deutlich aus, als die Worte des Briefes. Wie diese, ist es von der tiefsten Empfindung eines menschlich fühlenden Gemüthes eingegeben. Wie Rubens einst seine Liebe zum Frieden und seine Hoffnung auf dessen Wiederherstellung, zu der er selbst berufen war (s. die Erläuterung zu Nr. 61), in seine künstlerische Thätigkeit übertragen, so verkörpert er hier die Trauer über jenen unglücklichen Krieg mit einem Schwung und einer Tiefe, die, insbesondere wenn man das hohe Alter des Meisters in Betracht zieht, recht deutlich bekunden, dass das Kunstwerk aus dem innersten Grunde dieses edlen Herzens hervorgegangen ist.

68.

RUBENS AN GERBIER.

[Antwerpen, 1639—1640.]

Ich übersende Ew. Herrlichkeit die Ansicht von S. Lorenzo en Escurial, welche der Maler nach seinem Vermögen unter meiner besonderen Anleitung vollendet hat. Wolle Gott, dass das Ungewöhnliche des Gegenstandes Sr. Majestät einige Unterhaltung verschaffen könne. Das Gebirge heisst die Sierra de S. Juan en Malagon; es ist sehr hoch und steil, und das Hinauf- und Heruntersteigen sind mit vielen Schwierigkeiten verknüpft; wir hatten damals die Wolken tief unter uns, während der Himmel über uns sehr hell und rein war. Auf dem höchsten Gipfel befindet sich ein grosses hölzernes Kreuz, welches man von Madrid aus sehr gut sehen kann, und dabei eine kleine Kirche, welche dem heiligen Johannes geweiht ist, die aber auf dem Bilde nicht dargestellt werden konnte, denn wir hatten dieselbe hinter uns. Es wohnt auch ein Eremit dort, den man auf dem Bilde in seinem Chorkleide erblickt. Es bedarf wohl kaum der Bemerkung, dass unten das herrliche Gebäude des Escurial liegt mit dem dazu gehörigen Dorf und den Banmgängen und dabei La Frisneda mit seinen beiden Teichen und der Weg nach Madrid, welchen man oben nahe bei Loupont erblickt. Der mit Schnee bedeckte Berg heisst die Sierra Tocada, weil sein Haupt fast immer wie mit einem Schleier umhüllt ist [1]).

Auf der Seite befindet sich ein Thurm und ein Haus, doch kann ich mich nicht mehr auf den Namen derselben besinnen; ich weiss aber, dass der König sich bei Gelegenheit der Jagd dorthin begab. Die Berge gerade gegenüber auf der linken Seite sind die Sierra y Puerto de Butrago. Das ist Alles, was ich in Bezug auf diesen Gegenstand sagen kann, und damit verbleibe ich Ihr ganz ergebener Diener.

N.S. Ich habe vergessen zu sagen, dass wir oben auf dem Gipfel viel Wildpret gesehen haben, wie auch auf dem Bilde dargestellt ist.

Dieser von **van Hasselt** aus der *„historischen Lebensbeschreibung van P. P. Rubens"* in französischer Sprache mitgetheilte Brief (*Vie de Rubens* p. 169 s.) ist an den uns schon bekannten Maler GERBIER gerichtet und wahrscheinlich gegen Ende des Jahres 1639 oder Anfang 1640 geschrieben. Er ist in mehrfacher Beziehung wichtig, indem er einmal die grosse Genauigkeit und Treue bekundet, mit der RUBENS bei solchen Aufgaben zu Werke ging, und weil er ferner ein noch vorhandenes Bild, die in der Königlichen Gemälde-Gallerie in Dresden befindliche Ansicht des Escurial, betrifft. Bei den zwischen England und Spanien obwaltenden politischen Beziehungen scheint Karl I. den Wunsch gehabt zu haben, eine Ansicht des Escurial zu besitzen. Gerbier ertheilte dann dem ihm und dem König persönlich befreundeten RUBENS den Auftrag. RUBENS liess das Bild, das er auf seiner spanischen Reise nach der Natur gezeichnet zu haben scheint, durch einen Schüler, vielleicht Mompers, unter seiner Leitung ausführen und sendete es nebst der obigen Beschreibung nach England, wo sich gegenwärtig noch vier Exemplare dieser Ansicht befinden (**Van Hasselt** p. 362). **Waagen**. Kunstwerke in England, II. 265.

69.

RUBENS AN FRANÇOIS DU QUESNOY.

Antwerpen, 17. April 1640.

Ich weiss nicht, wie ich Ew. Herrlichkeit die Verbindlichkeiten wegen der Modelle ausdrücken soll, die Sie mir geschickt haben, und wegen der Gyps-Abgüsse von den beiden Kinderfiguren von dem Epitaphium des Vanden [2]) in der Kirche dell' anima; und noch viel weniger vermag ich das

---

[1]) *Tocada* bedeutet in der spanischen Sprache einen weiblichen Kopfputz.
[2]) *Della iscrizione del Vanden*. In der französischen Uebersetzung bei **Van Hasselt**: *L'épitaphe de Mr. Van Haffd*. *Histoire de P. P. Rubens* (Bruxelles 1840) p. 171.

Lob ihrer Schönheit auszusprechen. Man zweifelt, ob die Natur oder die Kunst sie gemacht und der Marmor sich zum Leben erweicht habe. Auch der Ruhm der Statue des heiligen Andreas, die jetzt enthüllt worden, ist zu meinen Ohren gedrungen, und ich sowohl insbesondere als auch im Allgemeinen unsere ganze Nation, wir freuen uns dessen mit Ihnen, indem wir zugleich auch an Ihrem Ruhme Theil haben. Wenn ich nicht vom Alter und von der Gicht, die mich unbrauchbar machen, hier zurück gehalten würde, so käme ich selbst dorthin, um mit meinen eigenen Augen ein so würdiges Werk sehen und bewundern zu können. Jedoch hoffe ich, dass ich Ew. Herrlichkeit hier unter uns wieder sehen werde, und dass Flandern, unser theuerstes Vaterland, einst mit Ihren herrlichen Werken Ruhm erlangen wird. Und dies, wünsche ich, möchte sich erfüllen, noch ehe das Licht meiner Augen erlischt, damit sie noch die Wunder Ihrer Hand sehen können, die ich mit Liebe küsse, indem ich Ew. Herrlichkeit von Gott langes Leben und Glück erflehe.

Der von Bottari *Raccolta* II. 188 in italienischer Sprache und von van Hasselt in französischer Uebersetzung mitgetheilte Brief zeigt uns Rubens im freundschaftlichen Verkehr mit einem jüngeren Künstler, dem damals in Rom in hohem Ansehen stehenden Bildhauer Franz du Quesnoy, seiner Herkunft wegen gewöhnlich „il Fiammingo" genannt, dessen Ruhm den älteren Freund mit Freude und Stolz erfüllte. Die herzlichen und liebevollen Worte des Briefes scheinen keiner weiteren Erläuterung zu bedürfen, als dass du Quesnoy in Rom Alterthümer oder Abgüsse für Rubens' Kunstsammlung beschaffte; derselbe ward namentlich in Kinderfiguren als der erste aller gleichzeitigen Meister betrachtet; den Vorwurf, nichts weiter als Kinder darstellen zu können, wusste er durch die kolossale Statue des heiligen Andreas zu widerlegen, die er im Auftrage Papst Urban's VIII. für die Peterskirche arbeitete. Dieselbe war schon seit längerer Zeit im Gypsmodell vollendet und auch durch einen Kupferstich (vom Jahre 1629) bekannt, scheint jedoch erst kurz vor der Abfassung des obigen Briefes aufgestellt und enthüllt worden zu sein. — Der Wunsch des greisen Meisters, den jüngeren Freund noch einmal selbst begrüssen zu können, ging nicht in Erfüllung, indem sein Ende, dessen baldiges Herannahen er schon während des Schreibens geahnt zu haben scheint, wenige Wochen danach eintrat.

70.

RUBENS AN LUCAS FAID'HERBE.

Antwerpen, 9. Mai 1640.

Mein Herr! Ich habe mit grossem Vergnügen vernommen, dass Ihr am Maientag den Mai in den Garten Eurer Allerliebsten gepflanzt habt. Ich hoffe, dass er willkommen gewesen ist und Euch seiner Zeit Früchte bringen werde. Ich und meine Frau nebst meinen beiden Söhnen wünschen Euch und Eurer Allerliebsten alles Glück und eine vollkommene und lang- dauernde Zufriedenheit im Ehestande aus ganzem Herzen. Mit dem Elfenbein-

Kindchen beeilt Euch nur nicht allzusehr, da Ihr nun ein Kinderwerk von grösserer Wichtigkeit unter den Händen habt. Euer Besuch soll uns jederzeit sehr angenehm sein.

Ich glaube, dass meine Frau binnen wenigen Tagen nach Mecheln kommen wird, um nach Steen zu gehen, und dann wird sie das Glück haben, Euch mündlich Glück zu wünschen. Inzwischen seid so gut, meine herzlichen Grüsse an Euren Herrn Schwiegervater und an Eure Frau Schwiegermutter auszurichten, die, wie ich hoffe, wegen Eures guten Betragens von Tag zu Tage mehr Freude an dieser Verbindung haben werden. Dasselbe wünsche ich Eurem Herrn Vater und Eurer Frau Mutter, die innerlich gewiss gelacht haben mag, dass die Reise nach Italien hintertrieben ist, und dass sie, anstatt ihren lieben Sohn zu verlieren, noch eine Tochter dazu gewonnen hat, die sie mit Gottes Hülfe bald zur Grossmutter machen wird. Womit ich auf immer von ganzem Herzen verbleibe etc.

Lucas Faid'herbe, am 20. Januar 1617 zu Mecheln geboren, war Bildhauer und Architekt und Schüler Rubens', der eine besondere Neigung für ihn hatte. Es sind mehrere Beweise eines sehr innigen Verhältnisses zwischen beiden vorhanden. Vom 17. August 1638 ein Billet Rubens' an den Schüler, welcher das Haus in Antwerpen zu bewahren scheint. Rubens selbst ist in Steen, seinem Landsitze, und ersucht Faid'herbe, ihm eine Tafel mit drei Köpfen zu schicken oder selbst zu bringen — aber wohl verwahrt, damit man sie nicht auf der Reise sehen könne. Im letzteren Falle solle er Alles wohl verschliessen und keine Originale im Atelier stehen lassen. Der Gärtner Wilhelm soll Rosalienbirnen und Feigen schicken, sobald sie reif sind. Der Wein von Ay wäre verbraucht, sie warteten auf neuen. Er wünscht ihm sowie der Susanne und Katharina eine gute Gesundheit. Gachet p. 280.

Vom 5. April 1640 und von Antwerpen datirt ist ein Zeugniss, welches Rubens dem Schüler ausstellt, an ihm zu bekunden, dass er bei ihm drei Jahre Schüler gewesen und dass er, in Anbetracht der nahen Beziehungen zwischen Malerei und Skulptur, treffliche Fortschritte bei ihm gemacht habe. Er empfiehlt allen Herren und Magistratsbehörden, ihn durch Privilegien und Freiheiten zu fördern, auf dass er seinen Aufenthalt bei ihnen nehme und ihre Wohnungen mit seinen Kunstwerken schmücke. Namentlich wird seine Kunstfertigkeit in Elfenbein-Schnitzereien hervorgehoben.

Der obige, von Gachet Lettres p. 283 mitgetheilte Brief bezieht sich auf die am 1. Mai stattgehabte Vermählung Faid'herbe's mit Marie Smeyers und bekundet, welche Frische des Geistes sich der fast dreiundsechzigjährige Künstler trotz der ununterbrochenen körperlichen Leiden bis zu seinem Ende bewahrt hat. Man kann sagen, bis zu seinem Ende: denn kaum drei Wochen, nachdem er diesen Brief voll heiterer Laune und herzlicher Theilnahme geschrieben, war er eine Leiche. Rubens starb am 30. Mai 1640. Fürstlich wie sein Leben waren auch die Ehrenbezeugungen, welche ihm noch im Tode erwiesen wurden und die eben sowohl dem Grössten der Künstler, als auch dem Eifrigsten der Vaterlandsfreunde galten.

74.

JAN BRUEGHEL AN DEN CARDINAL FEDERIGO BORROMEO.

Antwerpen, 10. Oktober 1596.

Erlauchtester und verehrungswürdigster Herr! Obwohl Ew. erlauchteste Herrlichkeit Ursache hat, sich über meinen geringen Fleiss zu beklagen, bin ich nichtsdestoweniger sicher, dass Sie bei Ihrer Seelengrösse als Entschuldigung meines Fehlers den Umstand annehmen werden, dass ich mich durch eine Belästigung Ihrer Person nicht strafbar machen will.

Vier Wochen sind es her, dass ich mich in Antwerpen befinde zum grossen Vergnügen meiner Freunde; ich habe auch nicht durch mein schlechtes Schreiben Aergerniss erregen wollen. Die Kleinigkeit, die ich hier mitschicke, soll keinen Anlass geben, mir zu danken, sondern sie soll nur ein Zeugniss ablegen von der unsterblichen Verpflichtung, die ich gegen Sie habe. Obwohl dieses eine unwürdige Sache ist, bin ich nichtsdestoweniger sicher, dass Ew. erlauchteste Herrlichkeit meinen guten Willen erkennen wird.

Ich bin überall in Holland und Flandern gewesen, um unsere Malerei anzusehen. Aber ich finde nichts, was mit Italien und jenem Deutschen zu vergleichen ist. Wegen des letzteren bitte ich Ew. erlauchteste Herrlichkeit, seine Sachen in grosser, grosser Achtung zu halten. Wenn dieser Jüngling seine Tüchtigkeit erkannt hätte, würde er nicht in einem Orte bleiben, wo er nicht geschätzt wird. Mit der ersten Gelegenheit werde ich einige Stiche mit verschiedenen heiteren und frommen Gegenständen schicken. Und so werde ich in der beständigen Sehnsucht leben, Ihnen zu dienen. Ich küsse Ew. durchlauchtigsten Herrlichkeit demüthig die Hände und erbitte für Sie von Gott die reiche Fülle seiner Gnade.

Ew. erlauchtesten und verehrungswürdigsten Herrlichkeit tief verpflichteter und ergebenster Diener   Gio. Bruegel.

In der Ambrosianischen Bibliothek zu Mailand befinden sich 74 Briefe, welche JAN BRUEGHEL, genannt der Sammetbrueghel oder Fluwelen-Brueghel, an seinen Beschützer, den Kardinal und Erzbischof Federigo Borromeo, geschrieben hat. Dieselben sind von Giovanni Crivelli unter dem Titel: *Giovanni Brueghel Pittor Fiammingo o sue Lettere e Quadretti esistenti presso l'Ambrosiana*, Mailand 1868, publizirt worden, leider mit einem so weitschweifigen, phantasievollen Kommentar, dass die Lektüre des Buches durch denselben erheblich erschwert wird. Der obige Brief, der erste in dieser Reihe, ist a. a. O. S. 7 abgedruckt. 33 von den 74 Briefen hat Brueghel, welcher mit der italienischen Schriftsprache nur sehr wenig vertraut war, selbst geschrieben. Er entschuldigt denn auch in jedem Briefe sein *„mal scrito“*, seine orthographisch und grammatisch gleich fehlerhafte Schreibweise. Die übrigen 41 Briefe, die richtig geschrieben und gut stilisirt sind, rühren von anderen Händen her und zwar die Mehrzahl von Rubens, der seinem Freunde Brueghel Sekretärdienste leistete, die bisweilen so weit gingen, dass er die Briefe auch in Brueghel's Namen unterschrieb. Man nahm an solchen Freundschaftsdiensten so wenig Anstoss, dass Rubens einmal sogar einen Brief in eigner Angelegenheit an den Kardinal mit einem für Breughel geschriebenen mitschickte. Beide Briefe, vom 5. Juli 1622 datirt, sind bei Crivelli in Facsimiles einander gegenübergestellt, so dass die Gleichartigkeit der Handschrift leicht ins Auge springt. Der Kardinal hatte beiden Künstlern eine goldene Medaille mit dem Bildniss des heiligen Carlo Borromeo geschenkt, und für diese Gunstbezeugung danken sie in den erwähnten Briefen.

Jan Breughel (1567—1625) hatte um 1590 die Heimath verlassen und war, nach den Einen über Paris, nach den Andern über Köln, nach Rom gegangen, wo er in dem Kardinal Federigo Borromeo einen eifrigen Protektor fand, der nicht nur seine Bilder kaufte, sondern ihn auch, als er sich 1595 nach seinem Bischofssitze Mailand begab, unter die Zahl seiner Diener aufnahm. In Mailand scheint Breughel jedoch von Heimweh ergriffen zu sein und er bat um seine Entlassung, die ihm auch gnädigst gewährt wurde. In dem Empfehlungsschreiben, welches der Kardinal ihm an den Bischof von Antwerpen mitgab, rühmt er ihn „tam ob pingendi peritiam, tam ob animi morumque candorem", sowohl wegen seiner Erfahrenheit im Malen, als auch wegen der Reinheit seiner Gesinnung und seines Charakters. Leider gab es damals keinen Bischof in Antwerpen — der alte war wenige Monate vor Abfassung des vom 30. Mai 1596 datirten Schreibens gestorben und sein Nachfolger wurde erst 1598 erwählt —, so dass Breughel das für ihn so ehrenvolle Schreiben nicht verwerthen konnte.

Vier Wochen nach seiner Ankunft richtete er an den Bischof das obige Schreiben. — Der deutsche Maler, welchen er in demselben so hoch rühmt, ist Johann Rottenhammer (1564—1623), der auch verschiedene Landschaften Jan Breughel's mit Staffage versehen hat und der ebenfalls zu den Schützlingen des Kardinals gehört zu haben scheint.

Unter den Bildern Breughel's, welche der Kardinal besass, und die sich jetzt in der Ambrosiana in Mailand befinden, sind zwei vom Jahre 1597. Dann scheint aber der Verkehr zwischen dem Maler und dem Kardinal eine Unterbrechung erfahren zu haben. Denn der nächste von Crivelli veröffentlichte Brief (Antwerpen, 5. Juli 1605) beginnt mit den Worten: „Um mich Ew. erlauchtesten Herrlichkeit in Erinnerung zu bringen etc." Er schickt zugleich ein Bild, welches er also beschreibt: „Der Gegenstand ist die Göttin Ceres, das mit Früchten angefüllte Horn des Ueberflusses in den Armen, begleitet von vier Putten, welche die vier Elemente bedeuten: die Erde mit Früchten, Blumen und Thieren, das Wasser mit vielen seltenen Muscheln und verschiedenen Fischen und anderen seltsamen Dingen, die Luft mit vielen Arten von Vögeln; in Allem wohl vollendet." Das Feuer beschreibt er weiter nicht. Crivelli a. a. O. S. 50. „Ich glaube," sagt er mit hohem Selbstbewusstsein von diesem Bilde, welches sich in der Ambrosiana befindet, „dass man in Oelfarben noch nichts feiner und fleissiger Gemaltes gesehen hat (cosi miniato o piu diligente)." Mit diesem Briefe beginnt eine eifrige Korrespondenz, die bis zum 5. Juli 1624 (dies ist das letzte Briefdatum) anhielt, also bis kurze Zeit vor dem am 12. Januar 1625 erfolgten Tode des Malers.

72.

BRUEGHEL AN DEN KARDINAL FEDERIGO BORROMEO.

Antwerpen, 25. August 1606.

Erlauchtester und verehrungswürdigster Herr etc.! Die gute Gelegenheit mit dem Herrn Ercole Bianchi benutzend, schicke ich Ew. erlauchtesten Herrlichkeit das Bild mit den Blumen, die alle nach der Natur gemalt sind; auf diesem Bilde habe ich gemacht, was ich überhaupt zu machen im Stande bin. Ich glaube, dass niemals so viele seltene und mannigfaltige Blumen gemalt worden sind und mit solchem Fleiss. Im Winter wird das einen schönen Anblick geben; einige Farben erreichen fast die Natur. Unter den Blumen habe ich ein Kleinod gemalt mit kunstvollen Medaillen und mit Seltenheiten aus dem Meere. Ich überlasse es dem Urtheil Ew. erlauchtesten Herrlichkeit, ob die Blumen nicht Gold und Juwelen (an Farbe) übertreffen.

Mit dem Herrn Ercole schicke ich eine Schachtel mit dem Bildchen der Prozession; ich hoffe, dass sie genehm sein wird. In diese Schachtel habe ich zwölf von den schönsten und seltensten Muscheln gelegt, welche aus Indien mit den holländischen Schiffen kommen.

Ich schicke auch einen nach Raffael von Urbino kopirten Kopf, der sehr schön ist wegen des melancholischen Ausdrucks. Man sieht Schönheit und andächtige Bewegung. Ich dachte daran, mir das Original zu verschaffen, aber es war zu theuer und zum Theil verdorben.

Was das Bild mit den Thieren anbelangt, so werde ich es so bald als möglich beginnen und werde es nicht an Mühe und Studium fehlen lassen, damit es schön ausfällt und in den Thieren und in der Landschaft einige Vollkommenheit zeigen wird. Ich werde das Bild in der Grösse dieser Blumen malen und hoffe, damit Ehre einzulegen. Ich danke auch für die Liebenswürdigkeit gegen unsere vlämische Nation. Ich empfehle Ihnen die Sache aufs Neue aus Liebe zu den Eltern meines Freundes. Ich bitte Ew. erlauchteste Herrlichkeit, mich unter die Zahl Ihrer geringsten Diener zu rechnen, und küsse Ihnen die Hände, indem ich Gott bitte, dass er Ew. erlauchteste Herrlichkeit in allem Glück erhalten möge. Aus Antwerpen vom 25. August 1606, und verzeihen Sie mir diesen schlecht geschriebenen Brief.

Ew. erlauchtesten und verehrungswürdigsten Herrlichkeit ergebenster und tiefverpflichteter Diener   Jean Brueghel.

Crivelli a. a. O. S. 74 ff. — Das Bild, von welchem in diesem Briefe die Rede ist, hat eine Höhe von 66 Centimetern und eine Breite von 46 und zeigt einen prächtigen, von Libellen, Fliegen und in metallischen Farben schillernden Insekten belebten Blumenstrauss in einer thönernen Vase und am Fusse derselben ein aus goldgefassten Diamanten und kostbaren Steinen zusammengesetztes Juwel, zwei antike Goldmünzen, eine silberne Medaille und mehrere Muscheln. Das Bild gefiel dem Kardinal so ausserordentlich, dass er den Befehl gab, es solle dem Künstler so viel dafür bezahlt werden, als der

Werth des von ihm gemalten Kleinods beträge, wenn dasselbe ausgeführt würde. S. Crivelli a. a. O. S. 77 f. Und in der That hat Brueghel auf dieses Werk einen ausserordentlichen Fleiss verwendet. Wie er in einem Briefe vom 14. April 1606 erzählt (Crivelli S. 63), ist er einmal nach Brüssel gereist, um dort einige seltene Blumen, die in Antwerpen nicht zu finden waren, nach der Natur zu zeichnen. — Der Kardinal war ein eifriger Freund und Kenner der Natur; daher seine Liebhaberei für die Gemälde Brueghel's, der mit unermüdlicher Sorgfalt die Erzeugnisse der belebten und unbelebten Natur in seinen mit miniaturartiger Feinheit ausgeführten Gemälden wiedergab. Federigo Borromeo besass auch Naturaliensammlungen, auf deren Bereicherung Brueghel, wie wir aus diesem Briefe sehen, ebenfalls bedacht war.

Der angeblich nach Raffael kopirte Kopf war das auf einem Becken liegende Haupt Johannes des Täufers. Nach einer Inschrift auf der Rückseite des in der Ambrosiana befindlichen Bildes wurde es von Andern für eine Arbeit Leonardo da Vinci's gehalten. — In einem Briefe vom 17. Juni 1606 hatte sich Brueghel für einen Vlamländer aus Antwerpen, Alessandro Belloigni, verwandt, welcher auf Veranlassung des Santo Offizio ins Gefängniss geworfen worden war, vielleicht weil er sich in religiöser Hinsicht verdächtig gemacht hatte, und da der Kardinal ihm vermuthlich seine Bereitwilligkeit zu helfen erklärte, bedankt sich Brueghel für seine Liebenswürdigkeit. — Ercole Bianchi war ein Gemäldeliebhaber und selbst ein wenig Maler; eine Anzahl der in der Ambrosiana befindlichen Briefe Brueghel's sind an ihn gerichtet.

Von dem Jahre 1610 ab wurde Brueghel das Briefschreiben dadurch erleichtert, dass Rubens, der sich in der italienischen Sprache mit vollendeter Gewandtheit auszudrücken vermochte, einen Theil der Briefe für seinen Freund schrieb. Am Schlusse eines solchen Schreibens fügte Brueghel einmal ein Postscriptum hinzu, in welchem er scherzhaft sagt (Crivelli S. 241): „Mein Sekretär Rubens ist nach Brüssel abgereist, um die Portraits Ihrer erlauchtesten Hoheit (der Infantin) zu vollenden." Die von Crivelli veröffentlichten Briefe sind so inhaltsreich, dass sich aus ihnen allein eine detaillirte Biographie Brueghel's zusammenstellen lässt.

73.

ANTON VAN DIJK AN FRANCISCUS JUNIUS.

[London,] 14. August 1636.

Der Baron Cannwe hat mir zur See ein Exemplar Ihres Buches „De pictura Veterum" geschickt, welches derselbe sehr hoch hält und als ein Werk voll grösster Gelehrsamkeit betrachtet. Ich bin der festen Ueberzeugung, dass dasselbe eine sehr günstige Aufnahme finden und auf die Künste einen sehr vortheilhaften Einfluss ausüben wird. Eine so gründliche Arbeit kann nur die Wiedergeburt derselben befördern, und dem Autor grossen Ruhm und grosse Genugthuung verschaffen. Ich habe das Buch kürzlich einem sehr unterrichteten Edelmanne mitgetheilt, der mich besuchte, und ich kann kaum sagen, in welchen günstigen Ausdrücken derselbe von Ihrer Arbeit sprach, die er als eine der merkwürdigsten und gelehrtesten betrachtet, die er je gesehen. Der vorbenannte Baron Camwe wünscht ein Exemplar davon zu erhalten und bittet darum, sobald der Druck vollendet sein wird, wie denn alle gebildeten Kunstfreunde äusserst gespannt auf das Erscheinen des Werkes sind. Noch habe ich mir eine Gunst von Ihnen zu erbitten. Da ich ein Portrait des Herrn Digby habe stechen lassen, und dasselbe sehr bald ausgegeben werden soll, so ersuche ich Sie ganz ergebenst, mir ein Motto anzudeuten, um dasselbe auf die Platte zu setzen. Sie würden mir damit einen grossen Gefallen und eine hohe Ehre erweisen. Und indem ich mich zu allen Gegendiensten erbiete, verbleibe ich für immer Ihr ergebenster Diener.

Das Facsimile dieses in vlämischer Sprache sehr unleserlich geschriebenen Briefes (im Britischen Museum) ist von Carpenter *Pictorial Notices* p. 55 nebst einer englischen Uebersetzung mitgetheilt. Eine italienische Uebersetzung ist in Bottari's *Raccolta* IV, p. 17 aufgenommen, nachdem der Originalbrief in der Ausgabe des betreffenden Werkes vom Jahre 1694 nebst dem Briefe von Rubens (Nr. 67) und zwei anderen von Hugo Grotius abgedruckt worden war. Ueber das Werk selbst und den Verfasser vergl. oben S. 187. Der Baron „Camwe" ist Edward Conway, einer der bedeutendsten englischen See-Generale, der zu gleicher Zeit durch eine grosse Liebe zu den Studien ausgezeichnet war. Das am Schluss des Briefes erwähnte Portrait ist das von Sir Kenelm Digby, einem ebenfalls berühmten Seehelden, das in der Sammlung der „*Centum Icones*" erschienen ist, und zwar mit dem im obigen Briefe erbetenen und wahrscheinlich von Junius angegebenen Motto „*Impavidum ferient*". Dass Antom van Dyck, der grösste Lieblings-Schüler von Peter Paul Rubens, damals in London lebte, darf als bekannt vorausgesetzt werden. Zahlreiche und wichtige Aufschlüsse über den Aufenthalt und die künstlerische Thätigkeit van Dyck's in England gewährt das schon öfter erwähnte Buch von Carpenter *Pictorial Notices* p. 1—134. Sein Testament vom 4. Dezember 1641 ist abgedruckt ebds. p. 75—77. Die neuesten biographischen Schilderungen van Dyck's (dies ist die richtige Schreibart des Namens) finden sich in Dohme's Kunst und Künstler des Mittelalters und der Neuzeit Nr. 20—22 (von C. Lemcke) und in Max Rooses *Geschiedenis der Antwerpsche Schilderschool* 1879.

REMBRANDT.

Wir haben schon in der Einleitung auf den Gegensatz hingewiesen, der zwischen der Kunstweise Rubens' und Rembrandt's obwaltet. Es lässt sich dieser Gegensatz bis in alle Einzelheiten ihrer Lebensstellung und künstlerischen Wirksamkeit hindurch verfolgen. Wir haben in Rubens' Leben das Ideal einer glänzenden und prächtigen Künstler-Existenz kennen gelernt, die gleichsam auf der äussersten Höhe der gesammten Zeitbildung stand. Durch Rembrandt (1607—1669) werden wir in die engeren Kreise des Bürgerstandes eingeführt. Rubens nahm eine der ersten Stellen im spanischen Belgien ein und hatte, wenn schon von der tiefen Noth seines Vaterlandes ergriffen, doch Theil an dem äusseren Glanze des innerlich verrotteten spanischen Regimentes. Rembrandt führt ein verhältnissmässig stilles und bescheidenes, auf sich selbst gestelltes Dasein in dem durch kühne That innerlich wie äusserlich frei gewordenen

Holland. In Holland war die protestantische Bewegung zu einem glücklichen Abschluss und zu einer Umgestaltung aller Lebensverhältnisse gelangt, während Deutschland noch alle Schrecken eines unglücklichen und blutigen Bürgerkrieges durchzumachen hatte. Wie hier das kirchliche Joch zerbrochen worden, so wurde auch das lockere Band der Abhängigkeit von der spanischen Weltmonarchie zerrissen, und der junge Staat erwuchs durch Protestantismus und politische Freiheit bald selbst zur Weltmacht. Poesie, Wissenschaft und Kunst bekunden nun durch einen überraschenden Aufschwung die schöpferische Macht dieser neuen Ideen. Wie dies in der Literatur geschehen, ist schon in der Einleitung angedeutet. In der Kunst zeigt es uns REMBRANDT. REMBRANDT gehört allerdings nicht zu Denen, welche an der Spitze der geistigen Bewegung gestanden haben; aber er ist von jenen Ideen berührt und durchdrungen; er schafft in ihrem Sinne. Seine Aufgabe war es, dem geistigen Gehalt, den er aus Zeit und Leben in sich aufnahm, eine Stätte in der Kunst zu bereiten, einen künstlerischen Ausdruck zu geben. Er steht in dieser Beziehung in einem ähnlichen Verhältnisse zu der Bildung seiner Zeit und seiner Nation, wie CORREGGIO einst zu der des sechzehnten Jahrhunderts. Was im ersten Bande der Künstlerbriefe S. 107 und 108 über CORREGGIO gesagt worden ist, lässt sich fast wörtlich auf REMBRANDT anwenden. Wir haben hier dieselbe stille Bethätigung eines reichen Talentes in engen und beschränkten Kreisen; dasselbe Durchschnittsmaass allgemeiner Bildung; dieselbe Stellung gegenüber dem fürstlichen RUBENS, wie sie CORREGGIO gegenüber RAFFAEL, TIZIAN und MICHELANGELO einnahm. RUBENS war ein Freund seiner Fürsten, an deren Wirkungskreis und Ehren er Theil hatte, er selbst ein Fürst unter den Künstlern; REMBRANDT ist nichts als ein einfacher Bürger einer erst kürzlich aus geistiger Kraft hervorgegangenen Republik; in kleinen und engen Verhältnissen bethätigt er dies bürgerliche Bewusstsein; in seiner Kunst, die er gleich RUBENS in voller Unabhängigkeit übt, bringt er dasselbe zur Erscheinung. RUBENS ist der Maler des Katholicismus, von dem er, ohne eigentlich kirchlichen Eifer, die äusserlich glänzenden und poetischen Seiten für die Kunst zu benutzen weiss; REMBRANDT ist der Maler des Protestantismus, dem er vielleicht nicht ohne den Eifer des Sektenwesens [1]) zugethan ist und den er ohne alle bestimmte Absicht (wie sie bei RUBENS wohl mitunter hervortritt) in der tieferen Innerlichkeit und der religiösen Stimmung seiner Werke hervortreten lässt. Wenn RUBENS, überdies klassisch gebildet, sich gern dem in mancher Beziehung dem Katholicismus verwandten Heidenthum zuneigt — so REMBRANDT einer gewissen alttestamentarischen Auffassung, an welcher das damalige sinnende und grübelnde Sektenwesen allerdings mehr Antheil, als an der klassischen Bildung hatte. Gleichwohl war REMBRANDT keineswegs der Antike abgeneigt, wie aus dem Inventar seiner reichen Kunstsammlungen hervorgeht, in welchem antike Büsten erwähnt werden. Wenn RUBENS, dem äusserlich repräsentirenden Zuge des damaligen Katholicismus entsprechend, sich gern zu der ebenfalls äusserlich repräsentirenden Allegorie wendet, so REMBRANDT zur Darstellung des gewöhnlichen Lebens, das sich immer mehr mit tiefen Gedanken und Empfindung zu erfüllen sucht. Und wenn endlich RUBENS durch seine Neigung zur Allegorie jener höfischen Dekorationsmalerei, die nur allzulang ihre Herrschaft behauptete, Vorschub geleistet hat, so ist REMBRANDT Begründer der Genremalerei geworden, durch welche eine wahrhafte Erweiterung und Bereicherung des Kunstgebietes stattgefunden hat.

[1]) Es ist möglich, dass *Rembrandt*, ebenso wie seine Frau, der Sekte der Taufgesinnten angehört habe, weshalb ihn *Baldinucci* geradezu als Mennoniten bezeichnet. Kolloff in Raumer's histor. Taschenb. 1854 S. 439 f.

In Rubens herrschen überall die äusserliche Pracht und Fülle des Lebens und der poetische Schwung der Leidenschaft, in Rembrandt die Verinnerlichung des Gemüthes und die Wahrheit menschlicher Empfindung vor. Rubens ist selbst in Darstellung abstrakter und idealer Gegenstände derb, kräftig, voller Realität. Rembrandt ist selbst in Darstellungen enger prosaischer Verhältnisse und gewöhnlicher, oft sogar hässlicher Menschen von tiefer innerlicher Bedeutsamkeit und voller Idealität. Rubens zeigt die Poesie der Objektivität, Rembrandt die der in sich verschlossenen und konzentrirten Subjektivität. Rubens' Werke sind in den leuchtenden Glanz des Tages getaucht, in Rembrandt's Bildern waltet der stille, aber nicht minder mächtige Zauber der Dämmerung. Wunderbar wie auch hierin seine Kunstweise mit der des Correggio verwandt ist, der unter den Italienern als der grösste Meister des Helldunkels betrachtet werden kann.

Ein ähnlicher Gegensatz hat auch in den Lebensgeschicken unserer beiden Künstler bestanden. Ueber das Leben Rembrandt's ist ebenso viel gefabelt worden, als über seinen Charakter, an dem bis auf die neuere Zeit mancherlei Schwächen, ja selbst Makel haften geblieben sind. Die Resultate der neuesten Forschungen hat C. Vosmaer in seiner meisterhaften Biographie: *Rembrandt, sa vie et ses œuvres*, zweite Ausgabe 1877, zusammengefasst, und auf sie stützt sich auch, was die thatsächlichen Angaben betrifft, die im Uebrigen durch eine originelle Auffassung und durch einen charakteristisch ausgemalten kulturhistorischen Hintergrund ausgezeichnete, von Prof. Lemcke verfasste Biographie in Dohme's Kunst und Künstler Nr. 23. Ohne in wissenschaftlicher und literarischer Beziehung eine so hervorragende Stellung einzunehmen, wie Rubens, stand Rembrandt doch nicht ausser Verkehr mit solchen Männern, die als Träger der nationalen Bildung zu betrachten sind und welche diese Bildung in ihren Resultaten auch auf den Künstler übertragen haben. In den Zeiten des Glückes stand er in freundschaftlichen Beziehungen, wie mit einigen angesehenen Predigern seiner Gemeinde, so auch mit Jeremias de Decker und Konstantin Huygens, die auf dem Gebiete der Literatur eine ähnliche Thätigkeit entfalteten als Rembrandt auf dem der Malerei. Seine Freundschaft mit dem vielseitig gebildeten Bürgermeister Six ist zu bekannt, um hier noch besonders hervorgehoben zu werden; wohl aber ist sein Verhältniss zu dem vortrefflichen Alterthumskenner und Künstler Bishop (Johannes Episcopius) zu beachten, der ihm den zweiten Theil seines Kupferwerkes über antike Statuen gewidmet haben soll [1]).

Auch äusserlich genommen war die Lage des Künstlers keine unglückliche zu nennen. In einer wohlhabenden, betriebsamen Familie zu Leyden geboren, hat er, seitdem er sich 1630 in Amsterdam niedergelassen, auch in pekuniärer Beziehung grosse Erfolge gehabt. Ebenso deutet seine im Jahre 1634 mit Saskia Uilenburg geschlossene Heirath auf die günstigen Verhältnisse des Künstlers, indem seine Frau aus einer sehr angesehenen und wohlhabenden Bürgerfamilie in Friesland stammte, wo ihr Vater, der zur Zeit der Verheirathung schon gestorben war, das ehrenvolle Amt eines Bürgermeisters und später das eines Rathes am Hofe von Friesland bekleidet hatte. Als im Jahre 1642 seine Frau starb, sicherte sie Rembrandt den Niessbrauch ihres Vermögens zu, welches auf ihrer beider Sohn Titus überging und sich auf mehr als 40,000 Gulden belief. Von jener Zeit an aber scheinen sich Rembrandt's Verhältnisse allmählich verschlechtert zu haben. Vermuthlich war es die Ungunst der Zeiten,

[1]) *„Signorum veterum Icones semi-centuria"*. Die Nachricht, dass dieser zweite Band *Rembrandt* gewidmet sei, giebt Kolloff a. a. O. S. 474 ohne nähere Angabe der Natur und des Inhalts dieser Widmung.

die damals manchen Privatmann in's Verderben riss, und auch den in praktischen Dingen vielleicht unerfahrenen Künstler mitergriffen haben mochte. REMBRANDT, „ob er schon kein Verschwender gewesen", wie Sandrart sagt, gerieth allmählich in drückende Geldnoth. Schon im Jahre 1653 ist er genöthigt, zwei Darlehen von 4180 und 4200 Gulden aufzunehmen; im Jahre 1654 borgt er 1168 Gulden. „Am 17. Mai 1656 liess er sein Haus in der Sankt Antonie Breestraat auf den Namen seines Sohnes bei der Waisenkammer einschreiben; doch nicht lange darauf wurde er für insolvent erklärt, und demzufolge von all seiner Habe ein gerichtliches Inventarium aufgenommen, welches noch in der Handelskammer zu Amsterdam vorhanden ist." Kolloff a. a. O. S. 458. Vosmaer und Lemcke haben die politischen und kommerziellen Verhältnisse Hollands, aus welchen der wirthschaftliche Niedergang REMBRANDT's und sein schliesslicher Bankerott am leichtesten zu erklären ist, ausführlich beleuchtet. Sein grosser Sammeleifer trug, wie Immerzeel in der Lobrede auf REMBRANDT und in den Lebensbeschreibungen holländischer und vlämischer Künstler III. (Amsterdam 1843) wahrscheinlich zu machen sucht, jedenfalls nicht die Schuld an seinem Vermögensverfall. Er hatte seine Sammlungen, deren Inventar bei Immerzeel abgedruckt ist, schon bei Lebzeiten Saskia's, also unter finanziell geordneten Verhältnissen angelegt [1]. Dieselben waren allerdings sehr umfangreich und forderten grosse Summen. Aber abgesehen davon, dass Saskia wohlhabend war, verdiente REMBRANDT in der ersten Periode seines

---

[1] In den verschiedenen Räumen von *Rembrandt's* Wohnung befand sich zunächst eine grosse Anzahl eigener Werke. Es werden gegen siebenzig Bilder aufgeführt, zum Theil Landschaften und Thierbilder, zum Theil Portraits und kleinere wie grössere historische Darstellungen. In acht Bänden waren Skizzen aufbewahrt, fünf Bände waren mit Landschaftszeichnungen gefüllt, zwei mit nackten und bekleideten Figuren, einer mit Thieren, ein Band enthielt Zeichnungen nach antiken Statuen, und in einem Bündel befanden sich „antikische Zeichnungen", ebenfalls von *Rembrandt's* Hand. Ferner werden mehrere von ihm nach der Natur modellirte Figuren aufgezählt, und schliesslich fand sich sein gesammtes Kupferstichwerk vor sowie auch ein Band von Kupfern, welche *van Vliet* nach seinen Bildern gestochen hatte. Von den in der Bildersammlung befindlichen italienischen Meistern nennen wir *Raffael* (ein Kopf und ein Madonnenbildchen), *Palma vecchio*, *Giorgione*, *Lelio da Novellara*, *Bassano* d. ält. und *Annibale Caracci* (eine Kopie und ein Original). Von *Michelangelo* wird „ein Kindchen" genannt, aber ohne nähere Angabe, ob darunter eine Statuette oder ein Bild zu verstehen sei. Von italienischen Kupferstichen werden die des *Andrea Mantegna* angeführt, vier Bände von Stichen nach *Raffael* (wahrscheinlich nach *Marc Anton*), fast alle nach *Tizian* gestochene Blätter, ebenso die Stiche nach *Michelangelo*, ein Band etwas frivoler Blätter nach verschiedenen Meistern; endlich die Stiche der *Caracci* und des *Spagnoletto*, sowie die nach *Guido Reni* (in einem Bande) und drei Bände der Stiche von *A. Tempesta*. Von heimischen Meistern werden Bilder aufgeführt von *van Eyck*, *Lucas van Leyden*, *Lucas van Valkenburg* und *Aertgen van Leyden*. Von Späteren und Zeitgenossen *Rembrandt's*: *Roland Savery* (ein Band Landschaftszeichnungen); *Adrian Brouwer* (sechs Bilder und ein Band Zeichnungen); *Jan Lucasz* (zehn Bilder und mehrere Zeichnungen); *Herc. Seghers* (acht Bilder); *Lastmann* (drei Bilder und ein Buch mit Skizzen); ferner *Pinas*, *Ferd. Bol*, *H. Antonissen*, Rembrandt's Sohn *Titus van Ryn* (drei Bilder), der jüngere *Hals*, *Gov. Jansz*, *Simon de Vlieger*, *Porcellis* (Percelles, mehrere Grisaillen), *A. Vinck* und der sonst nicht bekannte Maler *Grummers*, von dem eine Winterlandschaft genannt wird. — Von den hierher gehörigen Kupferstechern nennen wir: *Israël van Meckenen*; *Lucas van Leyden*; *Breughel* d. ält.; *Heemskerk*; *Goltzius* und *Müller* (zusammen ein Band); *Rubens* und *van Dijck*; *Rubens* und *Jordaens* (ein Band Probedrücke); *Floris*, *Golz* und *Bloemaert*; *Mirevelt* (Portraits, zu-

Schaffens auch sehr viel Geld. „Sonsten war er auch," sagt Sandrart, „ein grosser Liebhaber von allerhand Kunstwerken, an Gemälden, Handzeichnungen, Kupferstichen und allerhand fremden Seltsamkeiten, deren er eine grosse Menge gehabt, deswegen er auch von Vielen sehr hoch geschätzt und gepriesen worden." Was er schätzte, bezahlte er mit hohen Preisen: so soll er einen kleinen Stich von Lucas von Leyden z. B. mit 80 Thalern, vierzehn andere Blätter mit 1400 Gulden bezahlt haben. Dass übrigens für die ganze Sammlung nur die äusserst geringe Summe von 4964 Gulden eingekommen ist, darf man, wie Kolloff sehr richtig bemerkt, nicht als Beweis gegen den wirklichen Werth derselben gelten lassen. Denn einmal lehrt die Erfahrung, dass bei gezwungenen Verkäufen der Erlös selten mit dem wahren Werthe der Sachen in einem auch nur einigermaassen richtigen Verhältniss zu stehen pflegt; und dann, wenn man diesen Grund nicht für die kunstliebenden Holländer jener Zeit wollte gelten lassen, so waren die Umstände und die allgemeinen Zeitverhältnisse, wie bereits angedeutet, jenem Verkaufe so ungünstig, als nur irgend möglich. Immerzeel führt dies des Weiteren aus und hebt namentlich den allgemeinen Geldmangel hervor, der noch lange Zeit nach dem Kriege herrschte und der soweit ging, dass man sogar zu einer Reduktion der Renten geschritten war. Diese hatte wiederum die verderblichsten Folgen nach sich geführt, und vor Allem scheinen die Bewohner von Amsterdam, wo die Versteigerung vor sich ging, von den Leiden der Zeit schmerzlich betroffen worden zu sein, indem im Jahre 1653 nach einigen Schriftstellern 1500, nach andern sogar 3000 Häuser dieser Stadt verödet dagestanden haben sollen.

In seinen materiellen Verhältnissen hat sich Rembrandt von diesem Schlage nie wieder ganz erholt. Er ist immer tiefer in Noth und Verarmung gerathen. Um so wunderbarer ist es, welche Frische und Rüstigkeit er sich in seiner künstlerischen Produktion unter dem Drucke solcher Verhältnisse zu erhalten im Stande war. Wie diese aber ihn innerlich darniedergedrückt und auch äusserlich verändert haben, ersieht man aus seinem Portrait im Louvre vom Jahre 1660, welches einen tief ergreifenden Kontrast zu den drei Portraits aus glück-

sammen mit *Tizian*). Von Deutschen werden aufgeführt: *L. Cranach: Martin Schongauer* und *Holbein*; *Dürer's* Buch von den Proportionen. Dazu kommt ein Band Miniaturmalereien und Holzschnitte (darunter auch *Brosamer*) und ein Band von *Callot'*schen Stichen.

Zu sonstigen Studien dienten zwei Erdkugeln, mehrere Thiere, Pflanzen und Mineralien, sowie eine sehr reiche Sammlung von Kleidern, Geräthen und Waffen fremder und europäischer Nationen. Unter den Waffen war von besonderem kunstgeschichtlichem Interesse ein Schild von *Quintin Messys*. Von Büchern werden besonders angeführt: Die Bibel und ein Trauerspiel „Medea" von *Rembrandt's* Freund, dem Bürgermeister Six; ein Band mit Abbildungen antiker Statuen; mehrere Sammlungen von alten römischen Gebäuden und Landschaften berühmter Meister; von türkischen Architekturen und Trachten; ein Band mit architektonischen Kupferblättern und mehrere hochdeutsche Bücher, zum Theil mit Holzschnitten. Schliesslich ist einer grossen Anzahl von antiken Bildwerken zu erwähnen, von denen ein Theil aus Statuen (oder Büsten) und Abgüssen bestand, ein anderer dagegen im Verzeichnisse nur nach dem Gegenstande bezeichnet wird. Wir nennen u. A. den Laokoon und die Statue eines Amor; einen Satyr und eine Sibylle; einen Homer, Sokrates und Aristoteles. Von römischen Bildwerken finden wir Augustus, Tiberius, Caligula, Nero, Galba, Otho, Vitellius, Vespasian, Domitian u. a. m. Von neueren Skulpturwerken werden mehrere Kinderfiguren, ein Christuskopf und ein Bad der Diana von *A. van Vianen* angeführt. (Auch eine vergoldete Bettstelle von Verhulst.) — Eine Sammlung von Medaillen wird ebenfalls erwähnt, aber nicht näher beschrieben.

licherer Jugendzeit bildet. Diese drei Bilder aus den Jahren 1633, 1634 (aus demselben Jahre ist auch das schöne Portrait REMBRANDT's im Berliner Museum Nr. 810) und 1637 zeigen uns eine merkwürdige Stufenfolge psychologischer Stimmungen (Louvrekatalog, *Écoles allemande, flamande et hollandaise* Nr. 412—414). Gemeinsam ist allen der Ausdruck kühner Kraft und vollen Glückes. Namentlich in dem Bilde von 1634 (dem Jahr der Verheirathung) liegt ein freier, sicherer, fast übermüthiger Sinn ausgesprochen, der aber wohlthuend wirkt, weil er mit Ernst und Entschlossenheit gepaart ist. In dem Bilde vom Jahre 1637 ist weder Aufregung, noch heftige Anspannung zu finden. Hier herrscht die innere Ruhe und Sammlung des Mannes vor. Es scheint sich die schöne Zeit des Vollbesitzes von Genie, Glück und Liebe in den Zügen dieses Antlitzes zu spiegeln. — Und nun das Bild vom Jahre 1660[1]! Hier sehen wir den von den Leiden des Lebens gebeugten und vor der Zeit (hatte er doch erst sein vierundfünfzigstes Lebensjahr erreicht!) gealterten Künstler. Es ist noch der alte Kopf, aber wie verändert! Der schöne wallende Haarschmuck und das prächtige Barett sind verschwunden, statt dessen kommen wenige graue Haare unter einem Tuch hervor, das um den Kopf gewunden ist. Der Mund hat noch etwas von dem alten Geist — in ihm glaubt man noch den Kenner und Beobachter des menschlichen Herzens zu erkennen. Die Augen aber, die sonst so kühn blickten, sind jetzt müde und zur Hälfte von den matt heruntergesunkenen Lidern bedeckt; auf der Stirne haben Kummer und Sorge ihre traurigen Schriftzüge eingegraben. Einsam und freudlos scheinen ihm die letzten Jahre seines Lebens verflossen zu sein. Alle Nachrichten darüber fehlen. Von dem Unglücklichen wendet sich die Aufmerksamkeit der Geschichte ab. Die Stunden der Trübsal und kleinen Schläge des Unglücks werden von ihr nicht verzeichnet. Eine Nachricht ist uns allerdings noch erhalten. Als REMBRANDT am 8. Oktober 1669 beerdigt wurde, betrugen die Kosten des Begräbnisses 15 Gulden. Aus der Geringfügigkeit dieser Summe darf man jedoch nicht auf die Aermlichkeit seiner Bestattung schliessen, da nur die Aushebung des Grabes und das Glockengeläute davon bezahlt wurden. Vosmaer a. a. O. S. 321.

74.

REMBRANDT AN HUYGENS.

Amsterdam, Februar 1636.

Mein Herr! Mein wohlgeneigter Herr Huygens! Ich hoffe, dass Sie gütigst Sr. Excellenz sagen werden, dass ich sehr eifrig damit beschäftigt bin, die drei Passionsstücke mit Gemächlichkeit zu vollenden, welche Se. Excellenz mir selbst aufgetragen hat, eine Grablegung und eine Auferstehung und eine Himmelfahrt Christi, welche Pendants bilden zu der Kreuzerhöhung und der Kreuzabnahme Christi. Von diesen drei vorgenannten Stücken ist ein Stück fertig, der zum Himmel fahrende Christus, und die andern zwei

---

[1] Ueber ein anderes Portrait *Rembrandt's* aus dessen höheren Lebensjahren vergl. Waagen: *Art and artists of Great-Britain* II, 151.

sind mehr als halb vollendet, und so Se. Excellenz das vollendete Stück zuvor zu haben wünscht oder alle drei zusammen, bitte ich Sie, mein Herr, es mich wissen zu lassen, damit ich Sr. prinzlichen Excellenz nach seinem Gefallen bestens dienen kann. Ich werde auch nicht verabsäumen, mein Herr, in Gemässheit meiner dienstwilligen Kunst, Ihnen etwas von meinen letzten Werken zu verehren, indem ich vertraue, dass es bestens aufgenommen werden wird. Mit meinen Grüssen an Ew. Wohlgeboren seien Sie alle Gott in Gesundheit befohlen. Mein Herr, Ihr dienstwilliger und geneigter Diener

Rembrandt.

Ich wohne neben dem Lijonaens Boereel, nene doel Straat.

Vosmaer a. a. O. S. 113. — Constantin Huygens war Herr von Zuylichem und stand im Dienste des Statthalters der vereinigten Staaten, Friedrich Heinrich von Oranien, in dessen Auftrag REMBRANDT die in dem Briefe erwähnten Bilder gemalt hatte. Huygens ist als einer der Begründer des Aufschwunges zu betrachten, welcher nach Erringung der staatlichen Unabhängigkeit des Landes in der holländischen Literatur stattfand. Es ist nicht ohne Bedeutung, dass seine poetische Thätigkeit, wie die malerische REMBRANDT's, sich der Schilderung des wirklichen Lebens zuwendete, in welcher Beziehung namentlich seine Charakterbilder, seine Gemälde städtischer Sitten und des stilleren Landlebens hervorzuheben sind, wie auch die an eine ihm befreundete Dichterin gerichteten Sonette, die wegen der Innigkeit und Tiefe der Empfindung sowohl als wegen ihrer schönen Form zu den bedeutendsten Erzeugnissen der holländischen Lyrik gezählt werden. Im Jahre 1632 hatte REMBRANDT ein Bildniss von Moritz Huygens, seinem Bruder, gemalt und damals, wenn nicht schon früher, mag Huygens auf den Künstler aufmerksam geworden sein und ihn seinem Herrn empfohlen haben. Prinz Friedrich Heinrich war ein grosser Kunstliebhaber, der seine Schlösser und Lusthäuser in Hondsholredijk, in Rijswijk und Buuren mit Gemälden und Statuen schmückte. Fast alle Hauptmeister der vlämischen und holländischen Schule waren darunter vertreten, und Huygens war es, der den Verkehr zwischen dem Prinzen und den Künstlern vermittelte. Im Jahre 1633 malte REMBRANDT für ihn zwei kleine Bilder der Kreuzerhöhung und Kreuzabnahme, auf welche er sich im obigen Briefe bezieht. Auf eines dieser Bilder ist vielleicht auch eine von Kolloff citirte Stelle eines Briefes zu beziehen, die sich in dem „Catalogue of autograph letters etc., Collection Donnadieu, London 1851" abgedruckt finden soll. Die Stelle lautet: „Das bestellte Gemälde wird bald abgeschickt werden. Was den Preis desselben betrifft, so habe ich wohl 200 Livres dafür verdient. Aber ich will mich mit dem begnügen, was Se. Excellenz geben wird. In der Gallerie Sr. Excellenz wird es am besten dort gesehen werden, wo ein starkes Licht ist." Da der Brief jedoch das Datum 1636 tragen soll, ist es wahrscheinlicher, dass sich die Stelle auf eines der Bilder bezieht, die in obigem Briefe als vollendet oder in Arbeit befindlich erwähnt werden. Vielleicht hat REMBRANDT auf den Wunsch des Fürsten das fertige sofort abgeschickt. Das scheint auch aus dem folgenden Briefe hervorzugehen.

75.

REMBRANDT AN HUYGENS.

Amsterdam, 12. Januar 1639.

Mein Herr! Bei der grossen Lust und Neigung, die mich erfüllten, um wohl auszuführen die beiden Stücke, die mir Se. Hoheit anzufertigen aufgetragen hatte, das eine, wo der todte Leichnam Christi in das Grab gelegt wird, und das andere, wo Christus vom Tode aufsteht, zum grossen Schrecken der Wächter, sind diese selben beiden Stücke durch Fleiss und Eifer nun vollendet, so dass ich nun auch geneigt bin, dieselben an Se. Hoheit abzuliefern, um ihm eine Freude damit zu machen. In diesen beiden habe ich darauf gehalten, die grösste und natürlichste Beweglichkeit auszudrücken, und das ist auch die grösste Ursache, dass dieselben so lange unter meinen Händen gewesen sind.

Deshalb frage ich, ob mein Herr belieben will, Sr. Hoheit davon zu sagen, und ob mein Herr belieben sollte, dass man die beiden Stücke erst nach Ihrem Hause schicken soll, gleichwie es früher geschehen ist. Darüber will ich erst ein Wörtchen Antwort erwarten.

Und da mein Herr in dieser Sache sich zum zweiten Male bemüht hat, soll auch aus Erkenntlichkeit ein Stück beigelegt werden, zehn Fuss lang und acht Fuss hoch, das soll meinem Herrn verehrt werden für sein Haus. Ich wünsche Ihnen Glück und Heil zur Seligkeit. Amen. Mein Herr, Ihr ergebener und geneigter Diener   Rembrandt.

Mein Herr, ich wohne an der Binnenamstel; das Haus ist benannt die Zuckerbäckerei.

Vosmaer a. a. O. S. 115 f. Das Original dieses Briefes befand sich im Besitz der verstorbenen Königin von Holland. — Am 14. Januar liess Huygens Rembrandt eine befriedigende Antwort zugehen, in der er nur einige Skrupel in Betreff der Annahme des ihm von Rembrandt zugedachten Bildes äusserte. Darauf antwortet der folgende Brief.

76.

REMBRANDT AN HUYGENS.

Amsterdam, 27. Januar 1639.

Mein Herr! Mit ganz besonderem Wohlgefallen habe ich Ihre angenehme Zuschrift vom 14. dieses durchgelesen und ersehe daraus Ihre Güte und Gewogenheit, so dass ich von Herzen geneigt bin, mich für Ihre Gefälligkeit verbindlich zu bezeigen. Aus Geneigtheit zu solchem schicke ich ohne Ihr Verlangen die beigehende Leinwand, hoffend, dass Sie mir selbige nicht verschmähen werden, denn es ist das erste Andenken, das ich Ihnen verehre.

Der Herr Einnehmer Wttenboogaert ist bei mir gewesen, als ich mit dem Verpacken der zwei Stücke beschäftigt war. Er musste sie erst noch einmal sehen. Er sagte, wenn es Sr. Hoheit beliebe, wolle er mir aus seinem Komptoir die Bezahlung gern zustellen. Ich möchte Sie, mein Herr, daher ersuchen, was Se. Hoheit mir für die zwei Stücke aussetzt, dass ich selbiges Geld hier ehestens empfangen möchte, womit mir absonderlich gedient sein sollte. Hierauf erwarte ich, so es meinem Herrn beliebt, Bescheid und wünsche Ihrer Familie alles Glück und Heil, nebst meinem Gruss. Ihr dienstwilliger und ergebener Diener

Rembrandt.

In Eile! — Mein Herr! hängen Sie dieses Stück in ein starkes Licht und so, dass man davon weit abstehen kann, so soll sich's am Besten schicken.

Vosmaer a. a. O. S. 118. — Dieser und der folgende Brief befinden sich im Besitze des Herrn J. Six in Amsterdam. Sie wurden zuerst, aber nicht ganz fehlerfrei, in der Zeitschrift *Het institut* 1843 bekannt gemacht.

77.

REMBRANDT AN HUYGENS.

[Amsterdam, 1639.]

Mein Herr! Beigehend übersende ich Ihnen mit Erlaubniss diese zwei Stücke, die, ich meine, so befunden werden sollen, dass Se. Hoheit selbst mir nicht weniger als tausend Gulden für jedes aussetzen dürfte; doch so Sr. Hoheit dünkt, dass sie nicht so viel werth sind, mögen Hochdieselben nach eigenem Belieben weniger geben, mich verlassend auf Sr. Hoheit Einsicht und Diskretion. Will mich dankbarlich damit begnügen lassen und verbleibe mit meinem Gruss sein dienstwilliger und geneigter Diener

Rembrandt.

Was ich an Rahmen und Kiste vorgeschossen habe, beträgt 44 Gulden in Allem.

Vosmaer S. 119 f. — Huygens antwortete darauf, dass der Prinz in der That die geforderte Summe zu hoch fände, und nun schrieb Rembrandt den folgenden Brief.

78.

REMBRANDT AN HUYGENS.

Amsterdam, 13. Februar 1639.

Werther Herr! Ihnen traue ich alles Gute zu und insonderheit, was den Lohn für die letzten beiden Stücke anbetrifft, so glaube ich, dass, wenn es nach Ihrer Gunst und nach Recht ging, kein Widerspruch gegen den angegebenen Preis vorgefallen wäre. Und was die früher gelieferten Stücke angeht, so sind sie nicht höher bezahlt worden als 600 Karolus-Gulden ein jedes. Und wenn Se. Hoheit mit Güte zu einem höheren Preis nicht zu bewegen ist, obwohl sie es vollauf verdienen, so will ich mich mit 600 Karolus-Gulden für jedes begnügen, vorausgesetzt, dass meine Auslagen für die zwei Ebenholzleisten (Rahmen) und die Kiste, macht zusammen 44 Gulden, dabei regulirt werden. So möchte ich Sie, mein Herr, freundlich ersuchen, dass ich so bald als möglich meine Bezahlung hier zu Amsterdam erhalte, indem ich darauf baue, dass ich bei der hohen Gunst, die man mir erweist, in den nächsten Tagen mein Geld erhalten werde, für welche Freundschaft ich sehr erkenntlich sein würde. Und nach meinen besten Grüssen an Sie, mein Herr, und Ihre nächsten Freunde seien Sie Alle Gott zu langdauernder Gesundheit befohlen.

Vosmaer a. a. O. S. 124 f. Das Original dieses Briefes befindet sich im Besitze des Herrn Mazel, des Direktors der königl. Gemäldegallerie im Haag. — Da man mit der Auszahlung des Geldes noch zögerte, mahnte REMBRANDT noch einmal in folgendem Briefe.

79.

REMBRANDT AN HUYGENS.

Amsterdam [1639].

Mein Herr! Bangen Herzens komme ich mit meinem Schreiben, Sie zu ersuchen, nämlich wegen der Aeusserung des Einnehmers Wttenboogaert. Indem ich das Verzögern meiner Bezahlung klagte, wie, dass der Schatzmeister Vollbergen dieselbe abweise, als auch dass dort jährlich Interessen bezogen würden, so hat mir der Einnehmer Wttenbogaert vergangenen Mittwoch darauf geantwortet, dass Vollbergen alle halbe Jahre selbige Interessen erhoben hat bis jetzt, so dass jetzt wieder 4000 Gulden bei denselben Komptoiren fällig sind, und bei dieser Gelegenheit bitte ich Sie, mein gütiger Herr, dass meine Anweisung nun mit Erstem ins Reine gebracht werden möge, damit ich meine wohlverdienten 1244 Gulden nun einmal erhalten möge, und ich will solches Ihnen mit Gegendienst und Freundschaftsbeweis zu vergelten suchen. Hiermit grüsse ich Sie herzlich und wünsche, dass Gott Sie noch lange in guter Gesundheit zur Seligkeit aufspare. Ihr dienstwilliger und ergebener Diener

Rembrandt.

Ich wohne an der Binnenamstel in der Zuckerbäckerei.

Vosmaer a. a. O. S. 123. Das Facsimile dieses Briefes findet sich bei Woodburn *Catalogue of one hundred original drawings by Sir Ant. Van Dyke and by Rembrandt van Ryn*, collected by Sir Thomas Lawrence, London 1835. Was Andere für das Datum des 7. Oktober gelesen haben, erklärt Vosmaer für ein Postvermerk. — Am 17. Februar 1639 wurde REMBRANDT endlich be-

friedigt, wie aus folgender Anweisung in dem in den Archiven des Haag aufbewahrten Ordonnanzenbuch des Prinzen hervorgeht: „Den 17. Februar 1639
ist gegen Attestation des Herrn van Zuylichem zum Behuf des Malers Rembrandt
folgende Anweisung abgegangen: Se. Hoheit weisen hiermit seinen Schatzkämmerer
und Ober-Rentmeister Thymen van Vollbergen an, dem Maler Rembrandt die
Summe von zwölfhundert vierundvierzig Karolus-Gulden auszuzahlen für zwei
Gemälde, das eine die Grablegung und das andere die Auferstehung unseres
Herrn Christi vorstellend, die von ihm gemacht und an Se. Hoheit abgeliefert
sind, nach Ausweis der obenstehenden Erklärung." —

„Wer Rembrandt's anspruchslosen uneigennützigen Charakter nicht aus
seinen Bildern zu entziffern vermag," sagt Kolloff, „der kann ihn jetzt
wenigstens aus den paar Briefen herauslesen, die von ihm bekannt geworden
sind. Rembrandt erscheint darin, wie andere berühmte Leute seiner Zeit, als
kein gelehrter Stylkünstler, aber als ein Mann von Wohlanständigkeit und Bildung, schlicht, ungeschminkt und seines eigenen Werthes sich wohl bewusst,
aber dabei bescheiden und unterwürfig." Und in Bezug auf die Bereitwilligkeit
sich einem etwaigen Abzuge von den von ihm geforderten Preisen, der dann
allerdings etwas sehr gross ausfiel, zu unterwerfen, setzt Kolloff hinzu: „Jeder
muss zugeben, dass diese Gesinnungen für den grossen Künstler sehr ehrenvoll
sind und ihn in das günstigste Licht stellen." A. a. O. S. 479 f. Die Gemälde des Prinzen blieben bis zu seinem im Jahre 1647 erfolgten Tode in
dessen Sammlung. Dann giengen sie auf verschiedene Mitglieder seiner Familie
über. Die sechs Passionsbilder Rembrandt's kamen in die berühmte Gallerie
des Kurfürsten Wilhelm von der Pfalz nach Düsseldorf und von da in die
Münchener Pinakothek.

80.

JAQUES CALLOT AN DOMENICO PANDOLFINI.

Nancy, 5. August 1621.

Mit Gegenwärtigem komme ich Ew. Herrlichkeit meine Verehrung darzubringen und Ihnen für die grosse Gunst zu danken, die Sie mir erweisen und für die ich Ihnen ewig verpflichtet bleiben werde. Ich
habe Ew. Herrlichkeit mitzutheilen, dass ich bei meiner Rückkehr mit Monseigneur Vicomte de Toul, meinem grossen Gönner, drei liebevolle Briefe von
Ihnen vorgefunden habe und dabei in zwei Päckchen den Firniss, und aus einem
andern Briefe habe ich ersehen, dass Antonio Francesco, mein Schüler, sich entschlossen hat, hieher in unser Land zu kommen, worüber ich die grösste Freude
empfinde. Ferner habe ich gesehen, dass der Pater Giovanni Battista von den
Augustinern Ew. Herrlichkeit gesagt hat, er sei beauftragt, die zur Reise meines
besagten Schülers nöthigen Gelder herzugeben. So verhält es sich auch, indem
ich den Pater Stefano darum ersucht habe, und dieser mir auch den Gefallen
zu thun versprochen hat. Es wäre mir also sehr lieb, wenn besagter Pater das
Geld gäbe, damit mein Schüler nicht etwa die Reise unterlassen müsste. Auch
würde ich es für eine grosse Gunst erachten, wenn der Herr Curtio Picheno

dem Jüngling einen Empfehlungsbrief an Herrn . . . . . von Sr. Erlauchten Hoheit in Mailand auf die Reise mitgeben wollte.

Ew. Herrlichkeit verlangen einige jener Schlachtenbildchen von mir, die ich mit der Feder zeichne; bis jetzt habe ich noch keines gemacht, werde aber nicht unterlassen, dieselben, wie dies meine Pflicht erfordert, zu zeichnen und Ihnen so bald als möglich zuzuschicken. Es ist mir die Gunst zu Theil geworden, einen Brief von Herrn Curtio Pichenà zu erhalten. Derselbe hat mir eine grosse Freude bereitet und die grosse Verpflichtung, die ich gegen ihn hege, noch um ein Bedeutendes vermehrt. Auch hoffe ich, mit der Zeit noch einmal dort leben und Ihnen Allen dienen zu können. Ihre Artigkeit ist so gross, dass ich wünsche, so bald als möglich dies Land hier zu verlassen, und wenn ich an Florenz denke, so bemächtigt sich meiner eine so grosse Melancholie, dass ich, ohne die Hoffnung einst dahin zurückzukehren, gewiss sterben würde. Doch jenes hoffe ich, soll in kurzer Zeit geschehen; das heisst, sobald ich mein eigener Herr sein werde; und damit grüsse ich Ew. Herrlichkeit ganz ergebenst und bitte Sie zu glauben, dass ich, wo ich auch sein möge, stets bereit bin, Ihnen von ganzem Herzen zu Diensten zu sein. Ihren Brief habe ich ganz sicheren Händen anvertraut und werde nicht ermangeln, Antwort darauf zu verschaffen; womit ich Ew. Herrlichkeit ergebenster und dankbarer Diener bleibe.

NS. Ew. Herrlichkeit möge mir die Gunst erweisen, allen jenen schwarzrothen Herren die Hände zu küssen; ich würde nicht verfehlen, Sie binnen Kurzem in einem Briefe zu begrüssen, denn ich bin immer Ihr Diener.

Noch bitte ich Ew. Herrlichkeit, wenn Sie mir etwas schicken, dies unter keiner anderen als meiner Adresse zu thun; denn der Firniss hat den anderen Brief verdorben.

M. A. Gualandi *Memorie* II. 129. Die Sehnsucht nach Italien, welche CALLOT (1591—1635), einer der geistreichsten Künstler der französischen Schule des siebzehnten Jahrhunderts, in dem obigen Briefe ausspricht, hatte ihn schon als Knabe aus dem Hause der wohlhabenden und angesehenen Eltern zu Nancy vertrieben und nach dem Lande der Kunst, das namentlich seit dem Anfange des siebzehnten Jahrhunderts einen so grossen Einfluss auf Frankreich ausübte, hingeführt. Zweimal aber führten ihn ungünstige Umstände wieder nach der Heimath zurück, von wo er dann endlich im Jünglingsalter und mit Zustimmung der Familie nach Rom und Florenz ging, an welchem letzteren Orte er unter GIULIO PARIGI arbeitete und bald die Gunst des Grossherzogs, für den er namentlich eine Reihe von Kupferstichen und Radirungen auszuführen hatte, erwarb. Durch diese seine Berührung mit dem Hofe scheint CALLOT auch mit dem im Brief erwähnten Herrn Curtio Piccheni (auch Piccheno und Picchena geschrieben) bekannt geworden zu sein, der sich durch Talente und Verdienste zum Staatssekretär aufgeschwungen hatte und als Senator von Florenz gestorben ist. Domenico Pandolfini lebte im Hause Piccheni's, der sich eifrig mit den Wissenschaften beschäftigte und u. A. Observationen über Tacitus herausgegeben hat. — Nach dem Tode seines Gönners, des Grossherzogs, verliess CALLOT Florenz in Gesellschaft des Prinzen Karl von Lothringen, um sich in Nancy niederzulassen, wo ihm eine sehr ehrenvolle Stellung und vielfache Aufträge zu

Theil wurden. Trotzdem hat er die Sehnsucht nach Italien nie verloren, und als die Stadt Nancy dem Königreich Frankreich einverleibt wurde, beschloss er, mit seiner Gattin nach dem geliebten Florenz zurückzukehren, wurde aber mitten unter den Vorbereitungen zur Reise vom Tode überrascht (1635). Vergl. M. E. Meaume *Recherches sur la vie et les ouvrages de J. Callot*, Nancy 1853.

81.

SIMON VOUET AN CASSIANO DEL POZZO.

Genua, 21. Mai 1621.

Die Hoffnung, zu Ihnen dorthin zurückzukehren, sowie die geringe Uebung im Schreiben sind die Veranlassungen gewesen, dass ich der Verpflichtung, die ich gegen Ew. Herrlichkeit habe, nicht nachgekommen bin. Ich danke Ihnen, so viel ich nur vermag, für die grosse Liebe, die Sie mir beweisen, indem Sie mir immer zu meinem Vortheil unermüdet Rath und Auskunft geben.

Ich habe gestern Ew. Herrlichkeit Brief vom dreizehnten dieses Monats erhalten, der mir unendliches Vergnügen bereitet hat; der Umstand indess, dass ich das Portrait meiner Frau Fürstin und überdies noch ein anderes Werkchen, das ich Ehren halber fertig machen muss, noch nicht vollendet habe, ist der Grund, dass ich noch nicht so bald, als ich es wünschte, abreisen kann, um meinen Freunden und insbesondere Ew. Herrlichkeit zu dienen, der Sie mir immer aus besonderer Gunst Vortheile zuzuwenden bemüht sind, wie ich denn aus Ihrem Schreiben wiederum ersehe, dass Sie mit dem Herrn Kardinal und Fürsten von Savoyen meinetwegen unterhandelt haben: diesem dienen zu können, würde mir sehr angenehm sein, indem ich den Nutzen wohl einsehe, den mir ein solcher Dienst bei dem Könige meinem Herrn verschaffen könnte.

Ich werde mich bemühen, so bald als es nur irgend angeht, von hier wegzukommen, und bitte unterdess Ew. Herrlichkeit inständigst, nicht darin nachlassen zu wollen, mich bei Ihren Freunden zu begünstigen, damit ich bei meiner Rückkehr immer etwas zu arbeiten habe. Mein Wunsch wäre es, auf meiner Rückreise über Mailand, Piacenza, Parma, Bologna und Florenz zu gehen. Wenn Ew. Herrlichkeit vielleicht zufällig irgend einen Freund an besagten Orten hätte, so würden Sie mir eine besondere Gunst erzeigen, mir einige Briefe zu schicken, damit ich auch das zu sehen bekäme, was einem sonst ohne die Begünstigung irgend einer Person von Stande nicht gezeigt wird, und dann doch etwas kennen gelernt hätte, dessen ich mich in der Folge mit Vortheil bedienen könnte. Nun aber schliesse ich, indem ich Ew. Herrlichkeit von Gott alles vollkommene Glück erflehe.

Bottari *Raccolta* I. 331. Simon Vouet (geb. zu Paris 1582) war einer von denjenigen französischen Künstlern, die im Anfang des 17. Jahrhunderts

14 *

nach Italien gingen, wo die lebhafte Konkurrenz der Akademiker und Naturalisten sowie der manieristischen Meister ein ungemein reiches und glänzendes
Kunstleben hervorgerufen hatte. Unter diesen Einflüssen, namentlich der Werke
Caravaggio's, begann er in Rom mit geringer Selbständigkeit, aber grosser
äusserer Fertigkeit seine Laufbahn als Portraitmaler im Jahre 1612. Im Auftrage des Herzogs Paul von Bracciano ging er nach Genua, um dort die Braut
seines Gönners zu malen. Auf diese Arbeit bezieht sich die Bemerkung im Anfang des Briefes. Derselbe ist an den schon mehrfach erwähnten Kunstfreund
Cassiano del Pozzo gerichtet, den wir noch als besonderen Gönner Poussin's
kennen lernen werden und der damals in Turin lebte. Einen zweiten Brief
schrieb Vouet an denselben aus Genua unter dem 1. September (Bottari
Raccolta I. 333), wo sich (p. 334) auch ein dritter Brief an Herrn Ferrante
Carlo abgedruckt findet (vergl. S. 57 ff.). Vouet's grösster Ruhm besteht darin,
drei der bedeutendsten französischen Maler, Lebrun, Lesueur und Mignard, zu
Schülern gehabt zu haben.

82.

JAQUES STELLA AN NICOLAS LANGLOIS.

Rom, 13. Februar 1623.

Der gegenwärtige Brief soll mir dazu dienen, Euch zu bezeugen, wie sehr
ich begierig bin, Euch wiederzusehen, und zweimal bin ich schon dem
Kurier entgegen gegangen, um zu sehen, ob Ihr nicht mit ihm kämet.
Einige Euerer Freunde haben mich an zwei Meilen vor Porta San Giovanni
begleitet, und Ihr seid die Veranlassung gewesen, dass wir uns in der Osterie
zum Sterne festgesetzt und auf Euer Wohl angestossen haben.

Gegenwärtiges schreibe ich Euch, um Euch zu bitten, Ihr möchtet doch
dem Herrn Wilhelm (Baur) sagen, dass ich ihn ersuche, recht bald hierher zu
kommen, denn ich will ihm an der Arbeit eines Buches über Schlachten des
flandrischen Krieges Antheil verschaffen, wobei er so viel als er nur will verdienen kann. Wäre ich nicht entschlossen gewesen, abzureisen, so hätte ich
selbst die Arbeit gemacht. Sie wollten auch, dass ich es machen sollte, ich
habe ihnen aber gesagt, es werde ein Freund von mir kommen, der es besser
als ich machen würde. Alle Tage sind sie nun bei mir im Hause, um zu erfahren, ob derselbe angelangt sei; ich beschwöre ihn also, sich nicht diese Gelegenheit zu dem Verdienst, der sich ihm darbietet, entgehen zu lassen.

Dem Herrn Giovanni Valesio und dessen Genossen küsse ich die Hand.
Ich schicke Euch einen Probedruck von meiner Darstellung des Festes von
Florenz, die ich gestochen habe und gerne zu einem Preise verkaufen möchte,
den Ihr für passend erachten werdet. Den Probedruck könnt Ihr dem Herrn
Valesio oder wem es sonst Euch gefällt geben. Und nun schliesse ich mit tausend
Grüssen sowohl von Euren Freunden, als auch von mir selbst ohne Ende.

Der von Bottari Raccolta IV. 446 mitgetheilte Brief ist von Stella
kurz nach seiner Abreise von Florenz an einen dort lebenden Freund gerichtet.

STELLA, 1596 zu Lyon in einer aus den Niederlanden stammenden Familie geboren, war im Jahre 1616 nach Italien gegangen. In Florenz wurde er dem Grossherzog Cosimo II. bekannt, der ihm bei Gelegenheit der Hochzeit seines Sohnes Ferdinand II. beschäftigte und ihm, wie dem damals ebenfalls in Florenz ansässigen CALLOT, grosse Gunst angedeihen liess. Wie dieser trat er gegen Gehalt und freie Wohnung in die Dienste des Fürsten. Von den Werken, die er während seines Aufenthalts in Florenz vollendete, wird insbesondere die Darstellung eines Festes erwähnt, welches alljährlich auf einem Platze der Stadt gefeiert wurde, und in welchem dem Grossherzog Tribute und Geschenke von den Städten und Flecken Toskana's sowie von den Vasallen (*Feudatarij*) des Fürsten dargebracht wurden. Diese Darstellung hat STELLA im Jahre 1621 erfunden, gezeichnet und dem Grossherzog Ferdinand II. gewidmet. Der Stich des Blattes erfolgte, wie Félibien (der an eine von den Johanniterrittern aufgeführte Festlichkeit denkt, *Vie des peintres*, Amsterdam 1705, IV. p. 271) bemerkt, einige Zeit darauf, sodass die Aeusserung am Ende des Briefes offenbar auf dieses Werk zu beziehen ist. Der ferner im Briefe erwähnte Herr Wilhelm ist der durch Miniaturbilder und Kupferstiche bekannte Maler WILHELM BAUR aus Strassburg, der damals in Florenz lebte und der Aufforderung STELLA's, nach Rom zu kommen, in der That nachgegeben hat. Das Werk, woran ihm STELLA Antheil verschaffen will, sind die Kupferstiche zu dem Buche des Padre Famiano Strada, „*de Bello Belgico*", dessen erste Dekade in Rom im Jahre 1632 erschienen ist. Die dazu gehörigen Abbildungen sind von BAUR gestochen. Es sind Schlachtenbilder mit zahlreichen kleinen Figuren und mit grosser Lebendigkeit ausgeführt, wie denn BAUR gerade in solchen Gegenständen, ähnlich CALLOT und seinem Freunde STELLA, besonderen Ruhm erworben hat. Was STELLA selbst anbelangt, so war derselbe, nachdem er Florenz im Jahre 1623 verlassen (danach ist die bei Bottari mitgetheilte Jahreszahl des Briefes 1633 verändert worden), lange Zeit in Rom namentlich auch für Papst Urban VIII. thätig (einer seiner Kupferstiche, den heiligen Georg darstellend, hat die Bezeichnung: Roma 1623), bis er im Jahre 1631 die Stadt mit dem Marschall Créqui verliess, um in Paris eine sehr ehrenvolle und durch Aufträge vom Könige und dem Kardinal Richelieu sehr vortheilhafte Stellung einzunehmen. Von seinem Verhältniss zu anderen Künstlern ist zu erwähnen, dass zwischen ihm und POUSSIN eine grosse gegenseitige Achtung und Liebe bestand, und dass er eine besondere Vorliebe für die Kunstweise der CARACCI gehabt hat, wie sich denn in seiner Sammlung zwei Bilder, eine Diana und eine Venus von ANNIBALE CARACCI, befanden, die er sehr hoch schätzte. Der Schule der CARACCI gehört auch der im Briefe erwähnte GIOVANNI (LUIGI) VALESIO an, ein von Bologna gebürtiger Maler und Kupferstecher, der, wie er mit vielen Literaten seiner Zeit, namentlich mit Don Ferrante Carlo und Marini in Verbindung stand, sich auch selbst in literarischer Produktion versuchte. Vom Glück und einer gewissen Schlauigkeit mehr begünstigt, als durch Talent berechtigt, gelangte er zu der damals sehr einflussreichen Stellung eines Sekretairs des Kardinals Ludovisi und zu einem ehrenvollen Namen, wie er kaum den CARACCI selbst zu Theil geworden ist. Malvasia hat in der *Felsina pittrice* sein Leben beschrieben II. 139 ff. Ein von ihm an D. Ferrante Carlo gerichteter Brief, datirt Bologna, 13. August 1608, befindet sich bei Bottari *Racc.* I. 325. — NICCOLO LANGLOIS ist ein Kupferstecher, über dessen Lebensverhältnisse nichts Näheres bekannt ist, der aber damals in Florenz beschäftigt gewesen zu sein scheint. Er hat u. A. nach RAFFAEL gestochen. Vielleicht war er mit dem im folgenden Briefe genannten François Langlois verwandt. Vielleicht war er sogar der Sohn dieses sehr thätigen und mit vielen Künstlern befreundeten Kunstverlegers, da auf vielen Blättern aus diesem Verlage (namentlich auf denen von Stefano della Bella) sich die später eingestochene Firma „N. Langlois exc." und „N. L. fils" befindet. Und selbst von dem oben erwähnten Blatte STELLA's giebt es spätere Abdrücke mit der Firma „A Paris chez Nicolas Langlois rue St. Jacques à la Victoire". Dumesnil *Peintre graveur français* VII. p. 161 Nr. 5.

83.

CLAUDE VIGNON AN FRANÇOIS LANGLOIS.

[Paris 1637?]

Ew. Herrlichkeit wird mir einen grossen Gefallen erweisen, wenn Sie in London den Herrn Cornelius Poelenburg, einen berühmten Maler, sowie andere Freunde von mir grüssen wollen. Und wenn vielleicht zufällig der berühmte Herr Ritter Van Dijck daselbst anwesend sein sollte, so grüssen Sie denselben ebenfalls ganz ergebenst von mir und sagen Sie ihm, dass ich gestern die Gemälde des Herrn Lopez abgeschätzt habe, unter denen sich auch einige von Tizian befinden. Unter den letzteren ist ein höchst ausgezeichnetes Portrait Ariosto's. Die Bilder werden um die Mitte des nächsten Dezembers nebst vielen andern kostbaren Seltenheiten zum Verkauf kommen. Ew. Herrlichkeit wird von dem Ganzen in Kenntniss gesetzt werden, sowie man auch eine gedruckte Liste der Bilder nach England schicken wird.

Ew. Herrlichkeit möge auch bei Ihrer Durchreise durch Holland nicht vergessen, im Haag den Herrn Moses van Wtenbruck, einen vortrefflichen Maler, von mir zu grüssen und einige von seinen kleinen Landschaftsbildern mitzubringen. Bringen Sie doch auch ja solche des Herrn Cornelius (Poelenburg) mit, deren Sie leicht in London und Utrecht finden werden. In letztgenannter Stadt bitte ich Sie, meinen Gruss an den Herrn Gerhard Honthorst auszurichten und in Amsterdam an den Herrn Rembrandt, von dessen Arbeit Sie auch Einiges mitbringen müssen.

Dem letzteren erzählen Sie nur, dass ich gestern sein Bild des Propheten Balam abgeschätzt habe, dasselbe, welches von ihm der Herr Lopez gekauft hat, und welches mit den vorher benannten Bildern zum Verkauf kommen wird. Im Uebrigen überlasse ich es der Einsicht Ew. Herrlichkeit, alle die Herren zu grüssen, deren Bekanntschaft wir in Italien oder in Paris oder anderwärts gemacht haben können. Bringen Sie auch nur recht viel andere Merkwürdigkeiten mit. Gott möge Ew. Herrlichkeit mit Gesundheit, Glück und erwünschten Erfolgen hin und zurück geleiten, damit wir bei Ihrer Rückkehr unseren Umgang mit Gottes Hülfe auf lange Zeit erneuern können, den ich mit der ganzen Liebe meines Herzens anflehe, Ew. Herrlichkeit Familie im Wohlsein zu erhalten.

Bottari *Raccolta* IV. 445. — CLAUDE VIGNON, 1590 oder 1593 in Tours geboren, gehört ebenfalls zu der grossen Anzahl französischer Künstler, die in den ersten Jahrzehnten des siebzehnten Jahrhunderts ihre Studien in Italien machten. Er zählt wie VOUET, BOURGUIGNON u. A. zu den Nachfolgern ANNI-BALE CARACCI's, dessen Ernst aber bei ihm, wie bei den meisten Franzosen, durch eine äusserliche Fertigkeit sehr bald verdrängt wurde. „*Trop grand pra-ticien*" nennt ihn De Piointel (*Recherches sur la vie et les ouvrages de quelques peintres provinciaux*, Paris 1847, I. S. 134). Kaum nach irgend einem fran-zösischen Meister der damaligen Zeit ist soviel gestochen worden, als nach ihm, obschon seine Bilder bis auf sehr wenige verloren gegangen oder vergessen sind. Seine Hauptthätigkeit erstreckte sich auf Zeichnungen, deren er nach Dumesnil eine unberechenbare Menge gemacht haben soll. Er ist auch selbst als Kupferstecher bekannt. Nachdem er, wie aus den Daten einiger seiner Stiche hervorgeht, eine Reihe von Jahren (1618—1621) in Rom gearbeitet hatte, kehrte er in sein Vaterland zurück, wo er sich in Paris niederliess. Er beschäftigte sich daselbst theils mit künstlerischen Arbeiten (ein Bild vom Jahre 1638 be-findet sich noch in Notre Dame zu Paris), theils aber auch mit dem Kunst-handel. Darauf beziehen sich mehrfache Aeusserungen in dem obigen Briefe, aus dem übrigens seine Bekanntschaft mit vielen der bedeutendsten Künstler, wie mit VAN DIJCK, mit C. POELENBURG und dessen Schüler UYTENBROCK, mit GERHARD HONTHORST und REMBRANDT hervorgeht. Der Brief trägt weder Orts-bezeichnung noch Jahreszahl; doch ist er höchst wahrscheinlich in Paris ge-schrieben, wo VIGNON, dessen Kennerschaft besonders gerühmt wird, ansässig war und kurz zuvor die daselbst befindliche Gemäldesammlung eines spanischen Kunstliebhabers Lopez abgeschätzt hatte. Aus der Erwähnung, dass CORNELIUS POELENBURG in London anwesend sei, lässt sich auf das Jahr 1637 schliessen, in welchem Karl I. diesen vielbeliebten Künstler an seinen Hof berufen hatte, von wo indess POELENBURG bald wieder in seine Heimath zurückgekehrt ist. Dass zu derselben Zeit auch VAN DIJCK in London lebte, haben wir schon früher bemerkt. FRANCESCO LANGLOIS ist der schon in den Erläuterungen zu dem vorigen Briefe erwähnte französische Kupferstecher und Kunsthändler, der von den Italienern auch Linglese genannt wird, noch allgemeiner aber unter dem Beinamen „*Chartres*" oder „*il Ciartres*" bekannt ist. Er hatte einen ungemein ausgedehnten Kunstverlag und Kunsthandel zu Paris. Auch von VIGNON hat er einige Blätter herausgegeben, wie z. B. die Reue Petri (bei Dumesnil *Peintre graveur français* VII. p. 151 Nr. 18). Dass der Künstler mit dem Verleger sehr nahe befreundet gewesen, geht, abgesehen von dem Briefe, aus der De-dikation von VIGNON's Martyrium des heiligen Laurentius hervor, welches LAN-GLOIS mit den Worten gewidmet ist: „*Al Carissimo e vero amico il Sgr. Francesco Linglese detto il Ciartres dedico le mie opere et il mio Cuore*", Dumesnil a. a. O. Nr. 24. — Bottari bemerkt, dass LANGLOIS der erste Gemahl der Grossmutter des berühmten Kunstkenners und Schriftstellers Pierre Mariette (1694—1774) gewesen sei, von dem in der *Raccolta di lettere sulla pittura* etc. gegen 70 Briefe befindlich sind.

NICOLAS POUSSIN.

In der Einleitung ist schon darauf hingedeutet worden, wie dem 17. Jahrhundert, neben einer gewissen Heftigkeit der Empfindung, nicht minder eine wesentlich reflektirende Richtung eigen gewesen ist. Zugleich mit der Leidenschaft macht sich eine entschiedene Verstandesbildung geltend. Wir haben die Meister kennen gelernt, welche diese verschiedenen Richtungen theils isolirt, theils mit einander verbunden in der Kunst vertreten haben. Am reinsten und entschiedensten tritt nun das Verstandeselement in POUSSIN hervor. Sein ganzes Wesen, man mag ihn als Künstler oder als Menschen betrachten, ist von verständiger Reflexion durchdrungen und getragen. Und wenn wir es schon öfter hervorgehoben haben, dass die Kunst während des Verlaufs des 17. Jahrhunderts, anstatt aus dem Volksbewusstsein selbst hervorzugehen und für dieses berechnet zu sein, vielmehr für einen engeren Kreis von Kennern und Liebhabern geübt wird, so hat kein Künstler ein so klares Bewusstsein von diesem veränderten Verhältniss gehabt, als POUSSIN. Er theilte allerdings nicht die Anmaassung späterer Künstler, dass nur ein Maler ein Bild zu beurtheilen vermöge (s. u. Nr. 117); aber er wusste, dass er für Kenner arbeitete, er verlangte besonderes Verständniss, besondere Bildung von Denen, die sich seiner Werke erfreuen sollten. „Meine Arbeiten," rühmte er sich einmal, „haben das Glück gehabt, von Denen, welche sich daran zu erfreuen verstehen, für klar und verständlich gehalten zu werden." POUSSIN war, wie Gault de St. Germain einmal sehr gut bemerkt, „le peintre de la raison et des gens d'esprit". Aus den nachfolgenden Bemerkungen sowie aus den Briefen wird sich dies mannigfach bestätigen.

NICOLAS POUSSIN war im Jahre 1594 zu Andelys in der Normandie geboren, in jener Provinz, deren Bewohner sich noch heut durch eine überwiegende Schärfe des Verstandes auszeichnen. Er hat diesen Charakter seiner Kompatrioten in der Kunst redlich vertreten und ist, selbst mitten in dem Leben Roms, dem heimischen Sinne stets treu geblieben. Ursprünglich zu den Wissenschaften bestimmt, zog er es bald vor, seine Bücher mit Bildern, statt mit schriftlichen Arbeiten auszufüllen. Der Vater, um sich keine unnütze Kosten für die gelehrte Erziehung des Sohnes zu machen, gab ihn zu QUINTIN VARIN in die Schule, einem Maler, den wir schon früher kennen gelernt haben und der sich zum Glücke POUSSIN's auf einer seiner Reisen in Andelys befand. POUSSIN verdankte dem Lehrer sehr viel; Frankreich verdankt ihm, wie Pointel sagt, POUSSIN. Nachdem er so den ersten Grund zur Kunst gelegt, trieb ihn ein unwiderstehlicher Drang nach Wissen und Erweiterung seiner Erfahrung in die Welt. Ohne Vorwissen der Eltern verliess er die Heimath und zog gen Paris. In dem grossartigen Treiben dieser Stadt waren es namentlich zwei Persönlichkeiten, die einen entscheidenden Einfluss auf die Gestaltung seines Charakters und seines Schicksals gewannen: Courtois und Marini. Courtois war einer der angesehensten Mathematiker seiner Zeit. Er stand in königlichen Diensten und hatte seine Wohnung im Louvre. Seine Bekanntschaft war für POUSSIN um so wichtiger, als er ein grosser Kunstfreund war und sich im Besitz einer bedeutenden Sammlung von Kupferstichen befand. So war ausser dem Einfluss, den das Wesen eines solchen Mannes und die Berufswissenschaft desselben auf den jungen Künstler ausüben musste, — POUSSIN hat sich auch später noch immer mit Vorliebe mit Perspektive und Optik beschäftigt — demselben zu gleicher Zeit reicher Anlass zu künstlerischen Studien geboten. Hier lernte POUSSIN den RAFFAEL kennen, der sein zweiter Lehrer wurde, wie später die Antike seine dritte Schule. Nicht minder wichtig und folgenreich wurde für POUSSIN die Bekannt-

schaft mit Giovanni Battista Marini, den wir schon früher als den Freund vieler
Künstler kennen gelernt haben, und der sich zu derselben Zeit in Paris aufhielt.
Marini ist ein Dichter, in dessen Werken mehr Reflexion und Absichtlichkeit
vorherrschen, als tiefes Gefühl und Empfindung. Namentlich zeigt sein grosses
Gedicht „Adonis" jene Eigenschaften, und gerade dieses war es, zu dessen einzelnen Scenen Poussin ihm Zeichnungen zu entwerfen hatte. Marini gab in
seiner Weise die Motive der Bilder genau an — kein Wunder, dass der junge
Künstler in jene sinnende, überlegende, „spekulirende" Richtung hineingerieth,
die er später in allen seinen Werken bekundet hat. Aber auch auf die äusseren
Geschicke seines Lebens sollte die Bekanntschaft mit Marini grossen Einfluss
gewinnen. Poussin war schon seit langer Zeit von einer lebhaften Sehnsucht
nach Italien ergriffen. Zweimal schon hatte er die Reise trotz seiner äusserst
geringen Mittel unternommen; das erste Mal kam er bis Florenz, von wo entweder Besorgnisse über sein Schicksal oder das Heimweh ihn nach Paris zurück-
trieben; das zweite Mal war er bis nach Lyon gekommen, von dort aber ebenfalls aus Geldmangel nach einiger Zeit wieder nach Paris zurückgekehrt. Die
Bekanntschaft mit dem allgemein gefeierten Dichter musste diese alte Sehnsucht
noch lebhafter anfachen; eine begonnene Arbeit verhinderte Poussin zwar, mit
Marini selbst nach Italien zu gehen; indess reiste er demselben bald nach, um
ihn in Rom (1624) wieder zu finden. Marini, der im Begriff war, nach seiner
Heimath Neapel zurückzukehren, wo er auch im folgenden Jahre schon starb,
machte Poussin mit Marcello Sacchetti bekannt, der den freund- und schutzlosen
Künstler seinerseits wieder an den Kardinal Francesco Barberini empfahl. Ohne
die Gunst eines einflussreichen Kardinals durfte damals in Rom kein Künstler
hoffen, zur Geltung zu gelangen. Dennoch aber sollte Poussin bald einsam
und ohne Beschützer dastehen, indem der Kardinal Barberini sehr bald als
päpstlicher Legat seine Reise nach Frankreich und Spanien antrat. Nun begann
für Poussin ein Leben voll Arbeit. Er stürzte sich in eine rastlose Thätigkeit,
zu der die antiken Monumente Roms stets neuen und unerschöpflichen Stoff
boten. Sein Genosse in diesen Studien war Francesco du Quesnoy (il Fiammingo genannt), den wir schon oben als Freund Rubens' kennen gelernt haben
und der damals den Grund zu seinem späteren Ruhm als Bildhauer legte. Sehr
bezeichnend ist die Art, wie die beiden Freunde ihre Studien betrieben: der
Bildhauer zeichnete mit dem Maler nach Raffael und Tizian; der Maler modellirte mit dem Bildhauer in Thon nach dem Leben und der Antike. Kann
man einen tieferen Einblick in die Entwicklung dieser beiden Künstler thun —
des Bildhauers, in dessen Kinderfiguren die schwellende Lebensfrische Tizian's,
des Malers, in dessen Bildern die plastische Bestimmtheit der Antike vorherrschen?
Mannigfache andere Studien kamen für Poussin hinzu: die antike Architektur
erforschte er mit grossem Eifer; in der Perspektive und Optik hatte er schon
bei Courtois den Grund gelegt; in der Anatomie unterrichtete er sich nach
Antonio Larché; in der Malerpraxis ward Domenichino sein Vorbild. Es ist
sehr bezeichnend und war eine nothwendige Folge seiner ganzen bisherigen
Bildung, dass Poussin den durch Ernst der Gesinnung und Gewissenhaftigkeit
des Studiums ausgezeichneten Domenichino allen übrigen Künstlern vorziehen
musste, die gleichzeitig in Rom lebten. In seiner „Accademia" arbeitete er, bis
Domenichino seine verhängnissvolle Reise nach Neapel antrat; in dem Streite
der Anhänger Guido's und Domenichino's stand er immer auf Seiten der Letzteren, obschon der grösste Theil der jüngeren Künstler sich der glänzenden
und bestechenden Weise Guido's zuwendete; Domenichino's Bild der Kommunion des heiligen Hieronymus stand Poussin nicht an, der Transfiguration

Raffael's an die Seite zu setzen. Mitten unter dieser vielseitigen Thätigkeit
hatte Poussin mit mancher Missgunst des Schicksals zu kämpfen; pekuniärer
Mangel trat ein; dazu kam eine, nach Passeri vielleicht selbst verschuldete
Krankheit. Ein Franzose, Giacomo Dughet, nahm sich seiner an und liess ihn
in seinem Hause verpflegen. Poussin heirathete 1630, wie es scheint aus Dankbarkeit, dessen Tochter. Da dieselbe einiges Vermögen besass, kam er aus der
schlimmsten Noth heraus. Im Anfang der dreissiger Jahre sehen wir den Künstler
allerdings wieder in grosser Bedrängniss (Nr. 84). Da fand Poussin Zuflucht
und Hülfe bei einem der angesehensten Männer der vornehmen römischen Gesellschaft, bei dem Ritter und Komthur Cassiano del Pozzo. Das Leben dieses
Mannes ist in den Erläuterungen zu dem nachfolgenden Briefe (Nr. 84) beschrieben. Hier genüge die Bemerkung, dass derselbe von nicht geringerem
Einfluss auf die Gestaltung von Poussin's späteren Lebensverhältnissen gewesen
ist, als Courtois und Marini für dessen frühere Entwicklung. Einmal nämlich
hielt er Poussin in seiner Bedrängniss durch seine Theilnahme aufrecht, die
sich sowohl in direkten Unterstützungen, als auch in der Vermittelung künstlerischer Aufträge bekundete. So hat er ihm das Bild des heiligen Erasmus in
St. Peter verschafft, für welches Poussin, wenn anders seiner Aeusserung bei
Passeri Glauben zu schenken ist, allerdings kein Honorar erhalten hätte. Von
grösserer Bedeutung aber wurde ein Werk, das ihm Cassiano auftrug und das
den Ruhm des Künstlers fest begründete. Es waren dies die Bilder, in denen
Poussin die sieben Sakramente darstellte und die ein so grosses Ansehen er-
regten, dass sich Cassiano in seinem eigenen Hause kaum vor der Menge der
Besucher zu retten wusste, die jene Bilder bewundern wollten (Nr. 91. 94).
Ist dieser treffliche Mann so zum Schöpfer von Poussin's Glück geworden, so
war seine Bedeutung für die innere künstlerische Entwicklung und den letzten
Abschluss derselben nicht minder segensreich. Wir sahen Poussin eifrig mit
dem praktischen Studium der antiken Denkmäler in Rom beschäftigt; die theoretische Vollendung dieser Studien verdankte er Del Pozzo, der ihn, als einer
der ersten Kenner des Alterthums, besser als irgend wer in den Geist desselben
einzuführen im Stande war; und wenn wir in Poussin's späteren Werken
wirklich das Wesen des Alterthums in seiner äusseren Erscheinung wie in
seiner ganzen Sinnesweise, so weit man dieselbe damals zu verstehen im Stande
war, wiedererkennen, so dürfen wir nicht anstehen, den Ruhm dieser gediegenen
Durchbildung seinem Freunde und Gönner Cassiano del Pozzo zuzuschreiben.

Damit aber ist nun in der That der Entwicklungsgang dieses Künstlers,
der eine der wesentlichsten Eigenthümlichkeiten des 17. Jahrhunderts zur Erscheinung bringt, beschlossen. Wir haben hier nur noch einige der Haupt-
ereignisse seines Lebens anzudeuten; seine Berufung nach Frankreich ist weiter
unten ausführlich besprochen (Nr. 87 f.): ebenso seine Rückkehr nach Italien,
zu der ihn ebenso sehr die Unzufriedenheit mit seiner dortigen Stellung, als
auch die süsse Gewohnheit des italienischen Lebens bewogen (Nr. 90. 91).
Bei seiner Ankunft in Rom wurde er im Triumph empfangen, da er durch
seinen ernsten Sinn und die damit verbundene Freundlichkeit im Verkehr sich
die allgemeine Liebe erworben hatte. Nun bezog er wieder sein Haus auf dem
Monte Pincio und führte wieder seine, wie Sandrart sagt, „vermöglich stille"
Lebensweise fort, nach der er sich aus der ewigen Hast des Pariser Lebens
zurückgesehnt hatte: „nur um seine Gedanken bekümmert", und zwar anhaltend,
aber doch mit jener „Ruhe des Geistes" beschäftigt, die Passeri besonders
an ihm hervorhebt. Gemüthlichem Verkehr und traulichem Gespräch, namentlich
über Kunstgegenstände, war er sehr zugeneigt. Sandrart erzählt aus der

Zeit vor seiner Berufung nach Paris, dass er gern mit den Fremden verkehrt und namentlich auch ihn häufig besucht habe, insbesondere wenn er wusste, De Quesnoy und den als ersten Landschaftsmaler berühmten Claude Lorrain bei ihm zu finden. Von allen Fremden von Bedeutung wurde er aufgesucht, und mit den Freunden in Frankreich, namentlich mit Herrn von Chantelou, führte er eine umfassende und nur durch seinen Tod unterbrochene Korrespondenz. Kaum irgend ein Künstler jener Zeit hat sich mit so klarem Bewusstsein über sein eigenes künstlerisches Wesen ausgesprochen als Poussin. Es entspricht dies vollkommen dem besonnenen und ruhigen Verfahren bei seiner Arbeit, das uns von mehreren seiner Zeitgenossen, namentlich Passeri und Bellori, geschildert wird. Zunächst vertiefte er sich in die Idee seines Gegenstandes, die er sich, wenn sie dem Alterthum entlehnt war, durch genaues Studium der betreffenden Schriftsteller nach allen Seiten hin klar zu machen suchte. Dann entwarf er wohl erst ein paar flüchtige Skizzen, bis er sich an die Ausführung selbst machte. Zu dieser bereitete er sich dadurch vor, dass er auf einem quadrirten Brette, welches den Fussboden vorstellte, kleine Modellfiguren in einer der Handlung entsprechenden Weise gruppirte, wie denn auch in dieser Beziehung seine Werke durchweg wohl berechnet und von der grössten Richtigkeit sind. Die letzte Ausführung geschah stets mit Ruhe und Ueberlegung, und um sich aus dieser nicht herausreissen zu lassen — er hatte die Nachtheile gehäufter Arbeiten in Paris kennen gelernt — nahm er in späterer Zeit nur wenig Aufträge und auch dann nur von solchen Personen an, die ihm durch Freunde besonders empfohlen wurden. In seinen Forderungen war er mässig; von dem auf der Rückseite des Bildes notirten Preise aber ging er, bei Fremden wenigstens, nicht ab. Eben so besteht er, wenn er sich beeinträchtigt glaubt, fest auf seinem Rechte; so beklagt er sich z. B. fast zu heftig, dass das ihm verliehene Haus in Paris einem Andern eingeräumt werde, obschon er nicht daran dachte, wieder nach Paris zurückzukehren (Erläuterungen zu Nr. 94). Auch vermerkt er es sehr übel, dass ihm sein Gehalt als Hofmaler nicht mehr in Rom ausgezahlt werde, und setzte es durch die Bemühungen seiner Freunde auch durch, dass ihm im Jahre 1655 die Nachzahlung der restirenden Summe zugesagt wurde. So konnte er sein Leben ganz nach seinen stillen Neigungen geniessen und wurde in der That auch schon von den Zeitgenossen glücklich gepriesen, bis in den späteren Jahren seines Lebens Krankheit und der Tod seiner Ehefrau dies ruhige Glück gefährdeten. Wie er in seiner Kunst besonnen und maassvoll war, so war er auch in seinen Ansichten über Religion, Staat und Gesellschaft allen Extremen abgeneigt. Freund einer ehrenvollen Unabhängigkeit, verkennt er doch nicht die Vortheile, die der Schutz einflussreicher Personen zu gewähren im Stande ist; Herrn von Chantelou wünscht er einmal Glück zu dessen Verbindung mit dem Herzog von Enghien. „Die Gebrechlichkeit der menschlichen Schicksale,“ sagt er in einem Brief vom 23. Juli 1645, „ist der Art, und namentlich am Hofe, dass es immer nöthig ist, sich eine Stütze an mächtigen Personen zu schaffen; und wenn man auch wohl sagt, es sei kein grösseres Heil dabei, sich den Fürsten anzuvertrauen, als andern Menschenkindern, so sieht man doch den Menschen gar oft geneigt, sich aus dem Menschen einen Gott zu machen.“ Die Unruhen in England und Frankreich, in Polen und namentlich die „Tragödie“ in Neapel erfüllen ihn mit Besorgniss. „Und doch,“ sagt er in einem Brief vom 12. Januar 1649, „ist es ein grosses Vergnügen, in einem Jahrhundert zu leben, in dem so grosse Dinge vorgehen, wenn man sich nur in einer kleinen Ecke ausser Gefahr befindet, um die Komödie bequem mit ansehen zu können.“ Der religiösen

Schwärmerei und vor Allem dem Wunderkram der damaligen Zeit ist er gründlich abgeneigt. Es widersteht ihm, Christus als einen Heuchler und Kopfhänger zu malen (Torticolis), wie er in einem unten mitgetheilten Briefe (Nr. 99) äussert; und von den Wundern spricht er höchst despektirlich in einem Briefe vom 8. Mai 1650. „Wir haben hier," sagt er, „nichts Merkwürdigeres als Wunder; diese geschehen so oft, dass es ein wahres Wunder ist. Die florentinische Prozession hat ihnen noch einen hölzernen Crucifixus hinzugefügt, welchem der Bart gewachsen ist und dem die Haare tagtäglich mehr als vier Zoll lang wachsen; man sagt, der Papst würde ihn sehr bald mit grosser Feierlichkeit scheeren." Der Besonnenheit und verständigen Betrachtung, die allen diesen Aeusserungen zu Grunde liegen, entsprechen auch zunächst die Urtheile, die Poussin über seine eigene Kunstweise ausgesprochen hat. Wir haben schon im Eingang dieser Schilderung eine der wichtigsten dieser Aeusserungen angeführt; andere finden sich in den mitgetheilten Briefen [1]. Den Urtheilen über einzelne Kunstwerke entsprechen auch die Beschreibungen, die er mitunter von seinen Bildern an Freunde mittheilt, und wie aus dem Allen eine klare Einsicht über die Erfordernisse des Gegenstandes und die Art hervorleuchtet, wie er dieselben erfüllt hat, so hat er auch über die Grenzen seiner persönlichen Begabung ein richtiges Bewusstsein gehabt; in dieser Beziehung ist insbesondere ein Brief an Chantelou wichtig, in welchem er bei Gelegenheit der Absendung eines Madonnenbildes die Aeusserung thut: „Ich bitte Sie nur, vor allen Dingen das Eine zu beachten, dass nicht Alles einem einzigen Menschen gegeben ist, und dass man in meinen Werken nichts suchen darf, was nicht in meinem Talente liegt" (Brief vom 27. Juni 1655). Dass ein so klarer und „denkender" Künstler [2], der sich gern über die Malerei unterhielt und der Feder mehr, als es sonst Künstler zu sein pflegen, mächtig war, auch seine Ansichten über die Theorie der Kunst niedergeschrieben, darf uns nicht wundern, vielmehr scheint dies eine nothwendige Konsequenz seiner ganzen Richtung zu sein. So finden sich denn auch in der That in einigen der folgenden Briefe theoretische Untersuchungen (Nr. 90. 93. 99) und Poussin selbst erzählt in einem Briefe vom 29. August 1650, dass er angefangen habe, „Beobachtungen über die Malerei" niederzuschreiben. Da aber Leute, wie Herr de Chambray, denselben Stoff behandelten, so glaubte er, dass es besser wäre, seine Untersuchungen nicht an's Licht treten zu lassen. Zu diesen Aufzeichnungen scheinen die Bemerkungen zu gehören, welche Bellori aus der Bibliothek des Kardinals Camillo Massimi mittheilt, und von denen hier zum Schluss einige Proben angeführt werden mögen.

„Die edle Manier (*maniera magnifica*) besteht aus vier Dingen, dem Gegenstande oder dem Argumente, der Idee, der Anordnung (*struttura*) und dem Style,

---

[1] Hier möge nur noch der Ausspruch erwähnt werden, dass er Nichts auf's Gerathewohl arbeite (Brief an *Stella* vom September 1649). In einem früheren Briefe an denselben sagt er: „Ich habe mir Mühe gegeben, es gut zu machen, und habe es in der Manier, die Sie sehen werden, gemalt, umsomehr als der Gegenstand (Rinaldo und Armide) an sich weich ist; ganz im Gegensatz zu dem Bilde des Herrn La Vrillière, welches in einer strengeren Manier ist und sein musste, indem der Gegenstand (F. Camillus, der die Kinder der Falisker zurückschickt) ein heroischer ist."

[2] „Er liess im Gespräch seinen scharf- und tief-innigen Geist reichlich spüren," sagt Sandrart, nachdem er vorher bemerkt hat, dass „sein Genius ihn nicht zu den lebensgrossen Bildern in verschlossenen Orten, sondern mehr in die offene Luft oder das weite Feld zu malen angetrieben", und dass er deshalb „aus der alten Welt ruhmwürdigen Historien, Poetereien und dazu nothwendige Affekten und Bewegungen durch zwei oder drei Spannen hohe Bilder vorzustellen sich bemühet" habe.

Das Erste, was gleichsam als Fundament für alles Andere erfordert wird, ist, dass der Gegenstand oder Vorwurf gross sei, wie etwa Schlachten, heroische Thaten und Dinge, welche auf die Götter Bezug haben. Ist der Gegenstand nun aber, den der Maler behandeln will, an sich gross, so muss die erste Sorge sein, sich auch in der Behandlung von allen Kleinlichkeiten, so weit es angeht, ferne zu halten, um dem Dekorum der Handlung nicht zu widersprechen, und es darf der Maler die edlen und grossen Dinge nicht mit hastigem Pinsel übergehen, um sich in der Behandlung der niederen und gewöhnlichen Dinge zu verlieren. Daher bedarf der Maler nicht bloss des Geschickes, sich einen Gegenstand zu erfinden, sondern auch des Urtheils, um denselben zu ergründen, und er wird sich stets einen solchen erwählen müssen, der von Natur jeglicher Verzierung und Vollendung fähig ist; die da aber niedrige Gegenstände behandeln, nehmen zu diesen nur wegen der Schwäche ihres Geistes ihre Zuflucht. Die Gemeinheit der Gegenstände ist daher vor Allem zu verachten, sowie die Niedrigkeit solcher Vorwürfe, die keiner künstlerischen und verschönernden Darstellung fähig sind. Was dagegen die Idee (das Motiv, *concetto*, vergl. oben S. 88) anbelangt, so ist dieselbe ein reines Erzeugniss des Geistes, der die Dinge zu durchdringen strebt, wie z. B. der Gedanke Homer's und Phidias' im olympischen Zeus, der mit dem Winke seiner Augen das Weltall erschüttert: nach dieser Idee der Dinge aber muss auch die Zeichnung derselben geregelt sein. Der Bau, die Anordnung oder die Komposition der Theile darf nicht gesucht und durch das Studium herbeigeführt erscheinen und weder Absichtlichkeit noch Mühe zeigen, sondern ganz der Natur entsprechen. Was schliesslich den Styl betrifft, so ist dies eine besondere Manier und Art zu zeichnen und zu malen, die aus dem besonderen Genius eines Jeden in der Anwendung und dem Gebrauch der Ideen hervorgeht; welcher Styl, den man auch Manier oder Geschmack nennen kann, ebensowohl eine Sache der Natur als des Geistes ist."

„Die Idee der Schönheit kann nicht in die Materie (den Körper) übergehen, wenn diese nicht zuvor so viel als möglich zu deren Aufnahme vorbereitet ist; diese Vorbereitung aber besteht aus drei Dingen, der Ordnung, dem Maass und endlich der Form oder der Erscheinung. Die Ordnung bedeutet die Aneinanderreihung und die Intervalle der einzelnen Theile; das Maass bezieht sich auf die Quantität; die Form zeigt sich in den Linien und Farben. Die Ordnung und die Intervalle der Theile genügen nicht allein, noch dass die Glieder des Körpers ihre natürliche Lage haben, wenn nicht das Maass hinzukommt, wonach jedem Gliede die gehörige Grösse und das richtige Verhältniss zum Körper gegeben wird, und wenn nicht ebenso auch die Form dazu mitwirkt, damit die Linien gefällig gezogen seien, und die Lichter in anmuthiger Harmonie mit den Schatten verbunden werden. Aus allen diesen Dingen sieht man deutlich, dass die Schönheit mit der Materie des Körpers nicht verbunden ist, und dass sich dieselbe in ihm nur offenbart, wenn er durch diese durchaus unkörperlichen Vorbereitungen dazu geeignet geworden ist. Und daraus ergiebt sich nun der Schluss, dass die Malerei, obschon sie Körper darstellt, nichts Anderes ist, als ein Inbegriff von unkörperlichen Dingen, indem sie allein das Maass und die Ordnung an den Körperformen zur Erscheinung bringt. Zugleich aber ist dieselbe von allen anderen Ideen am meisten auf die der Schönheit gerichtet. Daher haben denn auch Einige gewollt, dass diese Idee des Schönen allein das Merkmal und das Ziel aller guten Maler sein solle. Die Malerei selbst aber hat mit Inbrunst nach der Schönheit zu streben wie ein Liebender nach dem geliebten Gegenstande. Dadurch wird sie zur Königin unter den Künsten."

Es spricht sich in diesen Bemerkungen ein gewisser reflektirender Idealismus aus, den auch die Werke Poussin's durchweg bestätigen. Man mag beide kühl und vielleicht nüchtern finden, wenn man damit die mächtige Leidenschaft und die reiche Lebensfülle vergleicht, die Rubens, und die tiefe Empfindung und koncentrirte Innerlichkeit, welche Rembrandt in ihren Werken ausgesprochen haben — der Gegensatz und Kampf der Poussinisten und Rubenisten hat sich durch das ganze 17. Jahrhundert hindurchgezogen [1]; — aber man wird sich der Anerkennung nicht entziehen dürfen, dass dieser Idealismus der mit erneuerter Gewalt hereinbrechenden Aeusserlichkeit des Kunstlebens gegenüber eine grosse Berechtigung für sich hatte. Auch ist wohl zu beachten, wie tiefe Wurzeln diese Anschauung in Poussin's Gemüth geschlagen, und wie sie denselben befähigte, unter den Leiden des Alters und der Krankheit in rastloser und immer gleichmässiger Thätigkeit bis zum Tode auszuharren. In diesem Kampfe des klaren, seiner selbst wohl bewussten Geistes gegen die Hinfälligkeit des Leibes und die Schmerzen der Seele hat Poussin eine Energie und stille Fassung offenbart, von denen die letzten der unten mitgetheilten Briefe vielfach Zeugniss geben. — Zu Poussin's Charakteristik vergl. auch C. A. Regnet in Dohme's Kunst und Künstler Nr. 93—96.

84.

NICOLAS POUSSIN AN CASSIANO DEL POZZO.

[Rom, 1630 1638.]

Es wäre möglich, dass Sie mich für einen lästigen und unverschämten Menschen hielten, da ich, nachdem ich so viel Aufmerksamkeit in Ihrem Hause genossen, kaum einmal schreibe, ohne irgend eine Belohnung in Anspruch nehmen zu müssen. Indem ich aber überlege, dass das, was Sie an mir gethan haben, geschehen ist, weil Sie mit einer guten, edeln und mitfühlenden Natur begabt sind, so habe ich mir auch noch diesmal den Muth gefasst, Ihnen gegenwärtigen Brief zu schreiben, indem ich wegen einer Unpässlichkeit, die mich befallen hat, nicht selbst kommen kann, und Sie darin, so viel ich nur vermag, inständigst zu bitten, mich mit etwas zu unterstützen, da ich dessen so sehr bedarf. Denn die meiste Zeit über bin ich krank, und überdies habe ich gar keine anderen Einnahmen zum Lebensunterhalt, als die Arbeit meiner Hände.

Ich habe den Elephanten, den Ew. Herrlichkeit, wie mir vorkam, zu wünschen schien, gezeichnet und möchte Ihnen ein Geschenk damit machen; ich habe denselben mit einem darauf sitzenden Hannibal dargestellt, der auf antike Weise bewaffnet ist. An Ihre Zeichnungen denke ich tagtäglich und bald werde ich eine derselben fertig haben.

------

[1] Der Kampf zwischen den Poussinisten und Rubenisten bildet den Gegenstand eines französischen Gedichtes „Le banquet des peintres".

Der Komthur Cassiano del Pozzo (vergl. Dumesnil *Histoire des plus célèbres amateurs* p. 103 ff.) war im letzten Jahrzehnt des 16. Jahrhunderts in einer alten und angesehenen Familie zu Turin geboren. Von einem Verwandten, Carlo Antonio del Pozzo, der von 1587—1607 Erzbischof von Pisa war, erzogen, und zu den Studien auf den Universitäten von Bologna und Pisa angeleitet, hatte er diesem Prälaten auch die Sicherung seiner äusseren Verhältnisse zu verdanken, indem ihm derselbe die von ihm für seine Familie gegründete Stelle eines Gross-Komthurs des Ordens vom heiligen Stephanus verlieh; dazu gesellte sich bald die Verleihung einer reichen Pfründe an der Kathedrale von Pisa, welche früher der Grossherzog Ferdinand I. von Toskana, während derselbe noch Kardinal war, genossen hatte. So vom Glück begünstigt kehrte Cassiano nach Turin zurück, um sich der Rechtspraxis zu widmen. Bald erhielt er die Stelle eines Oberrathes an der Ruota von Siena; er gab diese indess bald wieder auf, um in Rom seiner Neigung für die Studien des klassischen Alterthums nachhängen zu können. Er kam hier unter dem Pontifikat Urban's VIII. an und erlangte sehr bald die Stelle eines Sekretairs bei dem Kardinal Francesco Barberini, der als Neffe des Papstes die Stelle eines Vice-Kanzlers des heiligen Stuhles bekleidete. Das Haus dieses Prälaten war einer der glänzendsten Mittelpunkte für das künstlerische und literarische Leben der Hauptstadt, und Cassiano del Pozzo hatte so Gelegenheit, mit den bedeutendsten Persönlichkeiten in nähere Berührung zu treten. Die Reisen, die der Kardinal als Legat nach Frankreich und Spanien unternahm (1625 und 1626), und auf denen ihn Cassiano begleitete, veranlassten seine persönliche Bekanntschaft mit Peiresc (s. o. S. 117. 112). Sein Einfluss am Hofe war so gross, dass man glaubte, er würde Kardinal werden (Félibien IV. 15). Er benutzte denselben hauptsächlich, um den Künstlern, denen er als Kenner und Freund der Künste seine Gunst zuwendete, von Nutzen zu sein. Wir lernten ihn schon oben in einem solchen Verhältniss zu DOMENICHINO kennen. Auf seine Bekanntschaft mit BERNINI scheint wenigstens der Umstand zu deuten, dass dieser Künstler ein besonderer Günstling der Barberini war; auf die mit PIETRO BERETTINI von Cortona mehrere Briefe, die dieser Künstler an ihn gerichtet hat. Ferner war TESTA sein besonderer, obschon nicht sonderlich dankbarer Schützling; nicht minder die berühmten Malerinnen ARTEMISIA GENTILESCHI und GIOVANNA GARZONI. Andere wie AMMIANI zu Pisa, LIGOZZI zu Florenz, SALIANI zu Avignon hat er mit Aufträgen betraut. Von den französischen Künstlern, die damals in so grosser Menge in Rom lebten, erfreute sich seiner Gunst PIERRE MIGNARD und dessen „*Inséparable*" DUFRESNOY, der sich durch sein Lehrgedicht über die Malerei berühmt gemacht hat; vor allen Andern aber NICOLAS POUSSIN, den er sich sowohl durch äusserliche Unterstützungen, als durch geistige Förderung zu einer Freundschaft verpflichtete, welche diese beiden bedeutenden Männer auf länger als vierzig Jahre vereint hat. Der obige von Bottari *Racc.* I. 372 in italienischer Sprache und von Quatremère de Quincy (*Collection de lettres de N. Poussin*, Paris 1824) in französischer Uebersetzung mitgetheilte Brief zeigt uns den Künstler in bedrängter Lage sich an seinen schon oft bewährten Gönner wendend; derselbe trägt kein Datum, ist aber wahrscheinlich um das Jahr 1630 geschrieben (zwischen 1630 und 1638 nach Quatremère de Quincy), zu einer Zeit, in der Poussin noch beschäftigt war, mehrere Zeichnungen für die Sammlung antiker Denkmäler anzufertigen, die von Cassiano del Pozzo angelegt und bis auf dreiundzwanzig Foliobände gebracht wurde. Nach Bottari hat der Künstler ein Geschenk von vierzig Scudi als Antwort auf seinen Brief erhalten.

85.

NICOLAS POUSSIN AN HERRN DE CHANTELOU.

Rom, 15. Januar 1658.

Mein Herr! Wollte Gott, dass ich keine so gerechten Entschuldigungsgründe gegen Sie auszusprechen hätte, als dies in der That der Fall ist. Kurze Zeit nämlich, nachdem ich mich zur Vollendung ihres Bildes entschlossen, ja nachdem ich schon einige Figuren darauf gemalt hatte, hat mich ein Blasenübel, dem ich schon seit vier Jahren ausgesetzt bin, in einer solchen Weise ergriffen, dass ich mich von da an bis auf den heutigen Tag in den Händen der Aerzte und Chirurgen befunden und die Qualen eines Verdammten ausgestanden habe; jetzt, Gott sei Dank, befinde ich mich besser und hoffe, meine alte Gesundheit wieder zu erlangen. Trotzdem aber muss ich sagen, dass ich mehr als von allem Andern von dem Schmerz gelitten habe, in meinem guten Vorsatz, Ihr Bild zu vollenden, verhindert zu werden; immer habe ich an das Versprechen gedacht, das ich Ihnen gegeben, und hätte darüber verzweifeln mögen, es nicht ausführen zu können. Nun aber fühle ich den Wunsch, Ihnen zu dienen, grösser in mir werden, als jemals.

Was den Entschluss betrifft, den Monseigneur De Noyers von mir zu wissen wünschte, so dürften Sie nicht denken, dass ich in sehr grossem Zweifel darüber gewesen wäre, was ich zu antworten hätte; denn nachdem ich eine Reihe von ganzen fünfzehn Jahren in diesem Lande sehr glücklich gelebt habe, nachdem ich selbst hier geheirathet hatte und die Hoffnung hegte, hier sterben zu können, war ich längst bei mir selbst entschlossen, das italienische Sprüchwort zu befolgen: wem es wohl geht, der geht nicht von dannen [1]. Nachdem ich nun aber einen zweiten Brief von Herrn Lemaire erhalten, gegen dessen Ende sich eine Bemerkung von Ihrer Hand befindet, worin Sie mir sagen, bei dem Schlusse dieses Briefes zugegen gewesen zu sein und sogar einen Theil des Inhaltes dazu gegeben zu haben — da bin ich denn doch sehr schwankend geworden und habe mich selbst entschlossen, auf die mir gemachten Anerbietungen einzugehen und zwar hauptsächlich, weil ich dort bessere Gelegenheit finden werde, Ihnen, mein Herr! dienen zu können, dem ich mein ganzes Leben lang auf das Engste verpflichtet sein werde.

NS. Ich ersuche Sie, mein Herr! auf das Dringendste, unsere ganze Angelegenheit anzugeben, wenn sich deren Ausführung auch nur die geringste Schwierigkeit entgegenstellen sollte. Vielleicht kommt es einem Andern zu statten, der sich mehr danach sehnt, als ich: denn am Ende kann ich hier dem Könige, dem Herrn Kardinal und Monseigneur De Noyers sowie auch Ihnen eben so gut dienen, als dort. Zugesagt habe ich grossentheils nur, um einen Beweis meines Gehorsams zu geben. Ich werde aber, wenn ich es wohl bedenke, Leben und Gesundheit preisgeben, wegen der grossen Schwierigkeit

[1] Chi sta bene, non si muove.

jetzt zu reisen, ganz abgesehen davon, dass ich krank bin; indess will ich schliesslich Alles in Gottes Hände und in die Ihrigen legen. Ich erwarte Ihre Antwort.

Lettres du Poussin p. 2. — Der Herr, an welchen Poussin den obigen Brief richtete, ist Paul Fréart, Sieur de Chantelou, maître d'hôtel Ludwig's XIII. und Sekretair des französischen Kriegsministers Sublet de Noyers, welcher letztere sehr bald auch zum Ober-Intendanten der Bauten, Künste und Manufakturen ernannt wurde. Mit dem erstgenannten, sehr kunstliebenden und einflussreichen Herrn stand Poussin in näherer freundschaftlicher Verbindung, und als Richelieu den Künstler nach Paris zu ziehen wünschte, wurden die darauf bezüglichen Unterhandlungen im Auftrage des Ministers De Noyers durch den Herrn von Chantelou eingeleitet. Auf das erste Anerbieten der Art bezieht sich der obige Brief, der im Original die Jahreszahl 1638 trägt. Quatremère de Quincy glaubt dieselbe in 1639 ändern zu müssen, als in welchem Jahre die ersten bestimmten Anträge an den Künstler gestellt worden seien. Jedoch ist es sehr wohl denkbar, dass mancherlei andere Verhandlungen vorhergegangen sind. Selbst wenn der Brief 1639 geschrieben wäre, könnte er sich noch nicht auf den officiellen Antrag beziehen, indem der unten zu erwähnende Brief des Königs erst vom 18. Januar 1639 datirt ist. Auch sieht man aus der ganzen Haltung des Briefes und dem Schwanken des Künstlers, dass es sich noch nicht um die definitive Entscheidung handelt. Das im Briefe erwähnte Bild, an dem Poussin für Herrn von Chantelou arbeitete, stellt das Wunder des Manna-Regens in der Wüste dar. Dasselbe wird von Poussin in einem Briefe an Herrn Lemaire (Nr. 86) erwähnt, und am 28. April 1639 meldet der Künstler seinem Gönner, dass er das fertige Bild durch „Bertholin, den Kourier von Lyon" abgesendet habe. Es ist in mehr als einer Beziehung unterrichtend, Poussin über sein Werk sprechen zu hören. „Wenn Sie das Bild erhalten haben," sagt derselbe (*Lettres du Poussin* p. 17), „so bitte ich Sie recht dringend, dasselbe, wenn Sie es für gut halten, mit etwas Einfassung zu verzieren; denn es bedarf derselben, damit, wenn man es in allen seinen Theilen betrachtet, die Gesichtslinien zusammengehalten und nicht ausserhalb des Bildes zerstreut werden, und das Auge nicht die Bilder anderer benachbarter Gegenstände aufnehme, die, indem sie ohne Ordnung sich mit den gemalten Gegenständen vermischen, das Licht verwirren. Es würde sehr zweckmässig sein, wenn die besagte Einfassung ganz einfach mit mattem Golde vergoldet wäre, denn dies verbindet sich auf eine sehr sanfte Weise mit den Farben, ohne sie zu beeinträchtigen. Wenn Sie sich übrigens meines ersten Briefes erinnern, den ich in Betreff der Bewegungen der Figuren schrieb, welche ich auf dem Bilde anbringen wollte, und wenn Sie dann zu gleicher Zeit dasselbe betrachten wollten, so glaube ich, würden Sie leicht diejenigen darunter erkennen, welche von der Ermattung oder von Bewunderung ergriffen sind, sowie diejenigen, welche Mitleid haben, oder welche in einer Handlung der Mildthätigkeit, grosser Noth oder Begierde begriffen sind, oder solche, die sich trösten und erquicken und andere; denn die ersten sieben Figuren zur Linken werden Ihnen Alles das aussprechen, was ich hier geschrieben habe und alles Uebrige ist ähnlichen Inhalts; lesen Sie zugleich mit dem Bilde die Geschichte, um zu erkennen, ob alles Einzelne dem Gegenstand angemessen ist.

„Und wenn Sie nach wiederholter Betrachtung einiges Gefallen daran gefunden haben, so theilen Sie es mir mit, ohne irgend etwas zu verhehlen, damit ich mich freuen kann, Ihnen beim ersten Male, dass ich Ihnen diene, genug gethan zu haben; wo nicht, so verpflichten wir uns zu jeder Art Busse, indem wir Sie dringend ersuchen, es noch in Betracht ziehen zu wollen, dass der Geist willig, das Fleisch aber schwach ist."

In einer Nachschrift bemerkt POUSSIN, dass er an Herrn STELLA, seinen Freund, den bekannten Maler aus Lyon (s. Nr. 82) schreiben werde, um ihm die Weiterbeförderung des Bildes aufzutragen. Dies hat er gethan und in dem betreffenden Briefe spricht er sich in ähnlicher Weise über den Gedanken seiner Komposition aus, wie in dem an Herrn von Chantelou. Er habe, sagt er darin, gesucht, die verschiedenen Empfindungen und Leidenschaften zu schildern, die sich in dem jüdischen Volke bei dieser Gelegenheit kundgegeben und zwar je nach dem Alter und Geschlecht der dargestellten Personen in verschiedener Weise. Alles Dinge, von denen er hoffe, dass sie denjenigen nicht missfallen würden, die sie gut zu lesen verständen. Und er durfte dies in der That von jenem Werke sagen, das als eine seiner vollendetsten Kompositionen betrachtet wird. LEBRUN hat dasselbe in einer Sitzung der französischen Akademie der Malerei am 5. November 1667 zum Gegenstande seines Vortrages gewählt und darin eine sehr ausführliche Beschreibung und Analyse des Bildes gegeben, welches er sodann gegen die Einwendungen einiger Mitglieder vertheidigte. Die Akademiker stimmten ihm darauf einstimmig zu. Félibien *Conférences de l'académie royale de peinture et de sculpture*, London 1705, p. 58—82. — Das Bild selbst ging später in den Besitz der Krone über und befindet sich gegenwärtig im Louvre. Villot *Ecole française* Nr. 120.

86.

NICOLAS POUSSIN AN JEAN LEMAIRE.

Rom, 19. Februar 1639.

Mein Herr! Ich habe den Brief des Königs zugleich mit denen der Herren De Noyers und De Chantelou sowie dem Ihrigen erhalten. Aus beiden habe ich klar das gute Vorurtheil ersehen, welches Sie bei allen jenen für mich erweckt haben, und in der That die Ehre, die Artigkeiten und die Anerbietungen, die man mir macht, sind für das geringe Verdienst, das ich in Anspruch nehmen darf, viel zu gross. Da es nun aber der Gott des guten Glückes einmal so will, so mag man mir noch so viel Gutes erweisen — ich will es schon ertragen. Ich habe mich also entschlossen, von hier wegzugehen, um mich, wie Sie wissen, in die Dienste meines Fürsten zu begeben. Ich würde dies sogleich bei der Wiederkehr des schönen Wetters gethan haben; nachdem ich aber mit Aufmerksamkeit alle meine Angelegenheiten geprüft, habe ich gefunden, dass es mir unmöglich ist, meine Reise eher als im künftigen Herbst zu unternehmen. Ich habe nämlich, von meinen anderweitigen Angelegenheiten zu schweigen, drei oder vier Bilder angefangen, ohne das für Herrn De Chantelou mitzurechnen, und diese muss ich zu Ende bringen, indem sie alle für hochgestellte Personen sind, mit denen ich auf anständige Weise auseinander kommen will, sowie auch mit allen meinen hiesigen Freunden, deren

Freundschaft und Wohlwollen ich mir zu erhalten wünsche. Ich will davon an Herrn de Noyers schreiben; inzwischen ersuche ich Sie inständigst, ihn auch von Ihrer Seite zu bitten, etwas Geduld zu haben, und dabei in Betracht zu ziehen, dass mein eigener Entschluss sowie seine Befehle mir ganz unerwartet gekommen sind, während ich schon die gegenwärtigen Verbindlichkeiten eingegangen war.

Ueberdies beschwöre ich Sie, mir Ihre Meinung zu sagen, wie ich mich gegen Herrn de Chantelou zu benehmen habe in Betreff seines Bildes. Dasselbe wird zur Mittfastenzeit fertig sein, es enthält ausser der Landschaft sechsunddreissig oder vierzig Figuren und ist, unter uns gesagt, seine 500 Thaler so gut wie 500 Sous[1] werth. Da ich nun diesem Herrn jetzt sehr verpflichtet bin, so wünschte ich wohl, mich ihm dankbar zu erweisen; ihm aber ein Geschenk damit zu machen, wäre, wie Sie wohl einsehen werden, eine Freigebigkeit, die sich nicht gut für mich schicken würde. Ich bin also entschlossen, ihn wie Jemanden zu behandeln, dem ich verpflichtet bin — bin ich dann erst dort, so werde ich ihm meine Dankbarkeit auf viel bessere Weise bezeugen können. Bringen Sie also die Sache mit ihm in Ordnung, wie es Ihnen am passendsten erscheinen wird. Ich möchte 200 Thaler nach hiesigem Gelde dafür haben, wobei ich ihm meiner Berechnung nach 100 und darüber erlasse; jedenfalls möge er darin verfahren, wie es ihm gefällt. Denn wenn ich ihm schreibe, so will ich ihm nichts Anderes sagen, als dass sein Bild fertig ist, und dass er nur bestimmen möge, was ich damit zu thun habe, und an wen ich es geben soll, so dass er es erhalte. Sie würden mir auch einen grossen Gefallen erweisen, wenn Sie erfahren könnten, wozu man mich dort verwenden will, und welches eigentlich die Absicht des Herrn De Noyers ist, hier zu Lande so viel Maler, Bildhauer und Architekten aufsuchen zu lassen — doch wünschte ich nicht, dass ein Anderer als Sie um diese meine Neugier wüsste.

Die Sachen, die Sie von mir verlangen, wie den Azur und das Uebrige, werde ich Ihnen, so Gott will, mitbringen. In dem Briefe, den mir Herr De Noyers in Bezug auf meine Bedingungen geschrieben hat, hat er eine vergessen, die mit zu den wesentlichsten gehört; denn ausser von der Reise und meinem Gehalte spricht er gar nicht davon, ob und wie mir meine Werke bezahlt werden sollen. Ich glaube nun wohl, dass er es so meint; da ich aber doch darüber etwas in Zweifel geblieben bin, so würde ich nie davon zu einem Andern, als zu Ihnen, zu sprechen wagen. Deshalb also bitte ich Sie von ganzem Herzen, mir insgeheim zu schreiben, wie Sie glauben, dass er die Sache versteht. Im Uebrigen geht meine Angelegenheit gut: wenn ich aber an die Wahl denke, die mir besagter Herr De Noyers überlässt, ob ich zu Fontainebleau oder Paris wohnen will, so ziehe ich den Aufenthalt in der Stadt dem auf dem Lande vor, wo ich sehr freudlos leben würde. Seien Sie also so gut und bitten Sie besagten Herrn in meinem Namen, es möge ihm gefallen, irgend

[1] Im Text: Testons, eine geringe Kupfermünze.

ein dürftiges Loch für mich anweisen zu lassen, damit ich nur in Ihrer Nähe sein kann. Uebrigens bin ich im Begriff, die Feder zu ergreifen, um Herrn De Noyers und unserem guten Freunde, Herrn de Chantelou, Dank zu sagen, für welchen Letzteren ich mit grosser Liebe und Sorgfalt arbeite und auch, mit Gottes Hülfe, hoffe, dass er mit meiner Arbeit zufrieden sein wird. Ihnen aber bin ich für mein ganzes Leben verbunden.

N.S. Zwei oder drei Monate vor meiner Abreise werde ich Ihnen noch über Verschiedenes schreiben, und wen ich mit mir nehmen werde. Denn es melden sich deren Mehrere. Ich werde auch an Herrn De Noyers schreiben, um etwas von dem Nothwendigsten zu meiner Reise zu erhalten. Im Uebrigen haben Sie nur zu befehlen und Sie sollen bedient werden. Gott erhalte Sie so lange im Glücke, bis Sie dessen selbst müde sind. Herrn De Noyers müssen Sie, seiner eigenen Ehre halber, in Betreff der Maler, denen man nach Frankreich zu gehen aufträgt, darauf aufmerksam machen, dass er nur keine weniger tüchtige dazu erwähle, als die, welche in Frankreich leben; denn ich fürchte, dass die guten nicht gehen werden, wohl aber einige Dummköpfe, in Betreff deren die Franzosen in starkem Irrthum befangen sind: und möge Gott darüber wachen, dass, anstatt dass man dort die wahre Malerei bekannt mache, nicht gerade das Gegentheil davon geschehe. Was ich sage, sage ich als ehrlicher Mann [1].

Lettres de Poussin p. 9. — Am 18. Januar 1639 hatte Ludwig XIII. an NICOLAS POUSSIN von Fontainebleau aus das nachfolgende Schreiben erlassen:

„Theurer und Wohlgeliebter! Da Uns durch einige Unserer nächsten Diener ein Bericht über die Anerkennung erstattet worden ist, die Ihr Euch erworben habt, und über die hohe Stellung, die Ihr unter den berühmtesten und vortrefflichsten Malern von ganz Italien einnehmt, und da Wir in Nacheiferung Unserer Vorfahren wünschen, so viel als möglich zum Schmuck und zur Verzierung Unserer königlichen Häuser durch Berufung derjenigen beizutragen, welche sich in den Künsten auszeichnen und deren Tüchtigkeit sich da, wo sie am meisten geehrt scheinen, bekundet: so schreiben Wir Euch diesen Brief, um Euch zu sagen, dass Wir Euch zu einem Unserer ordentlichen Maler erwählt haben und Euch von jetzt ab als solchen halten und in dieser Eigenschaft beschäftigen wollen. Zu diesem Zwecke ist es Unser Wille, dass Ihr Euch nach Empfang des Gegenwärtigen anzuschicken habt, hierher zu kommen, wo die Dienste, die Ihr Uns leisten werdet, ebenso geehrt werden sollen, als Eure Werke und Euer Verdienst es an den Orten sind, wo Ihr Euch jetzt befindet. Dem Herrn De Noyers aber, Rath in Unserem Staatsrath, Geheimschreiber Unserer Befehle und Oberaufseher Unserer Gebäude, tragen Wir auf, Euch noch näher von der Achtung zu unterrichten, in der Wir Euch halten, und von dem Nutzen und dem Vortheil, die Wir gewillt sind, Euch angedeihen zu lassen. Gegenwärtigem wollen Wir nichts mehr hinzufügen, ausser der Bitte, dass Gott Euch in seiner heiligen Obhut erhalte."

POUSSIN erhielt diesen Brief des Königs zugleich mit einem Schreiben des Ministers De Noyers (datirt von Ruel, 14. Januar 1639), worin dieser zunächst POUSSIN seine Ernennung zum Ober-Intendanten mittheilt. „Da ich nun," heisst

[1] Denn ich weiss sehr wohl „ce qu'il y a en son sac".

es darin, „eine ganz besondere Liebe zur Malerei habe, so war ich sogleich entschlossen, diese Kunst wie eine theure Geliebte zu pflegen und ihr die Erstlinge meiner Bemühungen zu widmen." Als solche betrachtet er die Berufung Poussin's. Die Bedingungen, unter welchen dieselbe geschah, bestanden in einem jährlichen Gehalt von 1000 Thalern, einer Reiseentschädigung von 100 Thalern und bequemer Wohnung in einem königlichen Gebäude zu Paris oder Fontainebleau nach freier Wahl Poussin's, mit anständigem Meublement u. s. w. Er brauche weder Decken noch Gewölbe auszumalen, sei nur auf fünf Jahre verpflichtet, dürfe aber nur mit De Noyers' besonderer Erlaubniss für Privatpersonen arbeiten. In Folge dieser Berufung nun schrieb Poussin zunächst den obigen Brief vom 19. Februar an seinen Freund, den königlichen Hofmaler Jean Lemaire in Paris, nebst einem andern an Herrn von Chantelou und am Tage darauf ein äusserst ergebenes Dankschreiben an den Minister, worin er denselben um Aufschub der Abreise bittet; in einem, wie es scheint, bald darauf geschriebenen Briefe ohne Datum, *Lettres du Poussin* p. 15, dankt er dem Minister für einen Wechsel auf 1000 Thaler, den ihm dieser zur Reise mitgeschickt hatte. Er hoffe, erst in Paris davon Gebrauch zu machen. In Rom wolle er nur das Nöthigste erheben. Der Brief ist ebenfalls ganz von Dankbarkeit und Ergebenheit erfüllt und „*votre esclave*" unterzeichnet. So war denn Poussin mit der goldenen Kette gefesselt, deren Druck er nur allzubald auf das Schmerzlichste empfinden sollte.

87.

NICOLAS POUSSIN AN CARLO ANTONIO DEL POZZO.

Paris, 6. Januar 1641.

Indem ich mich auf die gewohnte Güte verlasse, welche Ew. Herrlichkeit stets gegen mich bewiesen hat, habe ich es für meine Pflicht gehalten, Ihnen von dem guten Erfolg meiner Reise sowie von meinen jetzigen Verhältnissen und dem Orte Nachricht zu geben, wo ich mich jetzt befinde, damit ein Gönner, wie Sie, wisse, wohin seine Aufträge und Befehle zu richten seien. Ich habe die Reise von Rom nach Fontainebleau in guter Gesundheit zurückgelegt und bin dort im Palast mit grossen Ehrenbezeugungen von einem Edelmann im Auftrage des Herrn De Noyers empfangen worden, wie man mich daselbst auch während des Zeitraums von drei Tagen auf das Prächtigste bewirthet hat. Sodann bin ich von besagtem Herrn in einer Staatskutsche nach Paris gebracht worden, wo ich sogleich nach meiner Ankunft dem besagten Herrn De Noyers meine Aufwartung machte, der mich auf die liebevollste Weise umarmte und mir seine Freude über meine Ankunft zu erkennen gab. Am Abend geleitete man mich auf seinen Befehl nach dem Orte, den er mir zu meiner Wohnung bestimmt hatte. Es ist dies ein kleiner Palast, denn so muss ich ihn nennen, mitten im Garten der Tuilerien. Er enthält in drei Stockwerken neun Zimmer, ohne die davon getrennten unteren Wirthschaftsräumlichkeiten, wie Küche, Wächterwohnung, Stall, sowie einen Ort, um darin während des Winters den Jasmin aufzubewahren, nebst drei anderen zu allerhand anderen nothwendigen Dingen sehr bequemen Räumen und Gelassen. Ueberdies befindet sich dabei ein schöner und grosser Garten, voll von Obstbäumen und den mannigfaltigsten Blumen und Pflanzen mit drei Fontainen und einem Brunnen, ausser einem schönen Hofraum, wo sich noch andere Obstbäume befinden. Nach allen Seiten habe ich ganz freie Aussichten, und zur Sommerszeit muss es hier, glaube ich, ein wahres Paradies sein. Bei meinem ersten Eintritt fand ich schon das ganze mittlere Stockwerk in Stand gesetzt und auf eine höchst anständige Weise mit Mobilien versehen, wie man auch für alle nothwendigen Vorräthe bis auf das Holz und eine Tonne guten zweijährigen Weines Sorge getragen hatte. Drei Tage lang aber wurde ich sammt meinen Freunden auf Kosten des Königs bewirthet. Den Tag darauf führte mich besagter Herr De Noyers zu Sr. Eminenz, die mich mit aussergewöhnlichem Wohlwollen umarmte und, indem er mich bei der Hand fasste, mir seine grosse Freude bezeugte, mich zu sehen. Wieder nach drei Tagen führte man mich nach S. Germain, wo mich der Herr De Noyers dem Könige vorstellen wollte; da ersterer indess nicht wohl war, so wurde ich am folgenden Morgen durch den Herrn Le Grand, den Günstling des Königs, eingeführt. Der König hatte als wohlwollender und liebenswürdiger Fürst, wie er ist, die Gnade, mir viele Artigkeiten zu erweisen und mich während einer halben Stunde nach mancherlei Dingen zu fragen. Dann wendete er sich zu seinen Höflingen und sagte: da haben wir den Vouet schön gefangen [1]! Darauf gab er mir selbst den Auftrag, die grossen Bilder für seine Kapellen zu Fontainebleau und zu S. Germain zu malen. Als ich nun nach Hause zurückkehrte, wurden mir in einer schönen Börse von blauem Sammet zweitausend Thaler in Gold von der neuesten Prägung gebracht, tausend als mein Gehalt und tausend für die Reise, ausser allen Auslagen. Allerdings ist einem das Geld hier auch sehr nothwendig, indem hier Alles über die Maassen theuer ist. Gegenwärtig nun bilde ich mir die Ideen zu vielen Werken, die ich ausführen will, und glaube, dass zuerst die Hand an eine Arbeit für Tapeten gelegt werden wird. Von den ersten Sachen, die ich zu Tage fördern werde, werde ich mir die Freiheit nehmen, Ihnen Einiges zu schicken, als einen Tribut der Dienstbarkeit, zu der ich Ihnen verpflichtet bin; und sobald unser Gepäck angekommen sein wird, so hoffe ich, meine Zeit so eintheilen zu können, dass ich einen Theil derselben im Dienste Ihres Herrn Bruders, des Ritters, werde verwenden können.

Von den Verzeichnissen der Werke des Pirro Ligorio sind Abschriften nach Piemont gesandt worden. Ich empfehle Ihnen meine geringen Interessen und mein Haus, da Sie so gut gewesen sind, sich der Mühe zu unterziehen, während meiner Abwesenheit dafür zu sorgen, die, wenn ich irgend kann, nicht allzulange dauern wird. Und da Sie nun doch einmal dazu geboren sind, um sich meiner anzunehmen, so bitte ich Sie auf das Dringendste, die Lasten, die ich Ihnen

---

[1] *Voilà Vouet bien attrapé!* Vouet war, wie Félibien ausdrücklich meldet, dem *Poussin* feindselig gestimmt und hatte sich wahrscheinlich seiner Berufung widersetzt.

bereite, mit jener Grossmuth auf sich zu nehmen, die Ihnen so ganz eigen ist, und mir zu gestatten, dass ich Ihnen dafür mit dem Gefühl meiner tiefsten Ergebenheit danke. Der Herr möge Ihnen ein langes und glückliches Leben schenken, womit ich mich Ihnen auf das Ehrerbietigste empfehle.

Bottari (*Racc.* II. 489) nennt den Carlo Antonio *„Commendatore"*, offenbar aus Verwechselung mit dem Bruder. — In der *Collection de lettres du Poussin*, wo der Brief mit mancherlei Abweichungen übersetzt ist, S. 25, wird er Erzbischof von Pisa genannt. In den Erläuterungen S. 368 wird der Irrthum eingesehen. Der Erzbischof von Pisa war Cousin Cassiano's, viel älter als dieser und starb schon 1607. Er hatte Cassiano erzogen. Der oben genannte Carlo Antonio ist ein Bruder Cassiano's, welcher diesem 1657 in dem Komthuramte des Ordens vom heiligen Stephanus nachfolgte. Dies war erblich in der Familie. Ughelli *Italia sacra* III. 490. — Unser Brief ist ganz kurze Zeit nach Poussin's Ankunft in Fontainebleau geschrieben. Allerdings war die Berufung schon im Anfang des Jahres 1639 geschehen und von Poussin angenommen. Aber es wurde ihm zu schwer, sich von dem geliebten Rom loszureissen, um allsogleich dem Rufe Folge zu leisten. „Ich bin der Ansicht," schreibt er schon am 17. August 1639 an seinen Freund Lemaire, „dass ich eine grosse Thorheit begangen, indem ich mein Wort gegeben und mir bei einem Zustande, wie der meinige ist, und zu einer Zeit, wo ich eher der Ruhe als neuer Mühen bedürfte, die Verpflichtung auferlegt habe, den Frieden und die Annehmlichkeit meines kleinen Hauses um eingebildeter Dinge wegen zu verlassen, die mir vielleicht gerade zum Unheil ausschlagen werden. Alle diese Dinge sind mir täglich durch den Kopf gegangen und thun es noch jetzt mit einer Million anderer, die mir noch peinlicher sind. Und trotzdem werde ich immer zu demselben Entschluss kommen, nämlich abzureisen, und zwar werde ich es bei der ersten Gelegenheit thun, obschon in einem Zustande, als ob man mich durchschneiden und in zwei Hälften trennen wollte." Im Dezember desselben Jahres bittet er De Noyers, ihn seiner Verpflichtung zu entlassen. Er sei krank und würde in Kurzem unbrauchbar werden. Bald würde ihm vom Leben nur noch „das Bedauern zu leben" übrig bleiben. So verzögerte Poussin, theils durch körperliche Leiden bedrängt, theils durch böse Ahnungen beängstigt, die Abreise, bis gegen das Ende des Jahres 1640 sein Gönner, Herr von Chantelou und dessen Bruder, nach Rom kamen, nicht ohne den bestimmten Auftrag von Seiten des Ministers, Poussin zur Reise geneigt zu machen, und ihn womöglich selbst mit nach Frankreich zu bringen. So geschah es auch. In Gesellschaft dieser beiden Herren ging Poussin nach Fontainebleau, und man sieht aus dem obigen Briefe, wie der freundliche und liebevolle Empfang die Besorgnisse des Künstlers beseitigt hat. Ein Brief, den er am folgenden Tage an Cassiano del Pozzo richtete, zeigt dieselbe glückliche Stimmung. Er erzählt darin seinen Empfang bei Richelieu und dem Könige, der ebenfalls sehr günstig war. „Die Bescheidenheit," sagt Poussin, „verbietet mir zu erzählen, in welcher Weise ich von Sr. Majestät aufgenommen wurde." Sehr bald indess treten die Anzeichen einer gewissen Verstimmung hervor, die in dem der römischen Unabhängigkeit gewohnten Künstler die sich häufenden Ansprüche seiner Stellung hervorriefen. Kaum drei Monate waren verflossen, als er (18. April 1641) an Cassiano del Pozzo, der in regelmässigem Briefverkehr mit ihm blieb, derartige Klagen aussprach. „Allerdings," sagt er, „habe ich die Gelegenheit, wenigstens durch meine Bereitwilligkeit zu zeigen, wie sehr ich Ihnen zu dienen wünsche, besonders in dem Bildchen der Taufe Christi, das Sie mir aufgetragen haben

(Louvre 432); aber mein guter Wille wird durch die Lästigkeit derjenigen zu Schanden gemacht, von denen ich abhängig bin und die mir auch nicht eine Stunde freier Zeit übrig lassen." Bottari I. 375. Doch betreibt er eine persönliche Angelegenheit seines Freundes mit lebhaftem Eifer. Vergl. auch die Briefe vom 11. Juni in den *Lettres du Poussin* p. 42 und vom 25. Juli bei Bottari I. 377.

88.

NICOLAS POUSSIN AN HERRN DE CHANTELOU.

Paris, 30. April 1641.

Mein Herr und Gönner! Am vergangenen Dienstag, nachdem ich die Ehre gehabt, Sie nach Mendon zu begleiten, wo wir die Zeit so angenehm verlebten, fand ich bei meiner Rückkehr eine Tonne Wein vor, die Sie mir geschickt hatten, und den man eben in meinen Keller hinunterbrachte. Da Sie gewohnt sind, mein Haus wie mit Geschenken so auch mit Gunstbezeugungen zu überhäufen, so habe ich am Mittwoch einen liebevollen Brief von Ihnen erhalten, worin Sie mich fragen, was mir von dem besagten Wein schiene. Ich habe ihn nun mit meinen Freunden, die ein gutes Glas Wein lieben, geprobt und bin überzeugt, dass er, sobald er sich gesetzt hat, vortrefflich sein wird. Uebrigens werden wir Ihnen, ganz wie Sie es wünschen, zu Diensten sein, denn wir wollen Ihre Gesundheit damit trinken, so oft wir Durst haben und ohne ihn zu sparen. Das Sprichwort hat doch Recht, wo Tauben sind, fliegen Tauben ein[1]. Denn gestern hat mir auch Herr Costage eine so grosse Hirschpastete geschickt, dass man leicht sieht, der Bäcker habe vom Hirsche nichts als die Hörner zurückbehalten. Auch versichere ich Sie, mein Herr! dass ich fortan, vom Sonntag zu beginnen, nicht ermangeln werde, in Freuden zu leben, wie ich vergangenen Sonntag gethan, damit es dann die Woche darauf wie im Schlaraffenlande[2] zugehe. Ich bin Ihnen mehr als irgend ein Mensch auf Erden verpflichtet und auch von allen Ihren Dienern der ergebenste.

Lettres du Poussin p. 36. Trotzdem sich Poussin, wie wir aus diesem Briefe ersehen, gegen die Freuden des Lebens nicht verschliesst, ist er sehr fleissig. In einem undatirten Briefe, der vielleicht Ende Mai geschrieben ist, weicht er einer Einladung des Herrn von Chantelou nach Dangu und Chantilly aus, wegen allzugrosser Beschäftigung. In den nächsten drei Wochen würde er kaum eine Stunde frei haben. Ueberdies fürchtet er sich vor den grossen Tagereisen, die ihm nicht gut bekommen (*Lettres du Poussin* p. 38). Die Arbeit, die ihn so angelegentlich beschäftigte, scheint die Gallerie des Louvre zu sein. Er erzählt in einem Briefe vom 30. Mai Herrn Chantelou,

---

[1] *Chapon mange, Chapon lui vient.*
[2] Pays de Cocagne.

dass er die Eintheilung, die Profile, das Leistenwerk etc. entworfen, dass ein
Herr Perlan als Bildhauer daran beschäftigt sei etc. Zu gleicher Zeit arbeitet
er an den Kartons. Er hofft, die Arbeit würde rasch von Statten gehen, wenig
kosten und nicht undankbar sein. Er verspricht ihm, alle seine Arbeiten mitzutheilen, zu denen noch das Altarbild für die Kapelle von S. Germain (jetzt
im Louvre, *École française* Nr. 428) und die Zeichnung zum Titelbilde der
grossen Bibel („biblia regia") zu rechnen sind, deren Veröffentlichung in der
königlichen Druckerei vorbereitet wurde. D u m e s n i l *Histoire des Amateurs* p. 471.

89.

NICOLAS POUSSIN AN CASSIANO DEL POZZO.

Paris, 20. September 1641.

Ew. hochedle und hochzuverehrende Herrlichkeit kann es mir immer
glauben, dass ich, jedesmal wenn ich die Feder ergreife, um an Sie zu
schreiben, seufze und vor Scham erröthe; und eine grosse Unruhe bemächtigt sich meiner aus keinem andern Grunde, als weil ich mich hier befinde, ohne Ihnen irgend einen Dienst zu erweisen.

Und in der That, das Joch, das ich mir auferlegt habe, verhindert mich,
die Pflicht und Neigung, die mich an Sie knüpft, irgendwie zu bethätigen; aber
ich hoffe, es bald abzuwerfen, um in völliger Freiheit noch einmal meinem
theuren Herrn und Gönner dienen zu können. Ich arbeite ununterbrochen bald
an diesem Werke, bald an einem andern. Und gern würde ich diese Mühen
ertragen, wenn ich nicht die Arbeiten, die eigentlich lange Zeit erforderten,
übers Knie brechen müsste.

Ich schwöre es Ew. Herrlichkeit zu, dass ich, wenn ich länger hier in
diesem Lande bleibe, ein ebenso grosser Pfuscher werden müsste, als alle die
Andern, die hier leben. Die Studien und guten Beobachtungen der Alterthümer
oder was es sonst sei, sind hier durchaus unbekannt, und wer Neigung zum Studium und zu sorgfältiger Arbeit hat, muss sich hier wahrlich weit davon entfernen.
Ich habe nach meinem Entwurfe jetzt die Stukkaturen und Malereien der grossen
Gallerie anfangen lassen [1]), aber, obschon sie diesen . . . . gefallen, zu
meiner geringen Befriedigung: indem ich hier Niemanden finde, der meine Ideen
und Absichten auch nur im Geringsten unterstützt, trotzdem dass ich die Zeichnungen im Grossen und im Kleinen ausführe.

Einst, wenn Gott mir das Leben schenkt, werde ich Ew. Herrlichkeit die
Zeichnung schicken, indem ich hoffe, sie mit Hülfe der winterlichen Nacht-
wachen ins Reine bringen zu können. Das Bild des Abendmahles Christi habe
ich an dem Orte seiner Bestimmung, nämlich zu S. Germain, aufgestellt und ist

[1]) Die Gallerie des Louvre ist nicht vollendet worden, und das Angefangene ist
nicht mehr erhalten. Einige Entwürfe, die Thaten des Herakles darstellend, sind nach
Poussin's Handzeichnungen von *Gelée* gestochen worden.

dasselbe recht gut gelungen. Jetzt arbeite ich an dem Bilde für das Noviziat der Jesuiten; dies ist ein grosses Werk, welches vierzehn Figuren über Lebensgrösse enthält, und ich muss dasselbe in zwei Monaten vollenden, so dass ich aus dieser Rücksicht gezwungen bin, die Arbeit an Ihrer Taufe Christi auf die erste sich darbietende Gelegenheit zu verschieben.

Ich hoffe von Ihrer Güte und unbegrenzten Freundlichkeit, dass Sie mich entschuldigen werden. Herr De Chantelou und De Cambré[1]) grüssen Sie herzlich.

Bottari *Race.* I. 380. Es gewährt ein eigenthümliches psychologisches Interesse, die Unzufriedenheit Poussin's über seine sonst so ehrenvolle Stellung immer mehr und mehr anwachsen zu sehen. In einem Briefe vom 6. September, der ebenfalls an Cassiano del Pozzo gerichtet ist, bedauert er nur wegen allzugehäufter Arbeiten nicht für den Komthur arbeiten zu können. „Ich lege Ihnen," sagt er darin, „Rechenschaft von allen meinen Handlungen, von allen meinen Aufträgen, von Allem mit einem Worte, was ich thue und treibe, ab, aber ich muss fürchten, dass, nachdem ich Ihnen mitgetheilt, wie ich mit Zeichnungen aller Art, mit Bildern von allerlei Gegenständen, mit Gedanken endlich des verschiedensten Inhalts beschäftigt bin, Sie mich tadeln werden, dass ich Ihnen bis jetzt auch noch nicht mit dem geringsten Werkchen jene Liebe, die ich in der That zu Ihnen hege, sowie meinen steten Wunsch, Ihnen zu dienen, bewiesen habe. Glauben Sie nicht, dass mein guter Wille jetzt auch nur im Geringsten weniger entflammt sei, als bisher; da ich mich aber stets auf Ihre weise und rücksichtsvolle Art verlassen habe, so hat sich mein Gemüth ein wenig beruhigt. Ich setze voraus, Ew. Herrlichkeit werde sich selbst denken, dass bei meiner Ankunft viele Arbeiten für mich bereit gehalten wurden, so dass ich, obschon entschlossen, diesen ganzen Monat August für Sie zu arbeiten und namentlich Ihre Taufe Christi im Jordan zu vollenden, doch nicht einen Pinselstrich habe daran thun können, indem ich ausser den andern Sachen für den November ein grosses Bild von 16 Fuss Höhe fertig zu machen hatte, welches der Herr De Noyers dem Noviziat der Jesuiten zum Geschenk macht. Das Werk ist reich an überlebensgrossen Figuren."

Ueber das Altarbild für die Kapelle von S. Germain s. o. Erläut. zu Nr. 88. De Noyers selbst hatte den Gegenstand — das Abendmahl — in bestimmter Weise angegeben. Es wurde im August 1641 vollendet; Poussin forderte 800 Thaler dafür, erklärte aber zugleich, sich auch mit 600 oder 500 begnügen zu wollen. Wie dieses, so befindet sich auch das Bild für das Noviziat der Jesuiten gegenwärtig im Louvre. Letzteres stellt den heiligen Franz Xaver dar, welcher eine Japanerin vom Tode erweckt. Es wurde im Jahre 1763 für die Summe von 3800 Livres für den König erworben. Villot *École française* Nr. 434.

Aus dem obigen Briefe vom 20. September sieht man deutlich, wie sehr das gleichzeitige Bearbeiten verschiedener Gegenstände und die Hast, zu der er dabei gezwungen wurde, der stillen Sammlung zuwiderlief, mit der Poussin sonst zu arbeiten gewöhnt war. Dazu tritt das verletzende Bewusstsein hinzu, dass seine Arbeiten, die allerdings gefielen, doch nicht die innere Anerkennung und das Verständniss fanden, auf welche er selbst einen so grossen Werth legte. So sieht man allmälig, aber sicher den Entschluss in Poussin sich vorbereiten,

---

[1]) Herr von Chambray, der Bruder des Herrn von Chantelou.

diese glänzende Abhängigkeit gegen seine bescheidene Freiheit in Rom wieder
aufzugeben. Bald sollten auch äussere Umstände hinzutreten, um diesen Entschluss zu beschleunigen.

90.

NICOLAS POUSSIN AN HERRN DE CHANTELOU.

Paris, 7. April 1642.

Mein Herr! Ich hatte kürzlich die Ehre, einen Brief von Monseigneur
(De Noyers) zu erhalten, der vom 23. März datirt war und im Anfang
wörtlich Folgendes enthält: „Poussin's Genie will sich in so freier Weise
bethätigen, dass ich ihm nicht einmal dasjenige andeuten darf, was der König
nach dem seinigen wünscht." Nun aber, mein Herr! habe ich niemals erfahren,
was der König von mir, der ich sein unterthänigster Diener bin, wünschte, und
ich glaube auch nicht, dass man ihm gesagt habe, wozu ich eigentlich gut bin.
Ueberdies theilt mir Monseigneur mit, dass es dem Könige sehr lieb sein würde,
wenn ich dem Herrn Lemaire allgemeine Anordnungen angäbe, um unter mir
die Arbeiten an der grossen Gallerie leiten zu können. Ich werde dies, indem
ich sein Bestes wünsche, gern thun; denn wenn er auch bei dieser Arbeit
etwas mager werden dürfte, so wird er doch wenigstens den Gewinn davon
haben. Ich aber vermag ebenso wenig ohne grosse Unklarheit zu verstehen,
was Monseigneur von mir verlangt, als es mir möglich ist, zu gleicher Zeit an
Büchertiteln, an einer Madonna, an dem Bilde für die Kongregation des heiligen
Ludwig, an allen Zeichnungen für die Gallerie und endlich an den Gemälden
für die königlichen Tapeten zu arbeiten. Ich habe nur eine Hand und einen
schwachen Kopf und kann von Niemandem unterstützt oder gefördert werden.

Er meint, ich könne meinen schönen Ideen bei der Arbeit an der besagten
Madonna und der Purifikation der heiligen Jungfrau nachgehen; aber das ist
gerade so, als ob man mir sagte, ich könnte diese oder jene Zeichnung in
meinen verlorenen Stunden fertig machen.

Um aber auf Herrn Lemaire zurückzukommen: ist derselbe genügend, um
das, was ich ihm auftrage, auszuführen, so will ich ihn, sobald er es unternehmen will, von Allem, was zu thun ist, unterrichten; nachher aber will ich
dann keine Hand mehr anlegen. Soll indess gewartet werden, dass ich allgemeine Anordnung aufstelle, wie Monseigneur meint, so muss man mir auch
von keinen andern Beschäftigungen weiter sprechen. Zumal da dies, wie ich
schon öfter gesagt habe, Alles ist, was ich leisten kann. Und wenn ich auch
gänzlich von dieser Arbeit befreit wäre, so sind die Zeichnungen zu den Tapeten
wahrlich hinreichend, mir zu denken zu geben, ohne dass es mir noch nöthig
wäre, mich mit andern Beschäftigungen zu befassen. Sie, mein Herr! werden
mich entschuldigen, wenn ich so frei spreche; meine Natur zwingt mich, alles
Wohlgeregelte aufzusuchen und zu lieben und alle Verwirrung zu fliehen, die
mir ebenso widerwärtig und feindlich ist, als das Licht der düstern Finsterniss.

Ich theile Ihnen dies im Vertrauen mit, indem ich auf die Güte Ihres Wesens vertraue, und Sie, namentlich in diesen Dingen, Monseigneurs Geist bestimmen. Sieur Vincent Manciolla hat mich ersucht, Sie zu fragen, ob er, wie ihm dies seit dem vorigen Jahre vorgeschlagen war, kommen soll, um die Gemälde in dem Täfelwerk der Gallerie des Louvre zu malen; er erwartet Antwort und das Geld zur Reise.

Sieur Angeloni ersucht Sie ganz unterthänigst, ihm die Gunst zu erweisen, dass er einen Brief in Bezug auf die Widmungsannahme seines Buches erhalte; mit dieser Ehrenbezeigung will er diejenigen zum Schweigen bringen, deren vermessene Zunge sich nicht entblöden würde, selbst den Himmel zu beleidigen, und zugleich der Nachwelt einen glänzenden Beweis der Achtung hinterlassen, die er sich erworben hat; es ist dies eine Gunst, die Sie ihm zu erweisen im Stande sind.

Auch der gute Ferrari schwebt in der Erwartung von Monseigneurs Befehl wegen der Widmung seines Buches der Hesperiden an den König; Sie haben darin so grosse Hoffnungen erregt, dass es gestattet ist, es ins Gedächtniss zurückzurufen. Wenn es Ihnen, mein Herr! genehm wäre, mir ein Wörtchen zur Antwort zu geben, so würden Sie die grösste Genugthuung Ihrem Diener gewähren, der bereit ist, Ihnen auf ewig zu dienen.

N.S. Ich habe gehört, dass sich zu Narbonne, an einer gewissen Stelle der Stadtmauer, ein Basrelief von vortrefflichem Styl befinde; Sie könnten Erkundigungen darüber einziehen.

Lettres du Poussin p. 82. Wir sehen hier den offenen Ausbruch der Unzufriedenheit, die sich Poussin's in Folge vieler Misshelligkeiten bei seinen Arbeiten bemächtigt hatte. Um die weitere Verwicklung und den endlichen Bruch dieses Verhältnisses zu verstehen, in dem sich Poussin nicht länger glücklich fühlen konnte, ist zunächst ein Brief zu beachten, den derselbe am 24. April desselben Jahres ebenfalls an seinen Gönner, Herrn von Chantelou, richtete.

„Mein Herr!" heisst es darin. *Lettres du Poussin* p. 86. „Die Briefe, mit denen Monseigneur und Sie die Güte gehabt haben, mich zu beehren, und selbst diejenigen, welche Monseigneur an Herrn De Chambray, Ihren Bruder, geschrieben hat, haben mich veranlasst, ohne Weiteres an Monseigneur einen Brief zu richten, der in der That wenig künstlich, aber voll von Offenheit und Wahrheit war. Ich ersuche Sie als meinen freundlichen Beschützer auf das Inständigste, wenn Monseigneur denselben etwa zu stark gewürzt finden sollte, ihn mit dem Honig jener Ueberredungsgabe zu versüssen, die Sie so gut anzuwenden wissen. Sie werden, glaube ich, sehen, was derselbe enthält, und mir die Gunst gewähren, mit einem Worte darauf zu antworten, wenn Sie anders der Meinung sind, dass er dies verdiene. Ich habe mit Herrn Lemaire, meinem guten Freunde, gesprochen, der bereit ist, den Befehlen des Königs und Monseigneurs in Allem nachzukommen, was fortan in der Gallerie gethan werden muss. Während er noch mit einigen seiner eigenen Privatangelegenheiten beschäftigt ist, werde ich die besagte Arbeit bis zu der Zeit fortführen, wo dieselbe so weit gediehen sein wird, dass bloss noch die Anordnung und die Details darin wiederholt zu werden brauchen. Ich küsse Ihnen mit grosser Liebe die Hand und werde auf ewig Ihr sehr gehorsamer Diener bleiben."

Was ferner den an De Noyers selbst gerichteten Brief anbetrifft, so thut Félibien in seinen *Entretiens sur les vies et les ouvrages des peintres* desselben Erwähnung, nachdem er zuvor die Widerwärtigkeiten erzählt hat, mit denen Poussin zu kämpfen hatte (IV. p. 28 ff.). Wir lassen hier die bedeutendsten der auch in den *Lettres du Poussin* p. 88 mitgetheilten Fragmente folgen.

Er hätte gewünscht, so beginnt Poussin seinen Brief, gleichwie dies früher ein Weltweiser gethan, dass man das, was im Innern des Menschen gedacht werde, zu sehen im Stande wäre. Denn man würde darin nicht nur das Laster und die Tugend entdecken, sondern auch die Wissenschaften und die guten Lehren, und dies würde für gelehrte Personen von grossem Vortheil sein, indem man die Verdienste derselben besser zu erkennen im Stande sein würde. Da es sich nun aber in der Wirklichkeit anders verhalte, so sei es ebenso schwer, von den Fähigkeiten der Menschen in Wissenschaft und Kunst, als von deren guten oder bösen Neigungen in Bezug auf die Sitten ein richtiges Urtheil zu fällen.

Alles Studium und alle Anstrengungen der gelehrten Leute können die übrigen Menschen nicht dazu verbinden, einen vollständigen Glauben zu dem zu haben, was jene sagen. Dies sei zu allen Zeiten in Betreff der Maler zur Genüge anerkannt worden, sowohl der früheren, als auch der neueren Zeiten, wie z. B. von einem Annibale Caracci und Domenichino, die weder der Kunst noch des Wissens ermangelten, um darnach ihr Verdienst richtig beurtheilen zu können, und trotzdem sei dasselbe nicht erkannt worden, theils in Folge ihres bösen ungünstigen Geschickes, als auch wegen der Umtriebe ihrer Neider, die sich während ihres ganzen Lebens einer durchaus unverdienten Achtung und Ehre erfreuten. Er — Poussin — könne sich in Bezug auf ihr Unglück mit den Caracci und Domenichino gleichstellen.

Indem er sich nun zu Herrn De Noyers wendet, beklagt er sich darüber, dass er den Verleumdungen seiner Feinde Gehör schenke; er, der gerade sein Beschützer sein sollte, indem er ja derjenige wäre, der die Veranlassung zu seiner Verleumdung gäbe, indem er die Bilder jener von ihren bisher innegehabten Plätzen habe wegnehmen lassen, um seine — Poussin's — Bilder an deren Stelle zu setzen.

Alle diejenigen, welche früher die Hand bei dem Anfange der Arbeiten in der grossen Gallerie gehabt und die Erwartung gehegt hätten, dabei einigen Gewinn zu machen, seien ebenso wie diejenigen seine Feinde geworden, welche gehofft hätten, Bilder von seiner Hand zu bekommen, und die sich nun wegen des Verbotes, nichts für Privatpersonen zu arbeiten, in ihrer Hoffnung getäuscht sähen, — alle diese schrieen nun fortwährend gegen ihn. Er hätte nun allerdings von jenen nichts zu fürchten, indem er sich, Gott sei es gedankt! solche Güter erworben hätte, die nicht von der Gunst des Zufalls abhängen und die man ihm rauben könne, sondern mit denen er überall hinzugehen im Stande sei; trotzdem aber würde ihm der Schmerz, sich so misshandelt zu sehen, genug Stoff an die Hand geben, um die Gründe nachzuweisen, wonach seine Ansichten gegründeter als die der Andern sind, und ihm — De Noyers — die Schlechtigkeit seiner Verleumder zur Kenntniss zu bringen. Die Besorgniss indess, ihm langweilig zu werden, veranlasse ihn, ihm nur mit kurzen Worten zu bemerken, dass diejenigen, welche ihm die Last an den in der grossen Gallerie begonnenen Arbeiten verleiden wollten, entweder Unwissende oder Böswillige seien. Alle Welt könne so darüber urtheilen, und er selbst müsse es doch bemerken, dass er nicht durch Zufall, sondern aus guten Gründen von den Fehlern und Monstruositäten abgewichen sei, die Lemercier begonnen habe. Denn der Art seien doch die lastende und widerwärtige Schwerfälligkeit des

Werkes; die Gedrücktheit der Wölbung, die sich herabzusenken scheine; die äusserste Frostigkeit der Komposition; der melancholische, dürftige und trockene Anblick aller einzelnen Theile; die Zusammenstellung gewisser feindlicher und entgegengesetzter Dinge, die den Sinnen ebenso unleidlich ist, als der Vernunft, wie z. B. etwas zu Plumpes und etwas zu Leichtes, das zu Grosse und das zu Kleine, das zu Starke und das zu Schwache — nebst einem ganzen Gefolge anderer unangenehmer Dinge.

„Es gab darin keine Mannigfaltigkeit; nichts vermochte sich selbst zu erhalten; man fand darin weder irgend eine Folge, noch irgend einen Zusammenhang. Die Grösse der Felder hatte kein Verhältniss mit deren Abständen, und dieselben konnten nicht bequem betrachtet werden, weil sie mitten in der Wölbung und gerade über dem Kopfe der Beschauer angebracht waren, die sich, so zu sagen, bei deren Betrachtung hätten blind sehen müssen. Die ganze Eintheilung war mangelhaft, indem sich der Architekt nach gewissen Konsolen gerichtet hat, welche längs des Karniesses angebracht sind und welche nicht in gleicher Zahl auf beiden Seiten vorhanden sind, indem sich vier auf der einen und fünf auf der entgegengesetzten Seite befinden. Man hätte also das ganze Werk von Neuem beginnen oder unerträgliche Fehler darin bestehen lassen müssen."

„Denn es giebt zwei Arten, die Gegenstände zu betrachten: entweder man sieht sie einfach an, oder man betrachtet sie mit Aufmerksamkeit. Einfach sehen heisst nichts Anderes, als auf natürliche Weise Form und Bild des gesehenen Gegenstandes im Auge zu empfangen. Einen Gegenstand aber betrachtend sehen, heisst, ausser der einfachen und natürlichen Abspiegelung desselben im Auge, auch mit besonderer Sorgfalt die Mittel aufsuchen, um denselben Gegenstand richtig zu erkennen. So kann man also sagen, dass der einfache Anblick eine natürliche Operation und dass dasjenige, was ich „Prospekt" nenne, eine Thätigkeit der Vernunft ist, welche von drei Dingen abhängt: nämlich vom Auge, von der Gesichtslinie und von der Entfernung des Gegenstandes vom Auge. Von dieser Kenntniss wäre es sehr zu wünschen, dass diejenigen wohl unterrichtet wären, welche sich damit befassen, in solchen Dingen ihr Urtheil abzugeben."

Darauf folgt eine spezielle Rechtfertigung der von ihm vorgenommenen Veränderungen. Nur Einiges von allgemeinerem Interesse soll hier hervorgehoben werden. So erwidert er auf den Einwurf, die Decke der Gallerie sei nicht reich genug: Man habe ihm niemals aufgetragen, das reichste Werk herzustellen, das er zu ersinnen vermöchte, und wenn man ihn wirklich dazu hätte bestimmen wollen, so würde er offen seine Meinung geäussert und seinen Rath dahin gegeben haben, ein so grosses und schwer auszuführendes Werk nicht zu unternehmen: erstens wegen des Mangels von Arbeitern in Paris, welche im Stande wären daran zu arbeiten; sodann wegen der allzulangen Zeit, welche darauf hätte verwendet werden müssen; und drittens endlich wegen der übermässigen Kosten, die es ihm Unrecht schiene, auf eine so ausgedehnte Gallerie zu verwenden, die doch nur zu einem Durchgange diene und eines Tages wieder in einen ebenso schlechten Zustand verfallen könnte, als er dieselbe vorgefunden hätte. „Denn die Achtlosigkeit und der Mangel an Liebe für das Schöne bei unseren Landsleuten sind so gross, dass man, kaum dass derartige Werke vollendet sind, auch schon keinen Werth mehr darauf legt und sogar im Gegentheil oft Vergnügen daran findet, sie zu zerstören." So glaube er dem Könige einen sehr guten Dienst geleistet zu haben, indem er ein Werk von reinerem Geschmack und grösserer Anmuth und Mannigfaltigkeit, und zwar in kürzerer Zeit und mit viel geringeren Kosten herstellte, als das, welches man begonnen hatte, geworden wäre. Wollte man indess auf die verschiedenen Ansichten und neuen Vorschläge hören, welche seine Feinde alle Tage machen könnten, und würden diese günstiger aufgenommen, als was er sich herzustellen bestrebe, trotz der guten Gründe, die er dafür anzuführen habe, so könne er sich dem nicht widersetzen. Im Gegentheil würde er seine Stelle gern Andern abtreten, die man für fähiger dazu erachtete. Wenigstens würde er dann die Freude haben, die Veranlassung gewesen zu sein, dass man in Frankreich geschickte Leute entdeckt habe, die man zuvor nicht gekannt habe und die im Stande seien, Paris mit vortrefflichen und für die Nation ruhmvollen Werken zu verherrlichen.

In Bezug auf sein Bild für das Noviziat der Jesuiten sagt er: Diejenigen, welche da behaupten, dass sein Christus mehr einem donnernden Jupiter als einem Gott der Barmherzigkeit ähnlich sehe, möchten nur überzeugt sein, dass es ihm niemals an Geschick fehlen werde, seinen Figuren einen ihrer Bedeutung entsprechenden Ausdruck zu geben, dass er sich aber niemals einen Christus, in welcher Handlung es auch sei, mit einem Muckergesicht [1]) oder dem eines „Pater Douillet“ vorstellen könne und möge; zumal da es, so lange Christus auf Erden unter den Menschen weilte, schwer gewesen sei, ihm in's Angesicht zu blicken.

Schliesslich bittet er um Entschuldigung wegen seiner Art sich auszudrücken; er habe bisher mit Personen gelebt, die ihn aus seinen Werken zu verstehen wussten: gut zu schreiben sei nicht sein Geschäft. Er fühle sehr wohl, was er zu leisten vermöge, ohne sich darin zu überschätzen oder um Gunst zu buhlen, sondern um stets Zeugniss von der Wahrheit abzulegen und niemals in Schmeichelei zu verfallen, welche Eigenschaften zu entgegengesetzter Natur seien, um sich jemals beisammen zu finden.

Wie in dem Brief an Chantelou vom 24. April spricht er auch in einem andern vom 26. Mai die Besorgniss aus, in seinem Schreiben an De Noyers etwas zu weit gegangen zu sein (*Lettres du Poussin* p. 101). Er bittet ihn, die Härten darin etwas zu mildern. Es sei zu unerträglich, den dummen Tadel von Ignoranten anzuhören. Er sei bereit, die Arbeiten in der Gallerie an Herrn LEMAIRE abzugeben, „wenn es Monseigneur gefällt, dass ich, ehe ich sterbe, noch etwas in Frankreich ausführen kann, das dem geringsten Ruhm entspreche, den ich bei Kennern erworben habe.“

Die Unzufriedenheit POUSSIN's macht sich zu derselben Zeit auch in einigen beiläufigen Aeusserungen an Cassiano del Pozzo Luft. So in einem Briefe vom 9. Mai 1642, worin er ihm die Angelegenheit eines Freundes in Rom zu fördern bittet (Bottari I. 398): Ueber die Madonnen, die Bücher des Pirro Ligorio könne er nichts erfahren. Denn Nichts sei dem Sinne dieser Menschen (in Paris) widerwärtiger, als öfter an eine und dieselbe Sache zu denken: „während ich dies Eine sage, verschweige ich viel Anderes, was ich dem Papier nicht anvertrauen mag.“ In einem anderen vom 22. Mai d. J. (Bottari I. 100) fürchtet er, dass die „Intriguen“ am Hofe die Angelegenheit Ferrari's verzögern werden. Dieser nämlich wünschte sein schon oben angeführtes Werk „*Hesperides*“ (über die Kultur der Orangenbäume) dem Könige von Frankreich dediciren zu dürfen, wie Francesco Angeloni für seine „*Historia Augusta*“ die Annahme der Dedikation und eine Geldunterstützung namentlich durch die Bemühung POUSSIN's erlangt hatte. Auch für Ferrari bemühte sich POUSSIN vielfach, ohne jedoch die erwünschte Erlaubniss erhalten zu können. Bottari I. 391 (Du-

---

[1]) *Torticolis*. Kopfhänger.

mesnil p. 185). — In Bezug auf den grossen Brief an De Noyers ist noch
zu bemerken, dass derselbe für den Augenblick einen günstigen Erfolg gehabt
zu haben scheint. Wenigstens spricht POUSSIN in einem Briefe an Herrn von
Chantelou vom 6. Juni 1642 seine Freude aus, über seine Feinde triumphiren
zu können (*Lettres du Poussin* p. 104). Indess war dieser augenblickliche
Erfolg nicht im Stande, POUSSIN seine Stellung angenehmer zu machen. Zu
den Unannehmlichkeiten, die sich ihm von allen Seiten entgegenstellten, kam
noch die Rauhheit des Pariser Klima's, die seinen an die milde Luft Roms
gewöhnten Körper in gefährlicher Weise angriff, wie er dies in mehreren Briefen
aus dem Jahre 1642 an seine Freunde ausspricht. Genug, alles vereinigte sich,
um ihn zu bestimmen, sich Urlaub zu erbitten. Er wolle, sagte er, nach Rom
gehen, um seine Angelegenheiten zu ordnen, seine Frau mit sich nach Frankreich zurückzuführen und dann den Aufträgen des Hofes in grösserer Ruhe nachkommen zu können. Er erhielt die erbetene Erlaubniss und reiste gegen Ende
des Monats September 1642 von Paris ab, um am 5. November desselben Jahres
in seinem geliebten Rom einzutreffen. Der bald darauf erfolgte Tod Richelieu's
(4. Dezember 1642) und der des Königs (11. Mai 1643) trugen gewiss nicht
wenig dazu bei, seinen Wunsch, in Rom zu bleiben, zum festen Entschlusse
reifen zu lassen, zumal da auch sein Gönner, De Noyers, sich gänzlich vom
Hofe und den Staatsgeschäften zurückzog. So von den Verpflichtungen, die ihn
bisher gefesselt hatten, befreit, konnte er dem Zuge seines Herzens nachgeben
und in der ewigen Stadt bleiben, die er in der That auch nicht wieder verlassen hat.

91.

NICOLAS POUSSIN AN HERRN DE CHANTELOU.

Rom, 18. Juni 1645.

Ich würde, mein Herr! Stoff haben, Ihnen sehr viel zu schreiben, wenn
ich auf alle die Artigkeiten antworten wollte, welche Sie mir in dem
letzten Briefe erweisen, mit dem Sie mich beehrt haben. Ich will nur
das Eine sagen, dass Ihre Briefe mir nur Gutes, Trost und Freude bringen;
das Vergnügen, das ich darüber empfinde, ist immer neu und vergrössert fortwährend meine Freude, Ihnen dienen zu können. Glauben Sie also nicht,
dass ich die auf das Lesen und selbst Beantworten derselben verwendete Zeit
verliere. Vielmehr müsste ich der Erste sein, mich bei Ihnen zu entschuldigen,
dass ich Sie, indem ich zudringlicher Weise Ihre Verwendung für meine Angelegenheiten in Anspruch nehme, von Ihren so zahlreichen Beschäftigungen
abziehe. Das Vertrauen, welches ich auf Ihre Güte setze, ist der Grund, dass
ich Sie sogar mit Gegenwärtigem von Neuem belästige und Sie in einer mir
sehr wichtigen Angelegenheit um Ihre Hülfe bitten werde. Sie wissen nämlich,
mein Herr! dass meine Abwesenheit einigen Vermessenen Grund zu der Einbildung gegeben hat, dass ich, weil ich bisher noch nicht nach Frankreich
zurückgekehrt bin, überhaupt die Lust verloren hätte, jemals dahin zurückzukehren. Diese falsche Vermuthung hat dieselben ohne allen anderen Grund

zu tausend Versuchen veranlasst, um mir ungerechter Weise das Haus zu
rauben, welches der verstorbene König, sehr glücklichen Angedenkens, die
Gnade gehabt hatte, mir auf meine Lebenszeit zu verleihen. Sie wissen auch,
dass die Sache schon so weit gediehen ist, dass sie von der Königin die Erlaubniss erhalten haben, sich darin einzurichten und mich zu exmittiren; Sie
wissen endlich, dass sie falsche Briefe geschmiedet haben, woraus sich ergeben
sollte, ich hätte behauptet, niemals wieder nach Frankreich zurückkehren zu
wollen, um durch diese Lüge die Königin leichter zur Gewähr ihrer Bitte zu
bestimmen. Ich bin in Verzweiflung darüber, dass eine solche Ungerechtigkeit
kein Hinderniss findet. Gerade jetzt, wo ich Lust hatte, zum Herbst zurückzukehren, um die Süssigkeit des Vaterlandes zu geniessen, wo doch am Ende
ein Jeder zu sterben wünscht, gerade jetzt sehe ich mir dasjenige entrissen,
was mich am meisten zur Rückkehr einlud. Ist es denn möglich, dass Niemand
mein Recht vertheidigt und sich der Frechheit eines gemeinen Lakaien ent-
gegensetzt? Haben die Franzosen so wenig Liebe für ihre Mitbürger, deren
Verdienste ihrem Vaterlande zum Ruhme gereichen? Will man es dulden,
dass ein Mensch, wie Samson, einen Mann aus seinem Hause werfe, dessen
Name von ganz Europa genannt wird? Das allgemeine Interesse selbst erlaubt
nicht, dass dies geschehe: und deshalb, mein Herr! ersuche ich Sie dringend,
wenn es kein anderes Mittel giebt, es wenigstens den anständigen Leuten zur
Kenntniss zu bringen, welches Unrecht mir angethan wird, und überall, wo Sie
es vermögen, mein Beschützer zu sein. Da Sie ferner den Stand meiner Angelegenheiten kennen, so wissen Sie auch, dass ich für einen Theil meiner
Arbeiten noch nicht bezahlt worden bin. Wenn Sie mir in dieser Sache zu
Hülfe kommen können, so hoffe ich, gegen Allerheiligen in Frankreich zu sein;
wenn aber die Ungerechtigkeit den Sieg über das gute Recht und die Vernunft
davonträgt, so werde ich Grund haben, mich über den Undank meines Vaterlandes zu beklagen, und gezwungen sein, wie ein Verbannter oder Verstossener
fern von meiner Heimath zu sterben. Weiter will ich Sie aber mit diesem
Gegenstande nicht behelligen, sondern darüber schweigen, bis Sie mir ein paar
Worte darauf geantwortet haben.

Ich bin noch immer damit beschäftigt, einige schöne antike Marmorbüsten
aufzusuchen, glaube aber am Ende, dass Sie sich mit dem, was mir bisher vorgekommen, werden begnügen müssen, indem es unmöglich ist, Alles, was man
haben möchte, zu erhalten. Ihr Bild der Firmelung lasse ich in seinem jetzigen
Zustande, bis die Jahreszeit wieder zum Arbeiten bequemer ist; der Anfang
dieses Sommers erschreckt uns, indem die Hitze plötzlich übermässig gross
geworden ist. Wir haben in unserer Stadt hier jetzt den guten Herrn Dufresne,
von der Druckerei, der sich wohl befindet. Gestern Abend, als wir mit einander plauderten, sagte er mir, dass Sie Lust hätten, Rom noch einmal wiederzusehen. Ich bitte Gott, dass dies vor meinem Ende geschehen möge, damit
ich noch einmal das Glück Ihrer Gegenwart geniessen kann.

Uebrigens bitte ich Sie, mein Herr! inständigst — sollte es sich ereignen, dass man für die . . . . die Sie wissen, etwas Geld von denen erhalten könnte, die sie zu besitzen wünschen, so verhindern Sie doch gar nicht, dass dies geschehe: Sie werden damit auf ewig verpflichten Ihren ergebensten und gehorsamsten Diener Poussin.

NS. Ich küsse mit grösster Ergebenheit die Hand Ihres Herrn Bruders, des Herrn von Chantelou, dessen wohlgeneigtester Diener ich bin.

Lettres du Poussin p. 216. — Wir haben oben gesehen, dass Poussin gegen Ende des Jahres 1642 nach Rom zurückgekehrt war. Alle seine späteren Briefe sind von dort aus datirt; die meisten waren an seinen Freund und Gönner, Herrn von Chantelou gerichtet, dem er stets die vertraulichsten Mittheilungen über sein Leben und seine Arbeiten macht. Schon aus dem ersten dieser Briefe vom 1. Januar 1643 ersieht man, wie wohl sich Poussin fühlt „in seinem kleinen Hause und dem ruhigen Zustande, den ihm Gott gewährt hat". Die Nachricht vom Tode des Königs und vom Zurücktritt des Herrn De Noyers erschüttert ihn tief. „Er habe," schreibt er am 9. Juni 1643, „weder Tag noch Nacht Ruhe gehabt. Endlich aber habe er sich entschlossen, das Böse ruhig zu ertragen. Unglück und Elend seien uns Allen so sehr gemeinsam, dass er sich nur wundern könne, wenn verständige Menschen darüber zürnen und nicht viel eher darüber lachen als seufzen. Wir haben einmal Alle nichts zu eigen, sondern Alles ist uns nur geliehen." Trotz mancherlei Aerger mit jüngeren Malern, die unter seiner Aufsicht für Herrn von Chantelou berühmte ältere Gemälde zu kopiren haben, gefällt es Poussin so wohl in Rom, dass er schon am 5. Oktober 1643 die Absicht ausspricht, nicht wieder nach Paris zurückzugehen. „Wenn Herr Remy," schreibt er an Chantelou, „Ihnen etwas von meiner Rückkehr gesagt hat, so beachten Sie wohl, dass ich ihm davon nur gesprochen habe, um Denen, die nach meinem Hause im Tuilerien-Garten trachten, ein Vergnügen zu machen. Denn die Wahrheit zu gestehen, ich wüsste nicht, was mich bei der Abwesenheit des Herrn De Noyers bewegen könnte, nach Frankreich zurückzukehren" (*Lettres du Poussin* p. 139). Ueberdies würde er alt, und mit dem Alter sei es wie mit dem Heirathen. Erst sehne man sich nach beiden, und wenn man dazu gekommen sei, missfalle einem Beides. Sein Entschluss, nicht wieder nach Paris zu gehen, war so fest, dass er Chantelou ersucht, etwas Geld aus dem Meublement zu machen, das ihm Monseigneur De Noyers geschenkt habe. So darf man sich denn nicht wundern, dass man in Paris über das ihm von König Ludwig XIII. geschenkte Haus anderweitig verfügte und es anderen Personen einräumte. Als Poussin davon hörte, schrieb er den obigen Brief, wohl den heftigsten und leidenschaftlichsten, der sich in seiner ganzen Korrespondenz befindet. Man darf den Künstler nicht allzu hart beurtheilen, wenn er sein gutes Recht — das Haus war ihm durch ein Brevet des Königs auf Lebenszeit zugesprochen — verfolgt; aber man kann es andererseits auch nicht verkennen, dass er sich jene anderweitige Verfügung über die Benutzung des Hauses selbst zugezogen hatte. Hatte er doch geflissentlich seinen Entschluss, nicht nach Paris zurückzukehren, zu verschiedenen Personen ausgesprochen, so dass ihm durch die zeitweilige Benutzung des Hauses gar kein Unrecht angethan wurde. Die Versicherung aber, dass er „gerade jetzt Lust gehabt, zurückzukehren", ist nach dem, was wir oben angeführt haben, wohl schwerlich eine ernst gemeinte und gewiss auch von Herrn von Chantelou nicht als solche betrachtet worden. Auch haben die Einwendungen Poussin's, wie sich voraussehen liess, keinen Erfolg gehabt, umsoweniger als sein Gönner

De Noyers am 20. Oktober 1615 starb, und Poussin nunmehr alle weiteren Bemühungen in dieser Angelegenheit aufgab.

Das von Poussin erwähnte Bild gehört zu der Reihe der Sakramente, die er — nach dem Vorbilde der für Cassiano del Pozzo gemalten — für Herrn von Chantelou ausführte. Dufresne war der erste Direktor der Königl. Druckerei in Paris. Als Mann von vielseitigen Kenntnissen begleitete er in der Eigenschaft eines Bibliothekars die Königin Christine von Schweden nach Rom, kehrte aber später wieder nach Frankreich zurück, wo er im Jahre 1661 starb. Womit die Lücke am Schluss des Briefes auszufüllen sei, ist schwer zu sagen. Es ist, wenn auch nicht wahrscheinlich, doch möglich, dass das Mobiliar des Hauses in Paris gemeint sei, um dessen Verkauf Poussin allerdings schon früher Herrn von Chantelou ersucht hatte.

92.

NICOLAS POUSSIN AN HERRN DE CHANTELOU.

Rom, 7. April 1647.

Ich gestehe, mein Herr! und dies ist die reine Wahrheit, dass alle Briefe, mit denen Sie mich beehren, mir zugleich Freude und Nutzen verursachen. Ihr letztes Schreiben vom 15. März hat auf mich denselben Eindruck, als die früheren gemacht, und sogar noch einen etwas grösseren, indem Sie mir durch dasselbe ohne Verhüllung und trügerische Färbung die Meinung zu erkennen geben, die man über mein zuletzt gesandtes Bild hegt. Ich bin nicht darüber böse, dass man mich tadle und kritisire; bin ich doch seit langer Zeit daran gewöhnt, indem mich kein Mensch jemals geschont hat! Oft im Gegentheil bin ich die Zielscheibe, nicht bloss des Tadels, sondern auch der Verläumdung gewesen, was mir in der That zu nicht geringem Vortheil gereicht hat: denn indem dadurch verhindert wurde, dass mich ein falscher Dünkel verblendete, bin ich veranlasst worden, vorsichtig in meinen Arbeiten zu Werke zu gehen — eine Gewohnheit, der ich mein ganzes Leben lang treu zu bleiben gedenke.

Auch werden Diejenigen, die mich tadeln, obschon sie mich nicht lehren können, es besser zu machen, wenigstens die Veranlassung sein, dass ich dazu die Mittel in mir selbst finde. Eine einzige Sache aber werde ich allerdings immer wünschen, und diese werde ich nicht allein niemals erreichen, sondern ich werde auch nicht einmal wagen, sie zu erkennen zu geben, aus Furcht, einer zu grossen Anmaassung geziehen zu werden. — Ich will Ihnen daher nur sagen, dass ich, als ich den Gedanken fasste, das Bild der Taufe, so wie es jetzt ist, zu malen, in demselben Augenblicke auch schon das Urtheil voraussah, das man darüber fällen würde; und es giebt hier glaubwürdige Zeugen, die Sie dessen mündlich versichern könnten.

Ich zweifele nicht, dass die grosse Masse der Maler behaupten wird, man ändere seinen Styl, wenn man, so wenig es auch sei, aus seinem gewohnten

Ton herausgeht; denn die arme Malerei ist jetzt auf den Kupferstich reducirt, und was die Skulptur betrifft, hat Jemand dieselbe, ausser in der Hand der Griechen, jemals lebendig gesehen? Ich könnte Ihnen über diesen Gegenstand sehr wohlbegründete Dinge sagen, die aber doch Niemand von den Leuten verstehen würde, welche von dort aus meine Werke beurtheilen. Ich bitte Sie nur, die Bilder, die ich Ihnen schicken werde, wie Sie es gewohnt sind, mit günstigem Auge aufzunehmen, obgleich alle in verschiedener Weise gemalt und kolorirt sind, indem ich Ihnen die Versicherung gebe, dass ich alle meine Kräfte anstrengen werde, um der Kunst, Ihnen und mir selber Genüge zu leisten. Da ich die Hoffnung hege, Ihnen zu Mitte Mai oder ungefähr um diese Zeit das Bild der Busse schicken zu können, so werde ich die Bezahlung dafür, wie Sie es befohlen haben, von Herrn Géricaut erheben, ohne damit Zeit zu verlieren, auf Ihre Wechselbriefe zu warten. Morgen früh werde ich die Form des farnesischen Herkules und die Kopie der Transfiguration an einen sicheren Ort bringen lassen [1], um sie Ihnen bei der ersten Gelegenheit, die sich darbietet, zu Wasser zuzusenden.

Was das Verhalten des Herrn Thibaut [2] Ihnen gegenüber anbelangt und die geringe Genugthuung, die Sie von ihm haben, so bin ich darüber ganz erstaunt und kann Ihnen nur die Versicherung geben, dass ich selbst in dieser Beziehung getäuscht worden bin. Ich hatte allerdings gesehen, dass er seine Arbeiten zu hoch schätzte, dass er zu eifersüchtig darauf war, und konnte ich es nicht von ihm erlangen, dass er mir seine Modelle anvertraute, als Sie mir den Auftrag gaben, dieselben von ihm in Empfang zu nehmen; in der Ueberzeugung aber, dass dieselben alle Ihnen gehörten, und dass er sie Ihnen selbst überbringen würde, war ich weit von der Vermuthung entfernt, dass von seiner Seite Doppelzüngigkeit dabei im Spiele sei. In das Herz der Menschen kann man nicht blicken — auch auf diesen hatte ich mich verlassen, und ich fange fast an zu fürchten, dass er es mir ebenso lohne, wie Ihnen [3].

Jetzt giebt es hier Niemanden in Rom, der ein gutes Portrait machen kann; das ist der Grund, dass ich Ihnen nicht sobald das verlangte Bildniss schicken werde. Ich bin, mein Herr, Ihr ergebenster etc.

Der in den *Lettres du Poussin* p. 258 mitgetheilte Brief gewährt einen lehrreichen Blick in Poussin's Ansichten über seine eigene Kunstweise. Es ist damit eine Aeusserung in dem nächsten Briefe vom 3. Juni zu vergleichen: Er sehe wohl, dass Herr von Chantelou an der Taufe nicht das Vergnügen finde, wie an den anderen Bildern, obschon er ihm dies zu verbergen suche. Er versichere ihm, mit derselben Liebe und demselben Fleisse daran gearbeitet zu haben, während derselben Zeit und mit demselben Wunsch, etwas Gutes zu

---

[1] Aus einem späteren Briefe geht hervor, dass der „sichere Ort" für die Formen sein eigenes Haus sei, dessen eine Hälfte von denselben eingenommen werde. Er wolle sie bis auf weitere Bestimmung aufheben.

[2] Bildhauer von Abbeville, gestorben zu Paris 1668.

[3] Vergl. 3. November 1647. *Lettres du Poussin* p. 271 dieselbe Entschuldigung.

leisten. Aber der Erfolg unserer Unternehmungen sei nur selten ein gleicher; dem seien alle Menschen unterworfen.

Von einem Freunde Chantelou's, der bald Rom verlassen und nach Paris gehen würde, sagt er wörtlich: „Er gehört zu jenen Ketzern, die da glauben, dass Ihr Diener POUSSIN in der Malerei einiges nicht ungewöhnliche Talent besitze; auch fürchte ich sehr, man werde ihn steinigen, wenn er nicht stillschweigt, denn es ist nicht mehr die Zeit, die Blinden sehend zu machen; auch Christus wollte man übel deshalb!"

Aus Allem sieht man, dass der Tadel, den das Bild in Paris erfahren, POUSSIN in nicht gewöhnlicher Weise berührt hat. Indem er das Bild der Busse absendet, sagt er: „Er wisse nicht, ob dasselbe genügen würde, die Schuld der früheren Fehlgriffe wieder auszulöschen." Jedenfalls benimmt er sich in der ganzen Angelegenheit fein und bescheiden. *Lettres du Poussin* 261 ff. Aehnlich die Aeusserung vom 1. September 1617. Er könnte ihm auf seinen Brief manches Schöne erwidern, wenn er nur schön zu schreiben vermöchte. So hielte er es denn für passender, sich offenkundigeren Dingen, als Worte es sind, zuzuwenden. Er wollte, indem er es künftighin besser machte, versuchen, sich selbst von der Furcht zu befreien, man könne schlecht über seine Werke urtheilen. So würde er sich und ihm am besten genügen. *Lettres du Poussin* p. 270.

Was die Aeusserungen am Schlusse unseres Briefes anbelangt, so beziehen sich dieselben auf Chantelou's Bitte, POUSSIN möchte ihm sein Portrait schicken. Dieser wollte dasselbe von einem Andern malen lassen, fand aber keinen, der es ihm zu Dank zu machen im Stande war. In einem Briefe vom 16. August 1648 kommt er auf die Angelegenheit zurück und spricht seinen Aerger aus, zehn Pistolen für einen Kopf „*de la façon de M. Mignard*" (später einer der angesehensten französischen Maler) bezahlen zu sollen. Und der mache es noch am besten, obschon seine Portraits kalt und geschminkt, ohne Kraft und Frische seien. Endlich entschliesst er sich, sein Bild selbst zu malen, und zwar in mehreren Exemplaren. Dasjenige, welches am besten gelingen würde, sagt er Chantelou zu, aber mit der Bitte, Niemandem etwas davon zu sagen, damit keine Eifersucht entstehe (20. Juni 1649). Indessen arbeitet er nicht gern daran; seit 28 Jahren habe er kein Portrait gemalt; nur aus Liebe zu Chantelou wolle er es vollenden (13. März 1650). Am 29. Mai 1650 meldet er dann die Vollendung. Chantelou solle es als einen Beweis seiner grossen Liebe betrachten. Das Portrait muss Chantelou ungemein gefallen haben; denn am 29. August 1650 schreibt ihm POUSSIN, sowohl sein Lob, als das Geschenk, das er ihm dafür gemacht, sei zu gross und übertrieben. Es wäre genug gewesen, das Bild in seinem Kabinet aufzuhängen, ohne ihm noch die Börse mit Pistolen zu füllen. Er nennt es „eine Art Tyrannei" von Chantelou, ihn immer mehr zu verpflichten.

93.

NICOLAS POUSSIN AN HERRN DE CHANTELOU.

Rom, 24. November 1617.

Mein Herr! Gegenwärtiges soll als Antwort auf Ihre beiden letzten Briefe vom 23. Oktober und vom ersten dieses Monats dienen. Ich komme dem Versprechen nach, das ich Ihnen gegeben habe, d. h. ich setze meine Pinsel für Niemanden anders, als für Sie an, ehe ich nicht Ihre sieben

Sakramente vollendet habe. Und so habe ich denn auch sogleich nach Absendung des Abendmahles, welches das sechste ist, die Hand an das letzte gelegt, welches Sie am wenigsten lieben sollen. Und dennoch hege ich die Erwartung, dass es demjenigen der sechs andern nicht untergeordnet sein wird, welches Ihnen am besten gefällt. Ich bin für mein letztes Bild durch einen Gehülfen des Herrn Géricaut bezahlt worden, wie Sie es aus dem auf Sie ausgestellten Wechsel ersehen haben, sowie auch aus dem Briefe, in welchem ich Ihnen die Absendung des besagten Bildes gemeldet habe, und der Ihnen zweifelsohne vor dem gegenwärtigen zugegangen ist.

Da Sie mir Herrn Delisle empfehlen, so habe ich mich entschlossen, demselben zu Diensten zu sein, obschon ich mir vorgenommen hatte, jetzt einmal etwas für mich selbst zu machen, ohne mich weiter den Launen Anderer und namentlich Derjenigen zu unterwerfen, die nur mit den Augen fremder Leute sehen. Der genannte Herr aber muss sich zu einer für einen Franzosen schwierigen Sache entschliessen, zur Geduld.

Ich habe Ihre Empfehlungen dem Herrn Ritter Del Pozzo dargebracht, und derselbe hat sie mit seiner gewohnten Artigkeit entgegengenommen. In Bezug auf das, was Sie mir in Ihrem letzten Briefe schreiben, so ist es mir ein Leichtes, den von Ihnen gehegten Verdacht zurückzuweisen, als wenn ich Sie weniger, als irgend eine andere Person ehrte, oder für Sie eine geringere Anhänglichkeit hätte. Wenn dem so wäre, weshalb hätte ich Sie während eines Zeitraums von fünf Jahren so vielen Leuten von Verdienst und hohem Range vorgezogen, die auf das Dringendste verlangt haben, ich sollte ihnen etwas arbeiten, und die mir dabei auf das Freigebigste ihre Börsen zur Verfügung gestellt haben, wogegen ich mich mit einem so mässigen Preise von Ihrer Seite begnügte, dass ich nicht einmal das mir von Ihnen Gebotene habe annehmen wollen?

Und nachdem ich Ihnen das erste Ihrer Bilder geschickt hatte, welches eine Komposition von nur sechzehn oder achtzehn Figuren war, warum habe ich da, anstatt nur dieselbe oder gar eine geringere Zahl auf den nachfolgenden, wie ich es gekonnt hätte, anzubringen, im Gegentheil meine Darstellungen immer mehr und mehr bereichert, ohne an irgend einen andern Gewinn, als an den Ihres Wohlwollens zu denken? Weshalb habe ich so viel Zeit angewendet und so viel Gänge hierhin und dorthin bei Kälte und Hitze in Ihren persönlichen Angelegenheiten gethan, als um Ihnen dadurch zu bezeugen, wie sehr ich Sie liebe und hochschätze? Mehr will ich nicht sagen, ich würde sonst die Grenzen der Anhänglichkeit überschreiten müssen, die ich Ihnen gewidmet habe. Sie dürfen überzeugt sein, dass ich für Sie gethan habe, was ich für keinen anderen Menschen auf der Welt thun würde, und dass ich noch fortwährend in der Absicht verharre, Ihnen von ganzem Herzen dienstbar zu sein. Ich bin kein leicht beweglicher Mensch, noch wechselnd in meinen Neigungen: wenn ich dieselben auf einen Gegenstand gerichtet habe, so ist es für immer! Wenn das Bild des Moses, der auf den Wellen des Nils aufgefunden wird, welches sich im Besitz des Herrn Pointel befindet, Sie entzückt hat, ist das ein Beweis dafür, dass ich dasselbe mit grösserer Liebe als die Ihrigen gemalt habe? Sehen Sie denn nicht ganz gut, dass die Natur des Gegenstandes sowie Ihre eigene Disposition diese Wirkung herbeigeführt haben, und dass die Gegenstände, welche ich für Sie darstelle, in einer anderen Weise aufgefasst werden müssen? Darin gerade besteht die ganze Kunst der Malerei. Verzeihen Sie mir die Freiheit, die ich mir nehme, indem ich behaupte, dass Sie sich in dem Urtheil über meine Werke übereilt gezeigt haben. Richtig zu urtheilen ist eine sehr schwierige Sache, wenn man in dieser Kunst nicht eine ausgedehnte Theorie und Praxis mit einander verbindet: nicht unsere Neigungen allein haben bei diesem Urtheil mitzuwirken, sondern auch die Vernunft. Und deshalb möchte ich Ihnen eine wichtige Betrachtung vorführen, aus welcher Ihnen klar werden wird, was man in der Darstellung der Gegenstände, welche man behandelt, zu beobachten habe.

Unsere vortrefflichen alten Griechen, die Erfinder und Urheber alles Schönen, haben verschiedene Mittel und Weisen aufgefunden, vermöge deren sie wunderbare Wirkungen hervorgebracht haben. Das Wort Weise bedeutet hier eigentlich den Grund oder das Maass und die Form, deren wir uns bedienen, um etwas zu schaffen, und welcher Grund uns zwingt, gewisse Grenzen nicht zu überschreiten sowie mit Einsicht und Mässigung in jedem unserer Werke die bestimmte Ordnung zu beobachten, wodurch ein jedes Ding sich in seiner Wesenheit erhält. Da nun die Art und Weise der Alten in der Verbindung mehrerer mit einander zusammengestellten Dinge bestand, so ergab sich aus der Mannigfaltigkeit und Verschiedenheit der so verbundenen Dinge die Mannigfaltigkeit und die Verschiedenheit der Arten; wogegen aus der Gleichmässigkeit in dem Verhältniss und der Anordnung der zu jeder Art gehörigen Dinge ihr besonderer Charakter bedingt wurde, d. h. die Fähigkeit derselben, die Seele in gewisse Leidenschaften zu versetzen. Daher kommt es, dass die Alten in ihrer Weisheit jeder Art ihre besondere Eigenschaft zuschreiben, entsprechend den Wirkungen, die sie dieselben hervorbringen sahen. So wendeten sie die dorische Art auf ernste, strenge und weisheitsvolle Gegenstände an; die phrygische Art dagegen auf heftige Leidenschaften und folglich auf kriegerische Gegenstände: und ich hoffe, ehe ein Jahr vergeht, einen Gegenstand in dieser phrygischen Art zu malen. Ferner bezog sich die lydische Art auf traurige und schmerzhafte Gefühle und die hypolydische auf solche, welche weich und anmuthig sind; endlich aber erfanden sie die ionische, um lebhafte Erregungen und heitere Scenen zu malen, wie z. B. Tänze, Feste und Bacchanalien.

Auch die guten Dichter haben in gleicher Weise einen grossen Fleiss und eine wunderbare Kunst angewendet, um nicht nur ihren Styl den zu behandelnden Gegenständen anzupassen, sondern auch um die Wahl der Worte und den Rhythmus der Verse nach den Erfordernissen der zu malenden Gegenstände zu bestimmen. Namentlich hat sich Virgil in allen seinen Gedichten als ein grosser Kenner dieses Theiles der Kunst erwiesen, und er ist so ausgezeichnet darin, dass es oft scheint, als ob er bloss durch den Klang der Worte uns die Dinge, welche er beschreibt, vor Augen stellte. Spricht er von der Liebe, so geschieht dies in so kunstvoll ausgewählten Worten, dass daraus eine süsse, gefällige und reizvolle Harmonie entsteht; besingt er dagegen eine Waffenthat oder beschreibt einen Sturm, so malen schon der sich gleichsam überstürzende Rhythmus und die vollen Klänge seiner Verse auf bewundernswürdige Weise eine Scene voll Wuth, Aufregung und Entsetzen. Wenn ich Ihnen aber ein Bild von solchem Charakter oder in welchem diese Art und Weise beachtet wäre, gemalt hätte, so würden Sie sich also nach dem, was Sie mir zu verstehen geben, eingebildet haben, dass ich Sie nicht mehr liebte!

Wenn ich nicht fürchten müsste, eher ein Buch als einen Brief zu schreiben, so würde ich hier noch einige wichtige Dinge hinzufügen, welche in der Malerei beobachtet werden müssen, damit Sie eine noch klarere Ueberzeugung gewönnen, wie sehr ich mich bemühe, zu Ihrer Genugthuung mein Bestes zu leisten. Denn obschon Sie sehr erfahren in allen Dingen sind, so fürchte ich doch, dass Ihnen die Berührung mit so vielen dummen und hirnlosen Menschen, von denen Sie umgeben sind, nicht endlich Ihr Urtheil verderbe. Ich verbleibe in gewohnter Weise Ihr ergebenster   Poussin.

94.

NICOLAS POUSSIN AN HERRN DE CHANTELOU.

Rom, 22. Dezember 1647.

Mein Herr! Sie wiederholen in Ihrem Briefe vom 8. November, was Sie mir in einem der vorhergehenden schrieben, auf welchen ich vielleicht zu ausführlich und nutzloser Weise geantwortet habe; denn ich sehe, dass Sie fest in Ihrer früheren Ansicht verharren, ich hätte Herrn Pointel mit mehr Liebe und Fleiss bedient, als Sie. Wäre ich nicht der Meinung gewesen, dass Sie einsichtsvoller in der Malerei seien als Jener, so würde ich keine Mühe unterlassen haben, Sie mit dem, was die Italiener „seccatura" oder „gequältes Wesen" nennen, zufriedenzustellen. Da ich indess im Gegentheil davon überzeugt war, dass Sie den wahren und guten Grundsätzen der Kunst zugethan seien, so bildete ich mir ein, Ihnen mit den Bildern einen Gefallen erweisen zu können, die ich Ihnen geschickt und an denen ich ohne Ausnahme mit so viel Sorgfalt und Liebe, als mir möglich waren, gearbeitet habe. Jetzt befindet sich das letzte unter meinen Händen, und ich werde darin mit grossem Fleisse alles das beobachten, was Sie so sehr in den Bildern, welche Andern gehören, lieben, indem ich kein anderes Mittel ausfindig machen kann, um Sie in der Meinung zu erhalten, dass ich Ihnen noch immer mehr als irgend ein anderer Mensch ergeben bin. Ich habe Ihnen geschrieben, dass ich aus Rücksicht für Sie für Herrn Delisle•arbeiten wolle. Auch habe ich den Gedanken seines Bildes schon gefunden; ich meine nämlich, dass dessen Idee erfasst und die

Arbeit des Geistes vollendet sei. Der Gegenstand ist der Durchgang der Israeliten durch das rothe Meer, und das Bild wird aus siebenundzwanzig Hauptfiguren bestehen.

Was mein Portrait betrifft, so werde ich mich bemühen, Sie zufrieden zu stellen, nicht minder in Bezug auf die heilige Jungfrau, an welcher ich nach Ihrem Wunsche morgen anfangen soll zu arbeiten. Ich werde mein ganzes Gehirn um und um kehren, um irgend eine neue Idee und ein überraschendes Motiv zu finden[1]), welches ich dann seiner Zeit ausführen werde; Alles, um Sie von jener kränkenden Eifersucht zu heilen, die Ihnen eine Fliege als einen Elephanten erscheinen lässt.

Die Regengüsse und die Ueberschwemmungen sowie überhaupt die aussergewöhnliche Feuchtigkeit, denen wir ausgesetzt sind, haben mir eine solche Erkältung zugezogen, dass ich nicht im Stande bin, mehr zu schreiben. Ich verbleibe, mein Herr, Ihr sehr ergebener und wohlgeneigter Diener.

N.S. Das Bild des Abendmahls, welches Sie zuletzt bekommen haben, muss zuerst vermittelst eines Schwammes mit klarem Wasser gewaschen und dann mit weisser glatter Leinwand abgewischt werden und trocknen. Endlich muss es mit einem leichten Firniss überzogen werden, damit es seinen Glanz wiederbekommt.

Lettres du Poussin p. 274 u. 279. Es wäre überflüssig, dem Gedankeninhalt dieser zur Charakteristik Poussin's ungemein wichtigen Briefe irgend eine Erläuterung hinzufügen zu wollen. Ueber die in Rede stehenden Bilder der Sakramente ist schon oben das Nöthige mitgetheilt. Was die beiden mehrfach erwähnten Personen anbelangt, so war Pointel ein reicher Banquier und ein Freund Poussin's. Diesem hatte er bei dessen Aufenthalt in Rom (1645 und 1646) eines seiner bedeutendsten Bilder, die Auffindung Mosis, gemalt; dasselbe, welches später in Paris eine gewisse Eifersucht in Herrn von Chantelou erweckte, auf welche die beiden Briefe sich beziehen. Das Bild befindet sich jetzt im Louvre (Villot *École française* Nr. 417). Nachdem Poussin die Bilder der sieben Sakramente, an denen er gegen fünf Jahre (1644 — 1648) gearbeitet, vollendet hatte (sie befinden sich gegenwärtig im Louvre), führte er für den ihm von Chantelou empfohlenen Delisle de la Sourdière den Durchgang der Israeliten durch das rothe Meer aus, obschon nur ungern, da dieser Herr sich sehr kühl gegen ihn benommen hatte (Brief vom 22. Juni 1648). In einem sehr wohlthuenden Gegensatz zu der Gereiztheit, die sich in den obigen Briefen ausspricht, steht die Freude, mit der Poussin die günstige Aufnahme des Abendmahls von Seiten Chantelou's erfüllt. Er ist erfreut und gerührt darüber. Er kenne kein höheres Glück, sagt er in einem Briefe vom 12. Januar 1648, als ihm Genüge zu leisten. Am 25. März meldet er ihm die Vollendung und Absendung des letzten Bildes, welches die Ehe darstellte. Es sei noch reicher an Figuren, als die übrigen; auch habe er über vier Monate daran gearbeitet. Nun wolle er

---

[1]) Am 22. November 1648 hat er dasselbe noch nicht gefunden (S. 293), wohl aber am 17. Januar 1649 (S. 296). Noch am 16. Februar 1653 sagt er, er habe die Idee gefunden (S. 322), und erst am 27. Juni 1655 meldet er die Absendung S. 324.

an das Bild für Herrn von Chantelou's älteren Bruder gehen. Das Bild kam glücklich an, und am 24. Mai drückt Poussin seine Freude über dessen günstige Aufnahme aus.

95.

NICOLAS POUSSIN AN HERRN DE CHANTELOU D. AELT.

Rom, 19. September 1648.

Mein Herr! Ich habe an Ihren Bruder, Herrn von Chantelou, das kleine Bild der Taufe des heiligen Johannes gesendet, welches Sie von mir gemalt wünschten. Als Sie mir das Maass dazu schickten, und ich den geringen Raum, auf welchem ich einen so grossen Gegenstand darstellen sollte, und zu gleicher Zeit die Schwäche meiner Augen in Betracht zog, die jetzt nur sehr von weitem meiner geringen Einsicht nachkommen wollen, hätte ich mich Ihnen gegenüber wahrlich gern entschuldigt, um ein solches Werk nicht unternehmen zu dürfen, wenn ich nicht hätte fürchten müssen, dass Sie mir diese Ablehnung auf eine für mich ungünstige Weise auslegen würden. Ich entschloss mich also, mein Möglichstes zu thun, um Sie zufrieden zu stellen, und das habe ich auch wirklich gethan. Seien Sie so gut und empfangen Sie das Bild ebenso freundlich, als wenn es besser wäre: den Preis habe ich dem Werk entsprechend gestellt und kann denselben noch mehr herabsetzen, wenn Ihnen dies passend erscheint. Indessen küsse ich Ihnen in aller Ergebenheit die Hand und verbleibe für immer, mein Herr! Ihr ergebenster   Poussin.

Lettres du Poussin p. 290. Die Uebernahme dieses Bildes für Herrn Chantelou d. ält. ist oben mitgetheilt. Die Aufnahme desselben muss eine so ungemein günstige gewesen sein, dass Poussin die Loberhebungen des jungen Chantelon für zu gross erklärt und aus seiner Vorliebe für ihn ableitet (17. Dezember 1648). Und vom 19. Dezember ist ein Brief an den Besitzer des Bildes in ähnlichem Sinne geschrieben. Die allzugrosse Anerkennung des Werkes sei wohl nur Folge seiner natürlichen Artigkeit. Er nennt Chantelou's Brief vom 22. Oktober „eine Kopie seines kleinen Bildes, die viel besser gemalt sei als das Original. Er habe vollkommen erfasst, was daran sei und was ihm fehle. Er solle sich aber auch seiner früheren Bemerkungen erinnern. Er habe ihm das Bild auf die Art des Michel de Montaigne gewidmet (eines französischen Philosophen des 17. Jahrhunderts), nicht weil es gut, sondern weil es von ihm sei". *Lettres du Poussin* p. 295. Was das von Poussin selbst erwähnte Original dieses Bildes anbelangt, so hatte er dasselbe schon um 1640 für den Komthur Cassiano del Pozzo ausgeführt, aus dessen Besitz es an den Architekten André Le Nôtre und später in den Besitz der Krone überging. Es befindet sich gegenwärtig im Louvre, *École française* Nr. 132.

96

NICOLAS POUSSIN AN ABRAHAM BOSSE.

Rom [Juni 1651].

Oft habe ich Vergnügen und zugleich auch Nutzen aus den verschiedenen Urtheilen gezogen, die man über mich gefällt hat, so in der Eile, wie unsere Franzosen zu thun gewohnt sind, die sich darin oft genug irren. Sie haben mich verpflichtet, indem Sie mich günstig beurtheilt haben. Wollen Sie mir Ihre letzten Werke zum Geschenk machen, so werde ich dieselben eben so hoch schätzen, als die andern, die ich schon von Ihnen besitze und die ich hoch und theuer halte.

Was das Buch Leonardo da Vinci's betrifft, so ist es wahr, dass ich die menschlichen Figuren gezeichnet habe, welche sich in dem dem Herrn Ritter Del Pozzo gehörigen Exemplare befinden; alle andern aber, die geometrischen und sonstigen sind von einem gewissen Degli Alberti, von demselben, der die Pläne in dem „unterirdischen Rom" gezeichnet hat. Die schlechten Landschaften hinter den menschlichen Figuren in der Kopie, welche der Herr von Chambray hat drucken lassen, sind von Herrn Errard hinzugefügt, ohne dass ich etwas davon gewusst habe.

Was Gutes in diesem Buche ist, lässt sich Alles mit grossen Buchstaben auf ein Blatt Papier schreiben; und wer da meint, dass ich alles darin Befindliche billige, muss mich schlecht kennen, da ich niemals denjenigen Dingen meines Berufes eine Freistatt gewähre, von denen ich weiss, dass sie schlecht gemacht sind. Uebrigens ist es nicht nöthig, Ihnen etwas in Bezug auf die Vorträge zu schreiben, die Sie an der Akademie halten; Sie sind selbst zu sehr erfahren darin.

ABRAHAM BOSSE, an welchen der in den *Lettres de Poussin* p. 360 mitgetheilte Brief gerichtet ist, war ein Maler (geboren in Tours 1610), der damals in Paris lebte, wo er sich mit dem Kupferstich und der Herausgabe wissenschaftlicher Werke beschäftigte. Zu den letzteren gehört ein *„Traité des Pratiques Géométrales et Perspectives enseignées à l'Académie Royale de Peinture"* Paris 1665, woraus zugleich hervorgeht, dass er — wie auch im Schluss des obigen Briefes angedeutet ist — an der Akademie in Paris Vorträge über diese Gegenstände hielt. Er gehörte derselben als Mitglied an, wurde jedoch später gezwungen, seine Stelle als Lehrer der Geometrie und Perspektive aufzugeben, in welcher ihn der Maler Migon ersetzte (Félibien IV. p. 210). Der obige Brief Poussin's hat kein Datum, scheint jedoch in oder bald nach dem Jahre 1651 geschrieben zu sein. Im Jahre 1651 nämlich war Herrn von Chambray's Uebersetzung von Leonardo's Traktat über die Malerei erschienen, auf welche Poussin in dem Briefe Bezug nimmt. Bosse, weit entfernt zu glauben, dass dies Buch wirklich künftig die Regel der Kunst sein sollte, wie in der Dedikation an Poussin gesagt war, schrieb an diesen, um zu erfahren, in wie weit er dabei betheiligt gewesen sei. Er erhielt darauf die obige Antwort, die kein sehr günstiges Urtheil über das Buch enthält. Dieses ist von Herrn von Chambray in Gemeinschaft mit dem im Briefe erwähnten Herrn Errard aus dem

Italienischen (s. u. S. 257) übersetzt worden, wie dieselben schon früher gemeinsam die vier Bücher Palladio's über die Architektur bearbeitet hatten. CHARLES ERRARD, von Nantes gebürtig, hatte sich schon früh in Rom zum Maler ausgebildet und dort die Gunst des Marschalls von Créqui sowie die des Herrn von Chambray gewonnen. Nach Frankreich zurückgekehrt, gelangte er auch bei Monseigneur De Noyers zu grossem Ansehen, der ihn später noch einmal mit gewichtigen Empfehlungen versehen nach Rom gehen liess, wo er sich noch mit dem Studium der Architektur beschäftigte und eine unglaubliche Anzahl von Zeichnungen nach den alten Denkmälern gemacht haben soll. Als er zum zweiten Male nach Frankreich zurückgekehrt war, vermehrten sich die Aufträge, und stieg seine Anerkennung in dem Maasse, dass er zum Professor bei der neu gegründeten Malerakademie in Paris und später zum Präsidenten derselben ernannt wurde. Die Gedächtnissrede, welche daselbst am 4. November 1690 ihm zu Ehren gehalten wurde, enthält zu gleicher Zeit nicht unwichtige Aufschlüsse über ABRAHAM BOSSE. „Im Jahre 1660," heisst es in dieser Rede (bei *Dussieux Mémoires inédits sur la vie et les ouvrages des membres de l'Académie royale de Peinture et de Sculpture*. Paris 1854, I. 78), „hatte ERRARD einen grossen Streit in der Akademie mit Herrn BOSSE, welcher daselbst die Perspektive lehrte und welcher in der Versammlung die Würde eines Ehrenrathes (*conseiller honoraire*) bekleidete. Herr ERRARD beklagte sich bei der Gesellschaft, dass Herr BOSSE eine Abhandlung über die Proportionen der antiken Statuen herausgegeben hätte, welche nach seinen (ERRARD's) Zeichnungen genommen wären. Herr LE BICHEUR, der zur Akademie gehörte und der eine Abhandlung über die Perspektive herausgegeben, hatte ähnliche Klagen, die er mit denen des Herrn ERRARD vereinigte. Dieser Streit hatte zur Folge, dass Herr BOSSE von der Körperschaft der Akademie ausgeschlossen wurde."

97.

NICOLAS POUSSIN AN HILAIRE PADER.

Rom, 30. Januar 1654.

Mein Herr! Vor einigen Tagen habe ich ein Päckchen erhalten, welches Sie mir von Monaco aus geschickt haben. Man hat mir dasselbe ziemlich spät eingehändigt, umsomehr als ich alle meine Angelegenheiten in Stille und mit Bequemlichkeit betreibe, und mich deshalb der Postmeister nicht gut kannte. Nachdem ich dasselbe nun geöffnet und die Verse Ihrer „redenden Malerkunst" gelesen hatte, fand ich mich Ihnen auf mehrfache Weise verpflichtet. Zunächst muss ich Ihnen dafür danken, dass Sie meiner zu verschiedenen Zeiten und an verschiedenen Orten gedacht haben, von welchen aus Sie Briefe an mich richteten; diese sind mir aber niemals zugestellt worden, denn sonst würde ich nicht ermangelt haben, unverzüglich darauf zu antworten; sodann muss ich Ihnen für die Ehre meinen Dank sagen, die Sie mir erweisen, indem Sie meines Namens in Ihrer Dichtung Erwähnung thun, obschon Sie mich mehr verpflichtet hätten, wenn Sie in weniger prächtigen und mehr meinem geringen Verdienst entsprechenden Ausdrücken von mir gesprochen

hätten. Ich betrachte dies als eine Folge der Zuneigung, die Sie für mich
hegen, und bin Ihnen unendlich dankbar dafür. Es ist nicht nöthig, dass Sie
sich die Mühe geben, mir die anderen Theile Ihres Gedichtes zuzuschicken;
kann man doch aus den Fusstapfen den Löwen erkennen. Ich habe das
Stück, welches Sie mir geschickt haben, noch Niemandem gezeigt und spare
mir dasselbe für Jemanden auf, der dessen Schönheit zu verstehen im Stande
ist. Denn das ist kein Wild für mittelmässige Maler; es hiesse Perlen vor die
Säue werfen, wenn man solchen Ihr Buch zu lesen geben wollte.

Unterdess bin ich sehr betrübt, Ihnen als Erwiderung Nichts von dem
Meinigen schicken zu können, wie Sie es wünschen; es ist von meinen Werken
Nichts gestochen, und ich kann nicht sagen, dass ich darüber sehr böse wäre.
Sehen Sie indess zu, ob ich Ihnen in irgend einer anderen Angelegenheit ge-
fällig sein kann, und verfügen Sie über den, mein Herr! welcher von ganzem
Herzen ist Ihr

Poussin.

HILAIRE PADER, an den der obige Brief gerichtet ist, war ein Maler zu
Toulouse, Mitglied der Akademie zu Paris, der sich zu gleicher Zeit auch als
Schriftsteller bekannt gemacht hat. Er gehörte, wie Pointel (*Peintres provinciaux* I. 246) sagt, zu jenen Geistern, die, um sich vollkommen ihren Zeitgenossen und der Nachwelt zu offenbaren, nicht die eine oder die andere der
beiden göttlichen Schwesterkünste, Poesie oder Malerei, für genügend hielten,
sondern dieselben gleichzeitig und gemeinschaftlich ausüben mussten. Es giebt
deren, welche die Poesie unabhängig von der Malerei pflegten. Andere, welche
dieselbe zur Erläuterung der Malerei selbst anwendeten. Zu den letzteren
gehörte HILAIRE PADER, der dies in seinem bedeutendsten Werk „La peinture
parlante" gethan hat, welches im Jahre 1657 erschienen ist. Im Jahre darauf
erschien „Le songe énigmatique sur la peinture universelle, fait par H. P. P. P.
(Hilaire Pader, peintre et poëte)", in welchem der Verfasser den Maler CHALETTE,
ebenfalls von Toulouse, als seinen Lehrer nennt. Von dem erstgenannten Werke,
dessen Verdienste nicht sehr gross sein sollen, scheint PADER einen Theil im
Manuskript an POUSSIN gesendet zu haben, der in der artigsten Weise der Welt
die Zusendung der anderen Theile des Gedichts von sich abzuweisen sucht.
PADER hat den Brief in der Ausgabe seines Werkes abdrucken lassen, woraus
er auch in die *Lettres du Poussin* aufgenommen worden ist, p. 358.

98.

NICOLAS POUSSIN AN HERRN DE CHANTELOU.

Rom, 16. November 1664.

Ich bitte Sie, mein Herr! sich nicht über die lange Zeit zu wundern,
dass ich nicht die Ehre gehabt habe, Ihnen Nachricht von mir zu geben.
Wenn Sie den Grund meines Stillschweigens kennen werden, so werden
Sie mich nicht allein entschuldigen, sondern auch Mitleid mit meinem Elende
haben. Nachdem ich neun Monate lang meine Frau gepflegt habe, die am

Husten und Lungenschwindsuchtsfieber darniederlag und von diesen bis auf die Knochen ausgezehrt worden ist, habe ich dieselbe jetzt verloren. Gerade jetzt, wo ich ihrer Hülfe am meisten bedürftig gewesen wäre, lässt mich ihr Tod einsam und von Jahren darniedergebeugt, gelähmt, mit allerlei Gebrechen behaftet, fremd und ohne Freunde — denn in dieser Stadt hier giebt es keine solchen. Das ist der Zustand, in welchen ich versunken bin — Sie werden leicht einsehen, wie trostlos derselbe ist. Man predigt mir Geduld, welche ein Hülfsmittel gegen alle Uebel sein soll; nun, ich nehme sie wie eine Medicin, die nicht viel kostet, die mich aber auch um nichts bessert.

Da ich mich nun in einem solchen Zustande sehe, der nicht lange mehr andauern kann, so bin ich gewillt, mich zur Abreise zu rüsten. Ich habe zu diesem Zwecke mein bischen Testament gemacht und vermache darin über 10,000 Scudi hiesigen Geldes meinen armen Verwandten, die zu Andelys wohnen. Es sind ungebildete und unwissende Leute, die, wenn sie nach meinem Tode diese Summe zu erheben haben, der Hülfe und der Unterstützung eines redlichen und menschenfreundlichen Mannes sehr bedürftig sein werden. In dieser Noth nun wende ich mich mit meiner inständigsten Bitte an Sie, denselben mit Rath und That an die Hand zu gehen und sie unter Ihren Schutz zu nehmen, damit sie nicht betrogen oder bestohlen werden: sie werden Sie in aller Ergebenheit darum ersuchen, und ich bin nach meiner Erfahrung von Ihrer Güte vollkommen überzeugt, dass Sie gern für Jene thun werden, was Sie für Ihren armen Poussin während eines Zeitraums von fünfundzwanzig Jahren gethan haben. Es wird mir wegen des Zitterns meiner Hand so schwer, die Feder zu halten, dass ich gegenwärtig nicht an Herrn von Chambray schreiben kann, den ich, wie er es verdient, hochachte und den ich von ganzem Herzen bitte, mich zu entschuldigen. Ich brauche jetzt acht Tage, um einen schlechten Brief nach und nach zu schreiben, und immer nur zwei oder drei Zeilen auf einmal [1]); ausser jener Zeit aber, die nur sehr wenig andauert, ist die Schwäche meines Magens so gross, dass es mir unmöglich ist, irgend etwas Lesbares zu schreiben. Besinnen Sie sich, ich bitte Sie, worin ich Ihnen hier dienen kann, und verfügen Sie über mich, der ich Ihnen von ganzem Herzen ergeben bin.

Lettres du Poussin p. 344. Schon seit einer Reihe von Jahren sind die Briefe Poussin's mit Klagen über die Schwächen des Alters angefüllt, zu denen sich noch der Kummer über den Tod seines ältesten Freundes, des Komthurs del Pozzo, gesellte. Diesen meldet Poussin an Herrn De Chantelou in einem Briefe vom 24. Dezember 1657, in welchen die von der ununterbrochenen geistigen Regsamkeit des Künstlers zeugende Aeusserung enthalten ist: „Man sagt, der Schwan sänge süsser, wenn er dem Tode nahe sei. Ich werde suchen, ihm nachzuahmen und mich bestreben, Besseres als je zu leisten. Dies (die Bekehrung des heiligen Paulus) ist vielleicht das letzte Werk, das ich für Sie mache." Und am 15. März 1658 schreibt er demselben Freunde: „Wenn

[1]) *Et le morceau à la bouche.*

meine Hand mir nur noch gehorchen wollte, so glaube ich, würde ich sie jetzt besser als jemals führen können; aber ich habe nur allzu guten Grund, das von mir zu sagen, was Themistokles einst seufzend gegen das Ende seines Lebens aussprach, dass es nämlich mit dem Menschen zu Ende gehe und er von dannen müsse, gerade wenn er im Stande sei, etwas Gutes zu leisten. Indess verliere ich deshalb noch nicht den Muth; denn so lange nur der Kopf gesund ist, muss auch die Dienerin (die Hand), trotz ihrer Schwäche, die besten und vortrefflichsten Theile der Kunst beobachten, welche zur Herrschaft des Kopfes gehören." Nach einem Briefe vom 2. August 1660 vergeht ihm schon kein Tag mehr ohne Schmerzen, das Zittern seiner Glieder nimmt fortwährend zu. Sollte er, sagt er darin, den Herbst noch erleben, so würde er Pinsel und Farbe sogleich wieder für seinen Freund ergreifen. Zu all' diesem Leid kommt nun noch der Tod seiner Frau und mannigfache Plage, die ihm von einem jener Verwandten bereitet wird, die er in dem obigen Briefe an Herrn von Chantelou empfiehlt. Er beklagt sich über diesen seinen Neffen, den er einen bäuerischen, dummen und hirnlosen Menschen nennt und der ihm fortwährend seine Ruhe störe [1]), in einem späteren Briefe an Chantelou, der mit der Versicherung schliesst, dass er ihm mehr als irgend einem andern Menschen Dank schuldig sei und dass er ihn stets als seine Zuflucht und Stütze betrachten werde.

99.

NICOLAS POUSSIN AN HERRN DE CHAMBRAY.

Rom. 7. März 1665.

Mein Herr! Man muss endlich versuchen, sich aufzuraffen. Nachdem man so lange geschwiegen, muss man etwas von sich hören lassen, so lange einem der Puls noch schlägt. Ich habe vollständige Musse, um Ihr Buch über die vollkommene Idee der Malerei zu lesen und zu prüfen. Es hat meiner betrübten Seele zur süssen Labung gedient, und ich habe mich darüber gefreut, dass Sie der Erste unter den Franzosen gewesen sind, welcher denen die Augen geöffnet hat, die nur durch anderer Leute Augen gesehen und sich so zu einer allgemein verbreiteten falschen Ansicht haben verleiten lassen. Es ist Ihnen gelungen, einen spröden und schwer zu handhabenden Stoff erwärmt und in Fluss gebracht zu haben; so dass sich künftig Jemand finden kann, der, indem er Sie zum Führer nimmt, etwas zu geben vermag, was wirklich der Malerei zum Vortheil gereiche.

Nachdem ich die Eintheilung betrachtet, welche Franciscus Junius von dieser schönen Kunst macht, wage ich es, hier kurz dasjenige aufzustellen, was ich daraus gelernt habe. Zuerst aber ist es nothwendig, zu wissen, was für eine Art von Nachahmung die Malerei sei und dieselbe näher zu bestimmen.

---

[1]) *Poussin* hat diesen Neffen, einen Maler Namens *Le Tellier*, nach Passeri, später in seine Heimath Andelys zurückgeschickt. Vergl. Pointel *Peintres provinciaux* I. 188 ff.

Definition. Es ist eine Nachahmung, die mit Linien und Farben auf einer graden Fläche bewerkstelligt wird und die sich auf Alles erstreckt, was man unter der Sonne erblickt: ihr Zweck ist Ergötzung und Genuss.

Grundsätze, welche jeder Mensch, der überhaupt zu denken im Stande ist, verstehen kann.

Es giebt nichts Sichtbares ohne Licht.

Es giebt nichts Sichtbares ohne ein durchsichtiges Medium.

Es giebt nichts Sichtbares ohne Form.

Es giebt nichts Sichtbares ohne Farbe.

Es giebt nichts Sichtbares ohne Abstand und Entfernung.

Es giebt nichts Sichtbares ohne Werkzeug des Sehens.

Dinge, die sich nicht lernen lassen und welche die wesentlichsten Bestandtheile der Malerei ausmachen.

Erstens, was den Stoff betrifft, so muss derselbe edel sein und keine Eigenschaft des Handwerkers an sich haben. Um dem Maler Gelegenheit zu geben, seinen Geist und sein Talent zu zeigen, muss man einen solchen Stoff wählen, welcher fähig ist, die vollendetste Form anzunehmen.

Mit der Disposition oder Anordnung ist zu beginnen; dann kommt die Ausschmückung, das Dekorum, die Schönheit, Grazie, Lebendigkeit, das Liebliche, die Wahrscheinlichkeit und überall das Urtheil.

Diese letzten Theile gehören dem Maler eigenthümlich zu und können nicht gelehrt werden. Es ist der goldene Zweig Virgil's, den Niemand auffinden noch brechen darf, er sei denn vom Schicksal dazu bestimmt. Diese neun Theile enthalten Manches, was werth wäre, von guten und gelehrten Händen behandelt zu werden.

Ich ersuche Sie, diese geringe Probe in Betracht zu ziehen und mir ohne alle Umstände Ihre Meinung darüber zu sagen: ich habe selbst schon die Erfahrung gemacht, dass Sie nicht bloss die Lampe putzen, sondern auch gutes Oel darauf giessen können. Ich möchte gern mehr sagen, wenn ich mir aber jetzt die Stirn durch eine zu grosse Aufmerksamkeit erhitze, so habe ich davon gleich zu leiden. Ueberdies erfüllt es mich immer mit Beschämung, mich in Ihrem Werke mit Männern zusammengestellt zu sehen, deren Verdienste und Fähigkeiten die meinigen um so viel überragen, wie der Stern des Saturnus unsere Köpfe: ich verdanke dies Ihrer Freundschaft, die mich in Ihren Augen bei weitem grösser erscheinen lässt, als ich in Wahrheit bin. Ich sage Ihnen meinen Dank dafür und verbleibe, mein Herr! auf immer Ihr ergebenster

Poussin.

NS. Herrn von Chantelou, Ihrem Bruder, küsse ich ganz ergebenst die Hand.

Lettres de Poussin p. 316. — Wenn man die vorhergehenden Briefe vergleicht, die schon fast mit Todesahnungen durchzogen sind, und wenn man sich die mannigfaltigen Leiden vergegenwärtigt, die zu denen des Alters noch hinzukamen, um Poussin die letzten Lebensjahre zu verbittern, so kann man nicht genug die Freiheit des Geistes bewundern, mit der er sich in dem obigen

Briefe, bei Gelegenheit von Herrn von Chambray's Werk über die Malerei [1], das ihm dieser übersendet hatte, über das Wesen dieser Kunst ausspricht. Wenige Monate zuvor hatte er einen Brief an Félibien, den Verfasser der von uns öfter angeführten „*Entretiens sur les vies et les ouvrages des plus excellens peintres*" geschrieben, worin er ein ziemlich strenges Urtheil über ein Werk abgiebt, das damals handschriftlich in Rom bekannt geworden war. „Wir haben hier," sagt er darin, „N . . . . . (es kann Passeri oder Bellori gemeint sein), welcher über die Werke der neueren Maler und deren Leben schreibt. Sein Styl ist schwülstig, ohne Salz und Kenntniss; er handelt von der Malerei, wie Einer, der weder die Theorie noch die Praxis derselben kennt." Namentlich scheint es die Schwülstigkeit zu sein, die fast allen gleichzeitigen Schriftstellern eigen war, die das ungünstige Urtheil Poussin's motivirte, der sich die Klarheit und Schärfe des Verstandes, die er in allen seinen Werken bekundet hat, bis an das Ende seines Lebens bewahrte. Passeri's Werk ist allerdings erst bei weitem später gedruckt worden, es cirkulirte aber in Abschriften in Rom, und Poussin mochte in einigen Mittheilungen aus seiner Jugendgeschichte wohl Grund haben, dem Verfasser etwas böse zu sein. Schon damals übrigens (Januar 1665) war er von dem baldigen Herannahen des Todes überzeugt. „Meine gewöhnlichen Leiden," sagte er, „sind noch grösser geworden, durch eine schlimme Erkältung, welche lange anhält und mich sehr quält. Jetzt muss ich Ihnen für Ihr freundliches Andenken meinen Dank sagen und zugleich für den mir erwiesenen Gefallen, indem Sie den früheren Wunsch des Prinzen, etwas von meiner Arbeit zu besitzen, nicht wieder angefacht haben. Ich bin zu schwach geworden, und die Gicht verhindert mich am Arbeiten. Auch habe ich schon seit einiger Zeit die Pinsel ganz aus der Hand gelegt, indem ich nur daran denke, mich auf den Tod vorzubereiten, dem ich körperlich sehr nahe bin. Mit mir ist es vorüber!" Seine Ahnung täuschte ihn nicht. Doch erhielt die Flamme dieses regen Geistes den Körper noch fast ein Jahr aufrecht [2]. Poussin starb am 19. November 1665, im Alter von 71 Jahren und 5 Monaten. Am Tage darauf wurde in der Kirche S. Lorenzo in Lucina die Leiche ausgestellt und bald darauf beigesetzt. Grosse Feierlichkeiten hatte er sich in seinem Testament verbeten. Doch wohnten die Mitglieder der Akademie von S. Luca der kirchlichen Feier bei.

100.

GIOVANNI LORENZO BERNINI AN DEN KARDINAL RICHELIEU.

Rom, [1641.]

Se. Eminenz der Kardinal Antonio (Barberini), mein Herr und Gebieter, hat mir mit aussergewöhnlichem Eifer den Willen ausgedrückt, ich solle meinen Fleiss darauf verwenden, für Ew. Eminenz eine Statue zu arbeiten. Die Autorität dieses meines Herrn fand meinen Geist äusserst geneigt

---

[1] Es ist wohl die oben erwähnte Uebersetzung von *Lionardo da Vinci*'s Traktat über die Malerei gemeint (S. 252), welchen Rafael Du Fresne gleichzeitig nach zwei Handschriften in der Originalsprache zusammen mit einer Lebensbeschreibung *Lionardo's* herausgegeben hat (Paris, bei Jacques Langlois, 1651).

[2] Am 31. Oktober 1665 schreibt *Salvator Rosa* an *G. B. Ricciardi*: „Wir glauben hier, dass Herr *Poussin* schon mehr jener anderen, als dieser Welt angehört."

dazu, indem derselbe schon vorher von dem Ehrgeiz eingenommen war, den ich immer gehabt habe, auch meinerseits meine Ergebenheit gegen die erhabene Grösse Ew. Eminenz zu beweisen, und ich würde nimmermehr geglaubt haben, irgend etwas in diesem Jahrhundert gegolten zu haben, wenn es mir nicht gestattet worden wäre, Demjenigen zu dienen, der dasselbe so hoch verherrlicht hat.

Die Ungeduld, die ich empfinde, damit beginnen zu können, mich dieses Ruhmes zu versichern, hat die Vollendung des gegenwärtigen Bildnisses beschleunigt, damit Ew. Eminenz, wenn Hochdieselben diese meine geringe Arbeit der Aufnahme in Ihr Kabinet für würdig erachten, etwas mehr in Ihrer Nähe habe, das Ihnen unaufhörlich meine Ergebenheit in's Gedächtniss zu rufen vermöge.

Ich muss allerdings Ihre Milde anflehen, geruhen zu wollen, zu meiner Entschuldigung die Ungunst der grossen Entfernung in Betracht zu ziehen, und wenn es mir trotzdem gelungen wäre, Ihnen Genüge zu leisten, zu glauben, dass mir zu diesem Behuf der gebenedeite Gott Beistand geleistet hat, dessen Gnade Sie mir durch Ihre Tugenden zu gewinnen gewusst haben.

Die Gnade Ew. Eminenz möge es mir gestatten, mich auch fernerhin zu nennen etc. etc.

Die Veranlassung des obigen Briefes (Bottari *Racc.* V. 92), in dessen Ueberschwenglichkeit man leicht einen sehr wesentlichen Zug der Kunstweise BERNINI's wiedererkennen wird, war ein Auftrag des Kardinals Richelieu, der dem Künstler durch den Kardinal Antonio Barberini mitgetheilt wurde. Mit diesem sowie überhaupt mit der Familie Barberini war BERNINI auf das Engste verbunden. Urban VIII. hatte schon als Kardinal Maffeo Barberini zu seinen besonderen Bewunderern gehört. Als er zum Papst erwählt worden war, sagte er zu dem Künstler: „Es ist ein grosses Glück für Euch, den Kardinal Maffeo Barberini als Papst zu sehen; für uns aber ist es noch ein grösseres, dass der Kavalier Bernini unter unserem Pontifikate lebte." Zum Kavalier hatte er ihn gleich bei dem Antritte seiner Regierung ernannt. Der im Anfang des Briefes genannte Antonio ist der Neffe dieses Papstes, unter dem er das Amt eines ersten Kämmerers und Finanzministers bekleidete, der Bruder des Kardinals Francesco Barberini, den wir schon als Patron des Konthars Cassiano del Pozzo kennen gelernt haben. Bei dem Schutze dieser einflussreichen Persönlichkeiten konnte es nicht fehlen, dass BERNINI bald zur vollkommenen Herrschaft über das römische Kunstleben gelangte, dem er während geraumer Zeit in der That den Stempel seines eigenen Wesens aufgedrückt hat.

Das Datum des Briefes ist nach der Vermuthung Bottari's angesetzt. Der Kardinal Richelieu scheint BERNINI mit einem reichen Diamantenschmuck beschenkt zu haben, wofür sich dieser unterm 24. Mai 1642 bedankte. Wahrscheinlich ist der obige Brief etwa ein Jahr früher geschrieben. Wie hoch BERNINI von den Fürsten der damaligen Zeit gehalten wurde, bezeugt u. a. ein an ihn gerichteter Brief von Marie Henriette, Gemahlin Karl's I., vom 26. Juni 1629, worin sie ihn um das Bildniss Karl's I. ersucht, welches er nach einem Gemälde von Van Dyck in grösster Aehnlichkeit verfertigte. Wahrscheinlich war dies die Veranlassung für Richelieu, sein eigenes Bild von BERNINI zu verlangen, um welches es sich in dem obigen Briefe handelt. Auf BERNINI's

Berufung an den französischen Hof bezieht sich ein von Bottari mitgetheilter Brief des Kardinals Mazarin, mit dem jener schon früher in Rom in Berührung gekommen war. Von Lyon schreibt Ludwig XIV. selbst an Bernini (11. April 1665), er möchte nach Frankreich kommen und dazu die Gelegenheit der Rückkehr des Herzogs von Créqui wahrnehmen. Dieser werde ihm die besonderen Gründe der Berufung angeben und mit ihm über seine schönen Zeichnungen zum Louvre sprechen. Früher hatte sich Papst Urban VIII. der Abreise Bernini's widersetzt. Nun schreibt Ludwig selbst an Papst Alexander VII. (unterm 18. April 1665), dankt ihm für Bernini's Zeichnungen zum Louvre und bittet ihn, demselben die Erlaubniss zu einer Reise nach Frankreich zu geben, um den Palast zu vollenden. Da darin die eifrigsten Anhänger des Papstes zu wohnen hätten, würde er gewiss diese Gnade haben. Papst Alexander antwortete, trotzdem, dass er Bernini selbst dringend nöthig hatte, bejahend in seinem Breve vom 23. April 1665. Bottari V. 91–96. Bernini ging nach Paris, wo er mit den grössten Ehrenbezeugungen empfangen wurde. Sein Projekt zur Façade des Louvre wurde indess später durch das von Perrault ersetzt. — Die beste Charakteristik Bernini's hat neuerdings R. Dohme in Kunst und Künstler etc. Nr. 81 geliefert.

<hr />

101.

PIETRO BERETTINI AN CASSIANO DEL POZZO.

Florenz, 29. Dezember 1645.

Bei Gelegenheit des heiligen Weihnachtsfestes, welches ich Ew. Herrlichkeit reich an allem Glück wünsche, erlaube ich mir Ew. Herrlichkeit, wie es meine Schuldigkeit ist, die Versicherung zu geben, wie hoch ich Sie verehre und wie sehr ich Ihnen für so viele genossene Wohlthaten zu Dank verpflichtet bin. Ich muss mich selbst anklagen, dass ich nicht so pünktlich den Rathschlägen nachgekommen bin, die mir Ew. Herrlichkeit gegeben hat und welche dahin zielten, dass ich mich nicht mit architektonischen Dingen befassen sollte. Indessen waren die Verhältnisse der Art, dass ich nicht nein sagen konnte. Ich habe so eben das Modell einer Kirche für die Väter der Chiesa nuova von hier vollendet und der Bau ist auch schon begonnen. Ich sehe wohl ein, dass darin der Grund der Verzögerung liegt, dass ich nicht früher als jetzt mit dem Zimmer für Seine Hoheit fertig geworden bin. Bei dem, welches ich jetzt beginne, habe ich halb das Gelübde gethan, mich in keine Verwickelungen einzulassen, indem ich mich oftmals des heilsamen Rathes Ew. Herrlichkeit erinnerte — jedoch konnte ich den Gönnern gegenüber nicht immer nein sagen. Ich empfehle mich Ihnen eingedenk meiner grossen Verpflichtungen und wünsche sehnlichst, mit Ihren Befehlen beehrt zu werden.

Wir haben diesen Brief aus mehreren bei Bottari abgedruckten Schreiben ausgewählt, die uns einen der bedeutendsten Künstler des 17. Jahrhunderts in freundlichem Verkehr mit dem uns schon bekannten Cassiano del Pozzo zeigen.

Auch Berettini, gewöhnlich Pietro da Cortona genannt, war ein Günstling der Barberini, indem er durch den Kardinal Sacchetti die Gunst von Cassiano's Patron, Francesco Barberini, und durch diesen die von Papst Urban erlangt hatte. Sein rasch anwachsender Ruhm war der Grund seiner Berufung nach Florenz, wohin er mit Empfehlung Del Pozzo's versehen ging, um im Auftrage des Grossherzogs einige Zimmer des Palazzo Pitti auszumalen, dieselben, in denen sich jetzt ein Theil der berühmten Gemäldesammlung befindet. Wir übergehen die mannigfachen Einzelheiten, die sich für die Charakteristik des Künstlers aus seiner Korrespondenz mit Del Pozzo ergeben, und wollen nur diejenigen Aeusserungen hier hervorheben, welche die bauliche Thätigkeit Berettini's betreffen. Man sieht aus dem Schluss des Briefes, und auch ein anderer vom 15. Januar 1646 deutet darauf hin, dass Del Pozzo seinem Freunde gerathen, sich nicht mit der Architektur zu befassen. Es scheint dies seinen Grund darin gehabt zu haben, dass der mit dem klassischen Alterthum so innig vertraute Gelehrte dem wüsten und willkürlichen Treiben abgeneigt sein musste, das damals in der Baukunst zu herrschen begann. Carlo Dati führt in seiner Lobrede auf den Komthur folgende Aeusserung desselben an: „Es ist eine grosse Schande für unser Jahrhundert, dass man sich trotz der Möglichkeit, so viele Ideen und vollendete Muster, die in den alten Gebäuden erhalten sind, zu erkennen und zu bewundern, wegen der Laune einiger Baumeister von dem alten klassischen Geschmack entfernt, und die Architektur selbst zur Barbarei zurückschreitet. Das war nicht die Art der Buonellischi, der Buonarroti, der Bramante, der Serlio, der Palladio, der Vignola und der andern Wiederhersteller dieser grossen Kunst, die aus den Maassen der römischen Gebäude die wahren Verhältnisse jener regelmässigen Ordnung erlernten, von denen man nicht abweichen darf, ohne sich auf eine falsche Bahn zu verlieren." Dumesnil glaubt, dass dieser Tadel sich namentlich auf die Bauweise des Borromini beziehe, der allerdings den Gipfel der oben angedeuteten neuen Richtung erreicht hat. Indess darf man doch nicht verkennen, dass auch Pietro da Cortona, ebenso wie Bernini, der andere Günstling der Barberini, denen eine Achtung und Anerkennung der antiken Kunst so ferne lag, viel zu dem Unwesen beigetragen haben, wie es sich fortan immer deutlicher in den römischen Bauten zu erkennen giebt. Del Pozzo konnte vermuthlich die Prinzipien nicht billigen, nach denen Berettini in seinen Bauten verfuhr, und hat ihm deshalb den Rath gegeben, sich von der Ausübung dieser Kunst ganz zurückzuhalten. Ohne dieser seiner Ansicht ungetreu zu werden, konnte er dem Künstler allerdings rathen, wenigstens die angefangenen Bauten fortzuführen. Möglich auch, dass er ihm bei dieser Gelegenheit angedeutet hat, wie er seine Kunstweise durch erneutes Studium mit den Grundsätzen der Alten in Einklang bringen könnte. Darauf oder auf ähnliche Rathschläge scheint ein Brief Berettini's hinzudeuten, den er am 19. Januar 1646 an den Komthur gerichtet hat. „Mein Wunsch," heisst es darin, „wäre, Ihnen in Person für die grosse Zuneigung danken zu können, die Sie mir durch die Aufmunterung erweisen, ich solle die von mir begonnenen Bauwerke nicht liegen lassen, sondern weiter fortführen. Ich habe wirklich gesehen und erkannt, dass ich in besagten Dingen immer Unglück gehabt habe, und glaube, dass der Grund davon vielleicht nicht darin liegt, dass ich keinen grossen und kühnen Sinn gehabt, wie meine Feinde mir vorgeworfen, sondern darin, dass ich mich nicht den Sitten derer angepasst habe, die solche Werke unternehmen, um Gewinn daraus zu ziehen: daran habe ich niemals gedacht, sondern mein Gedanke war es, nur so zu verfahren, wie es meines Gleichen zukömmt. Habe ich darin geirrt, so geschah dies nur, weil ich mich nicht zum Heucheln entschliessen konnte, und das bereue ich auch jetzt nicht. Wenn ich mich aber doch über etwas betrübt sein soll, so könnte dies nur darüber sein, dass ich nicht mehr in der Ausübung der Malerei zu leisten vermag, für die ich allein Sinn und Neigung habe und den guten Willen, mich durch Studium zu vervollkommnen. Denn die Architektur dient nur zu meiner Unterhaltung; doch indem ich Ew. Herrlichkeit zu Diensten bin, werde ich sie in die erste Reihe stellen und jede darauf verwendete Mühe für gut angewendet halten."

Das Bauwerk, mit dem sich BERETTINI damals beschäftigte, war die Chiesa nuova in Florenz, zu der er ein Modell verfertigte, das aber wegen seiner allzugrossen Pracht und der daraus erwachsenden Kosten nicht zur Ausführung gelangte. Es wurde später nach einem Entwurfe von PIER FRANCESCO SILVANI gebaut, der indess auch nur in verstümmelter Weise zur Ausführung gelangte. Bottari I. 419. Mit der Bescheidenheit und dem rechtlichen Sinn, der sich in den Briefen BERETTINI's ausspricht, stimmt die Charakterschilderung des ihm nah befreundeten Sandrart überein, der sein „sittsames Gemüth", seinen „guten Tugendwandel" und sein „gerechtes, exemplarisches und frommes Leben" mit besonderem Lobe hervorhebt.

SALVATOR ROSA.

Man kann sich das Wesen und die Bedeutung SALVATOR ROSA's kaum besser veranschaulichen, als durch den Gegensatz seines Zeitgenossen und, wie es nach der Aeusserung eines gleichzeitigen Schriftstellers scheint, auch Freundes POUSSIN. In der That waltet zwischen diesen beiden Künstlern, welche für die Geschichte der Kunst des 17. Jahrhunderts gleich wichtig sind, eine Verschiedenheit ob, die sich in manchen Punkten bis zu dem entschiedensten Gegensatz steigert. Man könnte fast sagen, dass Alles, was POUSSIN gross gemacht hat, Klarheit, Ruhe, Besonnenheit, Bewusstsein über sich selbst, dem SALVATOR ROSA fehlte; was dagegen POUSSIN mangelte, die Wärme der Empfindung, der unmittelbare Drang des Schaffens, das Feuer bei der Ausführung, dies Alles war SALVATOR in vollstem Maasse und, wie die Zeit überhaupt zu Extremen geneigt war, fast im Uebermaasse zu eigen. Wir haben in der Charakterschilderung POUSSIN's auf den grossen Gegensatz hingewiesen, der den Sinn der Zeitgenossen bewegte: der besonnenen Reflexion auf der einen und der leidenschaftlichen Hast auf der anderen Seite. Wenn jene in POUSSIN ihren entschiedensten Vertreter fand, so diese in SALVATOR ROSA. POUSSIN's Kunstweise war ein kühler Idealismus, die des SALVATOR ROSA ein heissblütiger Naturalismus. Indem wir auf die Bemerkungen über den Naturalismus des 17. Jahrhunderts in der Einleitung beziehen, haben wir hier nur hinzuzufügen, dass SALVATOR ROSA in der That den düsteren Styl eines CARAVAGGIO und SPAGNOLETTO [1]) zum letzten Abschluss gebracht und — dies darf nicht verkannt werden — veredelt hat. Er hat ihn geläutert, einmal durch ein wirklich tiefes und inniges Naturgefühl, das sich namentlich in seinen — von ihm selbst gering geschätzten — Landschaften bekundet (Waagen, Kunst in England I. 249), und andererseits durch die klassische Bildung, die, wie jede andere Bildung, jenen Meistern fremd war.

---

[1]) Zu der Familie *Salvator's* gehörten mehrere unbedeutende Künstler dieser Schule, durch deren Vorbild er selbst zur Malerei geführt wurde.

Auch in dem Leben und dem Charakter dieser beiden Künstler zeigt sich ein solcher Gegensatz. Poussin war in seinem ganzen Wesen ernst, würdig, strenge; Salvator lebhaft und leidenschaftlich; am liebsten spielte er Komödie, auch darin ein ächtes Kind Neapels; Poussin war in allen seinen Thun besonnen und überlegend; Rosa handelte meist nach dem Impuls der Laune und der Leidenschaft. Es ist sehr bezeichnend, dass seine Biographen als Motiv seiner Handlungen und Entschlüsse sehr häufig seinen „prurito" anführen, dies oder das zu thun. *Prurito* ist der Kitzel der zufälligen Laune. Aus *prurito* sei er Maler geworden, aus *prurito* sei er später von Rom nach Neapel zurückgekehrt, aus *prurito* habe er Komödie gespielt, sagt Passeri. Aus *prurito* habe er sich der Dichtkunst gewidmet, bemerkt Baldinucci, und aus *prurito* wollte er später den Philosophen spielen. Poussin war milde im Urtheil; Salvator scharf und beissend, im Leben wie in der Poesie Satyriker in einem so hohen Grade, dass er oft schwer an den Folgen seiner Urtheile zu leiden hatte. Poussin war in seiner Lebensweise einfach, ruhig, fast einsam; Salvator konnte sich das Leben nie bewegt genug gestalten; sein Haus hatte er immer voll von Menschen, die er entweder mit üppigen Gastmählern oder mit Vorlesung seiner eigenen Werke regalirte — beides mit gleichem Pomp und Anspruch. Poussin arbeitete in gesammelter Stimmung, alle Eile war ihm verhasst; Salvator ist auch bei der Arbeit immer in Aufregung, erst zerbricht er sich den Kopf oder quält den Freund, neue und noch nicht dargestellte Gedanken aufzufinden; bei der ungemein raschen Ausführung ist er sodann in steter leidenschaftlicher Bewegung; wenn er Schlachtenbilder malt, kommt er sich selbst wie eine Alekto vor; gilt es einen grossen Erfolg zu erreichen, so arbeitet er nach seinen eigenen Worten wie im Todeskampfe! Poussin, wie er mit Sammlung arbeitet, erstrebt eine ruhige Wirkung, er freut sich, wenn seine Werke von denen, die sie verstehen, genossen und gelobt werden; Salvator geht auf leidenschaftliche Erregung auch des Beschauers aus, und deshalb sind es meist schauerliche und ergreifende Gegenstände, die er mit Vorliebe behandelt. Wenn Poussin sich mit dem Beifall der Verständigen begnügt, so ist Salvator von einem steten Durst nach Ehre, Lob und Ruhm gequält; prahlerisch, wie in der äusseren Erscheinung, ist er auch im Lobe seiner eigenen Werke. „Amico d'aura e d'acclamazioni", nennt ihn Passeri; „troppo amante di se stesso" Dominici; „Vanaglorioso, avido di fama, innamorato di se stesso" nannten ihn die Gegner. Und während schliesslich Poussin die klarste Einsicht in sein eigenes Wesen hat und sich die Grenzen seines Talentes sehr wohl bewusst ist, so findet bei Salvator gerade das Gegentheil davon statt; indem er die entschiedensten Seiten seines Talentes, namentlich für die Landschaften und Darstellungen mit kleineren Figuren bis zur Verleugnung missachtet. Es ärgert ihn, wenn man diese seine Werke lobt; er wird grob, wenn man Landschaften bei ihm bestellt; er könne gar keine Landschaften malen, sagt er einmal zu einem angesehenen Dilettanten Francesco Ximenez. Und als ihn ein Kardinal einmal um einige Bilder mit kleinen Figuren ersucht, fährt er ihn höchst grob an: „Immer und immer wollen sie Landschaften und Marinen und immer kleines Zeug, und ich bin doch ein Maler von grossen Sachen und von heroischen Figuren!" Obschon er in solchen Werken schwach und unvollkommen war, hält er gerade diese für seinen eigentlichen Beruf. Kleine Bilder schenkt er wohl den Bestellern grösserer Werke aus freien Stücken zu und als er einmal merkt, dass man bloss deshalb grosse Bilder bei ihm bestellt, verweigert er die Annahme des Auftrages ganz und gar. Es liegt bei allen diesen Schwächen in dem Charakter Salvator's eine gewisse Grösse (*generoso e d'animo grande*, nennt ihn Passeri), die nur dadurch verliert, dass er das Bewusstsein derselben zu oft und zu absichtlich zur Schau trägt.

SALVATOR's Leben war ein reich bewegtes. In einer nicht bemittelten Familie in der Nähe von Neapel geboren, war er vom Vater für den geistlichen Stand bestimmt und zu seiner wissenschaftlichen Ausbildung dem Kollegium der Padri Somaschi übergeben. Wenn hier auch bald das bizarre Wesen des Knaben hervortrat und denselben von ernsteren Studien abhielt, so hatte der Aufenthalt in dem Kollegium doch den Vortheil für ihn, dass er die Elemente klassischer Bildung in sich aufnahm, wodurch er später befähigt wurde, dem Naturalismus seiner Kunstübung einen gewissen höheren Adel zu geben. Früh gab er den Unterricht bei den gelehrten Vätern auf und folgte seinem phantastischen Genius, der ihn in die Einöden der Gebirge trieb, wo er unter Abenteurern mancherlei Art fleissig nach der Natur zeichnete und malte. Seine verwandtschaftlichen Beziehungen zu einem der naturalistischen Maler Neapels und seine Bekanntschaft mit dem Hauptmeister dieser Schule, SPAGNOLETTO, bestärkten ihn noch mehr in seiner natürlichen Neigung und gaben seiner Kunstweise eine bestimmtere Richtung. Wenn er bisher aus Laune gemalt, so sollte ihn bald die Noth zur Ausübung seiner Kunst zwingen, indem nach dem Tode des Vaters die Sorge für die Familie ihm zugefallen war. Unter Noth und Entbehrungen arbeitete er für die Trödler um kärglichen Lohn. Der Umstand, dass LANFRANCO einmal eines seiner Bilder, Hagar in der Wüste vorstellend, kaufte[1] und nach allen mit dem Namen „Salvatoriello" bezeichneten Bildern forschen liess, brachte ihn in besseren Kredit und hob vor Allem sein Selbstgefühl. Bald genügten ihm die engen Verhältnisse in der Heimath nicht mehr; es ging von jenem Durst nach Anerkennung und Ehre getrieben, den wir schon hervorgehoben haben, nach Rom (1635), nicht etwa um zu studiren und sich auszubilden, sondern um so rasch als möglich Geld und Ehre zu verdienen. Die Gegenstände, die er behandelte, waren niederer und gemeiner Art. Er malte, wie Passeri sagt, „oggetti vili cioè Baroni (Spitzbuben), galeotti (Galeerensträflinge) e marinari". Der Erfolg aber entsprach zunächst seinen Erwartungen durchaus nicht; es scheint ihn sogar die Noth wieder nach der Heimath zurückgetrieben zu haben. Doch ging er bald zum zweiten Male nach Rom, und nun finden wir ihn (1639), um jenen Drang nach Geltung und Beifall zu befriedigen, der ihn nie zu eigentlicher Ruhe gelangen liess, auf einer ärmlichen Bühne wieder, von wo aus er als Signor Formica das römische Volk mit seinen Witz- und Spottreden zu tobendem Gelächter und Beifall hinriss. Nun ward ihm wohl und, ohne die Malerei aufzugeben, gab er sich dieser Neigung mit solchem Eifer und mit solchem Erfolge hin, dass er sich bald ein Haus und später eine Vigna miethen konnte, wo dann die Vorstellungen mit grösserer Regelmässigkeit gegeben wurden. Sein scharfer Verstand, sein schneidender Witz, seine grosse Fähigkeit zu improvisiren machten ihn ganz geeignet, eine solche Rolle länger und mit grösserem Erfolge durchzuführen, als vielleicht seinem guten Namen zuträglich war. Ohne auf die Einzelheiten dieses Treibens, namentlich auf die Verspottung des Ritters Bernini und dessen Rache hier näher einzugehen, ist zu bemerken, dass entweder eine durch ein Spottbild hervorgerufene Misshelligkeit oder ein Ruf[2] nach Florenz den Künstler dieser Beschäftigung entriss und seinem eigentlichen Berufe wieder zuführte. Ueber den Aufenthalt ROSA's in Florenz (1640—1649),

---

[1] Dies Bild war mit einer so ergreifenden Tiefe der Empfindung gemalt, dass Lanfranco dasselbe während seines ganzen Lebens sehr hoch geschätzt haben soll.

[2] Nach Baldinucci hat ihn Giovanni Carlo de' Medici berufen.

wo ihn die fürstliche Familie selbst beschäftigte, sind wir namentlich durch die Mittheilungen Baldinucci's, der dort in persönlichem Verkehr mit ihm stand, genau unterrichtet. Wir finden den Künstler hier in engem Verkehr mit den ausgezeichnetsten Literaten der Stadt. Der berühmte Mathematiker Ev. Torricelli, der gelehrte Carlo Dati [1]), der Professor der humanistischen und Moralwissenschaften zu Pisa, Val. Chimentelli und dessen späterer Nachfolger Gio. Batt. Ricciardi, der spätere Kardinal Volumnio Bandinelli, die Dichter G. F. Appoloni, P. Salvetti, Francesco Rovai; der Maler Lorenzo Lippi, Dichter des komischen Epos „Il Malmantile racquistato“, und Francesco Minucci, Sekretär des Grossherzogs und Kommentator des obengenannten Gedichtes; diese und noch viele andere „belli spiriti“ bildeten eine geschlossene Gesellschaft, welche die „accademia de' percossi“ genannt wurde und deren Versammlungen meist in dem Hause Salvator's stattfanden. Hier wurden Gedichte, z. B. Salvator's Satiren entweder von ihm selbst oder vom Dr. Berni vorgelesen, und mit grossem Eifer wieder Komödie gespielt. Salvator excellirte vor allen Anderen, ein begabter Jüngling Francesco Cordini gab die Mädchenrollen; Baldinucci erzählt, er sei vor Lachen mitunter fast erstickt. Das Jahr 1642 wird von ihm als ein besonders heiteres angeführt; kostbare und sinnreich ausgestattete Gastmähler, deren Kosten meist Salvator trug, beschlossen die Versammlungen, zu denen auch mitunter Herren des Hofes hinzugezogen wurden. Da machte dann Salvator auch die traurige Erfahrung, dass jene Herren, die in der Nacht bei ihm geschwelgt hatten, ihn am andern Morgen auf der Strasse weder grüssten noch kannten; eine Erfahrung, die den ehrsüchtigen Künstler oft auf das Tiefste gekränkt haben soll. Mit diesem heiteren Leben in der Stadt wechselten Besuche auf dem Lande ab. Namentlich lebte Salvator öfter bei Volterra, wo ihm seine Freunde, die Gebrüder Maffei, auf ihren Villen Barbajana und Monterufoli auf mehrere Jahre einen angenehmen und sorgenfreien Aufenthaltsort gewährten. Auch hier spielte man wieder Komödie, zu deren Vorstellungen sich auch die anderen Freunde, namentlich Ricciardi einfanden. Rosa glänzte in der Rolle des Pataeca, eines schlauen verschmitzten Dieners. Auch soll er hier den grösseren Theil seiner Satiren geschrieben haben. In die letzte Zeit seines Aufenthaltes in Toskana fällt die neapolitanische Revolution (1647), an der er, nach Dominici, als Anhänger Masaniello's Theil genommen haben soll. Diese Nachricht, gegen welche die Gesinnung Salvator's keinen Beweis liefern würde, wird dadurch unwahrscheinlich, dass Dominici Salvator schon vor dem Ausbruch der Revolution in Neapel leben und ihn unmittelbar darauf nach Rom gehen lässt. Dies streitet gegen die Nachrichten Baldinucci's [2]) über den

---

[1]) Carlo Dati, 1619 zu Florenz geboren, wurde seiner ausgedehnten Sprachkenntnisse wegen schon in seinem 20. Jahre zum Mitglied der Accademia della Crusca erwählt, deren Konsul er 1649 wurde. In den Naturwissenschaften Schüler Torricelli's, in der Geometrie der Galilei's, stand er mit allen wissenschaftlichen Celebritäten der Zeit in Verbindung. Im Jahre 1648 wurde er zum Nachfolger Doni's als Lehrer der griechischen und römischen Literatur ernannt. Ludwig XIV. bemühte sich, ihn nach Frankreich zu ziehen, und ehrte ihn, als Dati dies ausschlug, mit einer Pension von 100 Louisd'or. Er starb im Jahre 1676. Wie er mit Cassiano del Pozzo befreundet war, so stand er auch mit mehreren Künstlern in freundschaftlicher Beziehung und beschäftigte sich viel mit kunstwissenschaftlichen Studien. Von einem auf drei Theile berechneten Werke über die Malerei ist auf Veranlassung Ludwig's XIV. ein Theil erschienen, welcher die Geschichte der vier grössten Maler des Alterthums nebst anderen theoretischen und historischen Untersuchungen über diese Kunst enthält.

[2]) Von den gleichzeitigen Biographen Rosa's hat Passeri den meisten Werth für den römischen, Baldinucci für den florentinischen Aufenthalt des Künstlers. Do-

toskanischen Aufenthalt, die, als von einem Augenzeugen ausgehend, mehr Glauben verdienen, als Dominici, welcher, nach seiner eigenen Angabe, aus der Volkssage geschöpft hat. Das Eine allerdings wäre, wenn auch nicht wahrscheinlich, doch möglich, dass Salvator bei der Nachricht des Aufstandes Toskana verlassen und nach der raschen Unterdrückung desselben wieder dorthin zurückgekehrt sei. Wie dem aber auch sei, so scheint es sicher, dass Salvator lebhafte Sympathien für diese Revolution und namentlich deren Haupthelden Masaniello gehabt hat, wie aus mehreren Stellen seiner Satiren hervorgeht. Nachdem die Verbindung mit der toskanischen Fürstenfamilie gelöst war — noch jetzt ist der Palast Pitti reich an Werken unseres Künstlers — ging Salvator in Gemeinschaft einer Freundin mit Namen Lucrezia, die er in Volterra als Modell benutzt hatte und die ihm später zwei Söhne gebar, nach Rom, wo er mit lächerlichem Pomp seinen Einzug hielt. Er kaufte sich auf dem Monte Pincio ein Haus zwischen denen Claude Lorrain's und Poussin's und begann nun auch hier ein stattliches Leben zu führen, von dessen Leiden und Freuden die nachfolgenden Briefe mancherlei Kunde geben. Hier sei schliesslich nur noch seiner dichterischen Thätigkeit erwähnt. Es ist für seine ganze Sinnesrichtung sehr bezeichnend, dass er seine Ansichten über die damaligen Zustände in Bezug auf Politik und Leben, Poesie und Musik (er war selbst nicht unbedeutender Komponist) in Satiren aussprach, die ihm, wie wir weiter unten sehen werden, später mancherlei Kummer veranlassten. Für uns hat die grösste Bedeutung die Satire über die Malerei, in welcher er die Schwächen der damaligen Künstler mit scharfen Geisselhieben züchtigt, von denen einige allerdings auch ihn selber treffen. Er beginnt das Gedicht mit einer etwas schwerfällig und übergelehrt eingeleiteten Schilderung der allgemeinen Sittenverderbniss. Nur von Genusssucht, Neid, Faulheit, Zorn und Schwelgerei werde die entweihte Erde regiert; Geiz und Hochmuth haben die Sitten zerfressen, mit vollen Segeln steuere man auf das Verderben los. So denkend habe er plötzlich eine wunderbare Erscheinung erblickt. Er solle sich nicht um das allgemeine Verderben bekümmern, herrscht ihm die phantastische Gestalt zu, auf sich selber und auf seine eigene Kunst solle er blicken. Von mannigfacher Schmach sei die Malerei besudelt, gegen Gott und Natur im Kampf begriffen, infam in den Händen vieler Meister geworden; gegen diese solle er kämpfen und seinen Zorn auslassen, wie er es schon gegen die Poesie und die Musik gethan habe. Nun erfüllt ihn eine göttliche Wuth die Brust, und er beginnt eine Strafrede, nicht aber ohne sein eigenes Lob vorauszuschicken. Nur seinem Genius folge er, nur dem Ruhme strebe er nach, ferne sei er von Interesse und Neid. — Unendlich gross sei die Zahl der Maler, *„tutto pittori è il mondo"*, aber unter der ganzen Menge würde man vergeblich auch nur zwei suchen, die Kenntniss von den Wissenschaften hätten. Vier Fünftel von denen, die da malen, könnten nicht einmal lesen; die Alten wunderten sich einst, dass ein Elephant griechisch zu schreiben gelernt hatte — was würden sie dazu sagen, dass jetzt die Ochsen malen? Geschichte und die Fabeln und die Gebräuche der verschiedenen Zeiten müsste ein guter Maler kennen. Habe doch selbst Raffael den Verstoss gemacht, Adam eine Hacke in die Hand zu geben! — Lächerlich sei es, Blumen, Früchte, sog. Stillleben, Vögel und andere Thiere zu malen, in welchen letzteren man die Portraits der Maler selbst erkennen möchte. — Dann ereifert er sich

minici behandelt vorzugsweise die Erlebnisse *Rosa's* in Neapel. Lady Morgan hat eine durchaus romanhafte Lebensgeschichte *Rosa's* geschrieben. Der Chevalier De Angelis, welcher dieselbe in seinem Artikel über *Rosa* in der *„Biographie universelle"* sehr lebhaft tadelt, kann selbst nicht ganz von diesem Vorwurf freigesprochen werden.

gegen Diejenigen, welche Spitzbuben, Bettler und allerhand Lumpengesindel malen, ohne zu bedenken, dass er selbst einst mit derartigen Bildern begonnen hatte: — und doch würden solche Bilder von grossen Herren gekauft, vielleicht, weil sie sich daran erinnern wollten, dass ihre Vorfahren auch Spitzbuben und Bettler gewesen seien. Allerdings gäbe es Bettler genug: mit ihren Steuern hätten die Fürsten die ganze Welt an den Bettelstab gebracht, und wenn das so fortginge, so würden die Menschen bald nicht bloss ohne Kleider, sondern auch ohne Haut gemalt werden müssen. — Habe ein Maler dann erst etwas Ruhm erlangt, so ruhe er auf seinen Lorbeeren aus, seine Arbeiten werden immer schlechter, und er selbst wird ganz sänftiglich ein Esel, „*diventando diventa un asinaccio*". Dann kommen die Betrügereien der Maler an die Reihe, die mit einem gewissen Firniss neue Bilder als alte erscheinen lassen, und es wird der Hochmuth und Dünkel der Künstler verspottet, die sich nur loben lassen wollen, was SALVATOR allerdings aus eigener Erfahrung am besten wissen musste. Danach wird MICHELANGELO auf das Heftigste wegen der Nacktheiten in seinem jüngsten Gericht getadelt. Höchst eigenthümlich ist es, dass SAL-VATOR sodann gegen die Künstler eifert, die sich Kavaliere nennen, da kaum irgend ein Anderer so sehr um äussere Ehre bemüht war als er. Er vergleicht jene vornehmen Künstler mit feurigen Rossen, die allmälig zu Karrengäulen degradirt werden. Und nun fasst er die vermeintlichen oder wirklichen Schwächen und Laster seiner künstlerischen Gegner in dem Bilde eines Affen zusammen, der zu einem Maler in die Lehre geht und seinem Lehrer dann später eine fulminante Strafrede hält, in welcher ihm alle möglichen Laster und Betrügereien vorgeworfen werden. Das Ganze schliesst mit heftigen Schmähungen gegen die Maler nackter Figuren und unzüchtiger Gegenstände, ähnlich wie solche in dem oben angeführten Buche von OTTONELLI enthalten sind (S. 123 ff.), und man muss sich über die Gemüthsruhe wundern, mit der SALVATOR auf die Darstellung von Bacchanalien schelten kann, während er doch selbst ein solches gemalt hat! Ebenso verdammt er es, zu solchen Zwecken geliebte Personen zum Modell zu nehmen, während ihm doch selbst seine Freundin Lucrezia als Modell zu den nackten Figuren jenes Bacchanales gedient hat! So erscheint das Gedicht mehr als der Erguss eines verbitterten leidenschaftlichen Gemüthes, denn als das Produkt wirklicher Ueberzeugung, und es ist nicht zu verwundern, dass ihm dasselbe so viel Hass und Feindschaft zugezogen hat, dass er später selbst einmal sagte, er wünsche sich lieber das Genick gebrochen, als diese Satiren geschrieben zu haben. Uebrigens ist schon bei seinen Lebzeiten seine Autorschaft stark angezweifelt worden, was ihn mit dem grössten Zorn erfüllte. Seine Gegner warfen ihm vor, er hätte sich diesen Ruhm widerrechtlich angemasst, ein Vorwurf, gegen den er sich in der letzten Satire „*La invidia*" vertheidigt. Die eigentlichen satirischen Theile des Gedichts über die Malerei sind gewiss von ihm, wogegen es nicht unwahrscheinlich ist, dass die nur allzu häufigen gelehrten Anspielungen und die historischen Notizen über die Maler des Alterthums ihm von einem gelehrten Freunde, vielleicht von Giovanni Battista Ricciardi, an die Hand gegeben worden sind. — Vergl. auch C. A. Regnet in Dohme's Kunst und Künstler Nr. 80.

102

SALVATOR ROSA AN GIO. BATT. RICCIARDI.

Rom, 17. August 1652.

Ich bin sehr kurz in meinem Schreiben von der vorigen Woche gewesen und werde dies auch während des ganzen kommenden Monats September sein müssen, und zwar in Folge eines Auftrages, von dem Ihr gleich hören sollt. Monsignore Corsini, der zum französischen Nuntius ernannt ist, hat sich, nachdem er hin und her gesonnen, was er wohl bei seiner Ankunft dort dem Hofe schenken könnte, die vorige Woche entschlossen, sich ein grosses Schlachtbild von mir malen zu lassen, gerade von derselben Grösse als das Bacchanal, das ich, wie Ihr wisst, gemalt habe: nämlich 14 Palmen lang und 9 Palmen hoch. Und da nun nicht mehr Zeit dazu ist, als vierzig Tage, indem nämlich besagter Monsignore gegen Ende des Monats September abreisen muss, und er weiss, dass kein anderer Maler ihm innerhalb so weniger Tage gedient, noch sich in der gegenwärtigen Augusthitze zum Arbeiten verstanden haben würde, so hat er bei dem von mir verlangten Preise von 200 Dublonen mindestens ein Auge zugedrückt; und ich meinerseits habe jene Gelegenheit gern ergriffen, sowohl wegen des sehr guten Preises, als auch wegen der Ehre, die darin liegt und die nicht grösser sein kann, indem ich sehe, wie ein Bild von mir, aus einer Stadt wie Rom, als Geschenk an einen König von Frankreich geschickt wird!

Nun hört aber noch eine andere Geschichte. Der erwählte Nuntius für Spanien, nämlich Monsignor Gaetano, hätte mir gern 500 Scudi für meine beiden Philosophenbilder gegeben, wenn sie in diesem Augenblick noch in meinem Besitz gewesen wären. Er wollte sie dem Könige von Spanien als Geschenk überbringen. Nun, Freund! was sagt Ihr dazu? Macht man nicht Fortschritte im Ruhme? Wächst man nicht in der Ehre und Achtung der Kunst? Deshalb also, Freund! bitte ich Euch, mich zu entschuldigen, wenn ich im Schreiben kurz sein werde, denn ich habe den Kopf so voll Mord und Schlachtgetümmel, dass ich mir wie eine Alekto vorkomme.

Ungemein hat mich die Nachricht von den Verschwendungen Eures Bruders überrascht, vor dem ich doch geradezu auf blossen Knieen Beichte gethan haben würde; aber das Schlimmste dabei ist, dass sich dies mit Nachtheil Eures eigenen Vermögens zugetragen hat, was mir tief im Herzen leid thut. Ich hoffe indess, dass Euch das Eurige nicht ganz ausgehen wird. Jedenfalls, mein Ricciardi! bin ich für Euch da, und ich schwöre Euch, so lange ich noch einen Giulio habe, ist er zur Hälfte Euer; seid also guten Muthes und lacht dem Missgeschick ins Angesicht; können wir doch jetzt selbst einem Krösus und Cäcilius ein Schnippchen schlagen[1]). Genug, dass ich mit Leib und Seele der Eurige bin.

---

[1]) Im Original etwas stärker ausgedrückt: *Adesso ne incacchiamo i Cresi e i Cecili.*

Ich wiederhole Euch noch einmal, dass Ihr im Irrthum seid, wenn Ihr glaubt, dass das ovale Bildchen nicht von der Hand des Albano, sondern von irgend einem Romanesken sei; denn es ist mehr als gewiss, dass es seine Hand ist. Da es aber mit zu seinen letzten Sachen gehört und schon unter dem Einfluss der Schwächen des Alters gemalt ist, muss man Geduld haben; und doch ist das Bildchen, obschon nicht ganz in dem Geschmack, den ich liebe, der Art, dass ich überzeugt bin, dass hier am Orte auch nicht ein Einziger sei, der es besser zu machen im Stande wäre. Da ich mich aber für jetzt nicht mit Euch über Malerei streiten will, so behalte ich mir vor, Euch bei Gelegenheit wieder etwas Eigenes zu machen und jenes zurückzunehmen. Wollt Ihr noch mehr, Sigr. Coccia?

Was die Schlacht von 3½ Ellen Länge und 2 Ellen Höhe, von der ich Euch den Preis angeben soll, anbelangt, so will ich mit gewohnter Freiheit meine Meinung darüber sagen. Ich glaube, Ihr werdet den Widerwillen schon kennen, den ich gegen jene Gattung von Malerei hege, in Anbetracht, dass es eine allbekannte Geschichte ist, dass ich darin alle anderen Maler übertreffe, die etwa mit mir anbinden möchten; ganz abgesehen von der grösseren Mühseligkeit, die damit verknüpft ist; trotzdem aber könnt Ihr, wenn Euch viel daran gelegen ist, jenem Freunde sagen, dass ich aus Liebe zu Euch nicht mehr als 300 Scudi von ihm haben will, wobei ich ausdrücklich erkläre, dass, wäre die Sache nicht von Euch befürwortet, ich die Arbeit um keinen Preis unternehmen würde, indem man schon weiss, dass ich fast das Gelübde gethan habe, diese Art Malereien nicht mehr zu machen, wenn sie mir nicht gleich Raffael's und Tizian's bezahlt werden. Doch zu etwas Anderem!

Der Padre Cavalli, der gestern bei mir war, ist so für Euch eingenommen, dass man es kaum mehr sein kann; er ist in Wahrheit ein sehr würdiger Mann. Uebrigens, mein Ricciardi! bitte ich Euch, guten Muthes zu bleiben und zu glauben, dass mein Kopf und meine Börse Euer sind. Es grüssen Euch die Signora Lucrezia und Orsola, und ich grüsse herzlich alle dortigen Freunde und umarme Euch von ganzem Herzen. Gebt mir doch Nachricht, ob „der Schlummer"[1] dem Herrn Lanfreducci gefallen hat.

Zur Erläuterung dieses von Bottari Raccolta I. 431 mitgetheilten Briefes dient zunächst ein Schreiben, das Rosa am 6. Juli d. J. an Ricciardi gerichtet hat, und worin von einer Landschaft Albani's die Rede ist, die der Künstler anstatt einer eigenen Arbeit seinem Freunde geschickt hatte. Das Bild gefiel Ricciardi nicht, und auf seinen Zweifel, ob es von Albani sei, erwidert Rosa sehr offenherzig: „Man sieht, dass Ihr schlimme Augen habt, da Ihr so schlecht von der Malerei urtheilt. Armer Albano! Du glaubst die höchste Vollendung der Kunst erreicht zu haben, und da sagt der Ricciardi beim Anblick eines Bildes von Dir, er habe nie etwas Schlechteres gesehen." Bottari I. 431.

---

[1] „Il sonno." Wahrscheinlich eine Arie, die Rosa für Lanfreducci, einen seiner florentinischen Freunde, gedichtet hatte, wie dies aus dem Schluss des in der Erläuterung erwähnten Briefes vom 6. Juli hervorgeht.

Ricciardi haben wir schon oben (S. 261) als einen der nächsten Freunde Sal-vator's kennen gelernt; der Padre Cavalli war ein angesehener Musiker und Komponist, der wie mehrere andere Komponisten Salvator's Bekanntschaft wegen dessen grosser Liebe zur Musik aufgesucht hatte; „Signora Lucrezia" ist die schon oben angeführte Geliebte Salvator's; die Orsola aber wahrscheinlich eine der dienstbaren, vielleicht auch befreundeten Frauen, die nach der Aussage der Biographen in Salvator's Hause lebten. Dass die Lucrezia guter Hoffnung sei, meldet er dem Freunde in einem Briefe vom Oktober d. J. Sie hat ihm bald darauf einen zweiten Sohn geboren, der Augusto getauft wurde und in der folgenden Korrespondenz häufig erwähnt wird. Ein schon früher von der Lu-crezia geborener Sohn ist sehr jung gestorben. Der letzterwähnte Brief enthält auch die Nachricht, dass das Schlachtenbild nach Frankreich abgegangen sei. Es habe sehr grossen Beifall in Rom gefunden. „Ich kann ihm nur," sagt Salvator in einem anderen Briefe aus derselben Zeit, „denselben glück-lichen Erfolg wünschen, den es in Rom gehabt hat; denn ich kann Euch zu-schwören, dieser ist grösser gewesen, als vielleicht jemals eine moderne Malerei, um von den alten nicht zu sprechen, erreicht hat, so dass mein Name diesmal einen grossen Sprung gemacht hat." Das Bild befindet sich gegenwärtig im Louvre (École italienne Nr. 344 in dem neuesten Kataloge von Both de Tauzia. Villot 3601) und ist in Bezug auf die wilde, fast wüste Leidenschaftlichkeit und Verbissenheit, die sich in den kämpfenden Kriegern ausspricht, eines der bezeichnendsten Werke dieses Meisters. Die Schlacht geht in einer öden Felsen-landschaft vor, in deren Hintergrund sich die vortrefflich gemalten Ruinen eines antiken Tempels befinden.

193.

SALVATOR ROSA AN GIO. BATT. RICCIARDI.

Rom, ... Mai 1654.

Bei Allem in der Welt, ich kann noch immer nicht glauben, dass der Brief, den ich mit der letzten Post erhalten, von Euch sei; denn schon sind sechs Posten eine nach der andern gekommen, nicht bloss, ohne mir diese Eure besagte Gunst zu bringen, sondern auch nicht einmal die, welche mir in Ermangelung von Euch unser Herr Cosimo zu gewähren pflegte. Die Verdammungen, die ich auf die Frau Komödia geschleudert, waren unerhört, denn sie war die Veranlassung, dass ich so lange fasten musste. Eine kleine Genugthuung hat es mir wenigstens gewährt, dass die Komödie wegen ihrer Länge etwas ermüdend gewesen ist, welcher Fehler mir schon vor Eurer Be-nachrichtigung durch die Mittheilungen zu Ohren gekommen ist, die mir der Kanonikus da Scorno, mein Nachbar und ein vortrefflicher Herr, darüber ge-macht hat.

Ich habe Euch letzthin einen äusserst langen Brief geschrieben, indem ich Euch unter der gewohnten Adresse des Herrn Fabretti Nachricht von allen meinen Unfällen gegeben und Euch Alles mitgetheilt habe, was sich seit Eurem Schweigen bis jetzt zugetragen hat. Ich bitte Euch also, beeilt Euch und gebt mir Nachricht von dem Empfange desselben, sonst werde ich immer den Gedanken hegen, dass Andere meine Briefe in die Hände bekommen. Aus jenem Briefe wird Ew. Herrlichkeit die schändliche Infamie ersehen, die meine Feinde gegen mich begangen, indem sie mir unter dem Vorwande, auf die Satire zu antworten, eine Anklage angezettelt haben. Aber Gott, der die Absichten aller Menschen kennt und die höchste Wahrheit ist, hat die Sachen zu einem ganz entgegengesetzten Ausgang geführt, als Jene beabsichtigt hatten. Genug davon, wenn jener Brief bis jetzt noch nicht in Eure Hände gekommen ist, so gebt Euch alle Mühe, ihn wieder zu erlangen.

Doch wir wollen zu uns zurückkehren. Aus jenen Unwürdigkeiten mögt Ihr schliessen, wie es mit der Gemüthsstimmung Eures Freundes beschaffen ist, — Alles ist Galle, Erregung, Feuer! Und doch muss ich die Maske der Verachtung und der Geduld tragen, wenn ich bedenke, dass die Hitze Jener wie Strohfeuer erlischt, meine dagegen wie Demantstein dauert. Die Verpflichtungen, die ich bewusstem Herrn Camillo Rubiera, einem Edelmann von unbegrenzter Kühnheit, schulde, sind gross, und ich bedaure, bei ähnlichen Gelegenheiten nicht ein meinen Absichten gleichkommendes entsprechendes Glück zu haben, sonst wollte ich sicherlich von mir sprechen machen; aber man muss Geduld haben und sich still verhalten, wenn man nichts Anderes thun kann, wobei mir nur die Hoffnung bleibt, solche Wohlthaten mit der Freigebigkeit meiner Freunde belohnen zu können.

O Gott, von welcher Lehre sind mir jene Widerwärtigkeiten gewesen! Sie haben mich die herzliche Liebe einiger Gemüther kennen gelehrt, in denen ich niemals das Gesetz der Pietät und der Liebe heimisch geglaubt hätte, und doch habe ich Wunder gesehen! Und im entgegengesetzten Falle, bei denen ich nicht einen Augenblick gezweifelt hätte, dass sie das Schwert zu meiner Vertheidigung ergreifen würden, die habe ich stummer als wirkliche Stumme erfunden. Möge es also dem Himmel gefallen, dass ich aus diesen Unfällen wahren Gewinn ziehe, um mich dessen in der Zukunft bedienen zu können. Aber das gestehe ich Euch jetzt und für immer, dass es eine schönere Seele als die Eure nicht auf der Welt giebt, so wahr Gott lebt!

In Bezug auf die Dekorationsmalereien werdet Ihr bedient werden, namentlich was die Waldparthien betrifft, die ich selbst zu machen habe; und auch von den andern, hoffe ich, sollt Ihr befriedigt werden, indem ich diesen Morgen einen tüchtigen Perspektivmaler aus Mailand darum ersucht habe. Die der Landschaften könnte ich Euch in der nächsten Woche schicken, indess muss man doch die Gelegenheit der andern Stadtdekoration abwarten, um Alles zusammen zu schicken. Gebt mir Nachricht, ob Ihr den Sommer in Florenz zubringen werdet, mir scheint dies ein viel besserer Aufenthalt als Pisa zu sein. Der P. Cavallo ist zu mir gekommen, und nach vielerlei Gesprächen sagte er mir: „Ich weiss bestimmt, dass Niemand Euch in höherem Grade wohl will, als Herr Ricciardi, denn er spricht mit zu grosser Zärtlichkeit von Euch" — denkt Euch also nun selbst, ob ich mich bei solchen Versicherungen nicht äusserst wohl fühlen muss.

Von unserm Freunde Cordini werdet Ihr den Willen des Signor Volumnio hören, der mich zum Druck auffordert, aber erst noch einmal alle meine Satiren hören möchte. Nun aber müsst Ihr noch erfahren, bis zu welchem Grade die Zuneigung eines mir befreundeten Advokaten gegangen ist, der es versuchen wollte, meinen Prozess vor die Rota zu bringen und sich mit dieser aussergewöhnlichen Sache unsterblich zu machen; aber ich habe ihm davon abgeredet und ihn gebeten, nicht davon zu sprechen. Und gewiss ist dies ein Mann von vortrefflichen Sitten und auf dem Wege, an diesem Hofe die erste Stelle zu erlangen. Es ist der Advokat Serroni, mein sehr lieber, lieber Freund.

Ihr habt mir noch immer nicht die Idee zu dem Bilde geschickt, und doch habe ich Euch mehr denn einmal darum gebeten. Ich bitte Euch, lasst mich nicht im Stiche, indem ich es zum Feste herstellen möchte. Es ist mir lieb gewesen, dass die Tragödie des Gherardelli Euch zu Händen gekommen und dass in Uebereinstimmung mit der Ansicht Aller auch Euch die Vertheidigung mehr als das Werk gefallen hat, indem nämlich die Vertheidigung wirklich eines grossen Mannes würdig ist. Ihr werdet auch noch meine Zeichnung des Titelblattes bemerkt haben, auf welches ich nicht meinen Namen gesetzt haben wollte. Nun sagt der infame Kerl von Schiribandolo, er wolle gegen die Vertheidigung etwas drucken lassen zum Hohn der Achtung, die alle Anderen den Todten gewidmet haben. Hiermit und mit vielen andern schönen Sachen empfehle ich mich Euch als ganz den Eurigen, indem ich Euch bitte — Ihr wisst schon welche Freunde zu grüssen, während die Signora Lucrezia und Orsola Ew. Herrlichkeit dasselbe thun.

Bottari *Raccolta* I. 110. — Die Verstimmung, die Salvator in diesem Briefe über seine Anfeindungen in Folge der Satiren ausspricht, steigerte sich immer mehr und mehr. Am 13. Juni d. J. schreibt er u. A. seinem Freunde: „Ueber meine Angelegenheiten werde ich Euch gar nichts schreiben, es genügt mir, Euch bloss das Eine zu sagen, dass die Ruhe vollständig aus meinem Gemüth verbannt ist, in Folge jener gesegneten Satiren; ich wollte, ich hätte mir den Hals gebrochen, als sie anzufangen. Mit einem Worte, es kommen mehrere Sachen zusammen, um mich zum unglücklichsten Menschen zu machen," — „in Summa, wenn ich nicht vor Verzweiflung sterbe, dann stirbt auf dieser Welt nie ein Mensch daran." Der im Anfange des Briefes genannte Cosimo gehört zu den Florentiner Freunden, ebenso wie Volumnio (Bandinelli), später Kardinal, und Francesco Cordini, der sich trotz seiner Jugend durch ein grosses poetisches Talent auszeichnete und in den Schauspielen, die man gemeinsam aufführte, und für welche Salvator die Dekorationen besorgte, die Mädchenrollen zu spielen pflegte. Cordini blieb im steten Verkehr mit Rosa und befand sich im Besitz mehrerer Bilder desselben. Der Kanonikus da Scorno hat dem Künstler seine Freundschaft bis zu dessen Tode bewahrt, wie aus dem Briefe hervorgeht, den der treffliche Dr. Francesco Baldovini über den Tod Salvator's an Baldinucci gerichtet hat. (S. u. Erläuterungen zu Nr. 111.)

SALVATOR ROSA AN GIO. BATT. RICCIARDI.

Rom, 13. Mai 1662.

Ich habe Euch nicht eher als heute Nachricht von meiner Rückkehr von Loreto geben können, welche am sechsten des gegenwärtigen Maimonats erfolgt ist. Ich bin vierzehn Tage in ununterbrochener Bewegung gewesen, und die Reise ist unvergleichlich viel interessanter und malerischer als die nach Florenz, indem man darin einer solchen aussergewöhnlichen Mischung von Schauerlichkeit und Traulichkeit und einem solchen Wechsel von ebenen und felsigen Gegenden begegnet, dass man für die Ergötzung des Auges nichts Vortheilhafteres wünschen kann. Ich kann es Euch zuschwören, dass die Färbung eines der dortigen Berge schöner ist, als aller derer, die ich unter jenem Himmel von Toskana gesehen habe. Euer Verrucola, das mir immer etwas wild vorgekommen ist, will ich für die Zukunft nur einen Garten nennen im Vergleich mit einer der von mir durchreisten Alpengegenden.

Gott weiss, wie oft ich mich nach Euch gesehnt, wie oft ich Euch beim Anblick einiger ganz von aller Welt verlassenen einsamen Eremiten, die mir auf der Reise zu Gesichte kamen, gerufen habe. Wie sehr mir Diese Lust zum Malen gemacht haben, könnt Ihr Euch wohl denken.

Wir begaben uns nach Ancona und Sirolo und auf der Rückkehr nach Assisi, was ausser unserem Wege lag; alles Orte von ausserordentlicher Schönheit in Bezug auf die Malerei. Zu Terni, vier Meilen von der Strasse entfernt, sah ich den berühmten Wasserfall des Velino, des Flusses von Rieti. Das ist etwas, was auch das ungenügsamste Gemüth durch seine schauerliche Schönheit zu begeistern im Stande ist, indem man nämlich einen Fluss sieht, der sich von einem Berge von etwa einer halben Miglie Senkung herabstürzt und nun seinen Schaum ebenso hoch emporschleudert. Seid überzeugt, dass ich an diesem Orte nicht einen Blick, noch einen Schritt gethan habe, ohne Eurer zu gedenken! Gebt mir Nachricht von Eurem Befinden wie von dem Eurer ganzen Familie, auch unterlasst mir nicht, den Signor Cosimo zu umarmen und Allen, bis auf die Katzen, meine Reverenz zu machen. Allen dortigen Herren hunderttausend Küsse, und so wünsche ich Euch, indem ich Euch von Herzen umarme, alles mögliche Gute.

Bottari *Raccolta* I. 150. Es bedarf kaum der Bemerkung, wie sehr die Landschaften SALVATOR's den Ansichten entsprechen, die derselbe hier über die von ihm auf einer Reise nach Loretto durchreisten Felsengegenden ausspricht. Die Eindrücke seiner Jugend, in welcher er die wüstesten Striche der Abruzzen einsam durchstreift hatte, verbanden sich mit den Eindrücken und Stimmungen der Gegenwart, um diese Vorliebe für unbewohnte, wüste und schauerliche Gegenden noch mehr zu steigern. Sehr bezeichnend ist in dieser Beziehung auch eine Aeusserung in einem früheren Briefe (November 1660), wonach eine ihm von Ricciardi angebotene kleine Villa alle Schönheit für ihn dadurch verliert, dass sie zu nahe bei den Wohnungen anderer Menschen liege.

SALVATOR ROSA AN GIO. BATT. RICCIARDI.

Rom, 16. September 1662.

Es nutzt zu nichts, mir die Ergötzlichkeiten von Strozzavolpe vom verflossenen Jahre ins Gedächtniss zurückzurufen, indem nicht ein Tag vergeht, ohne dass deren eine feierliche Erwähnung gethan werde zum grossen Leidwesen unserer Gedanken, die, indem sie sich gerade im Gegentheile befangen finden, sich mit der Erinnerung aller Einzelheiten selbst peinigen. Ich schwöre Euch, dass ich mitunter Augusto schelte, der noch an Alles gedenkt, damit er sich nicht die Erinnerung daran verbittere, zumal in diesem Monat, der so reich an Abwechselungen ist. — Doch mit Gunst, lasst uns von etwas Anderem sprechen!

Das Fest von S. Johannis Enthauptung ging in mehr als einer Beziehung mit grosser Feierlichkeit vor sich. Die Herren Sacchetti hatten die Verpflichtung, es auszustatten, und folglich lag dem Pietro da Cortona die Pflicht der Anordnung ob, indem er ganz von dieser Familie abhängig ist und derselben zugehört. Es fand dabei ein grosser Zusammenfluss von alten Malereien statt, indem diese Herren es sich zur Aufgabe gemacht haben, die berühmtesten Gallerien von Rom ihrer Blüthen zu berauben. Ich habe daselbst, ausser den beiden schon früher berührten Bildern mit den Ereignissen des Pythagoras, ein grösseres Bild ausgestellt, welches die Geschichte des Jeremias zum Gegenstande hat, wie derselbe auf Befehl der Fürsten von Juda, weil er den Untergang Jerusalems prophezeit hatte, in einen Graben gestürzt und auf die Bitten des Eunuchen Ebedmelec wieder daraus befreit wird. Die Zahl der Figuren belief sich auf dreizehn, alle in Lebensgrösse. Ausserdem waren auch von mir noch zwei andere Stücke dort; weil ich sie aber nicht besonders für jenen Zweck gearbeitet habe, will ich ihrer hier nicht weiter erwähnen. Das ist es, was ich Euch in Bezug auf das Fest zu sagen hatte.

Ich habe sogleich das von Philostrat geschriebene Leben des Apollonius gelesen und zwar zu meinem ganz besonderen Vergnügen, was die Merkwürdigkeit des Inhaltes betrifft. Indess habe ich doch nicht Das darin gefunden, was ich, Eurer Ansicht nach, darin an absonderlichen und aussergewöhnlichen Gegenständen für die Malerei finden sollte; indem es fast alles Ereignisse sind, die auf ein und dasselbe hinauslaufen. Und deshalb ersuche ich Euch denn, mir irgend etwas Anderes anzugeben, um darin noch mehr über das Gewöhnliche hinausgehende Dinge finden zu können. Einiges indess habe ich mir auch aus dem Apollonius zu späterem Gebrauch notirt.

Wegen der Pastete kann ich mich nicht mehr entsinnen, was es damit für eine Bewandtniss habe; da Ihr indess glaubt, dass die Sache zu Eurer Befriedigung gereichen könne, so ist es nicht nöthig, noch weiter darüber zu sprechen. Wenn es sich der Kosten des Hin- und Herschickens verlohnt, und Ihr damit zufrieden seid, so bin ich es erst recht.

Ueber die Ereignisse, die sich hier zutragen, sage ich kein Wort; denn da sie einmal öffentlich geworden sind, trägt sie schon das Gerücht überall hin. Was den Prozess des Herrn Marcantonio anbelangt, so weiss ich nicht, wie es damit steht; denn seitdem ich dem Herrn Conti die vier Scudi ausgezahlt, habe ich ihn nicht wieder gesehen, und ich selbst komme, wie alle Welt weiss, nicht von Monte della Trinità fort und steige nur in die bewohnte Stadt hinunter, wenn mich der Hunger dazu treibt.

Die Stiche werden sehr geschätzt und ist grosse Nachfrage danach, sie cirkuliren gegenwärtig überall. Zwei andere grosse Kupferplatten habe ich schon vorbereitet, doch kann ich mich noch nicht dazu entschliessen, sie anzufangen, indem ich daran gedenke, wie die vom vergangenen Jahre bearbeitet worden sind. Wie sehr mich übrigens die Nachricht von dem Tode des Kindes betrübt hat, weiss der Himmel, wegen des Schmerzes, den sowohl der Signor Cosimo, als auch seine Frau darüber empfinden muss. Indess tröste ich mich damit, dass sie deren noch andere zu erwarten haben. Glückselig die, die in der Wiege sterben!

Wenn Ihr an die Herren Giacomo und Minucci schreibt, verfehlt nicht, sie in meinem Namen zu grüssen, ebenso auch alle die dortigen von mir so hoch verehrten und viel belobten Herren in Pisa. — Ich komme noch einmal auf die Bitte zurück, Euch nach irgend einem aussergewöhnlichen und für die Malerei geeigneten Ereignisse in Eurer Lektüre umzuthun.

Signora Lucrezia und Augusto sowie ich selbst küssen Euch von ganzem Herzen die Hand. Einen Gruss für Alle in Eurem Hause!

Bottari *Raccolta* I. 451. — Zur Erläuterung der im Anfang des Briefes befindlichen Aeusserungen ist zu bemerken, dass SALVATOR ROSA im Jahre 1661 eine Reise nach dem vielgeliebten Florenz angetreten hatte. Dort stand die Vermählungsfeierlichkeit des Thronfolgers (nachmals Cosimo III.) mit Margaretha von Orleans bevor, und sowohl die alten Freunde Cordini, Minucci und Ricciardi, als auch einige Mitglieder der ihm so wohlgesinnten Familie der Mediceer hatten den Künstler zur Theilnahme an den beabsichtigten Festlichkeiten aufgefordert. Auch sein Freund, der Abbate Cesti, war dahin berufen, um eine Festoper zu komponiren. Die Biographen erzählen, wie angenehme Tage SALVATOR im Kreise der alten Freunde auf einer Villa verlebt habe, die er selbst Strozzavolpe, Andere Strozzagolpe nennen. Sie gehörte Giacomo Ricciardi, dem Bruder Giambattista's, und wird in der nachfolgenden Korrespondenz sehr häufig erwähnt. Während seines Aufenthalts in der Stadt lebte SALVATOR im Hause von Paolo Minucci, den er in dem Briefe grüssen lässt, und den wir schon als Freund des Künstlers kennen gelernt haben. Er war Sekretär im Dienste des Prinzen Matthias und hat sich in der Literatur durch seinen Kommentar zu dem *„Malmantile racquistato"* des Lorenzo Lippi bekannt gemacht, der ebenfalls zu den nächsten Freunden SALVATOR's gehörte. — Von den beiden Bildern des Pythagoras hat SALVATOR seinem Freunde schon in einem früheren Briefe (vom 29. Juli d. J.) Nachricht gegeben. „Die beiden Bilder, an denen ich bisher arbeitete, habe ich nun vollendet; ihre Gegenstände sind vollständig neu, noch jemals von irgend wem behandelt. Auf einer Leinwand von acht Palmen Länge habe ich den Pythagoras gemalt, der, von seinen Schülern umgeben, am Ufer des Meeres damit beschäftigt ist, einigen Fischern ein Netz abzukaufen, das sie eben im Begriff stehen, aus dem Meere zu ziehen, um den Fischen die Freiheit wiederzugeben; ein Motiv, das aus einem Werkchen Plutarch's entnommen ist. Das andere stellt vor, wie derselbe Pythagoras, nachdem er sich ein Jahr lang in einer unterirdischen Wohnung aufgehalten, nun nach dem Schlusse desselben, erwartet von seiner Schule, sowohl Männern als Weibern, daraus hervortritt und aus der Unterwelt zurückzukommen vorgiebt, und dass er dort die Seelen Homer's und Hesiod's gesehen und andere Narretheien, die der damaligen Zeit am Herzen lagen. — Wenn Euch," setzt er hinzu, „in Eurer Lektüre ähnliche Gedanken vorkommen, so seid doch ja so gut und notirt sie, indem mir dieselben sehr gut gelingen." Die Bilder befinden sich in England.

106.

SALVATOR ROSA AN GIO. BATT. RICCIARDI.

Rom, 8. September 1663.

Ich schreibe Euch bloss diese vier Zeilen, um Euch Nachricht von mir zu geben und Euch zu beschämen, indem Ihr ganz und gar vergessen habt, mir von Euch zu berichten, trotzdem dass Ihr wisst, dass ich nichts auf der Welt sehnlicher wünsche als dies. Ich habe grosses Vergnügen darüber empfunden, dass Brunetti sich dorthin begeben und zum Theil Eurer Erwartung entsprochen hat.

Bei dem diesjährigen Fest von S. Johannis Enthauptung habe ich ein grosses Bild von mir mit lebensgrossen Figuren ausgestellt. Es ist die Geschichte der Verschwörung des Catilina und genau so dargestellt, wie Sallust dieselbe beschreibt, und hat namentlich den Sachverständigen ausserordentlich gefallen. Ich theile Euch dies mit, weil ich das einem Freunde, wie Ihr mir seid, schuldig bin. Schliesslich ersuche ich Euch noch, mir einige Nachricht über Euer Befinden zu geben und überzeugt zu sein, dass kein Gedanke mich dauernder durchs Leben begleitet, als der an Eure Liebe. Und Gott erhalte Euch!

Bottari Raccolta I. 157. In flüchtigen Worten und ohne die gewohnte Ruhmredigkeit thut SALVATOR ROSA hier eines Werkes Erwähnung, das von allen Kennern zu seinen vortrefflichsten Schöpfungen gezählt wird. Das Bild befindet sich im Palazzo Pitti in Florenz.

107.

SALVATOR ROSA AN GIO. BATT. RICCIARDI.

Rom, 2. Januar 1664.

Ihr seid wirklich sehr gutmüthig, Euch einreden zu lassen, ich sei darauf aus, Geld zu machen, und namentlich in jetziger Zeit, wo jeder fromme Christ sein Geld sechsmal umwendet. Wer Euch mit solchen Possen berichtet hat, der will mir entweder recht wohl oder er träumt. Ist das Erste der Fall, so danke ich ihm dafür — ist es das Zweite, so thut es mir leid, dass es nicht wahr ist. Mein Ricciardi! alle meine Reichthümer bestehen in den vier Bajocchi[1]), die ich in die Wolle gesteckt habe, ein Geschäft, das, Dank sei es den Herren Kriegsgetümmeln! jetzt ganz darniederliegt, wodurch mir denn folglich auch der geringe Gewinn, den ich daraus zog, abgeschnitten ist.

Wahr ist es allerdings, dass ich bald auf ein Tausend Scudi für gemachte Bilder gekommen bin, aber von diesen verkauft sich nur hin und wieder eines mit ganz ausserordentlicher Schwierigkeit. Und was soll man dann damit machen! Es ist schon ein Jahr her, dass sich kein Hund hat sehen lassen, um etwas zu bestellen und, wenn die Kriegsgeschichten noch zunehmen, dann werde ich meine Pinsel in den Garten pflanzen können. Und damit sind alle meine Geheimnisse in Bezug auf das Geldmachen verkündet und enthüllt. — Bei alle dem aber bitte ich Euch, die, die daran glauben, in diesem Glauben zu erhalten.

Ab und zu verkaufe ich einige Kupferstiche, mit welcher Handelswaare ich meiner Börse das Leben friste. Und auch zu diesem Handel kommt noch die neue Steuer, die man auf das Papier legen will. Unsere Reichthümer, Freund! müssen im Gemüthe und darin bestehen, dass man sich damit begnügt, zu kosten, wenn Andere das Glück mit vollen Zügen geniessen. Doch genug wenn ich alle die Malereien verkaufte, in deren Besitz ich jetzt bin, dann wollte ich Krösus einen Lump heissen — aber dazu gehört Zeit!

Die schlechte Weinernte thut mir leid, und ich glaube, dabei schadet es Euch, dass Ihr ein Dichter seid. Farfanicchio grüsst Euch und hat Euch stets auf der Zunge, und unser Kamin hört in dieser Jahreszeit nichts öfter als Euren Namen. Ich bitte Euch, Allen im Hause meine Ergebenheit auszusprechen und zu glauben, dass nichts mehr als Ihr in meinem Herzen lebt, und damit küsse ich Euch die Hand.

Bottari *Raccolta* I. 461. Farfanicchio ist der Scherzname des kleinen Augusto. Zur Erläuterung der Stimmung, in welcher der obige Brief geschrieben ist, mag hier auf eine der von SALVATOR erwähnten Radirungen hingewiesen werden, die unter dem Namen von SALVATOR ROSA's Genius bekannt ist. Er hat sich darauf selbst dargestellt, auf der Erde sitzend und ein Füllhorn mit

---

[1]) Baldinucci erzählt, dass auf der Reise nach Florenz im Jahre 1661 die wohlgemeinten Aeusserungen eines Dieners *Salvator* zu einer grösseren Sparsamkeit bewegt hätten, als ihm bis dahin eigen gewesen war.

Geld umstossend, während er in der andern Hand ein Herz hält, das er einer neben ihm stehenden weiblichen Gestalt darbietet. Diese — vielleicht seine Lucrezia — hält ein Paar Tauben, wohl als Symbol der Liebe, in der Hand. Eine andere weibliche Gestalt setzt ihm einen Hut, als Symbol der Freiheit, auf und reicht ihm einen Stock dar. Dabei die beiden allegorischen Gestalten der Gerechtigkeit und des Lasters. Vor ihm kniet eine Frau mit einem Bild und einer Palette. Auf einer Spruchrolle befinden sich die Worte:

Ingenuus, liber, pictor, successor et aequus
Spretor opum mortisque: hic meus est Genius.

„Edel und frei bin ich, ein Maler; im Tadeln heftig, aber gerecht. Schätze verachte ich, ebenso wie den Tod. Das ist mein Genius."

108.

SALVATOR ROSA AN GIO. BATT. RICCIARDI.

Rom, 4. Juni 1664.

Ich bin über alle Maassen erstaunt, dass ein Kopf, wie der Eurige, sich bis auf den heutigen Tag habe hinziehen lassen, um zu erfahren, was Salvator Rosa werth und von welcher Beschaffenheit er in der Freundschaft sei. Wenn Ihr aber nicht scherzet, so muss ich glauben, dass die Freiheit, die Ihr Euch neulich genommen habt, mich zu verletzen, nur von der Betrachtung herrührt, dass ich Euch in mancher Beziehung verpflichtet bin. Sollte dies der Fall sein, so wollte ich mir alle Eure Freiheiten gefallen lassen, aber nur bis zu der gebührlichen Grenze, indem ich Euch daran erinnere, dass weder Ihr noch ich Götter sind, und dass, wenn Ihr ein Mensch — und zwar in meinen Augen ein grosser Mensch seid, ich doch auch nicht glaube, in den Augen Anderer eine Gurke zu sein.

Also, weil ich Euch gesagt habe, ich wolle auf Euren Bildern nicht mehr als zwei oder drei Figuren machen, darum so viel Geschrei und Eifer, darum so viel Eigensinn und Rederei und unzählige andere unbesonnene Klagen, wie sie nicht ein Pasquale gesagt haben würde. Darum mich der Sünde beschuldigen, dass ich niemals nachgeben könne? Nur sachte, sagt der Neapolitaner, und nicht so viel Geschrei! Denn wenn ich mich auch nicht bloss auf zwei oder drei, sondern sogar bloss auf eine einzige Figur von meiner Hand beschränkt hätte, so würde ich immer noch geglaubt haben, es wäre genug, um Euch zufrieden zu stellen und übergenug nicht bloss Eurer lächerlichen Bambocciade zum Pendant zu dienen, sondern auch, so wahr Gott lebt! jedem anderen vollständigen Gemälde von der Hand eines ersten Malers! Ich gestehe Euch, dass ich die Sache nicht begreifen und weder Eure Kabalen verstehen, noch es mir erklären kann, wie Ihr bei dieser Gelegenheit mehr in Anspruch nehmen könnt, als dass die Bilder von meiner Hand gemalt seien. Und wenn ich wirklich die Schuld gehabt hätte, die Ihr mir vorwerft, so würde ich mir diesen

Auftrag von Euch nicht in dreien meiner Briefe erbeten haben, wie Ihr selbst sehr wohl wisst. Da mich nun aber mein Geschick einmal zwingt, auch gegen Euch — was ich niemals für möglich gehalten hätte — mich zu vertheidigen, so sage ich Euch, was ich selbst gehört habe, und was Ihr auch finden werdet, dass ich nämlich schon seit langer Zeit im Arbeiten eine so aussergewöhnliche Mattigkeit fühle, dass ich, um den Geschmack an dem Malen nicht zu verlieren, nur leichte Gegenstände aussuche und solche, die ich nicht allzulange unter dem Pinsel haben darf, und selten überschreite ich die angegebene Zahl von Figuren; und wenn Ihr dabei, mit dem Vorgeben, es nicht zu glauben, Eure gewohnten Auslegungen anwenden wollt, nachdem Ihr das Ganze meiner stolzen Missgunst zugeschrieben habt, so gestattet mir, Euch in etwas die gute Meinung zu schmälern, die ich immer von Eurer schönen Seele gehabt habe.

Sieh, Ricciardi! wenn sich unser Streit auf wissenschaftliche Gegenstände beschränkte, so würde ich Dir gern nachgeben; aber da es sich darum handelt, mich des Undanks und einer zu grossen Abgemessenheit in der Korrespondenz zu beschuldigen, so werde ich Dir stets die Zähne zeigen, wenn auch nicht um Dich zu beissen, so doch wenigstens um mich zu vertheidigen, und es wird mir sehr leicht sein, Dir das Gegentheil zu beweisen, indem ich jetzt hinlänglich gekannt bin, wenn nicht von Euch, so doch von der ganzen übrigen Welt. Ich gestehe Euch, dass Ihr mir, so lange ich Euch kenne, nie mehr als diesmal missfallen habt, und ich würde es nie für möglich gehalten haben, dass ein Freund wie Ihr mich in einer Sache verletzen würde, worin ich weiss, ein besseres Lob zu verdienen.

Malern von meiner Stellung und aussergewöhnlichem Geiste muss man, mit Ausnahme des Maasses, alles Uebrige ganz nach ihrem freien Ermessen überlassen — so würde ich gegen Euch in ähnlicher Lage gehandelt haben — und sich nicht vermessen, Familienväter belehren zu wollen, wie sie zu Söhnen zu kommen haben. Man muss den Genius dessen, der zu arbeiten hat, unterstützen, und ich glaube, dass jede, wenn auch kleine Arbeit eines klassischen Malers Lob und Preis von dem, der sich wahrhaft darauf versteht, verdient, und ich erinnere Euch daran, dass ein einziger Vers Homer's mehr Werth hat, als ein ganzes Gedicht eines Choerilus. Mehr will ich nun nicht sagen, um nicht dem Zorne Raum zu geben, in den Ihr mich versetzt habt. Bei Gott, wer hat je eine grössere Dummheit vernommen als diese? Zu glauben, man könne einen Freund, der Maler ist, an der Zahl der Figuren erproben!

O Freund! spart diese Eure Chikanen für die Dichtungen auf und nicht für mein Gemüth, das sich in Bezug auf Euch keines Vorwurfs bewusst ist; und wenn dies von meiner übergrossen Offenheit und Freiheit im Sprechen herrührt, so verspreche ich Euch, in Zukunft bei ähnlichen Neckereien Euch von meiner Seite noch Schmeicheleien zu sagen. Ich grüsse Alle in der Familie und Euch umarme ich von Herzen.

Die Entzweiung der beiden Freunde, von welcher der obige Brief (Bottari I. 458) Zeugniss giebt, scheint bald der alten Freundschaft gewichen zu sein. Ein Brief Salvator's vom 21. Oktober 1665 deutet wieder auf einen sehr innigen Verkehr hin. Nichts Dauerhafteres, sagt er darin, lebe in seiner Erinnerung als Ricciardi's Liebe und die Verpflichtung, die er gegen die Lucrezia hege. Uebrigens ist er trüber Stimmung; mit Freuden gedenke er nur der göttlichen Einsamkeit zu Strozzavolpe, denn jeder bewohnte Ort sei seinen Augen ein Gräuel und verhasst, wie ein Todfeind. Und in dem folgenden Briefe vom letzten Oktober d. J. sagt er ihm, sein Brief habe ihn um zwölf Jahre jünger gemacht, und wenn derselbe nicht angekommen wäre, so hätte er selbst sein Ränzel geschnürt und wäre zu dem Freunde gewandert. Er hätte dann als Handlanger bei dem Bau dienen können, mit dem Ricciardi beschäftigt war. Er klagt ferner darin über seine Augen, die sich immer mehr verschlechtern, und theilt dem Freunde mit, dass es ihm durch die Gunst des Schicksals endlich gelungen sei, sich 20 Scudi für den Monat zu sichern. Von Poussin schreibt er, dass derselbe schon zur Hälfte dem Jenseits angehöre.

109.

SALVATOR ROSA AN GIO. BATT. RICCIARDI.

Rom, 26. Januar 1666.

Als ich schon glaubte, dass die jetzige verteufelte Jahreszeit zu Ende ginge, da fängt sie mit einem Male seit vier Tagen wieder von vorn an. Die Kälte ist dies Jahr so ungewöhnlich schändlich gewesen, dass ich wirklich mehrmals glaubte, drauf zu gehen. Bei der Hitze geräth mein Kopf in Unordnung und bei der Kälte zieht er sich so zusammen, dass ich fürchten muss, einmal plötzlich hinzufallen, und er zu meinem Leben sagt: Gute Nacht! Auf Wiedersehen an den Ufern des Acheron! Seit zwei Monaten habe ich an Kopfweh gelitten, trotzdem ich mich wie ein Hühnchen geschont habe.

Meine Füsse sind fortwährend wie ein Paar Stücke Eis, trotz der Wohlthat der Filzschuhe, die ich mir habe von Venedig kommen lassen. In meiner Stube wird das Feuer gar nicht ausgelöscht, und mit noch grösserem Eifer als der Cavaliere Cigoli bin ich damit beschäftigt, jede Ritze, die nur irgend in meiner Wohnung ist, sorgfältig zuzustopfen, und doch kann ich mich nicht erwärmen, noch glaube ich, dass die Fackeln Cupido's und die Umarmungen einer Phryne mich zu erwärmen im Stande wären.

Von allen anderen Dingen sprechen meine Lippen, als von Pinsel und Malen; die Bilder stehen gegen die Wand gekehrt, die Farben sind ganz und gar zu Stein eingetrocknet, noch weben andere Gedanken in mir, als Kamine, Kohlenpfannen, Bettwärmer, Muffen, Pelzhandschuhe, wollene Socken und gefütterte Mützen und andere Dinge ähnlichen Schlages. In der That, mein Freund, ich sehe, dass ich von meiner gewohnten Wärme sehr verloren habe, und es ist wirklich wahr! ich bin dahin gekommen, ganze Tage ohne zu sprechen hinzubringen, und jene Gluth, die mich einst beseelte, betrachte ich als gänzlich verraucht. Weh mir, mein Freund! wenn ich mich in der Nothwendigkeit befände, den Pinsel aus Bedürfniss zu führen — ich glaube, ich wäre gezwungen, unter diesem Joche zu sterben oder die Kunst zu Grunde zu richten.

Wenn Ihr mich aber fragt, womit ich denn den Tag während der Wintermonate verbringe, so würde ich Euch darauf antworten, an heiteren Tagen laufe ich allein umher, wie ein Narr, indem ich mir alle einsamen und verlassenen Orte in dieser Gegend aufsuche. Sind die Tage schlecht, so bin ich wie ein Rasender zu Hause eingeschlossen, spaziere umher oder lese ein Buch oder höre allerhand Klatschereien mehr mit an, als dass ich mich selbst daran betheilige. Es vergeht keine Woche, ohne dass ich um Bilder ersucht würde, so dass ich von Vielen über alle Maassen getadelt werde; aber ich lasse sie singen, denn der Löffel kennt sehr wohl die Angelegenheiten des Topfes. Aber wir wollen uns lieber von weniger melancholischen Dingen unterhalten. Diesen Morgen bin ich ein Paar Stunden mit unserm Signor Francesco zusammen gewesen, der hier nahe bei meinem Viertel wohnt. Er war eben dabei, eine Landschaft zu beendigen, und ich habe ihm dabei, wie auch dieser Tage bei einem anderen Bilde, in vielen Dingen geholfen. Ich erinnere ihn immer daran, in Allem, was ihm etwa Noth thäte, meine Hülfe in Anspruch zu nehmen, indem Ihr mir es so aufgetragen habt. Seine Art und Weise missfällt mir nicht, sein Beruf zur Kunst ist sicher, so jedoch, dass er sich jedesmal eifrig Mühe giebt und sich nie selbst zufriedenstellt. Er grüsst Euch freundlich und sagt, dass er keine Briefe von Euch bekäme, wie auch ich dasselbe sagen kann. In einer der letztvergangenen Wochen war der Signor Cavaliere Fabbroni bei mir, in der Absicht, hierher zu ziehen, nachher aber hat er seine Ansicht geändert, und spielt als Pasquella in einigen Lustspielen, die im Hause des Herrn Connetable (Colonna) von Kavalieren aus dem Stegreife gespielt werden. Wir haben immer von Euch gesprochen und besonders von jenem nun schon lange Jahre entrückten göttlichen Tage an den Ufern des schönen Arno.

Gebt mir doch Nachricht von Eurem Befinden — ich meine nicht von Eurem Glücke, denn das ist immer dasselbe; sagt mir auch, ob Ihr kein Lustspiel schreibt, und wie sich Sigr. Cosimo befindet — wogegen die Signora Lucrezia in Gesellschaft Augusto's sich Euch empfehlen. Bei der neuen Jahreszeit bereitet Euch nur darauf vor, uns wiederzusehen, denn ich halte es nicht mehr aus, dies noch auf längere Zeit hinauszuschieben. Wenn Ihr Geld braucht, ich habe dessen immer genug für Euch und umarme Euch von Herzen.

Bottari *Raccolta* II. 33. Der Connetable Colonna war ein alter Gönner SALVATOR's, dessen Haus einen der glänzendsten Mittelpunkte des römischen Lebens bildete. Einst liess Colonna den Künstler um zwei Landschaften mit Figuren ersuchen, die er bei ihm gesehen, und schickte ihm eine Anweisung auf den Monte di Pietà zu, mit der Bemerkung, er möge die verlangte Summe, für welche eine Lücke gelassen war, selbst angeben. Rosa weigerte sich und schickte dem Connetable die Bilder mit der Antwort, dass er ihm den Preis derselben völlig anheimstelle. Jener erwiderte die Artigkeit mit einer Brokatbörse, in welcher sich 200 Golddublonen befanden. Rosa machte ihm darauf ein Gegengeschenk von zwei ähnlichen Bildern, die er in unglaublich kurzer Frist vollendete, und welche wiederum eine gleiche Belohnung von Seiten des Connetable zur Folge hatten. Dasselbe geschah mit einem fünften und sechsten Bilde. Nun aber liess der Connetable ihn ersuchen, den edlen Wettstreit nicht weiter zu führen, und der Edelmann, welcher das Geschenk überbracht hatte, bemerkte dem Künstler, dass es Sr. Excellenz auf die Dauer doch schwerer fallen würde, die Börse zu füllen, als er seine Bilder zu machen im Stande wäre. Auch ihm wurde ein sehr schönes Bild, ein Seestück mit Landschaft und Figuren, zu Theil, welches später noch in der Gallerie Colonna aufbewahrt wurde.

Was den „Signor Francesco" anbelangt, so könnte darunter der Prior Francesco Ximenez, Herr von Saturnio, zu verstehen sein, welcher aus Liebhaberei Landschaften malte. Dieser hatte Rosa einst gebeten, ihm einige seiner Landschaftsbilder zu zeigen, worauf ihm der Künstler, in einer wunderlichen Verkennung seines eigenen Talentes befangen, ziemlich grob erwiderte: er könne gar keine Landschaften malen: Historienbilder mit grossen Figuren zu machen, sei sein Beruf. Solche wolle er Kennern, wie Ximenez, gern zeigen, um nur den Leuten den phantastischen Wahn zu benehmen, dass er Landschafter und kein Figurenmaler sei.

110.

SALVATOR ROSA AN GIO. BATT. RICCIARDI.

Rom, 15. September 1668.

Ich schreibe Euch bei meiner Rückkehr aus dem Thale Josaphat, nämlich von dem Feste S. Johannis Enthauptung, welches für mich diesmal folgendermaassen verlaufen ist. Der Bruder eines Papstes nebst vier Söhnen, die erst kürzlich als Novizen in diese Gesellschaft eingetreten sind, haben diesmal, um Allen, die etwa für die Zukunft die Absicht hätten, ein ähnliches Fest zu unternehmen, jede Hoffnung zu benehmen, Rom seiner herrlichsten Malereien berauben wollen, und zwar ganz besonders der berühmtesten Bilder der Königin von Schweden, welche allein und ohne alle andere Gesellschaft hinreichend waren, um die Hölle selbst in Schrecken zu setzen.

Die ursprüngliche Absicht dieser Herren war, kein Werk von lebenden Malern vorzubringen, ein Entschluss, der meinen Wunsch, an dem Wettkampf Theil haben zu können, nur noch steigerte, und so habe ich denn mit nicht gewöhnlicher Mühe allein von allen Lebenden es erreicht, mich mit so grossen Todten messen zu dürfen. Ich schwöre es Euch zu, mein Freund! dass ich mich niemals einer grösseren Aufgabe unterzogen habe; aber da sich mir nun und nimmermehr eine schönere Gelegenheit darbieten würde, habe ich, um diese nicht aufzugeben, diesmal Alles darangesetzt, um mich in der Geltung meines Ruhmes zu befestigen.

Ich stelle mir vor, dass Ihr Euch darüber freuen werdet, dass ich so vielen Herren der Malerkunst die Stirne zu zeigen gewusst habe. Da ich aber weiss, dass Ihr immer zu wissen wünscht, welches die Gegenstände meiner Bilder gewesen seien, so höret! Das eine war die Geschichte des Saul, wie er es von der Hexe erlangte, mit der Seele Samuel's zu sprechen: ein Bild von zwölf Palmen Höhe und neun Palmen Breite. Das andere, neun Palmen hoch und fünf Palmen breit, stellt den heiligen Georg vor, wie er über den erlegten Drachen triumphirt. Und dies, mein Freund, ist es, was ich Euch zur Entschuldigung zu sagen habe, dass ich Euch so lange Zeit nicht mit meinen Briefen zufriedenstellen konnte.

Uebrigens missfallen mir Eure Arbeiten bis in die tiefste Seele, und ich werde nie aufhören, mit Euch darüber zu streiten; wenn je etwa Geldmangel daran Antheil haben sollte, so wisst Ihr ja, dass meine Börse immer voll für Euch ist, ohne dass Ihr Euch einmal dafür zu bedanken braucht. Es thut mir leid, zu hören, dass Cesti in Begriff steht, nach Venedig überzusiedeln, ein Ort, den er mehr als die Pest fliehen sollte, um nicht in den Gemüthern der Leute dort das Andenken an die Ereignisse, deren Veranlassung er gewesen ist, wach zu rufen. Meine Empfehlung an Signor Cosimo und viele Grüsse an alle Freunde, während ich Euch von ganzem Herzen umarme.

Bottari *Raccolta* II. 36. Jene Ausstellung bei dem Feste der Enthauptung des heiligen Johannes des Täufers, die den Gegenstand des obigen Briefes ausmacht, ist auch von den Biographen Rosa's besonders hervorgehoben worden. Passeri namentlich erzählt, dass bei dieser Gelegenheit die Anhänger des Künstlers ihm durch ihre übertriebenen Lobeserhebungen mehr geschadet, als genützt hätten. Habt ihr, hörte man sie überall fragen, die Tizian, die Correggio, die Caracci, die Guido und den Herrn Salvator gesehen? Wahrlich, Salvator fürchtet weder Tizian, Guido, noch Guercino, noch sonst irgend einen andern Meister. Sie gingen in ihrem Lobe so weit, dass sie alle verständigen Leute ärgerten und Salvator mehr Hass zuzogen, als er verdiente. Von den beiden Bildern ist namentlich das des Saul von gewaltiger, phantastischer Wirkung. Saul liegt auf der Erde und fragt den Schatten Samuel's, der auf der Hexe Geheiss erschienen ist und einen wirklich gespensterhaften Eindruck macht. Das Bild befindet sich im Louvre. — In Bezug auf die Würdigung, die Rosa seinen eigenen Werken angedeihen lässt, ist u. A. auch ein Brief sehr bezeichnend, den er am 15. Dezember 1666 an Ricciardi gerichtet hat.

„Was zunächst," heisst es darin, „das Maass des Attilius betrifft[1]), so beträgt dasselbe vier Ellen und einen Zoll in der Länge und in der Höhe etwas mehr als zwei und eine halbe Elle. Das Geschenk, das ich dafür bekommen, waren hundert Piaster unter der Form eines Parmesan-Käses, der mir in einem Korbe zugeschickt wurde. Für besagtes Bild hätte ich mehrmals hundert Pistolen bekommen können, und wenn ich es jetzt zu malen hätte, so würde ich es nicht für weniger als vierhundert Scudi thun.

Was das Bild der Hexen anbelangt, so ist dies zwei und eine viertel Elle lang und etwas mehr als anderthalb Ellen hoch. Der Preis dafür waren fünfzehn Pistolen, und es sind jetzt zwanzig Jahre her, dass ich es gemalt habe. Für dieses Bild konnte Signor Rossi, wenn er sich desselben hätte berauben

---

[1]) Dies Bild, welches den Attilius Regulus darstellt, der in das mit Nägeln ausgeschlagene Fass gesteckt wird, hat *Salvator* selbst radirt und seinem Freunde gewidmet, wie aus der Inschrift „*Jo. Bapt. Ricciardo amico unico*" hervorgeht.

wollen, jedesmal vierhundert Scudi erhalten, und einmal sind ihm sogar fünfhundert geboten worden. Und ich habe ihm überdies die Prophezeiung gegeben, dass es nach meinem Tode auf den Werth von tausend Scudi kommen werde, indem es den Reiz der Neuheit überdauern wird. Als solches wird es auch nach allen anderen Dingen (in der Sammlung) gezeigt und ist unter einer Hülle von Seidentafft aufgestellt."

III.

SALVATOR ROSA AN GIO. BATT. RICCIARDI.

Rom, 11. Oktober 1669.

Läutet die Glocken, dass endlich, nach dreissig Jahren meines Aufenthalts zu Rom, nach dreissig Jahren zerstörter Hoffnungen und ununterbrochener Klagen, mit der Hülfe des Himmels und der Menschen es mir endlich einmal gelungen ist, ein Altarbild öffentlich zeigen zu können.

Der Herr Filippo Nerli, Depositarius des Papstes, fest entschlossen, diese Härte des Schicksals zu besiegen, hat zu dem Zwecke eine eigene Kapelle in der Kirche S. Giovanni de' Fiorentini erbaut und den Sternen zum Trotz verlangt, dass ich als Altartafel dazu das Bild vollenden sollte, welches ich seit fünf Monaten begonnen und nun mit der Absicht hatte liegen lassen, es zur Fastenzeit wieder aufzunehmen. Aber der Eintritt des Festes, das die Herren Florentiner in besagter Kirche wegen der Heiligsprechung der heiligen Maria Maddalena de' Pazzi zu feiern genöthigt waren, hat mich gezwungen, die Arbeit wieder aufzunehmen und mich zu Hause einzusperren, wo ich anderthalb Monat in beständiger Agonie zugebracht habe, um auch von meiner Seite mit dem Bilde zur rechten Zeit zum Feste fertig zu werden.

Diese Verpflichtung hat mich nun nicht allein von aller Beschäftigung mit der Feder, sondern von allen übrigen Dingen dieser Welt ferngehalten und ich kann Euch sagen, dass ich fast das Essen vergessen habe. Mein Fleiss ist ein so anstrengender gewesen, dass ich gegen das Ende gezwungen war, mich auf zwei Tage in's Bett zu legen. Und wenn ich mir nicht mit einem Brechmittel geholfen hätte, wahrhaftig es wäre mir übel bekommen, indem sich nämlich einige unverdaute Speisereste im Magen angesammelt hatten. Darum also, mein Freund! habt Nachsicht mit mir, wenn ich wegen des Ruhmes meines Pinsels die Pflichten, die ich mit der Feder gegen Euch zu erfüllen habe, etwas vernachlässige.

Es sind zwei Tage, dass ich an dem Bilde des heiligen Torpè arbeite; wenn es fertig ist, werde ich Euch gleich Nachricht davon geben. Unterdess bitte ich Euch, mir wohlzuwollen und an unser Wiedersehen zu denken, indem es mir bald unmöglich wird, dies noch länger aufzuschieben. Die Signora Lucrezia, die sich nicht allzuwohl befindet, und Augusto, dem es nicht viel besser geht, grüssen Euch und sehnen sich darnach, Euch wiederzusehen, und

den ganzen Tag über wird von den Erinnerungen der Ereignisse und Erlebnisse zu Strozzavolpe gesprochen. Dem Signor Fabretti gebt in meinem Namen
einen Kuss, während ich Euch von ganzer Seele umarme.

NS. Der Doktor Oliva grüsst Euch.

Bottari *Raccolta* II. 39. Lange hatte sich der Künstler die Gelegenheit
ersehnt, eines seiner Werke als Altarschmuck öffentlich ausgestellt zu sehen.
Um so eifriger war in der letzten Zeit seines Lebens dies Verlangen geworden,
als ein früheres Werk, das diese Bestimmung gehabt hatte, durch die Ränke
eines Nebenbuhlers von dem Altare, den es eingenommen, wieder entfernt
worden war. Nun gab ihm der Marchese Filippo Nerli (im Text bei Bottari
steht irrthümlich Neri), Neffe und Bruder zweier Kardinäle dieses Namens,
den Auftrag, das oben erwähnte Altarbild für die Kirche S. Giovanni dei Fiorentini in Rom zu malen. Rosa stellte darauf das Martyrium der Heiligen
Cosma und Damiano dar, die auf einem Scheiterhaufen dem Flammentode preis-
gegeben werden sollen. Die Flamme aber schlägt weit auseinander und ergreift
die Henkersknechte, welche entsetzt zu Boden stürzen, während zwei Engel
den Märtyrern Muth zusprechen. Das Bild, das, wie der Brief bezeugt, in
einer gewaltigen Aufregung gemalt worden war, zeichnete sich durch Kühnheit
und eine ergreifende Leidenschaftlichkeit aus, und Salvator war im Voraus
von dem grossen Eindruck überzeugt, den dasselbe im Publikum hervorrufen
würde. Der Erfolg aber entsprach seinen Erwartungen sehr wenig. Als Passeri
an dem Abend nach der Enthüllung des Bildes auf den Monte Pincio ging,
um mit Salvator den gewohnten Abendspaziergang zu machen, kam ihm Salvator lachend entgegen. „Nun," fragte er, „was sagen die boshaften Neider?
jetzt haben sie sich doch überzeugen können, dass ich auch im Grossen malen
kann. Jetzt soll der Michelangelo nur kommen und die nackte Figur, die
ich auf dem Bilde angebracht habe, besser zeichnen, wenn er es vermag!
Wahrlich, die Welt wird jetzt staunen, denn jetzt erst habe ich ihr gezeigt,
was ich zu leisten vermag!" Passeri, um den eifrigen Maler nicht zu ent-
täuschen, begnügte sich, die Achseln zu zucken und suchte das Gespräch auf
einen andern Gegenstand zu lenken.

Das am Schluss des Briefes erwähnte Bild war ebenfalls für eine Kirche
bestimmt. Es war ihm von Marco Antonio Venerosi, Banherrn des Domes von
Pisa, auf Veranlassung Ricciardi's angetragen worden und wurde gegenüber
dem schönen Bilde der heiligen Agnes von Andrea del Sarto aufgestellt. Es
stellte den Heiligen in kriegerischer Rüstung, auf einen Marmorpilaster gestützt
und in der Hand das Kreuz haltend, dar. Auch nach dem Tode Salvator's
wurden noch einige seiner Bilder in einer Kapelle von S. Maria del popolo in
Rom aufgestellt. Salvator Rosa starb wenige Jahre, nachdem er den obigen
Brief an Ricciardi geschrieben (1673). Die Festigkeit des Charakters und die
philosophische Ruhe, die er so gern während seines Lebens zur Schau trug,
hielten nicht Stand vor den Schrecken der Krankheit und des Todes. Die
Freunde, die über sein Leben geschrieben, sind einig darüber, dass er in laute
und verzweiflungsvolle Klagen ausgebrochen sei. Alle Arbeit setzte er aus,
auch hierin ganz im Gegensatz zu Poussin, und gab sich seinem bald stummen
und bald lauten Schmerze hin. Um so rührender ist es dann, den weltlich
gesinnten [1]), von allen Leidenschaften einst bewegten Mann sich mit fast kind-

---

[1]) Wie die Ansichten *Rosa's* über die Fragen der Politik einen oppositionellen
Charakter hatten, so scheint man ihm auch gerade keine allzu strenggläubige Kirch-

licher Gläubigkeit den Tröstungen der Religion zuwenden zu sehen. Er freut sich, dass er den Namen des Erlösers trägt — einen Salvator könne der liebe Gott doch unmöglich in die Hölle schicken. Noch kurz vor seinem Tode lässt er sich aus eigenem Drange[1]) die langjährige Freundin antrauen, um auch von dieser Schuld befreit dahin zu gehen. In ihren Armen, in Gegenwart des Sohnes und unter dem Beistande eines nah befreundeten Priesters Francesco Baldovini ist er gestorben. „Wo der Fehler viel sind," sagt Baldinucci, „ist die Gnade Gottes gross." So starb nach heftig bewegtem Leben ein Künstler, den man wegen seines aussergewöhnlichen Charakters und Talentes wohl als den letzten der italienischen Maler bezeichnet hat. Der Kreislauf der selbstständigen Entwickelung der italienischen Malerei während des 17. Jahrhunderts ist mit ihm zum Abschluss gekommen.

112.

CIRO FERRI AN LORENZO MAGALOTTI.

Bergamo, 22. Dezember 1665.

Ew. Herrlichkeit wird schon aus meinem vorigen Briefe von meiner schlechten Reise und von dem Unfalle unterrichtet sein, der mir begegnet ist; da ich indess keine Antwort erhalte, so fürchte ich, dass derselbe verloren gegangen sei, indem ich, wenig erfahren in diesen Dingen, nicht „frei" auf das Kouvert gesetzt und die Briefe durch Vorausbezahlung nicht frankirt habe. Auf diese Weise muss die Antwort auf Ew. Herrlichkeit sehr freundlichen Brief verloren gegangen sein, den ich gleich bei meiner Ankunft in Bergamo vorfand, und der wahrlich voll von allen jenen Artigkeiten war, die Ew. Herrlichkeit gewohnt ist, Ihren Dienern zu erweisen.

Inzwischen will ich Ew. Herrlichkeit von Neuem antworten, wie ich mich jetzt verglichen habe. Der Preis ist auf 4300 Scudi festgestellt und ausserdem zwölf Last Getreide, achtzehn Kübel Wein und zwölf Wagen Holz jährlich, endlich das Haus bezahlt und mit allem Nöthigen ausgestattet. Die Räume

lichkeit zugetraut zu haben. „Als ich," erzählt der ehrwürdige Baldovini in dem oben erwähnten Briefe S. 49, „von einem Besuche Rosa's kommend, das Haus verliess, begegnete mir gerade, als ich die Thüre schloss, der Kanonikus Da Scorno, ein Mann, dem es gestattet war, über alle Menschen mit aller nur möglichen Freiheit zu sprechen. Sobald er mich erblickte, rief er mir zu: „„Nun, wie geht es dem Salvator? Wohl schlecht? Neulich Abend habe ich einem grossen Streite im Vorzimmer eines Prälaten beigewohnt. Man stritt sich darum, ob Salvator als Schismatiker, Hugenotte, Kalvinist oder als Lutheraner sterben würde."" Er wird, erwiderte ich, so es Gott gefällt, als ein besserer Katholik sterben, denn Diejenigen, welche solche Reden von ihm führen. Und darauf ging ich meines Weges."

[1]) Nur beiläufig mag hier die Anekdote erzählt werden, dass er sich im Gegentheil lange geweigert habe, die Lucrezia zu heirathen. Auf dem Todesbett endlich, als ihn der befreundete Priester immer von Neuem dazu ermahnte, habe er sich mit den Worten dazu entschlossen: „Wenn es denn durchaus unmöglich ist, ohne Hörner in den Himmel zu gelangen, so möge es geschehen!"

für die Bilder sind mir etwas kleiner geworden, als ich es erwartete, mit Ausnahme jenes grossen; ich habe schon die Zeichnung zu den einzelnen Bildern gemacht; in vier Räume kommt nicht mehr als je eine Figur.

Ich muss Ew. Herrlichkeit von Seiten meiner Frau um eine Gunst ersuchen, die darin besteht, jene Koffer ein wenig nachsehen zu lassen, ob nicht etwa ein Loch darin wäre, wodurch die Mäuse kommen und das von ihr so hoch geschätzte Garn zernagen könnten. Verzeihen Sie mir nur um der Liebe Gottes willen, dass ich Sie mit einer solchen Kleinigkeit behellige. Ich habe es nur gethan, weil sie mir von Rom aus sehr dringend davon geschrieben hat. Schliesslich bitte ich Ew. Herrlichkeit, Herrn Carlo Dati und dem Kanonikus Panciatichi sowie dem Herrn Prior Rucellai und Herrn Bali Stufa nebst allen meinen anderen Gönnern meine ergebenste Empfehlung zu machen, und küsse Ihnen unterdess ehrerbietigst die Hand und empfehle mich Ihnen als Ihren ergebensten Diener.

Auch möge Ew. Herrlichkeit mir die Ehre erweisen, den Herrn Doktor Redi zu grüssen und ihm zu sagen, dass ich damit beschäftigt bin, die Skizze zu dem grossen hier in Bergamo auszuführenden Gemälde zu entwerfen, welche so gross wie die Kopie der Assunta werden wird. Wenn er etwa Lust hätte, sie zu besitzen, so würde ich sie ihm aufheben. Das Bild hat den Untergang Pharao's im rothen Meere zum Gegenstande, und soviel ich sehe, ist es die kühnste Komposition, die ich jemals gemacht habe. Auf der einen Seite male ich das Volk der Hebräer, welche das Meer schon durchschritten haben, und Moses, welcher seinen Stab über dasselbe ausstreckt.

NS. Wenn Sie mir doch ein wenig sagen könnten, was man über mich in Florenz spricht, und was mit den Bildern der Nunziata geschieht.

Bottari *Raccolta* II. 52. Ciro Ferri, der Nachfolger Pietro Berettini's in den Arbeiten im Palast Pitti (vergl. oben Nr. 101), und, nebst Benedetto Luti, der bedeutendste unter den Vertretern jener kühnen und äusserlich glänzenden Dekorationsmalerei, wie sie fortan auf lange Zeit herrschend blieb, war nach Bergamo berufen worden, um in der dort befindlichen Kirche S. Maria Maggiore äusserst umfangreiche Frescomalereien auszuführen. Ueber die Bedingungen dieser Arbeit giebt er in dem obigen Briefe seinem Freunde und Gönner, dem Grafen Lorenzo Magalotti zu Florenz, Auskunft. Dieser nahm eine in gesellschaftlicher wie wissenschaftlicher Beziehung gleich bedeutende Stellung in Florenz ein. Als „*gentiluomo della corte*" des Grossherzogs Ferdinand II. hatte er den Thronfolger, nachherigen Grossherzog Cosimo III., auf dessen Reisen begleitet, und bekleidete später die Stelle eines Staatsrathes. In seinen literarischen Leistungen zeigt er eine ähnliche Verbindung strenger naturwissenschaftlicher Forschungen und der Poesie, wie der ebenfalls in dem Briefe erwähnte Dr. Francesco Redi [1]), den er als sein Vorbild betrachtet zu haben scheint, und den wir aus den Aeusserungen Ferri's auch als Kunstfreund kennen lernen.

[1]) Auch mit Vincenzo Viviani, dem berühmten Naturforscher und Lieblingsschüler Galilei's, war *Ciro Ferri* befreundet. Briefe an L. Magalotti vom 30. September 1665 und vom 17. Februar 1666.

Die am Schluss des Briefes erwähnten Bilder sind Darstellungen von Wundern in der Kirche der Nunziata, welche nach einem der späteren Briefe vom 17. Februar 1666 (Bottari II. 50) an Franceschini von Volterra, Livio Mens und Ciro Ferri vertheilt worden sind. In demselben Brief kommt folgende für das Studium und die Kunstweise des Meisters bedeutende Stelle vor: „Ew. Herrlichkeit wünscht von mir ehrliche Auskunft, wie lange Zeit ich mich noch in der Lombardei aufzuhalten gedenke. Ich erwidere Ihnen darauf, dass ich, um das Werk, welches ich gegenwärtig unter den Händen habe, zu vollenden, zwei Jahr und sechs Monat gebrauche, und dann will ich auf ein Jahr nach Venedig gehen, um daselbst zu studiren und zu sehen, ob ich nicht Denen, die mir übel wollen, die Augen übergehen lassen kann, indem diese meine Neider behaupten, ich wüsste nicht, was ich in Bezug auf das Kolorit beginnen sollte." Er freut sich über die Erfolge des Herrn Viviani (s. o. S. 286), als ob es seine eigenen wären; wenn ihm Jener hochschätze, so sei es Folge von dessen unbegrenzter Artigkeit, nicht seines eigenen Verdienstes, er kenne sehr wohl seine Schwächen und täusche sich nicht über sich selbst.

Die Bescheidenheit des Meisters, die wir hier um so lieber hervorheben, als sie dem künstlerischen Charakter jener ganzen Schule ferne zu liegen scheint, spricht sich auch in einem Briefe vom 1. Mai 1666 aus, worin er den Grafen Magalotti bittet, er möchte ihn nicht so sehr loben: denn er könnte ihn dadurch leicht zu dem Glauben veranlassen, er verstehe etwas, und so würde er die Ursache seines Verderbens werden; „denn wer da glaubt, etwas zu verstehen, lernt nichts mehr zu".

113.

JOACHIM VON SANDRART AN DEN KURFÜRSTEN VON BRANDEN-BURG FRIEDRICH WILHELM DEN GROSSEN [1].

Nürnberg 1678.

Nachdem die tausendzüngige Fama von der Göttin des Ruhmes aus dem Himmel entsendet worden, um Ew. Churf. Durchlaucht hohen Ruhm mit dem Schall ihrer Silber-Drommeten zu verkündigen, hat sie eine gute Weile gezweifelt, was für einen Heldennamen sie in die daran hangenden Purpurfahnen sollte sticken lassen. Sie glaubte zwar anfänglich, als sie Ew. Churf. Durchlaucht im Feldlager unter den Zelten und zwar siegprangend erblickte, sie könnte Deroselben keinen andern Namen, als den eines deutschen Mars zueignen. Und in diesem ihren Gedanken wurde sie bestärkt, als sie, in den Jahrbüchern Ihres Churf. Hauses forschend, unter Ihren glorwürdigsten Vorfahren einen Achilles fand, dessen erhabener Waffenglanz den Ruhm aller Helden seiner Zeit, wie Ew. Churf. Durchlaucht dies in jetziger Zeit thun, eben so überstrahlte, wie die Mittagssonne die Sterne am Himmel verdunkelt. Als sie nun aber Ew. Churf. Durchlaucht aus dem Felde nach Ihrer fürst-

[1] Die Anrede lautet: Durchlauchtigster Grossmächtigster Churfürst! Gnädigster Fürst und Herr!

lichen Hofburg begleitete und allda wahrnahm, wie nicht allein die Zeughäuser und Rüstkammern mit aller Waffengezeug, sondern auch die Kunstkabinette und Bücherzimmer mit allen nur ersinnlichen Kunstschätzen und Seltenheiten angefüllt waren, und da sie dabei auch Ew. Churf. Durchlaucht von solchen Dingen, gleichwie sonst von Kriegssachen, mit hochvernünftigem Urtheil reden hörte: da kam sie sofort auf den Schluss, dass Ihnen der Ehrenname eines deutschen Phoebus oder Apollo besser anstehen würde.

Und in diesem Gedanken wurde sie abermals bestärkt, als sie, in der Kabinette einem, an einer Statue des Phoebus ersah, dass derselbe nicht allein Pfeile und Bogen, einen Python damit zu fällen, sondern auch die Leyer der Kunst im Arme hatte, und sich zugleich erinnerte, dass der Lorbeerkranz auf seinem Haupte ihn nicht allein zu einem Kriegshelden, sondern auch zu einem Helden der Kunst gekrönet. Wie nun Ew. Churf. Durchlaucht als ein rechter wahrer Apollo und hoher Gönner aller Künstler und Kunstfreunde sich in stetem Wechsel dem Berufe der Kriegsführung und der Kunstliebe zu widmen pflegen, so scheinet es jetzt, als wenn Sie, da nun die von Feindesnoth bedrängte, mit Brand verheerte und bluttriefende Germania den Freudenport des lang ersehnten Friedens vor Augen sieht, — der Himmel füge ein unfehlbares Einlaufen und Anlanden! — die siegreichen Waffen bei Seite legen und hingegen zur Kunstleyer greifen wollten. Da es sich nun eben also gefüget, dass gegenwärtiges Werk, meine „deutsche Akademie", jetzt hervor und an das Licht getreten ist, so habe ich, um Ew. Churf. Durchlaucht Kunstliebe durch eine neue, wenn auch geringe Gabe zu erfreuen, mich erkühnet, dieses Werk Ew. Churf. Durchlaucht zu Füssen zu legen, weil ja, solches zu thun und dergleichen Schriften Ihnen als dem grossen Apollo und Beschützer des deutschen Parnasses darzubringen, die allgemeine Schuldigkeit erfordert. Es ist auch mein Buch eines solchen Schutzhelden sehr bedürftig, da ja Niemand etwas hervorbringen kann, das nicht von tadelsüchtigen Richtern ein übles Urtheil erdulden müsste. Gleichwie nun der weltumspannende Ocean, ob er schon meist nur grosse Ströme in sich aufnimmt, gleichwohl auch ein Bächlein nicht verschmähet, das etwa in der Nähe entquollen und also seinen kurzen Lauf bald endet, so hoffe auch ich, Ew. Churf. Durchlaucht werden, auch hierin einem grossen Monarchen von Persien nachahmend, diese meine Hand voll Wassers, die ich Ihnen in Ermangelung einer grösseren Gabe unterthänigst darbringe, nicht verschmähen, sondern nach Ihrer weltgepriesenen hohen Humanität zu theuern Gnaden auf- und annehmen, zugleich mit meinem aus tiefstem Herzen hervorgehenden Wunsche, dass der Allerhöchste, wie bisher, auch ferner Ihre wohlgeordnete Regierung beschützen und Ihren Kriegsruhm mit neuen Triumphen erweitern wolle![1]

Das obige Widmungsschreiben an den grossen Kurfürsten ist dem zweiten Bande von Joachim von Sandrart's Teutscher Akademie vorgedruckt, welcher

[1] Der Schluss lautet: Der ich auf Lebenslang mich obligire, erfunden zu werden, E. Ch. D. Unterthänigst Gehorsamster Joachim von Sandrart auf Stockau.

zu Nürnberg im Jahre 1679 erschienen ist[1]). Wir haben den Verfasser schon öfter als Gewährsmann für mehrere seiner Zeitgenossen unter den Künstlern angeführt, mit deren bedeutenderen er sowohl in Italien, als auch in den Niederlanden und Deutschland in freundschaftlichen persönlichen Beziehungen gestanden hat. In Deutschland ist er einer der wenigen Künstler — er war in der Malerei Schüler des Gerhard Honthorst — die unter den damaligen beklagenswerthen Zeitverhältnissen den Ruhm und die äusserliche Anerkennung der Kunst aufrecht zu erhalten vermochten. Von edler Geburt, vollkommen unabhängig und mit reichem gesichertem Besitz gesegnet, hatte er das künstlerische Leben nach allen Richtungen hin kennen gelernt, und als er, von dem Forschungstriebe erfüllt, den wir an den hervorragenden Künstlern dieser Zeit so oft hervorgehoben, die Resultate seiner Erfahrungen veröffentlichte, widmete er dieselben den grössten deutschen Fürsten, dessen Wesen er mit richtigem Takte erkannt und in den Worten der Widmung ausgesprochen hat. In jener Verbindung der Waffenübung und der Pflege von Kunst und Wissenschaft, die Sandrart in der bilderreichen Sprache seiner Zeit an dem grossen Kurfürsten hervorhebt, liegt in der That die Grösse dieses Fürsten und zugleich die des Staates ausgesprochen, als dessen eigentlichen Gründer wir Friedrich Wilhelm den Grossen zu betrachten haben. Auf die von dem grossen Kurfürsten in Berlin begründeten Sammlungen haben noch folgende Bemerkungen Sandrart's Bezug. „Eine weitläufige Lobrede," sagt Sandrart a. a. O. S. 73, „verdiente auch Ihrer Churf. Durchlaucht zu Brandenburg Residenz zu Berlin oder Köln an der Spree, als welche mit einer weltberühmten Bibliothek, mit einer vortrefflichen auserlesenen Malerei (Gemäldesammlung), auch dergleichen antiken Statuen und Medaglien pranget. Weil ich aber nicht selbst allda gewesen und die ferne Entlegenheit mich zurückgehalten, so erwähne ich allein davon, was mir andere glaubwürdige Männer davon erzählt haben[2]). Es bestehet diese Stadt aus drei andern Städten, deren Gebäude wohl regulirt und meist von vollkommen guter Architektur sind. Die Churf. Residenz ist zum Theile alt, aber dennoch deren Gebäude majestätisch, der neue Bau aber vollkommen. Darin unter andern auch die herrliche Bibliothek zu sehen ist, welche sowohl wegen Auserlesenheit, als wegen Menge der Bücher für eine der allerberühmtesten in der Welt erkannt wird. Die Churf. Zimmer sind sämmtlich gleichsam so viel vortreffliche Kunstkammern, alle von den weltberühmtesten Italienischen und Niederländischen, sowohl aber, als jetziger Zeit hochschätzbaren besten Malern ausgezieret, welches leicht zu glauben, weil Ihre Churf. Durchlaucht selbst alles angeordnet haben, als welche mit hohem Verstande und gutem Urtheil in diesen, wie sonst in allen andern Künsten begabet sind.

„Es ist auch sonst Alles, was in Tugend oder Kunst bestehet, daselbst im höchsten Grade gut eingerichtet. Denn obschon Ihrer Churf. Durchlaucht die Regierung und Erhaltung Ihrer Lande und Leute und darum viel hohe Sorg-

---

[1]) Der Titel des ersten Bandes lautet: L'Academia Tedesca della Architectura, Scultura et Pittura, oder: Teutsche Academie der Edlen Bau-, Bild- und Malerei-Künste, darinnen enthalten ein gründlicher Unterricht von dieser drei Künsten Lehrsätzen und Geheimnissen etc. etc., durch Joachim von Sandrart auf Stockau, Hochfürstl. Pfalz-Neuburgischem Rath. Nürnberg 1675. — Der zweite Theil (1675 u. 1679 zu Nürnberg erschienen) hat den Titel: Der Teutschen Academie zweiter Theil, von der alt- und neuberühmten Egyptischen, Griechischen, Römischen, Italiänischen, Hoch- und Nieder-Teutschen Bau-, Bild- und Malerei-Künstler Lob und Leben.

[2]) Sandrart's Lehrer, Gerhard Honthorst, war von dem grossen Kurfürsten beschäftigt worden, und dessen Bruder Wilhelm hat eine Zeit lang selbst in Berlin gelebt.

falten obliegen, so haben Sie doch nicht unterlassen, Ihr heroisches Gemüth je zuweilen mit dieser tugendhaften Ergötzlichkeit zu erfreuen. Wie Sie denn, meist aus deren eigenthümlichen Clevischen Landen, in und um Wesel und Xanten eine unglaubliche Menge neugefundener Antiquitäten von allerlei Art und Materie[1]), besonders von sehr seltenen Medaglien erhalten, so dass deren Menge mit ihrer Seltenheit wettstreitet, gesammelt; maassen eine von den Medaglien, nämlich des Cornuficius nach Erkenntniss der Erfahrensten niemals schöner und mehrer gefunden worden[2]).

„Es sind auch sonst zu Berlin einige — Partikuliers — Liebhaber, welche diesem hohen Beispiele nachfolgen und zu den Büchern der alten Historien, auch die Medaglien, als stumme Zeugen der Geschichte (als stumme Historices) zusammentragen. Unter ihnen ist besonders ein Rathsverwandter, H. Seidel, bekannt[3]), der die Welt wohl durchwandert hat und für seinen eigenen Gebrauch mit einem sehr merkwürdigen Kabinet von dergleichen alten Münzen versehen ist."

114.
TESTAMENT VON BARTOLOMÉ ESTEBAN MURILLO.

Sevilla, 3. April 1682.

Im Namen Gottes, Amen! Kund und zu wissen allen Denen, welche dies Testament zu Gesicht bekommen. Ich, Bartolomé Murillo, Meister der Malerkunst, Bürger von Sevilla, in der Parochie von Santa Cruz, krank an Körper, aber gesund an Verstand und Willenskraft, in voller Klarheit meiner Gedanken, in vollem Bewusstsein, ungeschwächtem Gedächtniss, so wie Gott, der Herr, die Gnade gehabt, mich zu schaffen — glaube fest und wahrhaftig an das göttliche Geheimniss der allerheiligsten Dreieinigkeit, Vater, Sohn und heiligen Geist, drei unterschiedene und doch in einem wahrhaftigen Gott vereinigte Personen; ich glaube an Alles, was die heilige katholische Mutterkirche behauptet, glaubt und bekennt. Als Christ meine Erlösung wünschend und mich dem gnädigen Willen Gottes, unseres Herrn, sowie meiner Fürsprecherin, unserer Herrin, der schuld- und makellosen Jungfrau Maria, ergebend, setze ich mein Testament hiermit auf und bestimme und befehle wie folgt:

Erstens. Ich befehle meine Seele Gott, dem Herrn, der sie geschaffen und durch sein Blut erlöset hat, und den ich demüthig bitte, dass er mir in seiner Gnade vergeben möge. Hat er in seiner Barmherzigkeit mich aus dem Leben abgerufen, so wünsche ich, dass mein Körper in dieser Parochie bestattet, und bei dieser Gelegenheit für meine Seele das herkömmliche Requiem

---

[1]) Beger Thesaurus Brandenburgicus Selectus. 3 Bände. Folio. Köln a. d. Spree 1696—1701.

[2]) Bei Beger II. p. 552 abgebildet.

[3]) Dies ist der Churfürstl. Rath Martin Friedrich Seidel, bekannt auch als Herausgeber einer Reihe von Portraits solcher Männer, die sich um die Mark Brandenburg verdient gemacht haben. (Icones et elogia virorum praestantium qui multum studiis suis consiliisque Marchiam olim nostram juverunt ac illustrarunt ex collectione Martini Friderici Seidel, Cons. Brandenburgici.)

gesungen werden möge. Meiner Familie überlasse ich die Anordnungen bei
meinem Begräbnisse.

Item wünsche ich, dass für meine Seele 100 stille Messen gelesen werden;
der vierte Theil in meiner Parochie; 100 in dem Kloster der gnadenreichen
Mutter Gottes und der Rest in den Kirchspielen, wo es meinen Erben beliebt.
Aus meinem Nachlasse sollen die Kosten bestritten werden.

Item vermache ich als verlangte und übliche Gabe dem Hause von Sant
Jerusalem und den im Allgemeinen berücksichtigten Anstalten, einer jeden
8 Maravedis.

Item. Ich erkläre, dass ich Erbe von Donna Maria de Murillo, meiner
Nichte, war, Wittwe von Francisco Ferron, und sich aus dieser Erbschaft noch
in meinem Besitze zwei silberne Leuchter, zwei Löffel und vier Gabeln befinden
und sechs mit Silber verzierte Tässchen. Diese Gegenstände, die mein Sohn
D. Gaspar Esteban Murillo, dem ich alles Gute wünsche, kennt, sollen verkauft
und aus deren Erlös Messen für die Seele der gedachten Maria von Murillo gelesen werden, die Hälfte im Kloster San Antonio, die andere Hälfte im Kloster
der gnadenreichen Mutter Gottes.

Item. Ich erkläre, dass sich in meinem Besitz 50 Dukaten befinden,
welche mir die genannte Maria von Murillo hinterliess, damit sie nach meinem
Tode an Manuela Romera aus der Stadt Bollullos fielen. Dies soll nunmehr
geschehen. Ich vermache an Anna Maria de Salcedo, Ehefrau des Geronimo
Bravo, die in meinem Hause wohnt, fünfzig Dukaten, welche ihr nach meinem
Tode zu übergeben sind.

Item. Ich erkläre, dass mir Andres de Campo, Schreiber in Pilas,
2000 Realen schuldet[1]), nämlich vierjährige Pacht, 500 Realen jährlich, für
meine Olivengärten, auf welche Schuld er mir abschläglich 10 Arobas[2]) Oel
zum Preise von 18 Realen[3]) eine jede verabfolgt hat. Der Rest der Schuld
ist von ihm einzuziehen.

Item. Ich erkläre, dass mir noch Pachtreste rückständig sind von meinen
in der Magdalena belegenen Grundstücken; nämlich von 6 Monaten zu 8 Dukaten. Der Notar Pedro de Galvez, welcher die Häuser verwaltet, besitzt die
betreffenden Papiere. Bürge für den Verwalter, dessen Name mir nicht mehr
erinnerlich ist, war Antonio Novela, Bürger dieser Stadt. Auch diese Schuld
ist einzuziehen.

Item. Ich erkläre, dass ich für das Kapuzinerkloster in Cadiz ein grosses
Gemälde in Arbeit habe und ausserdem vier kleinere Bilder. Auf den bedungenen
Preis von 900 Pesos[4]) für alle fünf Gemälde habe ich 350 bereits erhalten.

Item. Ich erkläre, dass ich Francisco Casomaner 100 Pesos zu 8 Silber-
Realen schulde, welche er mir im verflossenen Jahre 1681 geliehen. Dafür
habe ich ihm zwei kleine Bilder gemalt und übergeben, welche 30 Pesos[5]) ein

---

[1]) 150 Reichsmark.   [2]) à 25 Pfd. oder 16 Liter.   [3]) 3 Mark 50 Pf.
[4]) 1800 Mark.   [5]) 60 Mark.

jedes, also 60 zusammen bedungen waren, so dass er gegenwärtig noch 40 Pesos zu fordern hat, die man ihm zahlen möge.

Item. Ich erkläre, dass Diego del Campo bei mir ein Gemälde bestellt hat, von der Anbetung der heiligen Martyrin Catalina, auf 32 Pesos[1]) bedungen und bereits bezahlt. Ich bestimme, dass man ihm das Bild beendet und verbessert zustelle.

Item. Ich erkläre, dass ein Weber, der in der Alameda wohnt, dessen Name mir aber entfallen ist, bei mir ein Bild der Mutter Gottes, halbe Figur, bestellt hat, von welchem erst die Skizze entworfen und dessen Preis noch nicht vereinbart ist. Er hat mir dafür 9 Varas (je 1 Meter) präparirte Malleinwand gegeben. Den Werth dieser 9 Ellen möge man ihm erstatten, da ich das Bild nicht habe vollenden können.

Item. Ich erkläre, dass ich mich vor 34—36 Jahren mit Beatrix von Cabrera Sotomayor verheirathet habe. Was sie eigenthümlich (besessen) und mitgebracht, geht aus einem Notariatsakt hervor, der damals auf dem Platz von San Francisco aufgenommen ward. Ich selbst brachte in diese Ehe weder Baarvermögen noch Grundbesitz, was ich hiermit konstatire.

Item. Ich erkläre, dass Doña Francisca Murillo, meine Tochter, Klosterfrau in dem hiesigen Mutter-Gottes-Kloster, bei ihrem Gelübde auf jedes Erbe verzichtet hat, wie sich dies in einem gerichtlichen Akte finden muss, welcher vor 7—8 Jahren von Pedro Galvez aufgenommen ward. Dies erkläre ich, damit darüber kein Zweifel entstehe.

Item. Um dies mein Testament zu vollstrecken, ernenne ich zu Exekutoren desselben Herrn Justino de Yevenes, Pfarrer, und Don Pedro de Villavicencio, Ritter von Sant Johann, und Gaspar Esteban Murillo, meinen Sohn, welche ich und zwar jeden Einzelnen solidarisch ermächtige und beauftrage, all' mein Eigenthum zu realisiren und meine Güter und Forderungen zu Geld zu machen und demnächst Sorge zu tragen, dass die Bestimmungen, die ich erlassen, auch vollständig zur Ausführung kommen.

Wenn dies geschehen, und alle meine Schulden und Verpflichtungen, die zur Zeit meines Todes noch offen standen, bezahlt und gelöst, so ernenne ich und setze ich ein zum Universalerben meines Gesammtvermögens Don Gabriel Murillo, welcher sich abwesend in Indien befindet, und seinen Bruder, Don Gaspar Esteban Murillo.

Das obige Testament des grössten spanischen Malers ist dem deutschen Publikum zum ersten Male zugänglich gemacht worden durch den Freih. v. Minutoli, Königl. Preuss. General-Konsul für Spanien und Portugal. Er verdankte die Nachweisung des Testamentes, welches schon Cean Bermudez in seinem *Diccionario historico de los mas illustres professores de las bellas artes en España* (Madrid 1800, II. 55) erwähnt, dem Maler und Sekretär der Königin, D. José Galofre, und hat dasselbe in der Schrift Altes und Neues aus Spanien, Berlin 1854, II. S. 62 ff. veröffentlicht. Einen vollständigeren Abdruck des

[1]) 63 Mark.

Originals bietet Francesco M. Tubino in seiner Murillobiographie, die unter
dem Titel „*Murillo, su época, su vida, sus cuadros*" 1864 in Sevilla erschienen
ist. Einen deutschen Auszug aus dieser Schrift hat Th. Stromer (Murillo's
Leben und Werke, Berlin 1879, Verlag von Ernst Wasmuth) herausgegeben,
dessen Uebersetzung im Obigen zum Theil benutzt worden ist. Nach Lücke,
der für Dohme's Kunst und Künstler (Nr. 85) eine vortreffliche Charakteristik
Murillo's verfasst hat, befindet sich das Original des Testaments im städtischen
Archiv zu Sevilla. Dem Testamente sind noch zwei Zusätze des Notars Juan
Antonio Guerrero hinzugefügt. Der erste lautet: „In der Stadt Sevilla am dritten
Tage des April, im Jahre 1682, gegen fünf Uhr Nachmittags habe ich mich in
die Wohnung des Malers Don Bartolomé Murillo, Einwohners dieser Stadt, begeben, um das Testament aufzunehmen, indem ich an seinen oben stehenden
letzten Willen die übliche Testamentsklausel zuzusetzen beabsichtigte. Und als
ich in der Niederschrift desselben bis zu dem auf die Erben bezüglichen Punkte
gekommen war und ihn nach dem Namen des oben erwähnten Don Gaspar
Esteban Murillo, seines Sohnes, gefragt und er diesen Namen und den eines
älteren Sohnes genannt, gewahrte ich, dass er starb, und als ich ihn, der Ordnung gemäss, noch gefragt, ob er schon ein anderes Testament gemacht, antwortete er nicht und war bald darauf verschieden." Folgen die Unterschriften
der Zeugen. Der zweite Zusatz enthält die Abschrift des von Guerrero begonnenen, aber nicht vollendeten Inventariums der nachgelassenen Sachen, unter
welchen ausser mehreren Bildern ein Mahagonischreibtisch von Salamanca mit
ausgeschweiften Füssen und zwei Büffets, ebenfalls von Mahagoniholz, angeführt
werden. Die Parochie, in der er zu Sevilla lebte, war die der Kirche von
S. Cruz, deren Pfarrer, Don Juan Caballero, auch unter den oben erwähnten
Zeugen vorkommt. In einer der Seitenkapellen dieser jetzt nicht mehr vorhandenen Kirche befand sich ein schönes Bild von Pedro Campaña, worauf die
Abnahme Christi vom Kreuze dargestellt war. Vor diesem Bilde stand Murillo
oft in Gebet und schwärmerische Beschauung versunken. Als ihn einst der
wegen des Schlusses der Kirche mahnende Sakristan fragte, weshalb er hier so
lange stände, erwiderte er: „ich warte, bis es diesen heiligen Männern gelingen
wird, unsern Herrn vom Kreuze zu nehmen!" In dem Gewölbe derselben Kapelle wurde er am 4. April, also am Tage nach seinem Tode, beigesetzt. „Er
starb in den Armen seines Freundes und Schülers Don Pedro Nuñez de Villavicencio, Ritter des Ordens vom heiligen Johannes, nachdem er zu Erben seine
beiden Söhne eingesetzt hatte, Don Gabriel, der sich damals in Amerika (West-
indien) befand, und Don Gaspar Esteban Murillo, *clerigo de menores*" [1]. Murillo's Frau war seit dem Jahre 1648 Donna Beatrix de Cabrera y Sotomayor,
aus einer angesehenen Familie der Stadt Pilas, wo Murillo die im Testament
erwähnten, von der Frau ererbten Olivengärten besass. Wann sie starb, ist
nicht bekannt. — Eine neue Biographie Murillo's wird von dem spanischen
Maler F. Madrazo erwartet.

---

[1] Cean Bermudez a. a. O. 55. — *Clerigo de menores* ist ein Geistlicher, der
nur einer oder mehrerer der vier unteren Weihen theilhaftig geworden ist. Später erhielt Don Gaspar ein Kanonikat an der „*santa iglesia*" von Sevilla.

115.

WILHELM BEURS AN DEN LESER.

Zwoll, 1. September 1692.

Die sichtbare Welt wird den Menschen durch die Farben bekannt gemacht, ja die verschiedenen Körper selber, die darinnen sind, werden durch kein anderes Mittel als durch dieses der Phantasie oder Einbildungskraft beigebracht. Und gleichwie das Auge unserer Seele die meisten Denkbilder giebt und in allerlei Dingen den Regimentsstock führt, so giebt dasselbe auch die grösste Gelegenheit zur Ergötzung und macht, dass man Gottes ewige Kraft und die unverbrüchliche Ordnung der Natur erwäget, sich nach derselbigen gebührendermassen schicket und mit einer grösseren Aufmerksamkeit, als die Menschen gewöhnlich thun, die Herrlichkeit und unendliche Veränderung (Mannigfaltigkeit) seiner Werke anschauet, deren Nutzbarkeit ja freilich bei weitem nicht zu erzählen ist, die das menschliche Geschlecht von Zeit zu Zeit daraus geschöpft hat. Deshalb unterliegt es gewiss keinem Zweifel, dass Derjenige kein geringes Lob verdient, der die sichtbare Natur nachahmen und die eben genannten Dinge lebendig und auf die Dauer zu vielerlei Gebrauch verewigen kann.

Das Reissen (Zeichnen) ist in Wahrheit eine nützliche und wackere Kunst, da man mit Schwarz und Weiss, als Dunkel und Licht, die Dinge meistentheils so vorstellen kann, dass man sie erkennt, ja, da man mit Zeichen, Buchstaben und Linien nicht allein alle Künste und Wissenschaften, sondern auch die Gesetze und den Gottesdienst fortpflanzen und ferner den Nachkommen allerlei Dinge auf langdauernde Zeit erhalten kann. Die Malerkunst aber hat nicht allein dies Alles voraus, sondern sie ahmet auch noch überdies das Leben viel netter und natürlicher nach und drücket Alles viel vollkommener aus, als die Zeichenkunst dies vermag, indem sie die Sitten, Nutzbarkeiten und Ergötzungen des menschlichen Geschlechts angenehm und kräftig vor Augen stellt und also auch zugleich das Gedächtniss und die Einbildung in Thätigkeit setzt. Daraus entspringt dann aber sicherlich grosser Vortheil und Nutzen, worunter der nicht der geringste ist, dass Tugend und Untugend vorgestellt werden, und das Alterthum und die Geschichte in frischem Gedächtniss bleiben, wenn sie nur die Maler richtig verständen und nicht, wie es wohl zu beklagen ist, bisweilen verfälschten und vernichteten.

Hieraus sieht man nun, was für eine vortreffliche und edle Kunst die Malerei ist, und man kann daraus abnehmen, in welcher Achtung ein verständiger und erfahrener Maler gehalten werden müsse, besonders wenn er sich gut, nüchtern, sittsam und bescheiden hält, wie dies denn wirklich mit seiner Kunst sehr wohl übereinstimmt. So ist es denn kein Wunder, dass wackere Künstler in denjenigen Zeiten und Ländern grosses Ansehen und grosse Ehre genossen haben, in denen die Wissenschaften und Künste blühten, und treffliche Männer durch Ehre und Belohnungen, wodurch dieselben allein unterhalten werden, aufgemuntert und angefeuert wurden.

Und dieses würden wir mit vielen Zeugnissen aus den alten und neuen Historien weitläuftig beweisen können. Weil es aber von Andern schon zur Genüge geschehen, und Niemand daran zweifelt, so halten auch wir es nicht für nothwendig. Wie aber diese beiden Künste aufgekommen sind und welchen Fortgang sie gehabt haben, das hat viel grössere Schwierigkeiten und beruht auf nichts Anderem, als auf ungewissen Muthmaassungen.

Vor den griechischen olympischen Spielen sind die Historien verworren und dunkel. Danach aber ist mehr Sicherheit für Jemanden zu finden, der sie mit Vernunft und einem freien Urtheil lieset. Gleichwohl wird man in Betreff der Malerkunst und Farben, die die Alten gebraucht haben, nicht viel daraus gewinnen können. Ein Jeder putzt seine Waaren auf und will für den Berühmtesten gehalten sein; und die nachfolgenden Zeiten haben allezeit die vorhergehenden hochgestellt. Dabei haben auch die Ereignisse der Geschichte ihre gewissen Orte und Zeiten. Was zu der einen Zeit blühet, verfällt zu einer andern und geht auch wohl ganz zu Grunde. Was die Aegyptier gewusst haben, das haben deshalb noch nicht alle andern Völker gewusst und geübet. Wer weiss, sagen Viele, was bei den vernünftigen Chinesen vor Zeiten im Gebrauch gewesen ist, die ihre Könige von so vielen Jahrtausenden her rechnen, dass Adam da nicht zureichen würde, wenn man eine Berechnung anstellen wollte. Es ist ein allgemeines Gesetz, dass der Wechsel der menschlichen Regierungen Veränderungen in den Sprachen, Künsten und Gottesdiensten nach sich ziehet, und also geht Alles auf und nieder, wie die Ordnung der Natur es mit sich bringt, dass nichts Neues unter der Sonne ist.

Wer nun etwas Gewisses von diesen Dingen schreiben will, der kann nur gewisse Orte und Zeiten berühren und muss darauf Achtung geben, dass er es aus Vielen nehme, die mit einander übereinstimmen, und je näher dieselben unseren Zeiten und unserem Welttheil Europa stehen, um so besser ist es. Ist Jemand aber begierig, diese Dinge ausführlich zu wissen, der wird sein Genügen aus Karl van Mander schöpfen können, welcher von den alten italienischen, holländischen und deutschen Malern eine Erzählung bis auf seine Zeit gemacht hat, und noch weitläuftiger aus einem gewissen Buche, das von einem André Félibien gelehrt und verständig geschrieben ist. Es heisst: Entretiens sur les vies et les ouvrages des plus excellents peintres anciens et modernes. Diese sowohl als auch alle Andern, welche mit Ruhm und Urtheil geschrieben haben, gestehen der Malerei, welche mit Oelfarben geschieht, den Vorrang zu und halten die Werke, die damit gemacht werden, für viel kräftiger und dauerhafter, als die mit dem Stift, mit Wasserfarben, in Fresko, Bordirungen und Tapetenarbeit hergestellt werden. Ja, das künstliche und dauerhafte Aetzen selbst, welches nur bei kleinen Gegenständen anzuwenden ist und niemals die Natur in ihrer rechten Kraft mit Farben lebendig nachahmen kann, muss, obschon es sonst sehr zu rühmen ist, vor der edlen Malerei in Oelfarben weichen und derselben willig die oberste Stelle einräumen.

Da es sich nun also mit dieser Sache verhält, so wird der geehrte Leser wohl selbst urtheilen können, wie sehr es zu beklagen sei, dass die Welt so wenig Anleitung hat, wie sie die Materialien der Oelfarben zu mischen und zu gebrauchen habe. So viel mir bewusst ist, kenne ich Niemanden, der etwas Sonderliches darinnen unternommen und seine Gedanken darüber der Welt hätte mittheilen wollen. Ich muss bekennen, dass ich anfänglich von meinem Vorsatze durch die Ueberlegung zurückgeschreckt worden bin, dass ich ein so grosses und nützliches Werk nicht zu unternehmen im Stande wäre. Ich habe es aber gewagt und einen Anfang damit gemacht sowie dasselbe auch mit Gottes Hülfe zu Ende geführet und ich bilde mir ein, dass es genug ist, in herrlichen Dingen seinen Willen und seine Liebe sehen zu lassen. Deshalb wird man es mir auch nicht übel nehmen, dass ich durch mein geringes Vorbild andere vortrefflichere Köpfe und Künstler zu ihrer Pflicht aufmuntere. Auch diese werden es hoffentlich so aufnehmen, wenn sie mein gutgemeintes Vorhaben erwägen, da ich nichts vor der Welt zu verbergen, sondern derselben Alles mitzutheilen gesonnen bin.

Damit ich nun dieses so ordentlich und zierlich thun könne, als die gegenwärtige verwöhnte (wollüstige) Zeit erfordert, so habe ich mein Vornehmen an einen gewissen Liebhaber dieser Kunst mitgetheilt unter Hinzufügung der Bitte, dass er mir hierinnen die behülfliche Hand bieten möchte. Was mir denn derselbe auch nicht abgeschlagen hat: sondern er ist auf mein Ersuchen so gütig gewesen, dass er bei müssiger Zeit meine Gedanken und Art zu malen, in gewisse Bücher und Hauptstücke eingetheilt und in richtiger Erfassung meiner Meinung das ganze Werkchen nach einer malerhaften Schreibart eingerichtet hat. Er hat überdem das Werk mit einigen mathematischen, poetischen und die Sitten betreffenden Anmerkungen verzieret, die ich, nachdem ich sie gelesen und vollkommen Genüge daran gefunden, auch gerne als meine eigenen annehme, wiewohl ich die mathematischen Dinge nicht so vollkommen verstehe als die anderen. So übergebe ich diese Abhandlung der Welt; die Zeit wird lehren, was sie für Glück oder Unglück haben werde. Ich darf wohl erwarten, dass Diejenigen einigen Vortheil daraus schöpfen werden, die sie aufrichtig und ohne vorgefasste Meinung lesen, wohl erwägen und sich eifrig danach üben werden, so sie sich der Malerei zugewendet haben. Auch für Andere wird das Werk nicht ohne Nutzen sein, welche die sichtbare Welt emsig und genau beschauen und untersuchen wollen. Ein Jeder nehme daraus, was er gut findet und sei versichert, dass mein Zweck ein guter ist. Er nehme meine Arbeit nicht übel und lebe wohl!

Wilhelm Beurs war ein Maler, der im Jahre 1656 zu Dortrecht geboren, dort Wilhelm von Drillenburg (Schüler von A. Bloemart und Born) zum Lehrer hatte. Bei demselben Meister erlernte die Malerei auch Arnold Houbraken, der sich in der Kunst namentlich durch gute Radirungen, in der Literatur durch ein grosses Werk über die niederländischen Künstler bekannt gemacht hat. Dies ist unter dem Titel: *De groote Schouburgh der Nederlandsche Konstschilders en Schilderssen* zu Amsterdam seit dem Jahre 1718 erschienen.

Es scheint, als ob die Lust, mit seinem Mitschüler zu wetteifern, den guten Bekas bewegt habe, sich ebenfalls in der Schriftstellerei zu versuchen. Er gab im Jahre 1692 zu Amsterdam ein theoretisches Werk über die Malerei heraus, von dem im folgenden Jahre ebendaselbst eine deutsche Uebersetzung unter dem Titel: „Die grosse Welt in's Kleine abgemalt, oder ein kurzer Unterricht von allen Gemälden in der Welt. In sechs Büchern abgefasset, worinnen die Hauptfarben nebst ihren unterschiedlichen Vermischungen und deren Gebrauch abgehandelt werden", erschienen ist. Die obigen Worte bilden die „an den günstigen Leser" gerichtete Vorrede dieses Buches, das hier mehr als ein Kuriosum, denn seines besonderen Werthes wegen angeführt wird. Wegen der mitunter platten Aeusserlichkeit, mit der die Anleitung zum Malen der verschiedenen Gegenstände gegeben wird, ist es übrigens auch nicht ohne eine gewisse Bedeutung für die Kunstgeschichte, indem sich darin jene Veräußerung ausspricht, die gegen den Schluss des siebzehnten Jahrhunderts immer mehr und mehr auch in der Ausübung der Kunst selbst hervortritt. Das erste Buch enthält Anleitungen zur Bereitung der Farben, der Malergeräthe u. s. w. Das zweite Buch bespricht die verschiedenen Mischungen der Farben und giebt Regeln zur Anlage der verschiedenen Localtöne. Sodann folgen im dritten Buch die Anweisungen, Wasser, Fische und kriechende Thiere zu malen (z. B. „von dem frischen Stockfisch malt man das Innerste von dem Auge schwarz, das Licht um die Augen mit Umbra, schwarz und ein wenig lichtem Ocker; das oberste Theil des Hauptes und der Rücken, nach dem Schwanze zu, muss etwas mehr schwarz sein" S. 92); im vierten Buch Regeln über Holz und Erz, gläserne Geschirre, Edelgesteine und nächtliche Feuer; im fünften über verschiedene inund ausländische Früchte; im sechsten und letzten Buche endlich über die Darstellung der vierfüssigen Thiere und der sowohl lebendigen als todten Menschen, welche indess auf wenigen Seiten abgefertigt werden. In den Anleitungen zur Darstellung der vierfüssigen Thiere allein erhebt sich der Verfasser über die bloss äusserliche Regel des Machens, indem er der Beschreibung der einzelnen Thiere auch deren allegorische Bedeutung hinzufügt. So heisst es u. A. S. 161 von dem Elephanten: „Dem Ansehen nach sind es grosse und abscheuliche Thiere, gleichwohl zu vielen Dingen bequem und zu unterrichten, weil sie nicht allein viel Dinge von Natur mit der Schnauze thun können, sondern man kann ihnen auch durch die Kunst viele Wirkungen beibringen. In Sinnbildern bilden sie die Festigkeit und Vernunft ab. Bisweilen sind sie weiss und lassen sich als die weissen Pferde, doch etwas dunkler, abmalen. Bisweilen sind sie braun, und alsdann macht man sie mit Umbra schwarz und weiss" etc., und S. 168: „Die Stiere, welche hier die erste Stelle haben, sind bisweilen böse und bilden dann böse und eigensinnige Menschen ab, die nach ihrem eigenen Kopf und Sinn leben, dergleichen es nicht wenige giebt, die doch gerne für sanftmüthige Brüder wollen angesehen sein." — „Wir lassen aber diese plumpen Thiere (die Esel) fahren, und wollen uns nun an solchen erlustigen, die viel netter und artiger sind, und auch bei den Alten in sehr hoher Achtung gestanden haben, nämlich an den Hirschen und Rehen, welche Sinnbilder der Reinlichkeit, Schönheit und Furchtsamkeit, des Gehöres, der Bereitschaft und des grossen Verlangens sind, wenn sie gejagt werden, wie auch die Hinden mit dem Steinböcklein, welche angenehme Hausfrauen abbilden. Weil dann diese in Farben meistentheils übereinkommen, so können sie auf dem Leibe mit lichtem Ocker, braunroth und ein wenig Umbra gemalt werden, wozu im Erhöhen etwas Weiss kommen muss. Auf dem Rücken aber muss man Roth sparen; unter dem Bauche gebraucht man schwarz, lichten

Ocker und weiss" S. 170 [1]). Das achtzehnte Jahrhundert acceptirte eine solche Auffassung und Behandlung der Kunst bestens, und man kann sagen, dass denselben auf dem Felde der Theorie eigentlich erst Kant durch seine Kritik der Urtheilskraft ein Ende gemacht hat.

116.

BENEDETTO LUTI AN ANTONIO DOMENICO GABBIANI.

Rom. 13. September 1692.

Mit dieser Gelegenheit schicke ich an den Herrn Niccolò ein Bild, auf welchem Kain dargestellt ist, der seinen Bruder erschlagen hat, wie Sie wohl schon von diesem Herrn selbst werden vernommen haben. Da mir nun das Werk viel weniger gelungen ist, als ich es mir in meinem Sinne ursprünglich vorstellte, so erröthe ich tief, mit einer solchen Arbeit vor Ihnen erscheinen zu müssen; denn ich sehe nur zu wohl ein, dass dieselbe nicht werth ist, den Namen eines Ihrer Schüler zu tragen. Ich bitte Sie inständigst, Nachsicht mit mir zu haben, und indem ich Sie ersuche, mir Ihren Beistand auch fernerhin zu schenken, ersuche ich Sie auch, sich das Bild anzusehen und mich auf die vielen Fehler aufmerksam zu machen, in die ich aus Unwissenheit gefallen sein möchte. Unterlassen Sie nicht, dies zu thun, wie es früher Ihre Gewohnheit gewesen ist, damit ich, wenn auch nicht in diesem, so doch wenigstens in andern Werken mit mehr Vorsicht zu Werke gehen kann. Ich hätte das Bild schon vor langer Zeit schicken können; um aber den Wünschen einiger Fremde nachzukommen, die es bei jener Ausstellung von Gemälden, die man hier zu S. Bartolomeo zu veranstalten pflegt, mitausgestellt zu sehen wünschten, habe ich es bis jetzt zurückgehalten. Und Gott sei Dank! ich habe damit grössere Ehre erworben, als die Arbeit verdiente, und unterdess will ich nun einige Studien zu Sachen machen, die Sie zu ihrer Zeit sehen sollen. Herr Redi trägt mir auf, Sie zu grüssen und, um Sie nicht länger zu belästigen, empfehle ich mich Ihnen.

BENEDETTO LUTI (1666—1724) war einer der bedeutendsten Meister der von PIETRO VON CORTONA und CIRO FERRI in Florenz begründeten Schule. Sein Lehrer GABBIANI war ein Schüler des letztgenannten Meisters. Wir führen den obigen Brief (Bottari *Racc.* II. 75) als das Zeugniss seiner liebenswürdigen Bescheidenheit und Ergebenheit gegen den Meister an, wie sie LUTI auch in anderen Briefen an denselben ausgesprochen hat. „Hier in Rom," [2])

---

[1]) Wie lange sich eine solche Aeusserlichkeit im Theoretischen erhalten kann, zeigt u. a. Prange, der in seiner „Akademie der Malerkunst" derartige Regeln mit einer womöglich noch grösseren Trivialität aufstellt. Vergl. E. Guhl, Die neuere geschichtliche Malerei und die Akademien, S. 69.

[2]) *Luti* war nach Rom gegangen, um sich unter *Ciro Ferri* weiterzubilden, der aber inzwischen gestorben war.

schreibt er am 2. September 1691, „haben sie die alte Sitte erneuert, wonach man, wie Sie wohl wissen werden, Preise nach vorausgegangener Konkurrenz ertheilte. Und zwar haben Sie für die erste Klasse die Aufgabe gestellt, wie Gott Moses befiehlt die Stiftshütte zu bauen, und soll darauf dargestellt werden, wie das Volk zusammenströmte, um, ein Jeder nach seinen Kräften, seine Dienste für die Stiftshütte anzubieten. Ich habe halb und halb Lust, mich mit darum zu bewerben; ohne Ihre Erlaubniss aber werde ich es nicht wagen, mich darauf einzulassen." Dieselbe Pietät herrscht auch in dem oben mitgetheilten Schreiben und nicht minder in Luti's Erwiderung auf Gabbiani's Antwortschreiben, worin dieser ihm seine Ansicht über das Bild mitgetheilt hat. Es scheint dasselbe anerkennend, aber nicht ohne Tadel im Einzelnen gewesen zu sein; manches von Gabbiani Getadelte, sagt Luti darin, habe ihm auch nicht gefallen, nur habe er in seiner Blindheit nicht sogleich den wahren Grund eingesehen. Er erbittet sich auch für die Folge seine Verbesserungen, um ihm als Schüler Ehre zu machen. Bottari II. 76. Alles, was er je geleistet, sei ja eine Frucht von Gabbiani's Bemühungen und Lehren; denn er rühme sich auch in der Ferne, nie einen andern Lehrer gehabt zu haben, als ihn. Dies sagt er ihm in einem Briefe vom 11. Mai 1712, indem er ihn bittet, sein grosses Bild für den Dom von Pisa, welches Florenz passiren würde, in Augenschein zu nehmen und streng zu kritisiren. Bottari II. 79. Und in nicht minder rührender Weise schreibt er es noch am 24. Dezember 1717 nur Gabbiani und seiner Verbindung mit diesem zu, als ihm die Ehre widerfuhr, dass sein Portrait in der Gallerie der Bildnisse berühmter Maler in Florenz aufgehängt wurde [1]. Bottari II. 83.

117.

LUDOVICO DAVID AN DIE VORSTEHER DER MISERICORDIA MAGGIORE ZU BERGAMO.

Rom, 23. Februar 1693.

Ich bin von dem Erlauchten Herrn Abt Enea Tassis aufgefordert worden, auf die Vorschläge Eww. verehrten Herrlichkeiten in Bezug auf die drei Bilder zu antworten, die Sie in Rom von der Hand der berühmtesten Künstler ausführen lassen wollen. Dieselben bestanden darin, dass diese Künstler besagte Bilder auf ihre eigene Gefahr und Kosten machen und sie dann auf gleiche Weise nach Venedig etc. schicken sollen; dass ferner, wenn die Bilder Eww. Herrlichkeiten nicht Genüge leisten sollten, es in Ihrem Willen stände, dieselben nicht anzunehmen, und dass endlich, wenn Sie die Bilder

---

[1] Gabbiani scheint übrigens eine liebenswürdige Persönlichkeit gewesen zu sein, indem sich eine ähnliche Liebe zu ihm auch in dem Briefe seines, von Luti öfter genannten Schülers T. Redi (Rom, 10. Juni 1690, Bottari II. 84) ausspricht. Dasselbe geht auch aus einem Briefe hervor, welchen Michel Arcangelo Palloni (geboren zu Campi, im Jahre 1637) aus Polen an Gabbiani richtet, dessen Mitschüler in der Akademie er war, und worin er ihm einen Sohn und einen Neffen als Schüler empfiehlt. Ebd. II. 86.

nicht nehmen, die besagten Maler unter keinerlei Vorwand auch nur das
Geringste beanspruchen dürften. Ich erwidere darauf mit aller Ehrerbietung,
dass ich es bisher immer so gehalten habe, dass mir Derjenige, in dessen Auftrag ich arbeite, mindestens den vierten Theil des bedungenen Preises im Voraus
und den Rest, bevor die Werke aus meinem Hause weggehen, bezahlt, und
dass ich deshalb unter keiner Bedingung den ersten Vorschlag annehmen darf.
Denn da das Beispiel der von Ihnen angeführten Maler, welche für Ihre Kirche
gearbeitet haben, keinen Werth für mich hat, so würde ich, ohne vor Scham
zu erröthen, nicht die Erinnerung auf die Nachwelt übergehen lassen dürfen,
dass ich in solcher Weise einen so edelen Beruf erniedrigt hätte.

Und obschon ich den guten Geschmack Eww. Herrlichkeiten sehr hoch
stelle und an dem gerechten Urtheile derselben nicht im Geringsten zweifele,
so kann ich doch auch eben so wenig auf den zweiten Vorschlag eingehen.
Denn die Malerei ist eine so schwere Kunst, dass Künstler von Bildung behaupten, es könne von Niemandem über ein Bild, von welcher
Art es auch sei, richtig geurtheilt werden, als von anderen
und zwar sehr erfahrenen Meistern — wie dies nach Baldinucci in
dem Leben des Paolo Veronese die Ansicht dieses Meisters gewesen sein soll,
und wie er dies mit lebhaften Gründen in dem gedruckten Brief über denselben Gegenstand an den Marchese Capponi beweist, und ich würde somit
Gefahr laufen, mich durch die Annahme desselben der Verachtung der wahren
Künstler auszusetzen. Um deshalb die verständige Wahl Eww. Herrlichkeiten,
wenn dieselbe auf meine Person fiele, zu sichern, schlage ich Ihnen zwei Aus-
wege vor, durch deren Zurückweisung ein Künstler, er möge sein, welcher er
wolle, zu erkennen geben würde, dass er Furcht vor Demjenigen habe, der
sich ihnen willig unterzieht, und dieselben werden für Eww. Herrlichkeiten
immer um so viel vortheilhafter sein, als sie dem Künstler gar keine andere
Hoffnung gewähren, als die, gut zu arbeiten.

Die Vorschläge sind nun die folgenden, und zwar besteht der erste darin,
dass drei Gegenstände von den von Ihnen angedeuteten aus der heiligen Schrift
ausgewählt werden, und für einen jeden der gleiche Preis von 500 Scudi oder
wie viel Sie bewilligen wollen, ausgesetzt wird; alle drei werden dann in eine
Urne gethan, und zwei beliebige Maler ziehen sich dann gemeinschaftlich mit
mir ihren Gegenstand und verpflichten sich sämmtlich, denselben im Laufe eines
Jahres ungefähr zu vollenden, es sei denn, dass irgend ein gefährlicher Krank-
heitsfall oder ein allerhöchster Befehl sie daran verhindere; in diesem Falle sind
die andern verpflichtet, noch ein Jahr zu warten, damit alle drei Bilder zu
gleicher Zeit besehen werden können. Sind sie fertig, so werden sie an einem
öffentlichen Orte in Rom ausgestellt, damit ein Jeder der Konkurrenten die
Arbeit seiner Gegner sehen, die Kritik des Volkes darüber vernehmen und,
wenn es nöthig ist, im Laufe eines Monats sein Werk verbessern könne, wo
er etwa einen Fehler daran bemerken möchte. Darauf sollen dann die drei
Bilder aufgerollt und den drei Akademieen und Universitäten der Malerei zu

Florenz, Bologna und Venedig zur Beurtheilung zugesendet werden, welche man für die intelligentesten in Italien nach der zu Rom erachtet, während diese letztere selbst, um allen Verdacht der Parteilichkeit für Diejenigen zu vermeiden, die sich ihres Ansehens und Rufes schon seit längerer Zeit erfreuen, in diesem Falle von der Beurtheilung ausgeschlossen bleiben muss. Bei dem Urtheil dieser drei Akademieen aber muss sich jeder Künstler ohne Berufung beruhigen, und wer den grösseren Beifall von zweien derselben davonträgt, soll auch, ausser dem schon gezahlten Gelde, noch folgenden Preis erhalten. Eww. Herrlichkeiten müssen nämlich gehalten sein, das ganze Geld für besagte drei Bilder vor deren Beginn in der Bank zum heiligen Geiste zu Rom zu deponiren, und es müsste — während ein jeder Künstler Bürgschaft leistet, sein Werk in der festgestellten Zeit zu liefern oder im Fall des Gegentheils das schon erhaltene Geld wieder herauszuzahlen — einem Jeden der vierte Theil des Preises im Voraus bezahlt werden; das zweite Viertel bei Vollendung der Skizze und das dritte sogleich nach der des Werkes selbst; das vierte Viertel nun aber bleibt im Verwahrsam belassen, um daraus einen Preis für Denjenigen zu bilden, welcher am besten gearbeitet haben wird; und wer das günstige Urtheil von zwei Universitäten erlangt hat, soll nicht nur unmittelbar das letzte deponirte Viertel seines Geldes ausgezahlt erhalten, sondern auch die beiden übrigen Antheile seiner Gegner. Sind aber Zwei gleichmässig dem Dritten überlegen, so zieht zunächst ein Jeder derselben sein eigenes Viertel ein, und sodann theilen sie sich als Prämie das des Dritten. Und wenn alle Drei gleich gut gearbeitet haben, so zieht ein Jeder sein Depositum ein, und die Belohnung wird der Ruhm sein. Und alle drei Bilder müssen an bestimmten Orten ausgestellt werden, wo auch das für geringer erachtete wenigstens auf fünf oder sechs Jahre verbleiben muss, zum Zeugniss des gerechten Urtheilsspruches der drei Universitäten, zum Ruhme des Siegers und zur Beschämung des Unterliegenden.

Da es sich nun aber leicht begeben könnte, dass namentlich Carlo Maratta, als der älteste und berühmteste unter den römischen Malern, sich an einer solchen Konkurrenz nicht betheiligen wollte, so wird es sich durch den folgenden Vorschlag noch leichter erreichen lassen, Eww. Herrlichkeiten die auf meine Person fallende Wahl zu verbürgen. Derselbe besteht nämlich darin, dass sie dem besagten Maratta ein Bild in der Art und zu dem Preise auftragen, wie Ihnen dies am zweckmässigsten erscheint. Auf dieselbe Weise tragen Sie das zweite Bild einem beliebigen andern, durch öffentliche Werke bekannten römischen Künstler auf, wobei Sie ihn nur zu einem bestimmten Termin verpflichten, während dessen ich dann das dritte Bild machen würde. Sollte mir nun von den Bildern entweder das des Abraham, welcher die Engel bewirthet, oder Isaak, welcher den Jakob segnet, oder endlich Simson, der den Löwen tödtet, zufallen, so mache ich mich anheischig, es für 300 römische Scudi zu malen; wenn dagegen irgend eines von den fünf anderen, welche nothwendigerweise figurenreicher sein müssen, für 450 Scudi.

Sind nun die drei Bilder fertig, so sollen dieselben auf Kosten Eww. Herrlichkeiten an die drei angegebenen Akademieen geschickt werden, auf dass bestimmt werde, ob mein Werk den beiden andern untergeordnet sei, gleichkomme oder dieselben übertreffe. Wird es für geringer erachtet, namentlich für schwächer als das des Maratta, so stelle ich Bürgschaft und gebe in der oben angedeuteten Weise das schon erhaltene Geld zurück. Im Fall es dagegen für gleich gut erklärt wird, so fordere ich, dass umgekehrt Eww. Herrlichkeiten sich unter Bürgschaft verpflichten, mir sogleich das Doppelte des bedungenen Preises zu zahlen; sollte es aber endlich für besser gehalten werden, so würde ich noch zwei Mal so viel, als der besagte Preis beträgt, beanspruchen. Ich kann mir nicht denken, dass, wenn sich der erste Vorschlag durch die Schuld anderer Maler als unausführbar ergäbe, Eww. Herrlichkeiten den zweiten Vorschlag zurückweisen sollten, indem derselbe dem Eifer für den Vortheil Ihrer Kirche und Ihrer Vaterstadt am günstigsten ist. Sollten aber Eww. Herrlichkeiten durch meine dienstfertige Geneigtheit, mich auch der härtesten Kritik einer solchen Universität durch Vergleichung der Werke zu unterwerfen, zufriedengestellt und geneigt sein, meine Arbeit unter Zurücknahme Ihrer Bedingungen in Anspruch zu nehmen, so dass ich dann keinen anderen Lohn, als den von Ihnen bewilligten zu erwarten hätte, so würde ich für eines der ersten drei Bilder 400 und für die anderen 600 römische Scudi verlangen. Was dagegen die anderen Malereien in Fresko anbelangt, so gedenke ich nicht, mich damit zu befassen, indem es mir in keiner Weise zusagt, von Rom wegzuziehen. Und damit empfehle ich mich Ihnen auf das Ehrerbietigste.

Bottari *Racc.* III. 363. — Kurze Zeit zuvor hatte DAVID, geboren zu Lugano 1648, Schüler von ERC. PROCACCINI und C. CIGNANI, einen Brief an die Bauherren der Misericordia Maggiore zu Bergamo geschrieben (Rom, 13. Oktober 1692. Bottari III. 361), in welchem er denselben die Werke, die er bisher in Italien ausgeführt hat, aufzählt, damit sie sich daraus von seinen Fähigkeiten einen Begriff verschaffen könnten. Er hat nämlich von einem Freunde gehört, dass sie in der Kirche von S. Maria Maggiore vierzehn Bilder ausführen lassen wollen, deren Form und Maasse ihm mitgetheilt worden seien. Er nennt eine ganze Reihe von Werken. Sollten ihm sämmtliche vierzehn Bilder anvertraut werden, so dass er in Rom daran arbeiten könnte, — Rom will er unter keiner Bedingung verlassen — so will er sie ganz auf seine Kosten in Oel für 3500 römische Scudi zu 10 Paoli machen und verpflichtet sich, sie ungefähr in zwei und einem halben Jahre fertig herzustellen. Wenn man aber, was ihm ganz lieb sein würde, auch andere Künstler gleichzeitig dabei beschäftigen wollte, so würde er in Bezug auf Preis und Zeit der Herstellung von den Forderungen jener nicht abweichen, vorausgesetzt, dass sie nach dem Urtheil der Kritiker von Rom zu denjenigen gehören, mit denen, ohne seinen Nachtheil, seine Arbeiten verglichen werden können. Er verweist dabei auf drei Bilder von ihm, die in der Kirche S. Andrea di Monte Cavallo (Noviziat der Jesuiten) zugleich mit Werken von GUGLIELMO BORGOGNONE, GIACINTO BRANDI, CARLO MARATTA und BACICCIO, den ersten unter den neueren römischen Malern, ausgestellt gewesen wären. Sie möchten darüber Erkundigungen einziehen und ihm dann bald antworten. In dieser Antwort nun, die nicht mehr vorhanden ist, scheinen ihm die Herren Vorsteher die Vorschläge gemacht zu haben, die er im Anfange unseres Briefes mit so grossem Selbstgefühl und so grosser Entrüstung zurückweist. In der Art und Weise, mit der er dies thut, sowie in den Gegenvorschlägen, die er den Bauherren macht, sind höchst wichtige Aufschlüsse über das Kunsttreiben und die künstlerische Anschauungsweise am Schluss des 17. Jahrhunderts enthalten. Aus derselben verdient namentlich ein Punkt hervorgehoben zu werden, der von besonderer kunstgeschichtlicher Bedeutung ist. Es ist die von LUDOVICO DAVID ausgesprochene Ansicht, ein Bild könne von Niemandem richtig beurtheilt werden, der nicht selbst ein erfahrener Maler sei. DAVID beruft sich auf den Brief, den Filippo Baldinucci an den Marchese Vincenzo Capponi gerichtet und worin er dieselbe Ansicht ausgesprochen habe. Dieser Brief, datirt aus Rom, 28. April 1681, ist in dem 21. Bande von Baldinucci's *Notizie de' Professori del disegno* (Florenz 1774, S. 3 ff.) abgedruckt und spricht in breiter und nüchterner Beweisführung wirklich diese Ansicht aus, die als Zeichen der Veräusserlichung und des Verfalles der Kunst betrachtet werden kann. Allerdings werden gewisse technische Dinge, wie z. B. Farbenmischung und äusserliche Schwierigkeiten der Technik, von dem Maler vielleicht besser, als von Anderen, gewürdigt und erkannt werden. Davon aber das Urtheil über ein Kunstwerk durchaus abhängig machen zu wollen, heisst nichts Anderes, als die Kunst selbst zu einer Sache der Aeusserlichkeit und des blossen Machens herabzuwürdigen. Das aber thaten jene und thun diejenigen Künstler noch heute, die mit der oben angedeuteten Prätension immer von Neuem hervortreten.

118.

BENEDETTO BRESCIANI AN [GIAN GASTON DE' MEDICI?]

Aus dem alten Castell der Citadelle von Livorno,
18. Februar 1695.

Durch den freundschaftlichen Streit, der sich unter jenen Herren über die Malerei und die Bildhauerei entsponnen hat, erinnern mich Ew. Erlauchte Herrlichkeit an die alte und schwierige Frage, die man so oft in Privatunterhaltungen wie in öffentlichen Akademieen aufgeworfen hat, um zu entscheiden, welche von diesen beiden Künsten den Vorrang verdiene. Schon lange hat man sich in Parteien gesondert, und von Tag zu Tage wächst die Zahl dieser Parteigänger; man führt Gründe für den höheren Werth an, bringt Zeugnisse aus dem Alterthum und Argumente von grösserer Vortrefflichkeit bald zu Gunsten der Malerei, bald im Interesse der Skulptur bei. Ich meinerseits würde bei so vielen geistreichen Kämpfen viel lieber zu den Zuschauern gehören und mich neutral verhalten, wenn mir Ew. Herrlichkeit nicht den Auftrag gegeben hätte, Ihnen sowie jenen anderen Herren meine Ansicht und die Gründe mitzutheilen, die mich mehr auf die eine oder auf die andere Seite hinzuziehen im Stande sind. Ich habe nun nicht eine solche Kenntniss von der letzten Vollendung und Vollkommenheit dieser beiden Künste, um darüber ein zuverlässiges Urtheil abgeben zu können und ausser meinem blossen Geschmack und einer gewissen Neigung für das, was die Grundlage sowohl von der einen, als auch der andern ausmacht, d. h. für die Zeichnung, mit der ich mich auf sehr kurze Zeit nicht sowohl beschäftigt, als vielmehr unterhalten habe, finde ich nichts Anderes in mir, was mich geneigt machen könnte, darüber zu sprechen.

Ich könnte den Meinungen so vieler erfahrener Männer, sowohl der berühmtesten Schriftsteller, als auch der geschicktesten Künstler, folgen, die zu verschiedenen Zeiten durch Wort oder That das Verständniss und den Ruhm dieser Künste erhöht haben. Ohne indess auf die Bemerkungen zurückzugehen, welche diese in ihren, mir augenblicklich nicht zu Gebote stehenden Büchern darüber hinterlassen haben, glaube ich kaum, dass ich mich alles desjenigen erinnern würde, was zur Unterstützung meiner Gründe nöthig sein würde. Nichtsdestoweniger aber bin ich der Ansicht, dass dieses das sicherste Mittel sei, dessen ich mich bei Ergründung des Werthes der Malerei und Skulptur bedienen kann, indem ich über dieselben nach den Aussprüchen Anderer urtheile und unter Zustimmung Ew. Herrlichkeit, welche ausser den ritterlichen Uebungen und der edlen Ausbildung der anmuthigsten Fähigkeiten und der schönen Wissenschaften sich auch mit bewunderungswürdigem Geschick und raschem Erfolge des Zeichnens und Malens befleissigt. Unter allen diesen Bedingungen hören Sie also nun meine Ansicht.

Die älteste Kunst ist die Skulptur, und nach dem, was darüber Eusebius von Caesarea im dritten Buch seiner Praeparatio Evangelica andeutet, hat sie ihren ersten Ursprung von Gott selbst erhalten, der den ersten Menschen aus weicher Erde bildete und dadurch die übrigen Menschen lehrte, in ähnlicher Weise ihre Ebenbilder herzustellen. Und da der Götzendienst, indem er dem Menschen die Gott gebührende Anbetung widmete, sich zu allen Zeiten menschlicher Bilder bedient hat, so scheint der Gedanke Jener sehr wohl begründet, die da mit dem ersten Entstehen der Skulptur zugleich auch das erste Entstehen des Götzendienstes annehmen.

Der heilige Cyprianus in seiner Abhandlung über die Götzenbilder stellt die Betrachtung auf, dass die Liebe der Untergebenen zu ihren Herrschern dieselben dazu veranlasst habe, deren Bilder zu machen, um sich nach deren Tode auf irgend eine Art für deren Verlust zu trösten und sich ihr Andenken lebendiger zu erhalten; ein frommer Gebrauch, der späterhin durch die Anwendung von Altären und Weihrauch und durch Darbringung von Schlachtopfern zu einem abergläubischen wurde. Wie weit aber jene Zeiten, in denen derartige Anbetungen ihren Ursprung nahmen, von den unsrigen entfernt sind, lässt sich aus vielen Gründen nachweisen. Denn ganz abgesehen davon, dass die ersten Bewohner Aegyptens Götzendiener waren, wie sich aus Herodot im zweiten Buche seiner Geschichten und aus Strabo im fünfzehnten Buche seiner Erdbeschreibung ergiebt, und ohne in Betracht zu ziehen, dass Belus, der Vater des Ninus, welches der erste Kaiser der Assyrier war, von seinen Völkern angebetet wurde, genügt es, sich der schönen Rahel zu erinnern, die, als sie

ihrem Manne Jakob auf der Flucht nach Mesopotamien folgte, viele Götzenbilder des Laban mit sich nahm, wie es der Jude Josephus in seinen Jüdischen
Alterthümern erzählt.

Und wenn man auch bei der Untersuchung, seit wie alter Zeit man Statuen
gemacht habe, die Erwähnungen der Idolatrie ganz bei Seite lässt, so giebt es
doch eine beträchtliche Anzahl von Schriftstellern, die uns versichern, dass
schon uralte Künstler ihre Geschicklichkeit in ähnlichen Arbeiten bekundet
haben. Die Fabel von Prometheus und den von ihm in Erde gebildeten Menschen ist zu bekannt, als dass es nöthig wäre, sie hier anzuführen; und wenn
es gleich falsch ist, dass er seine Figuren durch Feuer belebt habe, so ist es
doch wahr, dass er sich durch ihre Herstellung berühmt gemacht hat. . . . . . .
. . . . [1]). Wenn es nun also so unsicher und trügerisch ist, auf diesem Wege
nachzuforschen, welche von den beiden Künsten von grösserem Werthe sei, so
kann man sich auch die Mühe der Untersuchung ersparen, ob die eine älter
als die andere sei; vielmehr muss man mit anderen Gründen des Vorrangs die
vorgeschlagene Frage zu entscheiden suchen, wenn man eine so schwierige Aufgabe lösen will.

Der sehr gelehrte Girolamo Cardano von Mailand, Arzt, Philosoph und
Mathematiker ersten Ranges, stellt eine Vergleichung der Malerei mit der
Skulptur im siebzehnten Buche seines gelehrten Buches „de subtilitate" an und
versucht dabei mit seinem reichen Geiste einen neuen Weg einzuschlagen, um
zu entscheiden, welcher von beiden der Vorrang zuerkannt werden müsse. Er
bedient sich dabei des Mittels der Vernunftschlüsse, um zu dem Resultate zu
gelangen, dass diejenige die edlere und vorzüglichere Kunst sei, die, indem sie
reicher an Erfindung und Feinheit sei, auch demjenigen, der zu ihrer Vollkommenheit gelangen wolle, grössere Schwierigkeiten darbietet.

Er entscheidet sich nun zu Gunsten der Malerei, und Folgendes sind seine
eigenen Worte: „Die Malerei," sagt er, „ist die feinste aller mechanischen
Künste und ebenso auch die edelste. Denn was auch die Plastik oder die
Skulptur unternehmen möge, stellt die Malerei in viel wunderbarerer Weise
dar: sie fügt die Schatten und Farben hinzu und verbindet sich mit der Optik,
indem sie auch neue Erfindungen mit in Anwendung bringt." Zu dieser Behauptung scheint ihn folgende Betrachtung zu bewegen: „Es giebt drei Arten
der Darstellung: erstens auf der Oberfläche, und diese heisst die Malerei; die
zweite geschieht an schon vorhandenen Körpern, durch Graviren oder Skulpiren;
die dritte Art stellt die Körper selbst erst her und heisst Plastik. Es ist klar,
dass von allen diesen die Malerei die schwierigste und folglich auch die edelste
ist." Als Grund davon führt er an, dass ihrer Theile drei seien, Zeichnung,

[1]) Es folgt hier eine Reihe von Betrachtungen und historischen Anführungen
ähnlicher Art über das Alterthum der Skulptur sowie über das der Malerei, woraus
sich sodann ergiebt, man könne bei der Verschiedenheit der Ansichten nicht zu einem
bestimmten und feststehenden Resultate über das höhere Alter und den dadurch be-
dingten höheren Werth der einen oder der anderen der beiden Künste gelangen.

Schatten und Farbe; da sie nun aber gezwungen ist, auf einer ebenen Fläche Körper darzustellen, so bedarf sie dazu der Hülfe der Schatten und Zeichnungen, und aus diesem Grunde ist sie schwieriger als die andern Künste, die ihre Bilder an den Körpern selbst auszudrücken vermögen.

Danach ist nun also, nach Cardano, die Malerei der Skulptur überlegen, weil sie bewunderungswürdiger und sinnreicher ist. Dieser Ansicht würde ich sehr gern beistimmen, indem auch viele Andere dieselbe als vernünftig und zuverlässig bestätigen. Ich unterlasse es hier, noch andere Zeugnisse von denen, die dasselbe geglaubt haben, sowie die Aussprüche der erfahrensten und gebildetsten Künstler und Kunstlehrer beizubringen . . . . [1]).

Dagegen dürfte man das Bedenken nicht bei Seite lassen, welches von Vielen gegen die Malerei erhoben wird, dass dieselbe nämlich, um die Figuren mit grösserer Naturwahrheit darzustellen, von der Bildhauerei die Reliefs entlehne. Wie viel Gewicht aber dies Bedenken habe, das mögen jene Maler sagen, die ihre Zeichnungen nach der Natur machen und ebenso die Bildhauer selbst, ob sie ihre Reliefs glücklich zu Ende bringen können ohne Zeichnung.

Dies sind die Beweggründe, weshalb ich auf Seiten der Malerei stehe, und ich habe dieselben in so roher Weise nur um deswillen Ew. Herrlichkeit angedeutet, um Ihnen Gehorsam zu leisten, und weil ich hoffe, dies zu meiner grösseren Genugthuung sowie in passenderer Form thun zu können, wenn Sie sowohl als ich selbst an den Hof nach Florenz zurückgekehrt sein werden, wo die Fülle der Bücher, deren es hier in Livorno nicht allzuviel giebt, den Mängeln des Gedächtnisses zu Hülfe kommen kann. Und indem ich Ew. Herrlichkeit Beistimmung sowie deren neue Befehle erwarte, bringe ich Ihnen die Versicherung meiner innigsten Verehrung dar.

Bottari *Raccolta* II. 87—97. Benedetto Bresciani war Kammersekretär des Prinzen Gian Gaston, der später Grossherzog von Toskana wurde. Er soll ein guter Mathematiker und Schüler Viviani's gewesen sein. In seinen obigen Kunstäusserungen ist er schwülstig und breit. Der Inhalt des Briefes wäre in drei kurze Sätze zusammenzufassen gewesen. Und doch konnte derselbe dem Leser nicht erspart werden. Die Langeweile der Kunstgelehrsamkeit, die darin herrscht, ist dieselbe, die sich immer mehr der künstlerischen Betrachtungsweise bemächtigt. So kann auch darin ein Zeugniss geschichtlicher Entwickelung gesehen werden. „*Tacere il mediocre è industria di buon' oratore e non offizio del buono storico,*" sagt Lanzi einmal, „*la mediocrità de' tempi dà diritto alla storia anche agli uomini mediocri.*" Was den Gegenstand des Briefes anbetrifft, so hatte die — an sich ziemlich müssige — Frage über den höheren oder geringeren Werth von Skulptur und Malerei schon seit fast zwei Jahrhunderten die Künstler und Kunstfreunde beschäftigt. Etwa 150 Jahre vor der Abfassung

---

[1]) Cardano's Werk „*de subtilitate*", das zum grössten Theile von naturwissenschaftlichen Dingen handelt, bespricht im 17. Buch auch das Verhältniss der Malerei zur Skulptur. In der Ausgabe vom Jahre 1580 (die erste erschien 1550) S. 573—578. Es werden ausserdem von Bresciani noch die Werke von Alberti, Vasari, Baldinucci, Franc. Junius und Carlo Dati angeführt.

unseres obigen Briefes hatten auf Anregung des Benedetto Varchi MICHELANGELO. BENVENUTO CELLINI, AGNOLO BRONZINO, GIORGIO VASARI u. A. (Künstlerbriefe I. S. 152. 243. 253. 289) sich über das Verhältniss der Skulptur zur Malerei ausgesprochen. Wer mit jenen Aeusserungen die gelehrten Untersuchungen Bresciani's vergleicht, wird damit zugleich einen Vergleich zwischen der Kunst in der Mitte des 16. und am Schlusse des 17. Jahrhunderts anstellen. Wie war jene so frisch und jugendlich; wie ist diese so rasch gealtert und aller rüstigen Schöpfungskraft beraubt! Aber hatte dies Loos etwa nur die Kunst damals ereilt, oder ist nicht vielmehr diese Schwäche eine allgemeine Eigenheit der Zeit, an welcher die Kunst Theil hat, wie sie einst an dem jugendlich glücklichen Aufschwunge des gesammten Geisteslebens Theil genommen hatte?

119.

CARLO ANTONIO TAVELLA AN FRANCESCO BRONTINO.

Genua, 28. März 1705.

Am 24. d. M. habe ich Ihren lieben Brief erhalten, auf den ich aber erst jetzt mit Musse antworten kann. Was die Bilder anbetrifft, so sehe ich, dass deren Verkauf gegen baares Geld etwas schwer fällt, indem die jetzigen Zeiten, wo die ganze Welt in Waffen ist, sehr ungünstig sind. Dies aber ist eine Fügung des Himmels, der wir uns Alle zu unterwerfen haben, und ich hoffe, dass das Unglück nicht so gross werden wird, als man fürchtet. Ich sehe also, dass man mit Tauschen leichter zum Zwecke kommen würde. Aber Sie haben es ganz richtig errathen, wenn Sie sagten, dass ich baares Geld haben und keinen Tausch machen wollte; denn ich kann doch die grosse Mühe und das Studium — von der Ausgabe für den Azur gar nicht einmal zu reden — nicht auf Bilder verwenden, die dann gegen andere auszutauschen sind. Wenn es Waare gegen Waare gilt, dann kann ich lieber die meinige gleich behalten. Ist diese doch überdies der Art, dass sie immer in der Mode bleibt und je älter, je besser wird. Behalten Sie also die bewussten sechs Bilder noch während der ganzen jetzigen Osterwoche bei sich, und wenn während dieser Zeit irgend ein Liebhaber sie gegen baares Geld erstehen will, so befolgen Sie nur die bewussten Anweisungen. Erfolgt aber nichts, so seid so gut, sie an Herrn Giuseppe Urgnani zu übermachen, aber wohl besorgt und verpackt, wie Ihr dieselben bekommen habt.

Was jenen Freund anbelangt, der ein kleines Bild von der Grösse des Eurigen mit dem heiligen Hieronymus zu haben wünscht, worauf sich die Begegnung des heiligen Dominikus mit dem heiligen Franciskus befinden soll, so ist dies etwas, was den Figurenmalern zukommt, und deshalb will ich nicht aus meinem Geleise herausgehen. Wenn der besagte Freund entweder einen heiligen Johannes den Täufer oder eine heilige Magdalena, einen heiligen Franciskus oder Onophrius oder einen heiligen Paulus Eremita (alle Heiligen Gottes, bittet für uns!) haben möchte, dann will ich ihm gern zu Diensten sein. Der äusserste Preis würden acht Filippi sein, und, um mich seinem Wunsche zu bequemen, würde ich auch so viel Seide in Tausch nehmen, wenn es gute Waare ist, und in diesem Falle würde ich gern vorher Einiges zur Probe sehen.

Herr Antonio Cifrondi, mein Gönner, dem ich mich ganz ergebenst empfehle, wird bald auf sein überaus freundliches Billet Antwort bekommen. Der gute Geistliche, der die kleine Landschaft des Herrn Don Bartolomeo Viani gesehen hat, kennt aber nicht die ewigen Verpflichtungen, die ich diesem Herrn schuldig bin, und möchte trotzdem dieselbe Strasse einschlagen. Da ich aber keine Druckerpresse habe, um Bilder zu machen, sondern mich dieselben viel Mühe kosten, nicht mit den Armen, wohl aber mit dem Kopfe, so ist es nöthig, darauf etwas zu erwidern. Ihr müsst daher wissen, dass hier in Genua die Belohnung für zwanzig Messen zwölf Lire in genuesischer Münze betragen würde, was achtzehn Lire von Bergamo ausmacht. Und zwar geschieht dies auf Anordnung der heiligen Canones, welche da befehlen, dass für eine Messe nicht weniger als ein Giulio bezahlt werden soll, was zwölf Soldi von Genua ausmacht. Wenn mir also der gute Geistliche baares Geld geben wollte, so könnte ich es beim besten Willen und freundschaftlichster Behandlung nicht unter acht Filippi für beide Bilder thun. Denn wenn dieselben auch nur klein sind, so gehört dazu doch eben so viel Arbeit, um die Landschaft vollkommen zu machen, als wenn sie sechsmal so gross wären. Ich will also dem guten Geistlichen den Gefallen thun und begnüge mich mit den zwanzig Messen und nicht mehr, wie es zuvor meine Absicht war. Aber dann möge er auch dafür sorgen, dass auch das Geschenk eines guten Geistlichen würdig sei, auf dass jeder von uns zufriedengestellt werde. Und ich hoffe, dass die Bilder noch vor Juni fertig sein werden, wenn mir nichts Anderes dazwischen kommt.

Und damit schliesse ich, indem ich Euch Dank für die Mühe sage, der Ihr Euch meinetwegen unterzogen habt, wenn sich auch für die sechs Bilder noch keine Gelegenheit gefunden hat, sie gegen baares Geld zu verkaufen; mir genügt es, dass sie gefallen haben, namentlich Euch und dem Herrn Cifrondi [1]), welcher ein Maler von gutem Geschmack ist. Und damit grüsse ich Euch herzlich nebst Eurer ganzen Familie!

Bottari Raccolta IV. 70. CARLO ANTONIO TAVELLA (1668—1738) war einer der bedeutendsten Landschafter, nicht bloss in Genua, sondern überhaupt unter den italienischen Künstlern der damaligen Zeit. Ursprünglich von TEMPESTA unterrichtet, hatte er sich später selbst nach POUSSIN und guten Nieder-

[1]) Antonio Cifrondi oder Zifrondi (1657—1730), in Bergamo thätig, zeichnete sich durch eine ungemein reiche Erfindungsgabe und eine so grosse Schnelligkeit der Arbeit aus, dass er selbst grosse Bilder in zwei Stunden zu vollenden im Stande war. Lanzi nennt ihn den letzten bedeutenden Maler der Schule von Bergamo.

ländern weiter gebildet und hatte sich bei grosser Leichtigkeit der Arbeit viel
Vorzüge in der Wärme der Lufttöne, in der Abstufung der verschiedenen Pläne,
in anmuthigen Lichteffekten angeeignet. Pflanzen, Blumen und Thiere malte er
mit grösster Treue, menschliche Figuren liess er sich gewöhnlich von den beiden
PIOLA und von STEFANO MAGNASCO malen. Was die im Anfang des Briefes
besprochene Angelegenheit betrifft, so hatte er nach einem Briefe vom 11. Januar 1705 sechs Bilder an seinen Freund Francesco Brontino nach Bergamo
geschickt mit der Bitte, dieselben gelegentlich zu verkaufen. Der Preis belief
sich auf 18 Filippi für jedes Bild, jedoch könne er sie auch für 15 Filippi
lassen. Zwei und zwei gehörten immer zusammen, sie dürften beim Verkauf
nicht getrennt werden. Sie würden sonst nicht gut zu einander passen. Was
die Person des Herrn Francesco Brontini betrifft, so bietet derselbe eines der
merkwürdigsten Beispiele jener Sammellust und Kunstliebhaberei dar, die wir
schon so oft als besondere Eigenthümlichkeit des 17. Jahrhunderts hervorgehoben
haben. Er ist nach den Aeusserungen des Grafen Giacomo Carrara, eines mit
Bottari befreundeten Kunstliebhabers zu Bergamo, ein ganz unbedeutender, aber
äusserst merkwürdiger Mensch gewesen, „fu un uomo da nulla, ma oltremodo
maraviglioso". Als Bauer geboren, blieb er sein ganzes Leben über durchaus
unwissend, ohne es je weiter als bis zum Lesenlernen zu bringen, und auch
dies gelang ihm nur mit Mühe. Trotzdem aber war er in gute Bücher und
schöne Gemälde verliebt, wie nur irgend ein gelehrter und reicher Literat und
grosser Herr. „Was in solchen Personen," sagt Carrara vielleicht etwas zu
strenge, „edel und löblich gewesen wäre, war in ihm nichts Anderes als Narr-
heit." So habe er seine lange Lebenszeit darauf verwendet, ausgezeichnete Gemälde und die besten Kupferstiche zusammen zu bringen, nicht minder gute
Bücher, und dafür habe er sein ganzes Vermögen verschwendet. Sonst lebte er
höchst dürftig, sowohl in Kleidung und Speise, als auch in Bezug auf seine
Wohnung, welche äusserst ärmlich war. Um nur zu leben, musste er endlich
von seinen Schätzen einige verkaufen, wobei er aber immer erst mit den weniger
guten Sachen begann, um sich von den guten so spät als möglich zu trennen.
Trotz der Dürftigkeit seiner Lage lebte er äusserst zufrieden und erhielt sich
bis zu seinem Tode eine gute Sammlung von Büchern und Bildern, in denen
er durch lange Praxis sich eine ziemlich genaue Kenntniss erworben hatte.
PAOLOTTO GHISLANDI hat sein Bildniss gemalt, welches später nebst einigen
Büchern, Abgüssen und ähnlichen Seltenheiten seiner Sammlung in den Besitz
des obenerwähnten Grafen Giacomo Carrara übergegangen ist. — Die genaue
Bekanntschaft des trefflichen Brontino mit CARLO ANTONIO TAVELLA und vielen
andern gleichzeitigen Künstlern geht aus der grossen Anzahl von Briefen hervor,
welche TAVELLA an ihn gerichtet hat, und die von Bottari mitgetheilt worden
sind. Dieselben behandeln fast alle ähnliche Gegenstände, als der oben abgedruckte Brief vom 28. März 1705, und sind mit grosser Frische und einem
höchst ergötzlichen Humor geschrieben. Vergl. z. B. den Brief vom 9. Juli 1706,
worin er sich als Honorar für zwei Bilder „25 Hiebe alle Morgen" zuerkennt,
um dadurch zu grösseren Studien und zu geringeren Geldforderungen ermahnt
zu werden, und einen andern vom 17. Juli 1728, worin er den Freund um
etwas Salbe der heiligen Pazienza gegen die Gicht bittet. Auch unser obiger
Brief trägt diesen Charakter an sich. Es ist vielleicht der erste Brief eines
Künstlers, in welchem der Mode Erwähnung gethan wird. Wir stehen in den
Zeiten, in denen die Kunst Modesache geworden ist. Und das war in der
That der Zustand, zu welchem die Kunst gegen das Ende des 17. Jahrhunderts
gelangt war. Von grossen und man kann sagen weltgeschichtlichen Ideen sahen

wir die Malerei noch im Anfange des 17. Jahrhunderts erfüllt; bedeutsame Gegensätze der religiösen, sittlichen und nationalen Anschauungen kamen in ihr zur Geltung; aber immer mehr und mehr verengert sich, nicht ohne Schuld der Künstler selbst, der Wirkungskreis der Kunst, welche in dem Bewusstsein der Zeit hinter andern Mächten zurückzutreten genöthigt ist; der Hochmuth der Künstler und die gelehrte Pedanterie der Kenner ziehen diesen Kreis immer enger und enger und tragen dazu bei, die Theilnahme in der grösseren Menge des Volkes an der Kunst immer mehr und mehr zu ertödten. Die Kunst wird zu einem Spielwerk der Laune und zu einer Sache der Mode! In diesem Zustande verharrte sie, bis in der zweiten Hälfte des 18. Jahrhunderts die grossen Ideen, welche die Welt neugestalten sollten, auch die Kunst erfüllten und dieselbe einer neuen lebensfrischeren Entfaltung entgegenführten.

DEUTSCHE KÜNSTLER

DES XVI. JAHRHUNDERTS.

ALBRECHT DÜRER.

Den grössten Theil von ALBRECHT DÜRER's literarischem Nachlass hat Dr. Friedrich Campe im Jahre 1828 in den „Reliquien von Albrecht Dürer" publicirt. Seitdem sind noch sieben Briefe des Meisters an das Tageslicht gekommen. Fünf von ihnen hat Moriz Thausing in seine Gesammtausgabe von „Dürer's Briefen, Tagebüchern und Reimen" (Quellenschriften für Kunstgeschichte, III, Wien, 1872) aufgenommen, den sechsten und siebenten hat er in seiner Biographie Dürer's abgedruckt. So werthvoll Thausing's Ausgabe durch ihre Interpretation des Textes und ihre sachlichen Erläuterungen auch ist, so hat ihr Werth doch auf der anderen Seite dadurch eine Beeinträchtigung erfahren, dass der Herausgeber diese Reliquien Dürer's, welche ebenso sehr von kunstgeschichtlicher als von biographischer Wichtigkeit sind, in die moderne Sprache übertragen hat. Gerade bei den Briefen Dürer's, welche das Naturel des Künstlers, sein Denken und Empfinden so treu wiederspiegeln wie kein anderes der von ihm hinterlassenen Schriftstücke, selbst seine Tagebücher nicht, wurde diese Modernisirung am meisten beklagt. Da nun das Campe'sche Büchlein heute nur noch schwer aufzutreiben ist, und die von Campe nicht publicirten Briefe in Büchern und Zeitschriften zerstreut sind, haben wir geglaubt, auch dem Kunstforscher einen Dienst zu erweisen, wenn wir den gesammten brieflichen Nachlass Dürer's mit getreuer Wiedergabe der von ihm beobachteten Schreib- und Ausdrucksweise hier vereinigen. Wie Thausing müssen auch wir den Umstand beklagen, dass sich noch kein germanistischer Philologe daran gemacht hat, die literarischen Arbeiten Dürer's nach sprachwissenschaftlichen Grundsätzen zu behandeln. Indessen wird sich eine solche Arbeit nur schwer durchführen lassen, da ein grosser Theil der Reliquien Dürer's nicht mehr in der Originalhandschrift vorhanden ist.

Die Campe'schen Abdrücke sind nicht ganz frei von Missverständnissen. Für die Briefe aus Venedig (Nr. 120—129) können wir glücklicherweise zu einer nach Thausing's Urtheil fast ganz fehlerfreien Abschrift unsere Zuflucht nehmen, die A. v. Eye in den „Jahrbüchern für Kunstwissenschaft" Bd. II. S. 201 ff. publicirt hat. Der zweite dieser Briefe befindet sich im Besitze des Antiquars Lempertz in Cöln, der sechste in der Royal Society in London (veröffentlicht von Thausing, Dürer, Geschichte seines Lebens und seiner Kunst S. 279), der neunte in der Bibliothek des britischen Museums in London (veröffentlicht von G. F. Waagen in den „Recensionen und Mittheilungen über bildende Kunst" III. S. 145, Wien, 1861), die Originale der übrigen besitzt die Stadtbibliothek zu Nürnberg. — Wir haben diese Briefe wie alle übrigen so wiedergegeben, wie wir sie in den besten Publicationen gefunden haben. Wir haben nur zum besseren Verständniss für den Laien Interpunctionen hinzugefügt und in den Anmerkungen einige im modernen Sprachgebrauche ungewöhnliche Worte und Wendungen erklärt. Für die Erläuterungen hat uns Thausing in den angeführten Werken und die von ihm daselbst citirte Literatur das nöthige Material geliefert.

DÜRER AN WILIBALD PIRKHEIMER.

120.

Venedig, 6. Januar 1506.

Item Ich wunsch ewch vill guter seliger newer Jor vnd all den ewern Mein willigen Dinst zw vor. Liber Her pirkamer, vernemt mein gesundheit; vill pessers beger Ich ewch von gott. Item als Ir mir vertzeichett hand, etlich perlen vnd stluein zw kawffen, send Ir wissen, dz Ich nix gutz oder seins geltz wert kan bekumen; es ist als von den Dewtzschen awffgschnabt, dy awff der rw [1] vm gand, dy wöllen den alberg 4 gelt [2] doran gewinen, wan sy sind dy untrewesten lewd, dy do leben; es bedarff sich keiner keins getrewen Dinstz zw Ir keinen versehen; dorum ettlich ander gut gesellen haben geseit, Ich soll mich vor In huten, sy bescheissen vich vnd lewtt, man kawff zw franckfurt pesser Ding zw geringen gelt den zw fenedich; vnd der pücher halben, dy Ich ewch bestellen solt, dz haben ewch dy Im Hoff [3] awsgericht; aber bedürft Ir sunst ettwas, dz last mich wissen, dz will Ich ewch mit gantzen fleis aws richten, vnd wolt got, dz Ich ewch grossen Dinst kunt; dan dz wolt Ich mit frewden awsrichten, wan Ich erken, dz Ir mir vill thut, vnd Ich pit ewch, habtt mit leiden mit meiner schuld, Ich gedenck öfter doran den Ir; als pald mir got heim hilft, so will Ich ewch erberlich tzalen mit grossen Danck, wan Ich hab den tewtzschen zw molen ein thafell, dofon geben sy mir hundert vnd tzehn gulden reinsch, dorawff gett nit 5 fl kosstung, dy wird Ich noch In acht Dagen ferfertigen mit weissen vnd schaben [4], so will Ich sy von stund an heben zw molen, wan sy müg, ob got will, ein monett noch ostern awff dem altar sten. Dz gelt hoff Ich, ein got will, als zw ersparen. Dovon will Ich ewch zalen, wan Ich gedenck, Ich dürff der Mutter noch dem Weib als bald kein gelt schicken. Ich lies der Muter 10 fl, do ich weg ritt, so hat sy In mitler tzeit 9 oder 10 fl löst aws kunst [5], so hatt Ir der trottziher 12 fl

---

[1] Riva.

[2] allerwegen (immer) das vierfache Geld.

[3] Ein Mitglied der Familie Imhof, die zu Venedig jedenfalls auch ein Handelskomptoir besass, war immer daselbst anwesend, um die Interessen des Hauses wahrzunehmen.

[4] Mit Grundiren und Abziehen.

[5] Kunst, soviel wie Kunstsachen, Kupferstiche und Holzschnitte.

betzalt, so hab Ich Ir 9 fl peim bastian Im Hoff geschickt, dofon soll sy den plintzing dem gartner Ir tzins 7 fl betzalen, so hab Ich den weib 12 fl geben vnd hat 13 entpfangen zw franckfurt, ist 25 fl, gedeng Ich, es hab awch kein Nott vnd ob Ir geleicht manglett, so mus Ir der schwoger helfen, pis dz Ich heim kum, so Ich Im erberlich wider tzalen.

Hy mitt last mich ewch befolhen sein. tatum fenedich an der Heilling 3 kung dag [1]) Im 1506 Jor.

grüst mir den steffen pawmgartner vnd ander gut geselln, dy noch mir fragen   Albrecht Dürer.

121.

Mein willigen Dienst zw vor, lieber Her; wen es ewch woll gett, dz gun Ich ewch von gantzem Hertzen wy mir selbs. Ich hab ewch newlich geschriben, fersich mich, der prieff sey ewch worden. In mitler tzeit hatt mir mein Muter geschrieben vnd mich gescholten, dz Ich ewch nit schreib, vnd mir zw fersten geben, wy Ir ein Vnwillen awff mich hant, dz Ich ewch nit schreib. Ich soll mich fast gegen ewch verantworten vnd ist ser bekumert, als Ir sit. Ist so, weis Ich mich mit nichten zw verantworten, den dz ich fawll pin zw schreiben vnd dz Ir nit doheim seytt gewest; aber als bald Ich verstanden hab, dz Ir doheim seyt gewest oder heim hand wollen kumen, do hab Ich ewch von stund geschriben, hab awch dem Kastell [2]) dornoch In sunderleit befolhen, er soll ewch mein Dinst sagen. Dorum pit ich ewch vnderdenlich, Ir wolt mirs vertzeihen, wan Ich hab kein andern frewnt awff erden den ewch. Ich gib Im awch kein glawben, dz Ir awff mich tzürnt, wan Ich halt ewch nit anderst den vür ein Vater. Ich wolt, dz Ir hy zw Venedich werd; es sind so vill ertiger geselln vnder den Walhen [3]), dy sich je lenger je mer zw mir gesellen, dz es eim am Hertzen sanft solt dan. Vernünftig gelert, gut lawttenschlaher, pfeyffer, ferstendig Im gemell vnd vill edler gemut recht dugent von Lewtten vnd dund mir vill er vnd frewntschaft. Dorgen sinter awch dy vntrewesten verlogen tibisch pöswicht, do Ich glawb, dz sy awff ertrich nit leben vnd wens einer nit west, so gedecht er, es weren dy ertigsten lewt, dy awff ertrich weren. Ich mus Ir Je selber lachen, wen sy mit mir reden, sy wissen, dz man solich posheit von In weis; aber sy frogen nix dornoch. Ich hab vill guter frewnd vnder den Walhen, dy mich warnen, dz Ich mit Iren modern nit es vnd trinck; awch sind mir Ir vill feind vnd machen mein Ding [4]) In kirchen ab vnd wo sy es mügen bekumen; noch

---

[1]) Am Tag der heiligen drei Könige.

[2]) Kastell, gewöhnlich Gastel genannt, ist ein Mitglied der in Nürnberg ansässigen Linie der Fugger.

[3]) Wälschen.

[4]) Sie kopirten seine Kupferstiche und Holzschnitte.

schelten sy es vnd sagn, es sey nit antigisch art, dorum sey es nit gut; aber sambelling[1]), der hett mich vor vill tzentillomen[2]) fast ser gelobt; er wolt geren ettwas von mir haben vnd ist selber zw mir kunen vnd hat mich gepetten, Ich soll Im etwas machen, er wols woll tzalen. Vnd sagen mir dy lewt alle, wy es so ein frumer Man sey, dz Ich Im gleich günstig pin; er ist ser alt vnd ist noch der pest Im gemell, vnd dz Ding, dz mir vor eilff Jorn so woll hatt gefallen, dz gefelt mir jtz nüt mer, vnd wen Ichs nit selbs sech, so hett Ichs kein anderen gelawbt; awch las Ich ewch wissen, dz vill pesser Moler hy sind weder dawssen Meister Jacob[3]) ist; aber anthoni kolb[4]) schwer ein eyt, es lebte kein pesser Moler awff erden den Jacob. Dy andern spotten sein, sprechen, wer er gut, so belib er hy etc. vnd hewtt hab Ich erst mein thafell angefangen zw entwerffen, wan mein Hend sind so grindig gewest, dz Ich nit erbetten hab kunen; aber Ich habs vertreiben lossen. Hie mit sind gütig mit mir vnd zürnt nit so bald, seyt senftmutig als Ich, Ir wölt nütt von mir lernen. Ich weis nit wy es zw gett. Lieber, Ich wolt geren wissen, ob ewch kein pulschaft gesthorben wer, ettwas schir peym waser oder etwas

solichs   oder   oder   madle,

awff das Ir ein andre an der selben statt precht. Ggeben zw Venedich newn or In dy nacht am samstag noch lichtmes Im 1506 Jor, sagent mein Dienst steffen pawmgartner h' hans horstorfer vnd folkamer.

Albrecht Dürer.

122.

Venedig, 28. Februar 1506.

Mein willing Dinst zw vor, Lyebr Her pirkamer. Wen es vch wol gett, dz ist mir ein grosse frewd; wist awch, dz mir von den genoden gottes woll gett vnd dz Ich flux erbett, aber vor pfingsten getraw Ich nitt fertig zw werden vnd hab alle meine thefelle verkawft, pis an eins, hab 2 geben vm 21 Dugten vnd dy andern 3 hab ich geben vür dy trey ring, dy sind mir am schtich[5]) vm 24 Dugaten angeschlagen worden; aber ich hab sy gut gesellen sehen lossen, dy sagen, sy seyent werd 22 Dugaten, vnd als Ir mir awff schribt,

[1]) Giovanni Bellini.
[2]) Gentiluomo. Der venetianische Dialekt verwandelt das g und j im Anlaut vor einem Vokal in z.
[3]) Jacopo de Barbari.
[4]) Anton Kolb, Sohn des Stephan Kolb in Nürnberg, einer der ersten deutschen Kauflente in Venedig.
[5]) Im Tausch.

ettlich stein zu kawffen, hab ich gedacht, ich wöll ewch dy ring schicken hy pey frantz Im Hoff vnd last sy pey ewch sehen, dy es ferstend; wern sy ewch gefellig, list sy schetzen, was sy wert wern, dor für behilt sy; ist aber sach, dz Irs nit mer bedürft, so schickt mirs pey dem negsten potten, wan man will mir hy zw fenedich einer, der mirs hat helffen an dawschen, vm den schmarall [1] 12 Dugaten geben vnd vm den Rubin vnd Dimant 10 Dugaten geben, dz ich daunoch über zwen Dugaten nit verlieren darff. Ich wolt, dz mit ewerm Nutz wer, dz Ir hy wert. Ich weis, ewch wurd dy weill kurtz sein, wan es sind fill ertiger lewt verhanden, recht künstner vnd ich hab ein sollichs getreng von Walhen, dz ich mich zw tzeiten verpergen mus vnd dy tzentillamen wollen mir woll, aber wenig Moler. Lyber Her, ewch lest endres kunhofler sein Dienst sagen, er wirt ewch itz pey dem negsten potten schreiben. Hy mit last mich ewch befolhen sein vnd Ich befilch ewch mein Muter; mich nymt dz gross wunder, dz sy mir so lang nit schreibt awch von meinem beib [2]. Ich mein Ich habs verloren, awch nymtt mich wunder, dz Ir mir nüt schreibt hab, aber danocht ewern priff gelesen, den Ir dem pastian Im Hoff habtt vber mich geschriben; awch pitt ich ewch, gebtt dy zwen ein geschlossen prieff meiner Muter vnd pitt ewch, habtt gedult, pis mir gott heim hylft, so will ich ewch erberlich betzalen etc. grüst mir Steffen pawmgartner vnd ander gut gesellen vnd last mich wissen, ob vch libs gestorben sey. Lest den priff noch dem sin. Ich hab geeilt; geben in Venedich am samstag vor dem weissen sundag Im 1506 Jor   Albrecht Dürer.

morgen ist gut peichten.

· 123.

Venedig, 8. März 1506.

Mein willigen Dienst zw, Liber Her pirkamer. Ich schik vch hy ein ring mit eim saffir, dornoch Ir mir eillentz geschriben hand, vnd Ich hab In nit ee müegen zw wegen pringen, wan Ich pin dy zwen tag stettix mit eim guten gesellen gangen, den Ich verlant hab zw allen den goltschmiden tewtzsch vnd welsch, dy In gantz fenedich send, vnd haben parungan [3] gemacht. aber kein gefunden dem geleich vm sollich gelt, wan durch gros pit hab Ich In kawft vm 18 Dugaten vnd 4 Martzell von einem, der In selber an der Haut hatt getragen. der myr In zw Dienst geben hatt, wan Ich gab zw fersten, Ich wolt mir In selber vnd als bald Ich In kawft hett, do wolt mir ein tewtzscher goltschmid 3 Dugaten zw gewin geben haben, Der In pey mir sach vnd Dorum hoff Ich, er werd Vch wollgefalln, wan Ider Man spricht, es sey ein gefundener stein, er sey Im tewtzschland 50 fl werd. Doch wert Ir woll Innen, ob sy

---

[1] Smaragd.
[2] Weib.
[3] Paragone, Vergleiche.

wor sagen oder ligen. Ich verste mich nüt dorüber. Ich hett zum ersten ein
amatisten kawft vermeinett von einem guten frewnt vm 12 Dugaten, der hett
mich beschissen, wan er was nit sibner werd; also tetigten doch gut gsellen
dorzischen, dz Ich Im den stein wider geb vnd ein essen fysch tzalte. Do was
Ich fro vnd nam bald mein gelt wider vnd als mir gut frewnt den ryng ge-
rechnett haben, so kumt der stein nit vill höher den nm 19 fl reinsch, wan er
wigt vngefer 5 fl an golt, dz Ich dannocht nit vber ewer tzill pin getretten
als Ir schreibt von 15 fl pis in 20 fl. Aber der andern stein hab Ich noch
nit künen klawffen, wan man sint sy selten geleich zw samen; aber Ich will
noch allen fleis an keren, sy sprechen, dz Ir Im tewtzlant sollich schlecht narn-
werg wolfeyler sind vnd sunderlich Itz Inn franckfurter mes, den Im Welschland; sy füren sollich Ding als mit In hin aws vnd sunderlich mit dem Jatzingen
krewtzle[1] haben sy mein gespott, do Ich von 2 Dugaten sagett. Dorum schreibt
mir bald, wy Ich mich dormitt halten soll. Ich hab an ein ort erfaren ein
gutz Demant püntle, weis noch nit wy im gelt. Dz will Ich ewch kawffen pis
awf weitter geschrift, wan dy schmarall[2] sind as tewer als Ich all mein Dag
ein Ding gesehen hab; es mag einer gar leicht ein emmechtix[3] steinle haben,
er achtz vm 20 oder 25 Dugaten etz. Ich halt gantz dorfür, Ir habt ein Weib
genumen, schawt nun, dz Ir nit ein meister vber kumt. Doch seyt Ir weis
genug, wen Irs prawcht l. h. p.[4] endres kunhoffer lest ewch sein Dienst sagen,
er wirt vch In mitler tzeit schreiben vnd pit vch, Ir wölt, obs not wer. In
gegen den Herrn[5] verantworten. so er nitt zw badaw[6] will beleiben, er
spricht. es sey Der Ier halben gantz nix vür In ete. Vnd pitt ewch, tzürnd
nit, dz Ich ewch dy stein nit all awff dis mol schick, wan ich habs nit künen
zw wegen pringen. Dy gesellen sagen mir awch, Ir solt den stein awff eine
newe folig[7] legen lassen, so sech der stein noch als gut, wan der ring ist alt
vnd dy foly verdorben; awch pit Ich ewch, sprecht zw meiner Muter, dz sy
mir schreib vnd dz sy Ir selbs güttlich thw ete.

Hy mit last mich ewch befolhen sein; geben tzw Venedich am andern
sundag In der fasten Im 1506 Jor, grüst mir ewer gesind

Albrecht Dürer.

[1] Hyacinthenkreuzchen.
[2] Smaragd.
[3] Amethyst.
[4] Lieber Herr Pirkheimer.
[5] Der Rath von Nürnberg, der auch auf seine Untergebenen in der Fremde
ein wachsames Auge hatte.
[6] Padua.
[7] Folie.

124.

Venedig, 2. April 1506.

Mein willing Dinst zw vor, Libr Her. Ich hab am pfinczdag vor dem palm dag[1] ein priff von Veh entpfangen vnd den schmarall ring vnd pin von stund ann gangen zw dem, der mir sy geben hatt, der will mir mein gelt dorfür geben, wie woll ers nit gern thut; doch het er gerett, dorum mog ers halten vnd dz wist eygentlich, dz dy soylir[2] dawssen schmarall kawff vnd awff gwyn herein füren, aber dy gesellen haben mir gesagt, dz dy andern 2 ring einer 6 Dugaten woll werd send, wan sy sprechen, sy send nett vnd sawber, dz sy nix vnreins In Inen haben, vnd sagen, Ir solt ewch nit an dy schettzern keren, sunder frogen noch sollichen ringen, wy sy ewchs geben wollen vnd halt sy donewen, schawt obs In geleich seyen vnd als bald Ichs gestochen[3] hett, so Ich 2 Dugaten ferloren wolt haben an den treyen ringen, so wolt sy pernhart Holtzpeck von mir kawff haben, der den pey dem stich gewesen ist; vnd sit her hab Ich ewch ein saffir ring geschickt durch Hans Im Hoff, Ich mein er sey veh worden, do selb halt Ich ein guten kawff than hab, wan man wolt mir fon stund gwin geben haben. Doch wird Ichs woll von veh vernemen, wan Ir wist, dz Ich sollichs nix verste, allein den glauben mog, dy mir rotten; awch wist, dz mir dy Moller fast abholt hy sind, sy haben mich 3 moll vür dy Heren[4] genüt vnd mz[5] 4 fl In Ir schull geben. Ir solt awch wissen, dz Ich vill geltz gewunnen möcht haben, wo ich der tewtzschen thafell nit hett angenumen zw machen; aber es ist ein grosse erbet doran vnd Ich kan sy vor pfingsten nit voll aws machen, so gibt man mir nit mer den 85 Dugaten, so wist Ir dz awff tzerung gett; hab awch etlich Ding kawft, hab awch etlich gelt hinvf geschickt, dz Ich noch nit vill vor mir hab; aber wissent mein meinvng, Ich hab Im willen, nit hin aws zw tzihen, pis dz gott gibt, dz Ich ewch zw Dank küm tzalen vnd hunder fl vbrigs hab; ich woltz awch leichtlich gewinen, wen Ich der tewtschen thafell nit hett zw machen, wan awserhalb der Moler will mir all welt woll, vnd meins pruders halb sprecht zw meiner Muter, dz sy mit dem Wolgemut[6] red, ob er sein dörft, dz er Im erbett geb, pis dz Ich küm oder pey andern, dz er sich behelff. Ich hot In gern mit mir gen fenedich genumen, wer mir vnd Im nütz gewest, awch der sprach halben zw lernen, aber sy forcht, der Hymell vill awff Inn u. s. w. Ich pit ewch, habt selber awffsehen, es ist verloren mit den weibern; rett mit dem paben, als Ir woll künt, dz er fer vnd redlich halt, pis Ich küm

---

[1] Donnerstag vor Palmsonntag.
[2] Juweliere.
[3] Eingetauscht.
[4] Vor die Signoria. *Dürer* musste wegen Ausübung des Malerhandwerks in Venedig auf die Anzeige der dortigen Maler an ihre *Scuola* (*„Schule“,* Genossenschaft) eine Abgabe entrichten.
[5] Muss.
[6] *Michael Wohlgemuth*, der Nürnberger Maler, *Dürer's* Lehrmeister, bei dem auch sein jüngster Bruder Hans in die Lehre kommen sollte.

vnd nit ob der Muter lieb, wan Ich vermags nit als; doch will Ich mein pestz
than vür mich selbs, wer Ich unferdorben; aber vill zw ernern ist mir zw
schwer, wan nymant wirft sein gelt weg. Hy mit last mich ewch befolhen
sein vnd sagent meiner Mutter, dz sy awff dz Heiltum[1] feill las haben. Doch
versieh Ich mich, mein Weib kum heim[2]), der hab Ich awch alle Ding geschriben. Ich will awch des Demantpautz mit mer kawffn pis awff ewer
schreiben nexst, awch versieh Ich mich, vor Herbst tzeit nit künen hinaws
zkumen, wan dy thafell, dy awff pfingsten bereitt wirt, gett alle awff tzerung
kawffn vnd tzalung, aber dornoch, was Ich gewin, hoff Ich zw behalten; aber
dunckt es vch gerotten, so sagetz nit, wan Ich wills von Dags zw Dag ver-
zilhen altag schreiben als kum Ich, doch pin Ich wanckell mütig. Ich weis
selbs nit, was Ich thw, vnd schreibt mir schir wider   tatum am pfintzdag
vor dem Palm dag Im 1506 Jor.   Albrecht Dürer.
                                                    ewer Diener.

125.

Meinen willigen dienst zuvor, lieber her. Mich wundert, dz Ir mir nit
schreibt, wy ewch der saffirring gefall, den ewch der Hans Imhoff geschikt hatt beim Schompottn[3]) von Awgspurg. Ich weis nit, ob er ewch
worden ist oder nit. Ich pin peym Hans Imhoff gewest, hab in geforscht: sagt
er, er mein nit anderst er sol ewch dan worden sein. Awch ist ein priff dopei,
den ich ewch geschriben hab, vnd ist der sthein in ein versigelte püxle gemacht
vnd hat eben die gross als er hir gezeichnett (folgt die Zeichnung eines Ringes)
vnd hab in mit grossen pit zu wegn gepracht, wan er ist lawter vnd nett,
vnd dy gesellen sagen, er sey fast gut vür dz gelt, dz ich dafür geben. Er
wiegt vngefer 5 fl. reinsch vnd hab dorfür geben 18 dugaten vnd 4 marzell;
vnd wen er verlorn wurd, so wurd ich halb unsinig. Wan er ist schir 2 moll
so vill geschetzt worden, als ich dorfür geben hab. Man wolt mir awch von
schtund an gewin geben, da ich in kawfft het. Dorum liber her Pyrkeymer
sagt dem Hans Imhoff, dz er den pottn forsch, wo er mit dem priff vnd püxle
hin kumen sey, vnd der pott ist vom jungen Hans Imhoff geschikt worden am
elften dag Marzy. Hi mit send Gott befolhen vnd last ewch mein mutter
befolhen sein; sprecht, dz sy mein pruder zw Wolgemut dw, awff dz er erbett
vnd nit erfawll. Alzeitt ewer dyner. Lest nach dem synn, ich hab eilentz
itz woll 7 pryff zw schreiben — ein teil geschriben. Mir ist leid vür hern
Lorentz, grüsst in vnd Steffn Paumgartner. Geben zw Fenedig im 1506 jar
am sanct Marx dag.   Albrecht Dürer.

---

[1] Heiltum, Heiligthumsfest, die mit öffentlicher Ausstellung der Reichsheilig-
thümer und Reichskleinodien verbundene Nürnberger Ostermesse.
[2] *Dürer's* Frau befand sich wahrscheinlich noch zu Frankfurt. S. Brief 120.
[3] Ein Bote, der Schon oder Schön hiess.

Schreibt mir palt wider, wan ich hab dy weill kein rw. Andres Kunhofer
ist thottlich krank, itz ist mir pottschaft kum.

Venedig, 28. August 1506.

randissimo primo homo de mundo woster sertitor ell schiavo alberto
Dürer disi salus snum manguifico Miser Willibaldo pircamer my fede el
aidy wolentire cum grando pisir woster sanita e grando hanor el mi
maraweio como ell possibile star vno homo cusj wn contra thanto sapientissimo
Traisbuly milytes non altro modo nysy una gracia de dio quando my leser
woster Litera de questi strania fysa de catza my habe thanto pawra el para
my uno grando kosa[1] aber ich halt, dz dy schottischen[2] eweh aweh gefurcht
hand, wan Ir secht aweh wild vnd sunderlich im Heiltum[3], wen Ir den schritt
hypfferle gand: aber es reimt sich gar vbell, dz sych sollich kutzknecht mit
tzibeta[4] schmiren. Ir wolt aweh rechter seiden Schwantz werden vnd meint,
wen Ir nur den Huren woll gefält, so sey es aws gericht; wen Ir doch als
ein lieblich Mensch werd, as ich, so thet es mir nit tzorn. Ir hand as vill
pulschaft vnd wen Ir ein Itliche nur ein moll tzolt prawten, Ir vermochtesz in
eim Monett vnd lenger nit tzyferpringen. Item Ich danck veh, dz Ir mit
meinem beib mein sach also zum pesten gerett hand, wan Ich erken vill Weisheit in eweh beschlossen: wen Ir nun als senftmütig bert, als Ich, so hett Ir
all Dugent; aweh danck Ich eweh, als dz Ir mir zw gut thüt, wen Ir mich
allein vngeheit[5] list mit den ringen, gefallens eweh nit, so precht In den kopf

<hr>

[1] Um seinem Freunde zu zeigen, wie viel Italienisch er bereits gelernt, beginnt
er in übermüthiger Laune diesen Brief in einem aus lateinischen und italienischen
Brocken gemischten Rothwälsch, dessen Sinn der folgende ist: „Dem grössten und
edelsten Manne der Welt! Euer Diener und Sklave Albrecht Dürer bietet dem erlauchten Herrn Wilibald Pirkheimer seinen Gruss. Meiner Treu! ich habe gern und
mit grossem Vergnügen von Eurer Gesundheit und grossen Ehre gehört und ich wundere mich, wie es möglich ist, dass ein Mann wie Ihr gegen so viele hochweise Tyrannen, Raufbolde, Soldaten auf andere Weise wenn nicht durch eine Gnade Gottes
Stand halten kann. Als ich euren Brief las über diese gräulichen Fratzen, ergriff mich
grosse Furcht und es schien mir eine grosse Sache."

[2] Die Schottischen sind die Sippe des Konz Schott, welcher als Burggraf auf
dem Rothenberg, etwa vier Stunden von Nürnberg, im Jahre 1490 der Stadt eine Fehde
angesagt hatte, die der letzteren so viel zu schaffen machte, dass der Name der „Schottischen" als eine Art Schreckgespenst noch in späteren Zeiten sprüchwörtlich blieb. So ist
die Anspielung in Dürer's Brief, deren besonderes Ziel unklar ist, wenigstens im Allgemeinen zu verstehen. Nach Lochner's Mittheilung könnte die Bemerkung Dürer's
auch ironisch gemeint sein, da Pirkheimer die Interessen Nürnbergs auf dem Reichs-
tage zu Cöln (30. Juli 1505) zu vertreten hatte, wo Konz Schott es durchsetzte, dass
der Rath von Nürnberg ihm 400 Gulden als Lösegeld einiger Gefangener zahlen musste.

[3] Am Heiligthumsfeste, d. i. wohl im Allgemeinen == am Feiertag.

[4] Zibet, eine Absonderung der Zibethkatze (viverra zibetha), ein moschusartiges
Parfüm.

[5] Ungeschoren.

ab vnd werftz ins scheibaws, als der peter Weisbeber[1] spricht. Was meint
Ir, dz mir an ein sollichem tregwerg lieh. Ich pynn ein tzentilam[2] zu fenedich
worden, awch hab Ich woll vernunen, dz Ir woll reimen künt; Ir wert gut
zw vnsern geygern hy, dy machns so liblich, dz sy selbs weynen. Wolt gott,
vnser rechenmeisterin[3] solt horn, sy weinet mit; awch noch ewern Befelch
will Ich meinen Zorn noch lassen vnd mich tapfrer halten wyder mein gewon-
heit Ist; aber In 2 Monaten kan Ich nit hinaws kumen, wan Ich hab noch
nit, dz Ich mich kan hinawsschicka, als Ich ewch den vor geschriben hab,
vnd Dorum pit ich ewch, ob dy Muter zw ewch käm leihens halb, wolt Ir
10 fl leihen, pis mir gott hinaws hilft, so will Iehs ewch zw Danck als gar
erberlich mit ein ander tzalen. Item Dz fitrum vstum[4] schick Ich ewch mit
dem potten, vnd dy 2 tebich will mir anthoni kolb awff dz hubschst, preytest
vnd wolfeillest helfen klawffen; so Ich sy hab, will Ich sy Dem Jungen Im
Hof geben, dz er sy ewch einschlache; awch will ich sehen noch den kranchs
federn, Ich hab noch keine gvunden; aber Schwanen federn, domit man schreibt,
der sint Ir vill, wy wen Ir ein weill der selben awff dy Hüt steckett; awch
hab Ich Ein puchtrucker gefrogt, der spricht, er wiss noch nix kriehisch, dz
In kurz sey awsgangen, was er aber erfar, dz will er mich wissen lassen, dz
Ich ewchs schreibn müg. Item last mich wissen, was papirs Ir meint, dz Ich
kawffen soll, wan Ich weis kein subtillers, den als wir doheim kawft hand.
Item der Historien halben sy Ich nix besunders, dz dy walhen machen, dz
sunders lustig In ewer studirns wer; es ist vmer dz vnd dz ein, Ir wist selber
mer weder sy molen. Item Ich hab ewch kurtzlich geschriben pey potten
Kantengysserle. Item ich west ach gern, wy Ir noch mit dem kuntz Im Hoff
eins werd. Hy mit last mich ewch befolhen sein, sagett mir vnserm prior
mein willig Dinst, sprecht dz er gott vur mich pit, dz Ich phüt werd vn
sundelich vor den frantzosen[5]; wan Ich weis nix, Dz Ich Itz vheller fürcht,
wan sehir Ider man hat sy. Vill lewtt fressen sy gar hin weg, dz sy also
sterbn; awch grüst mir steffen pawmgartner, her lorentz all vnser palen vnd
dy in gut noch mir fragen. Tatum fenedig 1506 am 18 angustj

Albertus Dürer.

Noricorius sibus

Item endres[6] ist hy, lest ewch sein willing Dinst sagen, ist noch nit am
sehtereksten, hatt mangell an gelt, wan sein lange kranckheit vnd verschuld hat

---

[1] Peter Weisweber war der städtische Kriegshauptmann, der vermuthlich kernige
Ausdrücke liebte.

[2] Gentilhuomo.

[3] Nach Thausing ist die Rechenmeisterin irgend ein weibliches Mitglied der
Nürnberger Familie Rechenmeister, nicht, wie man früher vermuthete, die Frau Dürer.

[4] Vitrum ustum = gebranntes Glas, vermuthlich venetianische Krystallwaaren.

[5] Die Franzosenkrankheit ist die Venerie, die damals einen epidemischen Charakter hatte.

[6] Andreas ist nicht Dürer's Bruder, wie man früher vermuthet hatte, sondern
Andreas Kühhofer, ein junger sonst unbekannter Nürnberger.

ins als gfressen. Ich hab Im selbs acht Dugaten gelihen, aber saget nymantz dorfon, das es Im nit für kům; er mecht sunst gedencken, Ich thettz aws mis trew. Ir solt awch wissen, dz er sych also eins erbern weisen wesens helt, dz Im lder man woll will.

Item Ich hab Im willen, wen der kung ins welschland will, Ich woll mit Im gen rom etc.

127.

Hochgelerter, bewert weiser, viller sproch erforner, bald ferstendiger aller vürprochten lügen vnd schneller erkener rechter worheit, ersamer hochgeachter Her wilbolt pirkamer, ewer vnderteniger Diner albrecht Dürer günd ewch heill, grosse vnd wirdige er, en Diawulo tanto pella tzansa chi teue pare. Jo vole denegiare cor woster[1]), dz Ir werd gedencken, Ich sey awch ein reduer von 100 partire[2]). es mus ein sthuben mer den 4 winkell haben, dorein man dy gedechtnus götzen setzt. Ich voli[3]) mein caw[4]) nit domit impazare[5]). Ich will ewchs recomandare[6]), wan Ich glawb, dz nit so multo[7]) kemerle Im kopff sind, dz Ir In Jettlichs ein pitzelle behalt. Der margroff[8]) word nit so lang audientz geben; 100 artickell vnd Jetlicher artigkell 100 wort prawchen eben 9 Dag 7 sthund 52 Mynutn one dy suspiry[9]), der hab Ich noch nit gerechnet. Dorum wert Irs awff ein moll nit reden werden etc. es wolt sy verlengn, wis tettels[10]) red. Item allen fleis hab Ich an kertt mit den tewichen, kan aber kein preiten an kunnen; sy sind al schmall vnd lang, aber noch hab ich altag forschung dornoch, awch der anthoni kolb. Ich hab pernhart Hirsfogell ewern gross geseit, hett er veh widerum ettpottn sein Dinst vnd er ist gantz vollbetrübtnus, wan sein sun ist Im geschtorben, der ertigst pub,

---

[1]) Beim Teufel! so viel für das Geschwätz, als Euch gut dünkt. Ich wette darauf, dass Ihr u. s. w.

[2]) *Partire*, wohl *partite*, italienisch, = Theile, Abtheilungen, Fächer, mit Anspielung auf die Gedächtnisskraft des Redners und seine Kunst, viele Worte zu finden.

[3]) *vuol* = will.

[4]) *cave* = *capa*, Kopf.

[5]) *impazzare* = vollpacken, beschweren.

[6]) anempfehlen.

[7]) *molto* = viele.

[8]) Der Markgraf ist Friedrich von Brandenburg zu Ansbach-Bayreuth, welcher mehrere Händel mit Nürnberg hatte. 1502 hatte sein Sohn Casimir den 1496 geschlossenen Frieden wieder gebrochen, und 1506 war von Nürnberg eine Gesandtschaft nach Donauwörth an die Hauptleute des schwäbischen Bundes gesandt worden, um die Streitigkeiten zum Austrag zu bringen. Zu dieser Gesandtschaft gehörte auch Pirkheimer, der dabei sein ausserordentliches Rednertalent entwickelt haben mag, um dessen willen Dürer ihn hänselt.

[9]) *suspiri* = Seufzer.

[10]) Thausing: Wie die Rede eines alten Tapps.

den Ich al mein Dag gesehen hab. Item der Narnfederle kan Ich keins bekumen; o wen Ir hy wert, was wurd Ir bübscher welscher lantzknecht finden;
wy gedenck Ich so oft an ewch, wolt got, dz irs vnd kuntz kamere solten
sehen. Do haben sy runckan[1]) mit 218 spitzen; wo sie ein lantzknecht mit
an rüren werden, so sthirbt er, wan sy sind all vergift. Hey ich kan woll
thon, will ein welscher lantzknecht. Dy fenedier
machen gross folk, des gleichen der pobst, awch der
kung von franckreich; was traws wirt, dz weis Ich
nit. Den vnsers künix spott man ser etc.[2]). Item
wünscht mir steffen pawmgartner vill glüx, mich kan
nit verwundern, dz er ein weib hatt genumen; grüst
mir den porscht her lorentzen vnd vnser hüpsch gesind als awch ewer rechen meisterin vnd danckts mir
ewrer sthuben[3]), dz mich grüst hatt, sprecht sy sey ein vnflott.

Ich hab Ir olpawmen Holtz lassn fürn von fenedich gen awgspurg, do las
ichs liegen woll 10 tzentner schwer, vnd sprecht, sy hab sein nit wollen
erharten, pertzo el spintzo[4]). Item wist, dz mein thafell sagt, sy wolt ein
Dugaten drum geben, dz Irs secht; sy sey gut vnd schon fon farben. Ich hab
gros lob dardurch überkumen, aber wenig nutz. Ich wolt woll 200 Dug't[5])
dr tzeit gwunen habn vnd hab gross erbett aws geschlagen, awff dz Ich heim
müg kumen, vnd Ich hab awch dy Moler all geschtilt, dy do sagten, Im stechen
wer Ich gut, aber Im molen west Ich nit mit farben vm zu gen. Itz spricht
Ider man, sy haben schoner farben nie gesehen. Item mein frantzossischer
Mantell lest ewch grossen vnd mein welscher rockh auch. Item mich danckt,
Ir schtinckt von huren, dz Ich ewch hy schmeck, vnd man sagt mir hy, wen
Ir pult, so gebt Ir für, yr seit nit mer den 25 Jor alt. O cha multiplitzirtz,
so hab ich glawben tran. Lieber, etz sind so leichmam fill Walben hy, dy
eben sehen, wy Ir. Ich weis nit, wy es zw gett. Item der Hertzog[6]) vnd
der Patryach[7]) haben mein thafell[8]) awch gesehen. Hy mit last mich ewern
befolhen Diener sein. Ich mus werlich schlaffen, wan es schlecht eben 7 in
der nacht[9]); wan Ich hab awch Itz dorfor geschriben dem prior zw den aw-

[1]) Sensenspiesse.
[2]) König Maximilian I. beabsichtigte damals nach Rom zur Kaiserkrönung zu
gehen, was die Venetianer, der König Ludwig XII. von Frankreich und Papst Julius II.
zu verhindern suchten.
[3]) Nach Thausing soviel wie: Euer Kopf, euer Hirnkasten. Vergl. auch im
Anfang unseres Briefes die Wendung: es mus ein sthuben mer den 4 winckell haben,
dorein man dy geslechtnus götzen setzt.
[4]) Daher der Gestank.
[5]) Ducaten.
[6]) Der Doge (duca) von Venedig, Leonardo Loredano.
[7]) Der Patriarch von Aquileja, Domenico Grimani, der seinen Sitz in Venedig hatte.
[8]) Das Rosenkranzfest. S. die Erläuterungen am Schluss.
[9]) D. h. nach unserer Rechnung etwa 1 Uhr Nachts, da die alten italienischen
Tagesstunden von Anbruch der Nacht bis Sonnenuntergang hintereinander, also von
1 bis 24, gezählt wurden.

gustinern, meinem schweher, der trittrichin vnd meinem weib vnd sind schir
eitell pogen voll, dorum hab ich geilt. Lest'n noch dem sin, Ir wert ewch sein
woll pessern mit furstlaten zw reden. Vill guter nacht vnd dag awch. Geben
zw fenedig aam vnser frawen dag Im september.

Item Ir dürft meinem weib vnd mütter nix leihen, sy haben itz geltz genug.

Albrecht Dürer.

128.

Venedig, 23. September 1506.

rosse legressa[1]) hab ich empfangen in ewerm priff, der mir antzewgt
dz über schwenklich lobe, so ir von fürsten vnd heren habt. Ir müst
ewch gantz verkertt haben, dz ir so senft seit worden. Es würt mir
gleich aut than[2]), so ich zw ewch wird kumen. Awch wist, dz mein tafell
fertig ist, awch ein ander quar[3]), desgleichen ich noch nie gemacht hab vnd
wie ir ewch selbs wol gefalt, also gib ich mir hy mit awch zw fersten, dz
pessers Maria pild im land nit sey, wan all künstner loben dz, wy ewch dy
herrschaft. Sy sagen, dz sy erhabner, leblicher gemell nie gesehen haben.
Item ewer oll[4]), dornoch ir geschrieben hand, schick ich ewch beim kanten-
giesserle potten, awch das geprent glas[5]), dz ich ewch peim ferber potten geschickt hab, fersich mich, es sey ewch awch worden. Item der tebich halb
hab ich noch kein gekawft, wan ich kan kein vyreckten zw weg pringen, wan
sy sind all schmall vnd lang. Wolt Ir der selben haben, so will ich sy gern
kawften, dorum last michs wissen. Awch wist, dz ich noch awff dz aller lengst
in 1 wochen fertig wirt, wan ich hab ettlich zw kunterfetten, den ichs zw
geseit hab vnd von des wegen, dz ich pald kum, so hab ich, sitther mein tafell
fertig ist, vber 2000 dugaten erbott[6]) awsgeschlagen; dz wissen all, dy um
mich wonen. Hy mit last mich ewch befolhen sein. Ich hett ych noch fill
zw schreiben, so ist der pott weg fertig. Ich hoff ob . . . woll pald selbs pey
ewch zw sein vnd newe weisheit von ewch zw lernen. Pernhart Holzpeck hat
mir gros er von ych geseit, ich halt aber, er thw es dorum, dz ir sein schwoger
itz seit worden; aber keins dat mir tzörner, den dz sy sagen, ir werd hübsch,
so wurd ich vngeschaffen[7]), es mocht mich unsing[8]) machen. Ich hab mir

---

[1]) *Allegrezza*, Freude.

[2]) Thausing: Es wird mich schier befremden.

[3]) *Quadro*, Bild. Thausing glaubt, dass damit das von Dürer, laut Inschrift in
fünf Tagen vollendete Bild „Christus unter den Schriftgelehrten" (jetzt in der Galerie
Barberini in Rom) gemeint ist. Vergl. Thausing Dürer S. 264.

[4]) Oel.

[5]) *Vitrum ustum*. Vergl. S. 322. Anm. 4.

[6]) Arbeit.

[7]) Thausing: Aber nichts ärgerte mich mehr, als dass man sagt, Ihr wäret
hübsch, dann würde ich ja garstig.

[8]) Unsinnig.

selbs ein graw har gefunden, dz ist mir for lawter vnmuth gewachsen vnd dz
ich mich also steuter, ich mein, ich sey datzw gepl . . ., dz ich übel zeit soll
haben [1]. Mein Frantzosischer mantell, der husseck [2]) vnd der prawn rock
lassen veh fast grussen, aber gern w . . . (ürd?) ich sehen, wan ewer stuben [3])
kun, dz sy sich als hoch pricht (?) [4]). Datum 1506 jor am mitwoch nach Mat. [5]).

Albrecht Dürer.

129.

Wm dz Ich weis, dz Ir wist mein willig Dinst, thut nit not, ewch dorfen
zw schreiben; aber Inbelich [6]) nötter, ewch zw ertzelen dy grosse frewd,
so Ich hab In der grossn er vnd rum, dy Ir durch ewer manlich weisheit glerter kunst erlangt, testmer sich zw verwundern, so sellten In jungem
körpell oder ger nymer des gleichen erfunden würt; aber es kunt von sundrer
gnod gottes eben wy mir. Wy ist vns pedenn so woll, so wir vns gut gduncken,
Ich mit meiner thafell vnd Ir eu woster [7]) weisheit. So man vns glorifitzirt, so
recken wir dy Hels übersich vnd glawbens; so stett ettwan ein poser Lecker
dorhinder, der spott vnser. Dorum glawbt nit, wen man ewch lobt, wan Ir
seit als gantz vnd gar vnertig, dz Irs nit glawbt. Mich gedunckt geleich, Ich
seeh ewch vor dem margrofen sten vnd wy Ir liblich rett, thut eben, as wen Ir
vm dy rosentalerin puld, also krümt Ir ewch. Ich vermerck ewch woll, do Ir
den negsten pryff hant geschrieben, dz Ir gantz voll Huren frewd seit gewesen.
Ir solt ewch nun allinig schemen des halb, dz Ir alt seit vnd meint, Ir seit
als hüpsch; wan das pulen stett ewch an, wy des gros tzottechten Hunntz
schimpff [8]) mit dem jungen ketzle; wen Ir also fein senlt wert, wy Ich, so hett
Ich glawben doran, aber so Ich purgermeister wirt, will Ich ewch awch
schmehen, wy Ir dem frumen tzamesser [9]) vnd mir mit dem Luginslant [10]) thut.
Ich will ewch ein moll ein schlissen vnd zw ewch tan dy. rech. dy. ros, dy.
gart. vnd dy. schutz. vnd por. [11]) vnd noch vyll, der Ich nit sagen will kurtz

---

[1]) Der Schluss dieses Briefes enthält einige Lücken, die durch Fehler des Papiers
entstanden sind, und einige Unklarheiten. Thausing übersetzt die Stelle so: Ich
habe mir selbst ein graues Haar gefunden; das ist mir vor lauter Aufregung gewachsen.
Und ich fürchte, weil ich mich jetzt so gross aufspiele, stehen mir noch böse Tage bevor.

[2]) Die Kasacke.

[3]) Stube, Hirnkasten. S. Brief 324. Anm. 3.

[4]) dass sie sich so überhebt.

[5]) Matthäi.

[6]) Inbelich, unbillig, ungleich.

[7]) con nostra, mit Eurer.

[8]) Scherz, Spiel.

[9]) Zamesser, ein Nürnberger Bürger und ehemaliger Söldner, der durch seine
Streitigkeiten in der Herrentrinkstube berüchtigt war.

[10]) Luginsland, ein fester Thurm, der als Gefängniss diente.

[11]) Die Abkürzungen enthalten die Namen der Nürnberger Schönheiten, um deren

halben, dy müsen ewch terschneyden; aber man frogt mer noch mir weder noch ewch, als Ir den selbs schreibt, wy Huren vnd frum Frawen noch mir frogen, ist ein tzeichen meyner Dugent; so mir aber gott heim hylft, weis Ich nit, wy Ich mit ewch leben soll ewrer grossen weisheit halben, aber fro pin Ich ewrer Dugent vnd gutikeit halben, vnd ewer hunt werdens gut haben, dz Irs nymer lamschlacht; aber so Ir so gros geacht doheim seit, wert Ir nymer awff der gassen mit eim armen moler türen [1]) reden; es wer ewch ein grosse schand cum pultron de pentor etc. [2]).

O. l. hr. p. [3]) eben Itz so Ich ewch In guter frolikeit schreiben, so plest man fewer vnd prinen 6 hewser pey peter pender vnd ist mir ein wüllu Duch ferprunen. Dorfür hab Ich erst gester 8 Dugaten geben, also pin Ich awch Im schaden; es ist vill romers [4]) hy von vewer.

Item als Ir schreibt, Ich soll bald heim kumen, will Ich awff dz erst kumen, so Ich kan, wan Ich hab vor tzerung müsen verdienen. Ich hab pey 100 Dugaten aws geben vm ferble vnd anders. Ich hab ewch zwen Dewich [5]) besteht, dy würd Ich morgen tzalen, aber Ich hab sy nit wolfell kunen kawffen. Dy will Ich ein schlahn mit meinem Dinglich [6]) vnd als Ir schreibt, ich soll pald kumen oder Ir wolt mirs weib kristien [7]), ist ewch vnerlawbt, Ir prawt sy den zw thott. Item wist awch, dz Ich hett vür genumen tantzn zw lernen vnd ging 2 moll awff dy schull, do müst Ich dem Meister 1 Dugaten geben, do kunt mich kein mensch mer hinawf pringen. Ich wolt woll alles dz ferlert haben, dz Ich gewunnen hett vnd hette danocht awff dy letz nix künt. Item vitrum vstum wirt ewch pringen ferber pot. Item ich kan nyndert erfaren, dz man ettwas news krichisch getruckt hett; awch will ich ewch ein schlahen ein ris ewers papirs. Ich hett gemeint, der kepler [8]) hett sein mer, aber dy federle hab Ich nit kunen an kumen, dy Ir gern hett; aber sunst hab Ich weise federle kawft; awch so Ich dy groen an kum, so will Ichs awch kawffen vnd mit mir pringen. Item steffen pawmgartner hatt mir geschrib, ich soll Im 50 korner zw eim pasternoster kawffen karniall, dy hab Ich schon besteht, aber tewer. Ich hab sy nit grosser kunen an kumen vnd Ich will Ins pey dem negsten potten schicken. Item ich thw ewch zw wissen awff ewer begern, wen Ich kumen woll, donoch sich mein Heren [9]) wissen zw richten. Ich pin In 10

Gunst sich damals Pirkheimer bemühte, dessen Verliebtheit Dürer zur beständigen Zielscheibe seiner Neckereien macht. Die ersten drei Namen sind: die Rechenmeisterin, die Rosenthalerin, die Gärtnerin. Im zweiten Briefe aus Venedig hat Dürer die Namen durch Zeichnungen angedeutet: eine Rose (Rosenthalerin), eine Gerte (Gärtnerin) und einen Hund.

[1]) dürfen.
[2]) cum patrone dilpintore, mit dem Malerkerl.
[3]) O lieber Herr Pirkheimer.
[4]) Rumors.
[5]) Teppiche.
[6]) Wäsche.
[7]) Klystieren.
[8]) Keppler ist vermuthlich der Nürnberger Buchbinder dieses Namens.
[9]) Meine Herren, der Nürnberger Rath.

Dagen noch hy fertig. Dornoch wurd Ich gen polonia[1]) reiten vm kunst willen In heimlicher perspectiua, dy mich einer lern will, do wurt Ich vngefer In 8 oder 10 Dagen awff sein gen fenedig wider zu reitten, dornoch will Ich mit dem negsten potten kunen; o wy wirt mich noch der sunen friren, hy pin Ich ein Her, doheim ein schmarotzer — Item last mich wissen, wy daz alt kormerle zw prawten sey, dz Ir mirs als wolt günt. Ich hett ewch noch vill zw schreiben. Ich wil aber schir selbs pey ewch seyn. Geben zw fenedich ich weis nit an was Dag des monetz, Aber vngefer 11 Dag noch michahelis Im 1506 Jor. Albrecht Dürer.

Item wen last Ir mich wissen, ob ewch awch kint gschtorben sind, awch habt Ir mir ein mol geschriben, Joseff runcell hab des tochter genumen vnd schreibt mir nit wes. Wy weis ich wy Irs meint. Hett Ich mein Düch wider. Ich furcht nun, mein mantell sey awch verprunen, erst wurd Ich vusinig. Ich soll Vngeluck haben; es ist mir Iner halb In 3 wochen ein schuldner mit viij Dugaten entloffen.

Im Jahre 1505 machte sich Dürer auf, um zum zweiten Male nach Italien zu gehen. Seine Absicht war nicht, wie es heutzutage Sitte ist, eine Studienreise zu machen, sondern in Venedig durch den Verkauf seiner „Kunst" d. h. seiner Kupferstiche und Holzschnitte Geld zu verdienen und sich dabei auch nach einem grösseren Auftrag für ein Altarbild oder dergleichen umzusehen. Thausing nimmt sogar als direkte Veranlassung seiner Reise die Ausführung eines Gemäldes für die zum Fondaco de' Tedeschi, dem am Rialto belegenen Kaufhause der Deutschen, gehörige Bartholomäükirche an. Durch Anton Kolb, den kunstsinnigen Freund Pirkheimer's, meint Thausing, könnte der ehrenvolle Auftrag an Dürer gelangt sein. Dagegen spricht freilich der Umstand, dass Dürer in dem ersten Briefe an Pirkheimer von der „Tafel der Deutschen" wie von einer Angelegenheit redet, die er zum ersten Male berührt. Hundert und zehn Gulden rheinisch sind ihm ausgesetzt; die Kosten belaufen sich nur auf fünf Gulden, und so glaubt Dürer ein gutes Geschäft zu machen, was ihm um so lieber ist, als sein erprobter Freund Pirkheimer ihm das Geld zur Reise vorgeschossen hat. „So Gott will," schreibt er, „wird die Tafel einen Monat nach Ostern auf dem Altar stehn."

Willibald Pirkheimer (1470—1530), der Nürnberger Rathsherr, der sich als Staatsmann und Gelehrter um seine Vaterstadt wie um die Pflege humanistischer Weisheit hoch verdient gemacht hat, war durch innige Freundschaft mit Dürer verbunden, dessen Person er übrigens höher geschätzt zu haben scheint als seine Kunst. Wie Dürer war auch Pirkheimer ein eifriger Kuriositätensammler, und wenn der Maler sich auf Reisen begab, hatte er eine weidliche Plage, um die zahlreichen Aufträge seines Freundes zu erledigen. Fast in jedem der venetianischen Briefe ist von den Perlen, Edelsteinen, Glasgegenständen, seltenen Federn und kostbaren Teppichen die Rede, welche Dürer für Pirkheimer zu besorgen hat und deren Beschaffung ihm oft grossen Verdruss bereitet, da einerseits die Fremden in Venedig von den Händlern schon damals so arg betrogen wurden wie heute und andererseits Pirkheimer schwer zu befriedigen war. Dürer revanchirte sich für seine Bemühungen dadurch, dass er

[1]) Bologna. Dürer unternahm diese Reise wirklich und wurde in Bologna von der dortigen Künstlerschaft mit allen Ehren empfangen.

Pirkheimer, der seit 1504 Wittwer war und seine Freiheit weidlich ausnutzte, beständig mit seinen Liebschaften, oft in der derbsten Weise, aufzog. Seine Anspielungen sind zwar in den meisten Fällen für uns unverständlich, doch sind sie charakteristisch für das vertraute Verhältniss, welches zwischen den beiden Freunden bestand. Wenn DÜRER häufig einen derben Hieb anstheilt, muss er gelegentlich auch einen einstecken: der vornehme Patrizier und der arme Maler treten uns, in diesen Briefen wenigstens, durchaus ebenbürtig gegenüber.

Es ist interessant, zu verfolgen, wie sich allmälig der Geist DÜRER's, auf welchem die beengten Verhältnisse seiner Vaterstadt und der täglich sich erneuende Kampf um die Existenz schwer genug gelastet haben mögen, von den Fesseln befreit, die seine Schwingen hemmten. Anfangs waltet noch die gedrückte Stimmung vor, der Gedanke an die Schulden, die er sich aufgebürdet, und die Sorge um die Rückzahlung des geliehenen Geldes an den Freund. Dann aber bricht der Humor siegreich durch den Nebel; die Anerkennung, die ihm in Venedig, besonders durch den greisen Giovanni Bellini, der seine Arbeit vor viel Edelleuten höchlich belobt, durch den Besuch des Dogen und des Patriarchen von Aquileja zu Theil geworden, belebt sein Selbstgefühl, und er setzt sich im Bewusstsein von seiner Kraft leicht über die kleinlichen Nergeleien der anderen Maler hinweg, die da sagten, „sein Ding" sei nicht „antikischer Art", und es trotzdem nicht verschmähten, es zu kopiren, wo sie seiner habhaft werden konnten. Obwohl ihm die Tafel der Deutschen mehr Mühe macht, als er Anfangs geglaubt, und demnach auch weniger abwirft, wächst seine fröhliche Stimmung von Woche zu Woche. Er kauft sich schöne Kleider, um auch äusserlich den Wälschen nichts nachzugeben, und schiebt seine Abreise unter allerlei Vorwänden immer weiter hinaus. Wahrhaft ergreifend ist dann sein Seufzer, als er am Ende doch an die Heimkehr denken muss: „O wie wird mich nach der Sonnen frieren! Hie bin ich ein Herr, daheim ein Schmarotzer".

Der zweite der Briefe enthält unter anderen interessanten Mittheilungen auch in den Worten: „Das Ding, das mir vor elf Jahren so wohl hat gefallen, das gefällt mir jetzt nicht mehr", die klare Bestätigung, dass DÜRER schon während seiner Wanderschaft als Geselle im Jahre 1494 Venedig berührt hat. Der in demselben Briefe erwähnte Meister JACOB ist JACOPO DE BARBARIS, ein venetianischer Maler, der frühzeitig nach Deutschland kam und sich in Nürnberg längere Zeit aufhielt, wo er auch zu DÜRER in Beziehungen trat. Letzterer sagt selbst in dem zu Dresden aufbewahrten Concept zur Proportionslehre, dass „Jacobus, von venedig geporn, ein lieblicher maler", ihn in der Figurenmessung unterwiesen habe. Bei seinem zweiten Aufenthalte in Venedig wurde DÜRER allerdings anderer Meinung über den Venetianer, den er früher angestaunt hatte.

Die Tafel der Deutschen nahm seine Thätigkeit bei weitem länger in Anspruch, als er gerechnet hatte. Mehrere Male bedauert er, dass er die Arbeit übernommen, weil er in der Zeit viel mehr Geld hätte verdienen können, und erst am 8. September kann er seinem Freunde melden: „Item wisst, dass meine Tafel sagt, sie wollt' einen Ducaten drum geben, dass Ihr's sähet; sie sei gut und schön von Farben. Ich hab' gross Lob dadurch überkommen." Aber in der Zeit hätte er mindestens 200 Ducaten erarbeiten können statt der 85, die ihm die Deutschen gegeben. — Das Bild stellt die thronende Madonna mit dem Kinde im „Rosenkranzfest" dar. Zu ihrer Rechten kniet Papst Julius II., dem der kleine Heiland einen Rosenkranz aufzusetzen im Begriffe ist, zu ihrer Linken der Kaiser Maximilian, dem die Jungfrau selbst den Kranz auf das Haupt legt. An die beiden höchsten Würdenträger des Reichs und der Kirche schliesst sich eine zahlreiche Versammlung von Geistlichen, Rittern und Jungfrauen an, welche gleichfalls von dem hinter der Madonna stehenden heiligen Dominicus, dem Begründer des Rosenkranzkultus, und mehreren Engelknäbchen mit Kränzen natürlicher Rosen bedacht werden. Vor der Madonna sitzt — nach venetianischer, insbesondere bellinesker Art — ein Engel in langem Gewande, der die Laute spielt. Im Mittelgrunde der reichen Landschaft erblicken wir rechts vor einem Baume stehend Dürer und seinen Freund Pirkheimer, dem der Meister auf diese Weise einen Theil seiner Dankesschuld abtragen wollte. Dürer hält einen Zettel in der Hand mit der Inschrift: *Exegit quinquemestri spatio Albertus Dürer Germanus MDVI.* — Das Bild kam später in den Besitz Kaiser Rudolph II. und befindet sich jetzt, leider in sehr verdorbenem Zustande, der den grossen Fleiss, welchen Dürer darauf verwendet, kaum erkennen lässt, im Prämonstratenserstift Strahow in Prag.

130.

DÜRER AN HANS AMERBACH.

Nürnberg, 20. Oktober 1507.

Mein willigen dinst zwvor, lieber Meistr Hans, ewer glücklichs tzwstan ist mir ein sundre frewd, des halb ich ewch glück vnd heill gün vnd allen den ir woll wölt vnd sunderlich ewrer erberen Hawsfrawen, der ich aws gantzem hertzen gutz gön, vnd pit vch, wolt mir schreiben, was ir gutz itz macht vnd vertzeicht mir, dz ich ewch nach lesen mein einfaltig schreiben, vnd hie mit vil gute nacht. tatum Nörnberg 1507/20 Octobris

Albrecht Dürer.

Veröffentlicht von Ed. His-Heusler in der „Zeitschrift für bildende Kunst" III. S. 11. Das Original befindet sich in der Baseler Bibliothek. — Die Aufschrift des Briefes lautet: *Dem erberen weisen Meister Hannsen puchtrucker in der kleinen stat pasell meinem liben herren.* Klein-Basel ist der jüngere, auf dem rechten Rheinufer belegene Theil der Stadt, im Gegensatze zu der grösseren älteren Stadt Gross-Basel auf dem linken Flussufer. Hans Amerbach war einer der ersten Buchdrucker von Basel und der Vater des Bonifacius Amerbach, den Holbein gemalt hat. Dürer's Bekanntschaft mit ihm datirt von der Zeit, als er in der Buchdruckerwerkstatt Anton Koburger's, der Dürer's Pathe war, als Corrector arbeitete. Amerbach hatte sich eine gelehrte Bildung in Paris erworben und sogar die Magisterwürde erlangt.

ALBRECHT DÜRER AN JACOB HELLER.

131.

Mein willige Dienst zuvor, lieber Herr Heller, euer gütlich zuschreiben hab ich mit Freuden empfangen, aber wisset, dass ich jetzo hero lang beschweret bin mit Fieber desshalben ich Etlich Wochen an Hertzog Friedrichs von Sachsen Arbeit[1] verhindert bin worden, das mir zu grosen nachtail ist khommen; aber jetzt wirdt doch sein Werckh gar verstrecken, dan es mehr dan Halb gemacht ist; darumb habt geduld mit euer Tafel, die ich nach geschlosner Arbeit, wan obbemelter Fürst verfertigt wirdt, von stunden machen vnd mich befleissen, als ich auch hie zusagte, vnd wiewoln ich sie noch nit angefangen hab, so hab ich sie doch vom Schreiner gelöst vnd das geldt geben, so ihr mir geben habt, davon hat er Ihme nichts wollen lassen abbrechen, wiewoln mich gedunklt sei, daran nit soviel verdient, vnd hab sie zu ainem Zubereiter gethan, der hat sie geweist[2], geferbet vnd wirdt sie die ander Wochen vergulten[3], hab noch bishero nichts wollen darauf nemben, biss ich sie anfang zu mallen, das den das negste, Liebts Gott, nach des Fürsten Arbeit sein soll, dan ich fang nit gehrn zuuiel mit einander an, vf das ich nit verdrossen werde, so hat der Fürst kein bitt, dass ich sein vnd euer Taffel mit einander hett machen mögen, alss ich mir fürnamb, aber noch zu ainem guten Trost wisset, also viel mir Gott verleiht nach meinem Vermögen, wil ich noch etwass machen, das nit viel Leut khönnen machen, hiemit viel guter Nacht, geben in Nürnberg am Tag Augustini 1507.

Albrecht Dürer.

132.

Lieber Herr Jacob Heller, wisset dass ich in 11 Tagen fertig werde mit Hertzogs Friedrich Arbeit, nachvolgent will ich euer Arbeit auch anfangen zu machen vnd auch kein ander gemähl machen, biss dass sie fertig, alss den mein gewohnheit, vnd sonderlich wil ich euch das mitler blat mit meiner aignen Hand fleisig mallen, aber nichts desto minder seind die

---

[1] Die Marter der zehntausend Heiligen, auf Holz gemalt, jetzt in der Gallerie des Belvedere in Wien. Von Kurfürst Friedrich dem Weisen von Sachsen bei *Dürer* bestellt.

[2] Geweist, mit weissem Kreidegrund überzogen, grundirt.

[3] Vergoldet. Kann sich nur auf den Rahmen beziehen, da bei der Malerei selbst kein Gold angewendet worden ist. *Dürer* liess wahrscheinlich die Vergoldung des Rahmens eher verzachen, als er an die Ausführung ging, um das Bild sogleich auf den richtigen Ton gegen die umgebenden Goldleisten zu stimmen.

Fliegel auss wendig entworffen, das von Stainfarb [1]) wirdt, habs auch vnder-
mallen lassen, also habt ihr die maimung. Ich wolt, das ihr meines genedigen
Herrn [2]) Taffel sehet, ich halt dauor, sie würde euch wol gefallen, Ich hab schir
ain gantz Jahr daran gemacht vnd wenig gewins daran, wan mir wirdt nit
mehr den 280 gulden Reinisch dafür, verzerts einer schir darob, vnd darumb
sag ich, so ich euchs nit zu sondern gefallen thete, solte mich niemandt vber-
reden, das ich etwas verdingts machte, den ich versaumb mich an Bessern
dadurch, hiemit schickh ich euch das mass von der Taffel die Leng vnd Breite,
viel guter nacht, geben zu Nürnberg andern Sontag in der Fasten 1508.

Albrecht Dürer.

133.

Nürnberg, 21. August 1508.

Lieber Herr Jacob, ich hab euer schreiben idest Jüngsten nehren [3]) wol
empfangen, darin euer maimung vernommen, das ich euer Taffel gut soll
machen, das ich dan von mir selbst im Sinn hab zu thun, solt daneben
wissen, wie weit sie bracht ist, die Fliegel seindt auswendig von Stainfarben
aussgemalt, aber noch nit gefürneist, vnd innen seind sie gantz vndermalt, das
man darauf anfang ausszumallen [4]) vnd das Capus [5]) hab ich mit gar grossem
Fleiss entworfen mit länger Zeut, auch ist es mit 2 gar guten Farben vnder-
strichen, das ich daran anfachen zu vndermalen, den ich hob in Willen, so ich
euer maimung verstehen wirdt, etlich 4 oder 5 vnd 6 mahl zu vndermalen, von
Rainigkeit und Bestendigkeit wegen, wie auch dess besten Vltermarin daran
mahlen, das ich zu wegen kan bringen: es soll auch kein ander mensch kein
Strich daran mahlen dan ich, darum wurde ich viel Zeut darauf legen, darumb
ich mich versiehe, ihr werdt euch nit kümeren lassen, vnd hab mir fürgenommen
euch zu schreiben mein fürgenommene maimung, das ich euch solches Werckh
vmb die Fertigung der hundert vnd 30 fl. Reinisch nit kan verstreckhen,
schadens halb, dan ich muss viel einbuessen vnd Zeut verliehren, aber also was
ich euch zugesagt hab, das wil ich euch Erbarlich halten, wolt ihrs nit höher
haben den vmb das verdingt geldt, so wil ich sie machen, dass sie dannoch
gar viel besser soll sein wie der lohn ist, wolt ihr mir aber zwey hundert
gulden geben, so wil ich mein fürgenommene maimung verstreckhen, vnd wan
man mir fürbass 400 fl. geb, so will ich keine mehr machen; den ich waiss
kein pfening, das ich daran gewinne, dan es geth gar lange Zeut darüber,

---

[1]) Von Steinfarbe, d. i. grau in grau, wie die Aussenseiten der Flügel, die noch
vorhanden, wirklich ausgeführt sind.

[2]) Nämlich des Kurfürsten.

[3]) das ist das vorletzte.

[4]) d. h. übermalen, fertig machen.

[5]) Caput, das Haupt- oder Mittelbild.

darumb last mich euer mainung wissen vnd so ich vernimb euer mainung, dan so will ich von dem ins Hoff[1] 50 fl. empfangen, den ich hab noch kein geldt darauf eingenommen, hiemit hab ich mich euch befohlen, wist hierneben das ich all mein Tag kein Arbeit hab angefangen zu machen, das mir selbst bass gefelt, wie den euer Blat das ich so mal, ich wil auch kein ander Arbeit thun, biss das ichs aussmach, mir ist nur laid, das mich der Winter so baldt vberfelt, werden die Tag curtz, das ainer nit viel kan machen, noch ains muss ich euch bitten, das Maria Bildt, das ihr bey mir habt gesehen, bitt ich euch, ob ihr bey euch einen wist, der ainer Taffel darff, das ihr ihms anbietet, so man recht Leisten dazu macht, were es ain hüpsche Taffel; den ihr wist, dass sie rein ist gemacht, ich wil sie euch wolfail geben, so ichs ainen machen solt, nemb ich nit vnder 50 fl., weilen sie aber gemacht ist, möcht sie mir im Hauss schadhaft werden, darumb wolt ich euch gewalt geben, das ihr sie wolfail gebt vmb 30 fl., aber ehr ichs vnuerkauft liess, ich gebs vmb 25 fl., mir ist wol viel speiss darober gangen: viel guter nacht, geben zu Nürnberg am Tag Barthmäy 1508.

Albrecht Dürer.

131.

Nürnberg, 4. November 1508.

Lieber Herr Jacob Heller, ich hab euch zum negsten ein Erbare vnuerweissliche mainung geschrieben, dessen ihr euch in Zorn beclagt gegen meinen Schwager euch hören lassen, ich verkhore meine Wort, hab auch dessgleichen seithers vom Hanssen im Hoff euer schreiben empfangen, darin ich billicher befrembdlung nembe wegen meines vorigen Brief, den ihr zeugt mich, euch werde mein Zusagen nit gehalten, bin solches von menigliehen vertragen, den ich halt mich, das ich auch andern redlichen leiten gemess bin, schätze ich, Waiss auch wol, was ich euch zugeschrieben vnd gesagt habe, vnd ihr wist, das ich euch in meines Schwagern Haus nit wolte zusagen etwas guts zu machen auss der Vrsach, das ichs nit kan, aber dass verwilligt ich mich, euch etwas zu machen, das nit viel Leut können, solchen bestimbten Fleiss hab ich vff euer Taffel gelegt, das mich dann verursacht hat, euch den vorbemelten Brief zu senden, auch waiss ich, das so die Taffel gefertigt wird all künstler gross gefallen darob werden nemben, sie wirdt vnder 300 fl. nit geschätzt, ich wolt der versprochenen geldt nit 3 nemben wider aine dergleichen zu machen, den ich versaumb mich, büsse ein vnd verdiene Vndanck vm euch; wisset, das ich nimb die allerschönsten Farben, so ich haben mag, mir gebürt allein dazu für 20 Duc. Vltermarin, ohne die ander Costnug, versiche mich wol, wan die Taffel ainsmal fertig wirdt, ihr werdet selber sagen, das ihr hipscher Ding nie gesehen habt, vnd getraue auch das mittle blatt von

---

[1] Hans Imhof der Aeltere (1461—1522).

Anfang bis zu Eudt vnder 13 Monaten nit auss zu malen, ich wil auch kein andere Arbeit, den biss das sie fertig wirdt, wiewol es mir zu grosen nachtail khombt; den was maint ihr, das ich darob verzehre, ihr nembet nit 200 fl., das ihr mich Costfrey hiltet, gedenckht offt eures schreibens materien halben, sollt ihr 1 P. *) Vltamarin kaufft haben, ihr hettets mit 100 fl. kaum zwingt, den ich kan kein schöne Vntz vnder 10 oder 12 Duc. kauffen, vnd darumb lieber Herr Jacob Heller ist mein schreiben nit so gar auss der Weiss als ihr meint, vnd hab auch damit mein Zusagen nit gebrochen; ihr ziecht mich auch wieder an, ich soll euch zugesagt haben, das ich euch machen soll die Taffel mit dem allerhöchsten Fleiss so ich kann, das hab ich freylich nit gethan, ich sey den Vnsinnig gewest, den ich getrauet mirs, sie in meinem ganzen Leben kaum zu fertigen, den mit dem grossen Fleiss kan ich ain angesicht in ainem halben jahr kaum machen, so hat Ir die Taffel schir 100 angesicht ohne ge-wandt vnd Landschafft vnd ander Ding, die daran seindt, es wäre auch nie erhört worden, auf einen Altar solch Ding zu machen; wer wolt es sehen, aber also glaub ich hab ich euch geschrieben, die Taffel zu machen mit guten oder besondern Fleiss, der zent halber, die ihr mir verziecht; halt euch auch dafür, ob ich euch hette zugesagt zu halten, das ihr selbt erkhente, mein schadt were, ihr wurdet das nit begehren, aber nichts desto minder ihr thut Ihm wie ihr wollt, so wil ich euch halten, was ich euch zugesagt hab, den ich will, sofern ich kann, von iederman ohne nachredt sein; hette ich euch aber nit zu-gesagt, ich wüste wohl was ich thun solte, vnd darum hab ich euch antworten miessen, das ihr nit gedenckht, ich hab euer schreiben nit verlesen, aber ich hoffe, so die Taffel ainsmals fertig wirdt vnd ihr sie secht, alle sach werdt besser, darumb habt gedult; den die Tag sein Curtz, so lest sich das Ding alss ihr wist nit eillen; den es ist viel Arbeit vnd wils auch nit mindern, hoff vf das Zusagen, das ihr meinem Schwager zu Franckfort gethan habt. Item Ihr dörfft nach keinen kaufman Trachten zu meinem Maria Bildt, den der Bischoff zu Presslau *) hat mir 72 fl. dafür geben, habs wohl verkhaufft, last mich euch befolhen sein, geben zu Nürnberg im 1508. Jahr am Sanbstag nach Allerheyligen Tag.   Albrecht Dürer.

135.

Nürnberg, 21. März 1509.

Lieber Herr Jacob Heller, ich hab euer schreiben wol verlesen Und ihr sollt wissen, das ich seidhero nach Ostern stettig vnd Streng an euerm Blatt mahl, getrau auch solches blatt vor pfingsten nit zu enden. Dan ich hab auf ain ainig Dieng grose miehe gelegt, ich weiss euch nit viel davon zu

---

*) Ein Pfund. Ultramarin war eine der theuersten Farben.

*) Der Bischof von Breslau war Johann Thurzo. Sein Sekretär Johann Hessus, ein Freund Pirkheimer's und geborener Nürnberger, hat vielleicht den Kauf vermittelt.

schreiben, allein ich versehe mich, ihr werdet selbst sehen, was für miche ich daraut lege, habt euch nit sorg der Farb halb; den ich hab vber 24 fl. Werth Farb darauf vermal vnd, so sie nit schön seind, gedenckh ich wol, ihr werdets anderstwo nit schöner finden, den ich leg ja grosen Fleiss vnd lange zeut darauf, wiewoln es mir vngewinlich vnd verseunblich ist, ihr solt mir auch bey rechter Wahrheit vnd rechten treuen glauben, das ich nit desgleichen mehr ain blatt wolt machen vnder fl. 400, vnd darumb, ob mir von euch wirdt, das ich begert hab, so ist bey der langen Zeut mein Cost und Zehrung mehr dabey, ihr mögt abnemben, wie gewinnlich ich stehe, aber solche miche wil ich nit abrechnen, euch vnd mir zu Ehren aus End zu khommen, da es von viellen künstlern gesehen wirdt, die euch vielleicht zuuerstehen werden geben, ob sie meisterlich sey oder böss, darumb habt gedult die kurze Zeut; den die Taffel ist nach vnden gar auss gemacht, allein sie ist nit gefierneist, vnd oben ist noch etlichen Dieng von Kindlein [1] auss zu machen, vnd ist mein grosse Hoffnung ihr werdet ein gefallen darob haben, ich glaub auch, es mag vielleicht etlichen kunstreichen nit gefallen, die ain Baurn-Tafel dafür nemben, darnach frag ich nit, mein Lob begehr ich allein vnder den Verstendigen zu haben, vnd so euchs Merten Hess [2] loben wirdt, so mögt ihr desto besser glauben daran haben, ihr mögt auch vnder etlichen gesellen fragen, die sie gesehen haben, werden euch wol berichten, wie sie gestalt sey, vnd so ihr sie secht vnd euch nit gefiel, wil ich selbsten die Taffel behalten, dan man hat mich sehr gebetten gehabt, ich sol das blatt zu kauffen geben, euch ain anders machen, aber es sey weit von mir, ich will euch gar Erbarlich halten, was ich euch geredt hab, halt euch auch für ain redlichen man, hab Hoffnung vf euer schreiben, hab auch kein zweiffel, mein grosser Fleiss werde euch daran gefallen, hiemit, was ich euch waiss zu dienen, darin wil ich geflissen sein. Datum Nürnberg 1509 am Mittwoch nach Laetare.

Albrecht Dürer.

136.

Nürnberg, 10. Juli 1509.

Lieber Herr Jacob Heller, aus euerm schreiben, Hanssen im Hoff gethan, han ich euern Vnwillen darnab, das ich euch die Taffel bishero nit geschickht hab, vernommen, das mir doch leid ist, dan ich euch bei guter Wahrheit zuschreiben mag, das ich für vnd für Streng an der Taffel gearbeitet, auch sonst kein andere Arbeit vnder handen gehabt hab, vnd mag sein, ich hette sie vor langsten ausgemacht, wo ich daran hätte eillen wollen, hab aber vermeint euch mit genomen Fleiss gefallen vnd mir ain Rumb zu

---

[1] Etliches Ding von Kindlein, die Engel in der Glorie um die Dreifaltigkeit.
[2] Martin Hess, ein sonst unbekannter Frankfurter Maler.

erlangen; ist es nun anders gerathen, das ist mir laidt, vnd alss ihr ferners
schreibt, wo ihr mir die Taffel nit verdingt hettet, sols nimmer geschehen, das
ich auch die Taffel behalten möge. Darauff gib ich euch diese antwort, wo
ich dieser Taffel schaden solt leiden, damit ich euer Freundschafft behalte,
wolte ich das thun; den dieweilen euch die sach gereuen vnd ihr in mich
hetzt, die Taffel zu behalten, das nimb ich an, wil auch solches gehrn thun,
den ich darumb 100 fl. mehr waiss zugeniessen, dan ihr mir darumb geben
hetts, den ich wolte furbas hin nit vierhundert gulden nemben wider aine der
gemess zu machen, hab darauf die hundert Gulden, so ich erst vom Hanuss
im Hoff empfangen, alssbaldt widergeben, aber er hats ohne euer verwisen nit
wider nemben wollen, demnach mögt ihr denselben oder der euch gefelt
schreiben, die 100 fl. zu empfahen, wil ichs ihme also balden entrichten, solt
also dieser Taffel halb keinen schaden oder reuen haben, mir ist euer guter
Will viel lieber, dan die Taffel, damit alle zeit, was euch lieb ist, darinnen
euer williger Diener, datum Nürmberg am Erichtag Margarethae 1509.

Albertus Dürer.

137.

Nürnberg, 21. Juli 1509.

Lieber Herr Heller, euer schreiben an mich gethan hab ich verlesen vnd
als ihr schreibt, sey euer mainung nit gewest, das ihr mir die Taffel
habt wollen aufsagen, dazu sag ich, das ich euer mainung nit wissen
kan, aber dieweil ihr schreibt, wo ihr die Taffel nit gefriembt[1]) hette, wolt
ihr die nit mehr andingen vnd das ich die behalten soll, wie lang ich wolle etc.
kan ich anders nit gedencken, dan das euch die sach gereuet hat, darauf ich
euch den in meinem negsten Brief antwort geben hab, aber auf anhalten
Hanssen im Hoff auch angesehen, das ihr die Taffel an mich gefrumbt, auch
das ich lieber wolte, das dieselbig zu Franckfortt als anderstwo stunde, hab ich
euch verwilligt, dise volgen zu lassen vmb hundert gulden neher, als ich die
wol anwenden möcht, den wiewola ihr mir ernstlich vmb 130 fl. angedingt,
ihr auch doch bewust, was ich euch vnd ihr mir nachfolgent geschrieben habt,
vnd wolte halt, ich hette die, wie sie mir angedingt ist worden, ausgemalt,
wolt in einem halben Jahr sein fertig worden, aber angesehen euer Vertröstung,
auch das ich euch damit hab dienen wollen, hab ich nun lenger den ain Jahr
daran gemacht vnd ob 25 fl. ultramarin darein vermalt, vnd mag euch bey
guter Wahrheit sagen, wass ihr mir für diese Taffel gebt, das ich mein aigen
daran einbüssen möge, ains gewinnen vnd drey verzehren möcht ich nit lang
zu khommen, dieweiln ich nun waiss, dass ihr meines schadens zuuor so gross
nit begert, vnd ich vf das minst 100 fl. mehr den von euch darauss zu loessen

[1]) Bestellt.

waiss, bin ich erbietig euch die Taffel fürderlich zu zu schicklen, vnd wo euch
die gefelt vnd ihr es zu Danckh annemben wolt, auch erkhennen mögt, das sie
das geldts wol vnd mehr werth ist weder 200 fl., das ich dafür begehr,
wo euch aber diss mein erbieten, so ihr die besichtigt habt, nit annemblich noch
gefellig sein wolt, das ihr mir alssden diese Taffel wider zu Franckfortt zustellen wolt, waiss ich die, wie obgeschrieben stehet, zu minst 100 fl. höcher
zu bringen, hoff aber, wan ihr die bekhommen, werdet solich mein erbieten zu
Danckh annemben, wil sie darauf fleissig einmachen, mögt ihr mittler zeut euer
mainung Haussen im Hoff zuuerstehen geben, vnd so mir derselb diss von euertwegen zusagt, wil ich Ihme die Taffel von stunden vberantworten, vnd wo ich
mich nit verstehe euch damit Danckhfülligen willen zu erzaigen, wiste ich wol
grössern nutz damit zu schaffen, vnd aber euer freundschafft ist mir lieber, dan
ain solch klein geldt, hoff aber, ihr solt vber das meines grosen schadens nit
begehren, das ich das minder dan ich notturfftig seit, damit schafft vnd gebiet,
gegeben zu Nürnberg am Wein Erichtag vor Jacoby.

Albrecht Dürer.

138.

Nürnberg, 26. August 1509.

Mein willig Dienst zuuor lieber Herr Jacob Heller, auf euer negst Zuschreiben schickh ich euch die Taffel wol eingemacht vnd nach Nottorft
versehen, hab sie Haussen im Hoff vberantwort, der hat mir noch hundert gulden geben, vnd glaubt mir bey meiner treu, das ich dannach mein
aigen geldt damit einbüsse, ohne das, das ich auch mein zeut, die ich darin
vigewandt, versamabt hob, man hat mir auch dreyhundert gulden hier zu Nürnberg darumb geben wollen, dieselben 100 fl. hetten mir auch wol gethan, wen
ich sie euch nit zu gefallen vnd dienst geschickht hette, den euer Freundschafft
zu behalten achte ich höher den 100 fl.; ich hab auch lieber diese Taffel zu
Franckfortt den an keinem andern ort in gantz Teitschland, vnd ob ihr ver-
maint, ich thue vnbillich, das ich euch die Bezaldung nit frey in euern willen
gesetzt habe, ist darumb geschehen, das ihr durch Hanuss im Hoff habt geschrieben, das ich die Taffel solang behalten möge, alss ich wolle, sonsten hette
ichs gehrn in euch gestellet, ob ich gleich noch grössern Schaden gelitten hette.
Ich bin aber in der Hoffnung zu euch, ob ich euch etwas versprochen hette zu
machen vmb 10 fl. vnd mich Costet dasselbige 20 fl., Ihr werdet selbst meines
schadens nit begehren, also bitte ich euch, seit beniegig, das ich die 100 fl.
minder von euch nimb, den ich dafür hette mögen haben, vnd ich sag euch,
das man sie gleichsamb mit gewalt von mir hat haben wollen, den ich hab sie
mit grosem Fleiss gemahlt alss ihr sehen werdt, ist auch mit den besten Farben
gemacht alss ich sie hab mögen bekhommen, sie ist mit guten ultramerin vnder,
vber vnd aufgemalt, etwa 5 oder 6 mahl, vnd da sie schon aussgemacht war,

hab ich sie darnach noch zwifach vbermalt, vf das sie lange zeut wehre. Ich waiss, dass ihr sie sauber halt, das sie 500 Jahr sauber vnd frisch sein wirdt, den sie ist nicht gemacht, als man sonst pflegt zu machen, darumb last sie sauber halten, das man sie nit berühre oder Weihwasser darauf werfe, Ich waiss, sie wird nit geschendt, es sei den, das es mir zu laidt geschehe, vnd ich halt danor, sie werde euch wohlgefallen, mich soll auch niemandt vermögen ain Taffel mit so viel Arbeit mehr zu machen, Herr Jörg Tausy hat sich von Ihne selbst erbotten, in der mass, fleiss vnd gröss dieser Taffel ain Maria Bildt zu machen, in ainer Landschafft, danon wolle er mir geben 400 fl.; das hab ich Ihne glatt abgeschlagen, den ich miesste zu ainem Bettler darob werden. Den gmaine gemäll will ich ain Jahr ain Hauffen machen, das niemandt glaubte, das möglich were, das ain man thun möchte, aber das fleisig kleiblen gehet nit von statten, darumb wil ich meines stechens auss warten, vnd hette ichs bisshero gethan, so wollte ich vf den heitigen Tag 1000 fl. reicher sein, wist auch, das ich vf mein aigen Costen zum mittlern Blatt ain neue leisten hab lassen machen, die mich mehr den 6 fl. cost, vnd hab die alten danon gebrochen, den der Schreiner hatte sie grob gemacht, aber Ich hab sie nit beschlagen, den Ihr habts nit haben wollen, vnd es were gar gut, das ihr die bandt vfschrauben liest, vf das sich gnäl nit erschellete, vnd so man die Taffel sehen will, so last die Taffel 2 oder 3 zwerchfinger vberhangent machen, so ist sie vor glanz gut zu sehen, vnd komb ich etwa vber 1 Jahr 2 oder 3 zu euch, so must man die Taffel abheben, ob sie woll dürr were worden, So wolt ich sie von neuem mit ainem besondern Fürneis, den man sonst nit kan machen, vf ain neues vberfierneisen, so wirdt sie aber 100 Jahre lenger stehen den vor, last sie aber sonsten niemandt mehr Furneissen, den alle andere Furneiss sind gelb, vnd man wurde euch die Taffel verderben, den ain Ding, daran ich viel mehr den ain Jahr gemacht hette, verderbt sollt werden, were mir selbsten laidt, vnd so ihr sie vfthut, seit selbsten dabey, das sie nit schadhafft werde, geth fleissig damit vmb, den ihr werdet selbst von euern mallern vnd frembden hören, wie sie gemacht sey, vnd griest mir euern Maller Marthin Hessen, mein Hausfraw lest euch bitten vmb ein Trinckhtgeldt [1]), das steht zu euch. Ich zeug euch nit höher an etc. hiemit wil ich mich euch befollen haben vnd last mich den sein, ich hab geeilt. Datum Nürnberg am Sonntag nach Barthmey 1509.

Albrecht Dürer.

[1]) Die Sitte, bei Käufen und Verkäufen noch ein Trinkgeld extra drauf zu geben, war im 15. und 16. Jahrhundert so allgemein, dass Niemand einen Anstoss daran nahm. Vergl. Kriegk bei O. Cornill Jacob Heller und Albrecht Dürer. Neujahrsblatt des Vereins für Gesch. und Alterthumskunde zu Frankfurt a. M. für das Jahr 1871. S. 30 f.

139.

Nürnberg, 12. Oktober 1509.

Lieber Herr Jacob Heller, ich höre gern, das euch mein Taffel gefellig ist, auf das ich mein miche nit vergebens angelegt hab, bin auch froe, das ihr der Bezahlung zufrieden seit, vnd billig dan 100 fl. hette ich mehr darumb haben mögen weder ihr mir geben habt, doch wolte ich nit, ich hette sie euch dan gelassen, den ich hoffe euer Freundschaft dadurch zubehalten, vnden an den orten, mein Hausfraw hat euch fest danckht, eurer Verehrung, das ihr geschenkht habt, wil sie euertwegen tragen, auch danckht euch mein junger Bruder [1]) der zwaier gulden, so ihr Ihme zum Trinckgeldt geschenckht habt, hiemit danckh ich euch selbst auch aller Ehren etc. das Ihr mir schreibt, wie ihr die Taffel ziehren [2]) solt, schickh ich euch hiermit ein Wenig gezeichnet main mainung, wen sie mein were, wie ich sie wolt machen, doch mögt ihr thun, was ihr wolt, hiemit viel selig zent. Datum 1509 am Freitag vor Galli.

Albrecht Dürer.

Die Briefe DÜRER's an den Frankfurter Kaufmann Jacob Heller wurden zuerst abgedruckt in Campe's Reliquien S. 34 ff. und danach bei Cornill in der oben angeführten Monographie S. 21 ff. — Jacob Heller, ein reicher Tuchhändler, geboren um 1460, gestorben 1522, war ein Mann von hervorragender Bildung und ausgezeichneter Frömmigkeit. Die Sorge für sein und seiner Gattin Seelenheil veranlasste ihn zur Stiftung von zwei umfangreichen Kunstwerken in seiner Vaterstadt. Das eine war ein sogenannter Calvarienberg, eine aus sieben überlebensgrossen steinernen Figuren bestehende Gruppe — Christus am Kreuz zwischen den beiden Schächern, Maria, Johannes, Maria Magdalena und der Hauptmann Longinus — auf dem Domkirchhofe (abgebildet bei Cornill a. a. O.), das andere ein grosses Flügelbild für den Altar des heiligen Thomas in der Predigerkirche, in welcher er für sich und seine Gattin die letzte Ruhestätte erkoren hatte. Da Heller in Frankfurt a. M. den Nürnberger Hof besass und bewohnte, hatte er vielfache Verbindungen mit Nürnberg. Ueberdies hatte er im Jahre 1507 selbst Nürnberg besucht, und damals mag er mit DÜRER den Vertrag abgeschlossen haben, nach welchem sich der letztere verpflichtete, das grosse Werk für 130 Gulden rheinisch auszuführen. Die Mithülfe von Gesellen war dabei von vornherein in's Auge gefasst; DÜRER selbst führte eigenhändig nur das Mittelbild, die Himmelfahrt der Jungfrau Maria, aus, und mit welchem Fleisse er dies gethan, das beweisen am besten die beispiellos sorgfältigen Studien nach der Natur, Köpfe, Hände und Draperien, von denen Thausing noch sechszehn nachgewiesen hat. Sie müssen uns zugleich die feine, überaus fleissige Ausführung des Originals vergegenwärtigen helfen, da dasselbe ein Opfer der Flammen geworden ist. Im Jahre 1615 kaufte es der Kurfürst Maximilian von Bayern von den Dominikanern um eine hohe Summe und liess es nach München in seine Residenz überführen. Dort wurde es in der Nacht vom 9. zum 10. April 1674 beim Brande der Residenz vernichtet. An seine Stelle kam eine Kopie von der Hand des Nürnberger Malers Paul Juvenel, in die Dominikanerkirche. Sie

---

[1]) Hans Dürer, der jüngste seiner Brüder, damals 18 Jahre alt und sein Schüler, später königl. polnischer Hofmaler in Krakau.

[2]) die Tafel ziehren, d. h. mit einer reichen, vermuthlich gothischen Rahmenarchitektur versehen, wie sie damals bei so umfangreichen Altarwerken noch üblich war.

und die noch erhaltenen sieben Flügelbilder — das achte fehlt — befinden sich jetzt in der Gemäldesammlung des Saalhof in Frankfurt. Die inneren Flügelbilder zeigten zur Linken des Beschauers das Martyrium des heiligen Jacobus und darunter den knieenden Stifter, zur Rechten den Martertod der heiligen Katharina und darunter Heller's Gattin, Katharina von Mehlem, ebenfalls knieend. Auf den äusseren Flügeln sieht man rechts oben zwei von den heiligen drei Königen und darunter die Heiligen Thomas und Christoph, links unten die Heiligen Petrus und Paulus. Das verloren gegangene linke Flügelbild der oberen Reihe ergänzte das gegenüberstehende der rechten Seite durch den dritten der Könige und die Madonna mit dem Kinde, welches die Gaben der Fremdlinge empfängt. Vielleicht war auch der heilige Joseph dabei. Diese Aussenflügel waren grau in grau, „in Steinfarbe“, gemalt. Für die Flügelbilder hatte Dürer nur die Entwürfe gezeichnet und die Ausführung seinen Gesellen überlassen. Den Hauptantheil an derselben scheint sein jüngster Bruder Hans Dürer gehabt zu haben, da demselben, wie aus dem letzten Briefe hervorgeht, ein Trinkgeld von zwei Gulden zu Theil wurde. Gleichwohl war die Bezahlung bei der von Dürer persönlich angewendeten Mühe so geringfügig, dass sein beständiges Drängen auf eine Erhöhung des Preises nur zu gerechtfertigt ist. Schliesslich erhielt er denn auch 200 Gulden. Vergl. über die ganze Angelegenheit Cornill a. a. O. S. 18—38 und Thausing Albrecht Dürer S. 291—303. In beiden Werken finden sich auch Abbildungen des Altarwerkes.

Im dritten der an Heller gerichteten Briefe erwähnt Dürer eines Marienbildes, für welches ihm der Frankfurter Kaufherr einen Abnehmer verschaffen soll. Im nächsten Briefe schreibt er dann, dass er sich nicht mehr bemühen solle; der Bischof von Breslau habe es ihm für 72 Gulden abgekauft. Thausing vermuthet (a. a. O. S. 291), dass dieses Bild mit der Madonna mit der Schwertlilie in der ständischen Gallerie zu Prag, welches die Jahreszahl 1508 trägt, identisch sei. Dürer musste übrigens vier Jahre lang warten, bis er nach wiederholtem Mahnen die Bezahlung erhielt.

140.

DÜRER AN MICHEL BEHAIM.

Nürnberg (um 1510).

über her Michell Behaim. Ich schick ewch dis Wapen wider, bit, lats also beleiben, es würt ewchs so keiner verbessern, dan Ich habs mit Fleiss künstlich gemacht: darum dys sehen vnd verstend, dy werden ewch woll bescheid sagen; soll man dy lewle [1] auf dem helm vber sich werffen, so verdecken sy die pinden [2]).

Ew. Vndertan
Albrecht Dürer.

Murr Journal zur Kunstgeschichte IX. S. 53. Campe Reliquien S. 51. — Dieser Brief ist an den Nürnberger Rathsherrn Michel Behaim

[1] Laub, Laubwerk.

[2] Die Binde, d. i. die wurstförmige Zindelbinde, mit welcher der Helm auf dem Holzschnitt gekrönt ist und unter welcher das Laubwerk der Decke hervorkommt. Thausing.

(1459—1511) gerichtet und auf die Rückseite des Holzstockes geschrieben, auf welchen das von Dürer gezeichnete Wappen der Behaim geschnitten ist. Bartsch 159. v. Retberg Dürer's Kupferstiche und Holzschnitte Nr. 128.

III.

DÜRER AN CHRISTOPH KRESS.

Ohne Datum [1515].

ieber her kres. Erstlich pit ich uch, wölt mir an her stabius[1] erfarn, ob er mir in meiner sach gegen k. Mt.[2] etwas gehandelt hab, und wy dy sach ste, sölchs mir pey dem negsten, so ir meinem herren schreibt, mit zw wissen than.

So aber her stabius nichtz gehandelt hett in meiner sach, und das im mein will zw erlangen zw schwer wer, so pit ich uch dan, als mein günstigen herren, mit k. Mt. zu handeln, wy ir van hr casper nützell[3] underielt und van mir gepetten seit.

Auch nemlich zeigt k. Mt. an, das ich ker. Mt. trey jor lang gedintt hab, das mein mit ein gepüst, und wo ich mein fleis nit dar gestregt hett, so wer dz tzirlich werck zw kein solychem ent kumen. Pit darawff k. Mt., mich dorum mit den hundert gulden zu belonen, wy ir dan dz selb woll wist zw than. Item wist awch, das ich k. Mt. awsserhalb des trymphs[4] sunst vill mencherley fisyrung[5] gemacht hab — — — — Hy mit last mich ewch befolhen sein.

Item, wenn ir verstünd, dz stabius etwas in meiner sach awsgericht hett, so thet nit not, dz ir awff dis mall meiner halben weiter handlet.

Albrecht Dürer.

Das Original befindet sich im Kupferstichkabinet des Berliner Museums. Auf der Rückseite befindet sich von Dürer's eigener Hand die Aufschrift: „Albrecht Dürers Denck tzettell". Es scheint demnach kein besonderer Brief, sondern eine Einlage in eine andere, an den Nürnberger Staatsmann Christoph Kress (1484—1535), der sich im Auftrage des Nürnberger Raths nach Wien begeben hatte, gerichtete Sendung gewesen zu sein. Auf der Rückseite steht noch folgende, von einer Hand des siebzehnten Jahrhunderts herrührende Aufschrift, welche zugleich das Datum feststellt: „Albrecht Dürers aigne handschrift an Herrn Christof Kressen nach Wien als er wegen eines k. Raths potschaft an kay: Mt: Maximil: I. A°. 1515. den 30 July ist abgefertigt worden. Joh:

---

[1] Johannes Stabius, der Historiograph Kaiser Maximilian's und Poeta laureatus.
[2] Kaiserliche Majestät.
[3] Caspar Nützel (ca. 1471—1529), ein Nürnberger Patrizier und als eifriger Anhänger der Reformation bekannt.
[4] Triumph.
[5] Visirung, Zeichnung.

Stabius so in diesem briefe gedacht wird, ist ihr Kay Mt. Historiographus gewest: autor currus Triumph:"

DÜRER hatte seit dem Jahre 1512 für Kaiser Maximilian mehrere umfangreiche und zeitraubende Arbeiten geliefert: eine derselben war die „Ehrenpforte", eine andere der „Triumph Kaiser Maximilians". Das riesige Blatt der „Ehrenpforte", die grösste Aufgabe, die bis dahin dem Holzschnitte gestellt worden war — es misst 3,409 m. in der Höhe und 2,922 m. in der Breite und ist aus 92 Holzstöcken zusammengesetzt — trägt die Jahreszahl 1515, und um dieselbe Zeit sind auch die Entwürfe, welche DÜRER theils selbst, theils durch seine Gesellen für den Triumphzug hat anfertigen lassen, entstanden, insbesondere die Zeichnung für das Haupt- und Mittelstück des Ganzen, den Triumphwagen. Unter den „mancherlei vielen Visirungen" (Zeichnungen), welche DÜRER am Schluss seines Briefes erwähnt, sind in erster Linie offenbar die köstlichen 45 Randzeichnungen für das Gebetbuch des Kaisers gemeint, das sich jetzt in der königl. Hofbibliothek zu München befindet. Zum Lohn für diese grossen Arbeiten beabsichtigte der Kaiser, seinen Maler steuerfrei zu machen. Aber ein darauf bezügliches Schreiben, welches er am 12. Dezember 1512 an den Nürnberger Rath erliess, fand bei diesem hartnäckigen Widerstand, und es blieb beim Alten. DÜRER benutzte indessen diese Gelegenheit, um eine ihm wohl schon früher vom Kaiser gemachte Zusage, ein Jahrgehalt von 100 Gulden betreffend, der endlichen Erfüllung entgegenzuführen. Auf diese Angelegenheit bezieht sich der obige Brief. Kress scheint sich DÜRER's so energisch angenommen zu haben, dass der Kaiser noch am 6. September 1515 ein Dekret an den Rath von Nürnberg erliess, welches diesem gebot, von der dem Kaiser zu entrichtenden Stadtsteuer jährlich 100 Gulden rheinisch an ALBRECHT DÜRER zu zahlen. — Der im Briefe erwähnte Stabius hatte mit DÜRER den Plan zur Ehrenpforte verabredet und bis in's Einzelne festgestellt. Vergl. Thausing Dürer 369 ff. — Der obige Brief wurde zuerst in v. Murr's Journal IX. 3 und danach in Campe's Reliquien S. 55 abgedruckt, zuletzt in einer neuen, dem Originale vollständig entsprechenden Abschrift in dem „Jahrbuch der königlich preussischen Kunstsammlungen" I. S. 34 von Fr. Lippmann.

142.
DÜRER AN DEN RATH VON NÜRNBERG.

Nürnberg, 27. April 1519.

ürsichtigen Erbern vnd weisen Gönstign liben Hern. Ewer Erberkeit tragen gut wissen, das jch awff nechstgehaltnen reichstag bei Römischer kl. Mt. vnserm aller gnedigsten herrn hochlöblicher gedechtnus mit an sunder Müe vnd Fürdrung erlangt, das mir Ir kl. Mt. für mein vleissige arbeit vnd Mühe, dy Ich von Irer Mt. wegen etwo lange tzeitt gepraucht. zwey hundert gulden Reinsch von gemeiner stat Nörnberg Jerlich gefallender Statstewer gnediglich ferselaft vnd des Irer M. geschefft vnd betelch mit derselben gewonlichen hant zeichen vnderzeichnet zw geschickt, Darfür awch nottorfftiglich quittirt hat lawt der quitantzen [1], So ich fersigelt peyhendig hab. Nun bin jch zw

___
[1] Quittung.

ewrer erberkeit ye der vndertenign hohen zw fersicht, dy selb werde mich als
jren gehorsamen purger, der vill tzeitt ln kl. Mt. als vnser aller rechtn hern
dinst vnd arbeit vnd doch an grosse belonung zw pracht vnd do mit andern
seinen Nutz vnd forteill merklich fersavmt hat, gönstlich bedencku vnd mir
sölche zwey hundert gulden awff kl. Mt. gescheft vnd quitug ytzo vollgn lassen,
domit ich doch meiner gehabten mühe, arbeit vnd vleis (wy awch kl. Mt. ge-
müte¹) antzzweifellich gewest ist) zymliche ergetzung vnd ersattung haben mög.
So pin Ich dargegn vrpüttig²), wo ewer erwerkeit³) sölcher zweyhundert gulden
halben von einem zukünftigen keisser oder künig angefordert oder der sunst je
nit gerotten⁴) wolten vnd wurdend wollen fon mir haben, Das jeh ewer erberkeit
vnd gemeine stat jn solchen entheben vnd dorum zw gewisseit vnd vnderpfant
mein behausung vnder der Festen⁵) am eck gelegn, So meins vaters seligen gewest ist, einsetzn vnd verpfendn will, domit ewer Erberkeit des keinen Noch-
theil odr schaden tragn möge.

Das will jeh vm ewer erberkeit alls mein günstig gepittend⁶) herrn gantz
willig verdinen   williger Purger
     Ewer w.   Albrecht Dürer.

M. M. Mayer Des alten Nürnbergs Sitten und Gebräuche II. S. 21 f. —
Als Dürer sich im Jahre 1518 auf dem Reichstag in Augsburg befand, wo er
auch den Kaiser Maximilian zeichnete, wies ihm dieser als Belohnung für seine
Arbeit am Triumphwagen und an anderen Dingen ausser seinem Jahrgehalt
noch 200 Gulden auf die für das folgende Jahr fällige Nürnberger Stadtsteuer
an. Da nun Maximilian am 12. Januar 1519 starb, machte Dürer, der die
kaiserliche Quittung in Händen hatte, durch obigen Brief seine Ansprüche geltend,
vermochte dieselben aber nicht durchzusetzen, trotzdem er sein Haus zum Pfand
anbot.

143.

DÜRER AN GEORG SPALATIN.

Nürnberg, Anfang 1520.

Hoch wirdiger libr her, mein danck sagung hab ich for in dem kleinen
prifflein gesetzt, do ich nit mer dan ewer klein tzettelle las Nochfolget,
do das seeklein, do das püchlein eingepunden was, um kert was, fund
ich erst den rechten priff dorin. Indem ich vernumen hab, das mir mein ge-
nedigstr her dy püchlein luterj⁷) selb zw schickt, des halb pit ich, ewer er-

¹) Absicht.
²) Erbötig.
³) Ehrbarkeit.
⁴) Entrathen.
⁵) Das Haus hatte *Dürer* von seinem Vater ererbt. Es liegt an der Ecke der
heutigen Burgstrasse und oberen Schmiedegasse.
⁶) Gebietend.
⁷) Die Bücher Luther's.

wird wollent seinen kurfürschlichen genaden mein vndertenige danckbarkeit noch
dem höchsten antzeigen vnd sein C. g. in aller vndertenigkeit pitten, das er im
den löblichen D. M. L. [1] befolhen las sein, von kristlicher worheit wegen, doran
vns mehr leit, dan an allem reichtume vnd gewalt diser welt, das dan als myt
dr der tzeit vergett, allein dy worheit beleibt ewig, vnd hilft mir got, das ich
zw doctor Martinus Luther kum, so will ich jn mit fleis kunterfetten vnd in
kupfer stechen, zw einer langen gedechtnus des kristlichen mans, der mir aws
grossen engsten geholffen hat, vnd ich pitt E. w. wo doctor Martinus etwas
news macht, das tewtzsch ist, wolt mirs vm mein gelt zw senden.

Item als ir mir schreibt vm dy schutz pücklein Martini [2]), wissent das ir
keins mer verhanden ist; man trägt [3]) sy abr zw awgspurg [4]); so sy fertig werden, will ich ewch der zw schicken; aber wissent, das dis püchlein, wie wols
hy gemacht ist, awf den kantzlen vür ein ketzer püchlein, das man ferprennen
soll, ferruffen ist worden vnd ferschmelich widr den gerett, ders on vndr schriben aws hat lassen gen; es hatz awch Docktor eck, als man sagt, öfflich zw
Ingelstett ferprennen wollen, wy des Docter rewlyns [5]) püchlein geschehen ist
etwen. —

Item ich schick meinem gnedigsten hern hy mit trey trüg [6]) von ein kupfer,
das ich gestochen hab, aws seiner beger des noch meinem gnedigsten hern
Mentz [7]); hab s. C. g. [8]) das kupfer zw geschickt mit 200 abtrücken, in mit
fereri, dorgegen sich sein C. g. genediglich gegen mir gehalten hat, dan s. C. g.
hat mir geschenckt 200 fl. an golt vnd 20 eln damast zw ein rock; hab das
also mit frewden vnd danckparkeit an genumen vnd sonderlich zw der tzeit, do
ich nöttig pin gewest; dan kz M [9]) löblicher gedechtnus, der mir zw frü ferschiden ist, hat mich gleich woll aws genad ersehen, awff mein vill gehabte
lange müe, sorg vnd arbeit; Aber dy hunder gulden mein leben lang alle ior
fon der stattstewer awff zw heben, dy ich dan jerlichs pey kz M[1] leben hab
awff gehebt, der wöllen mir mein heren itz nit reichen; mus also in mein eltern
tagen manglen vnd mein lange tzeit müe vnd erbet an kz M[1] verloren haben,
dan so mir ab got am gesicht vnd freiheit der hant, würd mein sach nit wol
sten. Das hab ich ewch als meinem vertrowten günstigen heren nit ferhalten

[1]) Doktor Martin Luther.
[2]) Das Schutzbüchlein Martin's ist die: Schutzrede und christliche Antwort eines
ehrbaren Liebhabers göttlicher Wahrheit der heiligen Schrift auf Etlicher Widerspruch
mit Anzeigung, warum Doctor Martin Luther's Lehre nicht als unchristlich verworfen,
sondern vielmehr als christlich gehalten werden soll 1519. Der Verfasser des anonym
erschienenen Büchleins („ders on vndr schriben aws hat lassen gen") war *Dürer's*
Freund, der Nürnberger Rathsschreiber Lazarus Spengler.
[3]) Druckt.
[4]) Augsburg.
[5]) Reuchlin.
[6]) Abdrücke.
[7]) Mein gnädigster Herr von Mainz ist der Erzbischof und Kurfürst Albrecht von
Brandenburg.
[8]) Seine kurfürstlichen Gnaden.
[9]) Kaiserliche Majestät.

wollen. — Ich pit ewer erwird, so sych mein genedigster her der schuld mit den hirskweien[1] fersehen will, das ir mir dy selben wolt ein manen, awff das etwas schöns von hörnern kum, dan ich will zwey lewchter doraws machen; awch schick ich hy mit zwey getruckte Crewtzle[2], sind in golt geschtochen, vnd eins vür ewer erwird — sagent mir mein willig dinst dem hirsfeld vnd dem albrecht waldner; hy mit ewrer erwird befelcht mich getrewlich meinem genedigsten heren dem kurfürschten   willifer Albrecht Dürer

zu Noehrnberg.

Das Original dieses von E.J. His-Heusler in der Zeitschrift für bildende Kunst III. S. 8 zuerst veröffentlichten Briefes befindet sich auf der Baseler Bibliothek. Der Brief trägt die Aufschrift: Dem erwirdigen hochgelerten | Hern Geörgen Spalentinus | meines genedigsten Herren Hertzog | Fridrichen Kurfürschten Capellan. — Georg Spalatinus, eigentlich Georg Burkhard aus Spalt im Bisthum Eichstädt, einer der eifrigsten Förderer der Reformation, war seit 1511 Hofkaplan des Kurfürsten Friedrich des Weisen von Sachsen. Welch' einen lebhaften Antheil Dürer selbst an Luther und seinen reformatorischen Bestrebungen nahm, dafür legt dieser Brief ein ebenso beredtes Zeugniss ab, wie die berühmte Stelle aus seinem Tagebuche der Niederländischen Reise, durch welche er seinem bedrängten Herzen Luft machte, als die fälschliche Nachricht nach Antwerpen gelangte, Luther sei bei seiner Rückkehr vom Wormser Reichstage von seinen Feinden verrätherisch gefangen genommen worden. Campe Reliquien S. 127 f. Thausing Dürer's Briefe, Tagebücher und Reime S. 119 ff. — Der Kupferstich, von welchem Dürer dem Kurfürsten von Mainz die Platte mit 200 Abdrücken zugeschickt, ist das Portrait desselben, der sogenannte „kleine Kardinal" (Bartsch Nr. 102).

144.

DÜRER AN WOLF STROMER.

Ohne Datum.

Lieber Herr Wolff Stromer! mein gnedigster her von Saltzburg habt mir bey seim glasmaler ein briff zw geschickt. Was ich im fürderlich kan sein, will ich gern than, dan er soll hy glas vnd tzewg kawffen. So tzeigt er mir an, wy er beim freistettln berawbt vnd im 20 fl. genumen sein worden; hat an mich begert, ich soll in zu ewch weisen, dan sein G. H. hab im befolhen, so er etwas bedurff, soll ers aun ewch langen lassen; den schick ich mit meinem knecht zw ewer Weisheit; befilch mich ewch.   E. W.

A. Dürer.

---

[1] Hirschgeweihe.

[2] Mit diesem gedruckten, in Gold gestochenen „Kreuzchen" ist der sogenannte „Degenknopf Kaiser Maximilian's" gemeint (Bartsch Nr. 23 A), eine Darstellung des gekreuzigten Heilands zwischen Maria und Johannes. Das Plättchen war als Verzierung für das in der Ambraser Sammlung in Wien vorhandene Schwert Kaiser Maximilian's bestimmt, befindet sich aber nicht mehr an demselben.

Das Original, welches aus dem Dürercodex der Dresdner Bibliothek stammt, befindet sich im Besitz des Herrn A. H. Cornill d'Orville in Frankfurt a. M. Publicirt von T h a u s i n g Dürer's Briefe S. XI. — Wolf Stromer, geb. 1471, gest. 1552, stammte aus einer Nürnberger Familie, widmete sich anfangs dem Kriegsdienste und kam dann zu dem Kanzler Friedrich's IV. und Maximilian's I., Matthäus Lang von Wellenberg, nachmaligen Erzbischof von Salzburg. Dieser ist mit dem „gnädigsten Herrn von Salzburg" gemeint, welcher Dürer zu der obigen Empfehlung seines Glasmalers an Stromer veranlasste. Dürer hatte für den Erzbischof von Salzburg mehrere Skizzen und ein Buchzeichen mit einem Wappen angefertigt und war so mit ihm in Verbindung gekommen. — „Freistettln", Freistädtlein, ist eine kleine, eine Tagereise südöstlich von Nürnberg gelegene Stadt.

115.

DÜRER AN DEN KURFÜRSTEN VON MAINZ.

Nürnberg, 4. September 1523.

Dem hochwürdigsten Fürsthen vnd Herren. Herrn Albrechten, des heiligen Sthuls zu Rom prister Cardinall Ertzpischoff zu Mentz vnd Magdenburg primas in Germanien etc. Margraven zu Brandenburg etc. Churfürsten etc. Meinem gnedigsten Herrn.

1523 am Freidag nach egidy.

Hochwürdigster durchlewchtigster Hochgeporner Fürsth vnd Her. Mein gantz Vndertenig willig Dinst Send ewern Churfürstlichen gnaden Mit allem Fleis Foran bereit. Gnedigster Her, awf Chrfürstlichen gned. schreiben vnd begern hab Ich E. G. [1] befelch nach gehandelt mit dem Iluministen Nicklas Glockenthan des Mespachs halben. Aber er hatz noch nicht gefertigt vnd sagett mir, er hett noch siben grosser materien [2] mit sambt siben der grösten busthaben zu machen. Awch wolt er mir kein zeit stimmen, wen sy fertig sölten werden. Sagett, wo man in nit weiter gelt wolt schicken, so müst er aws Nott Narung halben E. G. arbeit ligen lassen vnd andre arweit machen, dan er hett kein zerung in haws. hab darauf weiter nit mit Im kunnen handeln, dan des Ich In awf das höchst gepetten, er wolle awf das förderlichst doran machn etc. Ich hab hewer pey zeit, e Ich krank ward, E. C. G. [3] ein gesthtochen kupffer, darawff C. G. Conterfett angesicht mit sambt fünff hundert abtrücken zw geschickt; do kom sind Ich in E. C. G. schreiben kein Meldung. Fürcht zweier Ding, erstlich, das solch Conterfett E. C. G. filleicht nit gefellig sey: wer mir gar leid, wo Ich mein Fleis nit woll zwpracht hett. Das ander gedenck Ich, ob solchs ewern gnaden nit worden wer, pit darawf E. C. G. gnedige antwort

[1] Euer Gnaden.
[2] D. h. siben grosse Bilder.
[3] Euer kurfürstliche Gnaden.

vnd will mich himit ewren Churfürstl. Gnaden als meinem gnedigsten Herrn
in aller vnderteniger Dinstparkeit befolhen haben.

      Ewer Churfürstlichen Gnaden

          Gantz Vnderthenger

                          Albrecht Dürer
                            zu Nörnberg.

Allgem. Litterar. Anzeiger, Leipzig 1801, Nr. 113, S. 1071—1072.
Campe Reliquien S. 53. — Nicolaus Glockenton war einer der geschicktesten Illuministen (Miniaturenmaler) Nürnbergs. Er wird zuerst 1516 in den
Urkunden erwähnt und starb 1534. Vergl. Johann Neudörfer's Nachrichten von Künstlern und Werkleuten in Nürnberg, herausgegeben von
Dr. G. W. K. Lochner (Quellenschriften für Kunstgeschichte X) S. 143. Nach
Neudörfer hat Glockenton für ein Messbuch, welches er für den Erzbischof
von Mainz illuminirt, 500 Gulden erhalten. Es ist vielleicht dasselbe, von
welchem in obigem Briefe die Rede ist. Unzweifelhaft ist letzteres aber mit
dem in der bayr. Hofbibliothek zu Aschaffenburg noch vorhandenen Missale
identisch, welches aus dem Besitze des Kardinals Albrecht stammt und von
Glockenton illuminirt ist. Da es die Jahreszahl 1525 trägt, brauchte Glockenton nach der durch Dürer erfolgten Mahnung also noch zwei Jahre, um es zu
vollenden. Vergl. Merkel Die Miniaturen und Manuskripte der Kgl. bayr.
Hofbibliothek in Aschaffenburg 1836, S. 7—10.

    Der Kupferstich, von welchem Dürer spricht, ist das zweite Bildniss
Albrechts, welches er gestochen hat, der sogenannte grosse Kardinal, Bartsch 103.
Der Stich trägt die Jahreszahl 1523.

146.

DÜRER AN FREY.

1523.   am sundag nach andree (5. Dezember) zu Nörnberg.

Mein günstiger libr her Frey, Myr ist das püchlein, so Ir Hern Farnphulr
vnd mir zw schickt, wordn. so ers gelesen hat, so will ichs dornoch
auch lesen. aber des affen Dantz halben, so ir begert, ewch zw mache,
hab ich den hymit vngeschickt awffgerissn, dan ich hab lang kein affn gesehen,
wolt also vergut habn vnd wölt mir meine willige Dinst sagn Hern Zwingle,
Hans Jowen, Hans Vrichn vnd den andern meinen günstigen Herrn.

                                Albrecht Dürer.

teillent dis tüff stücklin vndr vch, ich hab sonst nix News.

    v. Murr Journal zur Kunstgeschichte X. 47. Campe Reliquien S. 52.
Auf der Rückseite ist ein Reigentanz von zwölf Affen mit der Feder gezeichnet
und darüber steht: 1523 noch andree zw Nörnberg. — Frey ist vermuthlich
der Magister Felix Frey, der erste reformirte Probst des Karlstiftes zu Zürich
(1470—1555). Vielleicht war er ein Verwandter von Dürer's Frau, Agnes
Frey. — Ulrich Varnbüler (Farnphulr), kaiserlicher Rath und Freund Pirk-

heimer's, ist derselbe, dessen Bild DÜRER 1522 für den Holzschnitt gezeichnet
hat (Bartsch 155). — Herr Zwingle ist der berühmte Reformator Ulrich Zwingli.
Auch dieser Brief beweist, in wie engem Verkehr DÜRER mit den Häuptern
der reformatorischen Bewegung stand. — Hans lowen ist HANS LEU, ein
Züricher Maler, der unter dem Einflusse DÜRER's arbeitete.

147.

DÜRER AN DEN RATH VON NÜRNBERG.

Nürnberg, 1524.

Ürsichtig Erber vnd Weis In sonders günstig Hern. Ich hab lange Jahr
her durch mein merklich mühe vnd arweit vermitelst götlicher For-
leihung bis In tawsent gulden Renisch erobert vnd zw Wegn gebracht,
dij Ich nun gern Widerub[1]) zw meiner Vnderhaltung anlegen wollt. Wijwoll
Ich nun weis, das ewer erberkeit gebrawch diser zeit nit ist, vill zins zw for
einen gulden Vm zweintzig zw ferkawffen, wij es awch hifor andern pschonen[2]),
als ich bericht würd, In gleichem Fall abgeschlagn ist, derhalben Ich awch beschwerden trag, Ewer erberkeit hyerin antzusuchen. Bewegt mich doch meine
Nottorft, fürnemlich aber dy sunder günstig Neigung, dij Ich bey ewer erbern
Weisheit gegen mir Ides Malls[3]) gespürt hab, awch dij nachfolgetten Vrsachen,
ewer erwerkeit[4]) hirin bittlich antzwlange, Vnd nemlich so wissen ewer Weisheit, wij gehorsam, Willig vnd geflissn Ich mich bis her In allen ewer Weisheit und gemeinen stat sachen alle Mall ertzeigt vnd for andern film sondern
pschonen des ratz[5]) vnd In de gemeine allhij, wo sij meiner hilff, kunst vnd
arbeit bedürft, Mer vm sunst dan um gelt gedient, hab awch Wij Ich Mit Worheit schreiben mag, die treissig Jor, so Ich zw haws gesessen bin, In dieser
stat Nit vmb fünfhundert gulden arbeit, das je ein gerings vnd schimpflichs, Vnd
dannocht von dem selben nit ein Fünftteill gewinvng ist, gemacht, Sunder alle
meine armuth, dij mir weis gott sawer ist wordn, um Fürschten, hern vnd ander frembde psonen verdint vnd erarnt[6]), Also das Ich allein dij selben mein
gewinvng Von den Frembden In dieser stat fertzer[7]), So wissen ewer erberkeit
sunders zweifels, das mich Weiland keiser Maxili[8]) hochlöblichen gedechtns
aws eygner bewegung keiserlicher Miltigkeit Vnd mein Vilfeltige geleiste dinst
Vor Jorn In dieser stat frey setzen wölln[9]), des Ich aber awff anregen etlicher
Meiner herrn der eltern dy Von ratz[10]) Wegen der halbe Mit Mir gehandelt,
den selben Meinen hern zw ern[11]) Vnd zw erthaltung Irer begnadungen, ge-

[1]) Wiederum.   [2]) Personen.   [3]) jedes Mal.   [4]) Ehrbarkeit.
[5]) des Raths.   [6]) ererntet.   [7]) verzehre.   [8]) Maximilian.
[9]) steuerfrei machen.
[10]) „Die Elteren Herren des Raths" sind die sieben Mitglieder des geheimen Raths,
welche die oberste Regierungsgewalt repräsentirten.
[11]) Ehren.

brewch Vnd gerechtigkeiten gutwillig abgestanden bin. Item so haben mich dy
herschaft zw Venedig Vor neunzehen Jarn bestellen Vnd alle Jar zweyhundert
Ducaten provision geben wollen. Desgleichen hat mir der rat zw antorff[1]
bey kurtzer zeit, als Ich Im Niderland war, alle Jor treyhundert Filibs gulden[2] besoldung geben, Mich bey Inen frey setzen, Mit einem Wollerbawten
haus Vereren, Vnd dartzw an beden ortn Alles, das so Ich der herschoft Machet,
Insonders betzaln Wölln, Welchs alles Ich aws sonder lib vnd Neygung, So Ich
zw ewer erbern weisheit, Awch diser erbern stat, Als meinem Vaterlant getragen, abgeleint[3], Vnd mer erwelt[4] hab, bey ewer Weisheit In einem
ziemlichen Wesen zw leben, dan an andern ortn reich Vnd gros gehalten
werden. Vnd ist dem nach an ewer erberkeit mein ganz dinstlich bit, dy
wollen alle solche Vrsachen gönstlich bedenken Vnd mir zw gut dise tawsend
gulden, dy Ich bey andern tapfern geselschaften alhy vnd anderstwo woll Vnder-
tzwbringen west, Vnd doch am libsten bey ewer Weisheit Wissen wölt, an-
nemen Vnd aws sonder gunst Mir funffzig gulden Järlich vertzinsen, awff das
Ich sambt meinem Weib, dy bede nun alle dag alt, schach[5] vnd vnfermüglich
werdn wölln, derstn[6] ein ziemlicher hawshaltn zur Not torft haben, vnd
daraws ewer erber Weisheit gunst Vnd neigung wy bisher spüren mügn, das
will Ich um ewer erberkeitn alles meins fermügens zw ferdinen willig erfunden
werden.　　　　　　　　　　　　　　Ewer Weisheit
　　　　　　　　　　　　　　williger gehorsamer Burger
　　　　　　　　　　　　　　Albrecht Dürer.

Campe Reliquien S. 58 f. — Das Ansuchen Dürer's fand bei dem
Rathe Gehör. Er nahm das Geld an und verzinste es mit 50 Gulden. Als
Dürer's Wittwe ein Jahr vor ihrem Tode Testament machte, setzte sie die
Zinsen dieses Kapitals einer Stiftung für Studirende der Theologie an der Uni-
versität Wittenberg aus. Melanchthon gedenkt dieser edlen Handlung in einem
Briefe an V. Dietrich.

148.

DÜRER AN NICLAS KRATZER.

† 1524 am Montag nach Barbara (5. Dezember) zw Nornberg.

Mein gantz willig dinst zwfor libr Her Nicolae! Ewer schreiben, das mir
zw kumen, hab ich mit frewden gelesen; hör gern, dass es ewch wol
gett. Ich hab mit Her Willolt Birkamer[7] ewrent halben fon dem
Istornment[8] gerett, das Ir begert zw haben. Der lest ewch ein solches machen

---

[1] Antwerpen.　　　[2] Philippsgulden.　　　[3] abgelehnt.
[4] erwählt.　　　[5] schwach.　　　[6] dazu.
[7] Pirkheimer
[8] Instrument. Der Kratzer'sche Brief erläutert die Natur dieses Instruments nur
durch den Zusatz „dar mit man mist in die fer vnd weit".

vnd wird ewchs mit sambt einem brieff zwschieken. Aber Her Hansen [1]) ding, der ferschiden ist, das ding ist als [2]) zerrissen worden, weill ich im sterben aws bin gewesen [3]); kan nit erfarn, wo es hin kumen sei. Also ist es awch gangen mit des Stabius Dingen; ist in Oesterreich als ferrugt [4]) worden, kann ewch weiter nit dafon bescheid geben. Item als ir mir zwsagett, so ir weill [5]) möcht haben, wollt Ir den Euklide [6]) ins tewtsch bringen, wollt ich gern wissen, ob Ir etwas doran gemacht het.

Item des christlichen glowbens halben mus wir in schmoch vnd far sten, den man schmecht [7]) vns ketzer. Aber Gott ferleich vns sein gnad vnd sterk vns in seinem wort, dan wir müssen gott mer gehorsam sein, den dem menschen. So ist es besser leib vnd gut ferlorn, dan das von gott vnser leib vnd sell in das hellisch fewer fersengt wird. Dozw mach vns gott bestendig im guten vnd erlewcht vnser widerbart [8]), dy armen elenden blinden lewt, awff das dy nit in irem irsall ferderben.

Himyt seit Gott befollen. Item schick ewch zwey angesicht vom kupfer getrugt, Ir wert sy woll kennen. Von newen mern [9]) ist zw der zeit nit gut zw schreiben, aber es sind fill böser anschlag ferhanden. Es wird allein der wille Gottes geschehen.

E(uer) W(eisheit)

Albrecht Dürer.

Das Original dieses Briefes, welchen Thausing nebst dem voraufgegangenen Kratzer's in seinem Dürer S. 464 f. publicirt hat, befindet sich in der Guildhall Library zu London. Die Aufschrift lautet: Dem erbern vnd achtbarn Hern Niclas Kratzer küniglicher Majestät in Engenland diner meinem gönstigen Hern vnd frewnd. Kratzer, ein geborener Münchener, war Hofastronom in London. Dürer hatte ihn in Antwerpen bei Erasmus von Rotterdam kennen gelernt und hatte ihn auch portraitirt. Später wurde sein Bildniss von Holbein gemalt. Da auch Kratzer sich zu dem evangelischen Glauben bekannte, hatte er Dürer mit der Zuversicht auf die Kraft und die Gnade Gottes vertröstet, was dem Meister die Veranlassung bot, dem gleichdenkenden Freunde seine schöne, echt christliche Gesinnung zu bekunden. — Die beiden Kupferstiche, welche er ihm schickt, sind nach Thausing die Portraits des Kurfürsten Friedrichs des Weisen und Wilibald Pirkheimer's (B. 104 und 106), die beide im Jahre 1524 entstanden sind.

---

[1]) Aus Kratzer's Brief geht hervor, dass dieser Herr Haus ein Astronom war. Mehr weiss man von ihm nicht.

[2]) Alles.

[3]) Dürer war während der Zeit in den Niederlanden.

[4]) Verrückt, verschleppt.

[5]) Weile, Zeit.

[6]) Euklides, der griechische Mathematiker.

[7]) Schmäht.

[8]) Widerpart.

[9]) Neuen Mähren, Neuigkeiten.

149.

DÜRER AN DEN NÜRNBERGER RATH.

Nürnberg, im Herbst 1526.

ürsichtig erber Weis Lieb Herren. Dieweil ich for längst geneigt wer gewest E. W.[1]) mit meinem kleinwirdigen gemel zw einer gedechtnus zw fereren[2]), hab ich doch solchs aus mangel meiner gering schetzigen Werk vnderlassen müessen, dieweil ich gewüst, das ich mit denselben for E. W. nit ganz wöl het muegen besten[3]). Nach dem ich aber diese vergangen Zeit ein Thafel gemalt vnd darawf mer Fleis dann ander Gemel gelegt hab, acht ich nyemant wirdiger, die zw einer gedechtnus zw behalten, dan E. W.; derhalb ich awch dieselben hie mit ferer Vnderthenigs Vleis pittent, die wölle diese meine kleine schenk getellig vnd günstlich anemen vnd mein gönstig lieb herren, wie bisher ich albeg[4]) gefunden hab, seyn vnd beleiben. Das will ich mit aller Vnderthenigkeit um ewer Weisheit zw vordienen geflissen sein.

Ewer Weisheit
vndertheniger
Albrecht Dürer.

Campe Reliquien S. 57 f. — Das Gemälde, welches Dürer dem Rathe zum Geschenk anbot, damit es sein Gedächtniss in der Vaterstadt bewahre, sind die berühmten vier Apostel, die sich jetzt in der Münchener Pinakothek befinden. Das ergiebt sich aus einem von Baader Beiträge zur Kunstgeschichte Nürnbergs S. 9—10 veröffentlichten Erlasse des Raths, welcher das grossmüthige Geschenk Dürer's nicht ohne Gegengabe annehmen wollte. Der Meister erhielt 100 Gulden rheinisch, sein Weib 12 Gulden und ein Diener zwei. Da der Rathserlass vom 6. Oktober 1526 datirt ist, ergiebt sich daraus ungefähr der Zeitpunkt des obigen, von Dürer nicht datirten Briefes. Die Tafeln wurden in der Losungsstube aufgehängt, blieben aber nur ein Jahrhundert dort. Am 27. August 1627 gab der Rath dem Drängen des Kurfürsten Maximilian von Bayern nach und sandte ihm die Gemälde nach München. An ihre Stelle traten in Nürnberg Kopien von Georg Gärtner. Thausing Dürer S. 486.

150.

LUCAS CRANACH DER ÄLTERE AN HANS VON PONIKAU.

Wittenberg, 24. April 1545.

nad vnd Frid in Cristo vnd mein gantz williger Dinst sey ewer gestrengbait alezeit zuvor bereit. Gestrenger liber her, hie schick ich euch ein maria mit einem kindlein, ein brustpild, hat ewer maler gemacht, ich hab in gar nichts daran geholfen, er hats allein gemacht, da seht ir wol wie

---

[1]) Euer Weisheit. [2]) Verehren, beschenken.
[3]) Bestehen. [4]) Allerwegen, immer.

er sich pesert[1]). Gestrenger liber her, hie schick ich euch drei quitanczen[2]), die machen gleich 1 hundert fl. vnd pit, wolt vorschaffen, das sulchs gelt meinem guten freundt magister Lorencz lindemann mocht werden, der wil mirs gen leipczig vberantworten, des wil ich vmb Ewer strenghait wider verdienen, vnd wist, das ich mit ganczen fleis an der tafel mach in der kirchen meines genedigsten heren etc.

Datum am freitag nach S. Georgen (24. April) im 45 gar.

Lucas Cranach
maler zu wittenbergk.

Chr. Schuchardt Lucas Cranach des Aeltern Leben und Werke Bd. I. S. 175. — Dieser Brief, der einzige von dem Haupte der sächsischen Malerschule, welcher bis jetzt in extenso veröffentlicht worden ist, trägt folgende Adresse: Dem gestrengen vnd Erentfesten Hern Hans von ponikaw vnd Kamerer etc. meinem liben heren vnd grosforderer (grossen Förderer). Hans von Ponikau hatte als Kämmerer des Kurfürsten Johann Friedrich von Sachsen, dessen Hofmaler CRANACH war, mit letzterem alle Geldangelegenheiten zu ordnen. Wer der Schüler war, den Hans von Ponikau an CRANACH empfohlen hatte, ist unbekannt. Ebenso ist nicht mit Sicherheit zu ermitteln, an welchem Bilde damals CRANACH für den Kurfürsten arbeitete. Nach Schuchardt war es für die neu erbaute, im Jahre 1544 eingeweihte Schlosskirche zu Torgau bestimmt. Nach Heller soll es die Darstellung von Elias Opfer gewesen sein, die später in die katholische Hofkirche zu Dresden kam, dort aber nicht mehr vorhanden zu sein scheint. — Interessanter als der obige Brief und für den wackeren Meister, der wie DÜRER ein begeisterter Freund Luther's und seines Reformationswerkes war, auch charakteristischer ist eine Stelle aus einem Briefe CRANACH's an den Herzog Albrecht I. von Preussen in Königsberg, den A. Hagen leider nicht vollständig aus den Königsberger Archiven in den Jahrbüchern für Kunstwissenschaft VI. S. 121 publicirt hat. Der Brief ist nach der für den Kurfürsten Johann Friedrich so verhängnissvollen Schlacht bei Mühlberg (1547) geschrieben. Es heisst darin: „Gnädigster Herr, ich kann Euren Gnaden nicht vorenthalten, dass wir unsres lieben Fürsten sollen beraubt sein. Er ist von Jugend an ein wahrhafter Fürst gewesen. Gott wird ihm wieder aus dem Gefängniss helfen, denn der Kaiser untersteht sich, das Papstthum wiederaufzurichten. Das wird Gott nit leiden und Gott wird sein heiliges Wort vor den Tyrannen erhalten. Wollt Gott, dass ich Euren Gnaden sollt ein frohliche Zeitung zuschicken, das wäre mir eine grosse Freud, denn Eure Gnaden ist alle Zeit mein gnädigster Herr gewesen und wollts noch sein. Es ist ein Sprichwort, wenn man die Saiten zu hoch spannt, so bricht sie. Nun wird sie Gott brechen, denn man greift ihm seine Gnad und Ehr an." CRANACH legte einen schönen Beweis seiner Treue und Anhänglichkeit für seinen kurfürstlichen Herren dadurch ab, dass er ihm 1550 trotz seiner achtundsiebzig Jahre, als Johann Friedrich darum bat, nach Augsburg in die Gefangenschaft folgte und ihm zwei Jahre Gesellschaft leistete. 1552 wurde Johann Friedrich aus seiner Haft entlassen, und CRANACH kehrte mit ihm in die Heimath zurück. Schuchardt a. a. O. I. S. 195 ff.

---

[1] Bessert.　　　[2] Quittungen.

151.

NICLAS MANUEL AN DIE RATHSHERREN IN BERN.

Erlach, 30. Oktober 1526.

Min fründlichen vnd vngeferbten grus mit erbietenn williger Dienst synd üch zuvor mit allem Vermögen liebs vnd Guts dargestellt. Demnach so wüssend, das ich üch zuschick Ein gutten gsellen, Mit Nammen Immer Wyn von Erlach, Ein person von eim alten stammen, geschlecht vnd harkommen, welches Vater von sinem grossherren vnd Vater genommen vnd lebendig vergraben ward. Alss der nun vss wunderbarlicher mit Würckung des grossen allmächtigen Gots disen sinen Sun, mit Zuthun der Fürseelmen[1] Mutter, In dem Grab geboren, In der Forcht des Herren, gehorsame sines schöpfers, sampt aller Zucht vnd Eren erzogen, hat beyde, Vater vnd kind, merklich gross kummer, betrüptnüss, schmärtzen, angst, not, Ellend vnd Jammer erlitten. Es habend grob vf gewissen lüt mit ysinem[2] haben ann alle erbermbd[3] zu inen geschlagenn manchen starckenn streych, vnd sunders dem Vater im nechsten vergangen Hornung, Mertzen vnd Abrellen monat alle sine glider abgehowwen, die Ine der War tröster[4] aller betrübten mit siner vnpreissenlichen artzny widerumb nüw fruchtbar mit marck, adern, allen natürlichen Zuflüssen lebhafft, krefftig vnd besser dann vor ye erweckt hatt. Als nun der Sun vom Vater vnd mutter, in blüender Jugend, mit rechter sorfeltigkheit, erzogen vnnd beschirmpt, Ist aber ein grusamer schmerz bringender angriff vff sy fürgenommen vnnd endtlich verbracht, Namlich das ettliche Wyber habend gelt genommen vnnd Inen vil Irer glider abbrochen, die übergeblibnen gebunden an Tänninsülen[5]: zu dem so hand sy vor vnd nach müssen stan Jar vnd tag vnder fryem himmel, nackend, bloss vnd barfuss, den meren theil im erdtrych[6], biss über die Weiche; was sy da erlitten, von Kellte, schne, ryffen[7], hagell, regen, wind, hitz vnd brennen, gib ich üch selb zu bedenken. Ich möchts von grossem mitlyden nit alles beschryben, vnd da sy vermeinten aller not entrunnen, In sicherm Frid vnd rüwig[8] sin, do ist erst ein betrübter Wulchenbruch des Vngevels[9] über sy gevallen: dann ein Mercklicher starcker Zug zu Ross vnd Fuss ist mit einem gächen sturm über Zün vnd muren Inprachen, mit Züberen, Kübilen, gellten[10], prenten[11] vnd hand vnd gewallt, an alle vorgende vrtheyl vnverhörter sach dem frommen züchtigen Jüngling dem Vater vss denn armen, der mutter ab der brust fräventlichen Entzuckt[12], beroubt vnd genommen, In ein hultzin Kärcker[13] geworffen, mit grossen Knütilen vff Im gestossen, dardurch In alle syn meriste heimligkheyt zerstuckelt vnd zerbrochen ist; alls er

---

[1] Fürschoulen, fürsorglichen. [2] Eisernem. [3] Erbarmen.
[4] Vertröster. [5] Seile aus Tannenzweigen. [6] Erdreich.
[7] Reif. [8] Ruhig. [9] Unfall.
[10] Gelten, seilletes, sind 8—10 Maass haltende Kübel.
[11] Brante, 30 mässige Kübel. [12] Entzogen.
[13] In einen hölzernen Kerker, d. h. in die Kelter.

uun sogar schwach vnd verstallert was, das Im vil nach niemand bekant,
habend sy in uff ein Wagen geworffen vnd alls ein Mörder vss geschleyfft, vf
die gewonliche Richtstatt, da hatt sich erst die tödliche not erhezt. Sy hand
den tugendrychen, fründsäligen, fröüdbringenden, liebgehapten fründ vff ein breyt
holtz gelegt, Ein schwär mächtig gross Holtz mit sounderm Vorteyl vund be-
reytten Instrumenten, vff In zween Man darzu verordnet, die all in krafft daran
gestrebt hand, den onschuldigen zerpresst, zerschmettret, das weder marck, safft,
noch keinerley Füchtigkeit [1]) in im belibenn vund wie ein dürre griel den
vuvernünftigen tieren vnd schwinen dargeworffen, demnach sin vergossen schweyss
In ein Vass gesamlet; allso schick ich üch den Not erlittnen zu beherbergen,
doch sehend zu, dass er üch nit ein Duck tüge, So er ledig wurde, dann er
ist handfest vund sorglich, Eins frävlen Nodtvesten geschlechts, Ein gesitzter
blutsfründ des wytberümpten Hellden Hannsen von Vivis. Er hab erlitten, was
er hab; hüttend üch, land nit mer vff ein mal Im, denn Ir wol mögend
gewaltigen; die Jungengsellen sind abentürig, starck vund muttwillig; disse
historien sampt angehänckter Warnung Hab Ich üch schuldiger pflicht nach nit
wöllen verhallten [2]). Hiemit sind gott bevolchen. Datum zu Erlach Zintag
vor aller Heiligen Tag. Im XVCt vnd XXVjten Jar.

Niclaus Manuel

der vwer all Zit.

Dr. C. Grüneisen Niclaus Manuel. Leben und Werke eines Malers und
Dichters, Kriegers, Staatsmannes und Reformators im 16. Jahrhundert, Stuttgart
1837, S. 291 ff. Die Aufschrift lautet: Vogt Manuels zu Erlach gesamter
Missiv-Brief. 1526. Jar. Unter dem Namen am Schlusse des Briefes befindet
sich das gewöhnliche Handzeichen MANUEL's, ein Dolch. — NICLAS MANUEL
(1484—1530), dessen vielseitige und umfassende Thätigkeit schon durch den
Titel der Grüneisen'schen Monographie angedeutet wird, war im Jahre 1523
zum Vogt von Erlach ernannt worden. Von hier aus schickte er dem Berner
Rathe ein Fass Wein mit obigem Schreiben, in welchem der launige Poet den
Wein personificirt und dessen Leidensgeschichte gar beweglich erzählt. Noch
heute wird im Amte Erlach der Weinbau auf ca. 700 Jucharten betrieben. Vergl.
J. M. Kohler Der Weinstock und der Wein, Aarau 1869, S. 78. 217. — Von
einem zweiten Briefe MANUEL's vom 4. April 1522, den er nach der Eroberung
von Novara an seine Gattin schrieb, existirt nur noch ein Auszug, welchen
Grüneisen a. a. O. S. 293 f. mittheilt. Wie DÜRER und CRANACH war auch
NICLAS MANUEL ein eifriger Freund und Vorkämpfer für die evangelische Sache.
Seine sämmtlichen Schriften sind kürzlich im zweiten Bande der „Bibliothek
älterer Schriftwerke der Schweiz und ihres Grenzgebietes" in einer kritischen
Gesammtausgabe von Dr. Jacob Baechtold erschienen. Vögelin hat in
der Charakteristik des Meisters den Abschnitt „Kunst" behandelt. Vergl. auch
J. R. Rahn im Repertorium für Kunstwissenschaft III. S. 4 ff.

[1]) Feuchtigkeit.　　　[2]) Vorenthalten.

ANHANG.

I.

TADDEO GADDI AN TOMMASO STROZZI.

Pisa, 7. September 1342.

Tommaso. Taddeo, dein Maler. Verlass dich darauf, dass ich, nur um die Ehre zu haben, die Tafel malen will, und du kannst sicher sein, dass es so sein wird. Deshalb lasst sie aus Holz machen im Namen Gottes, Meister Paolo und ihr mit ihm [1], und sobald ich die Arbeit von Ganbacorti vollendet haben werde, werde ich es ebenso mit der besagten Tafel machen. Am Ende werde ich das thun, was Meister Paolo mir sagen wird, als in Eurem Namen [2]. Gott sei der Schutz Aller. Am VII. des Septembers.

Milanesi in der Zeitschrift *Il Buonarroti* 1869, S. 78 und Carlo Pini *La scrittura di artisti italiani Sec. XIV — XVII riprodotta con la fotografia.* Florenz 1869 ff. — Obgleich dieser Brief ausserhalb des Planes unserer Sammlung liegt, da dieselbe sich nur auf die Künstlerbriefe des XV. — XVII. Jahrhunderts erstreckt, theilen wir ihn der Merkwürdigkeit halber mit, weil er der älteste der uns erhaltenen Künstlerbriefe ist. TADDEO GADDI (ca. 1300—1366) war ein Schüler Giotto's, der zahlreiche Freskomalereien in Sa. Croce in Florenz und an anderen Orten ausgeführt hat. Als er den obigen Brief an Tommaso Strozzi schrieb (die Adresse auf der Rückseite des Briefes lautet: *Tomaso di Marco de li Strozzi in Firenze*), war er in Pisa beschäftigt, im Chor der Kirche San Francesco für Gherardo und Bonaccorso Ganbacorte einen Freskencyklus auszuführen, welcher zum Theil noch erhalten ist. Vasari ed. Milanesi III. S. 575. Crowe und Cavalcaselle Deutsche Ausgabe I. S. 303. Die in dem Briefe erwähnte Mittelsperson war Paolo Dagomari von Prato, ein berühmter Mathematiker, und das dem Gaddi aufgetragene Bild für die Kapelle der Strozzi in Sa. Trinità bestimmt. Vergl. A. v. Reumont Jahrbücher für Kunstwissenschaft IV. S. 366.

[1] *Onde Maestro Paolo e voi con lui la fate fare etc.*
[2] *E così di voi.*

245

2.

DER KARTENMALER WINTERPERG AN DEN RATH VON NÜRNBERG.

Nürnberg, 1452.

Gnedigen erbern vnd weisen lieben Herren. Als dann der andechtig vater vnd ander prediger hie in der stat gepredigt haben, wie ich mit meinem hantwergk kartenmaln mein sele gegen gott nicht bewarn müg, also hab ich gantz dauon gelassen, vnd ich kan kein ander hantwergk, domit ich mich mit meinen kinden hie ernern mag, vnd ich pit ewr genade gar demütiglichen, ir wöllt mir ein gnedigs vrlaub geben, gen Fewcht zuziehen vnd doselbst zusiczen vnd mir dannoch mein burgerrecht hie lassen wolt; so wolt ich mein losung [1] dannoch gerne geben als ob ich hie in der stat sesse; vnd ich getraw ewrn gnaden wol, ir versagt mir diser pette nicht; daz wil ich meinem weybe vnd kinden gen got vmb ewr aller gnade gerne verdinen; vnd begern ein gnedige antwurt, wann ich doch an ewr weisen rats wissen nit hinausziehen wolt.

Michel Winterpergk
kartenmaler.

Mitgetheilt von J. Baader in den Jahrbüchern für Kunstwissenschaft I. S. 79 f. — In der Absicht, das Kreuz gegen die Türken zu predigen, war am Montag nach Sanct Margarethen im Jahre 1452 der Predigermönch Johannes Capistranus nach Nürnberg gekommen. Er predigte täglich unter freiem Himmel und eiferte gegen die allgemeine Sittenlosigkeit, den Luxus, die Kleiderpracht und insbesondere gegen die Spielsucht. Seine Predigten machten einen so ungeheuren Eindruck, dass die Nürnberger am Sanct Laurenzer Tag desselben Jahres einen grossen Scheiterhaufen auf dem Marktplatz errichteten und auf demselben gegen 76 Schlitten, 2640 Brettspiele, 40,000 Würfel, eine grosse Menge Kartenspiele, Wulsthauben, spitze Schuhe und andere verpönte Luxusgegenstände verbrannten, ein Ereigniss, welches durch Holzschnitte und Kupferstiche verewigt wurde. Unter diesem Eindrucke schrieb auch der Kartenmaler Michel Winterperg, dessen Kunst darin bestand, dass er die durch den Holzschnitt hergestellten Karten illuminirte, den obigen Brief. Feucht, wohin er auszuwandern beabsichtigte, um dort ein anderes Gewerbe zu beginnen, ist ein drei Stunden von Nürnberg belegener Marktflecken. Da die Urkunden schon mehrere Jahre darauf wieder Kartenmaler nennen, scheint die Bussfertigkeit der Nürnberger nicht lange vorgehalten zu haben.

---

[1] Bürgersteuer.

3.
JACOPO SANSOVINO AN MICHELANGELO.

Florenz, 16. Februar 1517.

erehrter und Meister, Gruss und tausendfache Empfehlung. Gegenwärtiges hat den Zweck, mich Eures Wohlseins zu vergewissern, welches Gott gefallen wolle, sowie zu erfahren, ob der Marmor, den Ihr mir versprochen habt, sich unter Euren Blöcken befindet, wie ich mit Freuden von Cucherello gehört habe. Ist dem so, so bitte ich mir davon Nachricht zu geben, damit ich es nach Rom vollständig schicken kann, wie ich schon theilweise gethan. Das Uebrige bitte ich dem Maestro Domenico in Erinnerung zu bringen, auf dass ich nach Vollendung dieser Arbeit Euch mit Allem, was ich weiss und vermag, dienen kann. Bin ich anmaassend, so erwarte ich von Euch verständige Zurechtweisung. Schuld daran hat aber Eure Güte gegen mich, mit so vielen freundlichen Anerbietungen, die für mich zu viel sind.

Was das Modell betrifft, so habe ich noch nichts gesehen, obgleich Baccio mir sagt, dass er mit mir in Gemeinschaft sein will. Bald werde ich auch ausführlich melden, wie es mit dem ergangen ist, was ich Euerseits für Cucherello mit Baccio da Montelupo sowie für mich selber geschafft habe. Gleicherweise werde ich in Allem verfahren, was Euch und Eure Diener betrifft. Gott beschütze Euch vor Uebel und erhalte Euch in seiner Gnade. Ich bin in Florenz. Benachrichtigt mich in Betreff des Marmors, und ich werde mich dort einfinden, so dass wir zusammen hierher zurückkehren können.

Jacopo d'Antonio.

Carlo Pini *La scrittura di artisti italiani Sec. XIV—XVII. riprodotta con la fotografia.* Florenz 1869 ff. Vergl. dazu die eingehende Recension von Alfred v. Reumont in den Jahrbüchern für Kunstwissenschaft IV. S. 361. Der Brief befindet sich in den Buonarroti'schen Familienpapieren. — MICHELANGELO befand sich zur Zeit, als SANSOVINO den obigen Brief an ihn richtete, in Carrara, wo unter seiner Aufsicht der Marmor für die Façade der mediceischen Begräbnisskirche, San Lorenzo in Florenz, deren Ausführung Papst Leo X. ihm übertragen hatte, gebrochen wurde. SANSOVINO sollte mit BACCIO DA MONTELUPO einen Theil der für den Schmuck der Façade bestimmten Statuen ausführen, und dieserhalb schrieb er an MICHELANGELO. Der in dem Briefe zuerst erwähnte Baccio ist BACCIO D'AGNOLO, ursprünglich ein Holzschnitzer, der dann Architekt geworden war und nach MICHELANGELO's Zeichnung das Modell der Façade in Holz schnitzen sollte. Dies geschah auch. Als aber MICHELANGELO im März 1517 nach Florenz kam und das Modell sah, lehnte er es rundweg ab und nannte es ein Spielzeug für Kinder. Er ging in seinem Zorn so weit, dass er überhaupt die Mitarbeiterschaft Anderer abwies; und nun schlug der ehrfurchtsvolle Ton SANSOVINO's, der im Grunde seines Herzens, wie wir aus der Selbstbiographie Benvenuto Cellini's wissen, sehr geringschätzig von MICHELANGELO dachte, in helle Entrüstung um. Am 30. Juni 1517, als sich seine Hoffnungen zerschlagen hatten, schrieb er an MICHELANGELO. „Der Papst, der Cardinal (Giulio de' Medici) und Jacopo Salviati, das sind Männer, die, wenn sie Ja sagen, so ist das so gut, als wäre es unterschrieben und besiegelt. Denn sie sind wahrheitsliebend und nicht wie Ihr sie schildert. Aber Ihr messt sie nach Eurer Elle. Bei Euch gilt kein Vertrag und keine Zusage und Ihr saget bald Ja, bald Nein, wie es Euch passt." Gotti *Vita di Michelangelo Buonarroti* I. S. 436. Springer Raffael und Michelangelo S. 366. — Zu der in der ersten Abtheilung S. 258 citirten Literatur über Sansovino ist inzwischen noch hinzugekommen Adolf Rosenberg Andrea und Jacopo Sansovino in Dohme's Kunst und Künstler Nr. LXXII.

4.

ANDREA CONTUCCI AN MICHELANGELO.

Loreto, 1. Januar 1524.

Liebster Michelangelo, Gruss! Dieser Brief soll Euch mittheilen, dass ich während meines Euch bekannten Besuches in Rom am Abend von Weihnachten um die zweite Stunde mit dem Papste lange über die Bauten in Loreto sprach. Als hierauf die Rede auf die Arbeiten kam, die Ihr für Se. Heiligkeit in Florenz auszuführen habt, sagte ich ihm, ich habe mit Euch über mein Verlangen, in die Heimath zurückzukehren, gesprochen und würde, wenn meine Betheiligung an diesen Arbeiten Euch genehm wäre, gern und treulich bei Allem dienen, was Ihr mir auftragen würdet, indem ich Euch von jeher geliebt habe. Der Papst erwiderte, Ihr hättet vortheilhaft von mir gesprochen, und fügte hinzu, er würde es gerne sehen, wenn ich mit Euch zu besagtem Zwecke übereinkäme, und denke Euch davon in Kenntniss zu setzen. Noch trug Se. Heiligkeit mir auf, Euch zu schreiben, wie ich mit Gegenwärtigem thue, Euch meinen Wunsch mitzutheilen. Mein lieber Michelangelo, Ihr kennt meine Fähigkeit und was ich vermag, und so erbiete ich mich zu Allem, was Euch angenehm sein kann. Weiter habe ich nichts hinzuzufügen. Ich empfehle mich Euch. Gott sei mit Euch.

Euer Andrea von Monte San Savino in Loreto.

Carlo Pino a. a. O. Reumont a. a. O. S. 370 f. — Andrea Contucci, der in der Kunstgeschichte unter dem von seinem Heimathsorte abgeleiteten Namen Sansovino bekannter ist, war zur Zeit, als er den obigen Brief schrieb, beschäftigt, die Casa santa in Loreto im Verein mit einer Anzahl von Schülern und Mitarbeitern mit Reliefs zu schmücken. Michelangelo war damals in Florenz mit der Ausführung der Statuen für die Mediceergräber beschäftigt. Da die Sache dem Papste jedoch zu lange dauerte, nahm er das Anerbieten Andreas', an den Statuen mithelfen zu wollen, gerne an und beauftragte ihn, mit Michelangelo das Nöthige zu verabreden. Dieser wies den ihm unliebsamen Mitarbeiter jedoch barsch ab. „Heiliger Vater," schrieb er dem Papste, „wenn Ihr wollt, dass ich das Werk ausführe, so setzt mir nicht andere Künstler auf den Nacken, sondern vertraut mir und gebt mir volle Freiheit." Springer a. a. O.

S. 381. Andrea Contucci, welcher auch der Lehrmeister Jacopo Sansovino's war, starb im Jahre 1529. Vergl. über ihn Rosenberg in Dohme's Kunst und Künstler Nr. LXXII.

5.

VERHÖR DER BRÜDER BEHAM UND DES GEORG PENCZ.

Nürnberg, 1524.

Sebald Beheym maler sagt, es werd sich nit finden, dass er yemand hab gelernt, als bey vielen gros geschrey gemacht (werd); das sey aber war, er hab etlich gesellen, mit denen er sich bey weilen bespracht, seynen mangel angezeigt; das sey der, er konn nit glauben, das in der gestallt des weins und brots der leib und pluet Christj da sei; wiss sich das pisher nit zu unterrichten, müss und woll dann pacientz haben, pis Im got geben well. Er hab auch vil predig gehort; wiss sich daraus auch nicht zu bessern. Er sey auch ob Luthers schreiben[1] oder anderen predigen nit Irr gemacht worden, sunder alle weg der meynung gewesen; und gleich wol hab er Jüngst sich lassen überreden, das sacrament bey den Augustinern entpfangen, doch Im hertzen ein anders gehapt; derhalb er wider sorg, übel gehandelt [zu] haben; wiss, das er hab dann ander unterricht nit ferner zu geprauchen. So sagen die prediger selbs, ein starcker dorff des zeichens nit genyessen. Dieweil dann er sager solichs für ein zeichen, das Christus geben, halte, sey Ime von unnoten, das zu geprauchen. Von der tauff wiss er nichts, kann das weder schelten oder loben; es lig am wasser nichts. Gestee nit, das er sonst eynich ungeschickt Red gethan, versehe sich, es werd nit auff Ine pracht werden. Seyn gesellschafft, mit denen er seynen mangel geredt, sey der Schulmeister zu sand Sebald [Johann Denck], seyn — sagers — bruder, Jorg bentz ein maler, und veyt glasers sone. Bitt auch, kann man Ine eines bessern, darin Im genug geschee, unterrichten, well er guetlich horen und auffnemen.

Barthel Beheym sagt, er kann nit glauben, das In der gestallt weins und prots der leichnam und pluet Christi da sey; so kon er auch von der tauff nichts halten, dahin kon yn nymant reden, ob er es schon auswendig höre und sagt, er glaubts und lügs Im hertzen. Hallt es alles für ein plossen menschen dant; das hab er aus grund seins hertzens. Konn auch der schrifft nit glauben. Er sager hab auch mit vil leuten davon geredt und gefragt, auch wol anderthalb Jar des osyanders[2] predig gehort, Ime sey aber nit genug geschee. Wiss nit,

---

[1] Wahrscheinlich die gegen Münzer gerichtete Schrift Luther's: Brief an die Fürsten von Sachsen von dem aufrührerischen Geist. Wittenberg 1524. — Luther hatte auch an Lazarus Spengler ein Schreiben gerichtet, worin er ihm Antwort auf eine Anfrage ertheilte, was man mit den Münzer'schen Irrlehrern und ihrem Anhang machen solle. Strobel Thomas Münzer, S. 67.

[2] Andreas Osiander (1498—1552), lutherischer Prediger in Nürnberg, seit 1520 Professor der hebräischen Sprache im Augustinerkloster, später Prediger an St. Lorenz.

wie es zugee, was dj preliger sagen, sey wol grundt vor dem menschen, aber im grund lautter dandt. So sehe er auch kein frucht von denhen, dj predigen. Vff diser maynung well er auch pleiben; dahin verursachen in die lügen, pis die wahrheit kum.

Vff fürhalten, es hab an ein rath gelangt, wie er und sein bruder sich vernemen lassen, man soll nit arbeitten und man muss ein mal teyln[1]), veracht auch die eusserlich oberkait, sagt er, er kenn keynen obern dan got den almechtigen. Wan seyn bruder wider Ine sind und er Ine straff, sey eyn yeder dem andern zu gehorchen schuldig, vnd ein bruder hab den andern zu straffen. Es stee nirgent geschriben, wan dein bruder sündigt und dir dein bosheit sagt, nym In und rechtfertig In, vnd die straff sey ein handt vmb ein handt, eind aug vmb ein aug, vnd also fürt aus.

Vff fürhollten, was gemeynschafft er mit den zweyen malern den Beheymen gehapt oder was ungeschickts er von Ine gehort, sagt Veyt wirsperger, es sey nit one, er erken diese zwen Beheym alls Leut, die des glaubens vbel bericht oder aber verberrt sind, haben bey einem pfaffen, dem ein erber Rath die Stadt versagt[2]), vil gemeinschaft gehapt, vnd gleichwol sey er etlich mal zue Inen gangen, sy auch zue sich geladen vmb bruederlich willen, der meynung, sy der warheit zu berichten. Aber In suma der ein bruder, Barthel genant, der sprech, er kenn keynen Cristum, wiss nichts von Ine zu sagen, sey Ine eben alls wan er hore von herezog ernsten sagen, der In berg gefaren soll sein. Hab er Ine wollen den Glauben leren vnd gefragt, ob er den kann: der Ine geantwort, hab den nye gelernt. So sey auch der sebald nit mynder halsstariger vnd teuffelhefftiger dann diser: vnd sey beschwerlich, das Christenleut sollen vmb sy sein, alls Ire weiber. Dieselben sie auch so Irrig gemacht, das die nit wissten, wue aus. Es geen auch dise zwen bruder mit des montzers vnd karelstadts büchlein vmb. Vnd es sey ein Junger bey Inen, meister sebald kirchners sone; wer wol gethan, das man den von Inen neme, vnd sich ein yeder Crist derselben naite.

Item er hab wol von den beden bruedern gehort, Es sey nichts vmb dj oberkeit, die werd mit der zeit zu trümern geen; wie sy aber das gemeint, wiss er nit, hab Ime so weit nit nachgedacht, aber sy doch gestrafft, das sye dj oberkeit nichts haben wellen sein lassen: dann sant Paulus hab sye das nit gelernt.

Jorg Pentz sagt auf das fragstuck, ob er glaub, das ain got sei: Ja, er empfinds zum teil, ob er aber wiss, was er warhafft für denselben got sol halten, wiss er nit. Was er von Christo hallt? Halt von Christo nichts — Ob er

---

[1]) Münzer hatte in Alstedt eine Gesellschaft gestiftet, deren Hauptstatut in dem Satze gipfelte: omnia simul communia. Strobel S. 45.

[2]) Heinrich Pfeiffer von Mühlhausen, genannt Schwerdtfeger, auch Schwerdtfisch, der eine Zeit lang in Nürnberg die Münzer'schen Lehren verbreitete und deshalb vom Rathe ausgewiesen wurde. Soden Beiträge zur Geschichte der Reformation. Nürnberg 1855.

dem heiligen Euangelio vnd wort gottes, In der schrifft verfasst, glaube? Kann der schrifft nit glauben — Was er von dem Sacrament des Altars halt? Halt vom sacrament des altars nichts. Was er von der tauff halt? Halt von der tauff nichts — ob er ain weltliche oberkeit glaub vnd ainen Rate zu Nürnberg für seine Herrn erkenn, über seinen leib, gut vnd was eusserlich ist? Wiss von keynem herrn dann allein von got.

Vrsachen warumb es beschwerlich sey, die drei maler hie In der Statt zu gedulden.

Erstlich darumb, das dise maler nit allain den ersten, sonnder anndern vnd dritten tag vber alle stattliche warnung vnd vnndterrichtung sich so ganntz gotlos vnd haidnisch erzaigt, alls von keinem hievor nit erhört sey, vnd das mit ainem trutz vnd mit verachtung aller prediger vnd Irer weltlichen oberkait.

Zum andern. So Ist diser maler handlung nit allain hye, sonnder ausswendig bey Jedermann rüchtig und lautprecht, hat euch für annder sachen ein merklich gross ansehen, auch nit vnbillich, dann es betrifft nichzit zeitlichs, sonnder die selen. Nun seien vor hie In diser Statt mancherlay haimlicher vnd offenlicher Irrung vnd opinion dess glaubens; wo nun dise leut sollten hie gelassen werden, wurden sie viel leut finden, die sich allererst auss fürwitz oder leichtvertikait zu Inen thon, vnd von Inen gelegenhait Irer opinion erfarn vnd wissen wollten; so sey sich nit zu uermuten, das dise leut werden schweigen; dann man kenne sy; sein auch für prächtig, trutzig vnd von Inen hochhaltend für andern berümbt; darumb gut zu bedencken, was pösen gifts hie mer dann vor gesaet vnd ausgeprait wurd.

Zum dritten sey ain grosse sorg, das die fangknus dess lochs mer dann das wort gottes dise leut zu bekanntnus vnd enndterung Ires gemüts verursacht hab, vnd das Ir hertz nach dem ausslassen eben steen werd wie danor, alls sich dann am hinabfüren der ain gegen dem andern haimlich, des doch ainer gehört, hab vernemen lassen: Man sagt vns wol vil, wann sie es nur beweisen, Darumb zu besorgen, das die letzten ding erger dann die ersten wurden.

Zum 4. So haben ye dise drey Ire herren, auch In Irem beywesen, vber Ir pflicht vnd ayde für weltliche herrn vernaint, welchs doch der schulmaister[1] aye gethan, auch In seiner opinion bey weitem nit so gotlos alls dise leut gewesen sein, vnd sey Ime dannocht die Statt verpotten. Warumb sollten die nun mer vortails haben?

---

[1] Nach Soden Beiträge S. 219 wurde der Schulmeister zu St. Sebald, Magister Johann Denck, am 21. Januar 1525 aus Nürnberg verwiesen, weil er dem Rathe ein Glaubensbekenntniss überreicht hatte, welches besonders die Autorität der Schrift verwarf. Der Rath hielt es daher für ärgerlich und verführerisch, „seine Person bei dieser Stadt und christlicher Versammlung zu dulden". Ist die Angabe des Datums richtig, so müsste das Verhör der Maler den Mittheilungen Baader's entgegen in das Jahr 1525 zu setzen sein und zwar bald nach dem Monat Januar, da Penz bereits im Frühjahr desselben Jahres die unten in der Erläuterung erwähnte Vergünstigung erhielt. Lochner Reformationsgesch. der Stadt Nürnberg S. 39 rechnet den Schulmeister zu Münzer's

Zum 5. So sey bey dem mainsten taille aller menschen allhie vnd auswendig dise sach, auch die drey maler so verhasst, das zu besorgen, ob sie wol hie gelassen [wurden], das sie mit der Zeit entleibt werden möchten. Do wurd dann ain vnrat den andern reiten vnd vil ain ergers verursacht dann vor.

Zum 6. So wurd, alls zu besorgen, auss diser leut gegenwärtigkeit, wie oben gehort, vil getailter Irriger gemüte und opinion bey vil menschen In diser Statt vnd darauss volgen, dass man hinfüro nit mer der gemain, sonder ainem yeden Irrigen In sonderhait predigen vnd vnderrichtung thun musst. Des wurd ein vnertreglich lasst, der nit allein allen predigern, sonder meinen herrn zu schwer wurd.

Dieses für die reformatorische Bewegung höchst interessante Dokument ist zuerst von Baader Beiträge zur Kunstgeschichte Nürnbergs, Nördlingen 1862, II. S. 74—79, aus den Nürnberger Archiven veröffentlicht worden. GEORG PENCZ (1500—1550), SEBALD BEHAM (1500—1550) und BARTHEL BEHAM (1502 1540) gehören zur Klasse der sogenannten „Kleinmeister", wie sie von den Sammlern wegen des geringen Umfangs ihrer Stiche und der sauberen Ausführung derselben genannt worden sind. Ohne dass man ein direktes Schulverhältniss zu DÜRER nachweisen kann, darf man sie doch im Allgemeinen als Schüler DÜRER's bezeichnen, da sie sowohl als Kupferstecher wie als Zeichner und Maler durchaus der Art des grossen Meisters folgten. Es ist sehr wahrscheinlich, dass sie vorübergehend als Gesellen in DÜRER's Werkstatt gearbeitet haben. Als sie wegen ihrer revolutionären, religiösen und socialen Gesinnungen gefänglich eingezogen und vor Gericht gestellt wurden, befanden sich alle drei noch in sehr jugendlichem Alter. Wanderprediger hatten durch aufrührerische Reden, deren Tendenz zugleich eine socialistische war, ihre jugendliche Phantasie entzündet, und die Lektüre der Schriften Karlstadt's und Münzer's hatten das Uebrige gethan, um die Köpfe der jungen Maler zu verwirren. Zu den Fundamentalsätzen der Karlstadt'schen Lehre gehörte besonders die Verwerfung der Transsubstantiation, und zu derselben Lehre bekannte sich auch SEBALD BEHAM, der im Beginn des Verhörs ausdrücklich sagte: „er könne nicht glauben, dass in der Gestalt des Weins und Brots der Leib und das Blut Christi da sei." Zum Ueberfluss bezeugte auch Veit Wirsperger, der die drei Maler denuncirt zu haben scheint, dass die Brüder BEHAM „mit des Münzer's und Karlstadt's Büchlein" umgegangen seien. Münzer, der mit seinen religiösen Neuerungen gefährliche communistische Tendenzen verband, war im Jahre 1524 in Nürnberg gewesen, aber bald ausgewiesen worden. Kurz darauf war ohne Vorwissen des Raths ein maassloses Pasquill Münzer's gegen Luther gedruckt worden. Obwohl der Rath in seiner Mehrheit einer vernünftigen, langsam vorwärts schreitenden Reformation nicht abhold war, hielt er es doch für angezeigt, sich die drei Maler vom Halse zu schaffen, namentlich weil er besorgte, sie könnten durch ihre aufrührerischen Reden leicht das unzufriedene Proletariat zu Revolten ver-

Anhängern. Mit den Aussagen des *Pencz* stimmt eine Aeusserung Luther's in einem Briefe an Briesmann (Strobel S. 67) fast wörtlich überein: *Satan per istos prophetas sic projecit, ut iam Nurnbergae aliquid circa negent. Christum aliquid esse, negent verbum Dei aliquid, negent baptismum et sacramentum altaris, negent civilem potestatem; solum confitebitur esse Deum, idco capti sedent in carcere. Hac scilicet it Satanas, spiritus Alstetri et Carlstadii.* Es scheint demnach unzweifelhaft, dass Luther von dem Inhalt dieses Verhörs Kenntniss erhalten hat.

anlassen. Pencz und die Beham's wurden also ausgewiesen. Der erstere bereute seine unklugen Reden sehr schnell und bat schon im Frühjahr 1525 den Rath, „ihm die Strafe der Verbannung zu mildern". Dies geschah auch insofern, als ihm gestattet wurde, sich in Windsheim bei Nürnberg niederzulassen. Später wurde jedoch die gegen ihn verhängte Verbannung gänzlich aufgehoben, und er kehrte wieder nach Nürnberg zurück. Die Begnadigung scheint sich auch auf Sebald Beham erstreckt zu haben, da derselbe bereits 1528 wieder in Nürnberg ansässig ist. Die schlechten Erwerbsverhältnisse veranlassten ihn aber, schon nach wenigen Jahren wieder auszuwandern. Er fand endlich um 1531 eine bleibende Stätte in Frankfurt a. M., wo er zunächst eine sehr fruchtbare künstlerische Thätigkeit entfaltete und später einen Weinschank aufthat, der ihm jedoch noch die Zeit liess, seine Thätigkeit als Stecher und Zeichner für den Holzschnitt fortzusetzen. Er starb im Jahre 1550. Sein Bruder Barthel scheint nach seiner Verbannung zuerst nach München gegangen zu sein, wo er von den Herzögen Wilhelm und Ludwig beschäftigt wurde. Auf Kosten des Herzogs Wilhelm von Bayern ging er auch nach Italien, wo er im Jahre 1540 plötzlich starb. Vergl. Adolf Rosenberg Sebald und Barthel Beham, Leipzig 1875, und über Pencz Rosenberg Die Maler der deutschen Renaissance in Dohme's Kunst und Künstler Nr. XXV.

6.

DAS VERHÖR PAUL VERONESE'S.

Venedig, 18. Juli 1573.

Protokoll der Sitzung des Inquisitionstribunals von Sonnabend, dem 18. Juli 1573. Heute, Sonnabend, den 18. des Julimonats 1573. Von dem heiligen Officium vor das heilige Tribunal gefordert, hat Paul Caliari Veronese, wohnhaft in der Parochie San Samuele, über seinen Namen und Vornamen befragt, wie oben steht geantwortet.

Ueber seine Profession befragt.

Antwort. Ich male und mache Figuren.

Frage. Habt Ihr Kenntniss von den Gründen, wegen welcher Ihr vorgeladen seid?

Antwort. Nein.

F. Könnt Ihr Euch denken, welches diese Gründe sind?

A. Ich kann sie mir wohl denken.

F. Sagt, was Ihr in Betreff derselben denkt.

A. Ich denke, dass es das betrifft, was mir von den ehrwürdigen Vätern gesagt worden ist oder vielmehr von dem Prior des Klosters der heiligen Giovanni e Paolo, dessen Namen ich nicht wusste. Derselbe hat mir erklärt, dass er hierher gekommen wäre, und dass Ew. erlauchtesten Herrlichkeiten ihm befohlen hätten, er solle auf dem Gemälde eine Magdalena an Stelle eines Hundes ausführen lassen, und ich antwortete ihm, dass ich sehr gern Alles thun würde, was für meine Ehre und die meines Gemäldes zu thun nöthig sein würde, dass

ich aber nicht verstände, wie sich diese Figur der Magdalena dort gut aus-
nehmen könnte, und zwar aus vielen Gründen, welche ich sagen werde, sobald
mir die Gelegenheit gegeben sein wird, sie zu nennen.

F. Was ist das für ein Bild, von dem Ihr gesprochen habt?

A. Es ist das Bild, welches das letzte Mahl darstellt, das Jesus Christus
mit seinen Aposteln im Hause des Simon einnahm.

F. Wo befindet sich dieses Gemälde?

A. Im Refektorium der Brüder von SS. Giovanni e Paolo [1]).

F. Ist es in Fresko, auf Holz oder auf Leinwand gemalt?

A. Es ist auf Leinwand gemalt.

F. Wie viel Fuss misst es in der Höhe?

A. Es kann siebenzehn Fuss messen.

F. Und in der Breite?

A. Ungefähr neununddreissig [2]).

F. Habt Ihr auf diesem Abendmahl [3]) unseres Herrn auch Leute gemalt?

A. Ja.

F. Wie Viele habt Ihr dargestellt und was ist die Verrichtung eines Jeden?

A. Zuerst der Herbergsvater Simon; dann unter ihm ein Vorschneider,
von dem ich mir gedacht habe, dass er zu seinem Vergnügen dorthin gekommen
wäre, um zu sehen, wie die Sachen bei Tische vor sich gingen. Es sind noch
viele andere Figuren da, auf die ich mich jedoch nicht besinnen kann, da ich
das Gemälde schon vor längerer Zeit gemalt habe.

F. Habt Ihr noch andere Abendmahle ausser jenem gemalt?

A. Ja.

F. Wie viele habt Ihr gemalt und wo sind sie?

A. Ich habe eines in Verona gemalt für die ehrwürdigen Mönche von San
Lazzaro [4]), es ist in ihrem Refektorium. Ein anderes befindet sich in dem Refektorium der ehrwürdigen Väter von San Giorgio, hier in Venedig [5]).

F. Aber letzteres ist kein Abendmahl und heisst auch nicht das Abendmahl unseres Herrn.

A. Ich habe ein anderes in dem Refektorium von San Sebastiano in
Venedig gemacht, ein anderes in Padua für die Väter von Sa. Maddalena. Ich
erinnere mich nicht, andere gemacht zu haben.

---

[1]) Das Bild, um dessenwillen *Paolo Veronese* vor dem Inquisitionstribunal einem
peinlichen Verhör unterzogen wurde, stellt nicht, wie in dem obigen Protokoll, sei es
aus Vergesslichkeit des Malers selbst oder durch ein Versehen des Protokollführers,
gesagt wird, das Gastmahl beim Pharisäer Simon, sondern dasjenige bei Levi dar. Es
befindet sich jetzt in der Akademie in Venedig und trägt die Inschrift A. D. MDLXXII.
DIE. XX. APR. Der Maler hatte es also ein Jahr vor diesem Verhör vollendet.

[2]) Die genaue Höhe des Bildes beträgt 5,55 m, die Breite 12,77 m.

[3]) Das Wort Abendmahl *cenaculo* ist hier nur im Allgemeinen gebraucht. Das
letzte Mahl des Heilands mit seinen Jüngern ist darunter nicht zu verstehen.

[4]) Soll heissen San Nazario e Celso. Das Bild, Gastmahl beim Pharisäer Simon,
befindet sich in der Turiner Gallerie.

[5]) Die berühmte Hochzeit von Cana, jetzt im Louvre.

F. Was bedeutet auf dem Gastmahl, welches Ihr für San Giovanni e Paolo gemacht habt, die Figur Desjenigen, welchem das Blut aus der Nase fliesst?

A. Es ist ein Diener, welchem irgend ein Unfall Nasenbluten verursacht hat.

F. Was bedeuten diese bewaffneten und nach deutscher Art gekleideten Leute, welche Hellebarden in der Hand halten?

A. Es ist hierzu nöthig, dass ich zwanzig Worte sage.

F. Saget sie.

A. Wir Maler nehmen uns solche Freiheiten heraus, wie es die Dichter und die Narren thun, und so habe ich diese Hellebardiere dargestellt, den einen trinkend und den andern essend am Fusse der Treppe, übrigens ganz bereit, ihre Dienste zu thun; denn es schien mir passend und auch möglich, dass der Herr des Hauses, der nach dem, was man mir sagte, reich und prachtliebend war, solche Diener haben müsste.

F. Und der als Narr gekleidete, mit einem Papagei auf der Faust, zu welchem Zweck habt Ihr ihn auf diesem Gemälde dargestellt?

A. Er ist da als Zierde, so wie man das gewöhnlich zu thun pflegt.

F. Wer sind diejenigen, die sich am Tische unseres Herrn befinden?

A. Die zwölf Apostel.

F. Was thut der heilige Petrus, welcher der erste ist?

A. Er zerlegt das Lamm, um es der anderen Seite des Tisches zugehen zu lassen.

F. Was thut der, der nach ihm kommt?

A. Er hält eine Schüssel hin, um entgegenzunehmen, was der heilige Petrus ihm geben wird.

F. Sagt, was der dritte thut.

A. Er reinigt sich die Zähne mit einer Gabel.

F. Welches sind die Personen, von denen Ihr in Wahrheit annehmt, dass sie bei diesem Mahle zugegen gewesen sind?

A. Ich glaube, dass nur Christus und seine Apostel dabei waren; wenn mir aber auf einem Gemälde ein wenig Raum übrig bleibt, so schmücke ich ihn mit Figuren meiner Erfindung.

F. Hat Euch Jemand befohlen, Deutsche, Narren und andere ähnliche Figuren auf diesem Gemälde anzubringen?

A. Nein; aber es wurde mir der Auftrag ertheilt, es zu schmücken, wie ich es für passend halten würde; es ist ja gross und kann viele Figuren fassen.

F. Müssen die Verzierungen, die ihr Maler auf den Gemälden anzubringen pflegt, nicht mit dem Gegenstande harmoniren und in direkter Beziehung zu ihm stehen oder sind sie ohne Auswahl und ohne Verstand Eurer Phantasie überlassen?

A. Ich mache die Malereien mit der Ueberlegung, welche sich geziemt und wie sie mein Verstand fassen kann.

F. Scheint es Euch passend, auf dem letzten Abendmahle[¹]) unseres Herrn
Narren, betrunkene Deutsche, Zwerge und andere Albernheiten darzustellen?

A. Allerdings nicht.

F. Warum habt Ihr es denn gethan?

A. Ich habe es in der Voraussetzung gethan, dass jene Leute sich ausserhalb des Ortes befinden, in welchem das Gastmahl vor sich ging.

F. Wisst Ihr nicht, dass sie in Deutschland und in anderen von der
Ketzerei verheerten Orten die Gewohnheit haben, mit ihren Bildern voll Albernheiten die Angelegenheiten der heiligen katholischen Kirche zu erniedrigen und
ins Lächerliche zu ziehen, um so die falsche Lehre den unwissenden oder un-
verständigen Leuten beizubringen?

A. Ich gebe zu, dass das schlecht ist; aber ich komme auf das zurück,
was ich gesagt habe, dass es nämlich für mich eine Pflicht ist, den Beispielen
zu folgen, welche mir meine Lehrmeister gegeben haben.

F. Was haben denn Eure Meister gethan? Vielleicht ähnliche Dinge?

A. Michelangelo hat zu Rom in der Kapelle des Papstes unseren Herrn,
seine Mutter, die heiligen Johannes und Petrus und den himmlischen Hofstaat
dargestellt, und er hat alle Personen, wie z. B. die Jungfrau Maria, nackt dargestellt und in verschiedenen Stellungen, welche die heiligste Religion ihm nicht
eingegeben hat.

F. Wisst Ihr denn nicht, dass, wenn man das jüngste Gericht malt, für
welches man keine Kleider annehmen darf, man auch keine zu malen Ursache
hat? Aber was ist in diesen Figuren, das nicht vom heiligen Geiste eingegeben
worden ist? Es sind dort weder Narren, noch Hunde, noch Waffen, noch andere Scherze. Scheint Euch denn noch nach alle dem, dass Ihr recht gethan,
Euer Gemälde so gemalt zu haben, und wollt Ihr beweisen, dass es gut und
anständig ist?

A. Nein, sehr erlauchte Herren, ich habe nicht die Absicht, es zu beweisen, aber ich hatte nicht gedacht, unrecht zu thun. Ich hatte nicht so viele
Dinge in Erwägung gezogen. Ich war weit entfernt, mir eine so grosse Un-
gehörigkeit vorzustellen, um so mehr, als ich diese Narren ausserhalb des Ortes
hingestellt habe, wo sich unser Herr befindet.

Nachdem diese Dinge gesagt worden, haben die Richter verkündet, dass
der obengenannte Paolo gehalten würde, sein Gemälde in einem Zeitraume von
drei Monaten, vom Tage der Verwarnung gerechnet, zu verbessern und abzu-
ändern, und zwar nach dem Gutachten und der Entscheidung des heiligen
Tribunals, und Alles auf Kosten des genannten Paolo. Et ita decreverunt omni
melius modo.

Dieses merkwürdige Dokument, welches ein interessantes Seitenstück zu dem
obigen Verhör der deutschen Maler bildet, ist zuerst von Armand Baschet

---

[¹]) Obwohl festgestellt worden, dass das Gemälde nicht das letzte Abendmahl
darstellt, schieben die Inquisitoren demselben doch diesen Gegenstand unter, vielleicht
in der Absicht, das Vergehen *Veronese's* schwerer erscheinen zu lassen.

in der *Gazette des Beaux-Arts* 1867, leider nur in einer französischen Uebersetzung, mitgetheilt worden. (Deutsch in A. v. Zahn's Jahrbüchern für
Kunstwissenschaft I. S. 82. Französisch bei Charles Yriarte *La vie d'un
Patricien de Venise* S. 439 f.) Das Original befindet sich unter den Prozess-
akten des Sant'-Uffizio im venetianischen Archiv. Anders als die deutschen
Maler benahm sich Paul Veronese vor den strengen Inquisitionsrichtern sehr
demüthig. Indessen scheint er am Ende Mittel und Wege gefunden zu haben,
um sich der lästigen Verpflichtung, das Bild umzuarbeiten, zu entziehen. Denn
das Gemälde zeigt noch heute dieselben Figuren, welche dem heiligen Tribunal
so grosses Aergerniss erregt hatten.

7.

PAOLO VERONESE AN MARCANTONIO GANDI.

Venedig, 27. Oktober 1578.

Magnifico Signor mio! Ho ricevuto quela de Vossignoria per la qual mi
alegro che la sia gito seguro a Treuiso. Messer Fedrico pien di mar-
tello qui mi dise che molto era che non aueua sauto di lei cossa alcuna
e quasi dolendose del longo silentio. Subito ho mandato per le magoliche e le
ho autte in una cassa la qual era molto stinatta e a uederla aueria chreto che
le fuse al meno una parte rotte neuie sta saluo due pezi una piaina da copen
la qual era anco storta in tre pezi e uno tazon in dui il qual anio a V. S. cusi
rotto che dila tal facia cociare e perche io non lio tolti fuora ma ben insieme
mio cognato il zima li auiame meso nele due coribbe per che stiano mellio co la
instesa palia che e venuto ne la cassa e per che ne o bisogno la o itertenuta a
cio che non me undi de mallo e in cambio le mando le corbe ne le qual son
bonisimo acomodati, la le mauda a piliar quando a lei piace e a chi portara
letera sua le auera e sono in tuto pezi 140. Jo li o mandato quanto mi a
detto cio e L. 17, e lui dice che li pareua dauer di le nostre ragion 913 ma
che non lo poteua saper dil certo. Mio fratel li dice che ne dia risposta a co-
modo suo e si anaiina delo partito quanto poi che la mercancia siano bona e
bella la saro farali come eccellentissimo ariemetiche tal consideracione. Jo per
la barba (?) che o sento che nela etta di un omo si puo far anpegio e che e ben
a auer de li amici che sapia e uolia far de li seruicii. Quanto a la laganega (?)
se le vera per quel che la sara a suo nome la sara gode ta e percio la ringracio
al sollito sara fatte le salutacion in nome de tuti de cassa Di Venezia li
27 ottobre 1578.

Di Vostra eccellentissima Signoria
il pazzo (?)
Paulo Caliar pitore.

Das Original dieses Briefes wurde im Mai 1880 in Leipzig versteigert und
erzielte beiläufig einen Preis von 202 Mark. Er ist auf einem Blatte geschrieben,
welches auf der Rückseite die Adresse: *Al Molto Magnifico e suo Signore il*

S Marcantonio Gaudi a trevisso subbito* (letzteres mit Rothstift unterstrichen)
und folgendes Postscriptum trägt: *Ho aviatte schriti de un M Manbriõ sugaa
a M Fidrico chredero che li abia ricerate, se V. S*ᵗⁱᵃ *le cede li piacera a ricor-
dalila.* — Leider sind die Schriftzüge bereits so vergilbt, dass sich der Ent-
zifferung derselben unüberwindliche Schwierigkeiten in den Weg stellen. Ueberdies hat der Schreiber so viele Abkürzungen angewendet, dass der Zusammenhang nur mit Mühe gefunden werden kann. Wir haben aus diesem Grunde
auf eine Uebersetzung des Briefes verzichten müssen. Wenn wir denselben
trotzdem in seinem, wie bemerkt, nicht ganz sicheren Wortlaute hier mitgetheilt
haben, so geschah es, weil dieser Brief der erste ist, der von PAOLO VERONESE
bekannt wird. Enthält er auch keine Mittheilungen von kunstgeschichtlichem
Interesse, so ist er doch für den Maler charakteristisch. Wie schon aus dem
Verhöre hervorgeht, war PAOLO VERONESE kein gebildeter Mann, und dies bestätigt auch der Brief. Sein Stil ist äusserst ungelenk, und seine Orthographie
spiegelt genau die venezianische Aussprache wieder (*cassa* statt *casa*, *fuse* statt
fosse, *dela* statt *della* u. s. w.).

Es handelt sich in dem Briefe um eine Sendung von Majoliken (vielleicht
chinesischen oder japanischen?), die PAOLO VERONESE für Marcantonio Gaudi
in Treviso vermittelt hat. Während des Transportes waren die Gegenstände
bis auf zwei in kleine Stücke zerbrochen worden.

ALPHABETISCHES VERZEICHNISS

DER KÜNSTLER.

von welchen Briefe etc. in dieser Sammlung mitgetheilt worden sind.

Albani, Francesco 1578—1660.
Alberti, Leo Battista 1104—1472.
Allegri, Antonio gen. Correggio 1494—1534.
Allori, Agnolo di Cosimo gen. Bronzino 1503—1572.
Altissimo, Cristofano dell' ca. 1550.
Ammanati, Bartolommeo 1511—1592.
Antonio, Giovanni Angelo d' ca. 1450.
Bandinelli, Baccio 1487—1559.
Barbieri, Francesco gen. Guercino 1590—1666.
Baroccio, Federigo 1528—1612.
Beham, Barthel 1502—1540.
Beham, Sebald 1500—1550.
Berettini, Pietro gen. da Cortona 1596—1669.
Bernini, Lorenzo 1598—1680.
Bertoldo ca. 1460.
Beurs, Wilhelm 1656—ca. 1700.
Brescia, Giovanni Maria da ca. 1500.
Bresciani, Benedetto ca. 1690.
Brueghel, Jan 1567—1625.
Buonarroti, Michelangelo 1475—1564.
Caliari, Paolo gen. Veronese 1528—1588.
Callot, Jacques 1594—1669.
Caracci, Agostino 1558—1601.
Caracci, Annibale 1560—1609.
Caracci, Lodovico 1555—1619.
Cellini, Benvenuto 1500—1572.
Contucci, Andrea gen. Sansovino 1460—1529.

Correggio s. Allegri.
Cranach, Lucas 1472—1553.
Credi, Lorenzo di 1459—1537.
David, Ludovico 1648—nach 1718.
Dijck, Anton van 1599—1641.
Domenichino s. Zampieri.
Domenico, Veneziano ca. 1400—1461.
Dürer, Albrecht 1471—1528.
Ferri, Ciro 1634—1689.
Filarete, Antonio ca. 1400—ca. 1470.
Francia, Francesco (eigentlich Raibolini) ca. 1450—1517.
Gaddi, Taddeo ca. 1300—1366.
Ghiberti, Lorenzo 1378—1455.
Gozzoli, Benozzo 1424—ca. 1496.
Lanfranco, Giovanni 1581—1675.
Lippi, Filippo ca. 1412—1469.
Luciani, Sebastiano gen. del Piombo ca. 1485—1547.
Luti, Benedetto 1666—1724.
Mantegna, Andrea 1431—1506.
Manuel, Niclas (auch N. M. Deutsch genannt) 1484—1530.
Mazzola, Francesco gen. Parmegianino 1503—1540.
Melzi, Francesco † nach 1568.
Monte Lupo, Raffaello da ca. 1505—ca. 1570.
Murillo, Bartolome Esteban 1617—1682.
Nelli, Ottaviano ca. 1370—1444.
Niccolo, Domenico di ca. 1420.
Paggi, Giovanni Battista 1554—1627.

Palladio, Andrea 1518–1580.
Palma, Jacopo, il vecchio ca. 1480–1528.
Parmegianino s. Mazzola.
Perugino s. Vanucci.
Piombo s. Luciani.
Pontintelli, Baccio 1450 ca. 1492.
Pontormo, Jacopo da 1494–1557.
Poussin, Nicolas 1594–1665.
Quercia, Jacopo della 1371–1438.
Raffael s. Santi.
Rembrandt, Harmenszoon, van Rijn 1607–1669.
Reni, Guido 1574–1642.
Rosa, Salvator 1615–1673.
Rubens, Peter Paul 1577–1640.
Sandrart, Joachim von 1606–1688.
Sansovino, Andrea s. Contucci.
Sansovino, Jacopo s. Tatti.

Santi, Giovanni ca. 1440–1494.
Santi, Raffaello 1483–1520.
Stella, Jacques 1596–1657.
Tatti, Jacopo gen. Sansovino 1477–1570.
Tavella, Carlo Antonio 1668–1738.
Tizian s. Vecellio.
Tribolo, Niccolo Pericoli gen. il T. 1485 –1550.
Vanucci, Pietro gen. Perugino 1446–1524.
Vasari, Giorgio 1512–1574.
Vecellio, Tiziano 1477–1576.
Vignon, Claude 1590–1670.
Vouet, Simon 1582–1641.
Winterperg, Michel ca. 1440.
Zampieri, Domenico gen. Domenichino 1581–1641.
Zucchero, Federigo 1543–1609.

NAMENVERZEICHNISS.

I. HÄLFTE.

Agens, Kardinal von 128. 138. 142.
Agnolo, Baccio d' 3. 13. 89. 94.
Alberti, Carlo 25. 30. 31.
  Leon Battista 2. 3. 4. 12. 25 35. 51. 69. 97.
Albizzi, Antonio Francesco degli 131.
  Maria Ginevra degli 41.
  Rinaldo degli 73.
Alcotti, Pier Giovanni 143. 156.
Alessandri (Albizzi) 41.
Alessandrino, Kard. 220.
Alexander VI., Papst 99.
Alfonso von Este, Herzog von Ferrara 6. 186 188.
Allegri, Antonio 7. 10. 107—111.
Allori s. Bronzino.
Altissimo, Cristofano dell' 265—266.
Alva, Herzog von 204.
Amatori, Francesco 136. 163. 165. 298.
Amboise, Karl von 77.
Ammanati, Bartolomeo 4. 156. 161. 303. 307—317.
Anichin, Luigi 196. 197.
Anschni, Michelangelo 239.
Antonio, Giov. Angelo d' 4. 46.
Aquila, Juan dell' 227.
Arasse, Monsignor d' 204.
Aretino, Pietro 7. 146—150. 182. 188. 196. 203 206. 220. 229—232. 235. 236. 242. 257. 267. 282 284.
Arriguzzi, Arduino 305.
Arsilli, s. Ersigli.
Avalos, Alfonso d' s. Vasto.

Avalos, Ferante 177 178.
Averlino, s. Filarete.
Avila, Luigi d' 197. 205.

Baglione, Malatesta 130. 132.
Baglioni, Atalante 90. 91.
Bajazet, Sultan 57.
Balducci, Baldassare 117. 118.
Baliardis, Pascalius de 155.
Bandinelli, Baccio 258—264. 309.
Baroccio, Ambrogio d'Antonio 59.
Bartoli, Cosimo 164.
Bartolommeo, Fra 90. 114.
Bastia, Matteo de 33—35.
Bazzotto 91.
Bellini, Giovanni 7. 51. 183—185.
Bembo, Pietro 4. 7. 13. 89. 96. 184. 241 242. 257—258.
Benavides, Marco Mantova 308.
Bene, Albertaccio del 241—242.
Benedetto, Angelo di 68.
Benedetto, Giovanni 293 294.
Benevides, Giovanni 209.
Bergonzi, Cesare 239.
Bernachino, Martio di 38.
Berni 233.
Bertoldo 48—49.
Bettifera, Laura 309.
Bettini, Bartolommeo 154.
Bibbiena, Kard. 94. 228.
  Maria da 94.
Bollani, Domenico 221 223.
Bologna, Giovanni da 190. 309.

Boni, Zanobi 78—79.
Bonnani, Francesco 294—296.
Borghini, Vicenzo 13, 267, 269.
Borgia, Valentino 76.
Borgio, Battista del 274.
— Cristofano del 298.
Botticelli, Sandro 118.
Bramante 92–94, 96, 97, 124, 145, 160,
    162, 230.
Brescia, Giovanni da 84, 85.
Bronzino, Angelo 5, 153, 243, 253—257,
    266, 303.
Brunellesco, Filippo 26, 28, 47, 50, 132, 263.
Buffa, Francesco 93.
Buonarroti, Leonardo 115, 158—159, 164,
    168.
— Ludovico 120 ff.
— Michelangelo 3–6, 8, 10, 12, 13,
    86—88, 90, 97, 108, 115–182, 224,
        229, 231, 233, 239, 243, 249, 252,
        258, 259, 262, 265, 268 ff, 289, 293,
        296–298, 299, 301, 307, 308—309,
        310, 312.
Buoninsegni, Domenico 225, 226.
Buti, Lucrezia 24.

Calandra 60.
Calcagni, Tiberio 171.
Calcagnini, Celio 97.
Calvanese, Luca 48.
Calvo, Marco Fabio 97.
Campana 68.
Campofregoso, Battista 16—18.
    Tommaso 17, 18.
Cappello, Bartolommeo 135.
Capponi, Nero 73.
Caracci, Annibale 111.
Carl V. 6, 191, 198–199, 204, 207, 210,
    220, 221, 265, 272, 282.
Caro, Annibal 309.
Carpi, Kard. di 173.
Carucci, s. Pontormo.
Castagno, Andrea del 21.
Castagnoli, Zaccaria 66.
Castaldo, Gio, Battista 212.
Castiglione, Baldassare 4, 13, 89, 94–96, 99.
Catansanti, Francesco 24.
Catharina, Gräfin von Urbino 14, 15.
Cavalcanti 117, 118.
Cellini, Benvenuto 5, 9, 153, 241—248,
    293, 309.

Cesano 271.
Cesarino 91.
Chaumont s. Amboise.
Chiavelli, Battista di 41.
Chigi, Agostino 126.
Cianfanini 1, 3, 114.
Ciarla, Maria 89, 92—94.
— Simone 88–90, 96.
Cibò, Francesco 56.
Clemens VII., Papst 129, 138, 139, 168,
    178, 195, 226, 229, 231, 253, 258,
    260, 272, 273, 285 ff, 301, 305.
Colle, Raffaello del 280–282.
Colonna, Vittoria 95, 174–179.
Condivi 179.
Cornelia 165, 166, 190.
Coro, Domenico del 37, 39.
Corsi, Giovanni 280.
Corsini, Alessandro 280.
Correggio, s. Allegri.
Cosimo I., Grossherzog von Toscana 5,
    159, 166, 172, 205, 241, 245, 246,
    259, 260, 263, 265—266, 267, 289,
    293, 296, 298 ff, 307.
Cranach, Lucas 4.
Credi, Lorenzo di 2, 114—115.
Cremona, Carlo 306, 307.
Cusano, Girolamo 75—76.

Dandini, Francesco 173.
Danti, Vicenzio 303, 309.
Diamante, Fra 23.
Donatello 4, 26, 27, 37, 43, 48, 49, 259—260.

Ernando, Garzia 213.
Ersigli, Francesco 232–233.
Este, Lionello 31.
    Meliaduse 30, 31.
Eugen IV., Papst 46.

Faenza, Astorre da 75.
— Guido da 75.
Farnese, Alessandro 219—221.
Federigo, Herzog von Urbino 62–64, 89.
Ferdinand, König v. Deutschland 200—202.
Ferdinand, Grossherzog von Toscana
    9, 315—317.
Fidelissimi, Gherardo 169.
Fiesole, Fra Angelico da 20, 21, 42, 44.
Filarete, Antonio 3, 45—47.
Filipepi, s. Botticelli.

Fortunato, Francesco 119. 120.
Francesco I., Grossherzog von Toscana 267. 268.
Francia, Francesco 4. 83. 84. 91. 92.
Francione 51.
Franz I., König von Frankreich 5.
Fulvius, Andreas 102.

Galeazzo, Gian, Herzog von Mailand 45.
Gallo, Jacopo 118.
Garimbertis, Galeaz de 109.
Garimbetti, Ottavio 239.
Gentilius 32.
Ghiberti, Lorenzo 7. 26. 27. 35—37.
Gianotti, Donato 154. 173.
Giampaolo, Pietro 73. 74.
Giocondo, Fra 97. 99.
Giorgio, Francesco di 50.
Giotto 28.
Giovanfrancesco, Priester 151.
Giovio, Paolo 13. 233. 266. 271—277.
Giugni, Galeotto 129.
Gonzaga, Elisabeth 51. 52.
        Federigo 5. 7. 8. 51. 52. 188—193. 197—199. 233—235. 239.
    — Francesco 5. 7. 47. 51. 53 ff.
    — Isabella 7. 51. 52. 58. 59 ff. 67. 118.
    — Lodovico 51. 52. 60.
Gozzoli, Benozzo 2. 7. 42—45.
Granacci, Francesco 3.
Gregor XIII., Papst 314.
Grimani, Girolamo 219.
Gualteruzzi, Carlo 149.
Guicciardini, Luigi 280. 281.
Guidi, Jacopo 246. 259—264.
Guidobaldo I., Herzog von Urbino 62 ff. 85. 88. 89.
Guidobaldo II. 165. 216.

Ilario, Giacomo 51.
Innocenz VIII., Papst 52. 56.

Julius II., Papst 92. 101. 116. 135 ff. 231. 265. 282. 316. 317.
Julius III., Papst 295.

Kardi, Jafredus 77.

Landino, Cristofroro 32. 64.
Laurana, Luciano 50.
Lenzoni, Carlo 164.

Leo X., Papst 91. 96. 98. 138. 169. 184. 228. 233. 257. 258. 304. 316. 317.
Lese s. Gozzoli.
Leva, Antonio da 196. 197.
Ligorio, Piero 159.
Lippi, Filippo 2. 20. 22—25.
    — Filippino 3. 24.
Lothringen, Karl von 184.
Luciani, s. Piombo.
Lucianus, Abt 65.
Ludwig XII., König von Frankreich 78.

Madonna, Giammaria di 141.
Majano, Benedetto da 3.
    — Giuliano da 49. 50.
Malatesta, Herr von Rimini 33—35.
    — s. Baglione.
Malenotti, Sebastiano 297.
Manetto 33—35.
Mantegna, Andrea 2. 5. 51—62.
        Francesco 52. 61.
    — Lodovico 55. 58. 61.
Marchesi, Giovanni de' 136.
Maria, Königin von England 208.
Mariano, Fra 230. 231.
Martelli, Bartolommeo 23—25.
    — Lodovico 151.
    — Lorenzo 151.
    — Niccolò 150.
    — Roberto 42. 43.
Martin V., Papst 15.
Martini, Luca 153. 154. 241. 242. 249.
Masaccio 26. 27. 44.
Mazzola, Francesco 4. 237. 239. 240.
    — Girolamo 240.
Medici, Alessandro de' 133. 270. 272. 278 —280. 283 ff.
    — Antonio 274.
    — Contessina 40. 41.
      Cosimo de' (der Aeltere, Vater des Vaterlandes) 4. 20. 21. 28. 32. 42. 46.
    — Cosimo de' (der Jüngere) s. Cosimo I.
    — Francesco 267. 268. 258.
    — Giovanni 4. 23. 24. 39—41.
    — Giovanni (Popolani) 118.
    — Giovanni de' (Kard.) s. Leo X.
    — Giulio s. Clemens VII.
    — Ippolito 194. 195. 270. 271. 277. 278. 285 ff.
    — Lorenzo der Aeltere 21.
    — Lorenzo der Prächtige 12. 13. 21.

23, 24. 32. 40. 45. 48. 49. 51. 52.
118. 129. 270.
Medici, Lorenzo der Jüngere 117. 118.
— Ottaviano 79. 272–274. 279.
— Pierfrancesco 44. 118. 285.
— Pietro 7. 12. 19. 21. 22. 23. 28–30.
40. 41. 42–46.
Pietro der Jüngere 118.
Melzi, Francesco 80–85.
Mezzarota s. Scarampi.
Michelozzo 4. 37.
Migliorino, Antonio di 40.
Minella, Pietro del 18.
Mini, Giovanni Battista 133. 137.
Molza 233.
Montalto, Kard. 306.
Montauto, Silvestro 139.
Montelupo, Raffaello 136. 140. 264–265. 303.
Monti, Kard. 156.
Montorsoli, Gio. Angelo 303.

Nardi, Jacopo 197.
Navagero 184.
Nelli, Ottaviano 14. 15.
Niccolò, Domenico di 4. 36–39.

Organi, Antonio s. Squarcialupi.

Palla, Giovanni Battista della 90. 130.
Palladio, Andrea 3. 304–307.
Palma, Jacopo il vecchio 2. 179–181.
Pandolfini, Francesco 77.
Paris, Alfani Domenico di 90. 91.
Parmegianino s. Mazzola.
Passerini, Silvio 270.
Paul III., Papst 135. 147. 162. 178. 220.
Paul IV., Papst 149.
Paul V., Papst 97.
Pavia, Kard. von 199.
Pellegrini, Pellegrino de 306. 307.
Pepoli, Elisabetta 190.
— Giovanni 306. 307.
Pericoli, Niccolò de 249. 250. 303.
Perugino s. Vanucci.
Peruzzi, Baldassare 305.
Petrarca 100.
Phileplus, Franciscus 63.
Philipp II., König von Spanien 6. 206–
209. 211. 212. 226.
Piccinino, Niccolò 18. 73–75.
Pierodet, Nero Agostino di 132.

Piloto 242.
Pintelli, Baccio 49. 50.
Piombo, Sebastiano del 4. 8. 134. 135. 220.
224–233.
Pippi, Giulio 4. 5. 13. 51. 161. 188–198.
228. 233–239. 240.
Pius V., Papst 221.
Poliziano, Angelo 24. 120.
Pollajuolo 54.
Pontormo, Jacopo 153. 250. 253.
Popolani, Lorenzo 117. 118.
Porcellio 63.
Pratonero, Alberto 108.
Priscianese, Francesco 279.
Puccini, Giovanni Battista 90.

Quaglino 235.
Quercia, Jacopo della 16–19. 36. 37.
Quinzani, Lodovico 239.

Raffael 3. 4. 6. 9. 10. 12. 13. 64. 75. 83
–108. 145. 146. 224. 226–228. 233.
Rangone, Kard. 225. 226.
Riario, Kard. 92. 117–119.
Robbia, Luca della 26. 27.
Romano, Giulio s. Pippi.
Rosa, Cristofora 214. 215. 223.
Rosa, Salvator 8.
Rosetti, Cesare s. Cesarino.
Rosso 303.
Rovere, Bartolommeo della 104.
— Francesco Maria 89. 138. 141.
— Giovanna 89.
Rubens 8. 199.
Ruccellai, Palla 280.
— Paolo 117.

Salai 75. 76. 78. 81.
Sangallo, Antonio da 3. 160–162. 170.
Francesco di Giuliano 303.
— Giuliano da 3. 94. 123–125.
Sansovino, Andrea 3.
— Jacopo 170. 196. 230. 257. 258. 312.
316.
Santi, Giovanni 2. 50. 62. 64. 89.
Sanzio s. Raffael.
Sarto, Andrea del 90.
Savonarola, Girolamo 114. 118.
Scarampi, Lodovico (Mezzarota) 73. 74.
Scarpellino, Bastiano 131.
Seccadinari, Ercole 305.

Seragli, Bartolommeo 24.
Serguidi, Niccolò 286—289.
Sforza, Francesco 18. 45—47. 72.
— Lodovico 69—73. 79.
Sforza, Massimiliano 78.
Sigismundo, Graf von Foligno 64.
Sixtus IV., Papst 32. 50. 61.
Sixtus V., Papst 5.
Soderini 74. 76. 77. 89. 124. 125.
Sogliani, Giovanni Antonio de 114.
Sputasenni, Antonio 247.
Squarcialupi, Antonio 4. 39. 40.
Stampa, Massimiliano 197.
Stefano, Tommaso 113. 114.
Strozzi, Giovanni Battista 133.
— Ruberto di Filippo 134.

Taddei, Taddeo 4. 88.
Taffone, Bigo 235.
Tasso, Bernardo 309.
Tatti s. Sansovino.
Tebaldeo 229.
Terribilia, Francesco 304—307.
Testa, Giovanni Francesco 236. 239.
Tibaldi, Domenico 304. 306.
Tizian, 3. 5. 6. 7. 8. 10. 51. 181—223. 230.
    231. 257. 258. 272. 284. 288.
Torre, Antonio della 78.
Tribolo s. Pericoli.
Turini, Baldassare 92. 258.
— Giovanni 19. 35—37.

Udine, Giovanni da 230.

Urbino s. Amatori.

Valdambrina, Francesco di 36. 37.
Vannucci, Pietro 7. 44. 65   69. 91. 114.
    185. 229.
Vannechi s. Sarto.
Varchi, Benedetto 3. 13. 151—153. 177.
    241—244. 247—257. 261. 265. 269.
    289   293.
Vargas 211.
Vasari, Antonio 285. 286.
— Cosimo 285.
— Giorgio 3. 4. 6. 153. 155—160. 162
    164. 166   168. 267—304.
Vasona, Bischof von 230.
Vasto, Marchese del 191. 195.
Vecellio, Cesare 203.
— Orazio 195. 196.
— Pomponio 192. 195.
— Tiziano s. Tizian.
Vendramo 193—195. 272. 288.
Veneziano, Domenico 19—22.
Verrocchio, Andrea del 114.
Vespucci, Niccolò 269   272.
Vico, Enea 149. 204. 205.
Vilani, Battista de 79. 81.
Vinci, Leonardo da 8. 9. 12. 69—83. 108.
    114.
Vite, Timoteo delle 84.

Zaccagna, Ridolfo 90.
Zizim (oder Zam) 56. 57.

NAMENVERZEICHNISS.

II. HÄLFTE.

Abbate, Niccolò dell' 50. 53. 55.
Achillini, Claudio 49.
Agnolo, Baccio de' 357.
Agucchi, Kardinal 56. 66. 67. 68.
Albani, Francesco 11. 18. 62. 64. 66. 68.
    71. 77—79. 84—91. 268.
Alberti, degli 254.
    — Leon. Batt. 5. 67. 306.
Albrecht, Kurfürst und Erzbischof von
    Mainz 344. 346. 347.
Albrecht I., Herzog von Preussen 352.
Albrecht, Erzherzog von Oesterreich 113.
Aldobrandini 24. 70.
    — Cintio 169.
    — Ippolito 67. 73. 74.
Aldovrandi, Ulisse 49.
Aleandro, Kardinal 117. 144. 145. 158.
Alemanni 178.
Alexander VII., Papst 259.
Allegri s. Correggio.
Aloisi s. Ludovisi.
Ambroise, Abt von St. s. Mangis.
Amerbach, Hans 330.
Amerighi s. Caravaggio.
Ammanati, Bart. 13. 14. 108.
Ammiani 223.
Andrea 144.
Angeloni, Franc. 67. 68—75. 236. 239.
Antoni 189.
Anslo 21.
Appolloni, G. F. 264.
Arenberg, Philipp von 182—184.

Aretino, Pietro 57. 58.
Ariosto 86—88. 214.
Armenini, G. B. 32. 33. 38.
Arminius 162.
Arpino, Giuseppe d' 8. 11. 71. 72. 76. 77.
    79. 162.
Arundel, Graf 112. 177. 178. 187.
Avetone, Marquis d' 184.

Baciccio 302.
Baldinucci 263. 264. 271. 303. 306.
Baldovini, Francesco 271. 285.
Bandinelli, Baccio 14.
    — Volunnio 264. 271.
Barbari, Jacopo de' 316. 321.
Barberini 18. 24. 69. 100.
    — Antonio 257. 258.
    — Francesco 18. 145. 157. 217. 223.
        258. 260.
    — Maffeo s. Urban VIII.
Barbetta, Marsiliglia 65.
Barbieri, Francesco s. Guercino.
    — Lucia 110.
    — Maria 110.
Barli, Cassandra 92. 94.
Baroccio, Federigo 15. 25—27. 44.
Bassano 44. 202.
Baur, Wilhelm 212.
Beham, Barthel 359—363.
    — Sebald 359—363.
Bella, Steffano della 214.
Bellini, Giovanni 87. 316. 329.

Bentivoglio, Ercole 55.
Bergen, Heinrich von 165.
Bernhard, Herzog von Weimar 189.
Berni 28. 264.
Bernini 18. 223. 257. 258. 260. 263.
Berettini, Pietro 18. 223. 259—261. 273. 286. 298.
Bertholin 225.
Bertozzi, Bart. 102.
Beurs, Wilhelm 294—298.
Bianchi, Ercole 198.
Bibbiena 85.
Bishop, Jan 201.
Bojardo 28.
Bonardi 106.
Bonini 85. 86.
Bononi, Carlo 82 f.
Bonsignor, Lor. 59.
Borghese, Camillo s. Paul V.
  — Familie 24.
  — Scipione 57. 100.
Borgognone 302.
Borromeo, Carlo (der heilige) 14. 32. 35. 36. 196.
  — Federigo 14. 195—198.
Borromini 260.
Bosse, Abr. 251. 252.
Bourguignon 215.
Bozuel 178.
Bracciano, Paul von 212.
Bramante 260.
Brancaccio, Kardinal 99.
Brandi, Giac. 302.
Brandt, Elisabeth 116. 163.
  — Heinrich 175. 181. 182.
Bravo, Francesco 173. 182.
Bresciani, Ben. 303—307.
Brignole, Antonio 40.
  — G. B. 46.
Brentino, Franc. 307—310.
Bronzino, Ang. 307.
Brosse, de la 123.
Brueghel, Jan 195—198.
Brunelleschi 260.
Brunetti 275.
Buckingham 116. 120. 153. 171. 178.
Buonarroti, Michelangelo 4. 16. 28. 31. 34. 41—43. 48. 67. 68. 87. 88. 107. 116. 200. 202. 260. 266. 284. 307. 357 —359.
Buoncompagni, Kardinal 69. 74.

Buosio, Tito 59.
Bye, Jaques de 127. 128.

Caballero, Juan 293.
Cabrera y Sotomayor, Beatriz 292. 293.
Cadne 141. 144.
Callot, Jaques 18. 203. 209 - 211. 213.
Calvart, Dion. 64. 76. 77. 85.
Cambiaso, Luca 37. 40. 45.
Campaña, Pedro 293.
Campi 35.
Camulo, Francesco 59. 60.
Camini 73.
Canuwe s. Conway.
Caoli, Ferrante de' 93.
Capponi, Vinc. 300. 303.
Caprara 59. 60.
Caracci, die 7. 8. 11. 14. 15. 28. 35. 37. 46 - 50. 88. 92. 102. 114. 202. 213. 237. 282.
  Agostino 16. 29. 38. 46—50. 51. 53 —55. 58. 64. 68. 92. 102.
  — Annibale 8. 16. 30. 46—54. 56. 58. 64. 68. 75 - 77. 92. 202. 213. 237. Antonio 61. 62. 64. 77.
  — Lodovico 12. 15. 16. 28. 32—34. 46 —54. 55. 64. 75. 76. 83. 92. 102.
  — Paolo 47.
Caravaggio, Michelangelo Amerighi da 7—12. 36. 76. 77. 79. 103. 114. 212. 261.
  — Polidoro da 42.
Cardano, Gir. 305. 306.
Carducho, Vinc. 38.
Carleton, Dudley 128—132. 136. 137.
Carlini, Giulio 56.
Carlo, Ferrante 47. 56—63. 93 - 102. 212. 213.
Carrara, Giac. 309.
Caserta 59.
Castellini, Lucrezia 109.
Castello, Batt. 46.
  — Bern. 39 f.
Castiglione, Bald. 57. 88.
Cats, J. 21.
Cavalli (Padre) 268. 269.
Cavazzi, Cesare 104. 105.
Cellini, Benv. 307. 357.
Cemini 6.
Cesarini 36. 37.
Cesti, Abbate 282.

Chalette 253.
Chambray, de 220. 234. 236. 251 257.
Chantelou, Paul Fréart de 219. 220. 224
   —226. 231—235. 250. 253—255.
Chantelou d. ält. 250.
Chartres s. François Langlois.
Chenda 83.
Chiabrera, Gabriel 40.
Chiaduesque s. Cadue.
Chieppio Annibale 122—126.
Chigi, Antonio 34—36.
Chimentelli, Val. 264.
Christine, Königin von Schweden 243.
Ciartres s. François Langlois.
Cifrondi, A. 308.
Cignani, C. 302.
Cigoli, Cavaliere 279.
Civitali, Matteo 42.
Claudio 109.
Coberger 141. 144.
Coloma, Carlos 181.
Colonna 24.
   Connetable 24. 280.
Consoni 66.
Conti 274.
Contucci, Andrea 358.
Conway, Edward 198. 199.
Cordini, Francesco 264. 271. 274
Correggio 4. 27. 32. 47. 50. 53. 54. 67. 68.
   87. 88. 200. 201. 282.
Corrente, Bel. 71. 72.
Cort, Cornelius 31.
Corte, Cesare 37. 40.
Cortona s. Berettini.
Cosimo I., von Toscana 108.
   — II., 190. 213.
   — III., 274. 286.
Costage 232.
Cottone 178.
Courtois 216. 218.
Coxcie, Michael 134.
Cranach, Lucas d. ält. 351. 352.
Cremonini 53.
Créqui, Marschall 213. 252—259.
Crespi 14.
Croy, Charles de, Herzog von Arschot 127.
   133. 134. 146. 147.
Cucherello 357.
Cueva, Kardinal della 120. 141. 145.

Dati, Carlo 260. 264. 286. 306.

David, Ludovico 299—303.
Decker, Jeremias de 21. 201.
Delisle (de la Sourdière) 246. 248. 249.
Dempster 49.
Digby, Kenelm 199.
Dijck, Anton van 46. 128. 129. 152. 191.
   198. 199. 208. 214. 258.
Domenichino 14. 16. 17. 64. 75. 77. 79. 86.
   93. 94. 95. 100. 101. 217. 223. 237.
Doni 117. 264.
Doria 37. 44.
Dossi 105. 155.
Drebbel 153. 178. 180.
Drillenburg, Wilhelm von 296.
Dürer, Albrecht 5. 313—352. 354.
Dürer, Hans 319. 339. 340.
Dufresne 241. 243.
Dufresnoy 223.
Dughet, Giac. 218.
Dulcini, Bart. 49. 55. 56. 59.
Dupuy, Jacques 117. 163. 164. 166. 176.
   — Pierre 117. 143. 159. 162—169. 175
   —177. 180.
Dyck s. Dijck.

Elzheimer, Adam 138. 140.
Enghien, Herzog von 219.
Episcopius, Joh. 201.
Ercra, Monsignore 99.
Errard, Charles 251. 252.

Faberio, Lucio 48. 54.
Fabbroni, Cavaliere 280.
Fabretti 269. 284.
Faid'herbe 193. 194.
Falcucci, Baldo 31.
Falserio 55.
Farfanicchio 276.
Farnese, Alessandro 36. 37.
   — Maria 105.
Ferdinand I. von Toscana 223.
   — II. — 84. 213. 286.
   — III., Kaiser von Deutschland 108.
   166. 191.
   — Infant von Spanien 182.
Ferrari, Gaudenzio 35. 36.
   — Gio. Batt. 96. 236. 239.
Ferri, Ciro 18. 285—287. 298.
Ferron, Francisco 291.
Fiammingo s. Quesnoy.
Fiesole, Gio. Angelo da 44.

Fiesole, Silvio da 44.
Filippi 85.
Finello, Giul. 98.
Fioravanti, Doralice 85.
Fiorini, Vinc. 106.
Floris, Franz 131.
Fontana, Prosper 47. 48. 64.
Fontane 141.
Formica 263.
Fourment, Helena 180.
Franceschini 287.
Francesco, Grossherzog von Toscana 30. 31.
— von Modena 105.
Francia, Franc. 87.
Frey, Felix 347.
Friedrich der Weise, Kurfürst von Sachsen
    331. 345. 350.
Friedrich Heinrich von Oranien 205 f.
Friedrich Wilhelm, Kurfürst von Branden-
    burg 287—290.

Gabbiani, A. Dom. 298. 299.
Gaddi, Taddeo 355.
Gärtner, Georg 354.
Gaeta, Scipione da 28.
Gage, George 128. 129.
Galilei 286.
Galli, G. Mar. 85.
Galvez, Pedro de 291. 292.
Gaudi, Marcant. 367. 368.
Gaudini, Lud. 38.
Garzoni, Giovanna 223.
Geldorp, Georg 184. 185.
Genga s. Chenda.
Gennari, Benedetto 102.
Gentileschi, Artemisia 223.
Gerbier 117. 120. 170. 183. 191. 192.
Géricault 244. 246.
Gessi, Berlingerio 91. 108.
— Francesco 72. 78.
Gevaerts 112. 117. 141—145. 172—175. 180
    —182.
Gherardelli 271.
Ghislandi 309.
Giacomazzi, Elena 64.
Gian Gaston de Medici 303. 307.
Giorgione 8. 9. 202.
Giovanni Battista, Padre 209.
Gilioli, Giacinto 59. 60.
Glockenton, Niclas 347.
Goly 141.

Gonzaga, Kardinal 12.
Gozzadini, Bonif. 89.
— M. Ant. 89.
Grebbel, Franz Pieterssen de 128. 130. 131.
Gregor XIII. (Buoncompagni) 13. 14. 31.
Gregor XV. (Ludovisi) 16. 17. 19. 60. 66.
Grimani, Domenico 324. 329.
Grotius, H. 24. 117. 143. 162. 180. 187.
Guercino 9. 12. 16. 62. 79. 80. 102—110. 282.
Guerrero, Juan Ant. 293.

Heerkmann 21.
Heinrich von Nassau 189.
Heinrich IV. von Frankreich 17. 150.
Heinsius, Dan. 21.
Heller, Jacob 331—340.
Hemselroy, Leo 186.
Hess, Martin 345.
Hessus, Johann 354.
Holbein, Hans 330. 350.
Honthorst, Gerhard 9. 214. 215. 289.
— Wilhelm 289.
Hooft, P. 21.
Houbraken, Arnold 296.
Huygens, Constantin 21. 201. 204—209.

Iberti, Annibale 121 ff.
Imhof, Hans, d. ält. 333.
Isabella, Infantin von Spanien 153. 158.
    165. 167. 168. 170. 174. 177. 183.

Jabach, Everhard 184. 185.
Jacobs 84.
Jacob I. von England 129. 153. 180.
Jansen 144.
Johann Friedrich, Kurfürst von Sachsen 352.
Jordaens, Henry 134.
Julius II., Papst 324. 329.
Junius, Franciscus 117. 186—188. 198. 199.
    255. 306.
Javenel, Paul 339.

Kamphuysen 21.
Karl I. v. England 150. 153. 154. 170. 177. 192.
Karl V., Kaiser 78.
Karl Emanuel von Savoyen 8.
Kratzer, Niclas 349. 350.
Kress, Christoph 341. 342.

Lalaing, Frau von 113.
Lanfranco, Egidio 77. 100.

Lanfranco, Giov. 65. 73. 75. 77. 92 – 102. 263.
Lanfreducci 268.
Langlois, François 214. 215.
-- Nicolas 212 – 214.
Lanzoni 49.
Larché, Ant. 217.
Le Bicheur 252.
Lebrun, Charles 212. 226.
Lebonotti 106.
Lemaire, Jean 224 – 229. 231. 235. 236. 239.
Lemercier 237.
Le Nôtre, André 250.
Leoni 62.
Leopardi, Ces. 90. 91.
Lesueur, Eust. 212.
Le Tellier 255.
Leu, Hans 348.
Leyden, Lucas von 202. 203.
Ligorio, Pirro 230. 239.
Ligozzi 223.
Linglese s. François Langlois.
Lippi, Lorenzo 264. 271.
Lomazzo, G. P. 38. 67.
Lomenie, de 144.
Lopez 214.
Loredano, Leonardo 324. 328.
Lorenzi, Lud. de' 37.
Lorrain, Claude 219. 265.
Lothringen, Prinz Karl von 210.
Ludovisi (Familie) 16. 24.
— Alessandro s. Gregor XV.
— Lud. 16. 60. 62. 69. 213.
Ludwig XII. von Frankreich 324.
— XIII. 144. 162. 225. 228. 230. 240. 242.
— XIV. 259. 264.
Luini, Bern. 35.
Luther 13. 343 – 345. 352. 359. 362.
Luti, Bened. 18. 286. 298. 299.
Lyvensen 223. 225.

Mabuse 134.
Machato, Graz. 68.
Maderno, C. 14.
Maffei 264.
Magalotti, Lor. 157. 285 – 289.
Magini, Ant. 49.
Magnasco 309.
Manciolla, Vinc. 236.
Mantegna, Andrea 87. 202.
Manuel, Niclas 353. 354.
Maratta, Carlo 301. 302.

Maria von Medicis 141. 148. 150. 155 – 157.
160. 161.
Marie Henriette, Königin von England 150.
151. 154. 258.
Mariette, Pierre 215.
Marini, Gio. Batt. 15. 39. 40. 49. 79. 213.
216 – 218.
Masaniello 23. 264.
Massani, G. A. 67.
Massimi, Cam. 220.
Maugis, Claude 118. 119. 144. 148. 149.
156. 157. 159. 160. 166. 169.
Maximilian I., König 324. 329. 342 – 346.
348. 351.
Mazarin, Kardinal 259.
Mecherino 44.
Medici, Giovanni de' 167.
— Giovanni Carlo 263.
— Giulio de' 357.
Leopold, Kardinal 84.
Matthias, Prinz 274.
s. Cosimo; Ferdinand; Francesco;
Gian Gaston; Maria.
Melanchthon 108.
Menzani 85.
Meus, Livio 287.
Mignard, Pierre 18. 212. 223. 245.
Migon 251.
Minniti, Mario 12.
Minucci, Francesco 264. 274.
— Paolo 275.
Mompers 192.
Montalto, Alessandro 121.
Monte, Kardinal del 8.
Montebello, Gio. di 31.
Montelupo, Baccio da 357.
Monterey, Graf 72. 95.
Montfort 143. 152. 153.
Morisot 159. 164. 166.
Moritz von Oranien 146. 147. 162.
Murillo, Bart. Esteb. 290 – 293.
Muziano 44.

Nebbia, Cesare 36.
Nerli, Fil. 283. 284.
Noyers, de 224 – 226. 229. 231. 234. 235.
237. 239. 240. 242. 252.
Noort, van 113.

Oggione, Marco d' 35.
Oliva, Dr. 284.

Olivarez 17. 163. 171.
Orsola 268. 269. 271.
Orsini 24.
Ossat, Kardinal von 145. 149.
Ottonelli, Gio. Dom. 106—108. 266.
Oudaan 21.

Pader, Hilaire 252. 253.
Paggi, Gio. Batt. 4. 37—46.
    Girol. 37. 39—46.
Paleotti, Gabr. 15. 54.
Palladio 260.
Palloni, M. Arc. 209.
Palma vecchio 87. 202.
Pamfili 24.
Panciatichi, Kanonikus 286.
Pandolfini 209—211.
Panzirolo 99.
Papa, Sim. 72.
Pape, de 181.
Parente, Paolo 111.
Parmegianino 32. 47. 49. 51. 53. 88.
Passeri, Gio. B. 65. 73. 284.
Passerotti 44. 53. 54. 76.
Passignano 47.
Potacca 264.
Paul V. (Borghese) 14.15.17.19.33.57.77.78.
Peirese 117. 149. 145. 147. 152. 154—157.
    168—172. 177—180. 223.
Penez, Georg 359—365.
Percia, Filippo 125.
Peresa, Franc. 99.
Peretti, Abbate 96.
Perez, Franz 137.
Perlan 233.
Perrault 259.
Perugino, Pietro 87.
Petel 116.
Philipp IV. von Spanien 159. 169. 170. 171.
    174. 177.
Pianoro 85.
Piccheno, Curtio 209. 210.
Picqueri, de 179.
Pijpelinckx, Maria 111 f.
Piombino, Fürstin von 57.
Pirkheimer, Wilibald 314—330.334.347.349.
Pius V. 107.
Pius VII. 169.
Pointel 10. 246. 248. 249. 253.
Poli, Kardinal 65.
Ponikau, Hans von 351. 352.

Pordenone 41.
Poussin, Nicolas 18. 22. 69. 117. 159. 216
    - 257. 261. 262. 265. 279. 284. 308.
Pozzo, d. jüngere 229. 232.
  — Cassiano del 69. 70. 117. 159. 211.
    242. 218. 222. 223. 231. 233—235. 239.
    243. 250. 251. 254. 258. 259—261. 264.
Preuetteri 106.
Preti 49. 79.
Primaticcio 49. 55.
Procaccini 35. 53. 302.
Pugliano, Dom. 108.

Quesnoy, François du 192. 193. 217. 219.

Rafael 4. 13. 28. 50. 53. 65. 67. 68. 79. 87.
    88. 198. 200. 202. 216. 217. 265. 268.
Ramsay 189.
Real, L. 21.
Redi, Franc. 286.
  - - Tom. 298.
Rembrandt 21—23. 115. 116. 199—209. 214.
    215. 222.
Remy 242.
Reni, Daniel 80.
  — Guido 12. 16. 22. 65. 66. 71 f. 75—
    86. 88. 93. 103. 109. 202. 217. 282.
Ricciardi, Giac. 274.
  — Gio. Batt. 257. 264. 266. 267—285.
Richelieu, Kardinal 118. 120. 148. 153. 156.
    161. 162. 213. 225. 231. 240. 257. 258.
Rigault 117. 161. 162. 164.
Righetti 66.
Rinaldi, Ces. 38. 49. 79.
Riverolo, Alf. 83.
Rockox 127. 128. 139.
Romanelli 99.
Romano, Giulio 113.
Rosa, Salvator 12. 23. 24. 257. 261—285.
Roselli 26.
Rosenkranz 144.
Rossi, Carlo 123.
Rottenhamer, Johann 196.
Royai 264.
Rubens, Albert 175. 180.
  - Jan 111 f.
  — Peter Paul 9. 20. 22. 46. 79. 110—
    195. 198. 199. 217. 222.
Ruccellai, Prior 286.
Rudolf II., Kaiser 330.
Rupio, Francesco 137.

Sacchetti, Kardinal 78. 79. 217. 260. 273.
Sale, Giulio 40.
Saliano 223.
Salvetti 264.
Salviati, Jacopo 357.
Sampieri 81.
Samson 241.
Sandrart, Joach. v. 164. 287 290.
Sanfelice 107.
Sansovino, Andrea 358. 359.
— Jacopo 357. 358.
Santafede, Fabr. 71. 72.
Sarto, Andrea del 47. 68. 284.
Savello, Herzog von 189.
Savoyen, Kardinal von 211.
Scanelli, Franc. 109.
Schiribandolo 271.
Schutter 189.
Scorno, Kanonikus da 269. 271. 285.
Scotti, Marchese 91.
Seidel, Mart. Fr. 290.
Selden, Joh. 178. 180.
Sementi 78.
Serlio 260.
Six, J. 21. 201. 203. 207.
Sixtus V. 10. 16.
Spada, Lion. 62.
Spagnoletto 12. 15. 62. 73. 75. 77. 202. 261. 262.
Spalatin, Georg 343. 345.
Spielberg, Johann 137.
Spinola, Marchese 115. 141. 146. 147. 152.
    165. 167. 174.
Stabius 341. 343.
Stella, Jacques 18. 212 – 214. 226.
Strozzi, Tomm. 355.
Sustermans 189 191.

Tassis, Enea 299.
Tasso, Torquato 40. 86 – 88.
Tavella, Ant. 307 310.
Tempesta 202. 308.
Thou, de 117. 164.
Thurzo, Johann, Bischof 344.
Tiarini, Al. 56. 63.
Tibaldi, Pell. 32. 49. 50. 55.
Tilly 20. 120. 165. 166.
Tintoretto 44. 47.
Tizian 37. 48. 58. 65. 67. 68. 78. 87. 88.

108. 113. 116. 171. 200. 202. 217.
    268. 282.
Torricelli, Ev. 264.
Torrio, Luca 173. 174.
Trotto, Ferrante 82. 83.

Uilenburg, Saskia 201. 202.
Urban VIII. (Barberini) 17 — 19. 23. 100. 145.
    191. 193. 213. 223. 258. 259. 260.

Vaga, Perino del 44.
Valavés 117. 141. 145 – 154. 158 – 162. 163.
    166. 179.
Valesio, G. L. 212. 213.
Varchi, Ben. 307.
Variu, Quintin 118. 216.
Vasari, Giorgio 4. 26. 33. 34. 88. 306. 307.
Veen, Octavius van 113. 138. 140.
— Peter van 137 — 140.
Velasquez 171.
Verhaegt 113.
Veronese, Paolo 54. 79. 113. 134. 364 – 368.
Vignola 260.
Vignon, Claude de 18. 214. 215.
Vincenzo, Gonzaga, von Mantua 114. 121.
    126.
Vinci, Leonardo da 5. 34. 68. 87. 88. 198.
    251. 257.
Vitelleschi, Ippolito 95 97.
Viviani, Vinc. 286. 287. 306.
Vollbergen 208. 209.
Vorstermann 138 140. 159.
Vos, Willem de 190.
Vouet, Simon 9. 18. 211. 212. 215. 230.

Wake, Lion 131. 132.
Wallenstein 20. 120. 166.
Weyden, Roger van der 134.
Winterperg, Michel 356.
Wohlgemuth, Michael 319.
Wolfgang Wilhelm, Herzog von Bayern
    128. 133 137.

Ximenez, Francisco 262. 281.

Zamboni, Or. 87 — 89.
Zucchero, Federigo 4 – 6. 28 — 37. 40. 44. 114.
— Taddeo 34. 37.

Pierer'sche Hofbuchdruckerei. Stephan Geibel & Co. in Altenburg.